北京市优秀古籍整理出版扶持项目

張元濟傅增湘往來信札

柳向春 整理

北京燕山出版社

前言

　　张元济、傅增湘都是二十世纪前半叶著名的文献大家。二人的往来书札向来号称文献渊薮，所谈多及传统文献的流布、整理、出版与研究，故在《张元济傅增湘论书尺牍》（商务印书馆，1983，下简称商务本）问世以来，即为广大学人所珍视，以此为基础所做研究，不计其数。但正如该书整理前言所云，当时整理底本本系抄件，虽经顾廷龙先生亲自校对（据1961年4月《顾廷龙日记》，自1日起，连续三日有校傅沅叔致菊老信之记录），但仍落叶杂陈，每存讹误，如：1. 张致傅函敬语、称呼署名被删除；2. 擅改原文文句；3. 对于傅函上所存张批，随意取舍；4. 年份考订存在问题等。（具体见张人凤《张元济傅增湘论书尺牍校读记》，《国学季刊》第十四期）因此之故，亟需重新整理一个更加可靠的文本，以供学界研究之需。2017年，时值张元济先生诞辰150周年之际，上海图书馆出版了《上海图书馆藏张元济往来信札》，其中张、傅二人往来书札尽在其中，共收双方信札627通，其中张致傅261通，傅致张366通，大都可以考知其所作年份，且多可对勘。这批书札始于1912年4月27日，止于1947年12月2日，时间跨度达35年。内容所及，除清末民初藏书流散，如京沪地区散出的《永乐大典》流转之外，还存有大量关于《四部丛刊》《百衲本廿四史》《道藏》等大部丛书的编印信息，尤其是对于古籍的版本鉴定及流转，多有讨论。鉴于此前整理本所存问题大都因未见原件而生，故以此原本影印本为底本重新整理，当更能符合现今深入研究之需求。更何况此次影印本中，尚存若干书札不见于前书。因此之故，此次整理，即以上海图书馆2017年影印本为底本，重新整理两位前贤往来尺牍，以为文献学进一步发展之基础。

此次整理，较前商务本而言，大致有几个进步或不同：1. 补足了当时整理者所删除的信札中涉及的张元济、傅增湘二人的私事等内容。私人生活固然属于隐私，但时隔多年，其私密性已大为降低，甚至消除。还原这部分内容，对于研究二人之家庭、情感、友谊等方面至关重要。且信中出现这类文字，正可代表二人感情之深厚，交谊之纯挚。2. 校正了商务本中出现的一些讹误。二人在步入晚年之后，以力弱手颤，字形颇为难辨。尤其是张元济致傅增湘函，大多皆为随手所记之信稿，不仅字迹模糊，且多修正涂画之处。原整理者精研张元济文献，辨识正确率极高，筚路蓝缕，难能可贵。然校书如扫落叶，商务本中仍存若干错讹，亟需修正。3. 商务本中，除了张、傅二人往来书札外，又附录了一些相关信札，对于帮助理解二人信中所言及某事之来龙去脉甚为重要。今细绎《上海图书馆藏张元济往来信札》，进一步增补了这部分内容，以加深对于二人信中所及之理解。4. 张、傅二人往来书札，大都注明了日期，但偶有未标注者，则需要就内容所述予以系年。商务本大致考证精准，但也偶有误系者，今则予以调整。5. 张、傅往来尺牍，商务本整理者所见最全，《张元济全集》所收次之。时移世易，今上海图书馆所藏较诸前两书整理时已有流散，较前所遗漏者，当系捐赠上图之前，便已佚失。这部分未收于《上海图书馆藏张元济往来信札》之信札则依据前二书予以补足。与此同时，此次整理过程中，也发现了一些过去遗漏、未曾整理的书信，可以补充前述二书。6. 为了便于核对，将所有见收于商务本及《张元济全集》中者，均标注页码，方便读者互相比勘。7. 商务本以时间顺序将二人往来函件混排，但因信件虽有先后，收信却未必仍此顺序，故去函覆信多有错落参差者，常令读者产生困惑。今改作二人各自分排，这样一来，就可严格按照时序进行排列，庶几眉目可以分明。

　　光绪十四年（1888）戊子，傅增湘中式顺天乡试，成举人。次年（1889）己丑恩科，张元济亦于杭州乡试中式第十名。二人往来函札中，均以"同年"互称，盖以正科、恩科可互称同年之故。光绪十八年（1892）壬辰，张元济以二甲二十四名入翰林院，为庶吉士。至光绪二十四年（1898）戊戌，傅增湘以二甲第六名入翰林院为庶吉士，有"戊戌翰林"印。以翰林论，二人前后相差四科。惯例，清朝翰林对比自己早五科入翰林院者，尊称为老前辈。但也有为表示特别尊重，虽未达五科，也称老前辈者，如曾国藩之于胡林翼、张百熙之于瞿鸿禨等，皆晚一科而呼对方为老前辈。傅增湘称张元济为老前辈，亦可类比。另外，据王世贞《觚不觚录》所载，明时翰林旧规，入馆后七科者称晚生，后三科者称侍生。这一习惯一直沿用至清，故傅增湘在信中多有落款为侍生者。张、傅二人现存通信虽始于1912年，但两人相识相知当远早于此，盖二人早年均曾从事教育，又皆喜好文献，交集必多。再据今存张元济致傅增湘第一函云："昨午肃上弟八号信。上灯后得四月十九日第七号书"，可知在此之前，双方至少已互通书札七八次。再，1942年5月15日张元济致函傅增湘，并请代售弘治本《梅宛陵集》。从情理上言，无论是否能够找到愿购之人，傅增湘当有覆函报告。又现存最晚之函为1947年12月2日张元济致傅增湘者，信末，张元济特意强调："收到后并祈示覆为荷。"于情于理，傅收到此信后，必有回覆，但现在也未见。综上可知，在现存双方通信之前、通信期间以及现存通信之后，都应该还有一些两人的往还书信，可惜的是，现在都已不知所踪。也就是说，傅增湘与张元济之互动，理应远远超出目前所知，而我们要想更加深入细致地了解相关情况，只能盼望傅增湘日记的发表了。

此次重新整理张傅二人往还书札，首先要感谢宗老柳和城先生，在他的建议下，我才开始从事此项工作。但在工作启动之后不久，就发现此项工作实际上困难重重。盖手书本已辨识为难，再加上张氏手迹大多为草稿，尤其增加了辨认的难度。而所据依者又系黑白影印本，无形中也加深了辨识的难度。所幸在两年多的整理过程及随后的核对校样期间，得到了鲁东大学教授李士彪博士的无私帮助，每次求援，都收到了满意的答复，可以说，没有士彪兄的帮助，我个人是难以完成此项复杂而又烦难的工作的。此书得以出版，还要感谢北京燕山出版社的夏艳社长慷慨大方地接受了我的出版请求，并邀请刘朝霞编辑负责此书。刘编辑认真负责，屡屡发现我的疏漏与错误，益我良多。还要感谢赵珩先生，不辞劳苦，为此书题签，令本书生色不少。最后需要感谢的是匿名的校对，虽然不知名姓，但其专业、认真的态度，令我格外钦佩。

名州柳向春于人民广场地下室

2024 年 11 月 5 日

张元济傅增湘往来信札

柳向春整理

北京燕山出版社

目 录

前 言 1

张元济 致 傅增湘 （1912—1947） 1

傅增湘 致 张元济 （1912—1945） 267

张元济致傅增湘

【1】1912年6月

沅叔吾兄同年[1]：

　　昨午肃上弟八号信。上灯后得四月十九日第七号书，谨诵悉。谨奉答如左：百二家已得瑞臣介绍，既入宝山，必不致空手而回。闻其精本首推《礼记》（千元弟亦愿购，乞留意），次即《方言》。今《方言》已入谭手，海内孤本，幸勿失之交臂，如能以二百元购入，即乞留下。景处书《万宝诗山》《骆丞集》共一百六十五元，弟拟留其一。《骆丞》较佳，即《万宝诗山》亦可，请公为我择之。其另单三十三种既许割爱，自应分担。即乞按部定价，开示一单。何者为兄自留，何种可以见让，亦祈示及。

　　宋本《倚松老人集》公已还五十元，如肯见让，再加一、二十元弟亦欲得之也。

　　明本校宋《礼记》不欲得之，欲注力于宋本《正义》也。

　　谭正文处精本已选出四十馀[2]种，中有为沈培老所欲得者，

1　据原信稿，见于《上海图书馆藏张元济往来信札》一，第47～49页。参《张元济傅增湘论书尺牍》，第16页第12函。又参《张元济全集》第3卷"书信"，第273页第1函。

2　按："馀"，又一信稿作"立"。

别开一单，乞转属按部开价，拟择其稍平者购之（但选择宁稍从严，以吾辈力均不逮也）。

来示谓，购得之书，吾两人如何分析，亦应预为筹及。此殆指必须趸购，又不及往返函商者言。鄙意公任搜讨之劳，而反取少数，于理未协。最好购定之后由公匀配，各得一半。如以经济关系，不以弟多取为嫌，则匀作三分。公取其一，弟得其二，亦无不可。前日已兑去千元，专备此项之用。至于托购之书，自当略与此数相埒。［元年六月］[1]。

【2】1912 年 11 月

［张元济致傅增湘函］[2]：

来示骇人耳目，且以营业性质之公司为之，尤有为难。鄙意或能核减至半或可勉力为之。此时相距过远，无从置议，不知公谓何如？一二日前景二亦有信来，共书八种。除上二书外，尚有《纂图互注周礼》《春秋胡传》《春秋名号归一图》四种、《孔丛子》《杜工部诗史》《王注苏诗》，共开万七千元有奇。弟已拒绝之矣。其函又云有《翁覃溪诗文》。元年十一月。

【3】1913 年 4 月 15 日

沅叔吾兄同年阁下[3]：

四月十日寄去弟十二号信，奉告《高大令集》已经朱秉交到等情，计荷垂察。前日接三月三日（不列号，拟编为八号）手书，诵悉一切。《大诰》原议廿六元，增为四十，未免

1 按：原信无日期，据《张元济傅增湘论书尺牍》补。
2 见于《张元济全集》第 3 卷·书信，第 278 页第 6 函。参《张元济傅增湘论书尺牍》，第 30 页第 25 函。
3 据原信稿，见于《上海图书馆藏张元济往来信札》一，第 50 页。参《张元济傅增湘论书尺牍》，第 39～40 页第 16 函。又参《张元济全集》第 3 卷"书信"，第 278～279 页第 9 函。

过昂，只可求公再为婉商，即作三十元何如？旧抄《流寇编年》《甲乙汇略》《明季甲乙两年汇略》如其书内容公以为确有价值，每册至多给五元，何如？2/4/15覆信，弟一页、弟二页无要语。

【4】1913年10月30日

沅叔吾兄同年大人阁下[1]：

连日得本月廿一、廿二、廿四、廿六等日手书，又孙端甫交来一片，谨诵悉。惠寄三百元亦已由天津分馆转到，容分别转交，俟取到收条再寄呈（敝处垫款尽可从容，不必急急）。《披沙集》两本遵托孙君带去，另附一部，并祈代校，感荷不尽（缺序及目录并末叶，祈觅人代抄补为托）。又《韩香奁集》二本、《李长吉集》二本一并检呈，统乞查收。其明本《唐人集》则书箧尚未整理，须少缓方能邮奉。景祐《汉书》业已补缀完竣，正在装钉。台从南来，定当奉借。沈培老处之《翰林珠玉集》容代函商，得覆再奉达。如可影写，美浓纸上海不易购，即以罗纹纸代之，何如？承示在京所得精品，可贺可贺。《佛祖统纪》极罕见。致培老信已阅过，属代查核，愧无以应，谅培老必有以报命也。《柳外集》曾见过一次，书颇精，惜价太昂。沪市非复去年可比，弟近毫无所得，宗旨亦与公同耳。《百川学海》用嘉兴府粮册纸印，甚愿一见。所示有一县今无，不知是崇德否？又寄下和陶诗写样一纸，未知何用？是否借抄《翰林珠玉集》时依此笔意？并祈明示。承询公司推广计画。原议注重印刷，夏间因战事，将所定机器酌量退去，现在营业

---

1 据原信，见于《上海图书馆藏张元济往来信札》一，第235～239页。参《张元济傅增湘论书尺牍》，第49～50页第33函。又参《张元济全集》第3卷"书信"，第280～281页第12函。

稍稍恢复，已遣印刷所长鲍君赴欧美考察印刷事宜，期以明春归国，再定进行之策。惟同业竞争极烈，用力不免相消耳。肃覆，敬叩侍祺。弟张元济顿首。［二年］十月卅日。弟廿四号。

再影印京师图书馆宋元印本，拟集股开办，弟极愿赞成此举。惟今岁在上海营筑数椽之屋，所费甚巨，现只能附一股，尚祈鉴谅。元刊《灵枢素问》能索寄一阅，最感。前云有元刊《图绘宝鉴》，不知已售去否？念念。弟元济再启。［二年］十月卅日。

【5】1914 年 4 月 27 日
沅叔吾兄同年大人阁下 [1]：

奉三月十八日第四号手教，敬诵悉。关君来取书，适弟卧病在家，书存馆中，无从检取，不克寄奉。当复关君一函，计当代达清听。现贱恙已愈，今日到馆阅报，知新铭明日开赴天津，谨将《河岳英灵集》两册、《韩非子》四册一并封固，送关君带呈，敬祈察入。《河岳英灵集》价二百元，已付王雪翁，嘱其暂勿交至莫宅。审定后，即祈径覆王君为幸。事冗不克多述，专此，敬颂侍安。三年四月廿七日。

此信在馆中缮寄，不克编号，又注。

【6】1914 年 10 月 9 日
沅叔吾兄同年大人阁下 [2]：

奉八月十三日手教，敬诵悉。李宝泉托寄书系九月十九

---

1 见于《张元济全集》第 3 卷"书信"，第 281 页第 14 函。参《张元济傅增湘论书尺牍》，第 54 页第 8 函。
2 据原信，见于《上海图书馆藏张元济往来信札》一，第 52～53 页。参《张元济傅增湘论书尺牍》，第 57 页第 18 函。又参《张元济全集》第 3 卷"书信"，第 282～283 页第 16 函。

日交发货处装入书箱内寄京，计算此时总可运到，便中乞向伯恒处一查。蜀本《史记》闻尚未售去，公如欲得之，乞示限价，弟当为谋。此为乡邦遗物，公似不可不保留之也。前见杭州吴氏《通鉴》，记是十五行，行廿六字，符否？如系宋刊宋印，索价二百元不为昂（配册几何，却不记忆），幸勿失之交臂。《大典》承代谐价，极感。《藏经》无精本，祈勿购，元本不甚罕见也。前代购《皇明诏敕》，计缺三册。前函已详陈，不审能向原估追补否？费神之至。专此，敬颂台安。弟张元济顿首。[三年]十月九日。

伯恒来信言贵筑黄子寿之书全数出售，索万四千两，有样本两箱曾带至京，公曾阅过否？弟仅见十一种，似尚佳也。又及。

【7】1915年1月1日

[张元济致傅增湘函][1]：

明年直隶发起省教育会联合会，江苏省教育会同人正在研究议案，其对于学制亦多不主张更改，惟于中学有仍取文实分科制之说。即使提出后多数通过，亦期以三年为实行期。从前改革学制，每以颁布之日为施行之期。往往学校基础未定，而纷更已来，故永无良善之效果。此层似亦不可不虑。该联合举行在即，议定其事自必上诸政府。既议改革，何妨稍致须臾，参以众论，似于实际较有裨益。4/1/1 复傅沇叔。

1 据原信，见于《上海图书馆藏张元济往来信札》六，第225页。按：此函又注一"藏"字。参《张元济傅增湘论书尺牍》，第61页第1函。又参《张元济全集》第3卷"书信"，第283页第17函。

【8】1915年2月12日

[张元济致傅增湘函]¹:

　　得手书（无月日），敬诵悉。掷还《史通》两部，又转交莫君之《吴集》，均尚未到。惟寄楚生信及银币五十二元已送去，取得收据附上，乞察入。教育案知已议定，无大变更。三学期实不便于社会，暑假、年假、寒假又春假，徒便于教员之躲懒，而失学生家庭之信仰，此实教育之一大障碍，想公必已筹议及之矣。观澜闻先已就江苏省教育会之演讲部事，不知果能北来否？承询有人欲入本公司股数千，是否一户，抑系数人？向执何业？现司何事？能以姓字见示否？果与公甚相习者，必为设法也。前函乞补寄浙江铁路股票，以便与先来之息单同时交换证券，又乞探询宜都杨氏藏书有无散出，不知均已达览否？未蒙赐覆，甚以为念。天一阁书并未购得，想系讹传，近惟得嘉靖伍氏本《张说之集》一部耳。程树德条议令人沮丧，项城竟交部议，不知何意，公能知其内情否？肃复，敬颂著安。弟张元济顿首。四年二月十二日。

【9】1915年4月8日

沅叔吾兄同年²:

　　昨晚送上致杭州分馆信，想荷督入。《后山诗注》携归细阅，究觉太贵。全书不过二百五十叶，每叶计值一角六分，似不值得。兹仍送还，敬乞转缴原主为荷。费神，感谢。肃此，敬颂早安。弟张元济顿首。[四年]四月八日。

　　借校之书途中如欲阅看，乞示，即送呈。又及。

1　见于《张元济全集》第3卷"书信"，第283页第18函。参《张元济傅增湘论书尺牍》，第61～62页第4函。

2　据原信，见于《上海图书馆藏张元济往来信札》一，第54页。参《张元济傅增湘论书尺牍》，第62页第6函。又参《张元济全集》第3卷"书信"，第283页第19函。

【10】1915年4月24日

沅叔吾兄同年 [1]：

沪滨小叙，犹恨未能畅谈。文斾北行，匆匆竟未趋送，至以为歉。顷奉旧历三月朔日 [2] 自小孤山下所发手书，展诵祗悉。苏帖何以尚有疑义？便中可否见示。《名臣言行录》已以五百八十五元购入。是书避讳极严，如瑗、援、曙、署、侦、徵等字均有缺笔，尚有耿、伟、玮等字亦在缺笔之列。此则颇鲜见者。究系何时刻本，尚未考订明晰……［约四年四月二十四日］。

【11】1915年5月18日

沅叔吾兄同年 [3]：

前上一函，计荷垂察。迩来起居何如？甚以为念。汪刻《两汉》仍属聂估设法，大约壹百九十元可以办到，现时尚未成交也。前于四月二十七日寄还《季沧苇书目》一册，又借校书五种，系装入京分馆弟六十二次弟一号货箱之内，不知已否送呈？如尚未到，务祈就近一询为幸。又代领浙路证券清（帐）［账］，承嘱补抄，当即函托叶揆翁。讵揆翁已赴河南，竟不得要领。顷已检查明白，谨将先后函件一并呈阅。尚有一张无息单者，其股票应如［何］办理，并祈示覆，俾便遵行。再，本馆开股东会，度台从未必能来，务乞指定代表。又江苏

张元济致傅增湘（1912—1947）

1　据原信，见于《上海图书馆藏张元济往来信札》一，第 55～56 页。又附信封：上书"北京后闸傅沅叔先生台启，快信。"落款时间为："四年四月廿四日"。参《张元济傅增湘论书尺牍》，第 63 页第 8 函。又参《张元济全集》第 3 卷"书信"，第 283～284 第 20 函。

2　按：傅自小孤山下致张信，查其游记，确是三月初八。此处谓"三月朔日"，恐是张误读"八"为"一"。

3　据原信，见于《上海图书馆藏张元济往来信札》一，第 57～60 页。又附信封，上书"快信附寄京馆收下，饬送后闸傅沅叔先生台启，张元济"，落款时间为："四年五月十八日"。参《张元济傅增湘论书尺牍》，第 64 页第 10 函。又参《张元济全集》第 3 卷"书信"，第 284 页第 21 函。

学校股分，系公所介绍，亦祈转达，至以为恳。东邻交涉，只算已往。欧战既了，来者无穷。风潮之恶，不啻什伯，未知当局何以处此？公有所闻，尚望见告。敬颂著安。弟张元济顿首。四年五月十八日。

【12】1915 年 5 月 19 日

沅叔吾兄同年大人阁下[1]：

昨上一函，计先达到。汪刻《两汉》昨晚取到，其《前汉》版式虽是，而汪文盛之名业已剜去，易为福建某某三人之名。聂君谓我兄前次只见《后汉》，未见《前汉》，不知尊意究竟欲得之否？姑将书价扣存，先将全书八十册交发书处附入弟七十六次弟一号货箱之内，托京分馆送呈台览。如果合用，即祈飞示数行，以便付价。否则亦祈即日寄还，无任感荷。再，本馆拟印旧书，以应世用，拟定名《四部举要》。弟一集种类业已选出，约在一万卷以上。拟分三次出书。全部约定价二百元，亦分三期缴（楚）[费]。欲零买者则照各部定价，贵亦不逾三分之一。兹将目录附呈，伏祈代为察核。如有应增应减者，并求指示。但有所增，则必有所减，因格于售价也。敝处藏本尚不敷用，将来尚拟就邺架借影，所缺书名已用朱笔标出。如所选之本有未善者，亦乞代为改定，不胜感祷之至。敬颂著祺，鹄候回玉。弟张元济顿首。[四年]五月十九日。

---

1 据原信，见于《上海图书馆藏张元济往来信札》一，第 61～64 页。又附信封，上书"附寄京馆，饬送后闸傅沅叔先生台启，快信，张元济缄托"，落款时间为："四年五月十九日"。参《张元济傅增湘论书尺牍》，第 64～65 页第 11 函。又参《张元济全集》第 3 卷"书信"，第 284 页第 22 函。

【13】1915 年 11 月 21 日

沅叔吾兄同年大人阁下 [1]:

叠奉十月初四日又无月日两次手书，均敬悉。津馆汇下壹百元亦收到。《礼记》昨始交到，共十册。卷数无误，叶数未克详检，察线装尚未尽脱，当无错误。适张君廷桂明日北上，即包固托其带呈，到乞察入。秦藩本《史记》亦已交到，凡二十二册，只可附入货箱寄呈，想不责其迟缓也。《修词鉴衡》容遵命与商，如能照议，当代购。卢氏书索价四万元（一切中费均在外），已令再核减。书目屡索，尚未到。赵宅喜事，闻一时未能定期，吾辈礼物似须早备，恐仓猝定议，邮寄不及也。仍祈随时探示，不胜感祷之至。肃此奉恳，即颂著祺，敬叩侍福。弟张元济顿首。[四年]十一月廿一日。

【14】1915 年 11 月 26 日

沅叔吾兄同年 [2]:

本月廿一日肃上一函，通知宋本《礼记》已托张廷桂带去（收到后乞示），秦藩《史记》则附货箱寄呈，计荷察入。旋于廿三日又奉十月十一日手示，展诵谨悉。银币六百已照数收到，当招古今图书馆送明本《元遗山集》来看，即付九十元，仍属其自行交邮寄奉。邱绍周探不在沪，即将尊函加封寄去。渠今日已来，书钱两交。来示谓有覃溪及兰石诸公跋。兰石何人？其荷屋之别字耶？两三日后舍亲夏剑丞北上，当托带

---

1 据原信，见于《上海图书馆藏张元济往来信札》一，第 65 ~ 67 页。又附信封，上书"外秦藩本《史记》一部，计廿二本。附寄京馆，祈伯恒仁兄饬送傅沅叔先生台启，快信先送上。外书到后再送。元济托"，落款时间为："四年十一月廿一日"。参《张元济傅增湘论书尺牍》，第 66 页第 16 函。又参《张元济全集》第 3 卷"书信"，第 284 页第 23 函。

2 据原信，见于《上海图书馆藏张元济往来信札》一，第 68 ~ 69 页。又附信封，上书"附寄京馆，饬送傅沅叔先生台启"，落款时间为："四年十一月廿六日"。参《张元济傅增湘论书尺牍》，第 66 页第 17 函。又参《张元济全集》第 3 卷"书信"，第 285 页第 24 函。

奉。敝处先将共和书更名普通，以为过渡时代之用，已送部覆核（照《审查图书规程令》），乞代托张、袁诸君，即予批准。陆氏在京，恐出而破坏也。专恳，敬颂台安。弟张元济顿首。〔四年〕十一月廿六日。

【15】1916 年 6 月 28 日

〔张元济致傅增湘函〕[1]：

前数日寄上一函，为乞商减津浦铁路广告包费，不知已否达览？闻主其事者为孟玉双，务祈鼎力玉成，无任感祷。顷奉五月廿四日手教，展诵敬悉。条复如左：公司借款承允于下半年先还一竿，谨遵。

抱经楼书曾续托蒋孟苹，云精本已有目录，不肯析售。馀者书目尚未理出云云。故未奉复。今知《华阳国志》已经寄去，闻之甚慰。

公司印《廿四史》，系接收孙问清之书。问清已印十四史，无力再印。公司借款与彼，为之续成。其书即抵于公司，售出一部，得扣佣金廿两。两年后如售不去，不能归还押款，即以印价售与公司。细算尚不吃亏，承注甚感。

胡本《通鉴》久思印，苦无初印精本。公司已排成一部，用三号字，但尚须勘误耳。

借去旧书，校阅后每种乞赐一跋，即以此为租赁之费，可乎？

旧书另设一柜，不另开店。丁隽丞保单已寄来，而人尚未到。去时允过午节后来，今已逾两旬矣。已托伯恒代催，亦无回信。此间急欲开办，公能为我敦促否？

---

1 见于《张元济全集》第 3 卷"书信"，第 285～286 页第 25 函。参《张元济傅增湘论书尺牍》，第 67～68 页函。

吴佩伯遗书全售欲得万元。如果值得，公司亦可收购。必有详目，乞索寄一阅。此非为藏弄之用，将用以求什一之利矣。有最佳者，亦拟留出。

柳蓉村开书店未之一闻，容探明再告。

公司近因时局不佳，涵芬楼不敢购书。即有购者，亦以备旧书柜之陈列也。天一阁明本志书三种拟不购矣。

公司重出之旧书，须俟丁隽丞来方能清理。抄出目录，再行寄上。

陈松山欲售《明诗纪事》板，已屡托常德分馆。索一千四百元，此间以为过贵。查全书共三千零卅一页，印价竹纸约八元之谱，现在售价竹纸廿元。如归本馆，拟售预约十二元。去一成酬同业之劳，所赢仅二元八角。如以一千元购入，必须售去四、五百部方能收回成本。闻现在销路，岁约百部。现即减价，至多销数不过加倍。然则须二三年后方能收回成本。且际此时局，犹恐未必，故不能不出以郑重。此书确系永久可售之品，现在是否千元可售（公是否受原主之托）？其板尚存京师文友堂否？敬祈探示为幸。

半月以来，天气稍见晴霁，而云气可复四合。长此阴晦，令人闷损，想公亦同此感也。偷闲校书，大是乐事。健羡之至。［五年］六月廿八日。

【16】1916 年 11 月 24 日

沅叔吾兄有道[1]：

奉十一月廿日手教，祗诵悉。吴氏书目务祈设法暂留，寄我一阅（敝处购否当电覆）。叔鲁已回南，明日当往询之，或

---

1 据原信，见于《上海图书馆藏张元济往来信札》一，第 75 页。原信不署书写年份，信中叙及拟购吴氏藏书，与 1916 年 6 月 28 日致傅增湘信相接，据以大致推定。

在彼处得见，亦未可知也。

委至丁氏阅看旧书，容即往访，看过后再奉告。专此，即颂台安。弟张元济顿首。[五年]十一月廿四日。

【17】1917年10月9日

沅叔吾兄同年[1]：

前去汉口，拟返至南京，即乘津浦车北上。讵到时铁道已阻，折回上海。阅报知英界被灾亦重，即发一函奉询起居，托王仙华兄转致，计荷察入。昨得旧历八月十二日书，知阖府平安，藏书亦已移出，为之稍慰。贵体违和，想系劳顿所致。西报言积水甚秽，极易致病。冬令尚可，一交春后，必有疾疠。曷作图南之计乎？景祐监本《史记》信是奇物，未知从何处所得？得价几何？尚望见示。来书即送培老（覆信附上），当亦同为公贺也。弟本欲北游，而两次被阻，兴遂大减。且天气已凉，海行又多风，恐须待来年矣。手覆，即颂侍祺潭祉。弟张元济顿首。[六年]十月九日。

【18】1918年3月5日

沅叔吾兄同年有道[2]：

二月廿一日肃上数行，计当达览。《西域同文志》前谓二百六十元，亦请代购。昨日伯恒来信云，蒙见告已为他人购去，可惜之至。《学津讨原》知已购得。伯恒谓内有缺叶，拟

1　据原信，见于《上海图书馆藏张元济往来信札》一，第71～73页。又附信封，上书"附寄京馆，祈饬送傅沅叔先生，张"，落款时间为："十月九日"。参《张元济傅增湘论书尺牍》，第69页函。又参《张元济全集》第3卷"书信"，第286页第26函。

2　据原信，见于《上海图书馆藏张元济往来信札》一，第76～81页。又附信封，上书"已封函皮，续奉正月廿日信，敬悉。容再复。附寄京馆，饬送傅沅叔先生，张"，落款时间为："七年三月五日"。参《张元济傅增湘论书尺牍》，第70～71页第1函。又参《张元济全集》第3卷"书信"，第286～287页第27函。

请转饬原贾补抄。此等琐事，不敢奉劳，但祈告知其中缺卷，留意代配，可寄丁君处（伯恒来信谓《易林》缺卷一，《毛诗古韵考》缺卷五、六，《太平经国之书》缺共十一卷云）。《李青莲集》据谓并非己物，索价百六十元。至《西汉详节》则至少须百八十元。然两书均有缺叶（清单附去），而《李集》尤多，《西汉详节》则板本亦颇模糊。弟意两书各一百元，似已不菲，未知尊见以为何如？去原价尚远，弟并未与丁君说过，敬候裁酌。《衲鉴》样本即可制成，惟印本有美恶之分，斯制版有难易之判。兹将出版部来信一纸附去，敬祈察阅，并查明某种约若干叶，开一清单寄下，当订约。估价时未尝计及此层。如费修工过多，尚须将价格商议，故此时不敢遽发样本也。近广东来宋本《资治通鉴》首册，每叶十行，每行廿一字，疑即是绍兴本。取江苏书局之《资治通鉴校勘记》对校一过，卷一至三不符者仅两条，此又未知何故？纸质、墨色、刀法无一不肖宋刻。云全书有元补抄配，尚未寄到。索价尚不甚奢，将来如能购入，尊处缺卷或能补足影印，亦未可知。馀续布。即颂台安。弟张元济顿首。七年三月五日。

再敝处修订教科书，尊意欲将欧战事加入。鄙意斯时颇难措词，拟俟战局既终，再行记述。前函已详言之，计荷垂察。近见日本报纸纪彼国教科书关涉此事者，意见大略相同。当属同人译汉，别录一纸，并附呈原报，即祈察核为幸。弟元济再启。〔七年〕三月五日。

【19】1918 年 3 月 9 日

沅叔吾兄同年 [1]：

三月六日肃上一函，计荷垂察。同时得旧历正月廿日手书，因已封缄，且事冗不及奉答，仅于函面附注数字，想蒙鉴谅。《西域同文志》，顷得三月五日书，知在古物陈列所借得一部。如能寄我一阅，甚感甚感。《学津讨原》已寄到，见抄配甚多，于影印颇不便，不知尚可退还否？如过于为难，则亦不必。顷已派人检阅，尚未竣事，故不能知其若干也。《李诗》及《西汉详节》已详前函，拟商丁君将首本寄呈台阅。嘱抄（帐）[账]单，别纸附呈，乞察核。陶兰泉处二百元迄未交到。手复，即颂台安。弟张元济顿首。[七年]三月九日。

【20】1918 年 3 月 14 日

沅叔吾兄同年 [2]：

前日奉覆一函，为影印《道藏》事，计蒙察及。宋本《资治通鉴》全书业已寄到，印本尚不错，惜缺去序目及校勘衔名。抄补凡二百馀叶，损破者亦数叶。避讳至宁宗嫌名，与常熟瞿氏藏本相同。江苏书局所刊校勘记为常熟张君所撰，不明言所据宋本为何氏所藏，然料必为瞿氏之物。取以对校，间有歧异，亦有宋本似误，而此本已经改正者，则此本似当在后。弟二百五十八卷末卷弟行后有铲去字迹，辨是"至元"二字，其馀不可复识。此外尚有数卷末叶卷弟行后亦有剜补痕迹，又有数处"桓"、"恒"、"敦"等字原为缺笔，后经镶补完

---

1 据原信，见于《上海图书馆藏张元济往来信札》一，第 82～84 页。又附信封，上书"附寄京馆，饬送太平湖傅沅叔先生，快，张"，落款时间为："七年三月九日"。参《张元济傅增湘论书尺牍》，第 71 页第 2 函。又参《张元济全集》第 3 卷"书信"，第 287 页第 28 函。
2 据原信，见于《上海图书馆藏张元济往来信札》一，第 85～88 页。参《张元济傅增湘论书尺牍》，第 71～72 页第 3 函。又参《张元济全集》第 3 卷"书信"，第 287～288 页第 29 函。

成者，痕迹显然（此事似未经前人道及）。岂此版至元时尚存，不欲留前朝之讳，故灭其迹耶？然镶补处极少，又何以不尽灭之耶？书中"戍"字多有作"戌"者。此字似非宋讳，若谓与"曙"字同声，则此外同声者多不缺笔，殊不可解。公闻见多，敢祈见教。前示"百衲本"有抄配明补，乞将卷叶开示。如能补足影印，亦大佳事。公方得衲本于前，而弟复得此本于后，天下事真可谓无独有偶矣。同来者尚有十行十六字王弼注《周易》，书亦致佳，惜《系辞》以下已系抄补。又宝祐本《纪事本末》已有嘉靖补版，然不多。刻正在谐价，千万勿为外人道。恐一传述，必有大力者起而攘夺之，至可惜也。丁氏《李翰林集》、《西汉详节》两书已详前信，欲得之否？商退《学津讨原》已否定妥？便祈示及。敬颂台安。弟张元济顿首。[七年]三月十四日。

【21】1918年3月20日
[张元济致傅增湘函] [1]：

……来青阁来信（原信附呈），谓须付一百五十元。弟未允付，据称再函商尊处。古书流通处先亦称须八十元，弟亦拒之。后请照付，已给之。收条附去，乞察入。《学津讨原》本专为影印之用，抄配殊不宜，只可退还，已经寄出。琐事屡费清神，甚以为歉。所垫各款，殊不需用。弟近日售去公债数千元（四年公债抽签已过期。何时举行，乞见示），手中尚充裕也。

《李翰林集》及《西汉详节》殊不佳，尊意既不欲购，是

---

1 据原信，见于《上海图书馆藏张元济往来信札》一，第89～93页。又附信封，上书"附寄京馆，饬送太平湖傅沅叔先生，快，张"，落款时间为："七年三月廿日"。参《张元济傅增湘论书尺牍》，第72页第4函。又参《张元济全集》第3卷"书信"，第288页第30函。

否即缴还本人，抑或酌示一价？如果便宜，亦可买也。

衲本《通鉴》叶数清单已由伯恒寄来，敝处新得之本与所谓建本相同。然何以尺寸不符，疑影印时已缩小矣。然细细比较，彼此笔画亦间有不同处，殊不可解。已别录一纸，详述同异，敬祈鉴及。现在尚在谐价，大约不致变动。弟三、四月间拟北来作西山之游，公欲阅何卷者，乞开示（衲本抄补及明补为何卷，亦望示知），弟当携以呈阅也。本公司来月十四日开股东年会，已有公函寄呈，届时乞推代表莅会。官馀利仍照去岁例，派一分五厘，并告。肃此，敬颂台安。弟张元济顿首。〔七年〕三月廿日。

百衲本：

卷七十七弟十二叶，半叶阔英尺四寸七分，长七寸二分半，后半叶弟八行弟五字"让"字缺笔。

新买本：

半叶阔五寸二分半，长八寸二分，栏外有耳，为"魏高贵乡公"五字。中缝上有字数，下有刻工姓名，白口。"让"字不缺笔。前半叶弟五行弟一字"吴"不毁，后半叶弟四行弟二字原系"始"字同。

【22】1918 年 3 月 26 日

沅叔吾兄同年 [1]：

本月十一、十四、二十日叠寄三信，想均达览。所拟影印《道藏》办法，不审尊见以为可行否？合肥复出，报称阁员极少更动。又谓公仍留部，其言想确，则影印《道藏》事仍可进

---

1 据原信，见于《上海图书馆藏张元济往来信札》一，第94～97页。又附信封，上书"附寄京馆，饬送太平湖傅沅叔先生，快信，张"，落款时间为："七年三月廿六日"。参《张元济傅增湘论书尺牍》，第72～73页第5函。又参《张元济全集》第3卷"书信"，第288～289页第31函。

行也。前代收邱绍周处《文苑英华》、《太平御览》两书，于阳历二月九日附入运致京馆弟二十四次弟一号货箱之内，想早递到。今日接邱估来信，托催书价（据称尚少九十元）。应找给若干，乞示知，弟可代拨也。来青阁究应付与若干，乞并示，当遵办。现拟印宋人说部，欲得善本一校，较有声价。别录一目呈上（随笔数十种，并非全印，亦不敢多借。先借一二种，校完再换，何如），邺架必有精校名抄，拟求慨假，藉备校勘。肃此，敬颂春安。弟张元济顿首。［七年］三月廿六日。

再，前承开示选印宋人说部清单，顷已觅得计六种。《冷斋夜话》敝处有元本，《西溪丛语》鹪鸣馆本前已借影，兹所欲借者为《老学庵笔记》（穴砚斋抄本，邓孝先臧）及明项氏刻本之《避暑录话》、明楚山书屋之《曲洧旧闻》，皆邺架所有，可否乞借校一过？孝先如在京，亦祈代商，否则弟可另恳也。《归田录》活字本容商缪小翁，知注附及。元济。

【23】1918年3月29日

沅叔吾兄同年[1]：

三月廿六日肃上一函，已否达览？前日得三月廿三日由天津来书，诵悉一切。谨奉覆如左：

印《道藏》事。别约发起人及招股等应需费用，可由本馆支给。惟叶数必须确查，方能定价。来示谓先查一柜，推知其馀，恐有未妥。最好派人抄一清（帐）［账］（或即用《汇刻书目》），注明某书若干叶。若仅云某柜若干叶，则承办之人并不逐一检点，我处信为实数，则将来太费周折矣。如需用二、三

---

1 据原信，见于《上海图书馆藏张元济往来信札》一，第98～104页。又附信封，上书"附寄京馆，饬送太平湖傅沅叔先生，快，张"，落款时间为："七年三月廿九日"。参《张元济傅增湘论书尺牍》，第73～74页第6函。又参《张元济全集》第3卷"书信"，第289～290页第32函。

十元，可请伯恒照付也。惟此事必须速办，定约、备案、发起招股，最好乘公在职之日，省事许多。合肥复出，如不更动，或公一时未必能脱身也。

衲本《通鉴》样本即日可出，但料半纸价增加，原拟预约价六十元，今改七十元，定价改八十元，馀仍照旧，兹特声明。此事迟延，实缘照相、影印，彼此诸多隔阂，甚为抱歉。

邱绍周应找付九十元，昨日已汇去。陈立炎处补十元（先已付过七十元矣），已交付，取得收条附去，乞察入。来青阁已去关照，尚未来取。弟近来尚称宽裕，可不必哑哑见还也。

《学津》已寄京馆，乞设法商退，抱歉之至。书到之日，伯恒当送呈也。

新得《通鉴》确是建本，惟与衲本稍有异同。前已详陈，想已达到。是书实值几何？望代评定。又有十行十六字王弼注《周易》一部，中缝有"开禧重刊"字样，似尚可信。惜《系辞》以下系抄配。又有《通鉴纪事本末》一部，虽补配甚少，然印本已在移入南廱之后，不足贵矣。

四月十三日本公司开股东会，度公必不能来，乞推举代表。股息仍派一分五厘。

本馆与湖南银行订约承印铜币抄票（该省经报明政府），系谭组庵任内之事。中经兵衅，均未交去。现在局面更动，一切善后，首在财政，但前后恐不接洽。敝友夏君剑丞即日北来，思与财部及湘省新督军有所商议，届时尚乞鼎力相助。剑翁当趋诣面陈一切。

某日去信为舍亲葛君乞八行，可允否？甚盼见覆。即颂台安。弟张元济顿首。［七年］三月廿九日。

再，近晤蒋孟苹，言京中现有宋十行本《十三经注疏》一部，抵押于某炉房。渠已还四千元，未允，曾闻公言系匋斋之物云云。弟记得匋斋一部已为张勋购去，得价甚丰，恐此又别是一部。孟苹又言，曾见《仪礼》数册，确系宋印。前一部《仪礼》似非宋印，然则的是二物矣。究竟何如，公如知之，望见告。书果佳，尚拟购也。再颂政祺。弟元济再启。［七年］三月廿九日。

【24】1918年4月30日

沅叔吾兄同年[1]：

叠上数函，计登签掌。均未奉覆，甚以为念。前日由京馆汇到银币二百六十一元二角，云系尊处属拨者，未知何用？未奉示下，谨当暂存。《道藏》叶数未知已否算清？白云观道人至今亦未南下，不审何故？高君梦旦北来，知已晤及，一切可以面谈也。百衲《通鉴》样本，谅荷察入。南中友人有可以赠招请购买者，祈即开示，以便寄送。敝友夏君剑丞北上，曾托代向尊处乞假宋人说部数种。又舍亲葛君芤吉来京曾致一函，恳祈推爱嘘植。琐事屡渎，无任惶悚。肃此，敬颂台安。弟张元济顿首。［七年］四月卅日。

【25】1918年6月4日

沅叔吾兄同年[2]：

五月廿一日肃奉一函，计荷垂察。《道藏》已经全数数定，每叶廿行，约十万叶弱，惟查短缺极少。方以为在此照相，诸事便利，已将借书办法拟就。而陈道人忽来，谓此间方丈阁某

---

1 据原信，见于《上海图书馆藏张元济往来信札》一，第105～107页。又附信封，上书"敬祈饬送太平湖傅沅叔先生台启"，落款时间为："七年四月卅日"。参《张元济傅增湘论书尺牍》，第74～75页第7函。又参《张元济全集》第3卷"书信"，第290页第33函。
2 据原信，见于《上海图书馆藏张元济往来信札》一，第108～111页。又附信封，上书"敬祈饬送太平湖傅沅叔先生，张"，落款时间为："七年六月四日"。参《张元济傅增湘论书尺牍》，第75页第8函。又参《张元济全集》第3卷"书信"，第290页第34函。

托辞避去，扬言有董事令其离沪，使此事可以作罢。陈方丈甚为愤愤，谓彼本可强迫，然不欲过伤感情，将来在京总可办理，并对弟等道歉。当为宽解，劝其不必介意。查该观董事有葛、陈二君主持最多，鄙意葛、陈二君或有揽权及觊利之意，亦不可知。否则竟系阎某别有所欲，故请葛、陈二人出面。陈方丈已于今日北还，弟往送行。据称续晤葛、陈二君，颇有转圜之意，云俟阎某归沪商定，再为函达。又据称卢子嘉护使极为赞成。可否请公函托卢君，请其从中怂恿，劝阎某赞成此举，敝处再向葛、陈二君疏通，当可解决。未知尊意以为何如？陈道人即日到京，当可详述一切。因此之故，不能定价，诸事即不能进行，甚为纳闷。弟于旧历月底月初亦拟北来，届时亦可面商。万一不能成行，容即函达。手此，祇颂台安。弟张元济顿首。［七年］六月四日。

【26】1918 年 6 月 29 日

沅叔吾兄同年 [1]：

昨得上海总公司来信，谓《资治通鉴》无论销数若干，必须开印。请即检书寄去。弟南返尚须时日。后日有友人乘车赴沪，拟先托带一二十本去，未知尊意以为何如？敝处新购一部，所缺卷页别纸抄呈。将来配印，必须避出，即祈核对为幸。明日观书在何处（图书馆地址，弟亦未详）？以何时往？乞见示。昨访叔鲁，云已赴北（带）[戴]河。《赏奇斋》八种已成交否？尊处如有校过或善本宋元说部，仍祈借校。此不急急，弟归时带往可耳。敬颂侍福。弟张元济顿首。［七年］六

---

1 据原信，见于《上海图书馆藏张元济往来信札》一，第219～221页。又附信封，上书"内信送呈傅沅叔大人台启，张缄"，落款时间为："六月廿九日"。参《张元济傅增湘论书尺牍》，第75页第9函。又参《张元济全集》第3卷"书信"，第290页第35函。

月廿九日。

【27】1918 年 8 月 6 日

沅叔吾兄同年 [1]：

昨日道人之意，似尚未能慨然允认。拟过旬日后再请公催询。最好乘弟在此定议，可省却许多周折也。百衲《通鉴》尊处抄配各卷与敝处均不相犯，可以补足。小字本残破者如卅、卅一、卅二、卅三各卷，亦均有之。惟小字本难照者内有四十八卷（抄弟十八页）、五十二卷（抄弟六页、弟十四页）、七十三卷（抄弟六、七页）、又一百廿卷（弟十八至廿二页，有破损补写处）似不能用，应否仍以尊处藏本影照，敬乞裁酌。前带来四册，如已阅竟，祈检付去伻带回为荷。即颂侍祺。弟张元济顿首。［七年］八月六日。

【28】1918 年 8 月 29 日

沅叔吾兄同年 [2]：

都门小住，聚首多时，快慰无似。公司函促南归，匆匆登程，未及走别，甚以为歉。廿五登车途中，天气凉爽，至为安适。次日依时到沪，足纾锦注。《唐人集》曾否踪迹？究在何所？能分数种与弟否？丰顺丁氏有宋板四种，为《毛诗》、《仪礼要义》、《东都事略》、《盐铁论》。到沪后因议价不谐，已携以入京，贡诸左右，不知近日已见及否？索价几何？并乞见示。闻人言艺风还八千元，弟不敢信也。即颂侍安。弟张元济

1 据原信，见于《上海图书馆藏张元济往来信札》一，第 222 ~ 223 页。参《张元济傅增湘论书尺牍》，第 75 ~ 76 页第 10 函。又参《张元济全集》第 3 卷"书信"，第 290 ~ 291 页第 36 函。
2 据原信，见于《上海图书馆藏张元济往来信札》一，第 224 ~ 225 页。参《张元济傅增湘论书尺牍》，第 76 页第 11 函。又参《张元济全集》第 3 卷"书信"，第 291 页第 37 函。

顿首。［七年］八月廿九日。

【29】1918 年 8 月 31 日

沅叔吾兄同年¹：

到沪后两日曾寄一信，计先达览。《唐眉山集》已归翰怡。培老覆信附阅，其退回之六十元只可收入尊（帐）［账］。杨寿祺之五十元已取得收条一纸，亦附去，乞察入。大生纱厂息折五年十一月（想系阴历）十一日来书寄下，弟于阳历十二月廿五日交津分馆一百八十三号信内附还。津馆同年五十一号信覆称已经交上，并寄下收条。收条却未留存，尚祈察核。此件既不在京，试于天津尊寓一寻之。《衲鉴》用金属版印较石印为精，抽印单张放宽天地可以办到，望速寄下纸张。一俟开工，即可附印。惟寄来原书系下半部，未知何故？惟同人之意仍拟循序开印，万一工事稽迟，外人责望，可以前半部先付购者，亦先事预防之意，想卓见亦以为然。其前半部仍乞觅便即行寄下，甚盼甚盼。

属购（紫）小楷紫毫十枝，弟未归时，先已寄交京馆转呈，计蒙察入。丁氏书曾寓目否？索价几何？已归邺架否？乞示及。肃此，祗颂台安。弟张元济顿首。［七年］八月卅一日。

寄存李紫东处之宋版《通鉴》拟不购矣。又及。

---

1 据原信，见于《上海图书馆藏张元济往来信札》一，第226～228页。参《张元济傅增湘论书尺牍》，第76～77页第12函。又参《张元济全集》第3卷"书信"，第291页第38函。

【30】1918年9月18日

沅叔吾兄同年[1]：

　　叠奉两书，诵悉一是。百衲《通鉴》前半部知交袁观翁带来，闻之甚慰。报载已起程，想不久必可到矣。压字机有现成者，广狭仅纵面长半寸，殆必可用。惟铁价既增，工值亦昂，每具售价须卅六元，比去年加半，故未敢寄去。如不嫌贵，乞示下，当即运上。宋刊唐集，袁二以千五百元购三册，可谓豪举。尚馀三册，索价五竿。厂估谰言，大都如是。如不残缺，即以袁二之价得之，亦未始不可。但弟无力分购，尽归邺架可也。汲古抄本《雪庵字要》，弟在京日已还与孝先，但乞借我印入《涵芬楼秘籍》。孝先允托尊处寄下，如尚未交到，乞晤时一询之。白云观陈道人信，因归后碌碌，至近日始访葛、陈二君，均允转商沪观监院。窥其意，似尚欲居奇也。元首改选，政局当有变动。但愿公勿去位，庶异时商办此事，较易观成。否则经营数月，卒归泡幻，岂不可惜。新铸铅字，用洋墨印终嫌火气，故用旧法试刷数纸，然墨色太浮，亦不匀净。据印工云须用宿墨。此为急就章，故不合也。寄去数纸，乞察阅。前闻公言拟印《唐子西集》（尚有一家，忘之矣），已决意否？应用何式？祈酌示。《唐人选唐诗》顷拟开印，公校本可假我作校勘记否？委交文元堂（收条顷已寄到，附去，乞察收）书价廿六元已付去，尚未有回信耳。半月前托张廷桂带还《云麓漫抄》一册，不知已交到否？乞示。敬叩侍祺。弟张元济顿首。［七年］九月十八日。

1　据原信，见于《上海图书馆藏张元济往来信札》一，第112～122页。又附信封，上书"附寄京馆，饬送太平湖傅沅叔先生，快信，张"，落款时间为："七年九月十八日"。参《张元济傅增湘论书尺牍》，第77～79页第13函。又参《张元济全集》第3卷"书信"，第291～294页第39函。

[附书目][1]：

《江淮异人录》，宋吴淑[2]。

《洛阳缙绅旧闻记》，宋张齐贤[3]。

《云麓漫抄》，宋赵彦卫[4]。

《岩下放言》，宋叶梦得。

《分类夷坚志》，叶祖荣编。

《可谈》，朱彧[5]。

《玉照新志》，王明清。

《东坡志林》，苏轼。

《龙川别志》，苏辙[6]。

《涑水纪闻》，司马光。

《春明退朝录》，宋敏求[7]。

《鸡肋编》，庄季裕。

《却扫编》，徐度。

《林下偶谈》，吴子良。

《泊宅编》，方勺。

《扪虱新话》，陈善。

《(席珍)[珍席]放谈》，高晦叟。

《南部新书》，钱易。

《珩璜新论》，孔平仲。

《国老谈苑》，王君玉。

《青箱杂记》，吴处厚[8]。

1 按：此非张元济手迹。
2 按：天头傅增湘手批："《道藏》本。"
3 按：后有傅增湘手批："翁弢夫有穴砚斋抄本。《知不足斋》本佳。"
4 按：天头傅增湘手批："校本。"又条目后手批："此以《守山》本为多。"
5 按：条目后傅增湘手批："此书得《四库》本更佳。"
6 按：条目后傅增湘手批："《百川》本最佳。"
7 按：条目后傅增湘手批："《百川》本。"
8 按：天头傅增湘手批："校本。"

《独醒杂志》，曾敏行。

《侯鲭录》，赵德麟 [1]。

《桂苑丛谈》，冯翊。

《麈史》，王得臣。

《溪蛮丛笑》，朱辅。

《高斋漫录》，曾慥 [2]。

《甲申杂记》《随手杂录》《闻见近录》，王巩 [3]。

《罗湖野录》，晓莹。

《五色线》，三卷本。

《灯下闲谈》[4]。

《归潜志》，元刘祁。

《庶斋老学丛谈》，盛如梓。

《汝南遗事》，王鄂。

《砚北杂志》，陆友仁 [5]。

《静斋至正直记》，孔齐。

《玉堂嘉话》，王恽。

《瓮牖闲评》，袁文。

《芦浦笔记》，刘昌诗。穴砚斋抄本可觅否 [6]？

《癸辛杂志》，周密。

《澄怀录》，周密。

《墨客挥犀》，彭乘。

《渑水燕谈录》，王辟之 [7]。

---

1 按：条目后傅增湘手批："明两刻皆有错误。"
2 按：条目后傅增湘手批："能否得《四库》本？"
3 按：条目后傅增湘手批："《知不足》本佳。"
4 按：天头傅增湘手批："抄本。"
5 按：天头傅增湘手批："校本。"
6 按：天头傅增湘手批："黄校本。"
7 按：天头傅增湘手批："校本。"

《东轩笔录》，魏泰。

《忘筌书》，潘植。

《异林》，李兼。

《随隐漫录》，陈世崇。

《游宦纪闻》，张世南。

《睽车志》，郭彖。

《江邻几杂志》，江休复[1]。

《嘉祐杂志》，江休复。

《续谈助》，晁伯宇。

《续博物志》，李石。

《老学庵笔记》，陆游[2]。

《家世旧闻》，陆游。小山借去刻[3]。

《曲洧旧闻》，朱弁。明嘉靖义兴沈氏刻本可求否[4]？

【31】1918 年 9 月 19 日

[张元济致傅增湘函][5]：

昨日寄去数行，由北京分馆呈上，计蒙察入。顷得十六日手教，知《衲鉴》前半部已交袁观翁带来，今尚未到，或者留滞金陵乎？大生分厂息折到后谨当代收，乞勿念。宝瑞臣同年收得《大典》可以见让，闻之甚喜。如《经世大典》可以联贯，或不联贯而章节各有起讫者，弟愿全得之。其舆图两册如绘画精细者，亦祈并购。但五册戔买，价当稍廉，拟请减作八折，还乞婉商。如可见允，即请代为购定。《国史唯疑》如未

1 按：天头傅增湘手批："校本。"
2 按：天头傅增湘手批："校本。"
3 按：天头傅增湘手批："抄本。"
4 按：天头傅增湘手批："沈本。"
5 见于《张元济全集》第 3 卷"书信"，第 294 页第 40 函。参《张元济傅增湘论书尺牍》，第
79～80 页第 14 函。

有刊本，可作《涵芬楼秘笈》材料者，五十元亦愿收之。匆匆
泐复，不及细检书目，敬乞代查，再行决定。新购《水经注》
三册，每册百元，是否宋印？至为想望。《唐集》竟为人攫去，
失之交臂，弟不能辞其咎也。七年九月十九夕。

【32】1918 年 9 月 23 日

沅叔吾兄同年[1]：

　　本月二十日寄上一函，计荷察入。顷袁观翁已将百衲《通
鉴》前半部五十五册，又《陈伯玉集》两册，又大生纱厂崇明
分厂息折两扣，均已照收无误。大生息款共收到规银一百九十
九两零零一分，合洋银二百七十一元一角二分，已遵示收入尊
（帐）〔账〕。兹将原折两扣寄还，即乞查收为幸。祗颂台安。
弟张元济顿首。七年九月二十三日。

　　《永乐大典》内《经世大典》未知能购入否？甚盼甚盼。

【33】1918 年 9 月 25 日

沅叔吾兄有道[2]：

　　昨交京分馆送去一函，并缴还崇明大生分厂息折两扣，计
当达览。午后又奉中秋日书，并影印《皇甫持正集》一纸，遵
命饬估印价。来书未言印若干部，已令以五百、一千分估，计
当不逾此数耳。仿宋聚珍排印样张似已寄去，兹再寄奉数种，
仍托伯恒兄转去，乞察收。油墨较光润，然不如华墨刷印之
雅。但华墨调制亦尚未合法，现正加意研究，或当有成效也。

1 见于《张元济全集》第 3 卷"书信"，第 294 页第 41 函。参《张元济傅增湘论书尺牍》，第
　80 页第 15 函。
2 据原信，见于《上海图书馆藏张元济往来信札》一，第 123～126 页。又附信封，上书
　"饬送太平湖傅沅叔先生，张"，落款时间为："七年九月廿五日"。参《张元济傅增湘论书
　尺牍》，第 80～81 页第 16 函。又参《张元济全集》第 3 卷"书信"，第 294～295 页第
　42 函。

《衲鉴》已开印。尊处另印宽片，前请速寄纸来，尚未奉到。今需用甚急，望毋再缓。查预约售出之数，料半者八十二部，连史者八十五部，毛边者七十五部，合计二百四十二部。然截止之时，总计不过百数十部，故现在拟印四百部，取一折中之数，尚祈鉴察。相传丰顺丁氏散出之宋刻《仪礼》《毛诗要义》《东都事略》《盐铁论》已由公介绍售与王叔鲁，计值万二千元。积馀昨以询弟，谅无此事，不然何来信绝不道及耶。手覆，敬颂台安。弟张元济顿首。［七年］九月廿五夕。

【34】1918 年 9 月 26 日

沅叔吾兄同年[1]：

昨上一函，托京馆转呈，计达览。用金属板影印《皇甫持正集》，顷由营业部估就交到，今寄上，乞察入。尺寸较宽而连史纸质稍软。为便于翻阅计，似宜衬纸。若单衬用次号纸，所加当不多也。借《道藏》事，已晤商沪观住持，语多推托。今日又派人往晤陈、葛两君，云数月后当有覆信，容再布。祇颂侍安。弟张元济顿首。［七年］九月廿六夕。

【35】1918 年 9 月 30 日

沅叔吾兄同年[2]：

本月二十、廿六、廿七日叠上三函（廿三日又寄一函，并缴还息折两扣），计荷察及。瑞臣处《永乐大典》，弟颇欲得之，前函已详，并托伯恒转达，务乞玉成。《国史唯疑》知已

---

1 据原信，见于《上海图书馆藏张元济往来信札》一，第 127～128 页。又附信封，上书"附寄京馆，伤送太平湖傅沅叔先生，张"，落款时间为："七年九月廿六日。"参《张元济傅增湘论书尺牍》，第 81 页第 17 函。又参《张元济全集》第 3 卷"书信"，第 295 页第 43 函。

2 据原信，见于《上海图书馆藏张元济往来信札》一，第 129～131 页。又附信封，上书"伤送太平湖傅沅叔先生台启"，落款时间为："七年九月三十日。"参《张元济傅增湘论书尺牍》，第 81 页第 18 函。又参《张元济全集》第 3 卷"书信"，第 295 页第 44 函。

蒙代购，感感。兹有恳者，前敝公司呈请影照北京图书馆经典书籍，已蒙批准，谓该馆定有借抄借影规则，应与该馆接洽。当托伯恒往抄，据称前夏穗卿在馆时所拟，迄未奉部批发。惟闻每册须（校）[缴]若干元，鄙意未免过重，且与我公平日流通古籍之意相背（抄照之费甚属不菲，若每册再取数元，是阻人借而已）。公家为此，本非所以谋利，若云补助馆员手续之费，则每册取银壹元，似亦已足。闻该馆正拟呈请将前定规则批发，务祈鼎力主持。弟非独为公司计，亦为公众计，想我兄必能见允也。肃此奉恳，顺颂台安。弟张元济顿首。[七年]九月卅日。

【36】1918年10月3日

沅叔仁兄同年大人阁下 [1]：

得九月三十日两次手书，谨诵悉。奉答如下：

《衲鉴》印成，预算彼时当可得三百部，留一百部备销。现均留铅片，如须再版，亦甚便也。

寄来日本皮纸，已交进货科持样就沪市访购，大约不过印数部，市上有货，遵代办。又示行净皮料半，夙未闻此名，未知产于何处？能寄示样纸尤妙。是否购得此纸，日本皮纸即可不印？乞示。顷又接到九月卅日弟三次信，并附来福建仿造日本皮料纸，并拟用之罗纹纸，均属进货科访购矣。又及。

《皇甫持正集》估价单计已收到。所估尺寸直十二寸，阔六寸四分之一（按英尺计）。此用全张连史析而为六，比之《衲鉴》宽广多矣。

---

1 据原信，见于《上海图书馆藏张元济往来信札》一，第132～136页。参《张元济傅增湘论书尺牍》，第81～82页第19函。又参《张元济全集》第3卷"书信"，第295～296页第45函。

仿宋活字印书，欲放宽版式，无所不可，机器尚可展拓。若中国纸则限于尺寸，槽户不肯变通，直是无法。必欲放宽，即如《皇甫持正》之尺寸可也。若用中国墨以手工印，则任何尺寸均无不可，但工价必昂耳。《陈伯玉集》已收回。当照排一叶，放宽版口，试印呈阅。

陈君其权尚未来，来必见之。但此时殊难添聘新人，且看机会。

压字机既不嫌贵，遵即饬运两架晋京，仍托京馆转呈。

允借《唐人选唐诗》，甚感。《国史唯疑》，伯恒信来谓已收到。费神，谢谢。

《永乐大典》之《经世大典》三册、地图二册，每册百元，亦可购入（但需原装，倘系改装，则请从缓），已托伯恒转告。弟既整购五百元，尚有"郎"字韵一册，当然不及百元，可否以半数（即五十元）让归敝处？乞代商。购成后，即向伯恒处兑款可也。

朱竹垞《欧五代史补注》稿本是否竹垞手笔？比之彭注详略何如？可否寄示一、二册（能寄全书最好）？如能印行，尚可收买。

陈仲鱼校宋本《太平广记》五百卷，不知校在何本之上？是否通体校完？全书几册？校勘处每册平均计算共有几条？能与《五代史补注》并寄二、三册否？能购与否，此时尚不敢决。

借《道藏》事屡促，尚无回音，真闷损人。不知江君曾与陈方丈细谈过否？

有美国人施永高者，能识汉字而不能操华语，在华盛顿国立图书［馆］充董事。酷嗜吾国旧书，于版本亦颇有经验。顷已入京，弟有信介其晋见，乞优待。此颂台安。弟张元济顿

张元济
傅增湘

往来信札

首。[七年]十月三日。

【37】1918年10月6日

沅叔吾兄同年[1]：

本月三日肃覆一函，嗣又奉到前月卅日手示，并附来福建仿造日本皮纸一张。当属进货科赴市探访。据称未闻福建有仿造之货，但东洋皮纸上海可以购买。货样尚未收到，云与尊处寄来一种相仿，计全张长二十四寸，阔五十二寸。每张可开六张，为长十二寸、阔十七寸，似嫌矮阔，然可于横处裁去少许，即便合度矣。每包二千张，价约银三十两。《衲鉴》全书计四千七百馀叶，是每包只能印书两部有半，再加印工装订成书，一部总须二十馀元，多或恐须三十元。明日取到纸样，如果合用，拟即代尊处印五部。如嫌多，亦可以一、二部归弟也。公司亦拟搭印若干部，定价出售，合并陈明。净皮料亦已觅得，纸样附去。其尺寸亦只能开六，而价贵于日本皮纸者倍，太不合算，只可作罢耳。瑞臣处《永乐大典》弟颇欲得之，曾托伯恒代达，不知已定议否？务乞玉成。费神，感谢。近日想大忙，尚有馀闲校书否？起居何如？甚念。敬叩侍祺。弟张元济顿首。[七年]十月六日。

[附便条]：

此即纸样。净皮料半，每刀九十四张，价四元六角，长二十七寸，阔五十四寸。英尺。

1 据原信，见于《上海图书馆藏张元济往来信札》一，第137~141页。又附信封，上书"北京宣武门内太平湖傅沅叔先生，张"，落款时间为："七年十月六日"。参《张元济傅增湘论书尺牍》，第82~83页第20函。又参《张元济全集》第3卷"书信"，第296页第46函。

【38】1918年10月10日

沅叔仁兄同年大人阁下 [1]：

本月四日肃上一函，详述采购东洋皮纸事，计荷察入。尚未购买，忽从本馆栈房中觅得相等之纸。但尺寸不同，只能开作四张。且纹系横行，价略相等，而一则开六，一则开四，相差已不啻三分之一。但纸质较优，而尺幅亦较宽广，纵加寸半，横加二寸。即寄去《陈伯玉集》样张，甲号之纸也。尊意如以为可用，即乞飞示，否则即另买可耳。《陈伯玉集》照敝处抄本排成一叶，行款悉遵原式，惟尺幅略减。木版与活字本难密合，况此抄本未必影抄也。甲号即敝处旧存之东洋皮纸（每张四开）；乙号即拟购之纵廿四寸、横五十二寸之东洋皮纸（每张六开）；丙号即连史纸，六开；丁号则毛边纸，亦六开。凡四种，随信附去，亦乞察阅。此书是否即排？用何种纸印？并祈示覆，以便估价。胡玉孙来，带到手示并明人墨迹及画一件、帖二件，当分别缴还柳、杨诸君，祈勿念。《永乐大典》五册，想已如价购入。尚馀一册，当然较廉，能以五六十元并得之否？校宋本《太平广记》、竹垞《五代史补注》倘能以数册寄示，曷胜感幸。顺颂台安。弟张元济顿首。［七年］十月十日。

【39】1918年10月12日

沅叔吾兄同年 [2]：

昨日肃奉一函，方谓《永乐大典》五册必已由尊处代为

---

1 据原信，见于《上海图书馆藏张元济往来信札》一，第142～144页。参《张元济傅增湘论书尺牍》，第83页第21函。又参《张元济全集》第3卷"书信"，第296～297页第47函。

2 据原信，见于《上海图书馆藏张元济往来信札》一，第145～147页。又附信封，上书"饬送太平湖傅沅叔先生，张"，落款时间为："七年十月十二日"。参《张元济傅增湘论书尺牍》，第83～84页第22函。又参《张元济全集》第3卷"书信"，第297页第48函。

购到，乃今晨得伯恒信，谓得公电话，已经售与田中。书共八册，得价千元云云。闻之不胜懊丧。《经世大典》在我国已不可见，今竟有三册之多流入东邦，殊为可惜。故发去一电，文为"宝书八册，请照东价壹竿截留，或酌加百番"等语。此电即由伯恒译呈，不知能仗大力挽回否？万一不能，所有《经世大典》三册，如与罗叔蕴所印者（似在《雪堂丛书》之内）不相重复，务乞代恳瑞臣同年允我借影一分，俾不至绝迹于中土，不胜感祷之至。如能借到其书，可即交伯恒代照，至托至托。尚有一事差堪奉告者，则近日购得宋刊宋印《资治通鉴目录》一部，缺去最后三卷，其书一无补板，出莫郘亭所见本之上，在海内亦不多觏矣。手此，即颂台安。弟张元济顿首。
[七年]十月十二日。

【40】1918年10月18日

沅叔吾兄同年[1]：

叠奉本月五日、九日手示，均诵悉。承假校本《唐人选唐诗》十四册，又柯君《新元史》一部，均已奉到。《元史》印本何以如是恶劣？想以资本未足之故，甚可惜也。书价廿元已收尊（帐）[账]矣。《永乐大典》为田中攘夺而去，至为可惜。弟于十二日尚有一电一信，请加价截留，亦姑作万一之想耳。十九日来书谓已成交，必更无望，但不知借影一层能否办到？田中如在京，尚拟托伯恒与之商榷。公如可为力，并乞从旁赞助。王培孙之《太平广记》公校毕后如寄还王君，可否经由敝处，便可详阅一过。如可留用，当由弟径与议价也。唐

---

1 据原信，见于《上海图书馆藏张元济往来信札》一，第148～155页。又附信封，上书"附寄京馆，饬送太平湖傅沅叔先生，快，张"，落款时间为："七年十月十八日"。参《张元济傅增湘论书尺牍》，第84～85页第23函。又参《张元济全集》第3卷"书信"，第297页第49函。

诗八种，何义门评校者有七，而《国秀集》《搜玉小集》《河岳英灵集》只有评点（敝处有毛斧季校旧抄本，与何本又不同），间有校改，不知所据何本？现拟过录一部。至影印体例，尚须与公详商耳。十一日函附去《陈伯玉集》样张四纸，计已达到，不知可照印否？《衲鉴》应用何种棉纸？亦乞示及（本月四日，亦有一信论选购棉纸事），此时尚未开印也。专此，即颂台安。弟张元济顿首。[七年]十月十八日。

前函缮就尚未发，又得本月十五日来书，展诵祇悉。《永乐大典》为美人分去，度即为施永高君。已函商借影，不知能办到否？《五代史注》既不如彭、刘，无印行之价值，拟不购藏矣。甲种日本毛纸既不以横纹为嫌，准即开印。净皮料半每张开六，尺寸与甲种日本皮纸纵处相等，而横处尚短一寸（甲种东洋纸四开，纵十三寸半，横十九寸。净皮料半六开，纵十三寸半，横十八寸），而价则每刀九十四张，须银币四元六角，为数过昂，遵示不再购用。至《陈子昂集》《皇甫持正集》当饬估价，容后再行奉告。宋体小字样张不见佳，姑以奉阅。东海诗稿可以印行，可否即由公代请？《吴三桂》《郑成功事实》，似有同类之书，已见刻本，容查明再定。手此奉覆，再颂著祺。弟张元济顿首。[七年]十月十八日。

文德堂之《说郛》拟不购，因今年所费已不少矣。

再借影《道藏》一事，屡托人前往催问，均未得覆。前日弟往访陈君润夫，始露本意。谓该观正拟募资兴修殿宇，如能捐助巨工，便是护法，诸事都易商量。其意并欲先得现款，不欲于书中加价。前代陈方丈覆信本有此意。既要得钱，何以不早说，真闷损人。敝处同人之意，至多不能逾千元，且须分期交付，以免中途变卦。此时政局渐变，前允发起诸人及认购部数，不知此时无所变易否？如尊意以为可行，仍有把握，即祈见示，以便进行。缘此时既须先付现款，兼之广告样本，所费亦复不少，不能不稍加郑重也。京观陈方丈不知有无要求？江宇澄已否与之谈过？亦望示及。手此，再颂大安。弟张元济顿首。[七年]十月十八日。

【41】1918 年 10 月 30 日

沅叔吾兄同年[1]：

本月十八日曾寄一函，计登签掌。昨得伯恒来信，传语《道藏》事可以进行。然续得陈、葛二君及白云观来信，词意又多推却。同人之意，陈君曾执旧书业，其言外之意，以为石印书籍必有千百部之销路，故欲（籍）[藉]此居奇。无论区区千元，即令倍蓰，亦难满其欲壑，故去信竟作拒词，看其下文如何。各信录呈台览，遇便并乞转示陈方丈，弟事冗不另致函，并乞为我道歉。《皇甫持正集》前已估价，今再补去一纸。又《陈伯玉集》亦估去两单，其尺寸均已注明，统祈察核。敝处抄本《陈集》全书共一九九叶，是否照式排印？并祈见示。用日本皮纸另印《衲鉴》业已开工，附去一纸，其尺寸殊不小矣。东海诗稿未知曾代请否？如已取到，望即寄下。敝处拟借影京师图书馆书，前部批谓须查照借书规则办理。嗣因收费过昂，曾函请核定平允之数。已荷俯准。该规则不知何日可以颁发？并祈饬催，无任感荷。肃此，祗颂侍祺。弟张元济顿首。[七年]十月卅日。

1 据原信，见于《上海图书馆藏张元济往来信札》一，第 156 ~ 158 页。参《张元济傅增湘论书尺牍》，第 85 ~ 86 页第 24 函。又参《张元济全集》第 3 卷"书信"，第 298 ~ 299 页第 50 函。

【42】1918 年 11 月 2 日

[张元济致傅增湘函]¹:

……再陈君与可已来访，晤谈之下，知其于法律之学颇有心得，人亦笃实而无习气。所惜时局靡宁，公司正值撙节时候，不能延揽新人才。且陈君之意，不过暂时栖托。如此位置尤为不易，现时尚未能有以报命，愧歉之至。昨晤王雪澄，询及《唐子西集》何时可以付印，甚以先睹为快。又谈及《北山集》，谓此书极难得，海内恐无第二本。尊处既经借校，务必商准原主，从速影印。特为转达，统祈示复。南北和局果有望否？报纸所载，恍惚无常，令人目眩。我辈惟有吁天默祷耳。近日都下有新出异书否？回首京华，不胜想望。敬颂台安。弟张元济顿首。[七年]十一月二日。

【43】1918 年 11 月 20 日

沅叔吾兄同年²:

奉本月十五日手示，祗诵悉。夏剑丞函亦收到，已转致。感荷盛意，不殊身受也。《通鉴》样本，遵即饬寄三十部去，到乞察入。前函询原印蛀损能否描补，及弟廿卷一叶，彼此均系抄补，乞查京师图书馆残本有无此叶，未蒙示覆，至为悬企。附去封面样子，应请何人缮写，即祈酌定，缮就寄下。前承借阅校宋《闻见录》四册，日内有人晋京，已托带还，谢谢。来青阁下书价百元，已遵付，收条附上（退回不收，谓价未议妥云）。宋刻《太平广记》已校完否？弟近借得严修能手

---

1 据原信，见于《上海图书馆藏张元济往来信札》一，第 159～160 页。参《张元济傅增湘论书尺牍》，第 86 页第 25 函。又《张元济全集》第 3 卷"书信"，第 299 页第 51 函。

2 据原信，见于《上海图书馆藏张元济往来信札》一，第 161～164 页。又附信封，上书"附寄京馆，饬送太平湖傅沅叔先生，快信，张"，落款时间为："七年十一月廿日"。参《张元济傅增湘论书尺牍》，第 86～87 页第 26 函。又参《张元济全集》第 3 卷"书信"，第 299 页第 52 函。

抄宋本《夷坚志》（即皕宋楼刊本，然刊本颇有错字），又黄尧圃手校《支志》《三志》（据宋本，亦不全。敝处尚有分类五十卷本及今夏在京所得姚江吕氏本，均明刊也）。尊处尚有别本否？务祈假我一阅，至恳至恳。敬叩侍祺文祉。弟张元济顿首。〔七年〕十一月廿日。

再借影《道藏》事，此间覆信去后，陈、葛竟无回信。想其希望甚大，且陈君有同业相忌之意，又不仅在募捐耳。卢护军使在京，公能挽其出为说项否？惟此一着，或可有效，否则此事恐无观成之日。缘在京影照匪独费巨，且手续甚繁，需时过久。同人仔细筹思，颇多望而却步也。再颂著祺。弟元济再启。〔七年〕十一月廿日。

【44】1918 年 11 月 30 日

沅叔吾兄同年[1]：

叠奉本月十五日、十七日、廿一日手书，均谨诵悉。因有估价之事，展转行查，不能即时裁覆，甚以为歉。兹奉答如左：

东海《退耕堂诗稿》两册已收到，容即付排，但恐不能甚速。尚有数种，未知何书？俟《诗稿》印成，是否满意再议，何如？

《通鉴》样本已属寄数十册去。如不敷，乞示悉，尚可从他处收回补寄也。

来示谓无馀利可分，似有误会。弟属出版部约略一查，就现在销数论，尊处约可得二千数百元。如能多销，所获较丰。

1 据原信，见于《上海图书馆藏张元济往来信札》一，第 240～246 页。又附信封，上书"附寄京馆，饬送太平湖傅沅叔先生，快，张"，落款时间为："十一月卅日"。参《张元济傅增湘论书尺牍》，第 87～88 页第 27 函。又参《张元济全集》第 3 卷"书信"，第 299～300 页第 53 函。

原信附呈，阅之可知其详，但仍乞掷还为幸。

来示属寄《通鉴》已印零页，检数十张寄去。为续招股之用，未知何指？或即是所需样本耳。

附印日本纸十部，久经开印，已成三分之一，补印断来不及。不另制版，不计纸张，即印工每部亦需二十馀元（以二十部计）。如补印，必须将千六百馀张重行制版，则成本更重，断（不犯）[犯不]着。如在敝处多印十部，有人定购，将来亦可作价售去，尊处亦可照分馀利也。每部成本约须五十元之谱，将来售价至少恐须定壹百廿元。惟尊处附印十部，则只收工本耳。

《陈伯玉集》前已估过连史、毛边两种。今不用连史，改用东洋棉纸百部，则毛边纸或须减少百部，亦未可定。已属分别棉纸百部、毛边四五百部，另估一单。又《北山录》专用东洋棉纸印五百部，亦估定一单，并样张尺寸附去，统祈察入。如蒙示复，乞将估单号数抄入，庶易接洽。

《皇甫持正集》前已有估单寄去。今欲改用日本纸，须另估。原来样张存王君处，顷告假，须俟回馆后方能估奉矣。

《衲鉴》允就原本描补付影，自当酌量妥办。尾卷抄迹甚新，疑是尊处新抄，故欲得其原本。来示云云，想是旧抄，则无可查究矣。补换只能用全卷，断无抽换一二叶之理。惟内有一种，与敝处所购孔氏本行款相同者前后衔接，则不妨耳。孔天胤本在百衲本未印以前甚为罕贵，今衲本既可出世，则其价必大跌。三百元太贵，拟不购矣。

来青阁书价壹百元，前送去不收。昨日来信云已商妥，属送去，是否？乞示遵。馀事匆匆，不及尽述。即颂侍祺不一。弟张元济顿首。[七年]十一月卅日。

【45】1918年12月6日

沅叔吾兄同年[1]：

前月杪肃上一函，计当达览。东海注意教育，叠见明令，我公将有何策以为督进，甚愿闻之。前日见贵部七十五号部令，公布读音统一会所定注音字母，此亦促进教育之一事。但字母业已颁布，而不明言某字应注某母，则将来人自为注，省省不同，县县不同，必至读音欲期统一而适得其反，弟曩在京时已为公言之。敝处所出初级教科书及字书，此后自应加附音符，以薪适用。惟无所凭依，又不敢妄自造作。查从前有王（樸）［璞］者，曾著一《国音检字》，已经贵部批准，是否即据为准则？又闻贵部委托吴君敬恒编定《国音字典》，已经脱稿，呈请审定。且闻其中与王君所著《检字》间有出入。鄙意贵部此时急宜颁一定式，指明某字注某母，违乎此者禁用，庶可渐收统一之效。敝处久将此项字母制成铜模，兹附呈察阅。吴君所编《字典》如经核准，可否即交敝处刊行？如须用官牍具领，当托伯恒就近办理可也。来青阁书价百元是否仍照付？又前月杪一函所详各节，并祈示覆。肃此，祗颂侍祺。弟张元济顿首。［七年］十二月六日。

【46】1918年12月10日

沅叔吾兄同年阁下[2]：

本月六日曾寄一信，计达签掌。前日沈商耆来，带到本月

---

1 据原信，见于《上海图书馆藏张元济往来信札》一，第165～168页。又附信封，上书"敬祈饬送太平湖傅沅叔先生，张"，落款时间为："七年十二月六日"。又书"颂平拟复"。参《张元济傅增湘论书尺牍》，第88页第28函。又参《张元济全集》第3卷"书信"，第300～301页第54函。

2 据原信，见于《上海图书馆藏张元济往来信札》一，第169～176页。又附信封，上书"附寄京馆，饬送太平湖傅沅叔先生，快，张"，落款时间为："七年十二月十日"。又参《张元济傅增湘论书尺牍》，第89页第29函。又参《张元济全集》第3卷"书信"，第301页第55函。

初四日手书，展诵敬悉。奉答如左：

《皇甫持正集》玻璃片一箱已收到，尚未启视，不知能免于破损否？前估之价系用连史纸，一开六。今改用东洋棉纸，一开四。故价有不同。前为一百九十五元六角，今为二百三十七元一角。相差不过四十馀元，而纸质既佳，篇幅又加宽广，似尚合算。估单一纸奉呈。现正赶印《衲鉴》，拟旧历年内竣事。《皇甫集》恐须少迟。

《衲鉴》新印残叶容即寄去。

《太平广记》廿六册收到。所校殊不多，恐未必尽据宋本。书名下有注"谈"字者，恐据谈氏本也。拟不留，当代送还王君。原信附缴。

《道藏》事恐难得当。此时未说妥，不能先售预约。若如来示，用官力强迫道人，固无不可矣。而我处发售预约，万一不能满额，则仍不能印行，不免贻人话柄。同人之意，以为官力一层断不宜用，还请熟思。

《诸史提要》向来藏家似均未见，闻之极喜。

《唐六典》从未见过北宋本，虽只五卷，可称独冠。将来馆中拟印行否？

抱存以宋元本及抄校本卅二种押九千元，便宜之至。公何不得之？中有异本，曾借校否？如尚有他种出押，望介绍。

杭州寿松堂孙氏有宋本《名臣碑传琬琰集》一部[1]，尚系四库发还原本。今拟出售，索价二千五百元，稍有缺叶，不知公欲得之否？

来青阁书价壹百元已付去。收条附上，乞察收。肃覆。祗颂侍祺。弟元济顿首。[七年]十二月十日。

---

1 按：又附试印样张两页，上书"全书分上中下三集，完善无阙。逐卷阙叶共计二百二十五处，悉经前人影写补全。有'垂远楼'印记、俞荫夫手跋。"

[附便条]:

此为小四开，实系一开八。

此断不能用，因估价单既已列入，故附去一看。此种纸只有此两种裁法，一开四，不免稍费，然不能用别种开法，只得如此。

【47】1918 年 12 月 16 日

沅叔吾兄同年[1]：

十一日寄去一函，并附来青阁收条一纸，计已达到。十二月初九日惠书诵悉。陈立炎屡访不见，所需各书昨在柳蓉（柳）[村]处获见数种，别纸开呈。索价荒唐，无从与议。《虞伯生诗》闻已让至五百元，亦有抄配，鄙意至多不过一半耳。《大戴礼》至多值八十元，公如不欲得之，弟思为涵芬楼收之。昨又在蟫隐庐见一《东野诗集》，九行十八字，系秦禾覆宋本，似比汲古本为胜，索价四十元，不知公愿买之否？又有景泰本《李文公集》，颇古朴，则开价壹百元矣。《皇甫持正集》估价单核准后即乞见示，当开印。百衲《通鉴》旧历年内可告成，书面如已缮就，乞寄下。弟亦另托子培写一分，以备缓急。闻公有《学海类编》欲让人，确否？定价几何？愿闻。即颂侍祺。弟张元济顿首。[七年]十二月十六日。

---

1 据原信，见于《上海图书馆藏张元济往来信札》一，第 177～179 页。又附信封，上书"附寄京馆，饬送太平湖傅沅叔先生，快，张"，落款时间为："七年十二月十六日"。参《张元济傅增湘论书尺牍》，第 89～90 页第 30 函。又参《张元济全集》第 3 卷"书信"，第 301～302 页第 56 函。

【48】1918 年 12 月 22 日

沅叔吾兄同年 [1]：

　　十一日、十六日叠上两函，想均达览。前日伯恒寄到无月日手书一纸，谨诵悉。《注音字典》允交敝处印行，甚感。《皇甫集》已属速印，但金属版须用折光镜照相，则落至版上，适成反面，可以即印。京中照相馆无此种镜子，此间须多翻一次，较为费事，恐《北山录》亦是如此。玻片尚未到，谅一时无便人之故。印价二百元昨由京馆汇到，先行收（帐）[账]，随后结算。将来如有古本需印金属版者，最好能交快邮寄下，由敝处径照，既可省时，又可节费，但恐有不能远寄者耳。东海有友人文集拟用仿古字排印，用何款式纸张？寄稿时乞详示。查氏书欲得何种？决定后亦乞示知。闻《虞伯生诗续编》已还至六百元，弟殊不信，或系柳蓉村之狡狯也。《名臣碑传琬琰集》有意否？馀续布。即颂侍祺。弟张元济顿首。[七年]十二月廿二日。

【49】1918 年 12 月 25 日

沅叔吾兄同年 [2]：

　　二十三日寄去一信，昨日又寄《皇甫持正集》样书一纸，计当达览。十九日惠书（今日又得一信，不记月日）属查顾若波《耦园图》。当时各件带到，即托仙华转交，据称未曾收到此件。原笺附呈，即祈察核。柳蓉村之书顷往催问，知各书尚

1　据原信，见于《上海图书馆藏张元济往来信札》一，第 180~182 页。又附信封，上书"附寄京馆，伤送太平湖傅沅叔先生，快信，张"，落款时间为："七年十二月廿三日"。参《张元济傅增湘论书尺牍》，第 90 页第 31 函。又参《张元济全集》第 3 卷"书信"，第 302 页第 57 函。

2　据原信，见于《上海图书馆藏张元济往来信札》一，第 183~186 页。又附信封，上书"附寄京馆，伤送太平湖傅沅叔先生台启，快信"，落款时间为："七年十二月廿四日"。参《张元济傅增湘论书尺牍》，第 90~91 页第 32 函。又参《张元济全集》第 3 卷"书信"，第 302 页第 58 函。

未寄出。据云尚有《困学纪闻》，已令速寄。《大戴礼》绝佳，如购成，务祈假我一影。时局渐定，购纸亦稍有把握。前拟印《四部举要》，即欲着手开办。新年（阴历）后便当发售预约。尚思从公借书，《戴记》亦是中所用也。《道藏》尚无办法。是书既经开手，同时断难并办，只可作罢。彼此经营许久，卒归徒劳。凡物之显晦，殆数有前定耶？秦刻《东野集》、景泰《李文公集》容商定再覆。近借得严九能影抄《夷坚志》甲、乙、丙、丁四集，与陆刻本稍有异同。敝处旧藏清平山堂本亦可增补数则。此外又借得莞圃校宋本《支志》七集、《三志》三集，颇称罕秘，刻正雠校，拟一并印行。公前属选印宋人说部，明春当有十种出版，藉副雅望。手覆，祗颂侍祺。弟张元济顿首。[七年]十二月廿五日。

正封函付邮，续奉手教，为答注音字母事，敬悉，并函知伯恒矣。又及。

【50】1919年1月4日

沅叔吾兄同年大人阁下 [1]：

奉十二月廿九日手书，谨诵悉。明纸两束均收到，《皇甫》《北山》两集各特印一部，已属照办。惟《北山》玻片尚在天津分馆，已有信来，须有便人方能带沪，已一再催促矣。胶纸传有化学药水，用以上石，不能印书，非日本纸之谓。徐森翁属印《北山集》，前示以东洋棉纸印一百部，连史纸印四百部。今来示云以此纸印一半，是否改印东洋棉纸、连史纸各半？仍祈示悉。恐有误会，敢再问，想不责其烦数也。柳蓉村可恶已

1 据原信，见于《上海图书馆藏张元济往来信札》一，第187～189页。又附信封，上书"附寄京馆，伤送太平湖傅沅叔先生，快，张"，落款时间为："八年元月八日"。参《张元济傅增湘论书尺牍》，第92页第1函。又参《张元济全集》第3卷"书信"，第302～303页第59函。

极，仅见寄《方言》《困学纪闻》两种与尊处。问《大戴礼》，则云"已售去"；问某某，则云"尚未修好"，其实皆系一种鬼蜮伎俩，已令将《方言》两种迳寄去。书估面目，骄人至此，吾辈不可不有以惩之也。昨见明精印本《白乐天文集》三十六卷（与兰雪堂、马调元本编次皆不同），无诗，有年谱，在卷末有淳祐年序。遍察各家书目，均未载，不知公曾见过否？乞教之。专覆，即颂侍安。弟张元济顿首。［八年］元月四日。

【51】1919年1月8日

沅叔吾兄同年¹：

本月四日寄去一信，想已递到。元日书来，展诵谨悉。《方言》及《困学纪闻》因柳估过于居奇，自视太重，故不愿代寄。前日往询，则云邮局令其作价，须先报关，费钱太多，尚未寄出云云。弟已催令速寄，但不知有无变卦。《大戴记》探知，云售与孙星如。问诸孙君，云亦在磋议，尚未到手，究不知从中是何狡狯。柳估为人，可恶之至。秦刻《东野集》，又明刻《李文公集》，因罗子敬不在上海，其店伙未能答覆，稍迟始有回音也。又来书云宋本书笺用贡边纸印数百张，未知何指？《衲鉴》不印书签，只有内封面，各从全书之纸，参以他纸，似欠大方，未知尊意以为何如？此时亦已印就矣。肃此，敬颂年安，晋叩侍福。弟张元济顿首。［八年］元月八日。

---

1 据原信，见于《上海图书馆藏张元济往来信札》一，第190～191页。参《张元济傅增湘论书尺牍》，第92页第2函。又参《张元济全集》第3卷"书信"，第303页第60函。

【52】1919 年 1 月 15 日

沅叔吾兄同年 [1]：

得一月七日书，诵悉一切。《北山录》玻片搁住在天津，不知何故？已屡催，大约剑丞南归总可带回。徐森翁欲全印日本纸，当遵办。旧纸附印，我兄欲添一部，乞速寄纸来。又另印料半纸十部，亦当照办。惟《方言》版口是何尺寸，敝处未悉。乞用英尺量准开示，以便饬知。博古斋之书前日又往催，允即于次日寄去，不知已收到否？蟫隐庐孟、李属每叶检查，覆来一信，今以呈阅。弟亦酌抽数叶一看，原本确亦有参差之处。又称远近光线与夫天气燥湿均有关系。然工人粗心，管理者亦涉粗忽。现在均已印成，弃去太觉可惜，相差究属无几，谅购者不至有甚争论也。又查用敝处新购本有四十五卷，弟觉其太多。顷据开报理由，并称原书有缺字及破损者，前未经商准可以描补，故改用敝处之本。后得许描补，业已照成不少。兹将来单一并附去，统祈察入。专覆，即颂台安。弟张元济顿首。[八年]元月十五日。

《白乐天文集》却非董刻，是否郭刻，因无可考（培老亦未见过），不敢定其是否。公曾校过数卷，望见示。书内"构"、"媾"、"觳"等字均注"犯御名"，"桓"字注"渊圣御名"。每页十八行，行廿字。其他字均不缺笔。

---

1 据原信，见于《上海图书馆藏张元济往来信札》一，第 192～194 页。参《张元济傅增湘论书尺牍》，第 93 页第 3 函。又参《张元济全集》第 3 卷"书信"，第 303～304 页第 61 函。

【53】1919 年 1 月 17 日

沅叔吾兄同年[1]：

　　本月十五日肃覆一函，计先达到。搭印《北山录》旧纸尚未到，不知已寄出否？《方言》版本尺寸亦望速示。料半纸与东洋棉纸稍有参差，如《方言》尺寸与东洋棉纸所印尺寸可以相就，则不必另行上石，所省较多。《皇甫集》印样尚过得去，但墨色时有浅深之别。昨日与印刷部诸人详细考究，谓同样之墨，何以互有浅深？其原实在玻片摄照未能一律之故，或其弊并不关乎摄照，而由于原书，亦未可知。不久便可印竣。是否全行装订，抑须订毛片若干？并望示知遵办。京华印书局拟在顺治门内外稍偏之地购地四五亩，建筑厂屋，尊寓附近一带最为相宜，顺治门大街迤东亦可，不知公能介绍否？醇王邸宅有出售之说，然否？公必能知其详，并望示及。琐事奉渎，悚甚悚甚。前属交还杨馥堂帖二本、画一卷，曾蒙询问顾若波《（藕）[耦]园图》，据王仙华兄谓未收到，已于十二月廿五日奉覆。昨仙兄于无意中发见三物具在，当时谓未曾收到，实系误记。兹将来信附呈。弟当时亦过于疏忽，未曾追问，致延阁如许之久，甚为惭愧。昨已函询杨君，商询如何交付，祈勿念。即颂大安。弟张元济顿首。[八年]元月十七日。

【54】1919 年 1 月 29 日

沅叔吾兄同年大人阁下[2]：

　　先后奉函片三件，均敬悉。《方言》尺寸据来样，系料半

1　据原信，见于《上海图书馆藏张元济往来信札》一，第 195～197 页。参《张元济傅增湘论书尺牍》，第 93 页第 4 函。又参《张元济全集》第 3 卷"书信"，第 304 页第 62 函。

2　据原信，见于《上海图书馆藏张元济往来信札》一，第 198～201 页。又附信封，上书"敬祈饬送太平湖傅沅叔先生，张"，又"《说郛》已购入，该值付清矣。壮注"。落款时间为："八年元月廿九日"。参《张元济傅增湘论书尺牍》，第 94 页第 5 函。又参《张元济全集》第 3 卷"书信"，第 304 页第 63 函。

纸六开，遵令附印十部。《皇甫集》亦当令先寄散片两分。至《衲鉴》改印敝处藏本过多，据敝处出版部调查，其中亦有理由，容再查明奉达。尊意欲改印四卷，自应遵办。其印价即由公司认赔，以赎吾愆，并祈鉴宥。明抄《说郛》屡承尊属，已告伯恒兄照购。蒙允假藏本抄配，曷胜感幸。此不全本公如欲留校，即请向京馆取阅可也。（帐）[账]款八十馀元，未知何项？容饬抄奉细（帐）[账]。肃复，祇颂年安，并叩年伯大人新禧。弟张元济顿首。[八年]元月廿九日。

再徐森翁委印《北山录》，前已开呈估单。印五百部，用日本棉纸，照《皇甫集》式，每页计洋银贰元壹角八分。去年十二月廿九号来信云印日本纸一半，本年一月七号信又云全印东洋皮纸，前后不符。不知是印二百五十部，抑印五百部？祈明示。是书玻片尚未到，津馆延阁，屡催，顷甫寄出，不日必可到矣。元济又启。元月廿九日。

【55】1919年2月6日

沅叔吾兄同年[1]：

旧历更新，伏维起居万福。叠奉前月廿七、除夕、又无月日三书，均谨诵悉。奉覆如左：

书牌子即用仿宋活字印，公能加跋语最好（并乞速寄），亦用仿宋活字排印，何如？

《皇甫持正集》去腊本可完，适岁晚大忙，故又搁起。昨日开工，已催赶印，三日后可寄出。当付快邮，十一二日可到京矣。

---

1 据原信，见于《上海图书馆藏张元济往来信札》一，第202～205页。参《张元济傅增湘论书尺牍》，第94～95页第6函。又参《张元济全集》第3卷"书信"，第305页第64函。

允假北宋本《史记》及庆元本《五代史》影印，甚感。如何办法，容与同人商定再覆。

影印《道藏》事去年为陈、葛诸人所阻，忿恨已极。其后因所议不成，拟改印《四部举要》，刻已动手。两事并举，断来不及。尊意欲抽印，未知拟抽若干种？如公事与《四部举要》无妨碍，弟亦甚愿为之。但初时先售预约，不及百部即还款停印之议，此时不能行。缘《四部举要》必发售预约，信用有关，恐因此妨彼也。来书谓酌领公款，未知如何办法？倘有端倪，并望见示。

《白氏长庆集》确系黑口软体字。除夕来书谓"行款附上"，未收到，想漏封矣。既已将篇次改动，何以仍有"犯御名"及"渊圣御名"字样？乞公教之。手覆，即颂台安。弟张元济顿首。〔八年〕二月六日。

《北山录》玻片已寄到。徐森翁需印若干部，是否全用日本棉纸？乞速示。

再闻李君赞侯新购《张迁碑》，系著名之宋拓本。敝处甚欲印影，度吾兄必与相识，可否乞代为商恳？将来即交京馆摄影，丝毫不致损坏。用珂罗版印，印成拟赠原主二三十部。李君雅人，必乐为古物流通，重以鼎言，谅必能慨允也。专此，再颂著祺。弟元济再启。八年二月六日。

【56】1919 年 2 月 8 日

沅叔吾兄同年[1]：

本月六日寄去一函，昨复得二日手教，谨诵悉。《衲鉴》

---

1 据原信，见于《上海图书馆藏张元济往来信札》一，第 206～208 页。参《张元济傅增湘论书尺牍》，第 95～96 页第 7 函。又参《张元济全集》第 3 卷"书信"，第 305～306 页第 65 函。

本只改印一、二两卷，出版部来信附阅，弟前函云四卷者误也。杨馥堂处之图帖三件，前已属王仙华寄苏州同业妥当者转交。近仙华适告假赴杭，二三日归后当再催问，乞勿念。《北山录》遵属印东洋棉纸五百部，惟玻璃寄到，其底色远不如《皇甫集》，竟不能照翻胶纸。惟有先晒印照相片纸，再由片纸重照玻璃，为价既昂，且恐失真。据印刷所同人言，恐原本纸色不及《皇甫集》，或摄照时光线不足，最好请将原书借到寄下，由敝处另照。否则只可按上文所言复照办法。已属估价，另单开呈。伏祈察核示覆。肃此，敬颂台安。弟张元济顿首。[八年]二月八日。

再今日续奉二月四日手示并《皇甫集》封面一纸，敬悉遵办。书已印成，今晚交快邮递去，计三十部。共分四包。弟一包内并附有旧纸附印一部，卒然一看，竟不能辨。若撤去首尾两叶，几可乱真。封面只可礼拜一、二日再行寄去。书面用何纸？如何装订？乞示。是否全装，抑留散片若干？并见告。再颂台安。弟张元济顿首。八年二月八日。

【57】1919 年 2 月 13 日

沅叔吾兄同年 [1]：

本月九日肃上一函，另寄《皇甫持正集》散片三十部，计均达到。重照《北山录》估单尚未开出，只可先寄，匆匆未及声明，甚以为歉。次日始由印刷所交到，谓原片模糊，须先晒白金纸重行摄影，方能上石，每页须加工资五角。最好请将原书寄来，则重照较为便利。又据声称，前寄去七年十一月廿五日第四千九百二十八号估价单，每页五百部，计式元一角

1 据原信，见于《上海图书馆藏张元济往来信札》一，第 209～212 页。参《张元济傅增湘论书尺牍》，第 96 页第 8 函。又参《张元济全集》第 3 卷"书信"，第 306 页第 66 函。

八分，实系误将纸幅缩小一倍，故与《皇甫集》比较，约廉一半。其实印数同，纸质尺寸亦同，断无廉至一半之理。所言各节，察系实情。谨代声明更正（每叶照《皇甫集》印价，计四元一角正），并乞转达徐森翁为幸。再全书计共二百五十六页，如能将原书寄下，不必另加先晒白金复照上石之费，亦尚须千元有馀。是否仍印五百部，抑须酌减？缘即经更正，印价几须增及一倍，故不能不请斟酌也。又玻片既不清朗，弟虑即晒出白金纸，恐亦不能十分清晰。用以复照上石，仍有为难。当属先晒一纸，果甚黯淡。兹一并附去，敬祈察阅。此恐非将原书寄到，重行摄影不可。设竟不能，则唯有改用珂罗版。又令估价，每页须八元，是又贵至一倍，恐太不合算。姑将估单附去，究应如何办理，敬乞转商森翁见示为幸。《皇甫集》封面三十页，又原样及旧纸印者各一页，昨交快邮递去，想不日必可寄到。书末应否印一牌子？如何措（司言）[词]并望指示。《衲鉴》跋语亦乞早日寄下，无任祷盼。新购《白乐天文集》确系九行廿字，承示感感。手覆，祗颂台安。弟张元济顿首。[八年]二月十三日。

【58】1919年3月6日

沅叔吾兄同年[1]：

奉二月二十七日手示，并《衲鉴》跋语，谨诵悉。宋体字模四周均稍有馀地，前寄去印样看去似疏，实已无可再密。次号字或可免，然现在尚未制成，只可将就。又原有每种卷数一一开列，经敝处抽换抄配及蛀损各卷，颇有不符。前示谓恐购

---

1 据原打印稿，见于《上海图书馆藏张元济往来信札》一，第213～214页。参《张元济傅增湘论书尺牍》，第96～97页第9函。又参《张元济全集》第3卷"书信"，第306～307页第67函。

者饶舌，今始恍然。然鄙意以为可以不必如此清析，拟将来稿某种、原有若干卷及右第几种之"右"字删去，其馀一切照排，便觉无甚痕迹。附记一段，于末句下加"又影印之本因为纸幅所限，故视原书尺寸稍有减缩"数语，于事实较为符合，想购者亦不至有抽换过多之嫌，想尊意亦以为然也。再《北山录》玻片业已逐一检查，据称《皇甫持正集》系用淡红牌干片，此系用大红牌快片，摄照时间较短而底色较淡。又适值《北山录》字迹较小，纸色较黯，故不能用，只可请徐森翁设法觅借原书，寄下重照。又重估更正印价，已于二月十三日寄奉。旋奉十七日覆示，可以照印，想系承认更正之价。但是否仍印五百部，来示未曾叙明，故于二月二十三日又去函奉询，仍乞明示，不胜感祷之至。肃此，祗颂侍祺。弟张元济顿首。八年三月六日。

【59】1919 年 4 月 17 日

沅叔吾兄同年 [1]：

　　四月四日、十日叠寄两信，计均达览。奉四月初九日手教，谨诵悉。似四日一信尚未达到，何迟迟也。《衲鉴》预约截止，计总馆售去四十三部，又送袁伯揆、张石铭各一部，分馆售去三百十二部，计料半纸总共售出一百十五部，连史纸一百三十部（连送人两部在内），毛边纸一百十二部。后来加印棉纸二十部，准如来示，定价壹百六十元。料半仅存五部，定价壹百二十元，殊不为贵。连史存十部，亦拟增为捌拾元。毛边存廿八部，即如前表，定为六十元。现在存书无多，不久恐

---

1 据原信，见于《上海图书馆藏张元济往来信札》一，第 215～218 页。又附信封，上书"附寄京馆，饬送［太平湖］傅沅叔先生，快信，张"，落款时间为："八年新历四月（旧历三月）十五日"。参《张元济傅增湘论书尺牍》，第 97 页第 10 函。又参《张元济全集》第 3 卷"书信"，第 307 页第 68 函。

将售尽。售完之后如尚有人欲得之，拟专印阔大之本，并用佳纸，庶于目前加价发售无所妨碍，但亦必须凑集若干人，预定若干部，方能着手耳。元本《通鉴》承通假，至感。《四部丛刊目》有暇务祈核阅并教正。《道藏》事如何？有办法乞示下，缘《丛刊》即须动手，须兼筹并顾也。手覆，祗颂台安。弟张元济顿首。

本月廿六日敝处开股东会，附去代表证一纸，乞推举寄下为荷。〔八年〕四月十七日。

【60】1920 年 5 月 14 日

沅叔吾兄同年[1]：

本月九日寄覆一函，请代购《容斋随笔》《续笔》，计蒙察及，不知有希望否？幸乞善为操纵。抄本《太仓稊米集》，前示来谓已售去，尚可设法取回。果能办到否？甚念念也。承假影《叶水心集》《庾子山集》《张说之集》《曹子建集》，昨乘孙伯恒还京之便，托其带上，想先送到。前属寄还张佳胤刻《越绝书》，查是书并未请借，想是误记，乞再查。近得奂彬信，谓宋刻《笺注陶集》已出，然则宋本《两汉》亦必可以问津，公曾见告，不知近有消息否？手布，即颂侍祺百吉。弟张元济顿首。九年五月十四日。

【61】1922 年 8 月 19 日

〔**张元济致傅增湘函**〕[2]：

昨日奉到八月十四日手教，展诵谨悉。影印《道藏》英文

1　上海博物馆藏原函。又参《张元济全集》第 3 卷"书信"，第 307 页第 69 函。
2　见于《张元济全集》第 3 卷"书信"，第 307～308 页第 70 函。参《张元济傅增湘论书尺牍》，第 98～99 页第 1 函。

启亦已奉到。据同人阅称，谓原译不甚妥协，如"周秦诸子"竟误认为周姓、秦姓诸君，此外亦尚有必须修改者，已嘱赶办。授经二十六日起程，能将样本带去最妙，否则随后邮寄亦尚无妨。惟前闻伯恒言，目录亦已印出，不知曾否交授经带去若干份？并祈示悉。弟在京时已商准京华印书局布置一切，兹又去函托其速商道人，先将残本索出运沪，以便同时进行。惟有商者，一年以来，南北学佛诸子丛惎敝处影印《续释藏经》，并以宏法大愿广为说法，认购者亦已有百数十部，责望甚切。敝处业已允从，将于来月发售预约。而《道藏》预约亦将同时发售，道家势力似不如佛，所有销路恐不免被其侵占。或又谓释、道两教截然不同，销送各殊，不至遽有妨碍。究竟如何，殊难预测，应请吾兄代为察度。如尊意以为无碍，自当同时发布，否则宁迟毋速。缘此书预约含有孤注之势，若一发不中，我公责任固重，敝处亦措置较难，故不能不慎之于始也。至东西洋方面，样本已成，自不妨先行递寄。西洋售价用华银计算殊为不便，已用英镑定价，虽不免稍有低昂，然不致过于亏损，想尊见亦以为然。《学海类编》查总馆存簿，连史者只有四部，毛边者八部，然皆散存各分馆，而成都一馆据称定出者尚有多部，因地方不靖，邮程稽滞，彼此知照迟延，至溢出存数之外，现正函商退还原价。至尊处欲添购连史一部，实在无从应命。即京馆借出一部现亦无从归还，正不知如何，尚须与伯恒详商耳。嘱查洪武本《宋史》列传一百十五至一百二十卷敝处有无重出之本，业经查明，所有者适自一百二十一卷起，亦可谓太不巧矣。尊藏弘治本《林和靖集》前托影写一部，务祈速办。需给笔资几何，候示遵缴。元刊《中州集》及五山本《乐府》蒙允慨假，望交与伯恒，有妥便可以寄下应用。代购元本《玉篇》已由京馆寄到，费神感谢。惟据印刷所同人详细检阅，谓欲求完善，工程未免过巨。前闻兄言，周叔弢处有一较精之本，食指又为所动，拟请我兄转商。倘能借来，则《玉篇》《广韵》宋元各一，与北京《说文》鼎足而三，亦《四部丛刊》中一佳话也。十一年八月十九日。

【62】1922 年 8 月 28 日

[张元济致傅增湘函] [1]:

　　本月十九日肃上一函，计蒙垂察。授经来沪，晤谈数次，今日准放洋。《道藏》样本附英文缘起已印就，交与百册，托其分赠。兹邮寄十份，乞察入。如不敷用，候示续呈。前函拟先借白云观所藏残本，运至上海，编定目录，寄至京华印书局，再向该观按目借出开照，免致错乱，想蒙俯允。日后此事由孙伯恒、郑炎佐两君随时与尊处接洽，敝处即不必每事函达，以省烦数，并祈鉴及为荷。徐氏残宋本《陆宣公奏议》已与潘、蒋二君说过，潘君欲得首册一阅。可否？乞转商。晤授经，言《中州集》顷已交还，拟乞惠假。又影抄《林和靖集》想蒙饬办，甚盼甚盼。《续古逸》二十种销路若何？祈鼎力推行，至祷。十一年八月二十八日。

【63】1922 年 9 月 9 日

覆傅沅叔君函（十一年九月九日）[2]:

　　奉八月三十一日手教，诵悉。《道藏》残本，陈道人忽又怀疑，自不便过于勉强。惟在京先照，只可先留底版。此时预

1　见于《张元济全集》第 3 卷 "书信"，第 308 页第 71 函。参《张元济傅增湘论书尺牍》，第 99 页第 2 函。

2　据原打印稿，见于《上海图书馆藏张元济往来信札》一，第 249 页。参《张元济傅增湘论书尺牍》，第 99 页第 3 函前半。又参《张元济全集》第 3 卷 "书信"，第 308～309 页第 72 函前半。

约，究竟能售多少，殊难预料。此层似不必与道人说破，但告以在京照相，转寄上海制版，且事实亦正如此。运纸入京税重，装钉本子工人不敷，均不能不就上海办理也。伯恒、炎佐两兄处已去函告知，仍祈就近接洽为幸。又《道藏》发起人前寄呈之样本，已列入康君之名。当时弟以为公必接洽妥贴，故未加考究，容再往询，惟此公近颇不易见面耳。张元济。

【64】1922年9月9日

覆傅沅叔君八月三十一日来函（十一年九月九日）[1]：

前代购日本皮纸，计两令，共银圆壹百拾肆元肆角式分伍。又美浓纸，共拾伍元柒角柒分肆。兹开去（帐）[账]单两纸，敬祈察入。至搭印《续古逸丛书》两部，需用皮纸若干叶，现已饬查（查存三百五十张，每一大张开三张，仅敷半部之用）。至在京印书，需用二三百张，亦俟查明，即行检寄。王培初想自湖南入京，如来书所言，殊无好书。巾箱本《名臣言行录》无甚用处，价亦太昂，不欲购。嘉靖藩本《周易集解》弟访之有年，不知可见让否？培初有抄本吴廷华（浙人）所著《三礼疑义》，此书极少，敝处有残本，颇欲抄补，培初允之，然仅仅抄来《礼记》一种，亦已隔十年矣。不知此书曾携至京师否？如携来，公能为我商借，俾得抄补完全否？所缺各卷清单附去（《仪礼》缺卷卅八、卅九，《周礼》缺卷四至廿八）。如能借得，即乞转托伯恒兄觅人一抄，此亦不过作万一之想耳。元版《中州集》及倭板《乐府》蒙慨借，极感。承示印本不精，恐不能用，可否乞先赐寄一、二册，由邮局保险寄

1 据原打印稿，见于《上海图书馆藏张元济往来信札》一，第247～248页。参《张元济傅增湘论书尺牍》，第100页第3函后半。又参《张元济全集》第3卷"书信"，第309～310页第72函后半。

下。如照印俱艰，即行寄缴，以免邮程往返，多所周折。黑口本《林和靖集》务乞觅人影抄一部，润资若干，即祈代垫，当托京馆拨还，此间需用甚急也。前处宋本残叶在蒋孟苹处，已为催索。孟苹前月三十日来信，拟再留一月云云，敬以奉告。

重出志书，托沅叔交张国淦[1]：

《南城县志》十卷，廿四本。李人镜。同治十一年。

《重修蓬莱县志》十四卷，两部八本。王文焘。道光十九年。

《醴陵县志》十六卷，六本。杨煊。同治九年。

《建德县志》，十二本。夏曰璇。民国八年。

《枣强县志》二十卷，八本。（汪）[任]衔蕙。嘉庆八年。

《沂州志》，八本。邵士。康熙十三年。

《清平县志》五卷，五本。万承绍。嘉庆三年。

《西宁府（新）志》四十卷，十二本。杨应（琚）。乾隆十二年。

《西宁府》每本五角，馀每本二角。

【65】1922 年 9 月 27 日

沅叔吾兄同年[2]：

本月十八日肃上一函，计达清览。《道藏》发起人（改称出版委员会何如？"发起"二字，名实似不甚称）拟加入黄任之，渠此时正在京，不知已与说妥否？伯恒来信谓徐森翁甚忙，照书事尚未与老道接洽。东海既已催促，此时自宜即速进行，望转催森翁为幸。先后由京馆寄来宋本《陆宣公奏议》一

---

1 按：此书目《上海图书馆藏张元济往来信札》中未见，据《张元济全集》第 3 卷 "书信" 之第 309～310 页相关部分补入。
2 据原信，见于《上海图书馆藏张元济往来信札》一，第 229～234 页。参《张元济傅增湘论书尺牍》，第 101～102 页第 4 函。又参《张元济全集》第 3 卷 "书信"，第 310 页第 73 函。

本、影抄《林和靖集》一本、《中州集》及《乐府》两本、郭刻《李太白集》全部四函、嘉靖《大统历》一本，皆由吾兄属寄者。《陆宣公奏议》，潘明翁以有残缺，无意购臧。孟苹嫌价贵，问可否核减。书尚在孟苹处，云留观两、三日当交还。《林和靖集》想即兰泉托抄之物，印竣当即寄缴。《中州集》字小行密，诚不易照。孟苹有一明弘治本，字较大，亦清朗，拟用以影印。而以尊处之《乐府》附行于后，想卓见亦以为然（顷查弘治本实有《乐》本，系被遗失。配以他本似不伦，拟即用授经新雕本影印。好在授经向主流通，不以翻印为嫌也。元济附注）。《李集》据伯恒来告，疑必是元刻本，闻之极喜。此间已买得一郭云鹏本，且发照矣。得信之后，即令停止。今日寄到，乃知亦是郭本。然比之敝处一部，较为清朗，亦甚可补其不足也。嘉靖《大统历》想公为我代购，未知需值几何？前得一本为嘉靖廿六年，此为廿九年，将来更能多觅数年，令其联贯，则尤有趣矣。近见青莲阁刻本《穆天子传》，系万历刊本，印刷尚好。此书可值几何？并望指示。都下有无善本发见？前年所见之宋本《百川学海》，兰泉谓尚有希望可以复出，不知现在曾到手否？椿树胡同某报馆之《孝经》后来有无消息？是否已经售去？甚念之也。此间有原版《图书集成》一部，缺去数十本，开价尚不甚贵。京中旧书店能补配否？尚望示及。柳蓉村还来《莌言》一册，记是公所借与，由敝处交去，谨当代存，有便再寄上。王培初书目，能否取来寄我一阅？甚为企盼。书至此，又得九月廿二日手书，谨悉。《大统历》价如不昂，弟拟留。现暂存候示。水湿《通鉴》及用日本纸所印各书散片，容属清出，一并寄呈。馀纸即属搭印《续古逸丛书》一部。此书现仅印《说文解字》（尚未完），其馀拟俟预约截止后再行开印。鄙意销路虽不畅，然希望可得二三百部。日后单行本仍可销售者，当酌量宽印。幼平欲以明纸搭印《集古录》，望转告即寄纸来，恐日后彼此忘记也。又《广成集》借自孟苹，的系明抄。然讹字颇多，欲另觅一本印行，不知公有其书否？杜为蜀人，想其著述必在收藏之列也。文旟月内南来，欣盼之至。专覆，敬颂台安。弟张元济顿首。〔十一年〕九月廿七日。

【66】1922 年 11 月 13 日

致傅沅叔君函（十一年十一月十三日）[1]：

月之八日肃上一函，并另寄《四部丛刊续目》一份，计当达览。星如拟此，过于宽滥，务请痛加减削，然亦有应加者，亦祈代为酌定。能于半月内寄还，至为感荷。陈韫山前三日来，出示与介绍《柳集》之某君所立合同，并取去式百元。立有收据，现存弟处。不知能不虚此行否也？如果购得，务乞借我一印。前在江南图书馆影印南宋本《韩集》，得此足称双璧矣。《续古逸丛书》预约截止，约计得百六十部，然远省尚未到齐，或可满三百部，不知兄能再为推广否？三、四日后弟拟回籍扫墓，大约一星期便可毕事。张元济。

【67】1922 年 12 月 27 日

覆傅沅叔君函（十一年十二月二十七日）[2]：

奉冬至前一日手教，谨诵悉。现有之日本棉纸以印《续古逸丛书》两部（仅够一部，所馀无几），断乎不敷。然此时若

---

1 据原打印稿，见于《上海图书馆藏张元济往来信札》一，第 250 页。参《张元济傅增湘论书尺牍》，第 102 页第 6 函。又参《张元济全集》第 3 卷"书信"，第 311 页第 74 函。
2 据原打印稿，见于《上海图书馆藏张元济往来信札》一，第 251 页。参《张元济傅增湘论书尺牍》，第 102～103 页第 7 函。又参《张元济全集》第 3 卷"书信"，第 311 页第 75 函。

先印一部，则印成若干之后，纸再到来，亦属无法。现尽先印两部，可得一半光景，时间亦在一个月后，彼时所购之纸总可望到，比较上此为较有希望，故毅然为之。然若始终不到，或到在已经印完之后，则亦无法也。官纸尚未交到，想晴初留滞中途之故。柳文由罗子敬借印，样本甫出，昨已另寄。星如见告，即正集亦与济美本有异，是则真不可解矣。陈韫山久未来，《北史》前与商减价，又有居奇之意。此人市气太重，容再商之。兰泉售《续古逸丛书》，此间并未与以九折，恐其误会，仍援《四部丛刊》之例，亦已专函告知矣。张元济。

【68】1923 年 1 月 19 日

覆傅沅叔君函（十二年一月十九日）[1]：

叠奉一月二日、四日、六日、十一日手教，均诵悉。因患感冒，迟迟未答，负仄无似。今一一奉覆如左：

宋本《柳集》现由罗子敬印售，潘明训得此书即由子敬介绍也。潘正在议价时曾来商议，劝弟勿与争购，愿购成借与我印。曾漫应之。渠得此书后持以相质，允罗君印后再借与我。将来如果影印，当遵命为公搭印也。罗君久已开印，此时来不及矣。

《北史》事叠约陈韫山与商，始终不肯减一文，近又云已为韩滋园买去。此君办事太不结实，盖由利心太重，无所谓交情也。前为《柳集》事由弟处携去二百元，弟近与买陶器七十元，此数可即扣回，亦已告之矣。

文德堂之《通志》不愿购入，乞却之。

1 据原打印稿，见于《上海图书馆藏张元济往来信札》一，第 252～254 页。参《张元济傅增湘论书尺牍》，第 104～105 页第 1 函。又参《张元济全集》第 3 卷“书信”，第 311～312 页第 76 函。

《集古录》已印成，[右]（幼）平附印三部已来不及，纸可不必寄来。印章印朱色却无不可，当时却未想到。虽稍费事，却好看多矣。

抄补《南齐书》两叶已奉到，感谢之至。

内府有宋刊《经典释文》，如能借印极佳。但只有二册，是否完全？如系残本，则稍差矣。

《续古逸丛书》封面，此间写手不甚佳，且同出一手亦不好看。今寄去格纸□□张，乞觅善书者一写，即日寄还。篆、隶、真、草，能多得数样尤佳。

去年借去影元抄《松乡集》两本，如已校完，得便乞寄还。图书馆年终理书，来弟处催索也。伯恒来信，闻大内有许多残书售出，如有善本望设法截留，能以若干分与敝处否？

再，到馆检查，始知朱幼翁搭印《集古录》之旧纸业经寄到。是否寄还，候示。

前函尚未发，胡晴初又交来冬至日手书，谨诵悉。官纸三册收到。《后汉书》三本已交罗子敬，用送信簿送去，不致有遗误也。

【69】1923 年 1 月 19 日

覆傅沅叔君函（十二年一月十九日）[1]：

《道藏》残本已装箱，即日运南，甚好。尊意欲从馀款内拨出壹千元，充运费及派人旅费，自当遵办，已由公司函告伯恒。闻徐森翁将南来，是否为劝募预约事？如专为押运残藏，似可省也。预约全未开市，能有人奔走亦佳。

---

1 据原打印稿，见于《上海图书馆藏张元济往来信札》一，第 255 页。参《张元济傅增湘论书尺牍》，第 105 页第 1 函后半。又参《张元济全集》第 3 卷"书信"，第 312 页第 76 函后半。

【70】1923 年 2 月 3 日

覆傅沅叔（12/2/3）[1]：

奉一月廿九日手示，谨诵悉。森翁来，藉悉起居安善，日事丹铅，甚慰甚羡。《道藏》办法森翁已详细见告，自当遵办。推销方法只能专用感情，森翁亦已详述。各处如有复信，尚望见示。授经已到东京，少有勾留。昨日遣其随员梁君来访，谓欧美图书馆当有数部可定。此间仅售出一部，各分馆尚未有消息，大约总在明二、三月间也。森翁匆匆北旋，弟赴车站送行，竟未得遇。来示拟借孟苹之书，弟亦未及询问，不知曾否将去？暇当访孟苹一询。如未取得，弟当借来寄奉。《经典释文》《春秋经传》（白文），森翁亦极言其美，不知有无方法可以借影？宝瑞臣有此力量否？《二百家名贤文粹》此书夙所未闻，何以只有五册？金本《内经素问》如系大字，甚欲得之。两书纸墨印刷若何？能影印否？千六百元是否两书合售之价？减半能购得否？如能影印，公司可与商也。售书价有数百元划拨欠账，是书价及杂欠，并非印刷之款，已属开具清单，今呈阅。弟处（帐）[账] 款尽可从缓，不必挂念。修整水湿《通鉴》价款，昨据寄售处声称，此九部皆吾兄之物，应归尊处自付。手覆，即颂台安。

再，幼平处宋本《唐集》颇多挖改补写之字。弟意以为失却真面，不如一律改为空白，或仍用其字，但摹仿雕板笔意，以泯痕迹。幼平主用后说，而弟则主前说。今日细看，只可两说参用。已详致幼平信中，晤时当能谈及。尊处《皇甫持正集》记得亦有剜改之字，务祈逐一摘录，开一清单寄下为盼。

---

1 据原信稿，见于《上海图书馆藏张元济往来信札》一，第 256 页。参《张元济傅增湘论书尺牍》，第 105 ~ 106 页第 3 函。又参《张元济全集》第 3 卷"书信"，第 312 ~ 313 页第 77 函。

用日本皮纸搭印《说文》两部，拜托徐森翁带回，想荷察入。续购之纸已到，共五百大张，搭印他种不致误期，惟色泽稍殊。今各寄去两小方，乞察入。前寄来幼平所交旧纸一卷，亦托森翁带还交去。

[附录张元济致朱文钧函，1923 年 2 月 2 日] [1]：

覆朱幼平函　十二年二月二日：奉一月三十日午刻手示，敬诵悉。尊藏《唐人集》已成孤本，至可宝贵。鄙意只虑填补之字痕迹显然，阅者必致怀疑，本书声价随之而减。故拟去办法三条，以为补救之计，匪谓原书无可贵也。承示采用丙条办法，本当遵办，惟细思总觉未妥。来书谓书经元翰林国史院所藏，必系当时承校之官所校改。鄙意恐尚待考，即真有之，而改"娃"为"蛙"（《许用晦集》卷一第二十四页第十七行），改"朤"为"朗"（《许集》卷二第二十页第十行），所校改者亦无价值。由此推之，则其他校改之字亦未必定出善本，故丙条办法终觉未合。然尊意虑墨钉太多，转于营业有碍。鄙意就许、孙两集而论，每页至多不过四字，而以一字者为多，且并非每页皆有。墨钉固觉碍目，若改空白，较见清朗。鄙意似当仍用甲条办法。昨与徐森翁晤，谈及此，渠亦颇以为然。已托奉商，敬祈核示，或与沅翁一商何如？如蒙核准，可否电示？即用"用甲法"三字足矣。此数书均系弟一手校阅，改写之字尚可辨认，然亦有字样略异，不易区别者，拟仍请代查一过，即照弟十二月十一日去信所拟办法写一清单，较为简便，庶可从速。现在积存石版甚多，亟须印出，以便周转也。《皇甫持正集》在沅翁处，乞转告照样代校一过，即日寄下。《李长吉

1 据原打印稿，见于《上海图书馆藏张元济往来信札》五，第 38～39 页。参《张元济傅增湘论书尺牍》，第 106～107 页。

集》如已校完，请接校《司空表圣文集》，其次为《张文昌》，又次为《郑守愚》，此间制板次序亦如此规定也。李氏书既不分售，可否将最精之本（系友人所托）每种检一二册派人携至上海，并乞转商。如可办，俟且到当再开单寄上。

【71】1923年2月19日

致傅沅叔君函（十二年二月十九日、阴历正月初四日）[1]：

　　小除夕奉二月十日手教，展诵祗悉。北宋本《五代史记》想系第一刊本。虽不全，极可贵，邺架乙部甲于国中矣。残宋本《二百家名贤文粹》及《黄帝内经素问》馆中不克收藏。惟《道藏》残本四百册如价不甚贵，拟为馆中购入，将来可作校对之用。版本想必与白云观者相同。需价几何？并望示及。周叔弢所借之《玉篇》已经寄还（本月八日寄，共还七种），书亦早已印好，搭印已来不及。我兄搭印《八朝名臣言行录》及《广韵》均印成，有便即寄去。所用官纸应就原有文字直行印刷，乃工人无知，将纸张横列，甚不好看。不知前此所印各种若何？亦望查示。各书封面已收到八种，其馀亦需用甚急，祈早日寄还。《唐人集》改补之字，如一律空白，殊不好看，鄙意亦同，只去其太甚者。至另据他本改正，断乎不妥，弟本无此说也。《皇甫持正集》原书既不知何往，只可就原片影印，所有改补之字亦照其他各种办理。此书前已印过日本皮纸，此时自毋庸搭印，亦已知照印刷所矣。兄在敝处移用各款，为数无多，容再开单呈上。区区之数，何必挂齿，万勿亟亟掷还也。光福、西湖梅花不必即开，公能南来一游观否？前惠海盐

1　据原打印稿，见于《上海图书馆藏张元济往来信札》一，第257～258页。参《张元济傅增湘论书尺牍》，第107～108页第4函。又参《张元济全集》第3卷"书信"，第313页第78函。

沈君殿试策，久已由京馆交到，已送入涵芬楼中庋藏。兹特补谢。张元济。

【72】1923年3月11日

覆傅沅叔君函（十二年三月十一日）[1]：

奉三月五日手教，谨诵悉。《老子古本集注》收到后，所有影照模糊之字一律改正，加圈之字确是本来面目，只得存之。前日托便人带京，交伯恒转呈，想荷察收。《文中子》尚未开印，甚望影照一无脱落，则省事甚多。工人程度太低，又只图快，不小心，往往漏照或敷衍了事。《老子》原本有数字极清朗，而影片乃至不可辨识。此次《续古逸丛书》二十种，除《说文》先印外，皆弟一手校阅，比他书想稍可靠耳。《龙龛手鉴》书太陈旧，绵纸过薄，久经磨擦，漫漶已甚。虽字迹尚可辨认，而影照则甚为模糊。上版后修饰太费工夫，每一叶竟须两三日（寄去原底半叶，阅过仍乞寄还，至要至要），第二册尤甚。故欲（减）［改］用孟苹藏本，庶两月后可以出书，亦势所不得已也。现在展期内，能否再设法多售若干，祈鼎力为之。残本《道藏》前函请询价，甚盼示覆。

【73】1923年4月15日

沅叔吾兄同年[2]：

一昨自海盐扫墓返上海，诵留示，谨悉。木老处假书事又

---

1 据原打印稿，见于《上海图书馆藏张元济往来信札》一，第259页。参《张元济傅增湘论书尺牍》，第108页第5函。又参《张元济全集》第3卷"书信"，第313～314页第79函。

2 据原信，见于《上海图书馆藏张元济往来信札》一，第261～263页。又附信封，上书"北京西四牌楼北石老娘○○七号傅沅叔先生，张"，编号为："鞠第五七四号"，落款时间为："十二年四月十五日"。又"再《道藏》结算……"一段，存打字稿，见第260页。参《张元济傅增湘论书尺牍》，第108页第6函。又参《张元济全集》第3卷"书信"，第314页第80函。

蒙说项，极感。倭纸百衲《通鉴》敝处已无存者，现惟有毛边纸两部而已。宋本《通鉴目录》已得之否？台从返京途中，想甚安吉。敬叩侍安。弟张元济顿首。[十二年]四月十五日。

战祸能免否？如有确讯，乞示知。

再《道藏》结算，共售出三十一部，希望尚有数部。但欲印百部，必须售出六十部，否则尚须垫本。尊处发出信件，务祈设法进行。今之阔人费去数百元，真不过沧海之一粟，想此事总不至无希望也。专此，再颂台安。弟元济顿首。[十二年]四月十五日。

【74】1923年5月9日

覆傅沅叔君函（十二年五月九日）[1]：

前于五月一日寄奉一函，知荷察入。续得四月三十日、五月三日两次手书，展诵敬悉。兹逐件答覆如下：

董授翁去常州甚久，至前五日始返沪。尊函及印臣信已送去，昨日交还。兹将印臣信缴上，乞察收为幸。

伯恒南下，即日北旋。《涵芬楼善本书目》即托带去。

寄王雪老信已送去，数日不得覆。今日晤俶儇，云近日为翰怡校《章氏遗书》甚忙，属题卷册须少迟方能报命。

宋本《通鉴目录》已购成，闻之欣喜。涵芬楼所藏《考异》，稍迟当可定议出售（且不止一书也）。

本公司开股东会，命充代表，惜委托证书后一日始到，已来不及。本届股息议决派一分二厘，知念附告。张元济。

1　据原打印稿，见于《上海图书馆藏张元济往来信札》一，第264页。参《张元济傅增湘论书尺牍》，第108～109页第7函。又参《张元济全集》第3卷"书信"，第314页第81函。

【75】1923 年 5 月 23 日

沅叔吾兄同年 [1]：

奉五月十八日手教，谨诵悉。兹答覆如下：

《道藏》已经开印，现又定出五部。印数壹百，售数总可望五十部，仍乞鼎力吹嘘。

抽印单行本务乞代为一选，能得与精于此学者商之，尤妙。

涵芬楼宋元板书当印成样本出售，然馆中并不定价，拟用竞卖之法，由购者自行出售，最高者得之。将来可以代为留意。

《续古逸丛书》由公介绍，仍照预约缴价，可以遵办。但乞谆属购者勿告他人。期限则在阳历六月以内。朱幼平兄处并乞代告。

《续古逸》单行本暂缓发行，尊见甚是，容与主者商定。如已发表，则不能中止矣。

《元文类》粉连纸者一部，遵呈上。已附入货箱寄去。但递寄迟缓，到恐在半月以后耳。其毛边纸一部，请交京馆收存。

钱牧斋七言联当属速印，印成即寄上。

命开借用敝处（帐）［账］款，另开清单，乞察核。兄如不宽馀，不必亟亟还我也。专此，即颂台安，晋叩侍福。弟张元济顿首。［十二年］五月廿三日。

---

1 据原信，见于《上海图书馆藏张元济往来信札》一，第 265～268 页。又附信封，上书"北京西四牌楼北石老娘胡同七号傅沅叔先生，快信，张"，落款时间为："十二年五月廿三日"。又存打印稿，见第 269～270 页。参《张元济傅增湘论书尺牍》，第 109 页第 8 函。又参《张元济全集》第 3 卷"书信"，第 314～315 页第 82 函。

【76】1923 年 6 月 29 日

覆傅沅叔君函（十二年六月二十九日）[1]：

前奉六月五日手教，适卧病在家，旬馀未能办事。病痊出门，又值公司与洋商有诉讼之事，久未奉覆，甚以为歉。兹逐条答覆如左：

一、兑交授经兄银八百元业已送去，兹［将］所有收条附呈，掷还五百元亦已收到。

二、命查涵芬楼所藏《类说》《三国志演义》《书录解题》，均详别纸，祈鉴察。

三、《道藏》残本尚未照毕。

四、敝处新购残本《道藏》，来示问可否以数册见让，未知何书？乞开示，用毕自可奉让。

五、《育德堂奏议书》太冷，恐难销。共有若干页数并尺寸，乞开示。日后如汇印《续古逸丛书》，或可凑入。

六、牧斋联原片已于去年寄还京馆，已详前函，此间并无存样。放大费至多不过三四元而已。

七、命购青果膏，竟不知为何物。托人访查，近始在药店觅得，但名橄榄膏。寄去仿单一纸，如果合用，乞示知，当购呈。

八、属送《方言》《皇甫持正集》两书，极应遵办。但开印时未曾预备送书，此时从整部书内抽出，殊觉可惜。拟俟日后印单行本时，再行补送，尚祈鉴谅。

再，《续古逸丛书》现已出书，陆续经主顾取去。其中借用尊处及朱幼平兄各书，已属会计科按照合同查开收付各款。

---

1 据原打印稿，见于《上海图书馆藏张元济往来信札》一，第 271～272 页。参《张元济傅增湘论书尺牍》，第 109～110 页第 9 函。又参《张元济全集》第 3 卷"书信"，第 315 页第 83 函。

张元济致傅增湘（1912—1947）

67

一俟查明，即行奉报，幼平兄处并祈代为致意。又前恳代选《道藏》单行本，现已陆续付印，务恳费神代为一选，能与精斯学者一商尤为感荷。谨再奉恳。

【77】1923 年 8 月 1 日

致傅沅叔君函（十二年八月一日）[1]：

《续古逸丛书》借印尊处四种，（帐）[账] 已结出，兹寄呈，乞察核。另寄朱幼平兄一分，并附一函，乞阅过饬送。尊处有馀利一百七十七元零八五，而幼平尚欠一百零四元六零八者，以其所借各书多印单行本之故。且尊处馀利系十成之六，幼平系十成之五，故（帐）[账] 目亦不同，幸祈留意。昨日孙伯恒兄寄来尊处代招购买《道藏》名单一纸，查单内已经购定者五户，尚未（据）[接] 各分馆报告者八户，业已专函往查。如尚未来买，除由分馆前往接洽外，再函达京馆，恳尊处设法催询。缘潭潭府第，分馆或未必能得门而入也。敝处实销，连尊处代招已购各户在内，共得六十部。私冀全书告成之日，可望售去八十部。如此时局，如此书，可谓有成绩矣。今年十月出第一期，希望不致失约。白云观道人借书甚不方便，偶然漏照，事所恒有。续往请借，道人即甚为难，殊觉所见不广。请吾兄再与说明，是为至幸。两次函恳代选单行本，必须精于版本者方有标准。敝处不敢贸然从事，务祈勿吝指教。前示欲让残本《道藏》数册，曾请开示书名，敝处用毕，自可奉让。尚有他事数则，均未得覆，并祈见示。时局扰攘，宦途益困。想时有好书出现，更望告我。张元济。

---

1 据原打印稿，见于《上海图书馆藏张元济往来信札》一，第 273～274 页。参《张元济傅增湘论书尺牍》，第 110～111 页第 10 函。又参《张元济全集》第 3 卷"书信"，第 315～316 页第 84 函。

【78】1923 年 8 月 31 日

沇叔吾兄同年[1]：

久未得君信。正深怀想，有人言已去庐山避暑，不知确否？前日致徐森翁信曾询及之。昨得八月廿五日书，知果有匡庐之游，近已归京，伏想起居安善，甚念甚念。《古逸》馀利属拨付陈立炎，兹已送去。取得收条，今附去，乞察入。

来书谓别与陈立炎一函，介绍购《道藏》，属减为九五折。此函未见，想已迳寄。如来买，当遵办。

尊处介绍尚有若干部未来，附呈清单，可否请设法催问？再过一个多月弟一期可以出版，由天字至官字，为洞真部。全书预约出书之期原定十月，今可无误矣。敝处所买残本，另抄清目呈阅。欲得何种，日后当再商议。《尔雅单疏》（并非残本）即《续古逸丛书》之一，尊处附印每种两部全数送去，我兄已有收条，系六月初八日收到，祈一查为幸。手覆，即颂侍祺文祉。弟张元济顿首。［十二年］八月卅一日。

【79】1923 年 9 月 5 日

沇叔吾兄同年[2]：

八月三十一日肃上一函，并附上陈立炎收银条一纸，计蒙察入。昨奉九月一日手教，藉悉胃病复发，需用平胃散，于接信后即饬人往购两瓶，装一小木匣，本拟作为快件寄上，因邮局章程必须启验，故改用挂号，想亦不至甚迟也。近日已痊

---

1 据原信，见于《上海图书馆藏张元济往来信札》一，第 275～277 页。又附信封，上书"北京西四牌楼北石老娘胡同七号傅沇叔先生，快信，张"，落款时间为："十二年新历八月三十一日旧历七月二十日。"又附打印稿，见第 278 页。参《张元济傅增湘论书尺牍》，第 111 页第 11 函。又参《张元济全集》第 3 卷"书信"，第 316 页第 85 函。

2 据原信，见于《上海图书馆藏张元济往来信札》一，第 279 页。又附打印稿，见第 280～281 页。参《张元济傅增湘论书尺牍》，第 111～112 页第 12 函。又参《张元济全集》第 3 卷"书信"，第 316～317 页第 86 函。

愈否？甚以为念。补印《尔雅》残卷，弟竟不复记忆，无以报命，歉仄之至。再承代选《道藏》单行本，感谢之至。惟卷帙过多，且专属道家言者亦不易销售，尚拟删减，合先陈明。敬叩侍安。弟张元济顿首。[十二年]九月五日[1]。

再，少朴前辈前购《四部丛刊》阙去《贝清江集》《唐宋诸贤绝妙词选》两种，至为悚歉。查两书列入第三期，系在十年六月出版，敝处于同年六月十三日送交来远公司，此书系姚文敷托蒋孟苹代购。如即时检出，甚易追查。当时存书尚多，补配亦易。现在已隔两年，所有散叶均已弃去，单行本亦尚未印出，竟无以仰报谆命，歉仄无似。此事先由姚君托孟苹问过，误称为毛边纸印本，亦无以应，并已覆去矣。少朴前辈处并祈代为道歉。

【80】1923年10月23日

沅叔吾兄同年[2]：

十月二日、六日叠上两函，又先于一日寄上橄榄膏一罐，计均达到。久未得手书，不审迩来起居何似？前云中秋节后将南下，去西湖觅一养静处所，迄今未到，至为驰系。《道藏》预约共售出六十三部，后半印价当可足用。弟一期即日出书，为洞真部，全部共计一百六十四册。依照通告期限出版，并未爽约。所有已收预约之价已饬结算，容再寄呈。以后如有人来买，似应加价。是否，务祈速示（尊处招揽在先者应有分别，亦祈示知姓名为幸）。书至此，适奉十七日手教，谨诵悉。徐

---

1 按：此后内容据打印稿补入。
2 据原信，见于《上海图书馆藏张元济往来信札》一，第282～285页。又附信封，上书"北京西四牌楼北石老娘胡同傅沅叔先生，快信，张"，落款时间为："十二年新历十月廿二日旧历九月十三日"。参《张元济傅增湘论书尺牍》，第112页第13函。又参《张元济全集》第3卷"书信"，第317页第87函。

森翁校过《悟真篇》尚未收到。因出书期迫，早已属照原本印装矣。《续古逸丛书》遵饬寄去〔暂记尊（帐）[账]，后来结算〕夹贡纸两部、料半纸叁部，并连《孟》《庄》二子。惟《庄子》系印成在先，被工人切而小之，殊嫌不称，然已无法。日后再版与否，殊难必也。贵体想已大痊，然南行何以忽止？都中当可无事，厂肆有无好书出现？徐梧生旧藏果有待价消息否？幸为留意。弟将于廿七日去香港，大约以一月为期。覆信仍寄宝山路总务处，由李拔翁开拆可也。手覆，顺颂台安。弟张元济顿首。[十二年]十月廿三日。

【81】1923 年 12 月 7 日

致傅沅叔君函（十二年十二月七日）[1]：

月之二日由香港返沪，闻台从先两日北旋，未获一晤，怅惘之至。此来曾得有好书否？友人函告，谓公得有宋刊《白氏六帖》，未知果有其事否？比张石铭所藏何如？闻厂肆有曹石仓《十二代诗选》，为礼邸旧物，《明诗》六集以上皆全，只缺去七、八、九、十集，而十集以下之续集、再续、三、四、五、六续及各省分集皆存。此书却极难得，闻开价二千元，此书似非我公所爱，可否为我商购？公私财政此时均甚艰窘，恐未必即有人购去。究竟实价几何？尚望探示。

---

1 据原打印稿，见于《上海图书馆藏张元济往来信札》一，第286页。参《张元济傅增湘论书尺牍》，第 112～113 页第 14 函。又参《张元济全集》第 3 卷"书信"，第 317 页第 88 函。

【82】1924 年 1 月 4 日

覆傅沅叔君函（十三年一月四日）[1]：

阳历去年十二月二十九日肃覆寸函，并附呈《道藏》预约一纸，请交张潜若兄，计已达到。昨又得旧历十二月二十三日手书，知潜兄拟照预约再购《续释藏》一部。潜兄熟人，重以雅命，自当遵办。是否在京订购，抑交款来沪？是否亦旧历年内交款？敬乞询明示覆，遵即知照。我兄需用《道藏》样本参考，已属照寄。东海处似应寄去一部，并乞核示。新得宋刻《左传集解》，虽系残本，亦甚可贵。岳刻《左传》既甚精美，亦不宜失也。近见弘治刻《梦溪笔谈》，目录前多存中自序数行，为他明本所无。已还二百元，尚不肯售，不知究值若干？望告我。弟在香港经月馀，未去广州，然可决其无好书，香港则更无论矣。曹石仓《十二代诗选》务祈留意。《续古逸丛书》年终结（帐）〔账〕现甫着手，尚须稍迟方能奉告。张元济。

重庆何君购《学海类编》，已去信询问矣。

【83】1924 年 1 月 14 日

覆傅沅叔君函（十三年一月十四日）[2]：

奉旧历十二月初五日手书，谨诵悉。汇下二百四十四元八角已如数收到，附去收条一纸，即祈察入。《续古逸丛书》承示尚有销路，遵即寄去三部，仍料半纸本，又单本《老子》一部，到乞检收。《石仓诗选》究缺去若干？乞属该店开一清单，寄下一阅。授经千元之说不过悬拟，渠固不知其详，且亦并无

---

1 据原打印稿，见于《上海图书馆藏张元济往来信札》一，第 287 页。参《张元济傅增湘论书尺牍》，第 114 页第 1 函。又参《张元济全集》第 3 卷 "书信"，第 317～318 页第 89 函。

2 据原打印稿，见于《上海图书馆藏张元济往来信札》一，第 288 页。参《张元济傅增湘论书尺牍》，第 114 页第 2 函。又参《张元济全集》第 3 卷 "书信"，第 318 页第 90 函。

购买之意。弟访求此书已久，颇欲得之。究值几何？吾兄试为一详。闻厂肆颇有残本，倘能配补，则甚佳也。敝处新购原版《图书集成》一部，亦稍有残缺。闻厂肆多藏有残本，已开清单寄与伯恒，托其补配。公如有所知，望即告之，俾往议觅。拜托拜托。

【84】1924年1月27日

覆傅沅叔君函（十三年一月二十七日）[1]：

奉十二月十三日手书，谨诵悉。《石仓诗选》已归邺架，深幸是书得所。共有若干卷叶？可否示我一目？感盼无似。东海自留《道藏》十部，已遵属寄津。尊处欲另添一部，亦属寄奉。是书加价及折扣事，前已函陈，望即核示。窃拟自购一部藏之祠堂，仍照特价（即预约价）缴约，并乞慨允。长安不易居，近届岁暮，想厂肆必有好书出现。如有所睹，乞示及。

【85】1924年2月11日

沅叔吾兄同年[2]：

阳历本月九日寄覆一函，谅先达到。顷由孟苹交到《张渭渔遗书目录》一册，系其友卢氏所录存者。翻阅一过，其中嘉兴人著述却不少。兹抄出一单，均为敝处所未有者。其中以《涉园杂录》一种为最要。原目与《涉园题咏》（此书弟已印过）并列，度必为先人遗笔，务乞设法代留。其次则海盐人之著述，彭茗斋百……［1924年2月11日］[3]。

1 据原打印稿，见于《上海图书馆藏张元济往来信札》一，第289页。参《张元济傅增湘论书尺牍》，第115页第3函。又参《张元济全集》第3卷"书信"，第318页第91函。
2 据原信，见于《上海图书馆藏张元济往来信札》一，第290页。参《张元济傅增湘论书尺牍》，第115页第4函。又参《张元济全集》第3卷"书信"，第318页第92函。
3 按：原信无日期，因内容与十三年二月十三日信紧接，据以确定。

【86】1924 年 2 月 13 日

致傅沅叔君函（十三年二月十三日）[1]：

前日寄覆寸函，并附呈书单一纸，恳祈代购，计当递到。顷由杭州分馆寄到文宝斋收到字画两札、收条一纸，又于来单上加盖该号图章。兹一并寄上，敬祈察收。《涉园杂录》各书如能购得，并望早日见示。感祷不尽。

【87】1924 年 11 月 24 日

沅叔吾兄有道[2]：

奉十一月廿日手教，祗诵悉。吴氏书目务祈设法暂留，寄我一阅（敝处购否当电覆）。叔鲁已回南，明日当往询之，或在彼处得见，亦未可知也。委至丁氏阅看旧书，容即往访。看过后再奉告。专此，即颂台安。弟张元济顿首。［十三年］十一月廿四日。

【88】1925 年 3 月 19 日

覆傅沅叔君函（十四年三月十九日）[3]：

昨得三月四日手书，知在天津休养旬日，起居渐健，甚为欣慰。惟以始衰之年，大故之后，继以剧痢，元气必已大伤。务祈加意珍卫。三月中旬虽天气和暖，然陟山访地，登降甚劳，此事似宜从容，庶少慰在天之灵也。吕无党手抄《刘后村集》既有先人手迹，甚欲得之。八十元不肯售，请公为我酌

1 据原打印稿，见于《上海图书馆藏张元济往来信札》一，第 291 页。参《张元济傅增湘论书尺牍》，第 115 页第 5 函。又参《张元济全集》第 3 卷"书信"，第 318 页第 93 函。
2 据原信，见于《上海图书馆藏张元济往来信札》一，第 75 页。参《张元济傅增湘论书尺牍》，第 116 页第 10 函。又参《张元济全集》第 3 卷"书信"，第 318～319 页第 94 函。
3 据原打印稿，见于《上海图书馆藏张元济往来信札》一，第 293 页。又信稿右上角有张元济批注"归卷"两字。参《张元济傅增湘论书尺牍》，第 117 页第 1 函。又参《张元济全集》第 3 卷"书信"，第 319 页第 95 函。

加约五六十元何如？叔鲁近状如此，闻之扼腕，吾辈亟应为之帮忙。惟公司近甫购进扬州何氏之书，此系不急之务，支出过多，殊有为难。拟俟书单交到，请即寄示一阅，再为设法。第三期《道藏》查已于去年十月念三日由奉天轮运出，何以尚未交到？已函询津、京两馆，并属即日送呈矣。

【89】1925 年 5 月 23 日

沇叔吾兄同年[1]：

《白氏六帖》原分六册，每册四卷、六卷不等，叶号蝉联而下，计共五百四十六叶。首册卷一、二已在内，惟序目未计入耳。旧信两纸夹在书中，今检还，乞察入。专此，敬请台安。弟张元济顿首。[十四年]五月廿三日。

【90】1925 年 6 月 1 日

[张元济致傅增湘函][2]：

杭州分馆寄还尊简，谨诵悉。西湖之游曾云以一星期为度，今屈指殆将归矣。刘翰怡覆信呈阅，甚为失望。徐晓霞处尚未有复音，石铭处亦即转伊转达。徐君近颇收书，然亦未必肯出重价也。《史记》估单附呈，宣纸价太昂，似以料半纸为合宜。原叶数清单附缴。此信系昨日所缮，备今日送。昨已面达，故不另缮。《翁日记》一部送上，乞查收。十四年六月一日。

再昨面恳代缮一函，致杭州梅花碑文华古玩铺，索取许玉

---

1 据原信，见于《上海图书馆藏张元济往来信札》一，第 294～295 页。又附信封，上书"四马路怡和渝记内宏文蔚号，傅沇叔先生，张"，落款时间为："十四年五月廿三日"。又"外包袱一条"。参《张元济傅增湘论书尺牍》，第 117 页第 2 函。又参《张元济全集》第 3 卷"书信"，第 319 页第 96 函。

2 见于《张元济全集》第 3 卷"书信"，第 319 页第 97 函。参《张元济傅增湘论书尺牍》，第 117～118 页第 3 函。

年先生夫妇画册。如蒙缮就，即祈掷下，当寄杭馆转送。［十
四年］六月一日。

【91】1925 年 6 月 2 日

沉叔吾兄同年 [1]：

午前遣赵君廉臣趋谒，得电知我兄定于今晚启程。惟弟意
租界戒严，宜乘七点钟车为宜，赵君想已转达。（旁）［傍］晚
当再造谈。京馆来信，《饮膳正要》已经售去，不知确否？我
兄到京，还乞查示。布袱两件附还，并祈察入。顺颂台安。弟
张元济顿首。［十四年］六月二日。

【92】1925 年 6 月 16 日

沉叔吾兄同年 [2]：

别来旬日，伏想安抵都门，起居顺适，至为驰念。一昨张
石铭、徐晓霞来寓看我兄寄存各书。石铭颇爱《山谷》《放翁》
两集。单上并未开价，属为奉询，乞核示。此外如《客亭类
稿》《击壤集》，亦颇欲得之。徐君则甚喜《白氏六帖》，属问
系何折扣。弟意抽购数种，得价有限，是否可以脱手？又《客
亭类稿》开价四百元，亦似太廉。究竟如何？统祈裁酌示遵。
文友堂有《明稗杂抄》，中有《补衍》一种，系海盐王文禄所
撰。如尚未售去，乞代抄一分。又文英阁有《胡文岫诗》一卷
《与众集》一卷，如系海盐人所撰，亦祈谐价代买，费神之至。

---

1 据原信，见于《上海图书馆藏张元济往来信札》一，第 296～298 页。又附信封，上书"外
包袱两方，送四马路怡和渝内宏文蔚号，傅沉叔先生，张"，落款时间为："十四年六月二
日"。参《张元济傅增湘论书尺牍》，第 118 页第 4 函。又参《张元济全集》第 3 卷"书
信"，第 319 页第 98 函。

2 据原信，见于《上海图书馆藏张元济往来信札》一，第 299～302 页。又附信封，上书"北
京傅沉叔先生，快信，张"，落款时间为："十四年六月十六日"。又附打印稿，见第 303
页。参《张元济傅增湘论书尺牍》，第 118 页第 5 函。又参《张元济全集》第 3 卷"书
信"，第 319～320 页第 99 函。

海上风潮，至今未了，长此相持，大祸即在目前，奈何奈何。前数日寄还府报一件，谅蒙察入。专此，敬请台安。弟张元济顿首。[十四年]六月十六日。

【93】1925 年 6 月 18 日

[张元济致傅增湘函][1]:

前函缮就，正拟封发，续得闰月廿二日手教，谨诵悉。宋刊《名贤文粹》有先文忠公遗文数首，检阅文集，均已有之。别纸开出卷叶，大约我兄偶未检及耳。惟《春秋讲义集》中只录三首，来示称四首，缺去一首，乞录示为幸。明抄《剡源集》容检出另寄。承假《新五代史》已照完。弟以殿本校过一半，其足以勘正殿本者无多，而不如殿本之处却不少，甚有脱去两句几及一行者，不知吾兄前曾校过否？钱竹汀指出目录各条，谓非欧史之旧，此亦完全相同。盖为当时坊刻，亦展转传抄之本。影印大本，恐不值得也。手复，顺颂著祺。弟张元济顿首。[十四年]六月十八日。

再，面托代为相攸事，务恳老同年暨年嫂夫人留意，至托至托。

《乡党统论》，见卷五弟七叶。"予观《乡党》一篇，每读一事，必为三叹。"（首）"醉生梦死，虽名为人，实异物也。呜呼。"（末）

《春秋讲义》五首，见卷十三，全卷题"迩英春秋进讲"。"夏，曹伯来朝。"（一）"齐人归公孙敖之丧。"（二）"六月辛丑朔，日有食之，数用牲于社。"（三）

1 据原信，见于《上海图书馆藏张元济往来信札》一，第 304～306 页。参《张元济傅增湘论书尺牍》，第 118～119 页第 6 函。又参《张元济全集》第 3 卷"书信"，第 320 页第 100 函。

《春秋讲义》，发题，见卷十四弟一叶。"孟子曰，王者之迹熄而诗亡"（首），"辄为诸君言之"（末）。次题"隐公元年，春王正月。"

《送陈朝彦序》，见卷十六弟四叶。"昔有客求教龟山先生"（起），"亦以自警云"（末）。

《孟声远字序》，见卷十六弟五叶。"绍兴庚申余谪守邵阳"（起），"夫何远之有，子益谨诸"，下年月日姓名（末）。

《王耕耘字序》，接前篇。"农人治田，有耕有耘"（起），"不则余何敢言"（末）。

【94】1925 年 7 月 16 日

沅叔吾兄同年[1]：

前月廿三日奉手教，谨诵悉。黄、陆两集至少在四千元以上，弟即函达徐、张两君，告以定价五千元，不能析售。如系熟人，可作九折。发信后租界适有停电之事，心烦事冗，而徐、张两处亦无回信，故迟迟未覆。昨又得七月九日书并代抄《补衍》一卷，感谢之至。先一日张石铭来信，谓拟出六折，并可再留数种，然又未说出何书，当覆以允为转达。然相去太远，只可作罢矣。罗子敬迄未来，潘明训弟亦久未见面。应否与商，敬祈指示。《白帖》尚未照，因赶印《续藏》《道藏》之故。《新五代》已照毕。弟亦校读一过。甚有佳处，今附去跋语一通。然匆匆一校，漏去必尚不少。兄前曾以殿本校过，可否乞录示一分。然讹误及脱漏之字，仅以殿本比对，亦有四百馀。最重者为卷卅二及五、七，各约脱去一行，当时不知何以

---

1 据原信，见于《上海图书馆藏张元济往来信札》一，第 307～312 页。又附信封，上书"北京西四牌楼北石老娘胡同七号傅沅叔先生，快信，张"，落款时间为："七月十六日"。参《张元济傅增湘论书尺牍》，第 119～120 页第 7 函。又参《张元济全集》第 3 卷"书信"，第 320～321 页第 101 函。

率略若此。以印巨册，似非所宜。《南齐》声价逊于欧史。前兄意拟四部各配一种，办法最善。惟甲部最不易得，只可徐徐为之。此数书之印行，尚须另看机会耳。《饮膳正要》为木老所收，甚善甚善。将来如须借印，当再与商。弟近向瞿氏借得残宋本《旧唐书》，凡六十九卷，现已发影。将来印入旧本《廿四史》内，颇有价值。此书恐系海内孤本，不知吾兄曾见于他处否？如不能得，则以明闻人诠刊本补入。两书行款相同，亦正可配合也。需阅明刻《横浦集》，今日已由邮局挂号寄去。计共六册，到乞察收。《道藏》第四期以种种耽搁，迄今未能出书。前属开报收付（帐）[账]目，已属会计科清查。近两月来，时局纠纷，人心不定，诸事不免停滞，故至今未能报命。此间罢工事，至今未了，敝公司所用电力已被租界工部局停止，甚为困难。现已自设发电机，约一礼拜后可以发动，不知能否合用？又不知彼时大局如何？吾辈在此，真如巢幕之燕，想兄闻之，亦爱莫能助也。手复，顺颂起居。弟张元济顿首。[十四年] 七月十六日。

夏剑丞诗笺两叶附上。

【95】1925 年 8 月 3 日

沅叔吾兄同年 [1]：

前月十六日肃上一函，计登签掌。时逾半月，尚未奉到覆音。比来贵体如何？至为驰念。闻京师淫雨，民多疫疠，务祈加意珍卫。黄、陆两集，石铭所还之价自无容议，惟罗、潘等处应否进行，尚祈示及。寄去《横浦集》已否收到？《新五代

---

1 据原信，见于《上海图书馆藏张元济往来信札》一，第 313～316 页。又附信封，上书"寄京馆饬送傅沅叔先生，张"，又"外洋壹百玖拾柒元玖角零伍厘，请收条"落款时间为："十四年八月三日"。参《张元济傅增湘论书尺牍》，第 120 页第 8 函。又参《张元济全集》第 3 卷"书信"，第 321 页第 102 函。

史》跋语计蒙鉴察，公前曾以殿本校过，可否假我一阅？公精于校勘，必能益我所无也。京师图书馆有宋刊残本一部，尊藏抄配各叶，惟弟七十四卷《四夷》附录有十二叶可以补入，但不知板本是否相同，敬祈查示。瞿良士亦有此书，惟弟已向借《旧唐书》，不便再渎，故拟向京师图书馆影补。徐森翁均系熟人，想必能助我也。前面托为小女相攸，务恳我兄及年嫂夫人留意，拜托拜托。专此，敬问起居。弟张元济顿首。［十四年］八月三日。

【96】1925年8月10日

[张元济致傅增湘函][1]：

本月三日肃上一函，次日即得京馆转来旧历六月初十日手教，谨诵悉。校书如此迅速，度必起居胜常，至为欣慰。闻京师雨多，自来水极不洁净，惟有专用沸水之一法，沸度愈高愈妙，务祈注意。前函尚未奉复，今又得六月十七日书，谨一并条复如下：

发还各书。伯恒来信云，俟天晴后或有便人再寄下，故此时尚未收到。

《永乐大典》"仓"字四册自可留。"湖""江"两册木老及刘、蒋诸君必可留，惟"光"字二册甚无谓。鄙意每册如在一百二三十元之间，敝处可以购留，祈代谐价。此数想木老亦不以为过昂也。至汇印一节，只可俟诸异日。《四库全书》事，先得玉虎来电，属派代表接洽。因须有先决问题，故先复去一信，开具六条，请其核示。甫经付邮，又来一电，自此寂无影响。越两星期敝处又去一信，迄今月馀，并无回音。玉虎

---

1 见于《张元济全集》第3卷"书信"，第322页第103函。参《张元济傅增湘论书尺牍》，第120～122页第9函。

事忙，未便为再三之渎。前日又托伯恒从旁探问，玉虎乃谓馆中无意为之，岂前信均未达到耶？抑以所开六条为无诚意耶？章行严为此事亦来一电，敝处去一电一信，时及两旬，亦未见答。所开六条以第六条为最重要，如办不到，此事直不可能。第二条亦甚有关系，第四五条本属相连。来示问能否照《四部丛刊》式版口？照此大小原无不可，但必须用中国纸。馆中既印此书，总须印四五百部，现在中国断无如许一种之大宗纸料可以供我取携，故不能不用洋纸，洋纸即不能不用洋装，洋装即不能不用缩四为一之版式。字小则卷帙无多，而售价不致过贵，销数且可增多。商家为法与政府不同，即在此点。玉虎托伯恒来索敝处支年所定版式，亦已寄去，或者玉虎以此为未合式耶。今将与叶、章往来函电留底寄呈，即祈察核。便请代询玉虎，此六条中何者可办？何者未能？乞其明白答复。如有其他办法，亦望见告，以便开会详细商酌。又行严所询与玉虎是否同出一源？将来不至使敝处有左右为难之处否？亦乞代为探示，并恳秘密，不宜当众宣布，恐从中或有不便也。

石铭处已去信问各书可否全留，全留可再减让。得复再告。

李鼎和小紫毫拾枝已饬购，另封邮寄。

前函乞假阅校宋《新五代史》，甚盼赐寄。

徐君金钵事已函询京津能否位置矣，又及。十四年八月十日。

【97】1925 年 8 月 11 日

沅叔吾兄同年[1]：

昨日覆上寸函，今日又得旧历六月十七日手教，展诵祗悉。掷还弍百元亦已收到。吾兄近况并非宽裕，何必如此急急。尚有二百元，台从启行时取用者，俟有馀钱时再见还可也。前承代购《纪元表》《萃忠传》两书，共给价若干？乞示知，以便出（帐）[账]。石铭尚无回信。子经处容即往访，当遵命相机行事。《新五代史》查得江南图书馆有同样者一部，如抄配各叶均能补全，拟即在彼影照。已托人往查，尊处知未代照，乞稍缓。若已照，即速示为荷。敬颂暑安。弟张元济顿首。[十四年]八月十一日。

李鼎和紫毫小楷十枝，仅价银弍元五角六分，但名目不差。如欲得较佳者，可退还另换也。

【98】1925 年 9 月 5 日

[张元济致傅增湘函][2]：

八月十一日寄上一函，计蒙察入。李鼎和紫毫小楷十枝已收到否？石铭无回音，从旁探讨，似不注意。罗子敬出门，闻中秋节前始能归来，故售书事竟无可告语。李拔翁前日寄来手书一纸，属将《白氏六帖》寄还一校。未知是否需用原本，抑影出之本？若系原本，则非有极妥当之人不可。若系影出，已成四分之三，不日可成，候示即寄去。《新五代史》已在南京图书馆将所缺各叶（即原系补抄者）照来，系覆宋本，且模糊

---

1 据原信，见于《上海图书馆藏张元济往来信札》一，第 317～319 页。又附信封，上书"北京傅沅叔先生，快信，张"，落款时间为："十四年八月十一日"。参《张元济傅增湘论书尺牍》，第 122 页第 10 函。又参《张元济全集》第 3 卷"书信"，322～323 页第 104 函。
2 见于《张元济全集》第 3 卷"书信"，第 323 页第 105 函。参《张元济傅增湘论书尺牍》，第 122～123 页第 11 函。

殊甚。北京图书馆如较清朗，甚望代为补照。若相差无几，则不必矣。前允将所校武英殿本借阅，亟思一观。拔翁不久将南归，尚有《南齐书》，倘能一并托其带下，至为欣幸。前兄在沪时代购《纪元表》及《萃忠传》，合价金几何？务祈示及，以便清（帐）[账]。徐君金钵事屡承谆属，已分别函知京、津两分馆。津馆复称，徐君现已患病回籍；京馆则称前曾在保定分馆任职，因故离馆云云。似此颇有为难，尚祈鉴谅。《道藏》（帐）[账]业已结出，敝处罢工以后忙冗异常，尚未复核，只可稍缓再达。再前示《永乐大典》数册，近来有无谈及？甚以为念。十四年九月五日。

【99】1925 年 9 月 18 日

[张元济致傅增湘函][1]：

拔可来信，述教育部司长高君不允将《四库全书》运出，仲骞、森玉商改四次分运，我兄竭力斡旋，为设种种方法，以防后患，至深感荷。惟政府未能稳定，战事难免复作。在同一政府之下，以一司长可以抗令不遵，则易一政府，更可取消前政府之命令。即现政府可保无虞，而司长可以不遵执政、总长命令，则此次即从高司长四次分运之议，至第二期领书，一科员、一录事，其至于一公民，亦何尝不可起而阻止？彼时公司预约已经售去，第一次书亦已印成，岂非进退维谷、制我死命！故不能一次运沪，宁可不印。前日已电拔可南归，想已转达。弟在公司二十馀年，今借三十年纪念之机会，希冀印成此书，为社会稍尽微劳，即可藉此结束。公司同人以垫本太多，危险太大，本多反对。今竟如此，尚复何言！先运子、集两部

1　见于《张元济全集》第 3 卷"书信"，第 323～324 页第 106 函。

之言，全未从营业方面着想。至留京局照相亦不可行，若缩短摄影期，原无不可，但必须添造房屋，添办机器。一时骤添许多工手，工作必大增涨，而照成之片不能随照随印，必须另存铅皮。铅皮之价又须搁起，且甚占地位。存版房又须另造，此事恐要赔钱。但商家总望少赔，政府何不稍加体恤？此层亦请剀切为当局诸君言之。（1925 年 9 月 18 日）

【100】1925 年 10 月 5 日

[张元济致傅增湘函][1]：

迭奉八月初七日、十三日两次手书，谨诵悉。事冗未克即复，甚以为歉。兹已过中秋节，馆事稍闲，谨逐条奉复如左：

兰泉所印《营造法式》极欲购藏，昨拔可亦有信来传述尊谕，即请代购一部，书价四十五元由京馆缴呈。《白帖》已完全照出，兹交邮局寄上，即望查收。敝处只存此一分，校竟后仍乞掷还。

《南齐书》及校殿本《新五代史》允交拔可带下，至感。《五代史》补照缺叶样本蒙寄还，已收到。京师图书馆既无可补，只得将就用此翻板矣。

尊意拟印宋本大版书数种。原拟俟《续藏》《道藏》印完后商办，如《四库》开办，则印刷力恐有不给。大部书同时出版，恐有为难。再既有《史记》，加入《白氏六帖》《乐府诗集》，弟意最好另觅经部一种，配成四部。《史记》《乐府》两种叶数乞先查点开示，以便估计。

图书馆印《文献通考》，此书多至六千叶，此时更无暇承印。书大价昂，且不易售。为该馆计，似非计也。《大典》

---

1 见于《张元济全集》第 3 卷"书信"第 324 页第 107 函。参《张元济傅增湘论书尺牍》，第 123～124 页第 12 函。

"仓"字号三册，如文友肯让，弟愿出伍百元。姑妄言之，乞便中一探。

《翁文恭》添售两部，断无不可，已属寄奉，由京馆赍呈。价仍照预约九折，该款即就近拨交京馆。公司曾有版税预约之书过期后照定价出售之通告，伯恒过于拘谨，务祈原宥。

晋生世兄过于客气。弟往访数次，问有何事需我相助，仅嘱署一保证书，其馀均云已托李子东，即赴淞进校。弟请派人伴送，亦未允许。闻其未带蚊帐，弟请其到校后开示尺寸，当为代制，至今亦未交下。务请函属有事尽可交办，即须用款，亦可向弟处支取。万勿客气。子东见告，世兄身体似不甚强健，未知是否向来如此？果尔，则不能不注意也。

印《四库》事荷公鼎力从旁相助，得底于成。拨可入京办理，此事弟尝譬之唐三藏取经，层层难关，均已度过，此时总算望见大雷音寺矣。白马驮归，尚未知在何日？尚望诸大护法家始终保佑。至属分四期运出，政府稳固原无不可，但现在政府是否能保持五、六年？即能之，而现在主张之人是否能不更变？来者恐未必尚有许多书呆子（京中社会）。尝言之取经之事，唐三藏亦只可一遭。若令往返数次，非独太危险，且恐送却性命矣。

委售各书，一日曾在友人处获晤石铭，询以有无收存之意，仍以价昂为辞。窥其意，近似别有所好矣。罗子敬已归，曾往询潘氏消息，亦称前与吾兄接洽，以后因彼此相距过远，即未再往云云。一时竟无售主。奈何，奈何。

小楷紫毫兄以为太好，校书可惜。弟则以为笔砚精良，人生一乐，不宜惜此区区也。如须另购，仍乞见示。《道藏》（帐）[账]目甚繁重，弟尚须细核。容另复。十四年十月五日。

【101】1925 年 11 月 3 日

覆傅沅叔君函（十四年十一月三日）[1]：

拔可南归，奉到九月一日手教，谨诵悉。承假宋刊《南齐书》二十册、校宋本《五代史》十册，又代购《永乐大典》两册，均收到。《大典》略阅一过，并无《经世大典》在内，大约均在许君耆所收之内。捷足先登，殊为可惜，另抄拟作罢矣。承示春间移用式百圆可以拨付外，兹托京分馆汇上壹百肆拾圆，即乞查收，付与文友为荷。吕无党手抄《金石录》三十卷既有先人手泽，经公审定，认为无党真迹，书主欲得二百元（即少增亦可），即请吾兄代为购入。他日凿楹而藏，以遗吾子，永不忘我兄之惠也。《翁日记》如不需用两部，可以所馀退还京馆。事冗不多述。

【102】1925 年 11 月 3 日

覆傅沅叔君副笺（十四年十一月三日）[2]：

再，拔可又交到代校先横浦先生文集，感感。附来《横浦心传》一册，想是属将依明抄所校各节迻录于上，稍暇写就即寄还。又《国朝二百家名贤文粹》未知是何人所辑？何时刊本？务祈详示。此书已付影印，拟撰一校勘记附入卷末也。《师山集》、《吾汶稿》、《宋西事案》、《剡源集》（承校正，感谢）、《直斋书录解题》蒙掷还，均收到矣。十月五日寄去影照《白氏六帖》，曾否递到？念念。张元济。

---

1 据原打印稿，见于《上海图书馆藏张元济往来信札》一，第 320 页。参《张元济傅增湘论书尺牍》，第 124 页第 13 函前半。又参《张元济全集》第 3 卷"书信"，第 325 页第 108 函前半。

2 据原打印稿，见于《上海图书馆藏张元济往来信札》一，第 321 页。参《张元济傅增湘论书尺牍》，第 124～125 页第 13 函后半。又参《张元济全集》第 3 卷"书信"，第 325 页第 108 函后半。

【103】1926年1月17日

复傅沅叔信 15/1/17[1]：

再启者，徐午生藏书将散，其中必有罕见之本，极为想望。尊意欲代敝处收其宋本，甚感挚爱。惟此间某氏押出之书近已期满，正在求售。弟以其中善本多有可以影印出售者，且种类繁夥，将来大可生发，并非分利而不生利之物，同人均以为然。故近日正在谐价，为数实属可惊（尚未交割，切勿为外人道）。进为他图，颇觉非易。弟个人之力甚属有限，但如此难得之物交臂失之，或竟流出海外，殊为可惜。鄙意可否联合同志数人，集资若干，为一买书会，如昔年购买何氏敦煌写本办法。所有善本［悉］数由本会收买。买得之后，公共定价，凡属会友，公开标买，其出价最高者得之。会友无人愿买，方可售与外人。如有馀利，按股分派。如此办法，盖有四善：通力合作，财力较雄，一善也；不致竞争，抬高价值，二善也；即出高价，利不外溢，三善也；已不能得，仍为朋好所有，可以通假，四善也。鄙意三、四万元当尚不难，姑拟简章，谨候裁酌，并与京津同志商之。弟可认五千元，再多须斟酌矣。15/1/17。

谨拟集资买书会办法：

一、为保存古书起见，设立本会。联合同志，酿资若干万元，专备收买善本之用。

二、会费每分一千元，为会员者至少须认出若干分。愿多认者听之。开会之日先缴□分之□。

三、公举办事会员□人，专司鉴定蒐买之事。会计会员

1 据原信稿，见于《上海图书馆藏张元济往来信札》一，第322～325页。参《张元济傅增湘论书尺牍》，第126～127页第2函。又参《张元济全集》第3卷"书信"，第325～326页第109函。

87

□人，专司收付。均不支薪水。买得之书由办事、会计会员公定价值，通知各会员，定期公开竞买，以出价最高者得之。如会员无人愿买，会员亦可让与外人。其价由办事、会计会员定之。

四、每届半年结（帐）[账]一次，报告全会会员。有赢馀以十成分派，三成为公积，二成为办事、会计酬劳，馀五成照分与会员，照会费份数摊派。

【104】1926 年 1 月 19 日

覆傅沅翁 15/1/19[1]：

奉一月十二日快信，书多且精，闻之神往。开价乞电示。昨日信所拟保书会，能先密约数人举办，可免致竞争，最为要着。又简章有赢给与会员，或加一句"愿加入会资者听"。乞酌之。

【105】1926 年 1 月 31 日

［张元济致傅增湘电报稿］[2]：

北京石老娘胡同傅沅叔兄，《文粹》本多，难售，拟不购。保书会如成立，能购否？乞酌。［十五年一月三十一日］

---

1 据原信稿，见于《上海图书馆藏张元济往来信札》一，第 326 页。参《张元济傅增湘论书尺牍》，第 127 页第 3 函。又参《张元济全集》第 3 卷"书信"，第 326 页第 110 函。
2 据原电报稿，见于《上海图书馆藏张元济往来信札》一，第 327 页。参《张元济傅增湘论书尺牍》，第 127 页第 5 函。又参《张元济全集》第 3 卷"书信"，第 326 页第 111 函。

【106】1926 年 1 月 31 日

照录十五年一月三十一日覆傅沅叔君函 [1]：

沅叔吾兄同年：本月十七日肃覆一函，越二日得本月十二日快示，又覆数行，计均达览。今日得电，称《唐文粹》精整可印，价五千圆。按是书市上流行者颇多，且《四部丛刊》所印者为元翻宋本，亦半叶十五行，与来示所举同，（拟）[疑]即从此宋本出。今即景印，恐销路亦复有限。然此书自是难得，如弟所拟之保存古书会，兄能在京邀集同志先行成立，则众擎易举，此书实值此数，不妨先行购入。故覆去一电，文曰："《文粹》本多，难售。拟不购。保书会如成立，能购否？乞酌。"计早递到。按本月十二日来示所举各书，《楼攻（愧）[媿]集》恐是孤本。《提要》称阙去第七十七、八、九卷，又第五十六、七十三、四卷均不全。徐氏藏本如均能补足，则甚可珍贵。其他如《周易》单疏、袖珍《荀子》来示称为极精，不知曾开价否？《仪礼》未知为何本？《韩文举要》未闻其名，兄认为孤本，必系人间未见之书。弟甚盼保书会能成，可以集众人之力，多数收买。否则个人之力终属有限，惟有望洋兴叹而已。且不止此，既属罕见之本，凡在同好争欲得之，彼此抬价，原有之力必以相消缩减。售书者既见某书可得高价，其他各书亦随之而长，于是始则费钱多而得书少，终则即肯费钱（易）[而]仍不能得好书，自毙之法无过于此。保书会成，此弊可免，甚望我兄力谋之也。事成需款，望即电示。弟于廿一、二日将归海盐办葬，约一星期可返沪。专复，祗颂年安。张元济。

1 据原打印稿，见于《上海图书馆藏张元济往来信札》一，第 328～329 页。参《张元济傅增湘论书尺牍》，第 127～128 页第 6 函。又参《张元济全集》第 3 卷"书信"，第 326～327 页第 112 函。

新印《横浦文集》已成，谨寄毛片一部，援前送《荆公诗注》例也。乞哂存为幸。

【107】1926 年 2 月 18 日

录十五年二月十八日致傅沅叔君函[1]：

徐氏之书诚为珍秘，惟发棠之事此间亦甚为难。弟意重在流通。去腊伯恒来信，谓兄意拟择数种交京华书局摄照，预备景印，甚善，甚善。当即复去一函，兹将副本附去，敬祈鉴察。《周易单疏》至可珍贵，如在五百金左右，弟拟得之，但恐无望。此书能借来印入《续古逸丛书》，极有声价。其他如《史记》《文选》《攻媿集》等则卷帙过繁（均不宜摄照），且《四部丛刊》均已印过，未必有甚销路也。去腊中旬得晤世兄，询其于假后拟否还京。据称欲赴扬州度岁，但从未到过，人地甚为生疏。弟正拟派人伴往，旋得世兄电话，令侄已派人来接，想早安抵邗江，并有家报矣。

昨交邮局双挂号寄还较同文石印本《五代史》十册，又明本《横浦心传》一册。弟近印《横浦文集》，后附校，可以□录，故未代校，尚祈鉴谅。张元济。

【108】1926 年 4 月 4 日

沅叔吾兄同年[2]：

奉二月初六日手书，谨诵悉。徐氏书籍难买，《周易》单

1 据原打印稿，见于《上海图书馆藏张元济往来信札》一，第 330～331 页。参《张元济傅增湘论书尺牍》，第 128～129 页第 7 函。又参《张元济全集》第 3 卷"书信"，第 327 页第 113 函。
2 据原信，见于《上海图书馆藏张元济往来信札》一，第 332～334 页。又附信封，上书"西四牌楼北石老娘胡同傅沅叔先生台启"，落款时间为："十五年四月四日"。参《张元济傅增湘论书尺牍》，第 129 页第 8 函。又参《张元济全集》第 3 卷"书信"，第 327～328 页第 114 函。

疏乃索八千，惟有望洋兴叹而已。此书已有数人给价三千，不图同好尚有如此多人，为之一喜，其姓名可见示否？《密韵楼书目》现正据以检查，未能寄奉，吾兄四月南游当再呈阅。其中有《播芳大全》一部，的系宋刻，所缺无多。闻之授经，谓曾购得数册，已归邺架，不审可以让归敝处，俾成完璧否？需价若干？甚愿闻悉。台从南来，并望携示一阅，至为祷盼。日前中孚银行孙君景西来信，谓伊叔章甫受吾兄之托，敝处有物托带，未知是否指寄存之书？言之不详，弟亦未奉来示，当覆去一函，录副呈阅。报载都门近状，甚为可骇，尊府想无惊扰，不胜悬念。专此布复，顺颂台安。弟张元济顿首。［十五年］四月四日。

【109】1926年5月8日

沅叔吾兄同年[1]：

前日肃上寸函，并附告世兄由扬返沪，照常入校。甫经交邮，又得三月十八日手书，附来世兄信，遵即转至吴淞，计必有详细覆音上慰倚闾之望矣。《横浦日新》阙文二叶收到，感谢。尚有校正八、九字，有暇仍恳录示。添购《翁日记》及饶君定《道藏》事，已转知公司，并属迳覆矣。手颂大安。弟张元济顿首。［十五年］五月八日。

1 据原信，见于《上海图书馆藏张元济往来信札》一，第335页。又附信封（第51页），上书"内信祈伤送西四牌楼北石老娘□□傅沅叔先生台启，菊生笺托"，又另书落款时间："五月八日"。或即此函所附，姑系于此。参《张元济傅增湘论书尺牍》，第129～130页第10函。又参《张元济全集》第3卷"书信"，第328页第115函。

【110】1926 年 6 月 3 日

[张元济致傅增湘函][1]：

奉五月廿六日手教，谨诵悉。《困学纪闻》先是四日由丁在君交到，书极珍秘，爱不忍释。记前示以八百元得之，甚不贵也。开卷有于右任印记，想又掠自金陵，为丰润张氏之旧物。前见宋刻赵安仁所刊《南华经》，亦此君所有，不知曾入厂肆否？悖入悖出，真不诬也。印售各事，昨已函商同人。弟此时已离馆，更不能不征取众意。尚未得其复信，容再奉达。弟之离馆，实出于万不得已。来示谓可调剂其间，为益滋大。此缘兄在旁观，不知内容。个中情节，非笔墨所能宣。俟台从南来，当再面罄。抄本《徐常侍集》既为乡贤遗墨，又有先人手泽，价三百元诚太昂，然亦只可购之。叔弢当可推情让我，望转商。原笺附缴，祈察入。如能购定，书价乞向孙伯恒处先取。另附一笺备用。抄示《横浦日新》勘误表收到，感谢之至。十五年六月三日。

【111】1926 年 6 月 10 日

沅叔吾兄同年[2]：

六月三日曾上寸函，计蒙察及。旋得五月廿七日手示，属代购书数种，当向锦文堂取阅。《黄杨集》《剡溪随笔》均已购到，照码八折，另打九五折，共二十元五角二分，已交邮局挂号寄奉，计先递到。《剡溪漫笔》来示谓如无笔记纪事者可购。原信字迹不甚清楚，未知何意？此却无之，故购奉。若不合

---

1 见于《张元济全集》第 3 卷"书信"，第 328 页第 116 函。参《张元济傅增湘论书尺牍》，第 130 页第 13 函。

2 据原信，见于《上海图书馆藏张元济往来信札》一，第 338～341 页。又附信封，上书"附寄京馆，饬送石老娘胡同傅沅叔先生台启，快"，落款时间为："十五年六月十二日"。又附信稿，见于第 336～337 页。参《张元济傅增湘论书尺牍》，第 130～131 页第 14 函。又参《张元济全集》第 3 卷"书信"，第 328 页第 117 函。

用，可请发还，当属东方图书馆收之。《平妖传》已售去。《公羊注疏》每册索三十元，其中已有明补，未免太贵。弟还以每册在十元内，未允。此等残书，不易得主，不妨徐徐商议，谨请示遵。《道藏》将印完。弟先离馆，竟将吾兄拟撰后跋一事忘却。今已发行，恐无及矣。《徐骑省集》叔弢能让我否？务乞代谋，至恳至恳。专此布复，祗颂台安。弟张元济顿首。[十五年] 六月十日。

【112】1926 年 6 月 20 日

沅叔吾兄同年 [1]：

昨谈甚快。蒋氏书目计荷察入。明日午后拟赴图书馆看书否？如无暇，则后日看罢同至敝寓晚饭亦便（亦午后二时，弟当至尊寓伴往），乞示遵。王佩初书目两纸乞发还。闻兄以谐价不成，均退还，信否？专此，即颂台安。弟张元济顿首。[十五年] 六月二十日。

【113】1926 年 6 月 22 日

沅叔吾兄同年 [2]：

《困学纪闻》校语想已校过，乞付下两分。今晚奉约，拟六点钟遣车奉迎。可先与公司董事吴、陈、叶诸君一谈。覆高君信如未发，可俟与诸人晤面后再去措 [词]，似更觉有力。谨候卓裁。专此，即颂台安。弟张元济顿首。[十五年] 六月廿二日。

1 据原信，见于《上海图书馆藏张元济往来信札》一，第 342～343 页。又附信封，上书"四马路怡和渝号楼上傅大人沅叔台启"，落款时间为："十五年六月二十日"。参《张元济傅增湘论书尺牍》，第 131 页第 15 函。又参《张元济全集》第 3 卷"书信"，第 328～329 页第 118 函。
2 据原信，见于《上海图书馆藏张元济往来信札》一，第 344～345 页。又附信封，上书"内信呈傅大人沅叔台启"，落款时间为："十五年六月廿二日"。参《张元济傅增湘论书尺牍》，第 131 页第 16 函。又参《张元济全集》第 3 卷"书信"，第 329 页第 119 函。

【114】1926 年 6 月 26 日

沅叔吾兄同年 [1]：

奉还示，知已到杭州，且入居山中。校书看山，其乐何极，甚羡甚羡。《谷水集》志在必得，价若干可不拘（已托杭分馆俞君代付），请酌定。《齐巨山集》附录两件已抄成，送宏文蔚代存，知念并告。复颂旅祺。弟张元济顿首。［十五年］六月廿六夕。

【115】1926 年 7 月 5 日

沅叔吾兄同年 [2]：

兹送去支票壹千式百元，即乞查收。所以标宏文蔚号者，防有遗失也。即托该号盖章往取，亦甚便易。我兄冒雨远征，可谓宋癖之见矣。博古斋《岭上纪行》，顷检书目，早经开单往索，据称已经售去。或系居奇，亦未可知。如送到尊处，务祈代留。专此，即颂台安。弟张元济顿首。［十五年］七月五日晨。

【116】1926 年 7 月 13 日

沅叔吾兄同年 [3]：

别后想途中起居顺遂，未知何日安抵都门？令侄病已见轻解否？甚为念念。《困学纪闻》样张业已印出，惟校勘各条，

---

1 据原信，见于《上海图书馆藏张元济往来信札》一，第 346 页。参《张元济傅增湘论书尺牍》，第 131～132 页第 18 函。又参《张元济全集》第 3 卷"书信"，第 329 页第 120 函。
2 据原信，见于《上海图书馆藏张元济往来信札》一，第 347～348 页。又附信封，上书"内要信，送四马路怡和渝号内宏文蔚号傅大人沅叔台启"，落款时间为："十五年七月五日"。参《张元济傅增湘论书尺牍》，第 132 页第 19 函。又参《张元济全集》第 3 卷"书信"，第 329 页第 121 函。
3 据原信，见于《上海图书馆藏张元济往来信札》一，第 349～351 页。又附信封，上书"伤送石老娘胡同傅沅叔先生台启，菊生缄托"。参《张元济傅增湘论书尺牍》，第 132 页第 21 函。又参《张元济全集》第 3 卷"书信"，第 329 页第 122 函。

弟前经改定，未蒙发还。影印缘起亦甚需用，务祈即日寄下为荷。属抄各书校补数条，适于台从登程之日抄竟，已由编译所迳行寄上，想荷察入。前就经眼书目录出一纸，有尚可访求者否？并乞便中探示价值为叩。专此，祗颂台安，并祝潭福。弟张元济顿首。〔十五年〕七月十三日。

【117】1926 年 7 月 19 日

［张元济致傅增湘函］[1]：

别后曾上一函，托京馆转呈，计蒙察及。昨得伯恒兄信，惊悉令叔大人暨令侄先后作古，同深伤悼。吾兄频年迭遭变故，今复撄此逆遇，悲悼自不可言。此后责任益重，不得不勉留此身，为一家担当大事。时复炎暑，祈加意珍卫，无任祷盼。伯恒兄传谕，在沪所移之款稍缓归还。区区之数，何必挂念。有无相通，朋友之谊，况吾兄遭此意外之事，正在需用之时耶。专此奉慰，敬问起居。十五年七月十九日。

【118】1926 年 7 月 27 日

沅叔吾兄同年[2]：

前得伯恒兄信，知文旆抵京，叠遭两丧，当即肃函奉唁。昨又得初七日手书，言之凄恻，读竟尤为伤怀。然事已至此，徒悲无益，惟有请勉作达观，徐为善后计耳。买书之款，区区之数，何必挂怀。弟此时并不需用，尽可从缓。《困学纪闻》跋语亦已奉到，已由编译所另复，兹不另陈。前面呈弟辞职信

1 见于《张元济全集》第 3 卷"书信"，第 329 页第 123 函。参《张元济傅增湘论书尺牍》，第 133 页第 23 函。
2 据原信，见于《上海图书馆藏张元济往来信札》一，第 352 ~ 353 页。参《张元济傅增湘论书尺牍》，第 133 页第 24 函。又参《张元济全集》第 3 卷"书信"，第 329 ~ 330 页第 124 函。

稿，别未录副。如能检得，仍乞寄还。又《横浦文集》复呈一部，前北京图书馆有信来索，乞就近移拨。附信一件，同时饬送为叩。盛暑，维珍卫不宣。弟张元济顿首。[十五年] 七月廿七日。

【119】1926年8月17日

沉叔吾兄同年[1]：

得七月初四日手教，展诵敬承。今年天气酷热，闻北方亦然。贵体若何？甚为驰系。《龙龛手鉴》询之公司，确在保险库中。当时不知何以提出交去，弟竟不复记忆。书（帐）[账]原有两纸，互有异同。前点交书籍时所凭一纸适无此书，以致彼此均未觉察，致劳远注，甚为惭悚，现在谨当暂存。影宋《东汉会要》所需卷数，适直拨可病利，俟其痊愈到馆，当属检齐，与前书同时觅便寄奉。影印《四库》，现在本非其时，只因前见报载部议，反责本馆不肯赶紧运印，故不能不递呈声明，使世人知责有攸归。部批云云，见者当能明白。如此一大事因缘，自不能不有许多魔障。但使吾辈力行不懈，终当有诞登彼岸之时。机缘一至，仍望吾兄力助其成耳。董会允弟辞职，此由于弟之力请。京津股东晤及时，务祈婉为陈述。前呈函稿已收回，但望公司当轴以后能加采纳，则宗旨相合，弟虽去职，仍可为公司竭尽义务也。前就吾兄经眼各书，摘出若干种开呈一单，有可图者，仍乞留意。手覆，祇颂暑安。弟张元济顿首。[十五年] 八月十七日。

---

1 据原信，见于《上海图书馆藏张元济往来信札》一，第354～358页。又附信封，上书"敬祈附寄北京分馆，饬送傅沉叔先生台启，快"，落款时间为："十五年八月十七日"。又附残存打印稿，见第359页。参《张元济傅增湘论书尺牍》，第133～134页第26函。又参《张元济全集》第3卷"书信"，第330页第125函。

［附傅增湘寄存书单］¹：

宋本《陆放翁集》三函

宋本《黄山谷集》四函

宋本《韩文公外集》乙函四本

宋本《击壤集》七本

宋本《周易本义》二本

宋本《白帖》十八本

宋本《五代史》廿四本

宋本《客亭类稿》四本

宋本《舆地广记》二本

元本《吕氏春秋》一函四本

元本《名儒草堂诗馀》一函三本

鲍校三种一匣

明抄《墨庄漫录》二本

高丽活字本《南唐书》一匣五本

明本《拾遗记》五本

傅沅叔寄存，十四年六月一日。

［张元济批］²：

十五年旧历六月初九日在怡和渝点还沅翁，尚有《龙龛手鉴》一书，为此单所无，另一单有之。查存公司库中，异日当觅便寄还。15/8/17。张元济。

［附张元济摘抄书目及傅增湘批答］³：

《明稗杂抄》中有《补衍》（海盐王文禄所撰），不知此时

1 按：此系傅增湘手书。
2 按：与傅增湘书单同纸。
3 见于《张元济全集》第3卷"书信"，第330页第125函附录。

可托人代抄一分否？［傅批答：此书在文友堂，可代抄。］

《胡文岫诗》一卷，《与众集》一卷（词）。同上。［傅批答：此二种在文英阁，不知尚存否？］《横浦文集》十二卷，未知是否宋张九成所撰？此书只见明刻，未见清刊。［傅批答：此书已购得，乃明刻也。］

《册府元龟》宋刊残本。［傅批答：文友堂，每册一卷，索一百元，闻已售去数册。］

《饮膳正要》明景泰刻本。［傅批答：此亦文友堂书，初印。］

《陈众仲文集》元刊残本。［傅批答：此为周叔弢所藏。］

后三书不知尚在市上否？

【120】1926 年 8 月 22 日

沅叔吾兄同年 [1]：

十七日覆上寸函，告知《龙龛手鉴》现存公司保险库中，觅便即寄，计蒙亮察。一昨得阅致董事会函，并附到京津股东通告，展读之下，觉其中多阿私所好之语，殊深惭悚。至指摘公司各节，事非无因，然言之未免太甚。由来者渐，非一朝一夕之故。弟在公司二十馀年，身在局中而坐令至此，亦不能不分任其咎也。时至今日，改革万无可缓。弟身虽去职，而董事如故。不居名位，不受薪水，毫无所图，纯尽义务，转可与当局从容讨论，或较有接近之缘，正不必以不在其位不谋其政为虑。倘能从此认真改革，亦未始不可转危为安。至欲此时召集股东临时会议，弟窃恐徒滋纷扰，利未形而害已先至，措置似

---

1 据原信，见于《上海图书馆藏张元济往来信札》一，第 362～365 页。又附信封，上书"附寄京馆，敬祈饬送西四牌楼北石老娘胡同傅沅叔先生台启，快信"，落款时间为："十五年八月二十二日"。又附原信稿，见于第 360～361 页《张元济傅增湘论书尺牍》，第 134～135 页第 27 函。又参《张元济全集》第 3 卷"书信"，第 330～331 页第 126 函。

不可不慎也。吾兄曾受众股东委托，莅沪商榷，当必有常相晤及者，务乞将上文所述代为解释。一言九鼎，裨益匪轻。临颖不胜祷企之至。专此，顺颂台安。弟张元济顿首。［十五年］八月廿二日。

　　世兄均候。

【121】1926 年 9 月 30 日

沅叔吾兄同年 [1]：

　　久未通讯，伏想起居安善为颂。文郎来沪，匆遽入校，尚未得晤，甚念念也。需用影宋本《东汉会要》，业经拔可照原单检齐，拟托本馆前湘馆经理毛君（今在山东为官）带京。无如毛君请假多日去浙中，昨甫归，恐到京尚需时日也。梦旦出示手书，知在都中得《大典》一册，为未见之书，拟印行，甚善甚善。顷知已将印价估去，每册二本，须四圆有奇，封面尚不在内（鄙意用外洋版纸，将来必不能平服），定价每册必须售十圆。好古家究不多，恐不易销售耳。京友函告，见《大典》有未辑书凡八册，每册三百圆，已为日本人买去。与吾兄所见，其一耶，其二耶？又言近以好书求售者甚多，然否？前借吾兄手抄《经眼录》，曾摘出若干种，托为追查，不知有消息否？其单未留稿，可否乞属抄胥录示一分，不胜感谢。来月拟为儿子授室，俗尘扰扰，殊恼人也。专此，祗颂秋祺，并祝潭福。

　　弟张元济顿首。［十五年］九月卅日。

---

1 据原信，见于《上海图书馆藏张元济往来信札》一，第 367～371 页。又附信封，上书"附寄京馆，饬送傅沅叔先生台启，背有字"，落款时间为："十五年九月三十日"。又信封背书："八月十七日、廿二日叠上两函，未蒙示覆，甚盼念。元济附启。"参《张元济傅增湘论书尺牍》，第 135 页第 28 函。又参《张元济全集》第 3 卷"书信"，第 331 页第 127 函。

【122】1926 年 9 月 30 日

致沉叔信 15/9/30[1]：

《东汉会要》已检出寄去。惟托毛君带上，被延阁，到京尚须时日。

印《大典》未见书，甚善，每册二本，以估须四元（面子不在内，板纸恐难平服），须售十元。好古家究不多，恐难畅销。

京友函及好书甚多，然否？前在《经眼录》摘一单，托追查，有消息否？原单乞属抄胥录示一分。

【123】1926 年 10 月 17 日

录十五年十月十七日张菊翁覆傅沉叔君函[2]：

得九月初五日手教。藉审令嫒于归，未及致贺，甚为歉仄。年伯大人奉安窆穸，大礼克终，闻之至慰。如此忙碌，未知贵体若何？尤以为念。寄来宋刻《史记》一册已收，何以拆为数叶，并未装本？已属馆中代为装好，以免散乱。《东汉会要》先已托公司旧友毛君契农带至济南，其人在张宗昌部下，频频晋京，想不久必可送到也。《大典》未辑书《南台纪要》能印行，致佳，但每册售银十圆，鄙见窃虑不易。还祈审酌。《欧集》与图书馆所藏可以配全，诚为美事。尊意与馆中合印，拟请先将全书叶数见示，并将内匡纵横用英尺量准，以便估计成本。届时当酌看情形，再行奉达。重印《四部丛刊》，原为同业竞争而发，初意不过仅印《续编》，后见同业有《四部备

---

1 据原信稿，见于《上海图书馆藏张元济往来信札》一，第 366 页。按：此函似草于上一函之背。

2 据原打印稿，见于《上海图书馆藏张元济往来信札》一，第 372～373 页。参《张元济傅增湘论书尺牍》，第 136～137 页第 30 函。又参《张元济全集》第 3 卷 "书信"，第 331～332 页第 128 函。

要》，不能不并印，以期招徕。而《续编》乃稍稍压后，现在目录尚未拟定，一俟脱稿，再行寄呈鉴正。影印古本《念四史》，《明史》仍用殿板，名实却不相称。然他刻究非正本，亦觉（儗不于伦）[儗于不伦]。故拟附印王莼卿之《考证》，以示与前印殿本稍有区别。万季野《史稿》全部具在，诚属可宝。异日或有流通之机会，当再设法商借耳。承示今年负债不可言，敝处区区之款，何必屡屡齿及，尽请从容以待来年，何如？摘抄书目，允为（纵）[踪]迹，至感。其中有算学书三种，颇欲得之。但印本如不清朗，不堪摄照，则可不必。否则能索寄一阅否？

【124】1926 年 10 月 20 日

录张菊翁致傅沅叔君函（十五年十月二十日）[1]：

前日肃覆寸函，计荷察及。寄来宋刊《史记》第一百十七卷，计三十叶。交至敝公司，据典守人覆称，原阙一册系自第一百十四卷至一百十七卷。前去信亦曾陈明。今交到者仅为第一百十七卷，尚缺三卷，系是《东越列传》《朝鲜列传》《西南夷列传》，叶数不过十张。想系拆散之时移置他处，务乞从速搜寻，检齐寄下。当时必有原装封面，并祈附下，以便照原式装制，无稍参差。不胜祷盼之至。

---

1 据原打印稿，见于《上海图书馆藏张元济往来信札》一，第 374 页。参《张元济傅增湘论书尺牍》，第 137 页第 31 函。又参《张元济全集》第 3 卷"书信"，第 332 页第 129 函。

【125】1926 年 12 月 1 日

节录十五年十二月一日张菊翁覆傅沅叔君函[1]：

……二、兰泉拟售去《营造法式》，前此梦旦覆信曾以示弟，并称种种为难。定价既难过高，销路又甚迂滞，幸能售完，制图工本甚巨，断无再版之望。重以谆属，已将原函转去，请其重为考虑。他日即由梦旦迳覆。

三、索取本馆所藏地志目录，自当遵寄。惟印成之后，又陆续收得二三百种，拟一律补入，再行寄呈。

四、《困学纪闻》售数无多，代为纳闷。《四部丛刊》再版告白不可谓少，然销数亦极有限。时局为之，无可如何也（前请影印《大典》再加斟酌，即是此意）。然鄙意印数仍不宜过少，一则目前拟价较重，二则日后补印为难。未知尊见以为何如？《学海类编》卷帙甚繁，再版未必有多大销路。初印又未留底，殊失算也。

五、《道藏》馀利平均分配，系专就后添五十部计算，开印时曾有一函陈明。当时实系冒险为之，故不能不与以较优之希望。原信已属录呈，亦由公司迳寄。

六、宋刊《龙龛手鉴》，已属刘子楷公使入都之便，托其带呈，收到后乞示知。

【126】1927 年 1 月 4 日

沅叔吾兄同年大人阁下[2]：

前月十九日肃奉寸函，计当达。顷由敝公司发行所转到世

---

1 据原打印稿，见于《上海图书馆藏张元济往来信札》一，第 375～376 页。参《张元济傅增湘论书尺牍》，第 138 页第 33 函。又参《张元济全集》第 3 卷"书信"，第 332～333 页第 131 函。

2 据原信稿，见于《上海图书馆藏张元济往来信札》一，第 377～378 页。参《张元济傅增湘论书尺牍》，第 141 页第 1 函。又参《张元济全集》第 3 卷"书信"，第 334 页第 133 函。

兄交来冬至前一夕手书，谨诵悉。张勵筏画册收到。并属拨付代售谭元春字、王小梅画价银七十圆，亦已交去。兹取得收条一纸附上，即祈察入。《荀子》六册收到。先人遗物，得以归还，价虽稍昂，亦所不惜。《庄》《荀》得以同来，可称璧合。良友美意，感何可言。年关在即，如需用款，不敢请在前款拨付，仍当汇奉，前函业已陈明，谨候示遵。别有奉询数语，敬求并覆（《庄子》尚未到，已函询伯恒，晤时乞代促之）。16/1/4。

【127】1927 年 1 月 13 日

录十六年一月十三日菊翁致傅沅叔函[1]：

本月四日寄去一信，想递到。前日得新除夕手书，谨诵悉。《欧集》叶数单已收到。在京补照五百八十一叶，何以需千有馀元之多？此必派人到馆摄照干片，此却太苦。森翁在馆，倘能借出，在外照湿片当较廉。高梦翁适出门，又须检查种种旧（帐）[账]，恐过数日方能估出。同人以为如此巨帙，当此时局，恐不易售。然必须估价后方能决定。《指海》以二十集者为足本，如所见者集数相符，可以合用。然若印《欧集》，则此只可从缓，且待后一信再定。宋本《攻（愧）[媿]集》能借来影印，亦一快事，乞公代谋。拟送书一二十部，多则犯不着，缘《丛刊》不能因此（长）[涨]价也。宋本百馀种，其目不可不一看，曷与个中人商之。《道藏》事，亦俟梦翁归后再覆。

再，得王敬庵信，谓京师有残本宋刻《元氏长庆集》一册（与（并）[孟]苹所有一册同，此册今归敝处），公或知其踪

1 据原打印稿，见于《上海图书馆藏张元济往来信札》一，第 379 页。参《张元济傅增湘论书尺牍》，第 141 页第 2 函。又参《张元济全集》第 3 卷"书信"，第 334 页第 134 函。

103

迹，能设法借校否？

【128】1927 年 1 月 18 日

十六年一月十八日张菊生先生复傅沅叔先生函[1]：

月之十三日覆上一函，计先递到。《居士集》印价已估出。如悉照原书大小，须用三开式，成本须在万元以外。售价较昂，恐不易售。从前百衲《通鉴》亦稍稍缩小，改为四开。此时工料种种加增，比之彼时较为昂贵。犹幸《居士集》印刷清朗，修版费或可减少，希望不至比《衲鉴》为昂。则比例定价，预约售三十二元，销路似尚不甚难。如售去三百四、五十部，便可收回成本。一切详具估单，敬祈察核。惟在京补照五百馀页，如将书借出，交京华书局用湿片照相，所费必无须千元之多。望与森玉、伯恒两公商之。再，合印旧章照价九折旧（帐）[账]，此时《丛刊》再版，预约已开九折之例（但此仍守慎重，并非普遍行之），将来结（帐）[账]，只能以八五折结算，务祈鉴允。现既决印《欧集》，则《指海》只可从缓，缘石印工事过多，不能同时并举，只得舍鱼而取熊掌。其书既经为人购定，即可不必扣留矣。宋刻《攻媿集》及残本《元氏长庆集》不知能设法商假否？再，《指海》是否为二十集本？如系足本，可否请转商，酌增售价，由本馆购入，能商即乞电示。

---

1 据原打印稿，见于《上海图书馆藏张元济往来信札》一，第 384～385 页。参《张元济傅增湘论书尺牍》，第 143～144 页第 5 函。又参《张元济全集》第 3 卷"书信"，第 335～336 页第 136 函。

［附上海商务印书馆编译所出版部估价单两份］[1]：

宋本《居士集》估单（甲种印，四开本）

全书三千零六十叶，分订五十册。

华装四开本（照百衲《通鉴》之式稍稍缩小），连史纸印，加单衬叶。

全书制板费计洋一千八百四十元。

在京补照费约洋一千元。

印五百部工料费计洋五千九百元。

广告样本费约洋七百元。

总计洋九千四百四十元。

每部成本计洋十八元八角八分。

每部定价五十元。预约价三十二元，八五折，实计二十七元二角。

售去三百四十七部可以收回成本。馀一百五十三部，共得馀利洋四千一百六十元。

上海商务印书馆编译所出版部十六年一月十九日。

【129】1927 年 1 月 19 日

宋本《居士集》估单（乙种印，三开本）

全书三千零六十叶，分订五十册。

华装三开本（照原式不缩小），连史纸印，加单衬叶。

全书制板费计洋二千四百五十元。

在京补照费约洋一千元。

印五百部工料费计洋七千九百二十元。

---

1 据原打印稿，见于《上海图书馆藏张元济往来信札》一，第 380 ~ 383 页。又参《张元济全集》第 3 卷"书信"，第 336 ~ 337 页第 136 函附录。

广告样本费约洋七百元。

总计洋一万二千零七十元。

每部成本计洋二十四元一角四分。

每部定价六十元。预约价三十八元，八五折，实计三十二元三角。

售去三百七十四部可以收回成本。

馀一百二十六部，共得馀利洋四千零七十元。

上海商务印书馆编译所出版部十六年一月十九日。

【130】1927 年 1 月 21 日

沅叔吾兄同年[1]：

本月十八日覆上一函，并《居士集》印价估单两纸，计蒙察及。续奉一月十三日、十五日两次手书，谨均诵悉。兹条覆如左：

一、《营造法式》已承桂辛、兰泉两公慨让，甚幸。如何运交，已由公司函达京津两分馆接洽，此间不知所有书版图片在京抑在津也。前承开示，此书中有版权一项，未知曾否在内部注册，领到执照？倘未办妥，仍应由桂辛诸公具呈，先行注册领照办妥后，再行呈请转移。此系古书，虽不能禁人印行，然费去巨赀，刊成木版，他人竟据以影印，亦终受损失也。

二、已印《欧集》，拟将《指海》从缓。缘《四部丛刊》限两年出齐（尚有旧本《廿四史》明年亦须开印），工程甚为局促也。尊处辑印小丛书，亦请姑缓，何如？来示尊处有《指海》前十二集，有友有后八集。前函谓经售定可以扣留，度此书亦必足二十集。能否转商贵友，酌加价值，让归敝处？谨候

---

1 据原打印稿，见于《上海图书馆藏张元济往来信札》一，第 386～389 页。参《张元济傅增湘论书尺牍》，第 144～145 页第 6 函。又参《张元济全集》第 3 卷"书信"，第 337 页第 137 函。

示遵。

三、《困学纪闻》及《道藏》事，遵已函达梦旦、拔可两君，当由公司迳复。《道藏》馀款知已于本月十一日函达京馆划交矣。并告。

四、《攻媿集》承托木老代借，极感。吾辈生当斯世，他事无可为，惟保存吾国数千年之文明，不至因时势而失坠，此为应尽之责。能使古书多流传一部，即于保存上多一分效力。吾辈炳烛馀光，能有几时，不能不努力为之也。

五、宋本《册府元龟》每册百元，仅十数叶，未免过昂。拟不购矣。

再，《居士集》照《衲鉴》式略为缩小，用四开式。如尊意赞同，乞即向京师图书馆商借，交京华印书局用湿片影照，其尺寸务须留意。手复，即颂台安。弟张元济顿首。十六年一月二十一日。

再，承介绍周君癸叔，此间曾经通信。周君旧学具有根柢，同人甚为钦慕。惟公司自叠次罢工以来，绝少进用新人，公所深知。且公司办事每日有七、八小时，周君年逾五旬，不知能胜此劳苦否？公司同人概须自备膳宿，周君全眷是否将离南昌？未知人口几何？所入希望若干方敷生活？均祈探示，再与同人商酌办法。此上沅叔吾兄史席。弟元济再启。十六年一月二十一日。

原信两件附缴。

[附录丁英桂致张元济函，1927 年 1 月 20 日][1]:

傅沅叔先生一月十三日来信。

1 据原信，见于《上海图书馆藏张元济往来信札》五，第 326～329 页。参《张元济傅增湘论书尺牍》，第 146 页第 6 函附录。

第一纸：《荀子》《庄子》、岳刻《五经》《攻媿集》各事，均系菊生先生接洽。

第二纸：《指海》缓印。16/1/18 菊生先生去信已说过。《营造法式》所存图版可交分馆收下转寄（不知系在北京抑天津？须请傅君示明，以便去函分馆接洽）。但图版有无阙少，须俟到沪后详细检点。又查此事，傅君初函索价万元，内列版权费一项二千五百元。当时菊生先生注明："此层须有内务府凭证"，而后来去信均未提及。现既决定购进，应否一问（应问有无注册？如有，应请呈明让渡。如无，再由本馆自办。雄飞有信在菊翁处）?

第三纸：介绍周君癸叔（附原函三纸）。

第四、五纸：辑印小丛书。属查《秘笈》销路，已函稽核科查示，但今日不及覆到。先将印数另列一表，亦足见大概。

另一纸：《困学纪闻》已出书，并有夹贡纸印本二部寄傅君。至搭印之书，尚在整理散叶，须迟一二日方可付去，须函怡和渝问傅晋生兄行期，知其明日即须北上，不及托带，只可邮寄。此事由此间迳复，原信不再奉交。按搭印之书颇精，共有七部，工事甚费，系尽义务，不收印费。能否函商为涵芬楼留下一部之处？请酌夺示复。

另一纸：东海《道藏》(帐)[账]。所存定洋七千馀元，已于 16/1/11 日知照会计科收京馆 (帐)[账] 划交。至馀利、馀书之分配，尚须待傅君之续示办法。此事由此间迳复，原信不再奉交。

以上各节，梦旦先生属奉达。敬上菊生先生赐鉴。晚丁英桂敬上。16/1/20。

集数	初版年月	纸别	共印数
一	五年五月	连史	一五〇〇
		毛边	一〇〇〇
二	五年九月	连史	一五〇〇
		毛边	一〇〇〇
三	五年十二月	连史	一〇〇〇
		毛边	一〇〇〇
四	六年十二月	连史	九五〇
		毛边	六五〇
五	七年五月	连史	九五〇
		毛边	六五〇
六	七年六月	连史	九五〇
		毛边	六五〇
七	七年十月	连史	九五〇
		毛边	六五〇
八	八年五月	连史	九五〇
		毛边	六五〇
九	九年六月	连史	九〇〇
		毛边	七〇〇
十	九年十二月	连史	九〇〇
		毛边	七〇〇

张元济致傅增湘（1912—1947）

【131】1927年2月12日

沅叔仁兄同年阁下[1]:

奉一月三十一日手教，俱衹诵悉。吾兄顿失掌珠，闻之至为惊惋。犹忆令嫒昔年随年嫂夫人至沪，内子及小女相与盘桓，至今常想念不置。噩耗传来，同声太息。吾兄叠遭惨戚，今复遘此，自难为怀。然阶前玉树欣欣向荣，对此差堪娱老，尚望善为排遣耳。兹将应覆各事条举于后：

《欧集》尊意主印三开，照原式不缩小。商诸同人，以来教反覆开喻，保证甚力，无可更参异议。业由高梦翁于本月七日复电赞同（北京商务馆转，影照《欧集》，可照原式，不缩小。梦），度荷照及。纸料拟用粉连史、料半两种，自可遵行。顷由出版部详细核算，另具估单，分别子、丑、寅三种，并附样张，统祈察核。鄙意以专印丑、寅两种为宜，尚乞核示。徐森翁处已接洽妥贴，阙卷借出影照，可省周折不少，欣感之至。《集古录》单行一二百部，全书既成，添印零种，就希望言极可照办，此为附带计划。且看本书预约售数如何，临时再酌。兄意以为何如？总之销路苟畅，多印零种当易措置。此时弟与公司同人即对本书亦无把握，全凭兄一言行事耳。木老赣中可望号召五六十部，闻之极慰。此为本省先贤关系，他省恐未必能如是。更乞广托同好，力予提倡，推之各省，庶大家均有益也。

《攻媿集》借照，只拟收入《四部丛刊》，单印大本无甚销路。如蒙向木老代为说明，至深感幸。

《大典》印本绝精，承惠一帙，感谢。未知何时订成？亟

---

1 据原打印稿，见于《上海图书馆藏张元济往来信札》一，第390～395页。参《张元济傅增湘论书尺牍》，第146～147页第7函。又参《张元济全集》第3卷"书信"，第337～338页第138函，第339页第139函后半。

思先睹为快也。

《营造法式》版图分存京、津，已荷接洽知照，感感。仍求转催早日查点交割。版权事并望同时办妥，至托至托。

本年一月十三日所询残宋本《元氏长庆集》京中尚有一册，兄能代为商假一校否？

周君癸叔处，于前月二十一日去信，所询各节如有覆音，并祈示及。专此布覆，敬颂台安。十六年二月十二日。

再，《困学纪闻》元本知已邀收，惟来示称原函未曾收到，当嘱敝馆向经手人详查。兹据覆称，原函系两布套一木箱，当时用回单簿，簿上写明"十六册一箱"字样（却未注明布套两函），派信差送至怡和渝交晋生世兄亲收，并取有世兄回片。片上注明"收到《困学纪闻》一箱计十六册"等语，想不至书存而木箱、布套失去。来示云云，殊为疑讶，还祈详示。承惠官纸一部，感谢之至，已如命留下矣。附上东方图书馆收书据一纸，至祈察览。印本尚馀旧纸一部，高丽纸二部，已在装箱寄运中，到时望检收给复为盼。

再[1]，顷由敝公司派人往怡和渝追问，据称木箱一只、布套两个尚存在该号之内。是何原因，想世兄必能详述也。

[附录丁英桂致张元济函，1927 年 2 月 12 日][2]：

送上复傅沅叔先生信打正二份，请以一份签定掷下，以便检齐附件寄发。再，《困学纪闻》元本二函一箱，系由季臣先生装点完全，饬书店送至怡和渝。当时除送去之回单（写明十六册一箱，未注布套二函）外，并由傅晋生君亲收。取有傅晋生君回片，言"收到《困学纪闻》一箱，计十六册"云云，敬

1 按：此段文字系张元济手书。
2 据原信，见于《上海图书馆藏张元济往来信札》五，第 330 页。

请鉴察。覆信中关于此事，遵嘱别用副笺打出。菊生先生赐鉴。晚丁英桂敬上。16/2/12。

　　傅先生原信昨曾送呈，今日未奉发回。

【132】1927 年 2 月 18 日

沅叔仁兄同年阁下 [1]：

　　敬恳者，敝馆印行《四部丛刊》初版之时，曾承台端慨借善本，至为感荷。此次再版，业已发售预约，次第开印。中有《颜氏家训》等八种，当时借自郘架，今拟仍以原本付照，俾免转展失真之弊。叨辱爱末，辄再奉商。别附目单，敬祈赐察。倘荷垂许，乞即检付京馆孙伯恒兄，妥装运沪，无任感幸。专此，敬请台安。十六年二月十八日。

　　附单：

　　《颜氏家训》，明嘉靖刊本。

　　《西京杂记》，同上。

　　《幽忧子集》，明刊本。

　　《皎然集》，影宋精抄本。

　　《李义山诗集》，明嘉靖刊本。

　　《林和靖先生诗集》，影明抄本。

　　《后山诗注》，高丽活字本。

　　《范德机诗集》，影元抄本。

1　据原打印稿，见于《上海图书馆藏张元济往来信札》一，第 396～397 页。参《张元济傅增湘论书尺牍》，第 147～148 页第 8 函。又参《张元济全集》第 3 卷"书信"，第 338～339 页第 139 函。

【133】1927 年 3 月 5 日

沅叔吾兄同年[1]：

得二月廿五日手书，知胸怀旷达，能自宽解，佩慰无似。《居士集》缺卷向图书馆借出，交伯恒景照，想已着手，甚望徐森翁能始终其事也。残宋本《元氏长庆集》公已校出，允为一瓻之借，甚幸甚幸。前月十八日曾上一函，乞假书八种，为刊再版重影之用，想蒙慨允。又初版《岑嘉州集》用正德黑口本，颇有人言所收不及明覆宋书棚本之多。此间遍觅不得，邺架倘有其书，亦祈惠假，统祈检交伯恒兄觅便妥寄。《攻媿集》不必亟亟，全书分四期，至明年年底方出齐，为时亦甚舒耳。承示周君癸叔近状，已转告梦旦、拔可两兄。俟商定，当由公司迳复。此间谣言甚盛，吾辈皆巢幕之燕，正所谓做一日和尚撞一日钟也。手布，复颂台安。十六年三月五日。

【134】1927 年 3 月 11 日

北京商务馆转傅沅翁[2]：

同济登报上课已三星期，学生到四分三。哿日不到，无庸来校。特达。菊。真。

---

1 据原信稿，见于《上海图书馆藏张元济往来信札》一，第 399～400 页。按：信稿首页右栏外有张元济手书："请梦翁台阅。如须留底，即乞照打，此稿仍乞寄还。"又天头书："已缮，发"。参《张元济傅增湘论书尺牍》，第 149～150 页第 11 函。又参《张元济全集》第 3 卷"书信"，第 340 页第 141 函。
2 据原电报稿，见于《上海图书馆藏张元济往来信札》一，第 402 页。按：电稿右侧有张元济手书致夏筱芳、吴东初便笺："兹有致京友傅沅叔电报一件，开列于后，乞饬译发，电费候示照缴。小芳、东初两兄同鉴。弟张元济顿首。16/3/11"。电稿左侧有手迹一行，曰："后以电话告知，故此信未送。"又参《张元济全集》第 3 卷"书信"，第 340 页第 143 函。

【135】1927 年 3 月 11 日

致傅沅翁 [1]：

　　……能循津浦南下，如期到校否？承托孙章甫带来景宋写本《东汉会要》九本，顷据馆员电告，适已交来，知念附陈。又吾兄藏有宋刻十行十九字《晋书》，不知完全否？江南图书馆宋刻小字本敝处曾经照得，以校殿本，亦瑕瑜互见，竟有脱落一二十字之处。尊藏之本如能较胜，又欲为一瓻之借。李木老处有《前》《后汉》，前曾商假，久蒙慨允。现将开印，拟再借重鼎言。倘难如愿，亦乞示知，以便另行设法。16/3/11。

【136】1927 年 3 月 24 日

［张元济致傅增湘函］ [2]：

　　十八日得电即挂号寄。既往无复，想无误。世兄到日，党军起事，劝勿到校。现寓怡和渝，小有感冒，无碍，当妥为照料。汤寓上海旅馆，已晤。同取进止。

　　《元集》六册、《大典》四册均收。世兄称原系五册，以箱不容，故减少一册。

　　《元集》缺《百韵诗》，遵代录。除宋本外（其中亦有据他本校者），馀卷是否均照抄本校，抑兼据卢校？抄本又从何出？公谓别为说以著之，有稿乞示。

　　此次闸北极危险，幸无恙。所借三种及公司好书均租放租界银行地库中。

　　《欧集》自以寄沪照为廉便，此时可从缓。时局如此，亦

1　据原信稿，见于《上海图书馆藏张元济往来信札》一，第 401 页。按：信稿右侧栏外有张元济手书："上文言发电告知同济催生到校。"参《张元济傅增湘论书尺牍》，第 150 页第 12 函。又参《张元济全集》第 3 卷"书信"，第 340 页第 142 函。
2　据原信稿，见于《上海图书馆藏张元济往来信札》一，第 403～404 页。参《张元济傅增湘论书尺牍》，第 151 页第 14 函。又参《张元济全集》第 3 卷"书信"，第 340～341 页第 144 函。

不能售预约。

寒家旧藏抄本《大六壬》及《半完盦诗稿》《益翁存稿》能代购得否？

十一日信想达。《两汉》《晋书》事望复。

公司将于五月一日开股东会[1]。公如不能来，托人代表，如伯恒亦不来，望勿交去渠随意转托，甚不妥。

十六年三月廿四日。

【137】1927 年 4 月 23 日

△△［沇叔］吾兄同年[2]：

四月八日手书至十七日始奉到，谨诵悉。谨条覆如左：

一、《永乐大典》《困学纪闻》各送翰怡一部，同时并将来笺附去。次日晤及，云《松隐集》已在检查，查得即寄，所虑者无存书耳。想有函迳复也。

二、涵芬楼善本多半已移存租界银行公会地库内，检寻甚不易。其移放工厂保险库者，尤为纷乱。需用影元本《陵川集》，恐稍需时日，方能检寄。

三、承示《元微之集》校本系出钱氏抄本，近与卢抱经《群书拾补》对校，颇有出入。卢氏亦云据宋本，与钱氏所自出之本及蒋氏藏本又不同。然则宋刻盖有三本矣。

四、《四部丛刊》借自邺架者诚不仅八种，其馀均已留版。此八种则或未留，或留而已损，故为发棠之请。庚楼所藏边贡所刻《岑嘉州》，倘能慨借，固所愿也。

五、李木老询印旧史用何本，乞以《丛刊》再版目录示

1 按：此行上方有张元济手书"别纸"二字。
2 据原信稿，见于《上海图书馆藏张元济往来信札》一，第 405～408 页。参《张元济傅增湘论书尺牍》，第 152～153 页第 16 函。又参《张元济全集》第 3 卷"书信"，第 341 页第 145 函。

之。如推却，即作罢。

六、明覆宋刻《晋书》缺卷能配否？附去缺卷清单，乞留意。

七、寒家旧藏抄本《六壬》已蒙代购，极感。尚有《半完圃存稿》《益翁存稿》，不知能购进否？

八、数日前得晋生世兄来告，即日进校。至前日遣赵君廉臣往怡和渝询问何日去吴淞，乃得覆电，称因患外症，未能成行。今晨往访，知已病一礼拜。先患感冒，旋颈上在右耳后肿胀。已先就丁福保、谢利恒诊视无效，而后又改医科毕学钟觉民。昨夜寒热较重，胀痛不能安睡。世兄以移居宝隆医院见商，弟极赞成。当同车先赴钟君处复诊，据称系淋巴腺发炎，并不紧要，惟身体不甚强健，恐难驱散。过两、三日，待其成熟即可开刀。钟君力劝移居伊等同学数人所办同德医院，在同孚路大沽路。弟偕晋世兄同往察视，尚便调摄，遂即留寓。钟君允每日到院诊治，并可特备面饭。精神尚好，惟肿胀牵掣，右手不能，故代详陈。弟当随时前往照料，钟君亦甚恳挚。请勿悬念。十六年四月廿三日。

【138】1927 年 5 月 10 日

沇叔仁兄同年阁下[1]：

京馆转到四月廿六日大札，诵悉。承示近来纸张头尾厚薄不匀，《道藏》《困学纪闻》两种订本尾低头高，一尺书差至二寸许，堆案既不耐观，插架更难齐整。此等弊病自不仅两书为然，幸荷指教，得以及早改良，感愧无既。今已谆属在事诸

1　据原打印稿，见于《上海图书馆藏张元济往来信札》一，第 409～410 页。参《张元济傅增湘论书尺牍》，第 153～154 页第 19 函。又参《张元济全集》第 3 卷“书信”，第341～342 页第 146 函。

人，随时注意，于以后上版时，头尾上下颠倒参用，防免前弊矣。惟机器印刷速率与手工不同，工人又多漫不经意，督察难周，是可虑耳。又上年所寄《困学纪闻》两部，中有一部重出首本，而无尾本。遵属转询原经管人，据称上年所寄两部，卷目、叶号均经一再覆核，今竟犹有误失，皇恐殊甚。一方已在存书中覆查，如有重出，即奉上易正。唯今年曾续寄五十部，装箱之际或有错误，则缺首重尾一部竟在此中，亦未可知。语亦近理。拟求尊处同时检及为幸。专此奉复，敬请台安。张。十六年五月十日。

【139】1927 年 5 月 18 日

沅叔吾兄同年 [1]：

　　十五日寄去一函，想先到。翌晨往医院候世兄病，见精神较好，夜睡亦安，热度已退净。昨、今两日有事，未能往问。午后电询钟医，据称日来甚好，热度如常人，创口亦渐小。惟体气差弱，预料至快须一礼拜方能全愈等语。谨以奉达。即颂台安。弟张元济顿首。［十六年］五月十八日夜。

　　前承示有敝邑先哲《钱半完诗稿》《益翁散稿》，不知能代收得否？甚念，甚念。

【140】1927 年 5 月 25 日

△△〔沅叔〕吾兄同年 [1]:

本月廿一日寄上一函，计先达到。昨由公司交到本月十五日惠书，展诵敬悉。府报已于今日面交世兄。两日未见，较有进步。热度与常人同，已能行动下楼，惟足力尚未复元。据云拟日内先上短禀，藉纾远望。创口惟洗时尚有微痛。询钟医，谓恐尚须一星期方能收口。世兄之意俟收口后出院，即寄宿于朱女士家。惟畏航行，将来痊愈后，拟乘舟至青岛，云有熟人在胶济铁路，可以照料。如此比取道大连便捷多矣。商务股息已划汇京馆，仍请就近支用。前所移款，尽可从容，幸勿挂念。李木老允借《两汉书》，至为感幸。所购《道藏》已属查明，转运至津。应于何时领取，便中尚祈询示。所费自可豁免。樊山所藏四库底本宋元人集是否原稿？抑系清本？来示谓有数部非馆抄，然则多数皆馆中誊正清本矣。可否请代乞一目寄示，再行商办。宋人写本《洪范政鉴》极可珍贵。鄙意售价二千元并不为贵，不可失之交臂。留存影本极佳，能凑集一二十部，则所费不至甚昂，尚祈酌示。前乞惠假《丛刊》底本八种，又乞代借庾楼所藏《岑嘉州集》，可否即请检交伯恒，托高君翰卿带回？十六年五月廿五日。

［附录张元济便条，1927 年 6 月 3 日、6 月 4 日〕[2]:

傅沅叔寄来樊樊山托售书目，云尚有十馀种未曾列入。索价六千元，称多数系四库清本。张元济记。16/6/3。

---

1 据原信稿，见于《上海图书馆藏张元济往来信札》二，第 3～4 页。参《张元济傅增湘论书尺牍》，第 155～158 页第 22 函。又参《张元济全集》第 3 卷"书信"，第 342 页第 148 函。

2 据原信稿，见于《上海图书馆藏张元济往来信札》二，第 5～10 页。

书凡五十五种，本馆所有者只十二种（共 141 本[1]）。商之同人，多以为际此时局，金融停滞，凡此不亟之支出，拟一概停止。机缘不巧，未能应命，负歉之至，并祈向樊山先生婉言为禀。16/6/4 复。

《北海集》四十六卷附录三卷，计五本，宋慕崇礼。

《都官集》十四卷，计二本，宋陈舜俞[2]。

《缘督集》二十卷，计四本，宋曾丰[3]。

《涉斋集》十八卷，计二本，宋许纶。

《横塘集》二十卷，计三本，宋许（景）衡。

《碧梧玩芳集》二十四卷，计三本，宋马廷鸾[4]。

《槃菴集》十五卷，计三本，元同恕。

《初寮集》十卷，计二本，宋王安中。

《墙东类稿》二十卷，计四本，元陆文圭[5]。

《中菴集》二十卷，计三本，元刘敏中。

《伊滨集》二十四卷，计三本，元王沂。

《王魏公集》八卷，计一本，宋王安礼[6]。

《文庄集》三十六卷，计五本，宋夏竦。

《澹斋集》十八卷，计三本，宋李流谦。

《忠穆集》八卷，计二本，宋吕颐浩。

《敝帚稿略》八卷，计二本，宋包恢。

《养吾斋集》三十二卷，计五本，元刘将孙。

《庄简集》十八卷，计四本，宋李光。

《相山集》三十卷，计四本，宋王之道。

1 按：此处原文作苏州码，今改为阿拉伯数字。
2 按：天头张元济手注："有"。
3 按：天头张元济手注："有"。
4 按：天头张元济手注："有"。
5 按：天头张元济手注："有"。
6 按：天头张元济手注："有"。

《吾吾类稿》三卷，计乙本，元吴皋。

《积斋集》五卷，计一本，元程端学。

《青崖集》五卷，计二本，元魏初。

《性情集》六卷，计一本，元周巽。

《子渊集》六卷，计一本，元张仲深。

《东（安）[庵]集》四卷，计一本，元滕安上。

《秋岩诗集》二卷，计一本，元陈宜甫。

《兰轩集》十六卷，计二本，元王旭。

《双溪醉隐集》六卷，计二本，元耶律铸。

《畏斋集》六卷，计一本，元程端礼。

《西岩集》二十卷，计二本，元张之翰。

《浮山集》十卷，计二本，宋仲并。

《鹤林集》四十卷，计六本，宋吴泳。

《郧溪集》二十八卷，计四本，宋郑獬[1]。

《紫山大全集》二十六卷，计七本，元胡祗遹。

《香山集》十六卷，计二本，宋喻良能。

《山房集》九卷，计二本，宋周南。

《紫微集》三十六卷，计六本，宋张嵲。

《楳野集》十二卷，计三本，宋徐元杰[2]。

《宫教集》十二卷，计二本，宋崔敦礼。

《云溪居士集》三十卷，计五本，宋华镇[3]。

《金氏文集》二卷，计一本，宋金君卿。

《臞轩集》十六卷补遗诗一卷，计四本，宋王迈。

《磵泉集》二十卷，计四本，宋韩淲。

1 按：天头张元济手注："有"。
2 按：天头张元济手注："有"。
3 按：天头张元济手注："有"。

《方舟集》二十四卷，计四本，宋李石[1]。

《尊白堂集》六卷，计二本，宋虞俦。

《大隐集》十卷，计二本，宋李正民[2]。

《日涉园集》十卷，计二本，宋李彭[3]。

《东碉集》十四卷，计二本，宋许应龙。

《青山集》八卷，计二本，元赵文。

《瓢泉吟稿》五卷，计一本，元朱晞颜。

《文忠集》六卷，计一本，元王结。

《勤斋集》八卷，计一本，元萧𡎑[4]。

《庸菴集》十四卷，计一本，元宋禧。

《樗隐集》六卷，计一本，元胡行简。

《东塘集》二十卷，计四本，宋袁说友。

共 141 本。

【141】1927 年 6 月 4 日

沅叔吾兄同年[5]：

本月二日寄奉寸函，计蒙察及。翌日由北京分馆汇到千圆，并附惠笺，捧诵谨悉。前函曾谈不必亟亟归款，乃未邀允诺，只得领回。五年以来未曾结算，兹附去清（帐）[账]一单，并祈鉴核。今日到医院问世兄疾，比两日前见面之时又见进步，谈笑如常。据称饮食增进，夜睡可得八九小时。体温与常人相同，惟创口尚有残脓，故未收口。预料数日以后当可全愈，可请勿念。近日中西报纸均称北方军事紧急，各国增兵

1　按：天头张元济手注："有"。

2　按：天头张元济手注："有"。

3　按：天头张元济手注："有"。

4　按：天头张元济手注："有"。

5　据原信稿，见于《上海图书馆藏张元济往来信札》二，第 11～12 页。参《张元济傅增湘论书尺牍》，第 158 页第 23 函。又参《张元济全集》第 3 卷"书信"，第 343 页第 149 函。

防卫京津一带，英人竟有拟将使馆移津之议，并在天津设立侨民寄存珍贵物品处所，何以如此惶恐？度必确有闻见。顷与世兄谈及，吾兄能否挈眷暂作图南之计？狂风骤雨，此间总算过去。以云安稳，似比北方为优。世兄谓人口虽不多，迁移要恐不易。属姑商榷，谨候裁酌。专此，敬颂台安。弟张元济顿首。16/6/4。

【142】1927 年 6 月 19 日

△△［沅叔］吾兄同年[1]：

旬日以来舍间有小事，世兄病亦日就轻减，故久未通音讯。前数日往医院访问，知创口下部又见肿痛。热度略高，而精神甚好，饮食亦健。世兄自谓创口在上，脓系逆流。每次挤洗总有剩馀，故收口既难，而馀毒恐须横溢。已与钟医面商，拟就下部开刀，俾脓毒得以顺行，则收合较易。属弟代商钟，拟在本院添一医生，姓曾名立群者，共同诊治，冀可更得善策。归后即电达钟医，据称极愿遵行。并称另行开刀，总系有益无损。昨得本月九日手教，即往（往）访问，并面交家书。适钟医亦至，知已于前日开刀，开刀后热度遂平，精神亦好。新口距旧口约二寸许，正在抽吸，脓亦无多，流出者均系血汁。当以尊意转达，钟医谓此证并不重要，因世兄身体稍差，故收口较难。至现服之药，正系滋补气血之品。已与曾医商议，另托德医另制一种血清，以为除毒之剂，当必有效云云。待其去后，复以尊意拟易中医与世兄细商。世兄之意谓现已开刀，敷洗之事非中医所能为，拟仍旧贯，属为代覆。弟意

---

1 据原信稿，见于《上海图书馆藏张元济往来信札》二，第 13～20 页。参《张元济傅增湘论书尺牍》，第 161～162 页第 25 函。又参《张元济全集》第 3 卷"书信"，第 343～344 页第 150 函。

此系外证，器械、药物，中不如西。在最初之时，肿毒未盛，用中药疏解，外贴膏药，或易消散。惟既已出毒，恐中药未必有功。现虽第二次开刀，然自病状视之，却系减而非增。且眠食均佳，于身体无伤，故鄙见亦与世兄之意相合。兑来二百元已属敝公司于今日交去，世兄亦正在需用也。十六年六月十九日。

[1]再，承借《颜氏家训》、徐干《中论》、《幽忧子集》《皎然集》《李义山集》《后山诗注》《范德机》凡一十五册，已由京馆寄到，感谢之至。《四部丛刊》初版借用尊处之书，当时均有存版。此八种者，或有损坏，或被误磨毁，故须借原本重照。雅意殷拳，许其全借，曷胜感幸。除《西京杂记》《林和靖集》在八种内仍须借影外，拟再借《山海经》《西域记》《元次山集》《浣花集》四种，以为对校之用。其馀各种均已印成，无庸再借。即此六种亦均不在初次出版之内，尽可从容寄下，不必亟亟。惟来示称，有两种业已他属，未知何名？尚望开示。承教应改各书，尤感盛意。《孝经》已商准叔弢，改用所影宋本。《诗外传》《盐铁论》《中论》《慎子》《杨仲弘诗》则均已印成，不克更换，甚为可惜。《吴越春秋》《越绝书》《白虎通》《禅月集》《东维子集》《西昆酬唱集》邺架均有较胜之本，甚愿乞借。《吴渊颖集》沈羹梅兄有元刊小字精本，至可欣羡。未知可否借我一瓻？尚祈代为商恳。朱竹石所刻《李卫公》尚未见过，南方想易觅借。至《昭明太子集》《寒山子诗》取他家翻本影印，恐于原翻销路有碍。从前翻照《梅村家藏稿》及《中州集》，固皆先得授经兄之许可也。抄本宋元人集写本不精，不能付印。即价可酌减，亦只可作罢。《道藏》结

---

1 按：此处信稿天头有张元济手批："照打二分，一送出版部，一归卷。"信稿右侧栏外有张元济手批："此稿交还敝处。张元济。"

（帐）［账］及《困学纪闻》销数及补寄五十本，容代向公司催问。数月以来，种种被扰，又工会要求无已，应付为难。在事诸君，日不暇给，以致稽延，惟有乞逾格原宥耳。十六年六月十九日。

［附单］[1]：

颜氏家训（二本[2]），明嘉靖刊本。

《西京杂记》（一本），同上[3]。

《幽忧子集》（二本），明刊本。

《皎然集》（二本），影宋精抄本。

《李义山诗集》（二本），明嘉靖刊本。

《林和靖先生诗集》，影明抄本。

《后山诗注》（四本），高丽活字本。

《范德机诗集》（二本），影元抄本[4]。

《皇甫持正集》，宋本，无存板（此无存板，可据《续古逸丛书》本复照）[5]。

《方言》，宋本，有存板（此书涵芬楼有玻璃板影宋人本初板，即据以复影）。

《山海经》，明本，有存板（16/6/27 寄）[6]。

《中论》（一本），嘉靖本，有存板（已印）。

《西京杂记》（16/6/27 寄来）。

1 据原信稿，见于《上海图书馆藏张元济往来信札》一，第398页。右侧栏外张元济手书："此单必须交还。"又张元济注云："下栏加○四种，原本最好能再检借，以便校勘。"
2 按：此括号内字，皆铅笔手书，当出傅增湘手。下同。又有铅笔批云："共十四本，于16/6/9 挂号寄申。"又张元济手批云："△两种是否均无存板？乞示。"又丁英桂墨笔注："是均无存板。丁英桂注。16/6/18。"
3 按：此条及《林和靖先生诗集》上有墨笔注△，其他数种上有墨笔注○。
4 按：以上为上栏，系打字稿。
5 按：以下为下栏，为手书。
6 按：此条及《西域记》《元次山集》《浣花集》上皆墨笔注○。

《西域记》，宋藏本，有存板。

《曹子建集》，活字本，有存板（已印）。

《嵇中散集》，明本，有存板（已印，16/6/27 寄来）。

《元次山集》，明本，有存板（16/6/27 寄来）。

《浣花集》，明本，有存板。

张元济。

以上各种是否所注均合？亦祈查示。张元济，16/6/18。

十六年二月十八日覆查均合，丁英桂注，16/6/18。

【143】1927 年 7 月 7 日

沇叔吾兄同年 [1]：

本月五日寄上一函，通知世兄已出医院，寄居水宅，身体甚健，计荷垂察。昨得六月三十日惠书，展诵敬悉。兹条复如左：

承慨假《吴越春秋》《越绝书》《白虎通》《禅月集》《西昆（集）酬唱集》，极感。诸书皆不在第一期出版，不必汲汲检寄也。《林和靖集》尚未由兰泉寄到，朱氏所刊《李卫公集》祈遇便并寄。

《吴渊颖集》《岑嘉州集》承代向朱幼平君处借得，甚感。当遵嘱写明"萧山朱氏翼庵藏本"。惟朱君属搭印东洋皮纸为赠，亦当转告主者。但是项纸张如无存留，另购不知能办否耳？书尚未到，想伯恒必即寄出矣。

刘氏翻刻《昭明太子集》、周氏《寒山子》印入《丛刊》中，殊难启齿，容托人间接探询。

---

1 据原打印稿，见于《上海图书馆藏张元济往来信札》二，第 21～23 页。又天头有张元济手批："16/7/11 将此信送交出版部，元济注。六月十六日来信改用宣纸，又于 16/7/27 函达岫、梦两君，望转知出版部，万勿遗忘。"参《张元济傅增湘论书尺牍》，第 163～164 页第 28 函。又参《张元济全集》第 3 卷"书信"，第 345 页第 152 函。

定兴徐氏书售价甚廉，度必无甚罕见之本。俟书目寄来，阅过便知。但要整售，亦无法收之矣。

前书来借影元抄本《陵川集》，只此一种，别无他书。承示尚有抄校各种，望速开示。宋本《帝王经世图谱》亦已托馆中检出，但银行地库地方偪窄，若书箱在最下层，则翻动不易，恐一时取不到耳。《史记》等三书询知尚未照。手复，敬颂台安。弟张元济顿［首］。［十六年］七月七日。

另附致朱逖先信一件，距尊寓不远，祈饬送为托。

【144】1927 年 7 月 26 日

△△［沅叔］吾兄同年[1]：

得六月十六日手书，藉悉起居违和，比来已复元否？阅报知京都大热，务祈加意珍卫。世兄清恙痊愈，已于昨日偕水君伉俪结伴北行，计此信到时，必已安抵京邸矣。世兄濒行之前，弟拟代备用款，世兄坚称不须，仅属代送钟君诊资百元。此番在沪疗养，弟方愧照顾未周，乃承垂谢，尤为惭恧。借阅各书，信到时适值星期日休假，公司无人办事，当日检取竟来不及，只可随后托人带去。惟宋刻《帝王经世图谱》、抄明本（并非影元）《陵川文集》取出在前，昨已托世兄带去，计荷察入。抄本《半完圃集》《益斋存稿》及《清时乐事》均失之交臂，甚为可惜。最后一种兄已留得景本，异时尚拟假阅。正德本《元城语录》两三月前曾买得青浦王氏旧藏一部，卷端有先文忠序，次为马序，半叶十行，行廿四字，卷排长号，凡六十叶。公所见度必相同，弟已有此，不欲重购。《国朝分省人物

---

1 据原信稿，见于《上海图书馆藏张元济往来信札》二，第 24～31 页。参《张元济傅增湘论书尺牍》，第 166～167 页第 31 函。又参《张元济全集》第 3 卷 "书信"，第 345～347 页第 153 函。

考》，浙西过纂，其书性质尚望详示，再行定夺。岑、吴两集附印宣纸，当属遵办。《寒山子》蒙代商，极感。此书敝处有，不必寄下。惟《李卫公集》则仍盼慨假耳。徐司业书目已由伯恒寄到，昨亦托世兄带缴。中有三朝本《晋书》及抄本《唐会要》《西汉会要》、抄本《唐律疏义》，未知何如？至宋本《纲鉴》残本，未知与敝处前购一部，即公所介绍者，能否补配？又明本《夷坚志》未知何本？亦甚欲知。公如见及，尚望留意。此外有精美可景印者及罕见者并望见告。十六年七月廿六日。

　　[徐司业书目][1]：

　　抄本《姚雪坡集》壹函

　　元本《博古图》式函

　　棉纸《姜凤阿文集》式函

　　棉纸《赵清献集》壹函

　　棉纸《文潞公集》壹函

　　抄本《西汉会要》式函

　　明抄《岁时杂咏》壹函

　　《赵清献文集》捌册

　　抄本《红兰遗乘》肆册

　　黑口本《松石轩集》壹册

　　抄本《庄靖集》壹册

　　明棉《孤树裒谈》拾册

　　抄本《宋元人词》拾玖册

　　抄本《闲居偶录》叁册

　　抄本《木钟台集》壹函

1　按：原信稿栏外张元济手批："徐司业遗书目。傅沅翁交来，摘出如下。16/7/23。"

明本《皇甫少玄集》弍册

棉纸《华泉集》壹函

抄本《謇斋琐缀录》壹函

《双峰猥谈》壹版

抄本《陈古灵集》捌册

抄本《陈古灵集》壹函

黑口本《书画史会要》壹函

《龟巢集》壹函

《皇甫司勋集》弍版

《镡津文集》肆册

棉纸《郑师山集》肆册

抄本《庐乡集》肆册

棉纸《缘督集》肆册

抄本《郭豫亨集》壹册

抄本《弃馀集》壹册

东洋本《颖翁续稿》伍册

抄本《潜山集》弍册

抄本《郑忠穆集》壹册

抄本《李延平集》叁册

明棉《夷坚志》弍函

棉纸《鳌峰类稿》陆册

抄本《唐会要》弍拾肆册

三朝板《晋书》肆函

《华泉集》壹函

抄本《漫合乐谱》弍函

抄本《唐律疏义》壹函

抄本《公是集》壹函

东洋本《聪轩集》捌册

抄本《朱韦斋集》肆册

宋本《通鉴纲目》，残，拾弍册

抄本《樵史》伍册

抄本《刘雪庄集》，批，壹函

抄本《絜斋集》，批，壹函

抄本《贺文贞公备议会集》壹册

抄本《郑夹（际）[漈]遗稿》壹册

抄本《丁冬集》弍册

明棉黑口《李征伯存稿》弍册

《书寝语稿》弍册

明棉《华泉文集》陆册

【145】1927年8月4日

十六年八月四日张菊生先生复傅沅叔先生函[1]：

前月廿六日寄上一函，计达览。比来起居已复元否？世兄想抵京，途中当安吉，均甚念念。前日得七月廿一日手书，谨诵悉。叔弢回信亦读过，感谢。清宫善本能景印，自所甚愿。《郡斋读书志》恐系世间孤本，首先付印，尤为相宜。其他各种，鄙意应择其罕见而卷帙不甚多（至多在五六百之间，能少尤佳）者，否则不易销售，于进行转有碍也。高梦翁即日入都，一切当与兄当面商酌，徐司业书已开箱否？前书所举各种，如见及，望开示。专此，布复。

1 据原打印稿，见于《上海图书馆藏张元济往来信札》二，第32页。参《张元济傅增湘论书尺牍》，第168页第33函。又参《张元济全集》第3卷"书信"，第347～348页第155函。

【146】1927 年 8 月 7 日

沅叔吾兄同年[1]：

　　四日覆上寸函，计荷察及。昨得七月廿八日手书，展诵
祗悉。世兄此时度必抵京矣，途中想甚安吉，甚以为念。属付
中国书店五十圆，已随函送去。取得收据一纸，谨附上，乞察
存。景印清宫旧书，自是机会。前函谓卷帙过巨者恐难销，至
多在五六百叶之间。今需在宫中照相，则成本尤重，益不能不
严加甄择，一切请仍与梦旦接洽可也。李木老允借《两汉书》，
甚幸。其世兄想已抵沪，容当往访。徐司业遗书，知已开箱，
何以吾兄只获见其什一？弟前月廿六日信所举各书，不审曾见
及否？其他各书，如原刻或抄写均不恶，可以直付摄照者，敝
处仍可购藏。但往返函商，颇需时日，不知估人能久待否？缘
书恐重复，又须查对敝处所藏板本，而寄存外府，检取又甚
不易也。《道藏》总（帐）[账]已催梦旦速办，带京面谈。新
印《大典》收到三册，仅售其一，料去或有销路，有便乞寄一
二十部来，当属试销。都中炎暑渐消，比来起居何如？诸惟珍
卫。弟张元济顿首。[十六年]八月七日。

【147】1927 年 8 月 25 日

录十六年八月廿五日菊翁致傅沅叔君函[2]：

　　本月七日曾寄寸函，并附上代付中国书店五十番收条一
纸，计荷察及。昨得八月十三日惠书，展诵敬悉。高梦翁北

1　据原信，见于《上海图书馆藏张元济往来信札》二，第 33～37 页。存信封，上书："北京
　西四牌楼北石老娘胡同七号傅沅叔先生台启，后有字"。落款时间："十六年八月七日"。此
　后又附原信稿一页，见第 38 页。信封后书："如蒙赐函，请迳寄敝寓，勿转宝山路，免致
　延阁。至托。"参《张元济傅增湘论书尺牍》，第 168～169 页第 34 函。又参《张元济全
　集》第 3 卷"书信"，第 348 页第 156 函。

2　据原打印稿，见于《上海图书馆藏张元济往来信札》二，第 40 页。参《张元济傅增湘论书
　尺牍》，第 169~170 页第 36 函。又参《张元济全集》第 3 卷"书信"，第 348 页第 157 函。

来，想经晤面。景印清室善本，鄙意书如习见者，必须版本特别，或印刷绝精。若为罕见之本，则不妨稍宽其格。一切请与梦翁商定。徐司业书目如已印出，望代索一份寄下，能并约梦兄一观尤妙。借校各书，已由梦兄带至十馀种，计可收到，其馀俟稍缓再检寄。《丛刊》再板，有须向邺架借用各书，已由公司函达梦兄迳商，想邀俯允。

【148】1927 年 9 月 14 日

沅叔吾兄同年 [1]：

八月廿五日寄上一函，计蒙察及。一昨得九月一日手书，谨诵悉。景印清宫旧书诚是一好机会，惟照原式景印，梦翁来信谓有版口甚大者，将来印行时不能不以小就大。又入宫照相费用甚昂，成本过重，销路必滞。时局日劣，不能不面面顾到，已请梦翁就近与兄熟商。承寄示徐司业遗书目，收到，谢谢。先是，该估已迳寄一册来，即选出二三十种，托伯恒兄问价，并索阅头本，尚未得覆。来示谓索价奇昂，度必无可着手。今请伯兄将前单呈阅，并另开一单附上。如兄处亦选购若干，彼此合并，为数较多，取价如在情理之内，或请伯兄先行酌付定银若干，将头本寄下一阅。照该目简章第四条，如不合意，原书退还，望仍以此意转达。若非然者，则竟可作罢论矣。《可斋杂稿》敝处已有两部，无须复购。樊氏宋元人集亦已并告梦翁酌议。手覆，祗颂台安，并祝潭福。弟张元济顿首。[十六年] 九月十四日。

世兄近体想已完全复元，甚念念。

---

1 据原信，见于《上海图书馆藏张元济往来信札》二，第 41 ～ 44 页，第 47 ～ 48 页。存信封，上书："敬祈饬送傅沅叔先生台启"。落款时间："十六年九月十四日"。又后附原信稿，字句略存差异，见第 45 ～ 46 页。参《张元济傅增湘论书尺牍》，第 171 ～ 172 页第 38 函。又参《张元济全集》第 3 卷"书信"，第 348 ～ 349 页第 158 函。

《晋载记》，宋刊本，十二册。（不知是否宋印？纸墨若何？）

桂氏《棠阴比事》，宋刊本，一册。

《资治通鉴纲目》，卷三十六至四十一，宋刊本，六册。卷三十四至四十五，四十二、三，四十六、七，五十二、三。宋刊本，蝴蝶装，四册（敝处有一部，即七八年前由兄介绍在京购得者。每半叶八行，行十七字。内匡高八寸六分，阔五寸九分，均英尺。卅六卷起，以下全缺）。

此外尚有数种，为敝乡先哲遗著：

《今言》四卷，明刊本，二册。

《陶说》，巾箱本，二册（此书如在七八元以内，即请购定）。

《藏密斋集》，明刊本，两部，一、十册，一、九册。

《静观堂集》，康熙刊本，两册。

《恬致堂集》，顺治刊本，二十册。

《奇晋斋丛书》，乾隆刊本，四册。

亦欲得之，但不知定价几何？亦祈询示。

又，《武英殿聚珍本丛书》敝处缺［十六］种，开列如下：

夏氏《尚书详解》二十六卷。

《春秋集传纂例》十卷。

《新唐书纠谬》二十卷。

《蛮书》十卷。

《琉球国志略》十六卷。

《河朔访古记》三卷。

《幸鲁盛典》四十卷。

《四库全书总目》二百卷。

《唐史论断》三卷。

《宝真斋法书赞》二十八卷。

《白虎通义》四卷。

《猗觉寮杂记》二卷。

《帝王经世图谱》十六卷。

《小畜集》三十（集）[卷]、外集七卷。

《山谷别集诗注》二十卷。

《御制诗文十全集》五十四卷。

当有可补，但不知价目如何?

【149】1927年10月5日

十六年十月五日菊翁致傅沅叔君函[1]:

梦旦南归，奉八月廿日手教，谨诵悉。《欧阳文忠公集》十二函、《永乐大典》二十册，承借暨掷还各书，据公司该管各员声称，均已如数收到，可请勿念。景印故宫旧书事，梦旦已详述一切。闻委员又有更动，只可暂缓。文奎各书索价过于离奇（来示《晋书》开二千元，未知是否即指宋刊《载记》三十卷），伯恒寄到各种首册，无可交易，只可留志书二三种。弟亦留《藏密斋集》一种，藉以酬应文奎一番检点之烦。承示别见抄本唐及西汉《会要》，可否代索首册一阅?馆中有《西汉》一种，亦系旧抄，为沈十峰所藏，然不足与蒋氏所有汲古景宋《东汉》比配。将来拟印入《四部丛刊续编》，故欲别觅一佳本也。所见两种行款是否景宋?内容与聚珍本有无区别?如并无特色，则亦不必索寄矣。伯恒来信，传谕所藏宋本《晋书》有五分之二可用云云，未知是否邺架所藏?是何行款?尚乞见示。木老允假《两汉》《晋书》，索酬万元，公司中人认为

1 据原打印稿，见于《上海图书馆藏张元济往来信札》二，第49～50页。参《张元济傅增湘论书尺牍》，第175页第43函。又参《张元济全集》第3卷“书信”，第349～350页第159函。

过重。时局如此，即印出，恐亦无甚销路，暂行缓议（极快须明年下半年方能开印）。且《晋书》前已在南京图书馆照有小字宋本稍有脱卷之页。今查得硖石蒋氏所藏，行款相同，而南京馆本所脱者却系完足，想脱落者必系覆印之故。将来如能借补，则此书可不必另借矣。属查《经世帝王图谱》行款，另纸写呈，祈察入。京师分馆副经理朱国桢兄不久北还，前借阅各书尚有多种未及检奉。如能取出，当托带呈。

【150】1927 年 10 月 27 日

△△［沅叔］吾兄同年[1]：

世兄来，奉九月廿八日手书，展诵敬悉。当即转送敝公司，逐一查覆。甫据覆到，又得十月三日、十日续示，并抄补《元遗山集》阙文三纸，续寄影印《大典》十五册，均已照收无误。兹将各事条覆如下：

一、弟归寓后，知世兄已入同济，并承到寓慰问，可感之至。

二、清宫印书事[2]，已由高梦翁迳覆尊处，度可接函。中请各先照样张见示，甚以先睹为快。

三、寄来《大典》，据敝公司寄售股声称，先后四次，共收到五十三本。兹附上收条一纸。又转送蟫隐庐、中国书店各五部，该两店收单各一纸，统乞查收。

四、属设法推销，注重外国。鄙意《大典》可行，《困学纪闻》则非所尚。已属敝公司交通科拟具办法，其分送传单一节，已属照行。惟在上海登两报广告仅各一次，费钱甚多，收

---

1 据原信稿，见于《上海图书馆藏张元济往来信札》二，第 51～54 页。参《张元济傅增湘论书尺牍》，第 176～178 页第 46 函。又参《张元济全集》第 3 卷"书信"，第 350～351 页第 160 函。
2 按：张元济批："以下递推。"

效恐少。估价单附上。应否酌加次数，统祈核示。

五、补定《说郛》及《湘绮日记》，并有友托购《四部丛刊》一部，均已由公司迳函伯恒，向尊处接洽。一切均照来示办理。

六、抄示《元遗山》缺文系据华刻，敝处所用系弘治李瀚覆中统本，并不阙此。所阙者乃卷二十二之《中顺张君碑》，计脱一叶又二行（其《阳曲周君表》则已补得矣）。

七、徐午生遗书中有聚珍板三种，承示价目，出人意表，只可作罢，此并非急需之书也。

八、影印旧本《廿四史》办法别纸开呈，祈指教。

近日上海绑票盛行。本月十七夕，竟有暴客数辈持械入室，劫弟而去。在盗窟中凡六日，尚无大困，幸得生还，所耗亦有限。并纾廑注[1]。元济。十六年十月二十七日。

外附朱逖先信，祈饬送。十六年十月廿八日。

前属代抄《皇朝传信录》，计四册；《毅斋诗集别录》，计一册；《北碉文集》，计四册，均已抄成，并托人校过。容另寄。

【151】1927 年 11 月 19 日

［张元济致傅增湘函］[2]：

叠奉□月□日又十一日两次手书[3]，备承垂注，感荷无似。归后酬应较忙，俗尘碌碌，久未答覆，甚歉。兹条覆如下：

一、影印清宫旧书事，前由京馆照来样张十馀纸。内有

1　按：此下内容，皆据《张元济全集》第 3 卷"书信"，第 351 页第 160 函补入。
2　据原信稿，见于《上海图书馆藏张元济往来信札》二，第 55～57 页。参《张元济傅增湘论书尺牍》，第 179～181 页第 48 函。又参《张元济全集》第 3 卷"书信"，第 351～352 页第 161 函。
3　按：《张元济傅增湘论书尺牍》此处作："五日奉十月初二日又十一日两次手书。"

五种，所照者或系刊书公牍，或系序文，或系高宗题词，不获见本书内。已由梦翁函请伯恒补照。如尚有可以景印、有价值而又完善者，可同时各照一页寄下，以便决定。想梦翁亦已函达。

二、尊意徐氏书中《西汉会要》可购，与蒋氏《东汉会要》相配。此书前曾寄来样本一册，弟虽见过，今已不复记忆。未知是否照宋本景抄？记得吾兄曾得残宋本数卷，行款当可比对。徐书似抄不甚工，乃索价五百元，未免过昂。请公代为检阅。如确系景宋者，再与议价。

三、拟印旧本正史，两《汉》均欲得一最佳之本。刘翰怡新覆宋本究逊一筹，且嫌掠美。汪文盛本涵芬有初印者，只以钱泰吉甚不满于是书，故不愿再印。如宋本必不可得，无已，其唯大德、正统两本乎。叔弢有正统初印《前汉》，闻之甚善。如需借时，当再奉托。

四、《三国志》借得适园所藏元刊，惜后配宋刊数卷。韩氏书恐不易借，日后如须更换，再乞西爽斋本。南北七史除《南齐》借自尊处、《北周》有涵芬楼所藏，尚称完善。其馀五史已将北京图书馆所藏尽数照出，然所缺尚多，以三朝本补配，甚不满意，不知尚有别觅残宋、元刊补入？《新唐书》借自刘氏，即艺风旧藏，缺数十卷（另付清单），不知尊处或他家有此书否？瞿氏有同样之本，然印刷较后。颇难摄照。

五、《大典》及《困学纪闻》登广告已如来旨，属登《申》《新》两报各六日，已去六十元有奇矣。如觉不够，应再续登，谨求示知。

六、清宫拟印小丛书，承询能否合办。转商编译所，覆称《四部丛刊》石印太忙，若用铅印，则近正排印中小图书馆所用之新旧丛书，亦盼于两年之后完工。际此时局，又不将工厂扩充，恐不克应命矣。

七、《元遗山集》缺文无可觅补，洪武本《杨铁崖集》不能照相，均已聆悉。费神，谢谢。

八、代抄三书，知已荷察收。抄费已由弟付讫，记入尊（帐）[账]，容再结算。前借校各书，近乘京馆副经理朱君回京之便，可托带去数种，想交到矣。

九、属访购叶奂彬同年校宋本《旧唐书》，容设法。

十、乞借残元刊《金华黄先生集》卷十四至十六，正可补瞿氏之阙。乞交拔可带下。

《今言》《古言》五十元太昂，拟不购。经此巨创，不能不稍撙节。16/11/19。

【152】1927 年 11 月 30 日

△△［沅叔］吾兄同年 [1]：

本月十九日寄奉一长信，计当达到。前得王君九兄来信，谓海源阁有宋元本二十六种，捆载到津出售。并抄示清单一纸。检对《楹书隅录》，均有其书，似非伪托。每种开价至少者亦千元，未免离奇。兹抄呈一纸，敬祈察阅。开价者似系外行。《三谢诗》仅一册，乃开一千五百元；《黄山谷集》多至十六册，亦仅二千元。君九并云，两孟诗均已售去，弟疑而未信。际此时局，谁肯出此重价？度亦不过故作疑阵耳。弟已○出数种，请君九设法各照半页，寄我一阅。并将杨氏善本选出若干种，托其探取能否续售？中有一种有先八世祖收藏印记，又《后汉书》《三国志》《晋书》尤为渴望。公司未必再能办

---

1 据原信稿，见于《上海图书馆藏张元济往来信札》二，第 58～59 页。按：此信已编入《张元济全集》第 3 卷，为第 352～353 页第 162 函，然文字差异甚多。其后所附书目未知所自，姑附录于此。参《张元济傅增湘论书尺牍》，第 181～182 页第 49 函。又参《张元济全集》第 3 卷"书信"，第 352～353 页第 162 函。

此，不过姑作妄想耳。其书恐未必到京，我兄能否赴津一看？最好能运动美款购存，否则分散，亦殊可惜也。儿子久病，甫由医院还家。料量一切，恕不多述。十六年十一月三十日。

《孟东野诗》，一千。

《孟浩然诗》，一千。　　　　　　云已售。

《范文正文集》，二千。　　《山谷老人刀笔》，二千。

《淮南鸿烈解》，四千五。　《孙可之文集》，二千。

《云庄四六馀话》，一千五。《端明集》，六千。

《吕东莱文》，一千七。　　《三谢诗》，一千五。

《王摩诘诗》，一千六。　　《陶诗》，三千。

《黄山谷诗》，二千。　　　《荀子》，四千。

《会稽三赋》，一千。　　　《晋书详解》，一千七。

《韦苏州诗》，二千。　　　《柳先生集》，九千。

《愧郯录》，三千。　　　　《击壤集》，二千五。

《管子》，三千。　　　　　《皇甫、杜、岑、常诗集》，一千五。

《说苑》，五千。　　　　　《新序》，五千。

《楚词》，七千。　　　　　《庄子》，三千。

《后村集》，未开价。

以上王君九抄来，云书在天津。

【153】1927 年 12 月 2 日

△△［沅叔］吾兄同年[1]：

前日甫上一函，告知海源阁书到津出售事。昨得拔可来信，谓尊处先已闻知，并附来书单一纸，名目悉同。谓公拟集资七万五千元，分为十股，即须付现，拟全数收买，将来再筹

1　据原信稿，见于《上海图书馆藏张元济往来信札》二，第 60～62 页。参《张元济傅增湘论书尺牍》，第 182 页第 50 函。又参《张元济全集》第 3 卷"书信"，第 353 页第 163 函。

此，不过姑作妄想耳。其书恐未必到京，我兄能否赴津一看？最好能运动美款购存，否则分散，亦殊可惜也。儿子久病，甫由医院还家。料量一切，恕不多述。十六年十一月三十日。

《孟东野诗》，一千。

《孟浩然诗》，一千。　　　　　云已售。

《范文正文集》，二千。　　《山谷老人刀笔》，二千。

《淮南鸿烈解》，四千五。　《孙可之文集》，二千。

《云庄四六馀话》，一千五。《端明集》，六千。

《吕东莱文》，一千七。　　《三谢诗》，一千五。

《王摩诘诗》，一千六。　　《陶诗》，三千。

《黄山谷诗》，二千。　　　《荀子》，四千。

《会稽三赋》，一千。　　　《晋书详解》，一千七。

《韦苏州诗》，二千。　　　《柳先生集》，九千。

《愧郯录》，三千。　　　　《击壤集》，二千五。

《管子》，三千。　　　　　《皇甫、杜、岑、常诗集》，一千五。

《说苑》，五千。　　　　　《新序》，五千。

《楚词》，七千。　　　　　《庄子》，三千。

《后村集》，未开价。

以上王君九抄来，云书在天津。

【153】1927 年 12 月 2 日

△△［沅叔］吾兄同年[1]：

前日甫上一函，告知海源阁书到津出售事。昨得拔可来信，谓尊处先已闻知，并附来书单一纸，名目悉同。谓公拟集资七万五千元，分为十股，即须付现，拟全数收买，将来再筹

1　据原信稿，见于《上海图书馆藏张元济往来信札》二，第 60～62 页。参《张元济傅增湘论书尺牍》，第 182 页第 50 函。又参《张元济全集》第 3 卷"书信"，第 353 页第 163 函。

印费，属公司加入一股云云。前徐午生之书散出时，弟曾拟一古书保存会简章呈览，谓此法有四善：一，通力合作，势力较厚；二，免致竞争，滥出高价；三，即出高价，利不外溢；四，书属同好，易于通假。此事我兄想能记忆。今兹办法大略相同。惟君九开来清单，除《后村集》未定价外，总共七万七千五百元。以鄙意度之，不过值至两三成，何以须付现款七万五千元？拔可所闻当误。际此时局，公司未必能再办此事。惟集资收买，弟甚赞成。然必须适用营业性质，方可持久。此二十六种内，善本固不少，然最精之品尚不在内。若此已费去七万五千元，后来何以为继？印售或可获利，然各书未必均可照，即可照印，未必均可售。此亦不可不预为虑及者也。鄙意如能集合同好，成一托拉斯，则购买较易。兹再将前拟保存简章录呈，如尊意以为可行（适用营业性质），能在北方集合者，弟虽经此巨创，尚可勉力追随。至总数几何，须俟尊处与同好决议，并电示现议购此二十六种出何价值，再行决定。十六年十二月二日。

保存古书会简章：

一、为保存古书起见，设立本会。集合同志，醵资若干万圆，专备收买善本之用。

二、会资以一千圆为一分，开会之日先缴十分之〇，由会给与收证。

三、为会员者，至少须认若干分，多认者听。

四、公推办事会员〇人。专司鉴评采买之事。会计会员一人，专司收支之事。均不支薪水（其规则另定）。

五、买得之书，由办事会计会员公定底价，通知会员，定期公开竞买，其出价最高者得之（竞买规则另定）。如会员无人愿买，亦可让与外人，其价由办事会计会员定之。

六、每届半年结（帐）[账]一次，报告全会会员。

七、结（帐）[账]若有赢馀，分为十成，三成为公积，二成为办事会计会员酬劳，馀五成分与会员，照所认会资分数摊派。

【154】1928 年 1 月 31 日

△△[沇叔]吾兄同年大人阁下[1]：

献岁发春，伏维动定绥和，潭第妥善，定如下颂。去腊得冬至日手书，敬悉敬悉。适届残年，俗务猬集，未即裁答，负疚无似。海源阁书居奇至此，望洋兴叹。但后来结果如何，仍乞见示。此间报纸载，潘复电达山东省长林某，阻其续售，或由本省筹款购入。果尔，则杨氏开门揖盗，殆将不可得矣。前寄下宋刻《南齐书》早已照成。《欧集》卷帙较多，又系大片，现值《四部丛刊》再版甚忙，不能专照，尚须一两月后方能蒇事。《史记》《乐府》尊意须依原版，此间同人之意恐本重难售，故迄未照。来示属即寄回，一遇妥便，即托带上。《道藏》赢利馀书分配事，梦旦于阳历年杪先已奉覆。近知已得兄有覆电，业经结束，感慰之至。清室善本《孟子注疏》及《郡斋读书志》未知已否照成样片？迄未见寄到。此外亦有可印者，但闻公司云，伯恒久无信来，若叶数稍多，照干片未免太贵，尚须另行筹画也。以上答覆来信。兹尚有奉达各事，条举于下：

一、属探叶焕彬同年校宋《旧唐书》，业已转商。云无出售之意，即借校亦推托。

二、乞借残元本《金华黄先生集》三卷，已向宗子戴兄处

---

1 据原信稿，见于《上海图书馆藏张元济往来信札》二，第 63～66 页。按：最末一纸天头有张元济手批："17/2/15/又寄一函，附上宋、齐、陈、魏各书后跋，请阅过转送朱遨先。最印旧本正史，乞示计画。前函所商各条，亦祈示覆。"参《张元济傅增湘论书尺牍》，第 184～185 页第 1 函。又参《张元济全集》第 3 卷"书信"，第 353～354 页第 164 函。

借到，卷数相同。可请勿再借寄。

三、去年承示徐午生书中有《西汉会要》可以购用，与蒋氏《东汉》配入。弟于十一月十九日覆信，请代查是否景宋抄本，迄未奉覆。书如尚在，仍乞查示。

四、去年十月十一日来示，谓影印旧本正史计画细酌别覆，甚盼见教。

五、宋刊《前汉书》已借到瞿氏景祐本，中有十分之九均系原刊原印，差强人意。其《后汉》亦称宋刻，然不能照。查去岁得九月廿八日示，谓清宫有宋本，尚未见。究竟如何？倘能配合，亦快事也。

六、瞿氏有宋刻大字《淮海集》，印本极精，惟缺卷十九至二十六、卷三十五至四十六。记得兄处（或他友处）亦有此书。如能配合，拟请公司景印，乞核示为盼。十七年元月卅一日。

[附录丁英桂致张元济函，1928年1月5日][1]：

承示沅叔信，谨悉。《欧集》尚未照出（约计阳历三月中可照完），只可缓还。《史记》《南齐书》《乐府》三种及《丛刊》借用之书，可还者已托总务处及分庄科遇有便人即行带交。《道藏》分利事，近有去信，附去底稿一份，阅过仍祈掷还。《孟子注疏》及《郡斋志》先照，已接洽。菊生先生。十七、一、五。

沅叔信三纸附缴。梦旦先生嘱代奉复。敬上菊生先生赐鉴。晚丁英桂敬上。17/1/5。

【155】1928 年 2 月 15 日

沅叔吾兄同年 [1]：

新岁，维起居纳福，潭第迎祥为颂。前月三十一日曾上寸函，托伯恒兄转递，计荷察及。承叚《南齐书》，去腊校读一过，撰有后跋，谨呈阅。又校阅《魏书》《宋书》《陈书》均已竣事，亦各撰有后跋（各书均另有校勘记，多者至千数百条），并呈上，统祈教正。阅过后请就近饬送朱君（逖先，住德胜门内草厂大坑二十一号）为荷。景印旧本正史，极拟于本年内发售预约。迩来一意校勘，尚有兴趣。前承允为详细计画，甚盼见示（其他各条，亦求示覆）。专此布达，敬颂台安。弟张元济顿首。［十七年］二月十五日。

今春能南游否？甚盼望也。

既封函后，授经来托吾兄代问聊城杨氏所有《扬子法言》《三谢诗》两种能单售否，需价几何？乞示。又托。

【156】1928 年 3 月 6 日

沅叔吾兄同年 [2]：

梦旦交阅二月廿七日手书，谨悉一切。上海尚称平静，过客当不至被人绑票。苏杭目前亦无事。我兄闰月初南来，必不至有意外之阻也。《西汉会要》既取到，下月南行，可否携来一阅？涵芬亦有一部，欲一比对，再定购否也。《四部丛刊》目录，前蒙审查，谓《白虎通德论》缪本多烂板填写，尊处有

1　据原信，见于《上海图书馆藏张元济往来信札》二，第 67～69 页。存信封，上书："敬祈饬送傅沅叔先生台启"，落款时间："十七年二月十五日"。参《张元济傅增湘论书尺牍》第 185 页第 2 函。又参《张元济全集》第 3 卷"书信"，第 354～355 页第 165 函。

2　据原信，见于《上海图书馆藏张元济往来信札》二，第 70～72 页。存信封，上书："附寄京馆，祈饬送石老娘胡同傅沅叔先生台启"，落款时间："十七年三月六日"。后又附打印稿，见第 73～74 页。参《张元济傅增湘论书尺牍》，第 185～186 页第 3 函。又参《张元济全集》第 3 卷"书信"，第 355 页第 166 函。

初印元本，可改用。记得曾经乞借，据编译所称，未曾奉到。大约敝处漏开之故，今当补借，亦恳同时带下，至祷至祷。寄呈南北《四史》校语，知已递到，务祈削正。阅毕即乞转送敝同乡朱君逖先。昨有来信追问也。商馆营业大退，财力之绌可知。《四库全书》事，恐无以副君厚望矣。手覆，敬颂台安。弟张元济顿首。[十七年]三月六日。

【157】1928年3月7日

沅叔先生大鉴[1]：

　　二月廿七书敬悉。大驾南来，甚为欣慰。菊生过来人，以为无碍。就鄙见观之，近来检查甚严，稍稍敛迹，尚未尽绝，如何还祈大酌。苏杭无问题，弟新自超山观梅归，甚安谧也。《湘绮日记》预约事，可照办，稍缓当知会京馆也。敬讯起居。十七年三月七日。

【158】1928年3月16日

[张元济致傅增湘电报稿][2]：

　　北京商务馆转傅沅翁：苏杭可游，乞寓敝庐。济。17/3/16 发。

【159】1928年3月16日

沅叔吾兄同年[3]：

　　阳历本月七日寄奉寸函，计荷垂察。昨日得旧历二月十七日手书，谨诵悉。朱君延昱交来颁赐《掌故丛编》一册，拜

1　据原打印稿，见于《上海图书馆藏张元济往来信札》二，第75页。又参《张元济全集》第3卷"书信"，第355页第167函。
2　据原电报底稿，见于《上海图书馆藏张元济往来信札》二，第76页。
3　据原信，见于《上海图书馆藏张元济往来信札》二，第79～81页。又附有打印稿，见第77～78页。参《张元济傅增湘论书尺牍》，第186～187页第5函。又参《张元济全集》第3卷"书信"，第355页第168函。

领，谢谢，先是由邮局递到五册，属转送王雪澄、朱古微、陈筱石、刘翰怡、董授经诸君，已于今日一一致送矣。承属交敝馆代销，即转商总务处。顷据覆到，可以遵办。请拨寄二、三十分，先行试售。定章均以六折结（帐）[账]，尊处委办之事，自可变通，俟台从到沪，再行商定。应立寄售契约，亦届时再行填写可也。我兄可以南来，闻之极喜。敝处可以下榻，惟房舍偪窄，且恐照料不周，将来尚祈原谅。顷寄一电，为"苏杭可游，乞寓敝庐"八字，由京馆转陈，计早达览。如此信到日，从者尚未启行，祈将尊藏之元刊《白虎通德论》及徐氏散出之抄本《西汉会要》乘便携示一阅。又去年九月廿八日来示，称清室有宋刊《后汉书》。能否借景？其本子可景照否？并乞预为查检见示。相见伊迩，不多述。祇颂潭福。弟张元济顿首。[十七年]三月十六夕。

[附录张元济致刘承幹函，1928 年 3 月 15 日] [1]：

翰怡仁兄世大人阁下：久未奉教，伏想兴居安吉为颂。沅叔寄来《掌故丛编》，属以一册奉呈左右，并称送阅首期，甚望续定等语，谨以附陈。祇请台安。弟张元济顿首。[十七年]三月十五日。

【160】1928 年 4 月 11 日
△△ [沅叔] 仁兄同年大人阁下 [2]：

阔别两年，高轩过我，乐数晨夕，快何如之。惟寓庐仄隘，饮馔粗劣，殊愧东道耳。别时风日晴和，伏想海行舒适。

---

1 见于《张元济全集》第 1 卷"书信"，第 438 页第 137 函附录。
2 据原信稿，见于《上海图书馆藏张元济往来信札》二，第 82～83 页。参《张元济傅增湘论书尺牍》，第 188 页第 7 函。又参《张元济全集》第 3 卷"书信"，第 355～356 页第 169 函。

144

何日抵京？府上均卜安吉，至以为念。河干别后，即至商馆往发青岛电信，旋至四马路，访得百新书店故有广雅史部全集，不幸先数日已为东人买去。遍询他肆，皆无之。博古斋周书仓《读书要诀》，亦为捷足者所得，仅《受恒受渐斋文集》一种（发票一张），定价六圆对折，不允再减，已代付讫，书属径寄尊寓矣。留交百金，亦交商馆兑至苏州。扇面四叶，则托杨寿祺带去。其馀书籍，亦开单送与中国书店（顷得回信，并将书单附回，今附上[1]）。所购抄本宋元人集，曾索出一阅。写本颇精，殊不贵也。携示旧抄《西汉会要》二册，以非景写，不留。临行匆匆，忘缴还，今与《刘子》一册并装挂号邮奉。附去寄售股收货单一纸，又文友堂来信并沈龚梅信[2]，即乞察收。丁氏《毛诗要义》，顷有人送来，却完全无缺。开价过高，并未还价。询以《礼记集说》，则云已在京津售去，但不肯明言何人所得。兄试为我探之，拜祷。适收得文友堂信，并缴上。又敝馆寄售股收货单并沈信，均呈上。十七年四月十一日。

【161】1928 年 4 月 12 日

沅叔吾兄同年[3]：

昨日寄上一函，计先达到。影印故宫善本事，顷已函达伯恒兄，并由公司将新合同稿及拟照书单寄去。《论》《孟》两种恐销路不广，拟除出。另加《名臣言行录》续、别集，但此无前、后集，故鄙意以为只可列入《四部丛刊》，继《五朝》《三朝》之后。专照六开，不照大本，未知我兄与袁君之意以为何

---

1 按：括号中文字据《张元济傅增湘论书尺牍》第 188 页第 7 函补入。
2 按：以下文字皆据《张元济傅增湘论书尺牍》第 188 页第 7 函补入。
3 据原打印稿，见于《上海图书馆藏张元济往来信札》一，第 70 页。参《张元济傅增湘论书尺牍》，第 188～189 页第 8 函。又参《张元济全集》第 3 卷"书信"，第 356 页第 170 函。

如？至小本丛书，请即详细计画。鄙见每集本数不宜过多，约八册至十册。将来拟委托京华办理，吾兄就近照料甚便也。专此，祇颂台安。十七年四月十二日。

又《类篇》《南轩集》两书页数乞饬查示[1]。

【162】1928年5月18日

十七年五月十八日张菊翁覆傅沅叔君函[2]：

得五月七日手书，谨诵悉。台从莅沪，下榻敝庐，方惭简慢，乃承垂谢，殊为愧赧。兹将应覆各事缕述如后：

一、《浮溪丛书》印售事。已由馆中详细计画，另覆。惟印五百部馀利有限，一千部成本又重，乞酌核。该书目录亦属馆中迳寄。

二、故宫印书事。《南轩》残缺，《淮海》印差，只能剔出。加入《书经》《类篇》亦无不可，但《类篇》既系影写，只能照六开附入《四部丛刊》（《宣和画谱》板心不大，恐亦以照六开为宜），《名臣言行录》续、别集亦然（前函已先陈明）。至于廖刻《论》《孟》，另有人愿印，由本馆附照，亦可勉遵。惟此二书卷帙过重，销路无多，为存古计则可，为营业计则不宜，还乞斟酌。来示属订合同即可开照，敝处极愿遵行。惟时局骤变，未知有无不便。鄙意却认为无妨，公司亦已函达伯恒兄，请与尊处当面接洽。

三、派人携镜到京襄助事。际此时局，京津之间恐交通不甚便利，亦无人敢来。此时惟有先将《郡斋读书志》及《孟子注疏》赶紧照完，亦已函达伯恒兄。至其他各书，拟请将页数

---

1 按：左栏外有张元济手批："此信附孙伯恒信中，请其转致。"
2 据原打印稿，见于《上海图书馆藏张元济往来信札》二，第84～86页。参《张元济傅增湘论书尺牍》，第190～191页第10函。又参《张元济全集》第3卷"书信"，第356～357页第171函。

先行数明开示，俟机会一到，即便进行。

四、小本丛书事。请与伯恒兄迳行接洽，惟大部书鄙见以为恐不相宜。《成都文类》何人所辑？共有若干卷叶？亦祈先查示。

五、寄来《掌故丛编》一、二、三各五十部，据寄售股声称已收到。

再，前月十一日、十二日叠寄两函，又十一日寄还《西汉会要》并借校之《刘子》，来信均未提及。未知已否收到？乞示。尊斋藏有元刊本《辽》《金》两史残本，未知是否第一印本（北京图书馆所藏），抑元覆初印本（此蒋氏所藏者）？二书不同。施国祁著《金史详校》所据之元本恐尚是第二覆本也（有蒋本不误而所据本已误者）。《丛刊续编》目录不久即可寄奉[1]。

【163】1928 年 7 月 14 日

北京商务馆转傅沅翁[2]：

文电悉，谨唁。乞保重。令郎寒搭皁生行。济。右电请沈复翁代译，发电费附上五元，后算。张元济。

【164】1928 年 9 月 13 日

沅叔吾兄同年[3]：

晋生世兄来，获诵手教。知又抱西河之戚，闻之曷胜怅

---

1 按：栏外又有张元济手批："17/6/14 又去一信，并寄《金史》元刊初印、覆刊各一页，即《本纪》四、五第一页。"

2 据原电报底稿，见于《上海图书馆藏张元济往来信札》二，第 87 页。按：电稿后沈复初批注："付去电费四元，尚馀壹元，奉还。复初。17/7/14。"参《张元济傅增湘论书尺牍》，第 192 页第 12 函。又参《张元济全集》第 3 卷"书信"，第 357 页 172 函。

3 据原打印稿，见于《上海图书馆藏张元济往来信札》二，第 88～92 页。参《张元济傅增湘论书尺牍》，第 195～196 页第 15 函。又参《张元济全集》第 3 卷"书信"，第 357～358 页第 173 函。

恍。我兄年来叠遭变故，庭帏凄寂，情何以堪。惟闻晋生兄言，贵体尚能支持，时以校书强自排遣。事到无可如何之际，惟有将吾心别求一安顿之处。吾辈既不能念佛打坐，则亦惟有观书而已。

近辑《全蜀两京遗文》，亦是安心一法。需用宋刊《播芳大全文粹》，已告馆中检出，托晋生兄带呈。中有缺卷，被书估割裂弥补，无从复见本来面目。吾兄检阅之时，并乞代为考订，不胜祷企之至。

宋刊《史记》承允印入旧本正史，至为欣幸。惟查黄善夫本，所有补配王刻，均已照成，弃去殊觉可惜，故未照出。郭《乐府》亦以卷帙较繁，不易销售，故亦未照，当与《南齐书》并托晋生兄带回。《四部丛刊》重照之书，亦有数种可以归赵，当由公司另开清单呈览。掷还各书，已照单收到。另有校本《盘洲集》，只存十一册，阙去最后八卷。检书签，知为原阙，何竟无可配补也。

高丽纸亦收到，已交出版部点收无误。已将来示所指办法抄去，属令照行。

《历代名臣奏议》查馆中共有两部，所缺均不过数十卷，不欲拆散。我兄在京补配以后，尚阙若干卷尽可向馆中提阅。惟尚有不情之请，匪独不能配与尊处，并欲求兄为我补配。附去阙单，我兄于补配之外，尚有可以补配者，并祈代购，至恳。

《续古逸丛书》销数极微，此亦时势使然，无足怪也。

《四部丛刊续集》目录近甫草就，未能作准。兹先寄呈草样一分，有应增减者，务祈不吝教诲（清人集部，又总集，均思酌增数种）。拟用之本均未惬意，更有拟访之书，邺架如有善本，尚思乞借。再昔年曾将尊藏宋刊《白氏六帖》照存一分，卷帙既多，又系类书，印大本恐无销路。尊意如不嫌缩小，拟即配入《丛刊》，将《白孔六帖》抽换。此书将来当另酬版税，敬候示遵。《白氏文集》付印之期，总在明年。

承示近况，代为纳闷。售书诚不得已之下策，然此时诚不容易。谋诸馆中，亦非其时。孝先之书售与南京大学院，闻尚得价，兄知之否？可否将拟斥去之书先开一目，存于敝处？或有创设图书馆者，当为介绍。手复，敬问起居，千万珍重。十七年九月十三日。

《西征随笔》收到，谢谢。翰怡一分，已随信送去矣[1]。

[附录邓邦述致张元济函，1928年9月25日][2]：

菊老前辈侍右：连日抠谒，备把温衷。闵其颠踬之行，许以匡扶之路，寸心感结，莫可名言。日昨返家，即将两项书目分别开列四纸，邮呈尊察。此事述求速了，无非顾全双方，免致外人訾议。故宁多所牺牲，但得九鼎之言，即等百朋之赐。如荷示教，请寄侍其巷六六号为感。敬颂台安。侍邦述谨启。九月廿五日[3]。

【165】1929年2月16日
[张元济致傅增湘函][4]：

海源阁书去岁在津发见者，闻李木老买得三种外，馀尚

1　按：信末有张元济手批："17/9/22又去快信一件，通知晋生感冒，展缓归期。并送《历代名臣奏议》廿一卷。"

2　据原信稿，见于《上海图书馆藏张元济往来信札》五，第305～311页。

3　按：信末有张元济手批："17/9/30复。"又批："17/10/8又去一信。""17/10/15又去一信，述董授经意，最好还书，其次原价五百廿两，改两为圆，亦可勉遵。三百元难应命。"又原函后附书目四纸，不具录。

4　据原信稿，见于《上海图书馆藏张元济往来信札》二，第93～94页。参《张元济傅增湘论书尺牍》，第200～201页第6函。又参《张元济全集》第3卷"书信"，第358～359页第174函。

未售。玉虎在沪屡次谈及，深虑其流出海外。弟以前拟古籍保存会章示之。玉虎谓集会有永久性质，不易施行。拟采用其一部，即酿资购入、竞买分书两条。商之明训，亦以为然。先集四万元，每股五竿。将来即由与股诸君公定价值，各取其所欲得者。如同时有二人以上欲得一书，则用竞买之法。未知卓见以为何如？现已集得过半数，甚望吾兄加入。如同好中有赞成此办法，亦望代邀。五竿之数，负担尚不甚重也。所虑者其四经四史续出，则发棠之举殊不易易耳。玉虎谓书十五种，据最近消息，四万元似可脱手。明训则以为过昂，尚须磋减。弟此等书本无定值，既已阁置年馀，除东渡外，国内未必有甚销路，减价之望亦似在情理之中，吾兄能就近探询否？甚盼示覆。十八年二月十六日。

凡十五种[1]：《荀子》（钱佃江西漕司本，十行十八字），五千。

《管子》（十三行廿三字，缺卷十三至十九，宋本），五千。

《淮南鸿烈解》（北宋本，十二行廿二字），六千。

《新序》（北宋本，十一行廿字），六千。

《说苑》（北宋本，十一行廿字），六千。

《庄子》（宋本，十行十五字）。

《愧郯录》（宋本，九行十六字），四千。

《陶渊明集》（北宋本，十行十六字），四千。

《东莱文集》，八册，三千。

《三谢诗集》（宋刊，十二行廿二字），一千五。

"四家诗集"（常建、岑参、杜审言、皇甫冉，宋刊，十行十八字）。

1 见于《上海图书馆藏张元济往来信札》一，第292页。

《王右丞诗集》（宋刊，十一行廿字）。

《孙可之文集》（宋刊，蜀刻本），二千。

《端明集》（宋刊，十行十九字，卷一至六、卷廿五至末抄配），八千。

《击壤集》（北宋刊，十三行廿二、三字），五千。

《范文正集》（宋刊，十二行廿字），五千。

《楚辞》十二册，八千。

[附录张元济致叶恭绰函，1928 年 12 月—1929 年 3 月]：

玉虎先生[1]：

奉示谨悉。海源书目阅过，并录出缴上，乞察收。拙拟古书保存会简章曾留稿，遍检不得，前送呈一分如尚在，乞掷示，有未合处订正为幸。敬问起居。弟张元济顿首。[十七年]十二月廿七灯下。

玉虎仁兄大人阁下[2]：

昨午造访，未获晤教为怅。前奉手书，并掷还所拟古籍保存会章，敬承尊意。越三日，往访潘君明训，告以一切，并以会章示之。渠意酿资购存，再行分配，可以赞成，愿认万元。惟分配之时，则主张采用弟之竞买办法。并谓书价终嫌过昂，必须磋减议定之后，见书再行付价等语。谨以奉闻，伏祈鉴核。再编辑《清代词综》事，商之敝公司同人，殊欠踊跃。工潮澎湃，令人懊丧，正亦无怪其然也。专此布覆，祗颂台安。弟张元济顿首。十八年一月廿一日。

---

1 据原信，见于《上海图书馆藏张元济往来信札》四，第 350 页。按：该函末存张元济手书："张菊生一、叶玉甫一、赵叔雍一、潘明训一、刘翰怡一、庞莱臣一、狄楚青一、商书馆二。"

2 据原信，见于《上海图书馆藏张元济往来信札》四，第 351～352 页。

玉虎仁兄大人阁下 [1]：

午前承枉顾，失迎。直昨宵忽患晕眩，今晨起坐，仍觉不宁，故不能下楼，务祈原宥。顷奉手教，复蒙眷注，至为感荷。垂询二事，今晨已有一函奉达左右，邮使迩来异常迟延，故半日尚未递到。潘明翁之意，极注重磋减书价，并称须见书后再行付价。后者事属当然，缘首册并未交到，自不能不格外郑重。惟减价一节，不知有无把握，祈公再与明翁一商。每分五千，弟自可认一分。刘翰怡处，弟亦可去函询之。敝公司原拟劝其附入，惟不用保存会名义，似颇难进言。纂辑《清词综》事，商馆虽不主办，然借用书籍，弟自当勉任其劳。至列名纂辑，则似可不必，尚祈鉴谅。《新闻报》自新董事会成立后，弟即脱却关系。副笺云云，却无所闻。晤局中人时，遵为代达。手覆布谢，顺颂台安。弟张元济顿首。十八年一月廿一日。

玉虎仁兄大人阁下 [2]：

顷奉二日手教，并潘明翁信，谨诵悉。弟前晤明翁，亦屡以价昂为言，弟曾允转请吾兄去函磋商。鄙意去岁书甫出现，欲得者多，故物主不免居奇。今阁压年馀，论理似当降格。可否俟集款有成，先行去信商减，未知尊意以为何如？张勤伯至今无回信，大约无意于此。沅叔近况虽不佳，然凑集一分，当尚不难。弟拟俟此间稍有端倪，再去函告知，请其附入。此外竟无可与言者矣。潘信附缴，敬乞察收。手覆，顺颂大安。弟张元济顿首。〔十八年〕二月四日。

前呈刘翰怡信，遇便乞发还。

1 据原信，见于《上海图书馆藏张元济往来信札》四，第353～355页。
2 据原信，见于《上海图书馆藏张元济往来信札》四，第356～357页。

玉虎仁兄大人阁下 [1]：

　　昨藉便覆上寸函，计荷察及。明训处已将惠函并书单送去，请其迳覆左右。弟前承谆命，勉附骥尾，今兹办法既改，弟亦姑选二、三种开列于后，敬祈垂察。豚蹄篝车，未免太不自量。如所选之书有为吾兄或明训所欲得者，则弟尽可作罢也。即刻登程，不多述。顺颂台安。弟张元济顿首。

　　《新序》《说苑》两种，愿出五千元。如不能得，则改为《荀子》《淮南子》《三谢诗》三种，价亦如前。配以他种，或须加价，均不要。元济又启。十八年二月廿五日。

玉虎仁兄大人阁下 [2]：

　　廿一日手书，顷始到，展诵祗悉。杨氏《新序》《说苑》《淮南》等均已售去，得者谁何，公知之否？馀十二种无甚可取，绵薄之力，留待四经四史何如？弟前得尊函可以析售，即转知明训，遂去海盐，不知后来曾有覆信致左右否？弟归后亦未晤明训也。弟近来为涵芬楼购得善本多种，稍闲当奉约展览。手覆，顺颂台安。弟张元济顿首。[十八年]三月廿三日。

[附录张元济致刘承幹函，1929 年 1 月 23 日] [3]：

　　翰怡仁兄姻世大人阁下：久未奉教，至为驰念。比闻尊翁大人归自大连，邱园息迹，吾兄朝夕侍奉，天伦乐事，欣羡无涯。趋庭之时，伏乞代为问讯。兹有启者，山东海源阁藏书已移至津门，有待贾而沽之意，并非全数出售，曾选出二十馀种。傅沅叔同年来信谓均已看过，择定最精者十五种，其

1　据原信，见于《上海图书馆藏张元济往来信札》四，第 358 ~ 359 页。
2　据原信，见于《上海图书馆藏张元济往来信札》四，第 361 页。
3　据原信，见于《上海图书馆藏张元济往来信札》三，第 127 ~ 129 页。

中有北宋刊本数部,附去清单,敬祈察核。当时曾经议价,书主希望甚奢,谓非四万五千圆不可,亦遂罢议。近日叶玉虎兄来沪,谈及书久不售,颇有贬价之讯,意欲集合同志数人,酿金四万,将此十五种整数购入,各人有所欲得者,再用竞买之法,由出价最高者得之。如此则书归同好,不至散失,而利亦不至于外溢。玉虎之意,每分五竿,渠与弟各认一分,潘君明训认两分。以吾兄保存古籍,提倡最先,知必赞成此举,属为转陈,可否请俯与玉成?如蒙慨允,无任欣幸。玉虎兄拟集款有成,即与书主再行磋商购价。临颖不胜瞻企之至。敬颂台安。弟张元济顿首。十八年元月廿三日。

【166】1929 年 5 月 3 日

沅叔仁兄同年大人阁下 ¹:

《四部(从)[丛]刊》弟四期现展至阳历六月底出书,惟校对手续五月底须告完竣。《东维子文集》已依尊校本录成校勘记。中有疑问,敬讯如左:

一、红字旁加蓝圈者,是否明刻、明抄相同 ² ?

一、墨笔校者系据何本?

一、红字或蓝字旁加墨圈者,是否二本相同?

一、红字旁加蓝圈、墨圈者,是否三本相同 ³ ?

记号复杂,录者恐误,请即详示为盼。手上,顺颂台安。

18/5/3⁴

---

1 据原信稿,见于《上海图书馆藏张元济往来信札》二,第 95 页。参《张元济傅增湘论书尺牍》,第 203 ~ 204 页第 10 通。又参《张元济全集》第 3 卷"书信",第 359 ~ 360 页第 176 函。
2 句末有张元济手批:"是,可不问。"
3 句末有张元济手批:"是,可不问。"
4 句末有张元济手批:"去信问。"

【167】1929年5月8日

十八年五月八日张菊翁覆傅沅叔君函[1]：

（上略）代问《道藏》，据查业已无存，惟尚可代为设法。附上覆信一纸。如何之处，敬祈询示。又代留涉园旧藏宋人小集是否与读画斋本相同？孝先所收似多出几种，此不知有溢出于以上两种之外者否？全书仅十二册，岂本子甚厚耶？系何时抄本？开价几何？如何定议？并望示悉。（下略）

[**附录商务印书馆总务处致傅增湘函，1929年5月7日**][2]：

沅叔先生大鉴：昨由菊生先生交阅台函，敬知贵友欲得《道藏》一部，自当照办。惟查敝馆整部《道藏》均已完全售出，现所存者均系残片坏叶，补印亦甚费事，不易配成全部。但查去岁曾有一主顾购去后复托转售，第不知现在已否售出？且必须照原价加增四百元，不知贵友需否购受，并愿增给价银若干？统乞示知，以便转商。专此敬颂。总务处。十八年五月七日。

【168】1929年6月28日

沅叔吾兄同年大人阁下[3]：

本月二日寄覆快信一函，六日续寄明弘治本《戴石屏集》影印毛样二册，计先后达到。南方梅雨今夏尚不甚盛，北地闻苦旱，未审起居何如？前陈筱庄兄莅沪，云世兄已赴德国留学，近体想甚健硕，到彼安否？均甚念念。旬日前张云传兄交到本月一日手教，捧诵祇悉。各书亦如数收到。近为商馆校勘

1 据原打印稿，见于《上海图书馆藏张元济往来信札》二，第96页。参《张元济傅增湘论书尺牍》，第202页第9函。又参《张元济全集》第3卷"书信"，第359页第175函。
2 见于《张元济全集》第3卷"书信"，第359页第175函附录。
3 据原信稿，见于《上海图书馆藏张元济往来信札》二，第98～101页。参《张元济傅增湘论书尺牍》，第206页第13函。又参《张元济全集》第3卷"书信"，第360页第177函。

《四部丛刊》最后数书，夜以继日，忙冗异常，致未能即时奉答，甚为歉疚。万难再延，胪举如下：

先世评校《义山诗注》八册，详审之至。夹签过多，非过录不易展读也。先人手泽，岁有来归者，皆吾兄为之作合。雅意拳拳，匪言可谢。

至宋人小集，无甚关系，出重价更不值得，舍鱼而取熊掌，正与鄙意亦正合也。

书价壹百二十元并不为贵。属查敝处垫款，兹经查明，别纸开陈，未知有无错误，尚祈覆核。尊藏万历本《列国志》寄来影片两页，已收到。图画甚精，惟书之内容与市上通行本未知异同至何地步？可否将全部寄示，可交与馆员一阅？《三国评注演义》发售在先，未能并售，甚为可惜。如不能单行，尚须求配偶，则不免耽阁矣。

寄来清单，拟售善本九种，定价二万一千二百元，并注明乃最少之价，然信中又有"非得万元以上之价不愿售"之语，度必系至少觅购及万元以上，否则照单给价亦不出售。未知是否此意？尚祈见示。《夷坚志》一部已属寄去（预约截止已久，难援商，当照最廉之价），并乞检收。弟即日赴庐山，留彼久暂尚未定。敬颂台安。弟张元济顿首。［十八年］六月廿八日。

【169】1929 年 9 月 20 日

致傅沅叔[1]：

六月廿八日寄去一信，想达览。发信不数日即赴庐山，旬

---

1 据原信稿，见于《上海图书馆藏张元济往来信札》二，第 102 页。信稿后有张元济手批："《夷坚志》价于 19/8/18 收回。查此系提阅之书，仍送还公司。当时只告以书价代付十元二角，应提出一元八角还与沅叔。以上已详告总务处矣。元济。19/8/18。"参《张元济傅增湘论书尺牍》，第 206～207 页第 14 函。又参《张元济全集》第 3 卷"书信"，第 360～361 页第 178 函。

留两月，比返沪。久未通问，甚念。晤李子东，知自京来，闻起居安健，世兄仍侍左右，稍慰。子东交来《列国志》，送编译所检称与时本不同。惟近印《三国平话演〔义〕》两种，预约销数微不能收回成本。且石印甚忙，工作迟滞，《丛刊》四期尚未出书，可以想见一时恐不能付（价）〔印〕，已由公司双挂号寄还，计已递到，方命歉仄。前开善本九种价，是否最低之价？可否请别开一单？弟笔迹人多识，殊不便。如有人买，是否必凑足万元？乞明示遵办。今有力者惟潘明训，然不肯出价。闻奉天颇收，不知有此程度否？《夷坚志》已寄去，想收到。价拾元贰角，已付讫矣。18/9/20。

【170】1929 年 9 月 24 日

沅叔吾兄同年[1]：

弟自庐山归后，于本月廿日肃上一函。付邮两日，即得中秋节后一日手教，展诵敬悉。附下复翰怡信，并所印《书景》序言，捧读一过，觉写作俱精神饱满，想见起居清健，无任欣慰。遵即转送刘宅，乞勿念。明刊《东周列国志》业由商馆邮缴，详情已见前函，兹不复赘，并祈鉴谅。承示史君吉甫（向未闻名）有残本《诚斋乐府》并附剧目，取与商馆出版《曲丛》相对（此书京分馆当有之，可乞取一阅），未有者仅七种，别纸开呈。此七种吴瞿安跋中均已及之。今能配合，俾成完璧，至所欣幸。惟吴氏藏本，版甚漫漶，不能景印。廿四种均用活字排印，所馀七种亦只能一律。合印手续甚繁（惟兄及朱君幼平两处耳），且此种书籍销路无多，馆中均觉难以承办。

---

1 据原打印稿，见于《上海图书馆藏张元济往来信札》二，第 103～105 页。参《张元济傅增湘论书尺牍》，第 208～209 页第 16 函。又参《张元济全集》第 3 卷 "书信"，第 361 页第 179 函。

未知史君除此以外欲得何种酬报，尚祈询示，以便商办。矍安则兼任校勘、题跋，每书酬以三十部也。文斾东游约在何时？弟恐不克附骥。如取道上海，仍请至敝寓下榻，惟甚愧东道不周耳。手复，敬颂台安。十八年九月二十四日。

东方图书馆适开单来索去岁所借书，今附呈，如得便乞掷还。东游莅沪，携下尤便矣。元济又启。

今拟借印七种：

《关云长义勇辞金》

《东华仙三度十长生》

《吕洞宾花月会神仙》

《南极星度脱海棠仙》

《河嵩神灵芝庆寿》

《四时花月赛娇容》

《文殊菩萨降狮子》

[**附录张元济致刘承幹函，1929年9月22日**] [1]:

翰怡仁兄姻世大人阁下：前日肃上寸函，计当达览。傅沅翁寄到信一件、《书景序》三叶（并请印时加画边匡、中缝），属代呈，谨送上，请察收迳覆。东友托抄《宋会要》"藩夷""食货"两门，未知已动手否？甚念甚念。专此，祗颂台安。弟张元济顿首。[十八年]九月廿二日。

1 据原信，见于《上海图书馆藏张元济往来信札》三，第146页。

【171】1929 年 12 月 23 日

十八年十二月廿三日菊翁覆傅沅叔君函 [1]:

白君（山）[坚] 夫过访，知台从返国，安抵沈垣。越数日得十三日手书，知腹疾已痊，闻之欣慰。函中称到京后即寄一信，正深悬望，至昨日而九日之信亦到，展诵谨悉。兹条覆如下：

陈君乃乾之书拟再候王君治昌数日，如再不来，当即交邮局挂号寄上。《北山集》早已照毕矣（《吏学指南》一种尚未交来）。

《颍滨大全集》吾兄认为宋刻，必可影印。已托长泽君覆查卷叶，据称并无残缺，系并卷之故。原信别纸录呈。全书共六百七十叶，尚不算多。是否密行小字？印刷未知如何？据长泽君查覆，吾兄想能记忆，尚祈见示。

尊藏《欧阳文忠集》所有抄配各卷已据别本在京局补照，乞就近一查，属其检寄。

在日本见《松江韩氏书目》，公如录存，务祈假我一看。

属抄八行本《左传正义》卷末衔名，因上海谣言甚盛，又值大火之后，甚为危惧。已将较善之书装箱封固，存入银行，检取甚不容易，只可从缓报命。

《太平御览》借东福寺藏本配图书寮之缺，惟照费恐更加昂，且俟寮本照毕再定。

《钱塘集》既系宋刻罕见，容向商借。

图书寮之宋刻《初学记》是否完全，弟不复记忆，乞示。

《本草衍义》涵芬仅缺五卷，已照来。《渔隐丛话》尚未照。

1 据原打印稿，见于《上海图书馆藏张元济往来信札》二，第 106～109 页。参《张元济傅增湘论书尺牍》，第 215～216 页第 24 函。又参《张元济全集》第 3 卷 "书信"，第 363～364 页第 181 函。

《论衡》《集韵》(寮藏)《东坡集》(库藏)志在必照。惟闻《集韵》有留文化事业局出版之说,若然,则恐未必肯借。

其他小种不过随便记录,并无借照之意。承公指示国内藏本所在,甚感谢。

《论语注疏》已印成,惟尚未装订,倘装订需时较久者,当属先借出毛样一部寄呈。

代付书价如蒙掷还,最好乞由浙江兴业银行汇下。前由中孚银行兑付,弟不相熟,提取颇周折也。

《颖滨先生大全文集》原目卷十一至二十缺,实误。是书共一百三十七卷,但卷二十一题"卷二(此字恐衍)十一至二十一",卷二十六题"卷二十六至三十六",卷五十题"卷第四十六之五十",卷八十题"卷六十七至八十",实数一百卷。完本也。右长泽君来信。

【172】1929 年 12 月 30 日

沇叔仁兄同年阁下[1]:

奉诵十二月十九日惠函,敬悉一一。承寄董绶翁所抄《吏学指南》及《北山集》,均已收到(《北山集》并已照毕,谢谢)。二十八日郑苏翁北来,曾托带去书籍拾式种,交由津馆周少勋君转呈,并于先一日寄上一函,谅邀察洽。蒙询工厂被灾情形,具纫关垂。查第四印刷所四楼于上月十二日不戒于火,是日适为政府规定纪念日,全体放假,故发觉稍迟,遂致蔓延,不可收拾。四楼悉数被毁,尚幸施救得力,三楼以下均获保全。约计损失叁拾万元。惟厂屋为水泥钢骨所建,自较坚固,故于第四印刷所全部分仅保火险叁拾万两,能得赔偿

---

1 据原信稿,见于《上海图书馆藏张元济往来信札》二,第 110～114 页。按:信稿住址栏
内书:"北平石老娘胡同七号。"又信稿末有盛同孙手书:"同孙阅过。18/12/31。"

若干，尚未交涉就绪。公司当局处置善后，倍极艰辛，日内渐有端倪。而粤馆又电告货栈失慎，损失若干，详报在途。公司将成多事之秋，此后因应愈感困难。承注谨陈，并乞有以教之。

尊撰《日本观书小记》，亟思快读。宋刊《欧阳集》，孙伯恒君已有信来，并开明叶数，容属本馆迳行函取。《四部丛刊续集》，拟过旧历新年发售预约。承允借书，感谢之至，另单开呈，得便乞检交孙伯恒君寄下。至日本照书，敝馆聘有驻日学员马继华君专任照料。照片价：

八折片，每张（纵英尺陆寸，横英尺拾寸）日金肆拾钱。

四折片，每张（纵英尺拾寸，横英尺拾弍寸）日金柒拾钱。

尊处需照图书寮及静嘉堂两处书（集）[籍] 分量不多，请俟台端商借妥洽，当函马君代为照相。照就寄由本馆编译所出版部转呈，再行开具工价，向尊处收取，似甚妥便。

让书事时在留意，曾询数处，皆欲先看书籍，颇觉为难。遇有可以接近，容再随时函告。耑复，敬颂台安。十八年十二月三十日。

【173】1930 年 1 月 3 日
十九年一月三日菊翁致傅沅叔君函[1]：

新历新年，敬祝百事如意。前月廿二日、廿七日叠上两函，廿八日又托郑苏翁带去新购陈乃乾君书十一种，又缴还明抄《荣河县志》一本，由天津分馆转呈，未知已否递到？甚为

1 据原打印稿，见于《上海图书馆藏张元济往来信札》二，第 115～120 页。参《张元济傅增湘论书尺牍》，第 217～219 页第 1 函。又参《张元济全集》第 3 卷 "书信"，第 364～366 页第 182 函。

驰念。年前连得十二月十九日、廿四日两次手教，均谨诵悉。
兹条覆如下：

前月商务印书馆被火，辱承存问，不胜感荷。被灾者为第四印刷所四层楼。是日为政府规定纪念日，全体放假，故发觉较迟，全层被毁。幸施救得力，三层以下均获保全。约计损失当在三十馀万。厂屋系水泥钢骨，认为坚固，故全座仅保三十万两。能得偿款若干，此时尚在交涉。不意一波未平，一波又起。广州分馆货栈又告失慎，此时尚未接得详报。真可谓祸不单行者矣。

《日本观书记》未审何日可以脱稿？甚以先睹为快。弟所记录，用毕即乞寄还。

拟照《百川学海序目》及《老苏事实》，敝处可以乘便代办。敝处照相系用一种纸片，不用玻璃。日本之玻璃片贵不可言，此纸片之功用与玻璃等。如六开书式工料约日金肆拾钱，加大则逐渐增进。吾兄所照之书，请与书主接洽妥贴，示知弟处，即可以由公司函达东京代表照办。

前承开示各书，蒙允借照，至为感幸，另单附呈。敝处拟印之旧本正史，现思于明春开印，亦拟有所乞借，俾成完璧，统详另单。

故宫图书馆、东方文化会先后收得志书，多有罕见之本。蒙允为敝处检查，便于补抄，至感盛意。另寄呈目录一册，并乞鉴核。

委送授经、翰怡两信，均已交去，乞勿念。售书之事，容再向某君进行。前代付陈氏书价，蒙示由中孚银行，尚未交到。拆息之说，幸勿提及。友人宗君子岱云与吾兄同年，属代乞《双鉴楼善本书目》一部，谨以附陈。

《方铁庵集》（涵芬仅有抄本）。

《太仓稊米集》（蒋氏书中有抄本，仅四册，疑不全。此时已装箱存出，不易取阅）。

《张乐全集》（此间无有）。

以上三种均拟乞借。（《许白云集》已借瞿氏正统本，并照出矣。）

《胡云峰集》（此间无有，兰泉所藏系正德初印，必可照也）。

《夷白斋集》（已借瞿氏明抄本照出，毛样寄呈。兰泉所藏弘治本如较佳，亦愿借印）。

《无为集》（涵芬有旧抄，不精，不能印。幼平藏本既系精抄，拟借）。

《吴竹洲集》（蒋氏书中有弘治本，不易照。徐氏明刊极精整，未知是否森翁所藏？亦拟借）。影印旧本正史，明春即拟开印，其中尚有需斟酌者：

《宋书》（在北京图书馆照到，尚有三分之一用邋遢本补）。

《魏书》（在北京图书馆照到，又补以蒋氏藏本。尚有廿馀卷亦用三朝本补，尚不至于甚邋遢）。

《北齐书》（北京图书馆照来，仅"列传"卷廿七至四十二。尚缺三十四卷，亦用邋遢本补）。

以上三书，尊藏书目均有宋本，并不注元明修，是必全为宋刻。如印刷清朗，均拟借补。《陈书》（借北京图书馆及静嘉堂本照全，并无明补，但有若干叶稍模糊，拟借尊藏补照）。

再，据涵芬楼典书人开报，十六年七月间借校《春秋繁露》六本、《邓文原集》四本，十七年四月间借《陆鲁望集》两本，又九月间借《名贤五百播芳大全文粹》四十本，如已阅毕，得便望乞寄还为荷 [1]。

前承借宋本《新五代史》，中有若干叶系抄配，不知能觅得他本补配否？

近由日本照来《晋书》若干卷，亦不全，称为宋本。弟认为元刻，印出数叶，寄呈鉴定（阅过乞发还）。与尊藏一部行款相同，比较成色若何？乞示。

再，闻章式之同年曾以元刻《宋史》校浙局刊本一过，弟极思借来过录。然不甚相熟，不知兄能为代谋否？又闻其曾以传抄辑《大典》本《旧五代》与殿本相较，差异甚多，兄曾见之否？

志书目录阅过后，请就近交与孙伯恒兄。即存在彼处。并请告以不必寄还。

前笺缮就，尚未封发，顷据中孚银行来信，云款已汇到。即托浙江兴业银行代取，并给收据。知关厪注，谨再陈明。

[附录宗舜年致张元济函，1930 年 1 月 1 日] [2]：

枉存失迓，罪甚。傅目三册奉缴，乞察入。沅叔同年处，遇通书之便，敬求代乞一帙，感渎之至。即日返里，春间再图诣教。专上菊生先生。弟舜年顿首。元旦。

《盐铁论》想已勘过，或是板式略同耳。

昨至范园看书，似精品无多。

1 按：此页信纸栏外张元济手批："19/1/3 去信。"
2 据原信，见于《上海图书馆藏张元济往来信札》十四，第 361 页。按：又宗舜年二月廿六日致张元济函中云："赐寄沅叔书目，顷已收到。费神，感谢之至。"见于《上海图书馆藏张元济往来信札》十四，第 363 页。

【174】1930 年 1 月 29 日

寄沅叔，19/1/29[1]：

潘明训称《白六帖》《龙龛手鉴》均愿购藏，百衲《通鉴》要看全书，其他各书亦须看书，方能定价。又问宋刊《陆放翁集》有无割爱之意，又乞《双鉴楼善本书目》。此君财力充足，亦甚好书，但不肯出价耳。

新印《论语注疏》及志目想收到，志目望就近交与伯恒。

属照《百川学海序目》《老苏事实》，望速商定示知。

影印正史样张已成十六页，寄伯恒，托向北平图书馆查应配缺卷，呈阅。

《三国志》系与黄善夫《史记》等同时地所刻，有可考证否？所用《后汉》是绍兴本，系何人所刻？均望指示。

《新唐书》缺卷配本，请查访《书志》所记，卷第告伯恒。

前函所商《宋》《陈》《魏》《北齐书》《晋书》《新五代史》各节，又恳借各书望示。托郑带去各书，津馆来信收到，未知已取到否？

【175】1930 年 2 月 6 日

沅叔吾兄同年阁下[2]：

前月廿八日托北平分馆代呈寸函，计蒙垂察。昨奉同月廿六日手书，祗悉种切，郑苏翁带上各书及《夷白斋集》等知荷察收。商借陶、朱诸家藏书，暨检查故宫方志，诸渎清神，至为铭感。

1　据原信稿，见于《上海图书馆藏张元济往来信札》二，第 121 页。参《张元济傅增湘论书尺牍》，219～220 页第 3 函。又参《张元济全集》第 3 卷 "书信"，第 366～367 页第 183 函。
2　据原打印稿，见于《上海图书馆藏张元济往来信札》二，第 122～124 页。参《张元济傅增湘论书尺牍》，第 220～221 页第 4 函。又参《张元济全集》第 3 卷 "书信"，第 367 页第 184 函。

165

令友订购古本《三国志平话演义》叁部，欲仍照预约办法，当经转商敝公司，重以雅嘱，谨当变通，遵将书籍叁部寄由平馆转交。所有书价叁拾陆元，请即就近拨交平馆，并平馆应收运费，亦祈迳商付给。惟预约逾期已久，特为通融，乞勿为外人道及。再去年承代涂君子厚订购毛边纸《四部丛刊》壹部，书价肆百元，加印书根叁拾贰元，已于上年一月蒙尊处汇拨。所有预约券一纸，亦于是月二十六日附请转交。既涂君嘱寄万县，应请转告将预约券附下，并开明收书人姓名、详细住址，另再补拨运费叁拾捌元，即可照寄。但万县无分馆，道途迢递，只能分包挂号邮寄。设有疏失，敝馆未能负责。再前呈预约券载明凭券取书，此层敝馆认为必须遵守。万一遗失，应请照章觅取保证，一面登报声明，经过两个月后，方能取书。统祈转达。再本年一月三日、廿八日两次去函所陈各节，务祈赐覆为荷。专复，敬颂台安。十九年二月六日。

【176】1930 年 3 月 1 日

致傅沅叔信，19/3/1[1]：

古本正史借用尊藏之《南齐书》《新五代史》，将来拟照卷叶比例抽送版税，早已与公司说明。此两种为极罕见之本，尤足增重全书价值，不能不有以报。惟他处则未能照办，有询及者，务乞婉辞。从前合印之书，已属馆速查开单呈上。

《吴竹洲集》蒋氏有弘治本，惜非初印。翰文斋索三百元，未免过昂。全书卷页有限，制版亦不甚费，拟作罢。

其他各书蒙允借印，极感。何时需用，当再函陈。

---

1 据原信稿，见于《上海图书馆藏张元济往来信札》二，第 125 ～ 126 页。参《张元济傅增湘论书尺牍》，第 223 ～ 224 页第 9 函。又参《张元济全集》第 3 卷"书信"，第 367 ～ 368 页第 186 函。

前借去各书阅毕者，有妥便乞寄下。《播芳》未校毕，请留用。惟《陆鲁望集》，查未寄还。图书馆信附呈，乞再查。

刘诗孙昨日来，交到《欧阳居士集》。书极精美，惟目录一本系南宋，与交馆印之本同，有妥便即寄上（仍托诒重带上，闻渠将取道青岛，如沿途耽阁，则不便送）。存原签四纸，先寄奉。

售书事已函告潘君，趸购四万元，可以选择之说亦已告之，云斟酌再覆。来示属少缓，故未催促。

中华学艺社出名印借日本各书，盈亏与彼无涉，每书送数部而已。

代照《百川学海序目》《老苏事实》已告知馆，函东代表，与长泽接洽举办。

徐梧生《魏书》如宋印或元印，列传四之弟十六页、志十四之弟十二页尚存者，虽重价亦不惜，请遇便密查。

李赞侯书在沪求售，兄有欲得之书否？

韩书目已觅得，现在商议，拟往观。

【177】1930 年 3 月 24 日

十九年三月廿四日张菊翁覆傅沅叔君函[1]：

（上略）昨奉三月十七日手教，谨诵悉。比来贵体若何？今岁尚拟南来作游春之计否？春光渐好，此其时矣。海宁同乡吴君其昌，字子馨，现充辅仁、燕京两大学教员，于今晚乘轮北上。《欧集》已封固，托其带去，收到后务祈示悉，俾释悬念。《三国志平话》系漏寄，已属补呈。百衲本《廿四史》样

---

1 据原打印稿，见于《上海图书馆藏张元济往来信札》二，第 127～128 页。参《张元济傅增湘论书尺牍》，第 224～225 页第 11 函。又参《张元济全集》第 3 卷"书信"，第 368 页第 187 函。

本已印成，另寄上，乞教正。《新五代史序》系抄配（目录共二十一页，只缺五页，将来可倩好手摹写），前至南京图书馆补照，然非宋刻，殊不相称。邺架有北宋本，将来自应补照，然不必寄来此间。不日当派人北来，至图书馆摄照旧书，可以乘便办理。《宋史》系借北京图书馆所藏照出，《魏书》亦然。孟苹所有已归涵芬楼，又补入若干卷，然仍不全。闻吴君子馨云，馆中有《魏书》残本数部，有出弟所知之外者。亦不独一《魏书》，容将各书所缺卷数详细开单，寄呈左右，拟托代为一查。屡托伯恒到馆检视，所答甚属模胡，只可奉渎，甚望能补得若干也。《旧五代史》用刘翰怡君刻本。罗氏托人来问过，已婉却。现登报出重价访求原书，亦姑作是想耳。（下略）。韩氏书屡托人介绍往观，迄无确实覆音。此间恐无受主，容看后再奉闻。书目当抄呈。

【178】1930 年 4 月 1 日

十九年四月一日张菊翁覆傅沅叔君函 [1]:

（上略）前月廿四日肃上一函，托孙君伯恒转上，计此时必可递到。昨奉同日所发快信，展诵祗悉。《欧集》托吴君带去，万一尚未送到，其京寓弟却未悉，可向辅仁、燕京两大学查询也。《日本访书记》知欲有所采择，兹仍将原稿寄上，取舍之际，自知必更惬当耳。《三国志平话》亦已补寄。今春何日南来？甚盼。（下略）

---

1 据原打印稿，见于《上海图书馆藏张元济往来信札》二，第 129 页。参《张元济傅增湘论书尺牍》，第 225～226 页第 14 函。又参《张元济全集》第 3 卷"书信"，第 369 页第 189 函。

【179】1930 年 4 月 29 日

十九年四月廿九日张菊翁致傅沅叔君函 [1]:

（上略）三月廿四日、四月一日叠上两函，三月廿四日又托吴君其昌带去宋本《居士集》，四月三日又寄去《日本访书记》原稿一册，想已先后递到。迄今未奉还示，至殷翘望。比来贵体若何，尤深系念。《衲史》样本想已送到，乞赐评论。其中多有未能满意之处，务祈鼎力赞助。（下略）再，借去《陆鲁望集》未蒙发还，已详三月一日去信，乞查示。

【180】1930 年 5 月 6 日

十九年五月六日菊翁致傅沅叔君函 [2]:

前月廿九日寄去一信，托分馆转呈。甫付邮，而同月廿日之函即至。展诵知游春入山，度起居必甚康健，至为欣慰。宋刊《欧集》递到无误，《日本访书记》交邮局挂号寄去，当亦必达到矣。衲本《廿四史》经营二十年，全赖友朋之赞助。幸得观成，然缺点尚多，仍有待于将伯。承询景祐本，系借自瞿氏，中有"沟洫""艺文志"两卷以大德本配。曾托伯恒向京馆检查，云有宋刊可配。《三国志》用日本图书寮本，前阙三卷，配以购自孙氏之宋监本，行数相同，惟字体各异。《宋史》则京馆所藏者已全数照来。涵芬藏有一部，疑亦明刻，尚拟竭力搜访。我公珍藏黄善夫本《史记》六卷，蒙允慨假，至深感幸。友人陈叔通近在北平，寓乃兄礼士胡同宅中，月内当南旋。可否请检出，托其带下？《（随）[隋] 书》密行小字本极

---

1 据原打印稿，见于《上海图书馆藏张元济往来信札》二，第 130 页。参《张元济傅增湘论书尺牍》，第 227 页第 16 函。又参《张元济全集》第 3 卷"书信"，第 369 页第 190 函。

2 据原打印稿，见于《上海图书馆藏张元济往来信札》二，第 131 ~ 133 页。参《张元济傅增湘论书尺牍》，第 227 ~ 228 页第 17 函。又参《张元济全集》第 3 卷"书信"，第 369 ~ 370 页第 191 函。

为罕见，惜缺去四分之一。配以行款不同之他本，究嫌缺陷。此已景有元刊，现拟缓印。此两三年中，如遇有同样之本可以补配者，再行乞借。京馆《新唐书》承许代查，徐氏《魏书》亦已转商，俟书主病痊即可开议，均甚衔感。是书发行以来，世人尚多称许。公能述其甘苦，与以批评，在北平或天津之《大公报》刊布，龙门声价，受惠甚非浅也。高丽纸搭印《续古逸丛书》，业经查明，知均印就。尚馀纸百馀张，当附入分馆货箱装去。书系单片，将来由尊处自己装订，必更妥耳。全书久已发售，分馆亦必运到。殆未陈列，故公未之见耶。《百川学海目录》及《老苏事实》尚未照到。此间驻东代表适有更调，比已去信追问。公如与诸桥、长泽二君通讯，亦乞一催。去岁商馆赢馀尚有八厘，实出意外。月之廿五日将开股东会，台从度未必南来，代表证乞早日寄下。

【181】1930 年 5 月 15 日

十九年五月十五日张菊翁覆傅沅叔君函[1]：

（上略）本月六日肃上一函，计先达览。续奉同月一日手教，谨诵悉。叶揆翁带来明抄《陆鲁望集》《春秋繁露》、鲍抄《巴西集》，均已收到，可祈勿念。此三书者吾兄想均校过，未知比他本优劣若何，尚祈见示。百衲全史，《史记》用明本补配，用以冠冕全籍，诚为阙点。前承慨借景祐刊本，极思留用。只以黄善夫本业经影照，所配王本亦同时照出，全数弃去，不无恡惜之意，故未更改。近且陆续制版，恐更不便改弦更张。所幸黄本素负盛名，即震泽王氏覆刻亦称善本，现

1 据原打印稿，见于《上海图书馆藏张元济往来信札》二，第 134 ~ 135 页。参《张元济傅增湘论书尺牍》，第 228 ~ 229 页第 20 函。又参《张元济全集》第 3 卷“书信”，第 370 页第 192 函。

在只得将就。尊藏六卷仍乞惠借，前函乞转交陈叔通兄带下，不审已交去否？甚以为盼。《旧唐书》所需补配各卷，蒙代查勘，抄示清单，至为感荷。再配入江南图书馆残本，尚缺一卷，将来只可写补矣。所选《晋书》最不惬意，李木老肯与玉成，极所欣幸，酬报可以大减，未知所须几何？惟乞我兄善为我辞，至祷至祷。其他各史所缺卷数，容稍缓抄呈，此时尚不急急也。

需用贵省府、州、县志，已属东方图书馆分批寄呈。第一批已交发货处，附入京馆货箱内运去。计十二种，共壹百册。以后每批均依此数，约须十五次方能竣事。其中必有不少为京馆所有者，敝处志目前已寄呈，如京馆检阅尚无不便，则凡相同者（即祈开明见告），均可撤出，省得往覆递寄。如尊意仍以取自敝处为宜，则敝处自可遵办。万勿客气。（下略）

【182】1930 年 5 月 17 日

[张元济致傅增湘函][1]：

前日寄上一函，甫交本馆附寄，续得五月四日手书，并抄示北平图书馆残宋本《魏书》卷帙，至为感幸。是书蒋本颇可用，然明补亦不少。当时曾在京馆补照，今依来单检对，尚有二十许卷可以补入，但仍欠十馀卷。此外尚有阙叶，京本亦无可补（清单另附）。徐氏所藏一部，如所缺各卷叶均可补者，仍乞鼎力转商为幸。弟元济顿首，五月十七日[2]。

大著《日本访书志》已在天津某报发表，可否乞寄示一

---

1 据原信稿，见于《上海图书馆藏张元济往来信札》二，第 136 页，又后附原打印稿，见第 137～138 页。参《张元济傅增湘论书尺牍》，第 229～230 页第 21 函。又参《张元济全集》第 3 卷 "书信"，第 370～371 页第 193 函。
2 按：原信稿手迹至此，与打印稿偶存字词之别。下文则无信稿可据，即依原打印稿。

阅？又及¹。

《魏书》阙卷：

传：卅七、卅八、卅九、六四、六五、七八、七九、八三、八四、八五、八六、八七、八八、八九、九十、九一、九二。

志：八之二、三，十三。以上京馆亦缺。

又，阙叶：

纪十二：第廿三叶。传四：第十六叶。传七：第廿一、廿二叶。

以上在京馆照，均阙。

志九：第十二叶。此卷京馆有，尚未照，不知阙否。

传八十八：第十六叶。此卷蒋本及京馆均无，明修本亦阙²。

【183】1930年6月3日

菊翁十九年六月三日致傅沅叔君函³：

前月十五日、十七日、廿四日叠寄三函，并蜀省志书百册，又韩氏藏书影片三十七叶，计已先后递到。前月廿七日始得十八日手书，并商务馆股东会代表证，先二日已开会。本届有股东数人，提议修改公司章程，拟规定八厘股息（即所谓官利），其实有弊而无利。伯恒知之最详，晤时可便询之。本届红利系九厘二毫，再提股息公积八毫，配足一分，不日即可分派矣。叔通南归，续奉廿一日惠函并宋本《史记》三册，捧诵

---

1 按：信稿右栏外有张元济手批："19/5/24又寄去韩氏书目一册，照片大十八张，小十九张，计三十二种。"

2 按：页末存张元济手批："19/5/17寄傅沅叔。"

3 据原打印稿，见于《上海图书馆藏张元济往来信札》二，第139～141页。参《张元济傅增湘论书尺牍》，第231～232页第26函。又参《张元济全集》第3卷"书信"，第371～372页第194函。

至感。承示前拟售之书已有受主，不审可得善贾否？斥去者为何书？尚祈见示。潘君处遵即转达，如有回音，当即奉告。黄善夫《史记》残本，潘君从未谈及。或以为残本不甚重视，亦未可知。文求堂田中君许亦即去信询问，倘能多得数卷，固极佳也。需用蜀省志书属先检府、州志，已转告东方图书馆，俟寄第二批时即照办。李木老所藏《晋书》，前函请转商，不知有希望否？如不易办，拟即商松江韩氏，其印本比李本为清朗也。景祐《汉书》缺"沟洫""艺文"二志，初以为北平图书馆有内阁大库残本，必可补配。讵知亦仅有大德本，与敝藏本同。此究为瑜中之瑕，不知尚有宋十行别本可以相配否？抑或竟用此大德本以足成之？莐圃谓景祐、大德同出一源，则比杂配他本又似较胜。敢求指教，俾便遵循。前示北平各馆、校拟合收松江韩氏书，究成事否？吾兄试估，可值几何？果合收者，可给值几何？此间有数人，亦思勉竭绵力，共为邪许。我拟收《晋书》，别一友人愿得《荀子》，总之为数正无多耳。尊处搭印《续古逸丛书》散片，已于五月十日附入平馆第八十八次书包内，交金丝丸轮船运津，馀纸亦同时缴上，计此时必可递到。若犹未到，可托伯恒向津馆一查。日本所照各书不久即开印，欲印何种，乞先开示。馀纸望即发还，至于印价，则断断不敢受也。前月十二日，天津《大公报》对《衲史》有所讥评，斥为考证谬误、去取不当，谓燕华君将有详细评论，在该报发表。燕华不知为何许人？度必于此道有所心得而居于北方者。其评论尚未获睹，果为善言，固极愿闻。若别有用意，故肆吹求，窃盼我兄出为主持公道，或代约朋辈精于此道者，起而相助。谊托同舟，想不我却也。

【184】1930 年 6 月 15 日

十九年六月十五日菊翁覆傅沅叔君函 [1]：

六月三日肃上寸函，计登签掌。先后得旧历五月二日、端午日、又新历六月七日三次手书，均谨诵悉。条覆如下：

寄下贰百元，已转交董授翁。适授翁去南京，故由伊友人孙君出具收据。今寄上，乞察人。续晤授翁，知交到无误。惟索还之书尚未交来，容催取。

李木老允借《晋书》，极为欣幸。其意欲得《廿四史》数部，以尊意度之，究需几部？惟在京摄照，种种不便。必须借至南方，决无丝毫伤损，务乞我兄善为说辞。至此书，弟已校过四种，可谓无一善本。将来一切商定之后（细思不如暂缓商定，先祈假"帝纪""天文志"到京，托伯恒兄代为一校），拟先求借阅数册，先校一过。是否能出所见四种之上，此层亦应预为陈明，并祈鉴及。

属在日本代照之《百川学海序目》《老苏事实》，此间已催过，无回音，当再函询。请尊处亦致函长泽君，托其注意。

《论语注疏》现尚未发售，俟发售时再奉上。

来示问版租，想指《衲史》之《南齐》《新五代》两书，已属编译所出版部查明见示再覆。以上覆旧历五月二日信。

涂君来取《四部丛刊》，已由发行所属赵君廉臣代为办妥。此事全由发行所接洽，涂君并未来寓，尊示亦由发行所交来也。

以上覆旧历端午日信。

寄示北平各图书馆所存四川志书目录四纸，已交东方图书

---

1 据原打印稿，见于《上海图书馆藏张元济往来信札》二，第 142～145 页。又第 146 页重复此信"先祈假'帝纪'、'天文志'到京"前部分。参《张元济傅增湘论书尺牍》，第 234～235 页第 29 函。又参《张元济全集》第 3 卷"书信"，第 372～373 页第 195 函。

馆察存。俟第一批各志发还，自第二批起，即将单内所开撤出勿寄。徐氏《魏书》，务祈托相识之人向书主转商。固不能急，然亦不能过缓。事变无常，恐又作海源引火之续也。

日本照来各书，《武经七书》《清明集》不久将开印，望速将高丽纸寄下。其缩作六开者，如《东莱集》《平斋文集》均已印成，想此缩印之书，亦兄所不取也。

北平图书馆所藏《册府元龟》允借印，加入静嘉堂所照残本之内。甚幸甚幸。惟未知所存为何卷，共有若干卷？当托友人前往调查。乞向馆主道谢，并致意。

以上覆新历六月七日信。

韩氏书目影片计全达到，能众擎以举之否？其中《张乐全集》究系何本？《荀子》与《古逸丛书》所刊吻合，然何以刻工姓名不符？乞指示。商定后，望即日寄还为盼。

《汉书》"沟洫""艺文"两志宋本无可配，配以元本。尊意以为何如？乞教。

【185】1930 年 6 月 22 日

录十九年六月廿二日张菊翁覆傅沅叔君函[1]：

月之十五日肃上寸函，计先达览。昨奉十二日手书，谨诵悉。《衲史》蒙赐品题，一登龙门，声价十倍。欣感何极！《韩氏书目》及影片知荷察及，徐、袁二君见之未知有无办法？果有大力能包举一切，固是绝妙。书主希望过奢，谁肯掷黄金于虚牝？吾辈亦姑作痴想耳。景片叠来催索，望即付邮寄还。木老《晋书》经吾兄周旋，可以通假，至为感荷。前函拟请先假

---

1 据原打印稿，见于《上海图书馆藏张元济往来信札》七，第 155～156 页。参《张元济傅增湘论书尺牍》，第 235～236 页第 31 函。又参《张元济全集》第 3 卷"书信"，第 373 页第 196 函。

"帝纪"及"天文志"先校一过，藉知内容。又须携至南方照相，不知能办到否？务乞玉成，无任祷盼。承惠《静嘉堂观书记》，尚未奉到，先此道谢。诸友处遵当分致。高丽纸亦未到，搭印事当为妥办。书单另附，如不欲印者可请剔除，原单仍发还为幸。陈援庵欲借涵芬所藏《元典章》，前日已寄出，想不日必可递到。赵万里未知何日南下？甚思一见。涵芬藏书现均装箱寄存银行，然其所欲见者，必当取出若干示之，以餍其望，且副谆属。《新五代史》宋本序乞即照相寄下为盼（片式如《衲史》大小）。《汉书》"沟洫""艺文"二志除大德本外竟无可配，奈何奈何。乞兄有以教我。

日本图书寮、内阁文库、静嘉堂、东洋文库四家各书清单（其馀均未照到）[1]：

一、图书寮：《论语注疏》《本草衍义》，以上原版大小。《三国志》《山谷外集》《北礀文集》《北礀外集》，以上六开。

二、内阁文库：《东坡集》（原板）、《东莱诗集》《平斋文集》、"列传"残本（无用）、《（颖）[颍]滨大全集》《梅亭四六标准》，以上六开。

三、静嘉堂：《清明集》《武经七书》《欧公本末》，以上照原式。《群经音辨》（影写）、《新唐书》、《诗集传》、《册府元龟》、《饮膳正要》（明刊）、《陈书》，以上六开。

四、东洋文库：《乐善录》《历代地理指掌图》，均照原式。

---

1 据原打印稿，见于《上海图书馆藏张元济往来信札》七，第 157～158 页。又存张元济手书此原书单，批云："傅沅翁另有清单与相合，已寄出版部。19/7/5，张元济。"

［附录，1930 年 7 月 7 日］：

十九年七月七日菊公问，七月八日出版部答 [1]：

问：傅沅叔君先后寄到高丽纸二千张，为搭印旧书之用，已否收到？其纸有新旧之分否？

答：高丽纸二千张已收到。张数点过，并无短阙。其纸均系旧纸，但不十分旧。

问：傅君又寄来拟搭印旧书清单，于本月五日寄上，已否收到？

答：搭印旧书清单二纸收到，共书十二种，各印一部，书名列左：

《本草衍义》《东坡集》《清明集》《武经七书》《乐善录》《历代地理指掌图》《欧公本末》《北磵文集外集》《（颍）[颍]滨大全集》《诗集传》《册府元龟》《群经音辨》。

问：傅君又问《欧阳修集》何时可以开印？印时亦搭印高丽旧纸一部。

答：欧集尚未开印，印时应搭印高丽旧纸一部，谨接洽。

问：傅君又属高丽纸中有五百张尺寸略大，用以印版心宽大之书。如有破损，剔出勿用，将来应寄还。

答：高丽纸二千张中，尺寸略大者仅有四百张。此四百张遵当用以印版心宽大之书。至剔出破损之叶，或酌量裁小搭印六开书，或原张寄还，俟后再定 [2]。

---

1 据原打印稿，见于《上海图书馆藏张元济往来信札》二，第 152～153 页。按：稿中有张元济手批："19/7/23。又交去九百张，系赵君万里携来者。次日补送回单，经丁君英桂签收。元济记。"又批云："19/7/25。又通知加书两种，即《南齐书》《新五代史》。"参《张元济傅增湘论书尺牍》，第 239～241 页第 35 函附录。

2 按：纸末有手书："丁英桂敬记"字。

【186】1930 年 7 月 8 日

十九年七月八日菊翁覆傅沅叔君函[1]：

前数日由商务馆送到六月十九日惠函，据称同时收到高丽纸两件，已属送编译所出版部存储。碌碌尚未奉答，顷又得六月廿八日手教，均谨诵悉。兹将各节条答如下：

高丽纸由邮局寄来五百张，又由杨君带来壹千伍百张，均已收到。惟赵斐云带来九百张未到。其尺寸略大者，已属选印版心宽大之书，破碎者当剔去。

现在开印《群经音辨》《饮膳正要》，此皆六开本。其照原书版式者，工人要求加价，尚未议妥，故不能付印。

写本《元典章》已于前月二十三日寄出。

缪氏抄本《播芳大全》已装箱寄存银行，容稍缓检出再寄奉。

以上覆六月十九日信。

李木老允借《晋书》，蒙兄斡旋，至为感幸。先借校再定议，却有为难。尊藏既有同样之本，拟乞假"本纪""天文志"及"列传"第一至第十，即交邮局寄下，俟校过再定夺。

再版《四部丛刊》订购在后者，第一期均已售完，故声明须全书出完后补印。闻不久亦可印竣。涂君回川，将来公司必能寄去也。

寄呈川省志书百册，于五月十五日报关运出，何以至六月杪尚未到？不可解，已函津馆追查。故宫图书馆有罕见之志书，如其书为敝处所未有者，颇拟乘便录副。若敝处已有一种，即不必再抄。尊处有敝处全目，乞便中代查，知照伯恒兄

---

1 据原打印稿，见于《上海图书馆藏张元济往来信札》二，第 147 ~ 151 页。参《张元济傅增湘论书尺牍》，第 239 ~ 241 页第 35 函。又参《张元济全集》第 3 卷"书信"，第 373 ~ 375 页第 197 函。

为荷。罗叔蕴有嘉靖、万历《四川总志》各一部，在此出售。嘉靖本为杨升庵所修，计共［□］册，价四百八十元。敝处拟留万历本，廿五册，三百六十元，丝毫不能减让。兄如欲得之，乞飞示。

徐氏《魏书》允即送呈，甚幸。是书"传"第四、"志"第十四，殿本均各阙一版，详见附笺。最好先索此两卷一阅，果是二叶尚存者，则其书诚可贵，拟乞先交伯恒兄影存，免诸价不成时，即不可复见。

在日本借照各书清单蒙寄还，已属编译所注意搭印。《册府元龟》未能即印，打出毛样当先呈校。兄近于是书用力，甚愿助成大功也。

韩氏书京馆能独力举之最妙。有人言赵君万里已过上海赴松江，度必为此事。其照片原主催索甚急，务乞索还，由快件寄还。《乐全集》仅凭影片极似明刻。经兄审定，必无误也。

《汉书》"沟洫""艺文"两志，瞿氏原以建本补配，弟以行款不同，终觉破相。刘、李两家所藏，均同此病。尊处所藏"艺文志"如果行款相同者，弟亦欲借影，终究胜于大德之覆本也。乞与《晋书》同时交伯恒兄寄下（《新五代史》宋本序亦盼同寄），至祷至盼。

《祎史》评论，蒙许属草，极以先睹为快。

《平斋文集》《东莱诗集》已印成，不及搭印矣。闻本星期可出样书，即寄呈一部。

以上答六月廿八日信。

前假照黄善夫《史记》三册，今日托任叔永君带还。渠为中华文化基金委员会干事，想兄必识其人也。

《魏书》"列传"第四：第十六页宋本全缺（殿本在第十二页后五行注"阙一版"），甲。

又第廿八：第六页宋本缺第一行（殿本在第五、六页之间，文字不同），乙。

又第八十八：第十六页，明修本全缺（殿本在第十二、三页，不缺），丙。

又"志"第十四：第十二页，明修本全缺（殿本在第九页后一行注"阙一版"），丁。

右甲、丁两页似残缺已久。徐氏藏本如能借到，务乞代为检查。如此两页尚存，则真有价值之书也。

【187】1930年7月17日

十九年七月十七日菊翁致傅沅叔君函[1]：

七月八日托孙伯恒兄转呈一函，计当达到。同日又托贵同乡任君鸿隽带还黄善夫《史记》三册，不知已收到否？甚以为念。日前常君朗斋来，交到六月三十日手书，并宋刊《五代史记》两本，照收无误。此书精绝，前借景本序目不全，拟一律撤去，全用此本。"帝纪"亦拟留校一过。常君回京恐不及带缴，尚祈鉴许。衲史《三国志·魏志》前三卷系抄配，拟以购自孙氏之宋监本补配，其馀则一色到底，并无残阙，承询敬覆。日本友人藏有宋刻元印《国朝诸臣奏议》，仅阙第一百五、六、七卷，题为"财赋门""劝课""荒政""国币""常平义仓"，检《藏园书目》适有之，拟代借抄。当寄纸到北平，托伯恒兄代办，先此奉恳。

前信所托各事祈示覆。韩氏书片，祈速发还。又托。

---

1 据原打印稿，见于《上海图书馆藏张元济往来信札》二，第154页。参《张元济傅增湘论书尺牍》，第242～243页第39函。又参《张元济全集》第3卷"书信"，第375页第198函。

【188】1930 年 7 月 25 日

十九年七月廿五日张菊翁覆傅沅叔君函[1]：

七月十七日曾覆寸函，计先达到。续又接得六月廿三日手书，系赵君万里携来者。同时又交到高丽纸九百张，已送与编译所出版部矣。嗣又得七月十日、十五日两函。三次手教均敬诵悉。谨条覆如左：

赵君于版本目录之学确有心得，承公绍介，弟已切托同人，在馆之书，恣其翻阅。至寄存银行之书，俟其赴南京归来，再往启箧。自必竭我之能，以餍其意。但时日无多，检取不易，恐不能尽见所欲见耳。抄本《播芳大全》拟即托其携上。其宋本《五代史记》恐尚不及，缘有若干页须补写后方能付照。写官现均有极要之事，不能中止，尚祈鉴谅。

《平斋文集》《吕东莱诗集》已印成，不及搭印。现正装本，即日可以寄呈清览。卷六缺去末页，瞿本不存，当时漏未补照，容后再向日本内阁文库补抄，抄得补印再寄奉。长泽不日北来，乞勿提及。

右覆六月廿三日来信。

《四部丛刊》补校各叶均再版所有，而为初版所无者，故凡购再版者均不送，亦无须送也。涂君系购再版者，乞婉达为幸。吾兄代友共购过十部，此间一时不易查出，未知曾否直函本人？亦不知本人已否来索？可否乞开示名单交下。

右覆七月十日来信。

《魏书》知已买到，为值贰千一百廿元，尚不为贵。"传"第四第十六叶（此间所照亦系杂取，后叶要补）、第二十八第

---

1 据原打印稿，见于《上海图书馆藏张元济往来信札》二，第 155～157 页。参《张元济傅增湘论书尺牍》，第 243～244 页第 40 函。又参《张元济全集》第 3 卷 "书信"，第 375～376 第 199 函。

六叶首行、"志"第十四第十二叶均已阙去,殊为美中不足。其馀敝处所缺各卷均可补照,闻之深幸。惟兄方以卖书了债,忽又支出此数,不无竭蹶。此事由我发端,不敢以累我良友。窃有一策,现时由商务印书馆付价,异时兄有馀赀,可以原价将此书取去。未知尊意以为何如?

《四川总志》两部,均由赵君万里为北平图书馆购去矣。

韩氏书片问赵君,云已交还,乞再查。

《南齐》《新五代》两史均未开印,搭印各一部,已知照。

右覆七月十五日二信。

前七月十八日函乞假《晋书·帝纪》、"天文志"及"列传"一至十,便中乞检付。

又乞检交宋残页《汉书·艺文志》,交孙伯恒君寄下照相。甚盼甚盼(伯恒兄来信云行款不同,未知如何)。

又日本友人托借宋刻《国朝诸臣奏议》卷一百五、六、七,共三卷,拟在北平觅人代抄,便中乞检付伯恒兄为托。

衲本《廿四史》评论,脱稿后甚以先睹为快。

【189】1930 年 8 月 18 日

沅叔吾兄同年[1]:

本月十日赵君万里北旋,托带呈抄本《五百家播芳大全》一部,计当达到。顷奉同日所发快信,谨诵悉。承假宋刻《晋书》十三册,前日已由伯恒兄寄到,业经开校,如何容后奉覆。《图书寮观书记》亦奉到,谢谢。中纪《王文公集》,有颖川君藏宋刻残本,可以补寮本之阙。是书殆为人间孤本,弟

---

1 据原信稿,见于《上海图书馆藏张元济往来信札》二,第 158 ～ 159 页。参《张元济傅增湘论书尺牍》,第 245 页第 42 函。又参《张元济全集》第 3 卷"书信",第 376 ～ 377 页第 200 函。

极愿为商馆印行。颖川君未知何人？吾兄能否代商，以目录及后三十卷借我？应如何酬报？亦望询示。如能全数借，则我在东京可仅借照二十四卷，亦可省却许多麻烦。但必将书携至上海。此等大部书籍，本重销少，无利可图，姑尽流通之责。购《魏书》不致别筑债台，弟闻之于心少安。承借照，极感。秋凉如时局渐定，当派工手北来照书，届时再请发箧。此书弟已将殿本全部校过，曾经录有校记。兄拟从事校勘，如欲参阅，当检出寄去，并求指正。《陆士龙集》前半月已托罗君往取，云系一古玩店经手，再三间接，故至今尚未取到。潘明训已还千六百元。吾兄至高愿出何价，亦乞预为示及，吾二人决不相及。宋本《诸臣奏议》三册既许割让，弟为拟价百五十元。尊意如可允者，乞示下，当达日友。晤伯恒属暂勿付抄。古本全史蒙撰评论，至感。兹将搜集情形录如别纸，乞鉴核。惜预约截止在即，不及刊布。不然声价既增，必可多售若干也。担任清华何种功课？于尊体有益，极赞成。《平斋》《东莱》两集即催寄。19/8/18。

【190】1930年9月5日

十九年九月五日菊翁复傅沅叔君函[1]：

叠奉八月二十日、廿六日手教，展读祗悉。贵体违和，已占勿药，闻之欣慰。委致何君海清信、托购西洋参，已由赵君廉臣办妥。一时难得便人，恐我兄亟需饵服，故即交邮局寄奉。抑价报关，仅纳税银六角，据云到后不须再缴税课。如有需索，乞见告。参价计银三十九两五钱，发票附呈，合银

1 据原打印稿，见于《上海图书馆藏张元济往来信札》二，第160～163页。参《张元济傅增湘论书尺牍》，第247～248页第45函。又参《张元济全集》第3卷"书信"，第377～378页第201函。

圆五十四元二角一分，又邮税九角四分，均已记尊（帐）[账]
矣。承假宋刻《五代史记》两册，已将序目照出，尚须覆校一
过，当觅便寄还。惟先借影之全部，久已照成，弟亦校过，固
有佳处，然讹字亦颇不少，且有甚离奇者，如"将儿"二字误
作"状元"。兹将"本纪"十二卷校勘记录呈。弟已将残宋本
及汪文盛本、刘氏覆宋本校过，将来尚拟取明监、汲古两本再
校。凡为诸本所不误而此本独误者，拟将其字改正，脱字亦不
加。此为保宋刊之声誉，免外人之指摘起见，未知尊见以为何
如？校勘记数纸，另封邮寄，阅过仍乞发还。《金陀粹编》朋
好中未闻有何善本。蒋孟苹有一部，号称宋本，今归涵芬楼。
记得亦有残缺。现存银行库中，一时不克取出。兄所待补者为
某卷某叶？敬祈开示。其前后衔接之处，亦乞兼注若干字，遇
有取书之便，当代检查。又涵芬楼抄本《中兴四将传》亦已取
到。《岳传》颇有阙文，稍迟当寄去。再川省志书知第一批已
经用完，当向图书馆调查。据称原订第一批交还即续寄第二
批，弟又记似曾奉明示，不必全寄，又似有只寄府、州、厅之
说，究竟何如，再求示遵。又第一批书望即发还，此间阅书人
亦时时索取也。寄下宋刊《国朝诸臣奏议》一册，已收到，暂
存敝处，已属经手人函询东友，答覆再达。《王文公集》残刻，
寮本借印殊不难。所虑者，借到之后而颍川君所有仍借不到，
则印此大部残本之书，殊不值得。未知颍川君希望至何程度，
可否乞缮致一函，由敝处派人持往面商。此为流通起见，并无
利益可图，并乞于函中叙及之。《明史考证》王君九兄曾诣文
渊阁检校一过，刊有《补遗》一册，据称已经完全。倘蒙移
玉，再为检查，尤所欣感。《陆士龙集》尚未见，容再报。朱
承钺所辑之《虞初续志》敝处无之，闻朱逖先有此书，乞就近
一询。

敬再启者，前《四部丛刊》中，《山海经》曾借用珍藏成化刊本，再版时复承借校本迻录一过，附作校记。近见一毛斧季校本，所用底本与成化本行款相同，但无"邢让""陈鉴"二记，而印本较精，究未知孰为先后？但成化本上第五叶后三行"音懦"校称"宋本作儒"，此本原刻却作"儒"，并不误"懦"，据此则成化本似有不如矣。毛斧季据宋尤延之刊本校过，与黄校吴抄亦颇有异同，并照录尤叙一通，校对甚为精细，斧季手笔，的无疑义。索价乃至四百元，未免太贵，以尊意度之，可值几何？敬祈核示。

顷阅《国闻周报》七卷第三十三期《藏园群书题记》，知公今岁得宋刊《文苑英华》，可贺可贺。未知有若干卷？与北平图书馆所有百卷不复沓否？乞示。

【191】1930 年 9 月 17 日

沅叔吾兄同年[1]：

本月五日肃上寸函，先后送交邮局寄奉西洋参一合，又抄本《南宋中兴四将传》四册，并《新五代史》校勘记数叶，计当达览。一昨于君志昂北来，又将前次慨借之宋刊《五代史记》二册托其带奉，收到后乞示覆，以慰远念。百衲本《廿四史》预约业经截止，已经报告者仅售出千有馀部，唯远省分馆尚未报到。承假《南齐书》《五代史记》两种，应纳版税另具细（帐）[账]附呈，敬祈鉴核。兹先缴呈壹千部税金，计四百五十元，托由平馆送呈，并乞哂纳。此事向未办过，祈（再如有他人借印，并乞婉却，合并陈明）勿为外人道及，至感至

---

1 据原打印稿，见于《上海图书馆藏张元济往来信札》二，第 164～168 页。参《张元济傅增湘论书尺牍》，第 249～250 页第 48 函。又参《张元济全集》第 3 卷"书信"，第 378～379 页第 202 函。

张元济致傅增湘（1912—1947）

185

幸。前日伯恒兄附到手示，询及《四部丛刊》再版《吴越春秋》。此书原向尊处借影，嗣查得蒋氏亦有是书，板本相同，唯缺去"钱序"，系用尊本补照。馆员以蒋本为己所有，故遂于封面用涵芬楼字样，尚祈鉴宥。需用单行本已属检呈，想不久即可递到也。纽约有人拟设印刷博物馆，托胡君适之在中国代购宋板书，用作陈列品。适之以是相诿，而限价甚严，弟思只能代购散片。前在尊斋见过数册，不知此时厂肆尚可觅访否？必须印纸精洁，能使外人重视者，方为合宜。如尚有之，每片约价几何？并祈示悉，以便转知决定。前函奉商各节，并盼覆音。专此，敬颂著祺。弟张元济顿［首］。十九年九月十七日。

［附商务印书馆致傅增湘函，1930 年 9 月 17 日］[1]：

百衲本《二十四史》中《南齐书》《五代史记》两种系向尊处借印，其报酬照版税办法，兹计算如左：

（一）叶数

全书共六万五千叶。

《南齐书》计一零五二叶，当全书百分之一·六强。

《五代史记》计八八六叶，当全书百分之一·四弱。

两书合计一九三八叶，当全书百分之三弱。

（二）版税

普通版税照定价预约价百分之十或百分之十五计算。此为古本，拟照百分之五计算。

（三）试算

甲、预约价一次全交每部三百元，百分之三计洋九元，版

1　见于《张元济全集》第 3 卷"书信"，第 379 页第 202 函附录。

税百分之五计洋四角五分。

乙、预约价三次分交每部三百六十元，百分之三计洋十元零八角，版税百分之五计洋五角四分。

丙、第一期出书后售价同乙。

丁、第二期出书后售价尚未定，将来当依此比例计算。

傅沅叔先生台鉴

编译所出版部具。十九年九月十七日。

【192】1930 年 10 月 8 日

十九年十月八日张菊翁覆傅沅叔君函[1]：

前月谢刚（立）[主]至（谢君为先母侄孙，晤谈始知之），获诵手书。近晤白（山光）[坚]甫归自北平，均云尊体甚健适，闻之欣慰。乃今日得九月卅日来教，谓体复疲茶，不知近日何如？甚念甚念。吾兄伏案十九年，校书八千卷，方之古人，殆无其匹。拟以藏目校记印行，信今传后，自是不朽之业，极应勉效微劳。商馆仿古活字所印四开、六开书样并价目当属检呈，藉备选用。惠寄《国闻周刊》三册尚未递到，先此布谢。弟亦定阅一年，每得一册，必先检有无藏园题跋，颇快先睹，此后可请勿再寄赠矣。日本照来各书，已印成者有《群经音辨》（毛氏景宋抄，亚真迹一等），现正付装，装竟即寄呈。尚有明刊《饮膳正要》、宋刊《梅亭四六标准》、元刊《山谷外集》正在制版。《册府元龟》一时未必能印，然毛样已有，如需校阅，当属检寄。惟乞用毕发还，缘异日当据此制版也。《太平御览》东福寺藏本已照到三百馀卷，亦可先以毛样寄校。

---

1 据原打印稿，见于《上海图书馆藏张元济往来信札》二，第 169～171 页。按：信栏外有张元济手批："中商借校过《戴石屏集》，并询《山海经》价。十九年十月十五日留底，信附去。"参《张元济傅增湘论书尺牍》，第 252～253 页第 50 函。又参《张元济全集》第 3 卷"书信"，第 379～380 页第 203 函。

此与图书寮藏本两方合配，尚缺三十卷。已托长泽君代查静嘉堂藏本，如能补完，真一快事。《文苑英华》除北平图书馆暨吾兄所收外，绝未闻有宋本。来示谓刘氏有之，容当询问。前乞将《金陀粹编》残缺各叶开示，甚盼寄下。《岳传》竟能得千馀字，可喜。《愧郯录》凡缺十馀叶，近有友人购得淡生堂旧抄残本，竟可补全，此外可以校正鲍本讹字亦不乏。此书景自瞿氏，刻已付印，印成即寄。《王文公集》主人既甚珍秘，不必勉强，姑俟时机可耳。金本《旧五代史》踪迹半年，总无确据。此书拟留待最后付印，在此时间，尽以广告宣传，天之未丧斯书，或能发见，亦未可知。《新五代史》现已制版，前呈校勘表数纸，极盼早日发还，并代决取舍，是为至盼。韩氏之书终必散出，其主人近又逝世，有人还价之说恐未必确。石铭之子颇嗜书，闻曾有接洽。弟与此君不相习，不能知其详情也。赵万里曾往看过，北平图书馆力足以举之，盍怂恿徐森翁成就此一大事因缘乎。纽约印刷博物馆访购宋本，系胡适之所托。适之近日已去北平，兄必可以晤及，一切请就近商定可耳。衲本正史售去将近千二百部，此书售二千当不难，然尚无所赢。近已定有存版办法，随时可覆印，此在印《道藏》时尚未知之，此不能不谓之进步也。蜀刻《宋书》又补宋刊二十馀卷，此为刘翰怡之物。闻《魏书》亦有宋刊全部，授经来告，弟尚未见。台从定期南来，盼速示，仍请下榻敝寓何如？

【193】1931 年 1 月 15 日

二十年元月十五日张菊翁致傅沅叔君函[1]：

黄善夫《史记》,《衲史》仅得六十九卷，馀以震泽王本补配。近访得日本上杉侯爵藏有全部，已托友人借到，不日即可摄照，想兄闻之，必为欣慰。

近日馆中印刷所将旧日石印方法改良，可以省去照相手续，但原书不甚清朗者则不能适用。现正布置一切，数月之后必可畅行，将来出书必可迅速。比与友人谈及，拟将各种丛书选择较精之本（其无单行本者，尤宜注意），每一二十本为一集，随出随售，汇印为一大丛书。此于购读之人必甚便利。但有同系一书而为各丛书所均收者，则以何本为佳？此层必须精为别择。记吾兄前曾寄示类此之目录一分，谓是沈羹梅兄所选定者。此时检觅不得，不知能再觅一分否？敝馆将来选印此书，可即用其所定之目否？此类丛书多系明清近刻，访觅初印尚属不难，将来不必照相，直接翻板，岁出数千册书，甚不难也。

近见十八年七月至十九年六月《北平图书馆馆务报告》，第十二叶"采购"第四项有宋残本《册府元龟》《苏文忠公集》《陈书》，又十九年《图书展览目录》，二十一叶"小说家类"有《夷坚志》十卷，万历金陵书肆唐氏刻。以上各书吾兄想均见之，版本若何？究有卷叶若干？又《夷坚志》与弟前所参较之本是否不同？并祈见示。

邺架所藏《辽》《金》两史均为元刻，印刷精否？《衲史》所用之本，除《金史》借照北京图书馆一部分外，其馀均用蒋

---

1 据原打印稿，见于《上海图书馆藏张元济往来信札》二，第 172 ~ 174 页。参《张元济傅增湘论书尺牍》，第 256 ~ 257 页第 3 函。又参《张元济全集》第 3 卷"书信"，第 381 页第 205 函。

氏转让之本，有若干卷板印不佳，极费手续。极思借用抽换，
务祈俯允。

《晋书》承借十三册校阅，尚属可用。李木老所藏，前承
转商，可以借影，报酬须百衲本《廿四史》三部，亦所不吝。
但必须将全书借至上海，于事方有办法，决不伤损丝毫。务乞
续商，至恳至恳。

【194】1931 年 3 月 6 日

二十年三月六日菊翁致傅沅叔君函[1]：

前奉一月廿二日手教，嗣白君坚甫又带到同月廿七日惠
书，均谨诵悉。因病后避寒勿出，行动甚少，致手足皲瘃，艰
于握管，致稽裁答，甚以为歉。坚甫见告贵体康健，闻之甚
慰。迩来校书兴致若何？又续得善本否？甚企念也。奉答各条
如下：

掷还四川志十三种计一百册，又承见假校本《石屏集》三
册，均由白君交到。前有收条，已涂销缴上，乞查收。

续借第二批检得十一种，计壹百十册，已由东方图书馆寄
呈，计蒙察及（于一月十五日托胡适之带呈）。

贵友《王文公集》卷数存目收到。据东友复称，须俟《太
平御览》照竣，方便再请。

闻新得元板《南》《北史》，印本尚佳，艳羡，藏园史部
驾海源而上之矣。敝处残本系黄纸，似翻本，不知与新得本相
配否，可否《南》《北》两史各示一、二册，交庄君带下。如
可配入者所缺各卷皆有之，当与公司一商也。百衲本用涵芬楼

---

1 据原打印稿，见于《上海图书馆藏张元济往来信札》二，第175~178页。参《张元济
　傅增湘论书尺牍》，第258~260页第7函。又参《张元济全集》第3卷"书信"，第
　381~382页第206函。

本，间有模糊之叶，如尊本较精，尚拟乞借抽换。再《金史》影用北平图书馆藏本，至佳。配以蒋氏翻本（亦翻板，且有翻之又翻者），颇有模糊及镌刻陋劣之叶。邺架藏有残本，如印本尚好，有廿卷拟乞慨假，俾便抽换，此真所谓百衲本也。如蒙俯允，乞检付敝友庄君带还为荷。

《晋书》蒙允商木老，甚感。旧历新年想台从必赴津致贺，谈及此事，可邀允否？若尚未谈者，拟祈拨冗为作数行，总盼能早日商定，并拟借至上海摄照也。

去年新收书跋为三十一篇，已交文楷刊版。印成后乞寄我一读。

庆元《新五代史》不日印成，当属先装毛样一分寄呈，藉副快睹之意。原书内匡宽度乞用英尺量准见示，拟记入书内也。

贱体近日尚堪支柱，惟每一星期尚上电两次。食如常，惟眠少，幸勿念。

新印《群经音辨》《饮膳正要》各一部，乞哂存。

《金史》卷次拟乞借：

二十、廿一、廿二、廿三、三十、三一、三二、四六、四七、五四。以上"志"。

六二，"表"。

六八、六九、七十、七一、七三、七四、八一、八五、八六，以上"列传"。

右卷数皆大题也。

[附录，1931年3月19日] [1]：

抄本《法书考》，子，五二〇，一。

---

1 据原信稿，见于《上海图书馆藏张元济往来信札》二，第180页。

影宋抄本《琴史》，子，二八七，二本。

抄本《云烟过眼录》，子，三四五，一本。

20/3/19 沅叔来沪借阅。

[**附录张元济书便条，1931年4月6日**] [1]：

二十年三月间，傅沅翁来沪交来各书：《金史》一卷，蝶装。云卖品，托问价。《金史》十二本，内八本有绿绸套并签。元刻《南北史》四本。又还抄本《播芳大全》一本，其馀云已托人带回，记忆不出，容归查。还《元典章》廿四本。

又交去各书：还校本《戴石屏集》三本。又借与抄本《云烟过眼录》一本（子三四五）、鲍以文校《法书考》抄本（子五二〇）、宋本《公羊释文》一本（经一八一）、石印毛样《和靖集》一本、《图画闻见志》二本、《刘子新论》一本。

附印《欧阳修集》，又《集古录》用高丽纸。于 20/4/6 告知丁君。

【195】1931年4月7日

沅叔吾兄同年阁下 [2]：

半月倾襟，读书谈艺，甚以为乐。匆匆话别，怅惘奚如。比想安抵旧都，履候佳胜，定如所颂。《衲史》中所用宋本《晋书》，承吾兄向木斋先生借取影印，至为感幸。遵以全史三部为酬，台从未行以前，未及将预约凭单奉托携带，兹已填就第伍伍柒号自取预约凭单一纸，又书券一纸，附函呈上，伏希察收转致，并为道谢。未知李世兄何时南下，甚盼能早日

---

1 据原信稿，见于《上海图书馆藏张元济往来信札》二，第181页。

2 据原打印稿，见于《上海图书馆藏张元济往来信札》二，第182页。参《张元济傅增湘论书尺牍》，第260页第9函。又参《张元济全集》第3卷"书信"，第382～383页第207函。

摄照，提前出版也。专此，敬颂著安。张元济。二十年四月
七日。

【196】1931年4月25日

20/4/25 寄沅叔[1]：

别后四月七日曾去一信，并《衲史》三部预约券一纸，托
分馆转呈，计察及。《淮南子》孙宅无信，一日电询，云陟夫
已去津。旋得旧历三月一日信，属电询程秉铨速办，即去电
话两次，均称出门。继去一信，亦无覆音。前日午后亲诣居
易里访之，晤其子伯奋，谓即往取，约昨日送来。至午前十分
钟，果以书至，并交到手札。弟详加繙阅，书凡十二册，白叶
抄补各三番，漫漶处亦不少，乚的是南宋旧刻。卷末多有"谭
叔端纂校"一行，颇以"纂"字为疑，当时亦不暇深究，遂以
廿七日期千六百圆支票付之。不及一小时，而四月廿一日之航
空信至，取《四部丛刊》本就卷检阅数叶，却节去矣。遂又电
询程氏，卒不得达。今晨往访不直。午后复以电询，谓支票未
到期，可否将书退回。答称书主原不允售，自得尊函，往返数
次，始得就绪。支票昨已支去，难以取回云云。航空信使先二
时，则此事当可挽回，今则只成事，只可不说矣。原书一箧，
即托敝友吴君带呈。附去程君收据一纸，祈察入。兹将其他各
事分答如下：

以高丽纸印《欧集》一部、《集古录》一部，公在沪时曾
道及，已告之馆员。今来信云云，是否于前说每一部之外又
各印一部？馆员以此来询问，弟亦不能答，已令迳行函询矣。

1 据原信稿，见于《上海图书馆藏张元济往来信札》二，第183～184页。参《张元济傅增
  湘论书尺牍》，第261～262页第14函。又参《张元济全集》第3卷"书信"，第383页第
  208函。

《郡斋读书志》久已印成，只可俟诸再版。

刘翰臣尚未见，度必未来，来时必以所属告之。

承借《金史》十二册，中有若干页比涵芬藏本稍胜，拟借照，约旬日后方能毕。容与借阅《南》《北史》各二册附入货箱寄还。前存《艺文类聚》等当同并寄。

景元抄《元秘史》六册（亦托），又照片三叶，亦托敝友带去，统乞察收。

【197】1931 年 5 月 7 日

[张元济致傅增湘函]¹:

前检定之贵省方志，是否即须陆续寄呈？乞示之。李木老之《晋书》未知何时可以取到？乞寄赠预约券时便中催问。《金史》卷三十二凡十二页，未知索价几何？曾问过否？又朱英刊本初印《宋史》可索示样本，续有所见否？共有几卷？价几何？能寄示一、二册否？抄本《播芳大全》托何人带下，曾查出否？甚以为念。其宋本何时可以用毕？亦盼早日寄还。借影北平图书馆《后汉书》数卷已照毕，借补宋刊《新唐书》、明刊《元史》及宋刊《孟子注疏》，伯恒恐力有未逮，幸赐嘘拂，俾底于成。二十年五月七日。

【198】1931 年 7 月 18 日

叔言、沅叔、兰泉、君九先生道席²:

时届溽暑，比维道履清和为祝。敝友郑君振铎为敝馆《小说月报》编辑主任，平素研究吾国旧籍兴趣颇浓，现在拟赴故

---

1 见于《张元济全集》第 3 卷"书信"，第 384 页第 210 函。参《张元济傅增湘论书尺牍》，第 263 页第 16 函。
2 见于《张元济全集》第 2 卷"书信"，第 465 页。

都一行，藉广见闻。绕道大连（王、罗两君添此语），亟欲晋谒台阶，藉聆清海，嘱弟一言为介，尚祈延纳为幸。郑君素仰邺架珍藏宏富，倘蒙发箧（王君函此语删），俾饱眼福，尤深感荷。专肃，敬颂道祺。二十年七月十八日。

【199】1931 年 8 月 25 日

[张元济致傅增湘函][1]：

催《元秘史》《公羊传释文》《法书考》《云烟过眼录》。借《南》《北史》。托搜《宋书》《梁书》《北齐书》宋刊缺卷。预告《衲史》版税第二期结（帐）[账]，即日汇平馆转呈。20/8/25 寄沅叔。

【200】1931 年 8 月 30 日

致傅沅叔[2]：

托赵斐云带去顾曲斋本传奇八册，又春间所购《艺文类聚》四十本、《春秋纂例》十二本，合一包，又另寄《衲史》跋六首。《郡斋读书志》装箱寄分馆送上，系赠送，不须付价。《孟子注疏》极思借影，乞鼎力代图。并告风潮损书五箱事。20/8/30。

【201】1931 年 9 月 15 日

[致沅叔][3]：

又，托访徐梧生之《周易单疏》，又托询海源阁书能否

1 据原信稿，见于《上海图书馆藏张元济往来信札》二，第 179 页。
2 据原信稿，见于《上海图书馆藏张元济往来信札》二，第 185 页。参《张元济傅增湘论书尺牍》，第 266 页第 24 函。又参《张元济全集》第 3 卷"书信"，第 385 页第 212 函。
3 据原信稿，见于《上海图书馆藏张元济往来信札》二，第 185 页。参《张元济傅增湘论书尺牍》，第 267 页第 25 函。又参《张元济全集》第 3 卷"书信"，第 385 页第 213 函。

出资借影，又问《金史》售价，《雱史》已否购得，宋小字本
《纪事本末》尚要否？ 20/9/15。

【202】1931 年 9 月 30 日

二十年九月三十日张菊翁覆傅沅叔君函[1]：

（上略）北平分馆转到十九日手教，谨诵悉。伯恒兄信述
我兄今岁六十生日，有"自述"已付印。今读来书，乃知有七
千馀言，备纪近代书籍源流，此为有关文献之作，印成盼即寄
示。刊印《百宋编》，涵芬所藏有可附入者，如须详记，候命
即报。弟极思为诗若干首，备述二十馀载之交情。弟近来文思
极涩，不知何日方能脱稿。至于寻常酬应之物，太属无谓，微
兄谆属，亦不敢以相溷也。读《国闻周报·〈法书考跋〉》，不
意此书如许珍贵，真所谓一登龙门，声价十倍，《四部丛刊续
集》已经列入。此次所收之书，颇有为世间未见之本，来月当
可将草目印就，再求教正。《周易单疏》其书竟存，闻之极喜。
如能追得，有所见商，必尽力相助。宋刊《纪事本末》看去不
肯减价。如其所欲，当无不可，尚乞明示。《雱史》二册收到，
当时似曾印行，但从未有人道及。售价若干？ 乞与残本《金
史》探明见示。刘氏《文苑（菁）[英]华》十卷，伯恒来信
云已照到，即日寄南。我兄所藏十卷，便中乞付伯恒续影。海
源阁书既已转手，度一时未必外流，欲借照者为宋严州本《仪
礼》、宋本《诗说》《大戴礼》《离骚草木疏》《宝晋山林集》、
元本《乐书》（此书我兄亦有之，但能如杨氏之精印，则拟改
借尊藏）。又宋刊《三国志·魏书》前三卷似有印本一卷（《楹

---

1 据原打印稿，见于《上海图书馆藏张元济往来信札》二，第 186 ～ 187 页。参《张元济傅
增湘论书尺牍》，第 268 页第 27 函。又参《张元济全集》第 3 卷"书信"，第 385 ～ 386 页
第 214 函。

书偶录》称卷二、三为抄配），亦拟借照配入衲本。此外精校名抄当尚不少。我兄前此寓目，如曾录有全单，尚乞假我一阅。借印当有酬报。如有机缘，祈代探询。此不可必得之事，亦姑作是想耳（下略）。

【203】1931 年 10 月 16 日

二十年十月十六日张菊翁致傅沉叔君函[1]：

（上略）本月六日寄覆寸函，并缴还邮票两圆，想蒙察入。拔可、剑丞、啸缑诗屏知已托人带去，谅可递到。其馀均照签分送，大约递寄尊邸矣。弟拟撰小诗，已成十首，尚未完毕，恐尚需时日，方能写寄。前读《双鉴楼藏书续记》，知邺架尚无弘治刊本《陈伯玉集》。弟昔年曾购得一部，我兄六十大庆，不敢以俗物相溷，谨以是书为祝，另封邮呈，敬祈莞纳。伯恒附到本月六日手书，展诵祗悉。小字本《纪事本末》弟曾见过，印本尚好，略有阙叶，似在序目。原价仅索二千，后忽云非二千四百不售。前八月二十日去信，曾详言之，并附去宗君原信，此时不知有无变动。兄如不以昂贵为嫌，乞即示下，当去函商榷也。《南齐书》已将印完，惟"列传"第廿六、廿七均缺去第七叶，如系漏照，乞检原书交伯恒付京华补照。若为原阙，则敝处有三朝本，第廿七所缺一叶尚系元刊，修好可与全书相配。惟第廿六所阙一叶则为嘉靖补板，弟拟参用各本补写，未知卓见以为何如？《魏书》从北平图书馆照来，尚缺数十卷。董授翁见告，谓翰怡处有宋本，全部借来，亦尚缺十馀卷。且纸黄墨淡，每卷中必有数叶不可用者，只可仍借我兄所

---

1 据原打印稿，见于《上海图书馆藏张元济往来信札》二，第 188～190 页。参《张元济傅增湘论书尺牍》，第 269～270 页第 31 函。又参《张元济全集》第 3 卷"书信"，第 386 页第 215 函。

得徐氏本补配完全。兹附去一单，敬祈察核。所缺整卷，拟托京华就近摄照，可省递寄之烦。惟抽配各叶，则非弟自己经手，易致舛误，故仍欲请照单寄下，藉归一律。倘蒙俯允，曷胜欣幸。又前借黄善夫《史记》六卷，当时仅照出六开本。后在日本借照数十卷，系依原式。此书将来拟兼印大本，尊藏六卷，便中祈检付伯恒就近重照。琐琐上渎，惶悚无似。《周易单疏》有消息否？甚为悬盼。《四部丛刊续集》拟先印草目，分贻同好，互相商榷，印成即寄。此信到时，度正逢悬弧令旦，遥飞一盏，敬祝千春。（下略）

[**附录**] [1]：

《史记》（傅本照六开，共六卷，卷数如下）：

卷二十九，《河渠书七》，八叶。

卷一百一，传四十一，十叶。

卷一百二，传四十二，八叶。

卷一百三，传四十三，九叶。

卷一百四，传四十四，八叶。

卷一百五，传四十五，三十一叶。

《南齐书》：

传二十六弟七叶，起"宗子弟弱小"，迄"庆远曰君包"。

传二十七弟七叶，起"江左来少例也"，迄"至下鼓不起为有司"。

以上两叶，均三朝本所有。

---

1 据原信，见于《上海图书馆藏张元济往来信札》七，第272～273页。

【204】1931 年 10 月 17 日

二十年十月十七日张菊翁致傅沅叔君函 [1]：

（上略）昨日肃上一函，遥祝华诞，托北平分馆转交。同日又寄呈《陈伯玉集》一部，计当先后达览。因匆匆付邮，忘却一事，兹再奉达如下：百衲本《廿四史·隋书》用元刊本，此书亦自有佳处。但馆中所藏，中有明补百十四叶，弟欲觅元刊补配。邺架亦有此本，但不知此若干叶为元版，抑为明补？谨附去清单一分，敬祈察阅。如能补全，乞借尊本付京华补照。若亦为明刻，则只可另行设法。此书尚不难得，朋好中有可通假者否？并乞代谋，无任祷盼。琐琐屡渎，惶悚之至。（下略）

【205】1931 年 11 月 2 日

二十年十一月二日张菊翁覆傅沅叔君函 [2]：

奉十月廿五日手书，谨诵悉。华诞宾朋盛集，可称胜会。弟以暌隔，未能诣祝，良以为歉。诗屏收至百四十幅，一时名作，必已囊括无遗。尚望辑印，留作佳话。散原、梅泉两幅（尚有阆声一幅）先后由敝处递去，已否收到？弟思附骥尾，已成十六绝，意尚未尽。校印《衲史》事极忙，不知何日方能写竟脱稿。后当草录一分呈览，以廿首计，再附小注，总须千数百字，写入屏幅恐太偪。应用何纸？作何格式？谨候台命。朱、王、徐、董诸君处寄去大作及屏纸，或挂号邮寄，或派人送去，度不久必有好诗文，晤时当代达尊意。惟朱、王二君相

1 据原打印稿，见于《上海图书馆藏张元济往来信札》二，第 191 页。参《张元济傅增湘论书尺牍》，第 270 ~ 271 页第 32 函。又参《张元济全集》第 3 卷 "书信"，第 386 ~ 387 页第 216 函。
2 据原打印稿，见于《上海图书馆藏张元济往来信札》二，第 192 ~ 194 页。参《张元济傅增湘论书尺牍》，第 272 ~ 273 页第 34 函。又参《张元济全集》第 3 卷 "书信"，第 387 ~ 388 页第 217 函。

距过远，不易觌面耳。宋牧仲藏百衲《史记》不见著录，兄于何处得之？此殆天锡纯嘏之征，可喜可贺。甘氏所藏蜀本似亦不过半部，卷数容设法抄奉，惟乞让恐不易易。黄善夫本先已在日本上杉侯邸补完，"世家"五、六、七、八间有污损之叶，容检出寄上，乞兄比对。如尊本较胜，即付京华重照。《魏书》蒙允借补，极感。当开一单，并检应补之叶同时寄去，乞为料理。兹有商者，双鉴楼旧藏《大典·水经注》四册归于孟苹，转入涵芬。其后半部为李玄伯得之祁文恪家，今春乃得胖合，竟成完璧，现拟印入《续古逸丛书》。邺架有宋刻残本十二卷，极思假印，同时出（板）[版]，以饷士林，但不知印本尚清朗否？共存若干叶？敬祈见示。最好乞选最模胡者一叶，交京华试照寄下。如制板不大费工，拟援合印旧例，不审可邀俯允否？《南齐》制版已毕，即日开印。高丽册纸可以附印，已属照办。《欧集》拟售预约，此次共有九种，分为三类：一即《欧集》；二《论语注疏》《武经七书》《乐善录》《清明集》，均借自日本者；三《郡斋读书志》《张乖崖集》《竹友集》（均宋刻）、大典本《水经注》。二、三两类均不分售，不久即可发印样本，因欲借印残宋本《水经注》，故稍迟耳。《欧集》存公司保险库中，并未受水。银行所存受损者亦仅三、四等书，可称幸事。今已修好，伤重者不过数册。《纪事本末》已去信，《太平御览》已否印样本？《太平广记》三种皆备，似非残本，容再查复。大著《六十自述》有数册均缺去第十五叶，有人索阅，乞补寄数分。

张元济 傅增湘

往来信札

200

【206】1931 年 11 月 12 日

沉叔吾兄同年[1]：

本月二日肃覆寸函，计蒙察及。顷得宗子岱兄覆信，寄呈阁下台阅。如能俯允，即乞示下，并将原信发还。函末所商与吾兄流通之意正合，必更无异议也。《南齐书》补照两叶已收到。借印残宋本《水经注》可慨允否？《周易单疏》有无消息？均甚悬念。敬颂台安。弟张元济顿首。[二十年] 十一月十二日。

【207】1931 年 12 月 15 日

二十年十二月十五日张菊翁覆傅沉叔君函[2]：

弟于前月传染血痢，来势甚剧，幸渐就痊，惟体力至今尚未复元。先后获奉十一月十八日、廿九日，十二月二日、七日四次手书，未能即覆，甚为歉疚。中孚银行兑到一千二百元，已照收。子岱之宋刊小字《纪事本末》亦已交到。检阅一过，计缺十三叶，抄配十五叶（加一叶）。弟前见者为首尾两册，而子岱亦未见告。今既已定议，又未便以此与之交涉。如兄不以为嫌，固甚欣幸，否则弟亦可以承受。松江韩氏有残本两卷，其书无从借阅，而行款相同，弟亦敢自信，必无差误。另抄附卷叶及印记清单一纸，敬祈察入。卷帙繁重，一时尚无便人可带，拟先寄存公司保险库中。尊处如知有沪友北上可以托带者，并乞介绍，是为至盼。子岱已来催款，弟拟加入千元，全数付给，以清手续。银行透支，年底必须清（帐）[账]，能

1 据原信稿，见于《上海图书馆藏张元济往来信札》二，第 195 页。又，信纸右侧栏外有张元济手书"留底"二字。参《张元济傅增湘论书尺牍》，第 273～274 页第 35 函。又参《张元济全集》第 3 卷"书信"，第 388 页第 218 函。

2 据原打印稿，见于《上海图书馆藏张元济往来信札》二，第 196～198 页。参《张元济傅增湘论书尺牍》，第 276～277 页第 40 函。又参《张元济全集》第 3 卷"书信"，第 388～389 页第 219 函。

于阳历年前拨还至佳。如有不便，亦不必亟亟也。宋刊《文苑英华》廿卷照片已收到。叔弢及北平图书馆所藏百十卷蒙允商借，极感。黄善夫《史记》六卷知已检付伯恒兄重照，残宋本《水经注》许选照两叶附印，亦已托伯恒兄面领。《魏书》应补各卷坏叶，拟借尊藏宋本补照，亦因病未能查对，只可稍缓。前承见告京肆有残本初印朱英重刻《宋史》，曾以奉托，迄无下文，不知此书尚在否？倘能查明卷数，询示实价，至所感盼。徐氏之宋刻《周易单疏》有消息否？《丛刊续集》极欲得之也。病起体羸，不克多述。

再，前承借元刊《南》《北史》各二册，知亟须装订，惟《衲史》前从北平图书馆照到各卷，多有模胡之叶，除就涵芬楼藏本抽换外，尚有须借尊本补照者，可否乞暂缓装订。涵芬楼重出之本《北史》有数十卷，《南史》只有一卷。尊藏《北史》缺"列传"四十二，可以补配，但纸色稍黄，印本却清朗，容向公司商妥，与所借四册同时寄奉。唯《南史》与《名臣奏议》无可应命，是则负愧之至耳。《南齐书》后跋一通附去，敬祈削正，发还付印。

承寄赠玉照两叶，如亲光霁。拜领，谢谢。

【208】1932 年 1 月 9 日

二十一年元月九日张菊翁覆傅沅叔君函 [1]：

去年尾，先后奉十二月十六日（赵斐云携来）、廿五日两次手书，展诵祇悉。掷还千元，亦于年底收到。子岱近日始将《纪事本末》跋文写入首本卷末送来。前日赵君过访，弟询以能否将书带去，渠称临行再告。揣其意，似恐南北多事，不敢

---

1 据原打印稿，见于《上海图书馆藏张元济往来信札》二，第 199 页。参《张元济傅增湘论书尺牍》，第 278 页第 2 函。又参《张元济全集》第 3 卷"书信"，第 389 页第 220 函。

冒险也。如允代带，拟将前次借阅之《南》《北史》（元刊）首本各二册，又奉赠之《北史》"列传"第四十二卷一并装入，并祈察收。宋残本《文苑（菁）[英]华》蒙代商周、袁两君。朱英刊《宋史》昨日复承寄示所存卷数清单（已录出，原单附缴），可以合用，即请代为谐价。徐氏之《周易正义》仍乞鼎力图之，此书不可失也。贱体承注，极感，至今尚未复元，亦足见年老之不可病矣。

【209】1932年1月20日

二十[一]年一月二十日张菊翁覆傅沅叔君函[1]：

月之九日覆上寸函，计蒙察及。续又得本月六日手书，以欲得赵君万里能否将《纪事本末》确音再覆，讵去信无回音，往访又不遇。今日又去信询问，馆人谓一早已行，将原信送回。今附去，乞便中饬送。《纪事本末》并前借《南》《北史》各二册，又赠送《北史》一册均已打包，只可另觅妥便矣。宋刻《文苑英华》百卷，蒙代向袁君守和借妥，极感。今日得伯恒来信，谓向图书馆领借，云已由赵君携至南中。伯恒以为必已交与本馆照相矣，然赵君绝未提及。但初见时曾问一声，谓商务拟借影此书，请先开示条件。弟以已托我兄，就商袁氏，故漫应之，迄未开去，而不知其葫芦中固有药出卖也。此事兄可勿必道破，将来仍由伯恒往商袁氏可耳。图书馆酬书一部自必照办，即兄与叔弢，亦必以全部相酬。但此不过是空支票，付款不知何日，一叹。此书本馆只有明刊，并无抄本。鄙意即以明刊配印，倘能觅得影宋或明抄，用以一校，附刊校记

1 据原打印稿，见于《上海图书馆藏张元济往来信札》二，第200～202页。参《张元济傅增湘论书尺牍》，第280～281页第5函。又参《张元济全集》第3卷"书信"，第389～390页第221函。

于后，似较易行，未知卓见以为何如？《册府元龟》密韵楼却有明抄，已归涵芬，尚未校过，不审能有配印之价值否。东方所购明抄，闻得自中国书店，弟曾借来一、二卷，与所景宋本对校一过，内容若何，今已不复记忆。当时所以不能有动于中者，度必无甚可以歆羡之处。之二书与《太平御览》，正不知何时方能印行。兄为我计，未知有何办法？务乞为我借箸一筹。前允赠叔弢《广韵》《寒山集》，弟以为《四部丛刊》再版告竣之时必已送去。得兄信后，急向馆中该管部份询问，据覆，十九年分确曾开出附印皮纸若干部印单，讵事冗，竟尔忘记，现即赶印云云。如与叔弢通信，乞以此情告之，并为我道歉。书成即寄，同时并当附寄左右。承属节劳，至为感谢。比来校印《衲史》，终日伏案，尚觉不给，真有愈做愈难之势。人谓我过于求精，我则见他人之退步。然既已担任，不能不拼命为之。分至京华印刷，因有种种牵掣，事不能行。兄虽能为我料理，然何敢以此相扰。异日印宋"三千"时，或分一、二种至京华，彼时再求助我一臂耳（未完）[1]。

[附录任绳祖致张元济函，1932 年 1 月 20 日][2]：

菊公大人钧鉴：奉一月二十日钧谕，敬悉。长泽君邮汇伍圆，已请发行所兑取购书，尚未交来。钧致沅公函陆纸，遵请岫、拔二公阅过，录出副稿，并行附呈。《文苑英华》如能借印，酬酢书籍亦已知照经管部分预行存记。其赠沅公、叔弢《丛刊》本《广韵》，丁英桂兄云为《玉篇》，乞就便改正。恭叩福安。任绳祖叩上。［二十一年］一月二十日。

---

1 按：信稿栏外手书注云："以下问《金史》残本及朱英残《宋史》价。"
2 据原信，见于《上海图书馆藏张元济往来信札》十，第187页。

【210】1932 年 2 月 4 日

寄傅沅叔 [1]：

……琉璃脆，天下事大抵如斯，弟日来恐觉挂碍一空矣。商馆在沪部分决定全停，依此情形，恢复大非易易。俟时局稍定，再开股东会。连日筹议遣散员工，非常艰困，然此难关终须经过也。炮声不绝，敝寓尚安全，可请宽怀。《衲史》照存版片，所馀无几（重写一纸，此段未写入）。最可惜者，《周书》一全部、一缺五卷，均印本精湛，补至嘉靖为止，此殆不可复得，并未照出，是书恐成绝望矣。此颂台安。弟张元济顿首。[二十一年]二月四日。

【211】1932 年 3 月 17 日

沅叔吾兄同年 [2]：

前日得三月五日手书，展诵祗悉。上海炮声已停，移至内地。嘉定、太仓菁华尽丧，殆与闸北相同。传言日本将退兵，鄙见去太平之日甚远，未知卓见以为何如？闸北交通渐复，连日勘视总厂，可谓百不存一。东方图书馆竟片纸无存，最为痛心。全部保火险将近七百万，兵险则无人肯承保者，外人传言殊不确也。《太平御览》、《册府元龟》、黄善夫《史记》底片，据报均已事前携出，然弟尚未见。至初印样本，则已均化劫灰矣。《衲史》校本多存敝处，幸未失去，惟底版则尽已被焚，此固尚可重照。独蜀本《周书》，涵芬楼存有黄、白纸各一部，

1 据原信稿，见于《上海图书馆藏张元济往来信札》二，第 203 页。又，信纸右侧栏外有张元济手书"上文告知总厂全毁，东方亦毁，《欧阳集》存银行，《纪事本末》存我处。"参《张元济傅增湘论书尺牍》，第 282 页第 10 函。又参《张元济全集》第 3 卷"书信"，第 390 页第 222 函。
2 据原信稿，见于《上海图书馆藏张元济往来信札》二，第 204 页。参《张元济傅增湘论书尺牍》，第 283～284 页第 13 函。又参《张元济全集》第 3 卷"书信"，第 390～391 页第 223 函。

白纸本仅缺五卷，两种印本精湛，与所谓邋遢本绝不相同，可谓海内孤本。正在照相，故尽被六丁摄去。日后重印此书，正不知如何着手，愿兄有以教之。《郡斋读书志》此时尚未查明，大约凶多吉少（顷已查明，已毁去。然铅皮印板尚存，重印尚易），乞先告守和为幸。日前庄君百俞北上，因子身就道，故未将《欧集》等托其带去。尊处如有熟人在沪将北行者，乞示知，当往托，似较便也。涵芬楼善本寄存金城银行库中及临时取出者，宋本凡九十二种、元本百〇五种、明本同校本八十一种、抄本百四十七种、稿本十种，总共五千馀册。弟不自揣，窃以为尚在海源阁之上，不审吾兄信以为然否？有暇当将书目录出呈览，请法家一评定之。炮声已止，春日融和，大驾能南来一观战迹乎？手覆，敬颂台安。世兄均候。二十一年三月十七日。

再，历年彼此通假，为书甚多。尊藏如《欧集》并零本《晋书》十三册、《金史》十二册，并新购《纪事本末》，均代保存，幸未毁失。此外未知尚有何书，敬乞查示。又敝处藏本如有为我兄借校或代他人借阅者，亦乞先行查示，俾便记注。刻因事务繁冗，不克检查来往信件，故敢奉渎。

【212】1932年4月13日

廿一年四月十三日张菊翁覆傅沅叔君函 [1]：

赵斐云来，奉手教，展诵祗悉。前代买宋本《纪事本末》，及假印之《欧阳文忠集》、零本《晋书》、《南》《北史》、《金史》等，遵托赵君带还，另开清（帐）[账]，即祈察入。至承

---

1 据原打印稿，见于《上海图书馆藏张元济往来信札》二，第205～206页。参《张元济傅增湘论书尺牍》，第284～285页第15函。又参《张元济全集》第3卷"书信"，第391页第224函。

代借李氏《晋书》，现拟暂存，俟公司清理就绪。《衲史》如有出版之可能，尚拟摄照。否则届时即行寄还，并祈转致李木老。我兄所藏一部中有印刷较佳之册，彼时尚须重借，亦未定也。涵芬善本尚存五千馀册，仅有草（帐）[账]一分，未能寄呈。斐兄亟欲一睹，已交去，云将照抄一分，带回到北平后当可奉览也。《烬馀书录》弟正在编纂，因公司善后事务甚忙，恐须数月后方能脱稿，容再呈正，并乞弁言。

寄去各书（21/4/13）：

宋刻《欧阳文忠集》七十册，十二函。全册抄配者未拆，已拆者书片与衬纸按册草钉，面叶包角绫片均存，旧线不全。因赵君行期甚促，不及装册，尚祈鉴谅。

宋本《晋书》八册，一函，又五册。

元（宋）[本]《金史》八册，一函，又四册。

宋本《纪事本末》四十二册。

元本《南史》二册，又奉赠一册。

元本《北史》二册。

【213】1932 年 4 月 29 日

廿一年四月廿九日张菊翁覆傅沅叔君函[1]：

奉四月廿日手教，展诵敬悉。《藏园书录》蒙惠赐，敝友汤君谋事，亦承允代设法，均甚感谢。存书一件，遵示与杨祇菴兄接洽，得当再报。涵芬烬馀善本，现因来问者多，亦拟先印一简目，旬日后当可发排。排出草样，当先呈览。蒙许为文以纪其略，甚感甚幸。此间人少事繁，抄录竟无暇。编次

---

1 据原打印稿，见于《上海图书馆藏张元济往来信札》二，第 207 页。参《张元济傅增湘论书尺牍》，第 286 页第 17 函。又参《张元济全集》第 3 卷"书信"，第 391～392 页第 225 函。

时每书一片，均手录，堆垛较多，又不便先寄，尚祈亮之。烬馀中有一《青阳集》，半叶十一行，行十九字，前仅存一李祁序，不知为明代何时刊本？邺架似有此书，敬乞检查指示。前假去《元秘史》等书，如已用毕，乞寄还，编撰书录拟缮阅也。外致赵君斐云信，祈饬交。《纪事本末》等书已交到否？宗子岱兄托抄之书如已竣事，盼即寄下。春日晴和，公尚有南游意乎？

【214】1932 年 12 月 2 日

菊翁二十一年十二月二日致傅沅叔先生函稿[1]：

商馆复业，极为忙冗，石印工厂不日亦可开办。前借李玄伯《永乐大典·水经注》半部，与馆中所有半部合印，其存板已毁。惟馆书半部无恙，此系写本，制板极易，且简帙无多。此书与学术有关，外人知此事者，频来询问，弟颇劝公司依旧印行。惟弟与李君无甚交情，且闻其人不易交涉，不知我兄与之相习否？兹姑寄去一信，并托伯恒兄趋前面商，倘蒙鼎力相助，曷胜感荷。前恳抄示珍藏宋椠《史记》刻工姓名，务乞慨允。能早日发下，俾应急需，尤感盛意。

【215】1933 年 6 月 11 日

廿二年六月十一日张菊翁覆傅沅叔君函[2]：

本月七日奉四日发快信，谨诵悉。孙君锡三候至今日始到，由李拔翁转到同日发手书，并宋本《周易要义》五册、

---

1 据原打印稿，见于《上海图书馆藏张元济往来信札》二，第 208 页。参《张元济傅增湘论书尺牍》，第 287 页第 21 函。又参《张元济全集》第 3 卷"书信"，第 392 页第 226 函。

2 据原打印稿，见于《上海图书馆藏张元济往来信札》二，第 209～211 页。又信稿右侧栏外有张元济手批："22/6/18，又寄一信，并《元次山集》两册，托拔可交孙锡山带交。"参《张元济傅增湘论书尺牍》，第 295～296 页第 10 函。又参《张元济全集》第 3 卷"书信"，第 392～393 页第 227 函。

《沈隐侯集》三部、银砾两（定）[锭]、楹联四副、影印《永乐大典》《皇甫持正集》各一本、高丽纸两张，照数点收。其应交瞿世兄者，均即交去。应覆各节列左：

委交陈君乃乾各书，已于本月三日当面点交，即于四日专函奉达，想荷察及（陈君见告，有人可全买。抽购之说，自当作罢）。

北票股票事，已如示覆新华银行，得覆云，当遣北平分行夥友诣商。

《魏书》蒙慨假，极感。伯恒觅得可照湿片工人，免寄上海，尤妙。以前所照，有北平图书馆本，有嘉业堂刘氏本，有蒋氏本。其间不少元补之叶，属抽换尊本，极所欣幸。惟恐有已经制成者，则可听之。现正属详细检查。

《史记》承查示版式，即从库中取出，对勘一过，甚佩正法眼藏，不同凡俗。"后齐世家"并不见于目录，亦不见于卷首书名，乃仅见于书耳。杨氏所藏当是元缮。至并疑及吴本，则未免抑人扬己矣。来示谓从宋本覆刻，故仍沿宋讳，与钱警石所见正同。刻工姓名，弟复检得不少，确与南人不同。书录已另撰，别纸附呈，仍乞教正。子集两部亦已脱稿，现正覆看，当陆续寄呈，并欲乞赐序言也。

《沈休文集》蒋氏有沈启南刊本，序跋不全。弟不知在何处所见，云有汪士贤（或程荣）刊本，欲觅得一校。今蒙发下张、岳二本，足供参订，汪、程或本未刻此书也。

《周易要义》校本漏校各字为我加入，极幸，不必呕还。

明抄《三朝北盟会编》已取出包装，存李拔翁家，俟孙君行有日即送去。瞿世兄交来《元次山集》，亦当同时寄上。

高丽纸原存厂中，问诸典守者，云已尽毁，已电告陈乃乾兄。如必欲搭印《六帖》，请速寄去。补照《南齐书》二叶，已由京馆交到。

惠我砆锭极感谢，详示用法，尤感。弟亦有同式者数枚，正坐舍不得耳。宠贶，当并藏之 [1]。

来日大难，患在内忧。尊论极是。仍望持以镇静也。

[附录张元济致丁英桂函，1933年6月8日] [2]：

昨电请代查《元史》京照二次卷数，其二次所照者（初次所照者不必）有毛样，并乞检示一阅。又傅沅叔兄前寄存高丽纸不知尚有存者否？劫后有续来者否？又校史处移交如有石印《元史》，乞检付一部。费神之至。此上英桂仁兄台鉴。弟张元济顿首。二十二年六月八日。

【216】1933年6月21日

廿二年六月廿一日张菊翁覆傅沅叔君函 [3]：

前托拔可兄转交孙君锡三带呈一信，又《元次山集》两册、《三朝北盟会编》四十六册，谅不日可到。昨得六月十六日手书，展诵敬悉。《南齐书》两叶误记，重劳检取，不胜惭悚。《魏书》尚有改照之叶，异日仍须上渎也。《学海类编》，拟留八十元者一部。《学津讨原》一部可收，如在壹百元以内者，亦乞代购。统祈转交伯恒兄，属付价款。普通丛书单尚未奉到，亟盼，或已在途矣。恢复东方图书馆已成立所谓委员会，公司推王君云五与弟二人，外聘蔡鹤顾、陈光甫、胡适之三人，又英、美、法、德在沪实业界、教育界者各一人。现先

---

1 按：此下据《尺牍》第295页第10函补。又"程或本未刻此书也"至此，又见于《上海图书馆藏张元济往来信札》八，第1页。
2 见于《张元济全集》第1卷"书信"，第16页。
3 据原打印稿，见于《上海图书馆藏张元济往来信札》二，第212～213页。参《张元济傅增湘论书尺牍》，第297页第12函。又参《张元济全集》第3卷"书信"，第393页第228函。

从募捐书籍入手。北平、南京、广州、汉口、长沙、杭州、济南等处拟设立分会，伦敦、纽约、巴黎、柏林同。将来尚欲求我兄登高一呼也。公司本届盈馀，由公益公积中提拨四万馀元，作恢复之用。弟亦捐一万元。此均动息不动本，积有成数，再图建筑。承示北海书肆将歇业，允将底货平价让与东方，曷胜感幸。已先商王君，拟乞开示存书清目。只能购普通之版，馆中现已有者亦拟除出，缘购书之款现尚甚有限也。昨见宋刻（半页十六行，行廿九或卅字）《新唐书》，为宋兰挥旧藏，约存一百二十馀卷，与陆氏、丁氏藏本不同。惜上下全系割裱，印刷亦稍次，未知可值几何？乞估示。

[附录陈乃乾致张元济函，1933 年 6 月 20 日][1]：

菊生先生侍右：奉上《新唐书》一册、《文选》两册[2]，请察收。《新唐书》存三十四册[3]，如合用，不妨由先生酌定一价[4]……晚陈乃乾再拜。[二十二年六月]二十日[5]。

[附录张元济致陈乃乾函，1933 年 6 月 20 日、9 月 24 日、9 月 25 日][6]：

乃乾吾兄阁下：

奉手教，谨诵悉。承赐《侯忠节集》，拜察，谢谢。《文选》二册、《新唐书》一册，阅过缴还。《唐书》为十六行本，与敝处影自日本及丁氏所藏者不同，惜其不全，且系割裱。前承电告残存卷数，敝处照存预备印行者尚有缺卷，可补者不过数卷

1 据原信稿，见于《上海图书馆藏张元济往来信札》五，第 228 ~ 229 页。
2 按：张元济手批："均于 22/6/21 送还。"
3 按：张元济手批："十六行廿九或卅字。"
4 按：张元济手批："姑妄言之，名世之数何如？"
5 按：张元济信末手批："22/6/20 收。"
6 见于《张元济全集》第 2 卷"书信"，商务印书馆，2007 年，第 398 页。

（记得承示，由廿二卷至壹佰三十二卷，又一百三十七卷至五十卷）。属拟一价，姑妄言之，名世之数何如？徵及拙书，闻之滋愧。陋若涂鸦，何足入方家之目！近患手颤，俟稍痊再报命。手复，祗颂著祺。弟张元济顿首。[二十二年]六月二十夕。

前日趋谒，未值为怅。嗣拟续访，适为他事所阻，未能如愿。兹送呈浙江兴业银行支票壹仟元，著小儿树年送上，即乞察收（并乞赐给收条）。其宋刻残本《新唐书》即祈掷交小儿带下为荷。此上乃乾仁兄台安。弟张元济顿首。[二十二年]九月二十四日。

乃乾仁兄阁下：

昨由小儿携回《新唐书》三十四册，并发给书价收据一纸，费神，感谢。顷奉手教，展诵祗悉。静嘉堂所收陆氏本系廿八行，其字体尚带北宋气味（与瞿氏《旧唐书》同），当为绍兴刊本。此卅二行本当在其后。再前见示自"列传"廿二至一百五十中，仅缺三十三至三十六凡四卷。昨复检，乃尚缺一百四十七下、一百四十八上下、一百四十九上，想我兄当时亦漏检也。沅翁娄来要求，将来恐须并归藏园。尊意遵达。手复，即颂台安。弟张元济顿首。[二十二年]九月二十五日。

【217】1933年7月1日

沅叔吾兄同年[1]：

前月廿七日肃上一函，告知孙君锡三遗下第二次托带一信

---

1 据原信稿，见于《上海图书馆藏张元济往来信札》二，第214页。参《张元济傅增湘论书尺牍》，第299～300页第17函。又参《张元济全集》第3卷"书信"，第393～394页第229函。

并《元次山集》，计蒙察及。连得（阴历）闰月二日并（阳历）六月廿六日两次手书，展诵具悉一一。谨奉答如左：

李木老允借出影宋抄《谢宣城集》下册与本馆照相，刘翰翁亦愿以所藏宋本上册借照，配成完璧，由本馆发行。商之同人，可以遵办，业已知照孙君，请取到后交付。但现在印刷能力远不如前，且毁去之书不及排板者，大都代以石印，尚有百衲本《廿四史》今年必须印出若干种，再加以《四库全书》之一千五百本，又须占去印力若干。故照成之后，出版不能甚快。但可打样一两部，俾刘君先行配合，俟将来印成发行之日，馆中¹拟酬书二十部，刘、李二家各得十部，或另行支配，均候卓裁。至于《陆士龙集》，可以商借。所最想望者为残宋本《公羊单疏》，亦以馆中积存旧书底本尚多（前公莅沪，曾以抄目呈阅），一时无暇及此，故亦迟迟未办。《学海类编》蒙代购定，甚感。《学津讨原》百二十元，馆中亦允照增，即乞定议，取到后即交伯恒兄属付值，此间亦已知照矣。宋小字本《新唐书》，弟前在日本借影者为半叶十四行，行廿五字。丁氏书目作每叶三十行，行廿五字，颇疑三十行为廿八行之讹也。示谓丁氏本为十六行廿九字，恐亦误记。顷所见者，与日本所藏旧皕宋楼本绝不同。此书由陈乃乾送来，最可恨者将天地头尽行割换。来示拟价似乎过昂，弟当相机进行，若能购得，必归邺架。《衲史》缺卷可配者，不过数卷而已。本馆承印《四库全书》事，不料如许纠葛。近得北平友人来信，谓馆中疮痍未复，何必为此不急之务，言下颇有指斥在事人多事之意，其人盖与公司有关者。不知此次承印，与前两次由馆主动者绝不相同。初由蒋某来商，即百里之侄，持其叔之信来见。弟甚无

1　以下文字据《张元济全集》第 3 卷"书信"，第 393～394 页第 229 函补。

张元济致傅增湘（1912—1947）

意于此，令其见王君岫庐。岫庐乃谓为营业计可以不做，为名
誉计、为本馆同人宗旨计，却不能不做。乃与商定合同。至此
书属于故宫、属于教育部，弟全不了了，岫庐更不知悉。袁君
守和昨来晤，始知个中曲折。本馆全在被动地位，且含有义务
性质，此时静候教育部办法。好在尚未着手，即罢议亦无碍
也。来示谓有旧本胜于库本者宜改用，弟意与尊旨微有不同。
鄙意《四库》还他《四库》，善本尽可别行。此时公私各家倘
能慨出所藏，畀以影印，弟必劝馆中竭力为之。从前印《续古
逸丛书》《四部丛刊》及百衲本《廿四史》，即此志也，此事惟
有请鼎力提倡耳。昨晤袁君，亦以此意告之。乃乾售书知已定
议，属由敝处交付，尽可效劳。《三朝北盟会编》知已收到，
甚慰。前呈《中统本〈史记〉述要》稿，乞削正发还。《周易
要义》四库采天一阁本，乃见《研经室外集》。前渎甚悚。二
十二年七月一日致。

【218】1933 年 7 月 3 日

[张元济致傅增湘函][1]：

　　得六月廿八日手教，敬悉。《南齐书》"列传"卷廿六、七
第七叶既系属原缺，前呈摹写并三朝本样张二叶，已荷发还，
只可就此修润上版。《魏书》尚有数百叶拟抽换，即日开具清
单，托伯恒转呈。惟又须劳兄发箧，惶悚无似。《道藏》蒙商
东海，允让一部，极感。容即告在事诸子，备函拨款。惟前日
适去一函，谓近拟恢复东方图书馆，乞其慨捐此书一部。东海
平日极荷关垂，且图书馆事属公益，或可得请也。手覆，再颂

1　据原信稿，见于《上海图书馆藏张元济往来信札》二，第216页。参《张元济傅增湘论
　书尺牍》，第300～301页第18函。又参《张元济全集》第3卷"书信"，第394页第
　230函。

著祺。弟张元济顿首。廿二年七月三日。

托陈叔通五日北上带还《元次山集》二本、《濮州志》一本。

【219】1933年7月27日

沇叔吾兄同年 [1]：

廿三日得廿日发快示，谨诵悉。致电邮局递到《北堂书抄》一册，亦收到。先是柳箱寄到，当即电知陈君乃乾，两日后得覆，朱遂翔因有讼事，须廿五日来沪。昨日由王君绥珊具函，派遂翔代表点书，遂于昨日午后着手，至今日上午业已完毕。尚有抄本《大金国志》《道藏缺经目》各一册、《史记题评》一册，王君要求由弟具函，声明到后续交。惟明本《易林》只有三册，缺下卷之后半；抄本《珊瑚木难》只有六册，缺卷一、二；又《晋书》《名臣碑传琬琰集》（以上两种昨晚先交去）《十三经注疏》《宋史》均各有抄配，寄来印本及我兄手写书目，均未声明。遂翔谓王氏管书某君藉词挑剔，要求小费五厘。弟思书已付去不少，若必函询我兄，再行应允，难免夜长梦〔多〕，遂擅允给二百元，磋磨良久，乃乾允再给一百元，遂即定议。当由遂翔交王君明日期支票二万四千元，须后日方能支现。当由弟代付同日期三百元交遂翔，另开一千五百元交乃乾，并声明《易林》《珊瑚木难》两书所欠之卷数如能交到最好，否亦不能再有异言。款虽未领，弟已付入往来银行，后日即可支出，计共二万二千二百元。如中孚要求汇费，则尚需划去若干。此时弟未与该银行，故先陈明。乃乾于正数中得一

---

1 据原信稿，见于《上海图书馆藏张元济往来信札》二，第217页。参《张元济傅增湘论书尺牍》，第303～304页第24函。又参《张元济全集》第3卷"书信"，第394～395页第231函。

千元，吾兄加赠罗汉一堂，尚在谦让。谓今日遂翔所请补给王氏管书人《毛诗》之数，由弟应得之数扣除。弟未之允，云当有函迳达，今并附陈。22/7/27。

【220】1933 年 8 月 2 日
菊公致傅沅叔先生函稿二十二年八月二日[1]：

再，本馆承印《四库》未刊本事，故宫博物院与教部争执，竟不免延阁。闻部院之争业经解决。以后为选书之事，袁守和、赵万里二君仍坚持搀用善本之议。弟意《四库》自《四库》，善本自善本，二者可并行不悖。近来影印善本，尚以本馆为最努力。《四部丛刊续集》明岁仍当出版，但虑无书，果有书，未有不乐于影印者。此事惟吾兄相助最多，亦相知最审耳。惟必欲搀入《四库》，则访借需时，观成无日，而制版成本加重，恐更难于销行。《四库》不能全印，诚属憾事，然能印未刊之本，慰情究为聊胜。若虑《四库》已印某书，将来又印善本，不免重出。世间重出之书甚多，正可彼此参考，故鄙见以谓二者不相妨而实相成也。袁、赵二君计当先后回平，其往来信均已录寄伯恒，属其呈阅。晤二君时并乞代为解释，俾不至有所误会。又《宛委别藏》及北平图书馆所藏善本，弟极愿流通。应如何订约借用，并祈鼎力询商，玉成其事。临颖无任感祷之至。

---

1 据原打印稿，见于《上海图书馆藏张元济往来信札》二，第 218 ～ 219 页。参《张元济傅增湘论书尺牍》，第 305 ～ 306 页第 27 函。又参《张元济全集》第 3 卷"书信"，第 395 页第 232 函。

【221】1933年8月5日

廿二年八月五日张菊翁覆傅沅叔先生函[1]：

本月二日寄呈快信一件，计当达到。中孚银行汇款，未知已荷察收否？甚为悬念。前日叠奉七月廿九日、卅日两次手书，均谨诵悉。同时并由邮局交到书籍一包，内为抄本《道藏阙经目》一本，又《珊瑚木难》二本、明刊《史记题评》一本，并信一件，均已转交乃乾兄收，可请勿念。兹将应覆各节，奉达于左：

东海不允捐助《道藏》，实出于意料之外。弟信发出之后，伯恒已为公司收得一部，费银八百数十元，闻系公司所托，遇有影印旧本即收一部，故致歧出。东海能慨然相赠，固不厌其多。若必须缴价，此时财力艰难，只可作罢，敬祈婉谢为幸。

李木老所借《晋书》，因印刷不佳，故迟迟未照。后遇"一·二八"之变，遂致久搁。容即日商定办法，或速照，或即寄还不误。

《谢宣城集》已借到。伯恒来信述照相人言，原书黯淡，恐难讨好。至酬书之例，向仅十部。此时成本加重，销路缩少，难于增益。主者属为代陈，并乞婉达。

潘氏之宋刊《陆士龙集》，子经借出，弟未闻知。将来有影印之机会，明训尚易商量也。

影印《四库》事，前上一函，主张库本、善本并行。今奉来示，正与鄙见相同。惟袁、赵诸君主持屡用甚力，晤时尚乞疏导。至影印故宫及北平图书馆善本，弟极愿效劳，并祈鼎力玉成，无任感盼。

1　据原打印稿，见于《上海图书馆藏张元济往来信札》二，第220～222页。参《张元济傅增湘论书尺牍》，第306页第28函。又参《张元济全集》第3卷"书信"，第395～396页第233函。

朱遂翔君代王氏（帐）[账]房求书纸件甚多，姑为代呈，由商务印书馆货箱寄去。原信附上。

《新唐书》弟已全见，有明补抄配约三、四卷之谱。经手人不允将样本寄奉，现正商议，欲速恐不达也。

敝处仆役帮同检点书籍，职所当为，来示云别致犒金，千万不必，谨辞谢。

【222】1933 年 8 月 14 日

廿二年八月十四日张菊翁致傅沅叔君函[1]：

奉八月七日手书，知汇款已到，甚慰（本月五日寄上一函，想经递到）。此事弟有何劳，乃屡承齿及，为之颜汗。仆辈复荷优赏，尤觉有愧。寄款尚未由中孚交到也。《大金国志》《珊瑚木难》等均收到，已转送乃乾。此事完全结束，可请放怀。前交寄费仲深乃翁殿试卷，确在敝处。弟竟忘却。已检出，容即寄去。《新唐书》全部看过，稍有明补，惟四周馀纸，全书剜尽，可恨已极。弟已给价千元，看去似不相远，欲速恐不达也。影印《四库全书》，此中有人蓄意破坏，公等殆未深知。昨见报章，授经领衔致教部公函，公名列第二，谨剪呈，乞察入（鄙见书籍出版不厌其多，《武英殿聚珍版丛书》均出库本，世人亦甚珍之也）。弟前日晤授经，谈及此事。渠谓赵万里方持一信来，已签名去矣。弟复告以个中曲折，授经乃恍然。我兄七月廿九日来示，亦主张阁本、善本可以并印，然则上教部函又似未之知也。以鄙见度之，教部震于公等大名，恐不免将此事打消。商务舍此，可并力印厚利之书，固亦合算。

---

1 据原打印稿，见于《上海图书馆藏张元济往来信札》二，第 223～224 页。参《张元济傅增湘论书尺牍》，第 307 页第 30 函。又参《张元济全集》第 3 卷"书信"，第 396 页第 234 函。

惟影印《四库》一事，一而再、再而三，亦可谓磨折多矣。

[附录王体仁收条，1933 年 9 月 14 日]¹:

今收到《史记》壹本、抄本《大金国志》壹本、抄本《道藏缺经目录》一本、抄本《珊瑚木难》式本，以上共书五本，均已收讫。此致菊生先生台下。王绥珊条，朱遂翔代书。二十二年九月十四号上午十一时收到。

【223】1933 年 8 月 23 日
沅叔吾兄同年²:

本月五日、十四日［函］，计均达览。秋暑尚炽，不审起居安否何如？甚念甚念。中孚银行交到银币五十圆，只得拜领。遵示分犒僮仆，同声称谢，谨为代陈。《新唐书》尚无覆音，曾询乃乾，谓间接又间接，恐不能求速也。《谢宣城集》照片全到，底版亦已翻成，惜刻工姓名多模胡，将来修版恐误认。原书如尚在北平，乞代查示。若已寄还宝应，亦请函托刘君写寄。馆中印刷甚忙，是书原本模胡，修版甚不易易，恐难即印。应否先打毛样一分，分送刘、李，俾先配成全璧？前后各半分用何纸？纸幅宽广若何？统祈见示（影印《四库》事，比得袁守和君来信，仍言以善本代替库本，谓专印库本在学术上为致命，于国家颜面尤不能不顾到云云。未免急不择言。库本诚有未善，如商务承教部之命，专印库本，加以何罪，诚无可辞。今商务已明白宣布并印）。22/8/23

1 据原打印稿，见于《上海图书馆藏张元济往来信札》十一，第 219 页。
2 据原信稿，见于《上海图书馆藏张元济往来信札》二，第 225 页。参《张元济傅增湘论书尺牍》，第 307～308 页第 31 函。又参《张元济全集》第 3 卷"书信"，第 397 页第 235 函。

【224】1933年9月25日

二十二年九月廿五日张菊翁覆傅沅叔先生函[1]：

弟于月初赴匡庐，仅在山中留宿八日，劳逸相较，殊不值。惟月下登山，甚为奇观，此情此景，亦不易得也。月之中旬，由赣返沪，展诵九月六日暨十一日两次手书，均谨悉。附下北平委员编就选印《四库》目录，并拟致教部函稿、附办法三则，亦经收到。选印各书以《大典》本为主，而推及于原收名家抄本，叶数复与合同相合，具佩盛意。惟来示谓请教育部以无条件许馆中抽印单印本，惜致教部函稿中未曾将无条件云云列入。至将来辑印善本，大稿仍以《四库》为限，鄙见认为似有未合。所取乎善本者，以《四库》为未善也。既以《四库》为未善，则又何必留其名？且《四库》未收，尽有善本，窃以为尤急于《四库》已收者也。教部与商馆订立合同，弟现充本馆董事，当此纷哢之时，事涉本身，弟更不便有所论列，故在庐山先以此意函覆教部。奉命签注，守和到沪，亦以署名见属，弟以已有前言，未能遵办，甚为歉仄，尚祈鉴谅。守和并出《善本丛刊》目录见眎，谓可与本馆订约，由馆承印，现正在商议。弟略将目录翻阅一过，见有卷帙较多者，揆诸现时财力，恐尚未能胜任也。王君之意拟化整为散，随印随出，即馆中旧辑《四部丛刊续集》亦拟如是办理。《宛委别藏》尊意照目全印，甚是甚是。惟亦为财力所限，只能先印所谓罕传者，其馀请俟异日。宋刻残本《新唐书》已经购到，给价壹千圆（乃乾所出收条附上）。重检一过，自列传二十二起至一百五十，中阙三十三至三十六、又一百四十七下、一百四十八上

---

1 据原打印稿，见于《上海图书馆藏张元济往来信札》二，第226~228页。参《张元济傅增湘论书尺牍》，第308~309页第32函。又参《张元济全集》第3卷"书信"，第397~398页第236函。

下、一百四十九上。先是，乃乾谓仅阙四卷者，盖误检也。又八十八、九及一百卅七、八系用明本补配。馆中所印百衲本系借自静嘉堂及北平图书馆，尚阙数卷，适可配合，拟暂留照相。惟前照者为十四行本，此为十六行，微有缺憾，然此固无妨也。将来是否由邮局挂号寄奉，抑候便人带呈？谨乞示遵。《涵芬楼烬馀书录》业经卒业，现正打印毛样。俟印成即寄呈，并祈教正。报纸又有谣言。北平治安若何？良用系念。宋刊《梅宛陵集》残本毛样已打就，容即寄奉。

［附录张元济致丁英桂函，1933 年 9 月 26 日］[1]：

新代傅沅叔君购到残宋本《新唐书》，只有"列传"，起二十二至一百五十，中缺三十三、四、五、六及一四七下、一四八上下、一四九上，凡八卷，共存三十四册，当由任心白兄送去。查东京所照《列传》五六、五七、五八、五九，系抄配；六十、六一，系补配别本。此六卷均请用新购本照出。又东京所照"传"四十六中缺一页，因行款不同，需照两页。全卷页数有限，亦拟照全卷。又东京所照中有甚模胡之页，请派人一查。如确有模胡，将来不易修补，而新购残本却甚清朗者，请另开一清单，并将原毛样及新购残本同时配齐送下，阅过再行决定。以上各节并祈速办，缘沅翁或须速取也。英桂仁兄台鉴。弟张元济顿首。二十二年九月二十六日。

---

1 见于《张元济全集》第 1 卷"书信"，第 21 页。

【225】1933 年 12 月 14 日

[张元济致傅增湘函][1]：

　　……年之第三子，学业如何则不可知。惟尚不失为旧家子弟。有兄二人，其母尚存，陆伯葵先生之女也。自幼与内子相识，似此姻缘，在目前尚称美满。知荷廑注，故敢壹陈。前日叠奉两次快信，均经诵悉。本馆景印《四库》，原约规定九万叶，部中增出二万叶，王君之意不愿向部中争论，致再起纠纷，故由部送到书目后，即覆示勉为应允。辱荷关垂，至深感幸。至与北平图书馆当时定约，订明选书彼此协商，并不即以该馆所开目录为准，且本馆所处地位不能不注重销路。目录前数日已由该馆寄到，容再详阅。弟近为校印《衲史》，几至废寝忘食。今岁只出南朝四史，宋、梁两朝均有邋遢本补配，即宋元旧刻亦多烂版。《陈书》照自日本，尤为模糊。工程之难，为从前竟未想见。附上《影印描润始末记》，乞公试阅之，可知其艰苦矣。年前必须赶完，过年后方可议及他事也。《新唐书》迟迟未曾寄上，原因亦正为此。现已照完，明日有天津分馆新经理施敬康北行，即托其带去，计共三十四册，不日当可递到。李木老所借《晋书》，亦以印版不甚清朗，迟延未照。[二十二年十二月十四日][2]。

【226】1934 年 2 月 24 日

廿三年二月廿四日张菊翁致傅沅叔先生函[3]：

　　前月卅一日覆上寸函，计蒙察及。比维起居纳福为颂。前

1　据原打印稿，见于《上海图书馆藏张元济往来信札》二，第 215 页。参《张元济傅增湘论书尺牍》，第 311 页第 37 函。又参《张元济全集》第 3 卷"书信"，第 396 页第 237 函。

2　按：原信无日期，据《张元济傅增湘论书尺牍》补。

3　据原打印稿，见于《上海图书馆藏张元济往来信札》二，第 229～231 页。参《张元济傅增湘论书尺牍》，第 314～315 页第 3 函。又参《张元济全集》第 3 卷"书信"，第 398～399 页第 238 函。

陈（垣）[援] 翁假阅《元秘史》，现已照出，即日可将印出毛样寄去。前函拟假用北平图书馆所存之刊本四卷插入，究不知印刷清朗否？便中乞检阅见示。《四库珍本》《丛刊续编》前承见示一人购至十部以上减让办法，馆中业经商定，通告各分馆。度孙伯恒兄必经转陈，兹再寄呈一纸，祈察入。《四库珍本》第一次预约将满期，然如由吾兄介绍，必当转属通融，仍乞锡以齿芬，广为提倡，无任感荷。前函托代访《戴石屏集》《云仙散记》缺叶，未蒙示覆。以亟欲出版，觅得他本写补。惟《萧冰崖集》无从访觅，仍恳设法。再《丛刊续编》所印目录，仅就现存之本及照存之片列入，挂漏甚多。明清人集部竟无一部，缘涵芬藏本可用者多，当时并未预照，今则一部无存矣。将来必须借重邮架，酬报办法，敝处主者以北平图书馆所订过于繁碎（当时因《四库珍本》之事，种种迁就，免伤感情），拟用借瞿氏书办法。今打呈一纸，并祈鉴核示遵。再北平图书馆借影各书，编入《四部丛刊续编》，公司诸君初意甚不愿以此名义假人。弟为我辈印书，专为流通起见，列入《丛刊续编》，必可多销，争而后可。不谓袁守和君甚不谓然，现已由公司覆信，允其撤出。论版本、论用途，其书均不能比《丛刊续编》者，将来恐销路甚微耳。此意不必与守和言，所谓只可为知者道，未知卓见以为何如？近因内子卧病，几及两月，致稽通讯。即小女结婚照片，亦尚未寄呈，悚歉无似。

《丛刊续编》所出之书，兄均已见之否？舆论如何？有许多书拟校勘作札记，苦无书，好书更无论矣。将伯助予，能见许否？又及。

［附录张元济致丁英桂函，1934 年 2 月 19 日］[1]：

示悉。《韦斋集》二册，校补自应用校记。《石屏集》缺叶前函询傅沅叔兄，无回信，只可用抄补叶。《云仙杂记》应与《云溪友议》（有校记，原本送去。后有两行应补照，照毕即发还。两行文如下："康熙甲戌中秋，冯本校一过"）同日出版。《存复斋集》可撤出，跋文、校记撰成不少，制版厂因小学生文库要紧暂阁，云过二十二日即可照排矣。复上英桂仁兄台鉴。弟张元济顿首。二十三年二月十九日。

【227】1934 年 3 月 19 日

廿三年三月十九日张菊翁覆傅沅叔先生函[2]：

昨奉旧历正月廿九日手教，谨悉壹是。世兄前在上海似染肺疾，久已就痊，何以近又复发？此病不宜常居城市，最好独住深山一二年，饱吸新鲜空气，必可断根。西山致有爽气，何不令其移居？兄其图之。承示欲撷取《四库珍本》中蜀人著述二三十种搭印粉连史，叶数无多，部数亦少，商之主者，允为专印两分，即以奉赠。但《蜀贤丛书》之名请勿宣露，亦勿送人，缘有教部契约关系，恐其藉端生事，尚祈鉴及。书名请即开来，以便布置。《四库珍本》蒙提倡，集购十部，不胜感幸。《丛刊续编》已出各种，大半为瞿氏所藏，兄曾见之否？窃以为版本、印、校似均胜于《初编》，何尊处竟不能凑合十部？现拟展期十日，若以九折计算，每册不及三角。北平知书者多，兄能登高一呼，定多响应也。蒙允开示善本，畀我影印，足使简册增光。《王元启集》弟处亦有一部，闻当时曾有两

---

1 见于《张元济全集》第 1 卷"书信"，第 34 页第 157 函。
2 据原打印稿，见于《上海图书馆藏张元济往来信札》二，第 232～235 页。参《张元济傅增湘论书尺牍》，第 316～317 页第 5 函。又参《张元济全集》第 3 卷"书信"，第 399 页第 239 函。

刻，兄处藏本不知有若干卷？便望示及。《邵南江集》却未有也。此次化整为散，门类亦较前宽广，随得随印，正不必为甲待乙，致多悬搁。《大明寰宇志》向未见过，未知何人所修？恐比官本《一统志》更不易得耳。抽去《新元史》，拟补入查伊璜之《罪惟录》、谈孺木之《国榷》，之二者皆为人间未见之书，且二人皆吾乡先进，于弟亦有应尽之责，未审卓见以为何如？《周书》竟在苏州潘氏觅得一部，虽不及涵芬旧藏，然远在邋遢本上。比已影照完毕，今年可出书矣。《萧冰崖集》南京图书馆有抄本，派人往观，所缺正同。《北平图书馆善本目》并无此书，兄或误记也。阮文达曾以奏进，然闻《宛委别藏》中此书已失，更从何处搜访乎？内子卧病两月，所患为肺痈。年迈体弱，不胜剖割。现溃脓逐渐吐出，稍有起色，然尚未能出险。承注感谢。

再前承假阅《庄子》一部六册、《沈隐侯集》二部各四册、又《七十二家》本一部五册、又《沈休文集》一部四册，今乘林贻书兄北还之便，托其带呈，即祈察入。携李沈氏所刊一部，与涵芬楼所藏相同，此间缺张之象序，业已借照，合并陈明。再张序言沈氏先刻《谢玄晖集》，焦弱侯为之序，兄曾见之否？厂肆中尚可购得否？此为单刻本。邺架如有之，异日拟借印。

【228】1934 年 3 月 29 日

廿三年三月廿九日张菊翁覆傅沅叔先生函[1]：

本月十九日肃覆寸函，计蒙察及。前日至韩氏观书，凡吾

张元济致傅增湘（1912—1947）

---

1 据原打印稿，见于《上海图书馆藏张元济往来信札》二，第 236 ~ 238 页。参《张元济傅增湘论书尺牍》，第 318 页第 7 函。又参《张元济全集》第 3 卷"书信"，第 399 ~ 400 页第 240 函。

兄单内所开者，仅存明抄《唐书志》十册（开价四百元），确出明人手笔。至《契丹》《大金》二志系用扫叶山房刊本，所谓"钱竹汀手校并跋"者，全靠不住，然开价亦四百元。《宣和画谱》却系旧抄，是否元人之笔则不敢说，开价乃至一千元。《爇间笔记》系为吴枚庵手抄，仅一薄本，开价至二百元。《秋声集》仅一本，一百元。《网川月鱼文集》二册，一百元。此书瞿氏有抄本，弟与《四库》本对过，无异同。此书列入《珍本》内，可不必买矣。《方（壶）[壶]存稿》，六十元。外此皆无有，盖菁华竭矣。鄙见《唐书志》《宣和画谱》尚可用，然取价未免太昂。应否议价？敬求核示。前函请代访《萧冰崖集》缺叶，不知能觅得否？书至此，适奉本月廿二日手教，开缄诵悉。寄还各书知已递到，误寄汪士贤刊本《沈休文集》蒙发还，甚感。槜李沈氏同时所刊《谢玄晖集》，不知厂肆能觅购否？《四库珍本》中蜀人著作清单收到，遵交该厂，于开印时预为提印，可请勿念。承示预约两种同时发行，彼此不免相扼，甚是甚是，此后自当留意。《四部续编》与衲本《廿四史》集于弟之一身，几于应接不暇。兄又远在北方，不能常聆教益。惟迩来营业艰难，竞争更烈，不得不勉为枝柱，不审我兄何以教之？《祗平居士集》尊藏一部为若干卷？乞便中见示。

三世兄想已康复。大世兄赴德留学，何日放洋？想必先来上海也。

敬再启者，自《四部续编》发行以来，印行目录附有征书之语，同声相应，开封、运城、济南、苏州、广州等处均有信来，愿举所藏，借我影印，如傅青主手校之《隶释》、成化本初印之《伊雒渊源录》，其较精者也。邺架收藏最称美富，前函曾乞通假，仰荷慨允，感幸无极。可否于便中开示书名、卷数，俾得预为支配？又北平知书者多，蓄书者亦众。同好之中，如有善本而其人又乐于流通者，拟祈代达下忱，为作一瓻之借。应如何酬报之处，亦乞询明见示，不胜感祷之至。

【229】1934 年 4 月 16 日

致傅沅翁，23/4/16[1]：

《名人殿试策》拟与友人合购四本。钱大昕、王鸣盛、戴震、朱筠，或邵晋涵、何秋涛以代戴、朱亦可（此指四本而言）。拟要求七五折。若不能，则只留钱、王二本。若均已售去，则作罢。统乞转商。

【230】1934 年 5 月 4 日

[张元济致傅增湘函][2]：

《草堂诗笺》缺 21、24，《外集》，目录 1、2、36[3] 以下，年谱，序等。23/5/4 函托傅沅翁代查。

【231】1934 年 7 月 4 日

廿三年七月四日张菊翁致傅沅叔先生函[4]：

前月十五日覆上寸函，托孙伯恒兄转递（附致邢冕翁一信），计蒙垂察。南中未过黄梅，溽暑先至，炎歊之甚，为昔年所未有，不知北方如何？伏维起居安吉，甚以为念。涵芬楼旧藏《法书考》曾荷赞许，有长跋见《国闻周报》，惟未蒙写入卷末。兹将付印，谨呈上格纸三叶，敬乞法书，拟景印，即

---

1 据原信稿，见于《上海图书馆藏张元济往来信札》二，第 239 页。参《张元济傅增湘论书尺牍》，第 319 页第 9 函。又参《张元济全集》第 3 卷"书信"，第 400 页第 241 函。

2 据原信稿，见于《上海图书馆藏张元济往来信札》二，第 242 页。

3 按：以上五个数字，原为苏州码，今改为阿拉伯数字。

4 据原打印稿，见于《上海图书馆藏张元济往来信札》二，第 240～241 页。参《张元济傅增湘论书尺牍》，第 320～321 页第 12 函。又参《张元济全集》第 3 卷"书信"，第 400～401 页第 242 函。

装入书尾，以彰声价。弟即日赴匡庐消夏，约两月后方归。在此期内，如蒙惠书，乞寄牯岭中路一一八号A敝寓为幸。前乞赐书"松下清斋"四字，如荷加墨，亦乞迳寄彼处，当即榜诸斋中，用识嘉惠。长沙叶氏有抄校本数十种，公认为可以印行者，敬乞开示。邺架弆藏有可许其流通者，亦祈录示一目。应如何酬报，并乞裁酌见告为荷。宋刻《杜工部草堂诗笺》敝处与瞿氏合计（均五十卷本），计尚缺年谱、序言、目录（第一、二叶，又卅六页以下）、卷二十一、卷二十四暨外集。李木老藏有是书二部，不知卷数能配全否？便中乞代为一查。感感。

【232】1934年11月10日

廿三年十一月十日张菊翁致傅沅叔先生函[1]：

八月廿五日在庐山肃上一函，计登签掌。倏逾两月，久未通问，伏维台候胜常，起居多福，定如臆颂。弟于九月杪返沪，去家三月，诸事丛积。岁聿云暮，百衲正史、《丛刊续编》均须将本年应出之书赶紧结束，并预备明年应出之书。前蒙开示珍藏善本可假景印者凡数十种，至为感幸。今拟先告借二十种，清单附呈。如有版印不甚清朗者，乞暂抽出，俟异日印事稍闲之时再行丐借。遇有便人来沪，即祈检托带下。出版之后，拟赠版税，照定价十分之一，预约、单行分别计算。如蒙俯允，公司之意，拟照借朱幼平兄书例，与兄订一总约，并乞示遵。惟承示单内宋刊各本拟汇入《续古逸丛书》，此意自当遵行。但大本销数甚微，既印入《续古逸丛书》之后，不能不俟其销数及额，再行缩印。若同时并印，则大本销路更滞。究

1 据原打印稿，见于《上海图书馆藏张元济往来信札》二，第243~245页。参《张元济傅增湘论书尺牍》，第323~324页第15函。又参《张元济全集》第3卷"书信"，第401~402页第243函。

应如何区处，亦祈裁酌见示。前印《龙龛手鉴》《困学纪闻》，据查，存书均将售尽。现拟缩印，并入《丛刊续编》，即照上文所言版税总约办理，合并陈明。再有渎者，现印《魏书》，汇合北平图书馆藏本及刘氏、蒋氏（现归涵芬楼）残本，并蒙惠假珍藏配补，以为可以无一明配之叶。不意近日发见"列传"卷第五十七之第二、第八、第十三、[第]十四、第二十一共五叶，均系明补，不知是否当时漏照，抑照成失去？若竟任其搀入，未免为全书之玷，且有失我兄玉成美意。故不惜为无厌之求，谨将该书五叶毛样附去，乞赐检查。如原书并不如是者，敢恳将该书转交孙伯恒兄，从速摄照，寄下影片，以便补印，则是书可以毫无阙憾，年内准可出版矣。又《晋书》借用碳石蒋氏藏本，今岁亦可出书。原无（"记载"）["载记"]，配以江南图书馆所藏，版式相同，几于天衣无缝。但"载记"亦缺一叶，敝处只有明北监本据补，尚未放心。兹将写样附呈，乞于邺架宋本或元本代为校对，如有异同，均乞注明，即日寄还，无任感祷。再，近从友人处假得《唐子西集》，为三十卷本，行款似出宋刻（卷目详别纸），前有郑总、吕荣义、庚弟庚三序，后有郑康佐、庚子文若跋，不知是可印否？原书不能久存，欲得兄一言，以定去取。

【233】1934 年 11 月 22 日

廿三年十一月廿二日张菊翁致傅沅叔先生函[1]：

　　本月十六日覆上一函，计蒙垂察。比维起居佳善，定符下颂。补照《魏书》五叶及赵斐云君代校《晋书》一叶，均由孙

---

1 据原打印稿，见于《上海图书馆藏张元济往来信札》二，第 246～247 页。参《张元济傅增湘论书尺牍》，第 325～326 页第 17 函。又参《张元济全集》第 3 卷"书信"，第 402 页第 244 函。

伯恒兄寄到，渎神感谢。承假旧籍印行，敝公司已缮具契约，托孙伯兄赍呈，敬祈察核。如无不合，即祈分别钤署，以一份寄还，俾资遵守。惟前假二十种中有《剧谈录》，查得前向瞿氏借照明本，底版尚存，故曾托伯恒兄转致，请改借《法书要录》，谅邀俯允。《清绮斋书目》打印本竟已无存，检得当时抄本一分，甚为草草，另由邮局寄上。乞收到与所见之本比对，得便仍乞发还，至感至感。又从杭图书馆借到宋代《名臣碑传琬琰集》，确系宋本。中有欠叶，叠向常熟瞿氏、鄞冯氏借补，仍未完全。素稔邺架藏有同式之本，谨附去缺叶清单一纸，乞代为一查，或有或无，即于单上批示掷还。如可补配，异日当再求惠假，就近在北平摄照。再，明抄本《三朝北盟会编》如已校毕，遇便拟乞寄还为荷。

宋刊《名臣碑传琬琰集》缺叶

上集

卷五第三页，卷十一第一、二、三、四、五、六页，

卷十二第一、二、三、四、十页，卷二十七第五页。

中集

卷十七第六页，卷二十五第二、三、四、五页，卷五十五第廿五页。

右共缺十九页。

【234】1934 年 12 月 30 日

廿三年十二月三十日张菊翁覆傅沅叔先生函[1]：

叠奉十二月五日、八日二次［并］十五日手书，均敬悉。

---

1 据原打印稿，见于《上海图书馆藏张元济往来信札》二，第 248～250 页。参《张元济傅增湘论书尺牍》，第 328～329 页第 22 函。又参《张元济全集》第 3 卷"书信"，第 402～403 页第 245 函。

因年终结束，百衲史、《丛刊续编》出版事忙冗异常，致未即答，甚以为歉。今已竣事，稍可抽闲，谨奉覆如左：

承假善本已由北平分馆朱君国桢带到，照单点收（计二十种，六十七册，附还抄录清单一纸）。《密菴集》既属孤本，当与厂员设法。苟能着手，终当使之流通。《梦华录》纸涩墨淡，影照易成朦胧。涵芬前收蒋氏有称毛抄者一部，疑系赝品。惟行款却同，容取出细为比较。将来影印，当遵命取各书题记排印，装列卷末。

明年《续刊》第二期，现以印刷过于拥挤（《宛委别藏》即当付印，又《续古逸丛书》积压甚多，亦拟先出若干种），拟展缓，业已登报。拟印之书不久当刊布全目，写出后即寄呈。惟出版之先后，全视印刷之难易以为分配，且有时续得之书亦可提前先印，此于预约规则中亦已声明。又每星期出书一种，不易配搭，故不能不参此活笔，以便有所伸缩。未审卓见以为何如？

馆中所藏《大典》凡二十一册，昔年所编《烬馀书录》详细抄记，今将原稿呈阅。凡以红笔加△于其上者，恐不足供蒐采之用。如须检阅，乞示何册，当觅妥便带呈。倘能指定某某诗文，属人抄录，亦甚便也（《烬馀书录》仍乞发还）。

《清绮斋书目》二册已收到。

《大典·水经注》此间只存样本一分，拟印入《续古逸丛书》中，不久当开印，印出即呈阅。

明抄《北盟会编》前日由陈援菴兄寄还二十六册，正在怀疑，越日得援翁信，始恍然。现在尚不照印，可迟两三月再发还，不急急也。

十一月廿二日去信托查宋刊《名臣碑传琬琰集》阙叶，珍藏宋刻可补配否？便中仍乞检示。

[附录陈垣致张元济函，1934年12月17日、1936年10月25日][1]：

菊生先生尊鉴：

日前傅沅老属小儿带上明抄《北盟会编》前半部共廿六册，因一时未能成行，恐有延搁，已由邮局挂号（分五包）先行寄上，收到请直接复沅老为幸。专肃，并颂撰安。期陈垣谨上（住米粮库一号）。[二十三年]十二月十七日[2]。

菊老尊鉴：

久未通候，想起居万福，撰著日富，为颂为慰。兹有请者，小儿乐素前年研究《三朝北盟会编》，曾由藏园老人借尊处所藏明抄对勘，至为感纫。今《会编考》已出版，敬以呈正，并欲一见长者，藉表谢忱。乞示时期[3]，俾得趋前领教，至以为幸。专肃，并候撰安。陈垣谨上。[二十五年]十月廿五日[4]。

附呈《会编考》一部二册，并拙著二篇请正。

【235】1935年1月14日

廿四年元月十三日张菊翁覆傅沅叔先生函[5]：

奉旧历十二月五日手书，谨诵悉。需用《大典》"门""冀""学"字三册遵属检出，遇有妥便，即托带呈。至

---

1 据原信，见于《上海图书馆藏张元济往来信札》五，第263页，第266～267页。
2 按：信末张元济手批："23/12/29复。"
3 按：张元济手批："住白利南路花园村七号。"
4 按：信末张元济手批："25/10/31复。"
5 据原打印稿，见于《上海图书馆藏张元济往来信札》二，第251页。又张元济批："交分庄科附寄。24/1/14."参《张元济傅增湘论书尺牍》，第330页第2函。又参《张元济全集》第3卷"书信"，第403～404页第247函。

"村"字册，为弟所藏，已于前岁售与叔弢矣。敝处景印善本毛样如《梅宛陵集》等，如已阅毕，乞交平馆，遇便寄还。又有在日本照得黄善夫《史记》半部（亦毛样），不知在尊处否？如有之，乞一并发还为叩。

再[1]，舍亲平湖葛荫梧君云，我兄前允赠《郘亭知见书目》。又台从前莅平湖时，其弟曾以联、扇奉乞椽笔，均未蒙发下，属代祈请。今特转达，伏祈鉴及。二十四年元月十四日。

【236】1935 年 1 月 28 日

［张元济致傅增湘函］[2]：

得本月十九日手书，展诵祗悉。孙君锡三询知即日北行，已转属典守者提出《大典》三册，托其带上，即乞检收为幸。察东警报，故都不至震惊否？不胜悬念。二十四年元月二十八日。

【237】1935 年 2 月 26 日

二十四年二月二十六日张菊翁覆傅沅叔先生函[3]：

奉正月十七日手教，展诵祗悉。承假《唐子西》《蔡忠惠》二集，亦由伯恒兄寄到。《唐集》已覆校，编次全同，而卷数有别。撰成后跋一通，草印寄呈，敬祈教正。《蔡集》尚未校，敝处借到抄本，其形式似出宋刻，藏家为福州龚氏，与海源阁无关，亦编次同而卷数有别，未知何故，容校过再奉告。《大典》知已校竣，伯恒兄有信来，云有便即带回。何迅速耶？

---

1 按：以下文字据《张元济全集》第 3 卷"书信"，第 404 页第 247 函补。
2 见于《张元济全集》第 3 卷"书信"，第 404 页第 248 函。参《张元济傅增湘论书尺牍》，第 331 页第 4 函。
3 据原打印稿，见于《上海图书馆藏张元济往来信札》二，第 252 页。参《张元济傅增湘论书尺牍》，第 331～332 页第 6 函。又参《张元济全集》第 3 卷"书信"，第 404 页第 249 函。

《易疏》如此曲折，只可徐徐图之，但终祝其必成。《邃雅堂书目》亦收到一分，查《文中子》注价八十元，未免太昂。惟系先世手泽，能减至四五十元亦愿收之。兄能为我作缘，至感至感。

【238】1935 年 7 月 8 日

廿四年七月八日张菊翁致傅沅叔先生函 [1]：

前月杪奉廿三日手教，知已安抵北平。外患稍定而内忧复作，不知当日如何恇扰，至为悬念。赵斐云来，言我兄足疾尚未全瘳，知系皮肤擦损，想无碍也。承借印各书，拟俟时局少定再行寄缴。《水经注》已印成（拟乞椽笔撰一后跋，平亭当日全、戴诸家聚讼疑案。如蒙俯允，感荷不尽），容属先订样本寄奉。《南》《北史》知已检交伯恒兄，甚感，然尚未得其报告，顷已函催矣。承示《易疏》决印，未知何时出版？际此时局，恐销售正复不易耳。庐山去否，未定也。

【239】1935 年 9 月 24 日

廿四年九月廿四日菊公致傅沅叔君函 [2]：

顷林贻书兄交到九月二十日手示，谨诵悉。属再印《道藏》，容与王、李二君商榷再奉告。《新唐书纠谬》《密菴集》毛样四册亦收到。跋文知已撰就，甚盼录示，以快先睹。弟于前六日由庐山返沪，贱体亦已复原，承注感谢。归后拟即将《丛刊三编》发售预约，同时出书五十册，计十种。前两书已

---

1 据原打印稿，见于《上海图书馆藏张元济往来信札》二，第253页。参《张元济傅增湘论书尺牍》，第333页第12函。又参《张元济全集》第3卷"书信"，第404页第250函。
2 据原打印稿，见于《上海图书馆藏张元济往来信札》二，第254～255页。参《张元济傅增湘论书尺牍》，第334页第15函。又参《张元济全集》第3卷"书信"，第404～405页第251函。

配布在内，因跋文未到，已另易他种，然册数同而种数减，不免畸零矣。所可告慰者，宋刻《太平御览》业已印成，年内必可出书，此则可稍慰学者之望耳。《易单疏》已否印就？何时出版？急思一见。市面极坏，日币又极低落。虽印价稍廉，而此书销路恐仍以日本为多数。有无预约？售价定若干？是否以国币计算？均乞见示为幸。前在尊处补照元刻《南史》均已寄到，印版过于漫漶，竟不能用，甚为可惜。《大典》本《水经注》跋诚不易着笔，正惟不易，故不能不借重方家。千万勿却，仍恳速藻。

再，敝亲家葛君词蔚于前月作古。其生前所编家藏书目将次脱稿。无甚善本，而卷数却亦不少。现拟付印，欲求大笔赐一序言。又其子侄欲恳我兄为撰墓志，属为奉商。倘蒙慨允，感若身受。

再，葛君咏莪蒙赐新印《邵亭书目》，属笔道谢。又托问邢君赞庭，新刊书不少，渠欲以近刻书相易，并祈询示可否。

【240】1935 年 10 月 3 日

廿四年十月三日菊公覆傅沅叔先生函[1]：

前月廿四日肃奉覆函，计蒙察及。昨得九月廿八日手书，并书跋三首，读过谨遵办。《密菴》可即日出书矣。属覆印《道藏》，已经公司详细估计，现无存版，仍须逐一照相，所省者不过当时分叶之手续。再四筹画，事恐难行。公司已复陈一切，属弟再达，至求鉴谅。

1 据原打印稿，见于《上海图书馆藏张元济往来信札》二，第 256 页。参《张元济傅增湘论书尺牍》，第 335 页第 18 函。又参《张元济全集》第 3 卷"书信"，第 405 页第 252 函。

【241】1935 年 11 月 23 日

廿四年十一月廿三日张菊翁致傅沅叔君函 [1]：

奉十一月十三日手教，谨诵悉。明抄《御览》五册由平馆寄到，以行款不同，本不欲用。嗣购到日本活字覆宋本，与所景得宋本同出一源，用校惠假明抄本，更疵类百出。附去录出校记两纸，祈察入。本馆景宋本出，是抄本等于废弃矣。卷帙不少，蓝格旧抄尚可得价，鄙见不如从速售去也。常熟张氏印本，前托友人展转校得一叶，无从借出。今得活字本，行款既同，校勘亦认真，所缺廿六卷拟即用以补配印行。鲍本有绝荒谬处，但不知张本如何？弟拟撰一后跋，印成当就正。《丛书集成》所收《席上腐谈》列"总类"中"考据门"，见目录第十三叶。是书用排印本，非弟始愿所欲，然为售价计，乃降而出此。主者谓是书专备各图书馆之用，（罗素）[杜威]十大类目世界已通行，吾国新设图书馆不能不兼收外国书，将来排比，势不能分中外为两部，只得冶为一炉。吾国之旧分类法因此全废，且《四库》"史部"之"别史""杂史"，"子部·杂家"之六类亦甚难分辨，故不如全盘更换之为愈。弟亦无以难之。今此书竟售至二千馀部，则其说胜矣。病目久，不克多述。

《太平御览》宋本原缺二十六卷配日本活字本，与明抄本粗校：

卷六百五十六，七页前五行"猛至"起，至六行"奇沙国见"止，抄本脱。

又，十一页前四行"还"字下，抄本无空格（鲍刻亦无

---

1 据原打印稿，见于《上海图书馆藏张元济往来信札》二，第 257～262 页。参《张元济傅增湘论书尺牍》，第 336～337 页第 20 函。又参《张元济全集》第 3 卷"书信"，第 405～406 页第 253 函。

空格）。

卷六百五十七，一页后第五行文字，抄本脱。

又，二页后第六行小题，抄本脱。

卷六百五十八，七页首行"达摩云"下，抄本空白十馀行。（按活字本"云"下有"得其真相"四字，抄本乃误补在卷六百六十四末页末行，文字殊不可通。）

卷六百五十九，七页后，抄本误增一页。查与卷六百五十三第二页文字相同。

又，九页前五行"赤子"上，抄本无空格（鲍刻有空格）。

又，前十一行，抄本空格作"请"（鲍刻亦作"请"）。

卷六百六十，七页后十二行"上清真人者"下，抄本有"乃度为女道士"云云二十一字。查系卷六百六十四第九页前二行文字。

卷六百六十三，六页前十行起，至第七页前四行止，抄本脱。

卷六百六十四，八页前八、九行，抄本脱。

卷七百二十五，七页前八、九行，抄本脱。

卷七百二十七，三页起，至第十页，抄本脱。

卷七百二十八，一页末行"会稽当出钟"下，抄本文字颠倒错乱。（按：抄本误接卷七百廿七第十页，逆读至第三页，然后再接本卷第三页文字。）

卷七百三十四，八页前十二页，抄本脱。

卷七百三十五，七页前六行起，至后八行止，抄本全脱。

卷七百三十六，七页后一行"有顷鱼化"下空格十二字，抄本作"有化顶肠跃上岸吐黑书赤色如木叶"（鲍刻作"有顷鱼忽跃上岸吐黑书青色如木叶"）。

卷七百三十七，六页前十二行"署置百官又"下，抄本

（按）［接］卷七百三十八第一页后八行起，至第二页后一行止，再接卷七百三十七第八（叶）［页］文字。

卷七百三十八，一页后七行"有疢疡者造焉"下，抄本接卷七百三十七第七页前七行起，至后末行止，再接同卷第六页前十三行起，至第七页前六行止，然后方入卷七百三十八第二页后二行文字。

【242】1935 年 12 月 3 日

廿四年十二月三日张菊翁致傅沅叔君函[1]：

奉十一月廿七日快递手书，诵悉。《后汉书》二册未据罗君交到，当即派人往取。取得后检阅一过，补版已多，似不及涵芬所藏。昨已托拔可兄转交孙君锡三，今日由航空赍回故都，计当递到。葛君乞书两联亦已收到，费神，谢谢。《丛书集成》添印粉连纸，前曾有人要求，业经估价，未免惊人。此不在纸价之贵，而在制版之难。现用洋纸两面印，如用华纸一面印，版式折叠完全不同，必须另行制版。制版之费大巨，故其事实不可能。兄如有暇，可往京华印书局，取印成未曾折裁之华装、洋装印片观之，便可恍然。《丛书集成》均用排印（影印极少），故他书只能从缓。属印《道藏》，亦犹是也。

闻章式之有过校《旧五代史》，不知据何本，兄知之否？

再，《周易正义》知在东邦用珂罗版影印，计不久当可观成。承示定价百元，如已出版，敝馆拟购壹部。前荷垂询是否可售预约，鄙见似可不必，预约必须减价，否则预约截止后必须加价。百元已不菲，加价更难。果欲得此书者，亦不在乎减

---

1 据原打印稿，见于《上海图书馆藏张元济往来信札》二，第 263～264 页。参《张元济傅增湘论书尺牍》，第 338 页第 22 函。又参《张元济全集》第 3 卷"书信"，第 406～407 页第 254 函。

二三十元也，特恐知音者少耳。

【243】1936 年 1 月 8 日
沅叔仁兄同年大人阁下[1]：

　　上年十二月三日布复寸缄，并托孙锡三君带还《后汉书》二册，想已察入。新春，伏审道履绥吉为颂。敝馆辑印《四部丛刊三编》，内中宋本《太平御览》经吾兄代为访求补配，极费心神。又元刊《南史》亦蒙以邺架藏本借补，均感嘉惠。兹均已印成，特检呈《御览》一部、《南》《北史》各一部，寄供清览，即希莞纳。区区之意，非敢云报也。专此，敬颂年安。二十五年一月八日。

【244】1936 年 2 月 7 日
廿五年二月七日张菊翁致傅沅叔先生函[2]：

　　久未通问，又见新年，伏维潭第多福，定符下颂。去岁抄，曾以新印《太平御览》、《南》《北史》各一部寄呈清览，计蒙察及。《御览》曾否检阅？与鲍刻、张刻校过否？弟颇自慰，谓此书非商馆不能印，非弟手亦不能成。倘有馀闲，乞赐评论，使世人知之。《四部丛刊三编》亦销去五百部，逊于《续编》远甚。然有此数流通于世，各书寿命又可延长数百年。去岁承假各书，拟即先后付印，每种须撰一后跋，以彰明之。敬求椽笔，能早日惠寄为幸（附呈清单一纸）。其中《新唐书纠谬》已经印成，需用尤亟，并祈速藻。又是书后幅有讹误

1　据原打印稿，见于《上海图书馆藏张元济往来信札》二，第 265 页。参《张元济傅增湘论书尺牍》，第 339 页第 1 函。又参《张元济全集》第 3 卷"书信"，第 407 页第 255 函。

2　据原打印稿，见于《上海图书馆藏张元济往来信札》二，第 266 ~ 269 页。参《张元济傅增湘论书尺牍》，第 339 ~ 340 页第 2 函。又参《张元济全集》第 3 卷"书信"，第 407 页第 256 函。

处，已检查鲍本对过。前承示应与补正，究应如何着手？尚乞详示。又新印《黄四如集》《华阳集》，均假自北平图书馆，中有阙叶。邺架有《四如集》，版本相同，《华阳》记曾代购写本一部，兹各将所缺开具清册附上，敬祈代检，如可补配，拟祈慨借，交孙伯恒兄就近摄照寄下，俾成完璧，无任感荷。今春台从何日南下？弟拟于旧历三月间（或闰月初）与叶揆初、高梦旦作蜀中之游。弟与揆初并思一登峨眉，将取道嘉陵江东下，必道出贵县。吾兄有一还故乡之意否？能为我作向道乎？严寒，伏维珍卫。

借照傅沅叔先生藏本（除《吊伐录》《密菴稿》两种已出版外，尚有左列十五种）[1]：

成化本《北郭集》

成化本《静居集》（与《北郭集》《眉菴集》有合跋，已录存。《眉菴集》系向武进陶氏借照。以上两种亟待印行）

嘉靖本《刘须溪记抄》

嘉靖本《书法钩玄》

明本《新唐书纠谬》（已印成，待用甚亟）

旧抄《龟巢稿》

明万历云栖阁本《三家宫词》

明嘉靖本《法书要录》

明万历本《薛涛诗》

明抄本《邵氏闻见录》

明天一阁本《阮嗣宗集》

抄校本《砚笺》

明繁露堂本《诗品》

1　按：后又附手书"藏园借印善本各书目"一份，上存"甲乙丙丁""缓照"及页码等字，兹不录。见于《上海图书馆藏张元济往来信札》二，第270～271页。

明活字本《寓简》

明弘治本《藏春诗集》（有跋，已录存）

【245】1936年3月2日

廿五年三月二日张菊翁致傅沅叔先生函[1]：

叠奉旧历正月廿三日、新历二月廿二日手教，均敬诵悉。《新唐书纠谬》及《三体宫词》二书后跋已收到。《纠谬》弟亦补撰一跋，兹已排版，并补印影宋抄本二叶，一并呈览。《黄四如集》蒙校补脱字，甚感。其九世孙懋恩跋文既是续增，可以不用。惟《眉庵》《静居》《北郭》三集，敝处虽同时印行，仍各自分售，吾兄所撰总跋似未能适用，还乞另撰，就各集内容措词，何如？宋刻《文苑英华》存卷太少（所知者仅百四十卷，知者为北平图书馆百卷，刘晦之十卷，邺架存若干卷。馀在何处？乞示及），补以明本颇嫌喧宾夺主。且卷帙过重，亦恐不易销售，乞兄为我酌之。《册府元龟》从日本照到宋刻四百四十四卷，尊处有五卷，瞿氏有十三卷，北平有八十八卷，重出十卷，总共可补者九十六卷，尚缺四百六十卷。曾借到明抄两部，用宋刻校对，讹夺至不可胜数，崇祯刊本尚为彼善于此。吾兄见有可信之明抄否？若不可得，只可以明抄本配，卓见以为何如？《周易正义》闻已印成，极盼快睹。所购一部为东方图书馆所藏，书面后跋装入后望即寄示，当托北平分馆缴价也。承示春来家人多病，比已痊瘳否？吾兄起居何如？至为悬系。蜀中之游起程约在闰月初，同行者有叶揆初、夏地山、李拔可、高梦旦诸君，尚有伍昭扆则犹未定。由成都至峨眉，

1 据原打印稿，见于《上海图书馆藏张元济往来信札》二，第272～273页。参《张元济傅增湘论书尺牍》，第341～342页第5函。又参《张元济全集》第3卷"书信"，第408页第257函。

道出嘉定，必经贵县，当访吾良友读书之堂，不知有昆弟行可接见否？世兄大喜，谨呈贺幛，聊将微意，伏乞莞存。世兄均此。

【246】1936 年 5 月 8 日

廿五年五月八日张菊翁致傅沅叔先生函[1]：

今岁春寒，视往年为久。时过立夏，尚服重绵，不审起居何如？驰念之至。昨得五月四日手书，开诵谨悉。附下《眉盦》《北郭》《静居》三集跋文，文字茂美，足与三集等重（徐幼文《泰山纪游诗》便中乞抄寄），即付手民。原书正在制版，不久亦可竣工矣。前月寄下新印《周易单疏》一部，久已收到。到后即为瞿凤起借去，至今尚未交还，竟尔忘却，未曾奉覆，歉仄无似（书价即汇呈）。内藤虎次郎之《毛诗单疏》前半部亦已出版，精华日显，吾辈眼福可傲古人。旬日前甫寄到，兄曾见之否？黄善夫本《史记》先印大板，不久即须开印。承示拟搭印旧纸一部，请即日将纸寄交棋盘街商务印书馆总管理处任心白君，转交平版厂丁英桂君，并记明为搭印《史记》之用，必可无误。此书前借邺架藏本，补照"河渠书"一卷、"列传"第四十一至四十五共五卷。当时尚未访得日本之其他半部，不欲以残本印大板，故所照为六开式。现在必须重照，仍乞慨假，俾成全璧。又日本续照之半部，中有抄配数叶，写手粗劣，拟用王本影补。馆中所藏非初印，如在此访求不得，亦拟乞出所藏补照。先此陈请，伏祈鉴允为幸。《大典》本《水经注》久已印成，所以迟迟未发行者，欲得我兄一跋以

1 据原打印稿，见于《上海图书馆藏张元济往来信札》二，第274～275页。参《张元济傅增湘论书尺牍》，第342～343页第8函。又参《张元济全集》第3卷"书信"，第408～409页第258函。

张之,不知尚能赐撰否?张潜若欲先得一部,当商得馆中在事诸君同意,即寄去(补《班书》数册不克遵办,祈婉达)。再瞿凤起来言,闻尊处藏有元刊百衲本《史记》,中有彭寅翁本十馀卷,拟借校,属为转陈。如蒙俯允,乞与上文续借黄善夫本《史记》六卷同时寄下,无任感祷。今年游兴若何?尚拟来南中一行否?想望之至。

【247】1936 年 7 月 17 日

廿五年七月十七日张菊翁致傅沅叔先生函[1]:

端节后返沪,以为台从必已在此,可以畅叙。询诸陈氏,乃竟未来,怅(望)[惘]无似。俗冗万状,未及通问。得本月八日手教,谨诵悉。印《史记》旧纸整张贰百番,询商务印书馆,云未收到。令婿水君未知有无改道?敬祈转致,从速交下。至搭印《白氏六帖》移交之纸(高丽纸六七百张),询诸馆员,则谓"一·二八"以前曾收过尊处之纸,以后则未见。不知此纸是否由陈乃乾交至弟处?若然,有无簿册年月可查?祈再查示。前岁内子逝世,去年又为舍侄续娶,家内棼乱异常,心绪尤为恍惚,此事竟全不记忆,殊自愧也。《四库珍本》之蜀贤著述计二十二种,凡一百七十一册,久已印成,且用江西连史纸。以弟未问及,束之高阁。奉示追寻,顷始检出。当时属多印数部,不意厂员疏忽,只印成二部。此时只能奉赠一部。已属装箱运至北平分馆转呈,敬祈莞纳。馀存一部,即以藏诸东方图书馆矣。此次漫游贵省,往返共三十日。峡中山水,洵为天下之奇观。重庆气候极不佳,乘飞机到成都,仅费

---

1 据原打印稿,见于《上海图书馆藏张元济往来信札》二,第 276～277 页。参《张元济傅增湘论书尺牍》,第 344～345 页第 11 函。又参《张元济全集》第 3 卷"书信",第 409 页第 259 函。

一小时。天气大热，所称名胜均未去。晤老友曾焕如、尹仲锡。循公路到嘉定，访赵尧生。于乌尤寺宿一夕，即赴峨眉，寓伏虎寺。登山至万年寺而止，未达其巅也。旧途仍由成都反重庆，乘船东下。游时甚乐，归后甚苦。馀事续布。

前乞慨假黄善夫《史记》零本，有便乞赐寄，近待照印也。

世兄均候。

【248】1936 年 8 月 14 日

廿五年八月十四日张菊翁致傅沅叔先生函[1]：

昨晤授经兄，知兄有朝云之痛。暮年遭此，更难为怀。惟佳儿佳妇相率承欢，家事不患无人操持。务望善自排遣，至祷至盼。前月十七日曾上一函，由北平分馆送呈，计登签掌。《四库珍本》中蜀贤著述计二十二种，凡一百七十一册，业已装箱寄呈，不知已递到否？高丽纸贰百张已于前月廿九日交到，即送至平版厂，交丁英桂君点收，丁君即专司影印旧本者也。闻总管理处先已有信奉覆矣。前乞惠假珍藏黄善夫《史记》残本，现全书将次印完，候此结束，乞检交孙伯恒兄寄下。又成化本《宋史》，敝处所存两部稍有残缺，已开清单寄与伯恒兄，拟向尊处借补。此则不必借至上海，即在北平补照。因系缩小印样，递寄较易也。同作蜀游高君梦旦，归后不及一月，遽尔徂逝，至可伤悼，想兄闻之亦为黯然[2]。

1　据原打印稿，见于《上海图书馆藏张元济往来信札》二，第 278 页。参《张元济傅增湘论书尺牍》，第 345 页第 12 函。又参《张元济全集》第 3 卷"书信"，第 409～410 页第 260 函。

2　按：信稿右侧栏外有张元济手批："25/8/29 又寄信代潘明训问《梅宛陵》，又托索李木斋书目，又代瞿凤起借元彭寅翁《史记》十馀卷。"

[附录张元济致丁英桂函，1936 年 7 月 30 日] [1]：

请即查点，如有短少即知照敝处，一面由尊处查照。前此来纸如何办法？先行函得傅君。丁英桂先生。张元济。二十五年七月三十日。

【249】1936 年 8 月 29 日

沅叔吾兄同年阁下 [2]：

本月十四日曾上一函，计达。天气已凉，伏想履候佳胜，至为悬念。黄善夫《史记》就缩照本放大可用，不必再借原书。前乞赐假"河渠书"一卷，已托孙伯恒兄代陈作罢，知荷察及（百衲本正史需补照《宋史》十馀卷，闻尊藏一部已售去，能为我向他处乞借否）。日本内野氏所藏残宋本《梅宛陵集》为文求堂购去，又转售于故都（京）文奎堂，想归邺架。有人欲得之，如能割爱，应缴何价？乞示知为幸。李椒微前辈藏书，闻已录出清目，兄能代索，畀我一阅否？不胜企祷之至。瞿凤起世兄仍欲借校元刊彭寅翁《史记》十馀卷，属为代请，遇便寄下。谨达，敬颂台安。弟张元济顿首。廿五年八月廿九日。

【250】1936 年 11 月 1 日

廿五年十一月一日张菊翁覆傅沅叔君函 [3]：

别来极念。得十月廿九日手书，知已安抵北平，甚慰。闻授经覆车受伤，比已痊复否？亦甚念之也。黄本《史记》未磨

---

1 见于《张元济全集》第 1 卷"书信"，第 83 页第 427 函。
2 据原信，见于《上海图书馆藏张元济往来信札》二，第 279～280 页。参《张元济傅增湘论书尺牍》，第 345 页第 13 函。又见《张元济全集》第 3 卷"书信"，第 410 页第 261 函。
3 据原打印稿，见于《上海图书馆藏张元济往来信札》二，第 281～282 页。参《张元济傅增湘论书尺牍》，第 346～347 页第 18 函。又参《张元济全集》第 3 卷"书信"，第 410 页第 262 函。

去，需用八卷，俟纸到有便即印。纸有馀，当代存。王氏覆本颇有讹脱，摘录数则呈阅。柯本、秦藩本能较胜否？兄必已校过，乞示大概。《馀菴杂录》弟曾抄得一分，兄所见当系刊本。如完善，价约五、六元，乞为我留之，过此则不必矣。

世兄近想康健，甚念。

前函缮就，将所需《史记》八卷查核一过。

"年表"六[1]（七十四页）、十（二十一页），

"世家"十五（十一页）、十六（二十一页）、十七（三十一页），

"列传"四六（十五页）、四七（十四页）、四八（八页）。

综计乃有一百九十五页。照来纸尚阙九十一页，乞补寄。

【251】1936 年 11 月 25 日

沅叔吾兄同年 [2]：

本月十八日覆上寸函，计蒙垂察。宋刊《册府元龟》照到者四百四十四卷，其中亦间有缺页。查系存片损坏或散失所致，将来拟向静嘉堂恳商补照。兹属先检呈一百卷，随其所便，不能悉依照存次序，已于前日打包邮呈。吾兄校阅之时，遇原样模胡之字，不易辨认者，拟请用朱笔注于上下阑外，庶异日制版之时，不致误认。另附呈照存卷数及所缺卷数清单一分，即祈台察。查邺架有此书，有四四二、四四四、四四五、四八二、四八七共五卷，拟乞借影，便中乞检付孙伯恒兄，就近照出。又北平图书馆有七十八卷，可以补配（亦附清单），已托伯恒兄商借，并祈鼎力相助。特不知尚在北平否耳？专

---

1 按："年表""世家""列传"中各数，原系苏州码。
2 据原信，见于《上海图书馆藏张元济往来信札》二，第 283 页。参《张元济傅增湘论书尺牍》，第 348 页第 21 函。又参《张元济全集》第 3 卷"书信"，第 410 ～ 411 页第 263 函。

此，顺候起居。弟张元济顿首。[二十五年]十一月廿五日。

【252】1936年12月22日

廿五年十二月廿二日张菊翁覆傅沅叔君函[1]：

　　前月十八日、廿五日叠上两函，计荷察及。一昨伯恒寄到
本月九日惠书，谨诵悉。抄本《册府元龟》一册亦到，倩人以
宋刻对校，仍有讹字。复以崇祯本就所讹之字勘之，则刊本较
胜。兹以札记及抄本原书一册寄呈，敬祈台阅。能觅得精抄本
固佳，否则竟以崇祯本作合，未知卓见以为何如？承假宋刻六
卷，中有一卷重出，已托伯恒就近摄照，即缴上。他家所藏残
卷，仍乞代访，至恳至恳。剑丞诗画扇面已取到，并寄上，乞
察收。柯本《史记索隐》序后石公宪刊书印记有绍兴年月，鄙
意黄、柯均覆石本，故行款悉同。王氏、秦藩两本皆误（又疑
秦本即覆王本），而柯本不误，谨祈核示。

　　《元龟》用何本作底本？已校成若干卷？前月二十五日信，
乞遇宋刻模胡之字不易辨认者，用朱笔注于上下阑，务祈俯
允。属交朱遂翔书，迄未来取。又及。

【253】1937年1月21日

沅叔吾兄同年阁下[2]：

　　去年十二月廿二日复上一缄，谅邀台察。献岁以来，维起
居纳福为祝。前蒙惠假善本印入《四部丛刊三编》者，计《新
唐书纠谬》《吊伐录》《龟巢稿》《密菴集》《静居集》《北郭集》

1　据原打印稿，见于《上海图书馆藏张元济往来信札》二，第284～285页。参《张元济傅
　增湘论书尺牍》，第349～350页第24函。又参《张元济全集》第3卷"书信"，第411页
　第264函。
2　见于《张元济全集》第3卷"书信"，第411页265函。参《张元济傅增湘论书尺牍》，
　第351页第1函。

六种，业经知照该管部分依照契约结算版税。惟尚有《困学纪闻》，前印大本，弟亦误记为系照版税办法，故亦收入。乃据该管部分声称原订合同系为代印代售，现改缩本，亦只能缴奉版税，理合陈明。惟弟事前未曾声明奉达，疏忽之至，并祈鉴宥为荷。专此，敬颂台安。廿六年一月廿一日。

【254】1937 年 3 月 5 日

廿六年三月五日张菊翁致傅沅叔君函 [1]：

久未通问，极想念。近晤袁守和君，询知起居休畅，至为欣慰。并闻文旆将南来游山看花，甚喜把晤。未知何日起程？翘盼之至。百衲本《廿四史》全部印完，兹呈上《史记》《新唐书》《宋史》后跋各一通，敬祈教正。窃有渎者，《明史》于乾隆四年刊成，至四十二年以蒙古人地名音译未真，谕令改订，就原版扣算字数刊正。嗣又以"本纪"事实疏略，复令考核添修，重行刊板。此"本纪"二十四卷，故宫博物院已经影印出版。惟不知此改正之《明史》"本纪"是否曾经刊布？坊肆有无传本？弟所见之《明史》则均系乾隆四年之本，至改正蒙古人地名之后，必有印本，吾兄当已见过。除"志""表""传"外，其"本纪"是否用扣算字数挖补之本，抑即用重刊之本？此间书籍太少，无从考订，敬求指示。拟作《明史》后跋，故欲一究其详也。倘蒙即日见示，至感至感。《册府元龟》即日开印，以后当以印本寄呈清览。前呈百卷，如已校竣，亦盼发还。又，所阙四百馀卷即以崇祯刊本配入，尊意能允许否？北平图书馆有抄本二部，亦不全，想与坊间售

---

1 据原打印稿，见于《上海图书馆藏张元济往来信札》二，第 286 ～ 287 页。参《张元济傅增湘论书尺牍》，第 351 ～ 352 页第 2 函。又参《张元济全集》第 3 卷"书信"，第 411 ～ 412 页第 266 函。

本有别，兄曾借校否？并乞示及。世兄均候。

【255】1937 年 4 月 29 日

廿六年四月廿九日张菊翁致傅沅叔先生函[1]：

本月廿三日肃上一函，计蒙垂察。比想起居安吉，目眚全愈，甚以为念。前函乞代借东方图书馆所藏明抄本《册府元龟》数册，不知能办到否？我兄前假去《梅宛陵集》毛样二册，想经阅毕。现需付印，急切待用，望即寄还。又前示秦君用广西所产沙纸印书一叶，索来纸样，均属非是。秦君无人识之，可否乞畀一介绍信，开示其寓所门牌，或其所执役之银行，当派人前详问。又本届股东会，我兄未必能到，乞即指派代表。今岁开会，甚盼有半数出席也[2]。

【256】1937 年 5 月 12 日

廿六年五月十二日张菊翁覆傅沅叔先生函[3]：

叠奉四月廿一日、五月六日手教，又伯恒带到无月日一函，均敬诵悉。承寄南宁纸样壹页收到，谢谢。价太高，恐难用。《蔡端明集》影本尚未递到，未知何时所印？原出何本？想望之至。贵门生孙君子书来此，涵芬楼所藏尽出相视。周君越然处已介绍往观，可祈勿念。附印《史记》，尚未印成，伯恒北旋，未能带奉，甚用歉咎。因忙于元明善本十种，月出一书，以至延阁，尚祈鉴谅。《稽古堂丛书》甚罕见，全书目录，

1 据原打印稿，见于《上海图书馆藏张元济往来信札》二，第288页。参《张元济傅增湘论书尺牍》，第 352～353 页第 5 函。又参《张元济全集》第 3 卷"书信"，第 412 页第 267 函。
2 按：信稿左侧有任绳祖手批一行："《梅宛陵集》毛样转询丁英桂君，未收回。任绳祖谨注。"
3 据原打印稿，见于《上海图书馆藏张元济往来信札》二，第289页。参《张元济傅增湘论书尺牍》，第 353 页第 7 函。又参《张元济全集》第 3 卷"书信"，第 412 页第 268 函。

乞饬小史写寄。《天一阁奇书》敝处有若干种，当于印时借补。《绵眇阁》比《子汇》何如？曾校过否？东方所藏《册府元龟》不须覆寄矣。

乾若兄属补衲本《汉书》，此书最先出，"一·二八"之际，残叶尽毁，此时无以应命。四史必覆印，稍迟可办到。乞转致并代候。又及。

[附录孙楷第致张元济函，1937年6月15日][1]：

菊老前辈赐鉴：前以沅师介，渡江南游，起居门下，备承款接，兼为先容涵芬楼及越然周君，得读未见之书，厚谊深情，曷胜铭感。逮至事毕北还，因旅居劳苦，顿感不适，未即专函驰谢，甚为歉然。今幸稍复原状，感怀往事，不能自已，谨修寸笺，鸣谢高谊。盛暑迫人，尚望静摄，为学术界珍重为祷。祗请大安。后学孙楷第谨叩。[二十六年]六月十五日。

【257】1937年5月14日

廿六年五月十四日张菊翁致傅沅叔先生函[2]：

本月十二日肃上寸函，由分馆转呈，计蒙察及。顷奉十一日发手书，于《国藏善本丛书》选目有所损益。殷殷指示，至为感幸。当与王岫庐兄晤商，拟定办法如左：

《唐音统签》《心经政经》《南北史合注》《识大录》《道学源流》《按辽疏稿》均照删。

《玉海》先是有人以元本见借，拟收入《四部丛刊》。嗣见故宫藏本较佳，故弃《丛刊》而就《国藏》。卷帙太多，印四

---

1 据原信，见于《上海图书馆藏张元济往来信札》十，第366～367页。
2 据原打印稿，见于《上海图书馆藏张元济往来信札》二，第290～292页。参《张元济傅增湘论书尺牍》，第355～356页第9函。又参《张元济全集》第3卷"书信"，第412～413页第269函。

开本恐难销售。此书拟仍留。

《四镇三关志》原可删，但如印《山海关志》（傅孟真兄力劝印行），则拟留以为配。至所增各书如：

《神庙留中奏疏》《宋史全文通鉴》，本已补入。

《四书集义精要》，本经选用，被抄录人漏去。

《周易玩辞》，弟认为覆刻，故未采。既公定为宋刻，自应补入。

《汲冢周书》，原拟选用，因故宫已送展览会，到会又未见，不知印本如何，故未入目。拟托故宫抽照样张，可用即印。

《息机子杂剧》，系万历板，非元本。以无总目，疑不全，故未收。如不能证为完本，有无不妥，祈酌之。

《西游记》，有烂板。岫兄昨倩本馆同人与通行本对校，据云无甚异同，当再详查。

以下数种均拟不用，再说明如左：

《事林广记》，以系类书，未见有何特色，且印本亦欠精。

《宣和画谱》，认为明刻，且无《书谱》为配，单印似不宜。

《吴文正集》，纸墨黯敝，难于制板。

《诸臣奏议》《龙虎山志》，弊与前书同。

《金陵新志》，缺卷三中、下，又各卷多有缺叶，不易补配。

《千顷堂书目》，吴兔床校补极精，惟多用蓝色笔，无法摄照。

《国朝献征录》，馆中亦有此书，且购价亦不贵。书非甚罕见，故不用。

北大增选明人集部三种，未知为何人所撰？甚盼能早日寄示。

依此增减，约计不过五万页。岫兄谓改为八百册，亦属相宜。草草奉覆，统祈转达守和、森玉、庾楼、斐云诸君子，酌核见示。时日甚促，并盼速覆为幸。

[附录，1937年12月14日][1]：

《历代小史》事。此书系同他书合装一箱，于26/7/10交由运输股寄平厂转还文友堂。当于同月十七日接平厂书字40复函，允俟书到照办。及后平厂与运输股均无关于此事之记录。今得傅翁来函责问，始查悉此书因卢沟桥事变，运输股未克发出，仍留沪待机办理。董之芳。26/12/14。

【258】1937年12月15日

廿六年十二月十五日张菊翁覆傅沉叔先生函[2]：

昨奉十二月四日手书，展诵祗悉。刘君《庄子补正》询诸公司，云际此时期，实无力购稿，只可改用版税办法。数日前已有信迳覆刘君。至《说苑补正》一书，现时亦无法承受，尚祈婉达歉忱为幸。至文友堂《历代小史》一书，则云已装箱待运，而（芦）[卢]沟事发，其后邮路大阻，近虽稍通，然仍恐遗失，故未敢寄。现在公司实无力收书，容与邮局商议，如能递寄并允保险者，当即寄缴，亦乞转达。

承示谓"璇"字为"玄朗"嫌讳，弟仍有疑，《礼部（辐）[韵]略》亦不载。

---

1 据原便笺，见于《上海图书馆藏张元济往来信札》二，第293页。
2 据原打印稿，见于《上海图书馆藏张元济往来信札》二，第294页。参《张元济傅增湘论书尺牍》，第360页第17函。又参《张元济全集》第3卷"书信"，第413～414页第270函。

【259】1938 年 2 月 20 日

沅叔吾兄同年[1]：

前日旧腊嘉平廿六日手教，展诵祗悉。厂栈所存货物陆续运回不少，但多整批大件，然亦不过十之一二。至于散堆分存者，无从着手，只可听诸天命已。《衲史》诸跋辱蒙奖许，不胜惭恧。当校阅时随手撮录，一关于文字章句者，一关于风俗事物者，所记不下千百条。诸史后跋即取材于前之一种，现在拟仿赵氏《劄记》、王氏《商榷》之例，略加整理，俟脱稿后当寄呈削正。至后一种，似较有趣味。惟当时只作一标题，记明卷叶，现须逐一抄录，尤为费工夫也。27/2/20。

【260】1938 年 4 月 5 日

沅叔吾兄同年[2]：

二月廿日曾上一函，计荷垂察。迩来起居想甚康健。春光渐好，未知将向何处游览？惠寄《三晋》《云山》奉到，展读弥深神往。吾兄有此济胜之具，际此时节，尤当大用。伯恒传谕，近印《两京遗编》，其中《春秋繁露》缺去九卷。当时疏忽，未及细查，蒙纠正甚感。允借藏本补足，可否乞交伯恒妥寄南来，即速补印。前代存叶玉虎君交来书籍，候孙君锡三来取，即托带奉。专此，祗颂台安。弟张元济顿首。〔二十七年〕四月五日。

1 据原信稿，见于《上海图书馆藏张元济往来信札》二，第 295 页。参《张元济傅增湘论书尺牍》，第 361 页第 2 函。又参《张元济全集》第 3 卷"书信"，第 414 页第 271 函。
2 据原信稿，见于《上海图书馆藏张元济往来信札》二，第 296 页。又，此信稿内有张元济手书"另写"两字。参《张元济傅增湘论书尺牍》，第 361 页第 3 函。又参《张元济全集》第 3 卷"书信"，第 414 页第 272 函。

【261】1938年6月9日

沅叔吾兄同年[1]：

前月廿八日覆上寸函，并寄还明刻《春秋繁露》一部，由北平分馆转呈，计达左右。叠奉电示一通，并前月廿六日、廿八日、本月一日三次手教，均敬悉。元曲六十四册得电后即四下访寻，始知一半为友人潘博山所有。博山电约往观，全书具存。据云一半为一古玩店主所得。有明末软体字刻本及抄本，并无元刻本。先后为赵清常、钱遵王、黄尧圃、汪阆原所藏。有清常道人、何小山、董文敏校笔。清常校最详，刻本亦改正不少，何校亦偶见。至董文敏校跋，则仅据博山见告。尧圃题跋、抄目，墨迹甚多。据云两小时后即来取书，不能详细展阅。匆匆一见，不能不谓为奇书。博山自言得价甚廉。古玩店主急欲售去，渠亦正在窘乡，得此聊以疗贫。询以何价，则云非万元不售，弟闻之不免咋舌。如在平时，商馆尚可商量，此时则无从说起。来示所拟购价相距过远，无可与之竞争，且云已有购主，即日付定。至购者何人，则潘君亦不知悉。惟全价付清尚需时日。弟最虑其出国，因商请借照，博山允为设法，但不知能否如愿耳。27/6/9。托馆转平馆。

【262】1938年8月20日

[二十七年]八月二十日覆信[2]：

顷有人送来七月廿八日大函。信背批注"张大千已离申，其兄文修住西成里十七号，有书物请送去，掣取收据"云云。

---

1 据原信稿，见于《上海图书馆藏张元济往来信札》二，第297～298页。参《张元济傅增湘论书尺牍》，第364页第9函。又参《张元济全集》第3卷"书信"，第414页第273函。

2 据原打印稿，见于《上海图书馆藏张元济往来信札》二，第299页。参《张元济傅增湘论书尺牍》，第365页第12函。又参《张元济全集》第3卷"书信"，第415页第274函。

张君大千向不相识，然持信来取尊处之书，自当点交。今已离申，此后再来，则亦不便交付。其兄亦不相识，属将书物送去，确难照办。

【263】1938 年 8 月 21 日

廿七年八月廿一日张菊翁致傅沅叔君函[1]：

本月七日，肃上寸函，计荷察及。秋风已起，伏想动定佳泰。昨日张氏送到大札，已诵悉。前得书通知，此君久久不来，昨始派人将信送来，所批实太轻易，弟未敢草草从事。当即泐覆数行，交来人带去，亦不知何日方能递到。兹忆出录呈，敬祈察阅。诗笺共五分，交还者仅金篯孙。弟尚未写成。一交徐积馀，近有病。一寄叶玉虎，无回信。其一与何人？前曾函告，今不记忆矣。

【264】1938 年 8 月 23 日

廿七年八月廿三日张菊翁致傅沅叔君副笺[2]：

前函缮就，尚未付邮，而王秋湄、金颂清二君至，为张氏道歉，并出际我兄续致张君信，属其亲至敝寓领取。张君（号文修）因不相识，故托二君先来致意，另日再偕来领取各件。弟与二君本系素识，因即将所存善本八种十册、并杨铁崖手卷一轴，照叶玉虎兄前来清单点交，并请二君于单末签收为据。闻张君不久即北上，收到后乞示覆为幸[3]。

1 据原打印稿，见于《上海图书馆藏张元济往来信札》二，第 299 页。参《张元济傅增湘论书尺牍》，第 365 页第 13 函。又参《张元济全集》第 3 卷"书信"，第 415 页第 275 函。
2 据原打印稿，见于《上海图书馆藏张元济往来信札》二，第 300 页。参《张元济傅增湘论书尺牍》，第 365 页第 14 函。又参《张元济全集》第 3 卷"书信"，第 415 页第 276 函。
3 按：信稿右侧栏外有张元济手批："27/9/13 又去一信询问，并寄《校史随笔》样本乞序。又询张文修带还书卷单。"

前函已封，开缄补入。谨注 [1]。

[附录张元济致丁英桂函，1939 年 1 月 5 日]：

[2]《校史随笔》应有目录。昨来稿阅过缴上，乞发排。尚有小序随后送上。拟再乞傅沅叔君撰序，俟到后排成再印。是否留纸版？将来拟印连史纸。请估三百及五百部价，分订二册，价单乞示。此上英桂仁兄台鉴。弟张元济顿首。二十七年九月三日。

[3]示悉。厂中印件如忙，此书却不必急急，留作填空可也。印成后，傅序如尚未到，可暂缓订本。此复英桂仁兄台鉴。弟张元济顿首。二十七年九月二十三日。

[4]傅沅翁寄到《校史随笔》序一首，计六页，已送李拔翁阅看，再送尊处发排，想已交到。又全书内第百三页中有失检之处，应撤出重排重印。兹将原稿改正送上，即乞核发为荷。此上英桂仁兄台鉴。弟张元济顿首。二十八年一月五日。

【265】1940 年 6 月 19 日

二十九年六月十九日菊公致傅沅叔先生函 [5]：

久未上书，半由疏懒，半由心绪太劣，都无可言。但遇友人北来，藉询起居而已。一星期前获诵旧历五月二日手教，备

---

1 按：信稿末有张元济手批："王寓小沙渡路 356 号。"
2 见于《张元济全集》第 1 卷"书信"，第 105 页第 567 函。
3 见于《张元济全集》第 1 卷"书信"，第 106 页第 570 函。
4 见于《张元济全集》第 1 卷"书信"，第 109 页第 591 函。
5 据原信誊清稿，见于《上海图书馆藏张元济往来信札》二，第 301～302 页。参《张元济傅增湘论书尺牍》，第 375 页第 2 函。又参《张元济全集》第 3 卷"书信"，第 415～416 页第 277 函。

承眷注，感荷无似。闻贵体稍有违和，旋占勿药，至为欣慰。补撰藏书题识，积成卷帙，想当付印，甚以先睹为快。敝馆旧藏《辛稼轩词》仅甲、乙、丙集，系汲古阁抄本，吴印臣所印即由此出。去岁购得丁集，竟作延津之合，为之大快。遂集时本校勘一过，制成校记，合并印行，业经出版。承购阅，已函知李拔翁饬平馆就近呈上。至所云方志目录，综列各家所藏共成三册者，敝馆并无此书，无以应命。想系他家所印，贵友误记也。潘氏《宝礼堂宋本书录》弟前取得若干部，均已分送完毕。明训临终，以其所藏尽畀其弟七子名世兹者。前属借抄元刻《南海县志》，世兹甫自英伦游学归来，曾经晤及，云即须赴港，谋作律师，藏书均未启箧，不能检出，只可俟之将来。其人现在香港，《宝礼堂书录》潘氏并不出售，市上无之，亦只可徐俟机会矣。袁守和兄拟印《北平图书馆善本丛书》第二集，由本馆订约承印，云有《桂林艺文志》八卷、《百粤风土记》（卷数未详）借自尊斋，可否请将两书叶数及原书印本是否清朗先期见示。倘能即日交邮局寄下，尤为感荷，则敝处可以自行查数检阅，不必有渎清神矣。弟前月因事赴香港，往返两旬，途中托庇平善。欧战风云日急，弟每言地球恐将翻身，未知卓见以为何如？前在东邦影到残宋本《宛陵集》，近亦付印，不久便当发售。并以奉告。

【266】1940 年 7 月 4 日

廿九年七月四日张菊翁致傅沅叔先生函[1]：

沅叔吾兄同年：前月十九日、廿七日迭上两函，后一件托朱国桢君带去，同时并带上抄本《振绮堂目》一部，计荷

---

1 据原打印稿，见于《上海图书馆藏张元济往来信札》二，第303页。参《张元济傅增湘论书尺牍》，第376页第3函。又参《张元济全集》第3卷"书信"，第416页第278函。

垂察。兹有渎者，叶玉虎兄在香港辑印《广东丛书》，以《武溪集》列入第一编。已借到瞿氏成化本，惟缺去序（三至九）、卷六（起十五页以下）、卷八（第十一、十二页）、卷十（第一、二页）、碑铭（起七页以下）。闻邺架亦有此书，如能补配，祈检出，交伯恒兄转付京华印书局，用湿片照出，制胶纸寄下。事关文献，想公必乐为玉成也。专此奉恳，伏祈示覆。盛暑，诸惟珍卫不宣。

[附录叶恭绰致张元济函，1940 年 6 月 18 日][1]:

菊老尊右：奉书敬悉。瞿事诚如尊言，但恐渠等接洽无甚实际。如无结果时，请公注意，免致两失可耳。弟有陈者，《广东丛书》拟印书目正在研究之中，闻明训家有余靖《武溪集》，系明版。又《琼台吟稿》，系明弘治本（已列入第一集目中矣）。计公必均见过，拟均乞转商借印，未知可否？会中借印条件系每借书一部，送抽印本廿部，又《丛书》二部，此外别无其他条件。《丛书》既在沪印，想藏家可以放心也。又明训之元大德本《南海志》必须借印，不过须待第二集耳，缘第二集拟印关于史地书籍也。专布，即颂大安。恭绰上。[二十九年]六月十八日[2]。

再，兹闻瞿氏有成化刻《武溪集》，当决定入第一集影印，已由潘博山兄与瞿氏凤起洽允。惟以不离沪为条件，请费神与瞿氏订实，即交尊处转馆中付印便妥。惟该书有无须要加以整理之处，末由悬（端）[揣]，并求费神阅核，赐示一切，以便酌办。又及。

---

1 见于《张元济全集》第 1 卷"书信"，第 305 页第 25 函附录。
2 按：张元济批注："29/6/24 到，29/7/3 复。潘世兹通讯处：香港干德道卅五号区炳先先生转。"

[**附录张元济致叶恭绰函，1940 年 7 月 3 日**] [1]:

敌军进窥香港，警讯频传，令人不怿。先生天怀淡定，必不为风鹤所扰也。又闻南方多雨，伏想起居安善，驰念无似。邮局递到六月十八日手书，展诵谨悉。故友潘明训，以佞宋自居，元本非所甚好，朱明旧刊等诸自郐。弟为编《书录》时，从不出示。《武溪》《琼台》两集，即不知其有无。其所藏书，尽以畀其第七子名世兹者，在英伦游学，去冬归来，弟曾晤两面，言下尚知珍重手泽。今春赴香港谋作律师，至今未归。询其兄，知居处距尊寓不远。今附去介绍信，乞察阅一切，可就近商榷也。瞿氏成化刊本《武溪集》已借到，酬送印成书籍，想已由博山代达，弟未代陈。稍有残缺。傅沅叔有此书，如能补配最妙（顷已函询），否则恐另须设法矣。印本尚不恶，然墨色过淡，及旁洿者亦有若干叶，不能不加以整理。已属馆员检阅一过。区为三类：甲级最费力，然不多。乙级次之。丙级只须稍稍拂试。已各制成一叶，附去样张暨清单两纸，统祈察阅。此信先送王云翁阅过，诸事可就近接洽也。廿九年七月三日。

【267】1940 年 10 月 20 日

廿九年十月廿日张菊翁致傅沅叔先生函 [2]:

久未通问。前月赵斐云兄北还，曾寄声问候。天气已凉，伏维动定万福，至为驰系。叶玉虎在南辑印《广东丛书》，前蒙假补《武溪集》阙叶，已由伯恒兄处倩人抄寄。审知邺架藏

1　见于《张元济全集》第 1 卷"书信"，第 305～306 页第 26 函。
2　据原打印稿，见于《上海图书馆藏张元济往来信札》二，第 304 页。参《张元济傅增湘论书尺牍》，第 377 页第 5 函。又参《张元济全集》第 3 卷"书信"，第 416 页第 279 函。

本与瞿氏所藏行款不同，尚缺两序，究不知孰为先后耳？兹又有渎者，该丛书中又选入《翁山文抄》，此书亦出自北平。伯恒兄为黄君荫普购得清初刊本，全书只有四卷。所收之文为序、记、碑、传四门，显有割裂痕迹，卷首薛熙序亦佚去首叶，度必为书估作伪，冒充完本。即第四卷中，亦缺去"高士传·徐英传"后一叶。此书流传绝少，玉虎属问尊处如有弆藏，仍拟借补。原书半叶十行，行十九字，倘行款相同者，并欲借影，以成完璧。若亦无之，如我兄曾经寓目，有何处可以借补者，亦乞代谋，无任翘企之至。新印残宋本《梅宛陵集》，印刷尚不甚劣。谨呈一部，伏乞莞纳。贱体数月来时有小疾，至今未能复元。处此时节，听之而已。

【268】1942 年 4 月 10 日

与傅沅叔信，31/4/10[1]：

前月二十九日肃覆寸函，计邀鉴察。兹有渎者，馆中情形日趋窘迫，现需急筹巨款，以为解救之策。个中详情，可询伯恒便知。迫不得已，拟将涵芬藏本售去若干，以解燃眉之急。故都人士当有识者，且联银素在沪币之上，较易集事。拟乞我兄代为设法。可以在《烬馀书录》（前经呈览）任意选择欲得之者，并须每种示价，但必须凑合整数，得沪币四五十万，于事方可有济。若零星沽售，无裨大局，殊不愿为。此事务祈慎密，勿轻为外人道也。武康山中鬼哭，想兄闻之，亦必代为哀恸。迫切上陈，临颖不胜企祷之至。

---

1 据原信稿，见于《上海图书馆藏张元济往来信札》二，第 305 页。参《张元济傅增湘论书尺牍》，第 383 页第 2 函。又参《张元济全集》第 3 卷"书信"，第 416 页第 280 函。

【269】1942年5月15日

覆傅沅叔，31/5/15[1]：

奉五月七日手教，展诵祗悉。寄示援菴先生补辑《魏书》一叶，为之狂喜。《通典》《通志》《册府元龟》为古书一大渊薮，循此推之，旧史缺文必尚可收获不少也。售书事辱承指示，至深感荷。先与同人商定，一不亟售，二用拍卖法，三任凭挑选，得价即售。但须能集成整数，足以济急，四悉售京市通用联币，在上海钱货两交。似此办法，商诸政府似非宜，最好集合同好，各择所欲。吾兄所选，自可列入其中。仍乞集合多数，方可有成。此为万不得已之举，素荷挚爱，用敢直陈。弟私藏弘治本《梅宛陵集》，欲得联银千番，不过易米六、七石耳，兄能为我玉成之否[2]？

【270】1944年2月29日

沅叔吾兄同年有道[3]：

赵斐云来，询知起居健适，且比曩昔为佳，闻之欣慰。先奉到去年十二月廿七日、本年正月廿二日两次手教，均谨诵悉。《全蜀文》居然告成，了却生平一大心愿，可贺可贺。惠寄《雅言》一册亦经收到，《蜀文》大序捧读数过，真觉苦心孤诣，非寻常人所能及。此书观成，定当有古衣冠数千人拜于床下也。闻兄售去书籍不少，为之一叹。斐云云尚非最佳者，则气又为之少舒。弟则寥寥数种，早于三、四年前尽数货去矣。承询照存宋刊《册府元龟》，弟昔年曾有详细记录，现不

---

1 据原信稿，见于《上海图书馆藏张元济往来信札》二，第306页。参《张元济傅增湘论书尺牍》，第384~385页第4函。又参《张元济全集》第3卷"书信"，第417页第281函。
2 按：此后自注云："下说合众图书馆及我所捐书，并代请《周易正义》一部。"
3 见于《张元济全集》第3卷"书信"，第417页第282函。参《张元济傅增湘论书尺牍》，第388~389页第3函。

知置于何所，无从检得。此书从东邦借照，约不及五百卷。所有软片悉数被毁，翻存铅皮版亦被人取去。展转交涉，始得归来，零乱不堪着手。所有存货栈房，或被锢闭，或受驱逐。几经迁徙，原有货物存亡多少，一时亦无从查究。昔年曾印连史纸底样一分，寄存何所，问诸主者，亦不能置答。非至偃武修文之日，大约无可复命矣。我兄近欲复理校勘之业，试易他种何如？弟鬻书生涯近虽减逊，却未匮竭。差幸贱体尚健，可以耐劳，藉堪上慰廑注。小儿仍在新华银行执业，近得肠胃病，体气颇弱，殊以为忧。承注敬覆。天气尚寒，诸惟珍重。

　　世兄均候。弟张元济顿首。三十三年二月二十九日。

【271】1945 年 5 月 25 日

覆傅沅叔，34/5/25[1]：

　　昨由北平商务印书馆递到四月三十日手书，展阅识为大笔，欣慰无似。虽腕力差弱，而神气不殊。再阅几时，必能完全恢复。但久病初瘳，务祈加意珍摄，勿过劳动，是所至祷。前此寄来旧纸搭印宋刻黄善夫《史记》，奉示后当即询查。据原经手人丁君英桂呈报，约印成什之四强。存纸亦尚不少。谨将开列清单呈上，即祈台核。近来行路大难，无便人可以托带。邮寄尤不可靠，只可俟战事全熄方可奉上，好在为期不远矣。肃覆，敬候起居康胜。

［附录丁英桂致张元济函，1945 年 5 月 24 日］[2]：

　　奉示敬悉。唁蒋氏函已由秘书处照缮并代署名，连同奠敬

1　据原信稿，见于《上海图书馆藏张元济往来信札》二，第 307 页。又附注："附平馆转呈。"
　参《张元济傅增湘论书尺牍》，第 390 页第 2 函。又参《张元济全集》第 3 卷"书信"，第
　417 ~ 418 页第 283 函。

　2　据原信，见于《上海图书馆藏张元济往来信札》五，第 334 页。

加封，于今日送受祺君寓中，请其带去。傅沅叔先生前自备旧纸，托打印（二开大本）黄善夫本《史记》一部，未及完工而八·一三战事发生。兹附呈以前所查清单一叶。已印之书及未印旧纸，现均保存，随时可取。惟现在无便人可以托带。如交邮寄，又恐不妥。傅先生来函谨仍缴上。敬上菊生先生赐鉴。晚英桂敬上。34/5/24。

【272】1946年4月13日

沅叔吾兄同年阁下[1]：

久未通问，时时向北平分馆友人奉询起居，藉纾远念。迩来春暖，贵体想益康健。行动已否复元？眠食若何？均甚愚〔悬〕系。不敢有劳大笔，可否乞属世兄辈示复数行，无任企祷之至。敬颂摄祺。弟张元济顿首。三十五年四月十三日。

世兄均候。

【273】1947年3月28日

覆傅沅叔，36/3/28[2]：

春初获诵十二月廿七日惠书，展阅甚似椽笔。方欣喜间，读至次叶，乃知贵恙尚未痊瘳，至最后始悉为晋生世兄代笔，具征家学渊源，鲤庭趋侍，定多承欢。且知旧嗜已除，精神焕发，能临窗卧读。转瞬春暖后，必能恢复如前也。承示将以校定群书移赠北平图书馆，既可永久保存，且能裨益后学，诚为一举两得之事，闻之至为欣忭。友人叶揆初出其弆藏，且募其

---

1 见于《张元济全集》第3卷"书信"，第418页第284函。参《张元济傅增湘论书尺牍》，第391页第1函。
2 据原信稿，见于《上海图书馆藏张元济往来信札》二，第308~309页。参《张元济傅增湘论书尺牍》，第393页第1函。又参《张元济全集》第3卷"书信"，第418页第285函。

同乡蒋抑卮图书百数十箱，倡设合众图书，且已购地建屋，小有规模。弟以昔年所收涉园旧藏中有为吾兄代校者，凡十馀部，暨嘉禾阖郡乡贤先辈著千数百种，亦举而归之，矧兄当称弟为同调乎。属查前以旧纸附印黄善夫本《史记》情形，此书早已着手，嗣后倭乱中辍，未及葳事。所存散片幸经移出，约计仅成六十四卷。记得以前曾抄呈清单。今荷垂询，当属重抄一纸，随信附上。尊藏百衲本缺"表"（六、七）、"列传"（四十六、七、八）却为补入，惟尚缺"世家"三卷，虽卷帙无多，而底板是否尚存，尚未查得。即存也，续印亦殊难预期。应否将已成各卷及盈卷之残叶并馀纸寄还？尚祈裁示。今岁春寒甚厉，两手均患皲瘃，稍稍握管，即忙于鬵书，以是稽答，甚为悚歉。

《史记》已印清单附去，计整卷六十四卷，一千一百廿二本。残卷四卷，四十九页。

[附录张元济致丁英桂函，1947年1月4日、1947年10月29日]：

敬启者：[1]

前傅沅叔先生寄旧纸来搭印大本百衲本《史记》。曾经托查，蒙示已印某某卷，尚存纸若干张。记得该（帐）[账]尚存，但弟近患冻疮甚剧，艰于行动，不克检查。尊处当有底稿，乞录示一分。沅翁近有信来，属全寄回。近日北平去货，如何运输？并祈见示。此上英桂仁兄台鉴。弟张元济顿首。三十六年一月四日。

再本公司自印百衲本大本《史记》，当有散片馀存，不知已被毁否？并乞询示。

1 见于《张元济全集》第1卷"书信"，第146页第820函。

敬启者：[1]

本年春间，傅沅叔兄函询战前托以旧纸附印宋本《史记》如何情形，曾蒙开示清单，列举已成未成之数，并馀存未印旧纸若干。此书殆无续成之望，请即属将已成之书及未用之纸，一律检齐，附装平馆货箱之内，托平馆送还傅君。何日装出？并乞示知。英桂仁兄台鉴。弟张元济顿首。三十六年十月二十九日。

【274】1947 年 12 月 2 日
三十六年十二月二日张菊生先生致傅沅叔先生函[2]：

前月赵斐云兄南来，询悉起居安善如恒，稍纾远念。北旋之日并托代候，想荷察及。以前附印黄善夫本《史记》，因倭战中辍，未竟全功。前曾抄呈清单，计邀青睐。此书再版无期，只可就此结束。已属馆友检齐已印卷页及馀纸（附呈清单二纸），打包寄去，由北平分馆转呈，收到后并祈示覆为荷。

[附录张元济致丁英桂函，1947 年 12 月 3 日][3]：

兹有寄傅沅翁一信，祈派人打印二分。一分存馆，一分发下。原信封好送分庄科，附寄北平分馆饬送。费神之至。此上英桂仁兄大鉴。弟张元济顿首。三十六年十二月三日。

1 见于《张元济全集》第 1 卷"书信"，第 148 页第 831 函。
2 据原打印稿，见于《上海图书馆藏张元济往来信札》二，第 310 页。参《张元济傅增湘论书尺牍》，第 393 页第 2 函。又参《张元济全集》第 3 卷"书信"，第 418 页第 286 函。
3 见于《张元济全集》第 1 卷"书信"，第 149 页第 834 函。

北京市优秀古籍整理出版扶持项目

張元濟傅增湘往來信札

柳向春 整理

北京燕山出版社

傅增湘致张元济

【1】1912 年 4 月 27 日

[傅增湘致张元济] [1]：

王批《杜诗》八册拟请尊馆留之，以免与两书失群。且日内计核赀斧、开销各（帐）[账]，亦殊不给也。原价廿八元，祈酌量之。《韩集》价若干，即在内扣除亦可。此请菊公前辈大鉴。侍湘叩上。[壬子] 三月十一日 [1912 年 4 月 27 日]。

陈韫山处（门帘桥玉书堂）有《三馀偶笔》下册。《通鉴纪事本末》前议价十五元，如书寄到，请代付值为叩（外有《夏小正》一本）。杨复堂交来《李太白集》《春明梦馀录》，即寄津（在京时所留）。

【2】1912 年 5 月 10 日

菊公前辈同年阁下 [2]：

南来数月，搜集故书，商榷往还，晨夕不勌，可云至乐。

1 据原信，见于《上海图书馆藏张元济往来信札》五，第 367～368 页。参《张元济傅增湘论书尺牍》，第 1 页第 1 函。
2 据原信，见于《上海图书馆藏张元济往来信札》五，第 369～370 页。又信札左下端分别标"一号 1""一号 2"。参《张元济傅增湘论书尺牍》，第 1 页第 2 函。

临别惆怅，殆不可言。昨奉手示，敬悉各节。日抄百元已交分馆矣。恭、定各府之书已为董、谭所得运东，无法截留。顷绥金来，询知京书尚多，价亦不贵，但精品亦不多（董言得《东都事略》、朱注《孟子》（大字本）、《参寥子》，皆宋本也，其馀元本亦尚多）。拟明日入都访之，并分致各处探搜，早晚必有所得。若大批之物力不能举时，当告我公合资为之也。宋元本固不能必得，若有精本善刻易于出手者，似亦不妨罗而致之。何清钊《汉书》渠索十六元，似太贵，给以八元何如？以所缺太多也。陈韫山濒行时来，购得十数种，中惟何义门评校《云台编》至佳。然湘因此脱船，改乘奉天回津，亦可见癖嗜之深矣。其馀各种不及细看，不知公曾览及否？手此奉复，馀俟续陈。此请台安。侍生增湘顿首。［壬子］三月廿四日［1912 年 5 月 10 日］。

【3】1912 年 5 月 13 日
菊公大鉴 [1]：

廿四到京，往各书肆一行，探得情形并所见各书列于左方：

绥金购某家及恭邸书，最精者数种：

《东都事略》（宋本宋印，藏经笺封面，尚是宋装。闻得之仅卅馀元，盖明板值也）。

《唐书详节》（宋巾箱本，与艺风所藏《隋书》同，只四十馀册。此二书已运日本）。

《古三坟》（宋绍兴刻本，十行十八字）。

《孟子集注》（宋大字本，七行十二字，注十五字。刻印皆

---

1 据原信，见于《上海图书馆藏张元济往来信札》五，第 371～376 页。又信札左下端分别标"二号 1"……"二号 6"。参《张元济傅增湘论书尺牍》，第 1～4 页第 3 函。

精而有疑点。缺四卷，宋讳如完、殷、敬、慎皆不避，構字避，觳字亦避，不知何故？此二书在正文斋）。

《孟子通》（元本元印，甚精美。十一行十九字。即《四书通》之一种。元胡炳文。谭新得者）。

后三书正文索重价，至不能还值，如《孟子集注》五百金、《孟子通》五百元、《三坟》弍百元，真可谓梦呓矣。

正文有巾箱本《六经》，即靖江本，而号称宋本，亦恭邸物。翰文有元本《大学衍义》，乃麻沙本，亦不足贵（恭邸物）。

其馀各处所见则望而知为赝品，不过锦套牙签，炫人而已。

书肆久无人过问，自缓金得利，皆勃然而起，然亦少佳品，不过大部官书居多。恭府尚有书，因残货，又往看。

明日约至某府看书，闻有数百种。

今日购明本《纪（载）[录]汇编》二百馀卷（缺十馀卷），殊鲜见。乃克邸物。

今日见毛抄三种，价仍昂，亦贵人所藏者。

通行书价较前减十之三，善本减十之一二。

见宋本《诗经旁训》（七行十六字，音义皆旁注）。

明本明人集部价亦减，宋元人则如初，如《刘屏山》索六十金、《文潞公》索六十四金，他可知矣。

今日购得会通馆活字本《锦绣万花谷前集》（仍廿金，贵否）。

有旧抄景元《丁卯集》（廿两，六册），抄《宛陵群英集》（八册，卅五），抄《公是先生集》（六册，十卷，六十两），抄《徐公骑省文集》（十二册，廿五两，疑景宋抄。有绍兴徐琛跋，前序亦提行）。各书如要，当为谐价。

有旧抄《甲申小纪》初二三编（初，八卷。二，八卷。三，四卷），皆纂辑明末遗闻逸事，颇有不经见者（如李自成之妾有词一阕，极可怪）。题之江抱阳生，不知何人？有周季贶跋及批语，云得之傅节子，傅盖得之旧家云。四函二十册，索值百元，不肯减。此亦方今流行书，于馆中颇有用，愿购之否？刻已扣留首函，还渠五十元矣（然恐终不肯，以有人曾力索过）。如公须此，可来信示及价目，便可代商。

翰文亦捆载东渡，继绶金而去，其实日人亦未必出重价也。

京中景象稍恢复，然已大非昔时矣。

天津新又有冲突，河北甚惊，奈何。

拉杂书此，即请道安。侍增湘顿首。［壬子］三月廿七日［1912 年 5 月 13 日］。

新得明宣德刊本《诸佛菩萨妙相名号经咒》（四册，具有蒙回藏汉四体文，可谓难得。告之培老，当以为佳品也。价已十元，贵否？）

闻百二家有大批书籍出手，已托人往探。此公宋元本多而精，闻千里已还万元，不知确否？俟得书单看首册，若果精品多，当一面议价，一面电告公处协赀，何如？第须切密，勿为外人道及耳。

前五叶似可与培老一阅，以曾许以报告也。心叩。

上海新有何书？亦乞报告。

元本《乐书》祈为留意，百元以外尚可略增也。[1]

寄存《明名臣奏议》五十本，候与金诵清对换宋本《文章正宗》八册、宋本《韩文》八册。如两书交到，即将《奏议》

---

1 按：以下未见，据《张元济傅增湘论书尺牍》第 3～4 页第 3 函补入。

付之，随后再寄《谢四溟集》来申。

杭州何清钊寄残本前后《汉书》来，请代收，遇便寄津。价乞酌量付之。

绍兴徐仰之配书款请早付与何清钊，渠又有函来催也。增湘拜托。

【4】1912年5月17日

菊公鉴[1]：

到津奉寄一函，入都又邮致一函，此为第三号矣。此间奉公函亦两封，以后请接续列号，以凭参稽，何如？各事答复如左方：

陈估、杨估书尚未寄到，迟日再往取也。《论语全解》是明抄，吴兔床校。全书已带津，此则首册，由京寄回者也。前后《汉书》前函亦以十元为度，与公固暗合也。何评《法书要录》价六十元，亦不廉。若不能买，能过校亦大佳事。

廿八日到恭邸看书，殊无佳者。有开化纸《图书集成》一部，闻绥金已还三千元，不肯售。公处欲留否？然亦无大用处，似可不必也。

项城处曾谒见一次，神采尚英壮，第老态渐增，语气殊牢骚。未见少川（渠近颇受攻击，借款可转圜）。

京肆所见有前函不及者，附书数种。若欲得之，候示再与谐价也。

抄本《宛陵群英集》八册（十二卷），索卅五金。少见。

抄本《公是先生集》六册。索六十金。

抄本《徐公文集》十二册（似从宋本出）。索廿五金。

---

1 据原信，见于《上海图书馆藏张元济往来信札》五，第377～386页。又信札左下端标"三号"。参《张元济傅增湘论书尺牍》，第4～6页第4函。

抄本《东维子》十四册（三十一卷）。索廿金。

抄本《姓氏寻源》三十二卷（不完）、抄本《三古人苑》十卷。皆张澍稿本，未刻。

明永乐内府本《神僧传》九卷，三册（皮纸精印）。四十金。

元本《决科源流至论》前后续别集二十册（十五行二十五字）。百金。

抄本《东冶文抄》十七册（选国朝闽文三十七家，稿本）。索百金，不值。

抄本《天府广记》□册（即《春明梦馀》之最初本，与今本有异同）。

王箓友《说文》四种，稿本。四十馀册。手抄。

《朱竹君文集》，稿本，五十巨册（其子锡庚校抄）。

毛抄《酒边词》一册。

毛抄《圣宋高僧诗选》一册（索五百金，还百金，不肯售。然实精美无伦，拟加至弍百元。有友欲分一册）。

景元抄《揭希韦诗》《揭曼硕诗》《卢彦威诗》，共廿七页，还廿元，未售（精美不逊毛抄，盖汪阆源物也）。

抄本《丁卯集》六册（有"元信安祝得甫挚乾"一行，似景元抄本也）。索廿金。

明抄本《书苑菁华》二十卷（四册，四明范光华藏书）。

抄本《江村语类》二册、抄本《词林闲笔》六卷。皆高江村典料之书。

明抄《六朝声偶集》七卷（吴人徐献忠选）。

抄本《穆河南集》一册（汪鱼亭抄）。拟自购之。

抄本《刘屏山集》四册（拟自购之）。索廿元。

抄本《断肠集》二册（有外集）。

明汪谅本《文选》。

抄本《天下郡国利病书》（缺十二册，价廉。克邸书，蓝格本，校过）。

明本《南丰文集》，录何义门校宋本（渠言何校，吾以为过校也）。

《蔡中郎集》一册（鲍渌饮以汪士贤本据宋本割补校改）。

以上各书如有可用者，下次入都当为商酌。刻下购书者甚少，次等书求售甚急，可以廉。若佳品则仍不肯贬，则绥金东渡之影响也。

同好书有明本《管韩合刻》一部，不知何人据宋本校（名寿，又署涵斋记，不知何人），索百馀金。

在京偶购得残本王刊《史记》十八册，又购八册，竟是原书，可喜之至。旋又配得内府流出之本（有乾隆御宝八九方，"天禄琳琅""天禄继鉴"各印）。又得残本十二巨册，其首册乃是宋本（目录后有"校对宣德郎秘书省正高张来"八分书木记，亦内府物）。计尚缺十馀卷，不知公处有之否？附目别纸，希便为一配，或询何清钊亦可。

文友书有残本廿馀册，亦王本，有十馀册为内府流出者，公欲得之否？价亦未必贵也。陈韫山手购得何义门手校《云台编》，价廿四元，尚不贵。又明翻岳刻《左传》，亦佳（前函似已及之）。前时购得明本《纪（载）[录]汇编》二百馀卷，最为少见。中缺卷，附后别纸，有便为代配，至荷。

又购得《诗观》初二三集，亦禁书也。六函（邓汉仪选，皆国初人）。寓中逼仄，书箱竟不能开。家事殊冗，《庄子》尚不及动手，再过半月当拨冗为之。手此，敬请台安。傅增湘顿首。旧历［壬子］四月初一日［1912 年 5 月 17 日］。

《纪（载）[录]汇编》缺卷：四十二至五十六，九十八至一百〇一，一百〇九至十八，二百十六卷。

王本《史记》缺卷：廿三、廿七、卅八、卅九、九十七至一百〇十，共十八卷。

尊处残宋本《史记》目录后是否有张来一行？请查示。

前在京购得元本《赵松雪集》，缺第一至第三卷，忆尊处似有之。此书恐难配，拟抄补全。不知抄工需若干？希示及。用旧棉纸抄，敝处有之。

陆函祈饬送，并请询明号数见寄[1]。

【5】1912年5月27日

菊公前辈鉴[2]：

前日承寄到《通鉴纪事本末》《八家诗》《春明录》《李太白集》《论语全解》，已照收。昨又寄到《子史精华》《水经注》《逸周书》《汉书》残册，亦如数领讫。卅日函亦敬悉。《法书要录》本系丁氏书，将来拟过录也。宋抄本是否《乾象汇占》？（亦此）[此亦]恐是持静所藏，此种秘笈幸勿失之交臂。陈韫山处之书曾谐价否？何义门批校《津逮秘书》可问之韫山，即非亲笔亦当有所本，且《持静目》固明明言义门手校也。恐是书估狡狯，或又以重价啖人，亦未可知。近日因家中办喜事，不及入都，然据各人来函，亦无新货，大要恐须略迟。教育成绩已面告蔡学使，言业通告催取矣。承垫书[款]存津购物，抑先交分馆？希便语及。此请台安。侍湘叩头。[壬子]四月十一日[1912年5月27日]。

正封函，得手书，答复如后：

《甲申小纪》衬纸锦函，袁公子已还七十元，恐遂归之矣。

---

1 按：信末有张元济批："地址劳合路德裕里一弄第一家。"
2 据原信，见于《上海图书馆藏张元济往来信札》五，第388～390页。又信札左下端标"第五号"。参《张元济傅增湘论书尺牍》，第6～7页第6函

《纪录汇编》二十馀巨册，价廿四元，第装衬亦须此数，不然不可触手矣。

《徐公文集》抄不甚旧，容细阅，或寄公一审定亦可（卷数合）。

《道园类稿》前函曾奉托（小山云值五六十元），价目差似子培所拟，乞代办为荷（吾乡人，故欲得之）。

《学津讨原》百馀元可购，京中此时亦尚贵。如《津逮》亦尚在百金外也，《学津》又当过之。

元本《松雪集》前日曾购得残本，存卷六至尾（只三册，缺首册），以配尊藏固善。第刻亦拟抄配以足之（三册十六金）。

百二处只见《黄文献》《道园学古》两种，尚未到手。增湘再上¹。

【6】1912 年 5 月 30 日

菊公鉴²：

昨日到京（因为舍侄娶媳，在津十馀日），即闻百二书已为谭正文等三数人串买得之（宋元本外，抄本尚多）。急往各处一搜，得见《于湖居士集》一部，宋刊，薄棉纸精印。索价殊高（三千元），弟还以五百元，尚不肯让（四十卷，十二册，稍有抄配，精极）。又宋刊元补《南齐书》二十册，白麻纸印，宽大殊常，有礼部官印（甚大）。弟以百卅元购入，亦可谓重值矣。今日入城，又至一友人处，见书七种。弟还价五百元，恐未必能成也（别纸开列）。闻精品略已出，惟《礼记

---

1 按：纸末有傅增湘手书："附五号。"
2 据原信，见于《上海图书馆藏张元济往来信札》五，第 391～392 页。又信札左下端标"五号"。参《张元济傅增湘论书尺牍》，第 7～9 页第 7 函。

正义》尚未售，索四千元，正文还八百元，未成交，恐此书未必卖也。谭等以诈伪巧取，内欺本家，外欺同行，至为凶狡可恨。闻诱其公子游荡，及赂通男女僮仆方得手。临卖时，约数人诈称京津各书店人名投封，此等行径，宜我辈之不工矣。《甲申小纪》五十元已肯售，无须加价，已交京馆寄申。采辑虽不精，然究是旧本，颇繁富，况又有周批乎。其款即在存款付之矣。此外如有好书，恐通信缓不济急，将来约一电文，或能在京馆临时用款，方为便当，希酌定办法。宋元及抄本颇有之，第价未必廉耳，然佳品终须购之。此请撰安。侍湘顿首。〔壬子〕四月十四日。（1912 年 5 月 30 日）

宋本《老子道德经古本集注》二卷（十行十七字。据避讳，当是孝宗时刊本，朴雅，初印，皮纸。次行结衔"前万寿宫掌教南岳寿宁观长果山范应元集注直解"）。

宋巾箱本《孔丛子》七卷（八行十四字，甚精，惟不避讳可疑耳）。

元本《集千家注分类杜诗》二十五卷（十二行二十字，黄鹤补注）。

宋本《春秋名号归一图》并表（十一行十八字，注双行二十四字，甚精，相台岳氏本）。

元本《骆丞集》十卷（十一行十八字，与《平津馆》所记合）。

鲍以文手抄《泠然斋诗集》八卷（宋人，据《大典》本，一百四十六叶）。

成化本《刘诚意伯文集》二十卷。

以上共七种。

《南齐书》恐是元印（九行十八字），但厚白麻纸，不知元时有否（决非明印。或补板是晚宋，未可知。补板不避讳，原板大字古朴深厚，略如蜀本《史记》，请向子培一询之)?

【7】1912年6月1日

菊翁[1]:

盛书已落厂贾手，精抄颇多。宋元得在他处见，价恐不廉。尊旨如何？速示再议价。湘。[壬子四月十六日，1912年]6月1日。

【8】1912年6月4日

菊公鉴[2]:

今日得来电，又由津转来五号函，敬悉。兹分类述如左：

盛书殊费手，除老谭巧取不计外（外人不能进门，因诸人运动已数月乃成熟也)，此外传闻有耆寿民、宝瑞臣、景朴孙三人。耆自用，宝、景皆营业，然从二人手实无大便宜。闻宋元并未出完，已托宝疏通往看，已允矣，大约数日内当可去也。

景朴孙处去三次，购得宋元三种，价极昂。今日又看数十馀种，选择最精美者（卅馀种)与议价，还八百元（外加一目)，别纸列之，大要皆难得之品也。景殊巧，渠不言己物，谓代我取阅。然闻其略购数十种，亦未必皆其物也（亦实有向盛取者)。

谭所购无宋元，抄本多精，但尚未分股，亦不能购。弟竭两日力已遍阅，差可者属伯恒抄单奉阅。如需何种，可来函也。如大宗与议，似亦尚可略廉。

1 据原电，见于《上海图书馆藏张元济往来信札》八，第378页。参《张元济傅增湘论书尺牍》，第9页第8函。
2 据原信，见于《上海图书馆藏张元济往来信札》五，第393～398页。又信札左下端标"七号"。参《张元济傅增湘论书尺牍》，第9～11页第9函。

《道园类稿》如明翻刻，即不值重价，较子培略增可也。

《纪录汇编》即《汇目》所记，前误书也。

别列前函所开抄本书，容略迟再取之，目前所急在盛，迟恐他人取去（李莲英之五侄乃大购书，今镜古为投价，与谭合谋者。佳椠古本如入阉孽纤儿之手，可为士林羞，可为古人哭）。

愚意此时购书，不过平价得善本而已，不能过省也。前时重价固无好货，今则可以纵览，亦一快也。既不能直接交涉，则价自须略较正文等略增，不过较取自估手已廉。

《松雪文集》查来单，缺六至十，则敝处所缺一至三卷固可抄补。且其字体仿松雪，元刊即此，无他刻也。

匆匆奉布，即请台安。侍湘顿首。［壬子］四月十九日［1912 年 6 月 4 日］。

另事容相机言之。

宋本宋印《礼记正义》四十册，此书恐须千元以外也。

《于湖居士集》十二册，四十卷，已还五百元，恐不成。不知尊处能增值至若干？

残宋本《倚松老人集》一卷半，尚未见，亦百二物也。附七号。

今日在景手购得宋元三种如左：

宋《道德经古本》弍册（乙百九十八元。此种太贵，拟自留之。下二种公留否）。

宋巾箱本《万宝诗山》卅六册（缺三卷，有抄配。一百十元。装订精美，卅八卷，怡府物，每卷有印）。

元本《骆丞集》十卷（五十五元，与孙渊如所藏合）。

此三书明知价昂，然因初次与交，非重利不能破市贾之围也。

敝处经济亦殊不裕，看好书不能多取，亦可恨事。然吾两人应如何分析，亦应预与筹及。大要敝处留书总居少数，或书由敝处买，除鄙人必需外，以原价让诸公，何如？好在此间情形及迭次交涉，伯恒尽知之也。

另单景宅数十种，皆选最精者，八百八十元不知肯否？前日因买上数种书，已向伯恒暂借四百元，回津即付还。仆拟略筹千元，以资周转，公处能多否？或此次未奉公手示以前，此单仍由鄙人购，公欲何种者可相商也。

宋本《倚松老人集》残本（四十馀番），索百金，已还五十元，不肯。然此孤本也（此可告筱翁知之）。

《张于湖》为海内孤本，价太昂，无法可设。或借来影抄一部，恐亦须弍百金也。湘再启。［壬子］四月十九日。附七号［1912 年 6 月 4 日］。

明日回津一行。节前当到京。

有明本校宋《礼记》要否？题朱邦衡校，恐不确。盛宅书不出，此亦差强人意也。盛书闻不（买）[卖]矣。

【9】1912 年 6 月 7 日

菊公鉴 [1]：

在京发七号函。附书目两单，计收到。廿一日回津，又收到第五号函。附韫山各函，亦领悉。各事酌答并述大概如左方：

宝约廿日看盛书，因多留京一日。乃临时往盛宅问询，则又无人接待。宝谓其子大爷之派颇足，即厂市书估封价已十日，尚未有消息。观其情形，似宝不如景消息之灵、手段之敏

---

1 据原信，见于《上海图书馆藏张元济往来信札》六，第 1～6 页。参《张元济傅增湘论书尺牍》，第 11～12 页第 10 函。

矣。今日景来津，托之。渠言往看必可办到，但其书不再零拆。且俟看过再计。若专购宋元则办不到，且恐有限也。

前由景手得书三种（三百六十三元），除《老子》一百九十八元（二册，计一金一番，太贵矣）自用外，其《万宝诗山》（宋巾箱本，卅六册，缺三卷）及元本（明印）《骆宾王集》一百六十五元。尊处要否，速来函。敝处财力不裕，亦不能久搁也。

前日再看景书，时因尊电未到，故仓卒遂还价八百八十元。前函谓即由湘自任之，将来如成交时，公要何种可以原价相让也。然景今日来言，尚不肯售，只得听之，亦不再加也。

《流寇长编》十六卷，尊处似可留，归入新印流行各种内（十六册，不衬）。

《皇朝事实类苑》六十三卷，亦无刻本（只有宋刊）。

《老子》行款前函及之，乞代询子培先生及艺风前辈，得暇一考校之（此种各家不著录，后序有晦菴云云，当与朱子同时或略后也）。

《倚松老人集》残帙，还五十元亦不售，可恨（只四十馀番也）。

《于湖居士集》再四往审视，实为精美。还五百元，只可听之。拟景写一部，约计亦须一百六十金，且未必能办到（顷见明刻只数卷，与张文昌合刻，万历本也）。

恭邸《图书集成》据景言（目见之）是竹纸，似可不必问价。已告伯恒便为一查。

在厂市又见抄本《九朝谈纂》，亦明代野史，蓝格旧抄，索八十元（禁书也），未还价。

又抄本《殷顽录》六卷（缺第五卷，明季书，价数元），似亦可购。

十九日薄暮，在厂市摊上以银币两大元得一残本书，为淡生堂抄《国朝名臣事略》末册，黄荛圃手抄补后序及各卷缺叶，共十五番，题跋两段。中夹宋刻宋印《论语》一叶，颇自忻喜。然如此名抄秘笈，令其流落不偶，又可叹也。

前函附寄厂市所见盛书，抄本为多，宋元竟无一种。公阅后如有可取者，先示及，此时亦不能买，因各股尚未分。将来不知落于何人手，如在镜古，则竟为阉孽所收矣（镜古乃其代表，他家则自营业）。

又有人持《皇明同姓诸侯》各表来，只六册（不完）。中有牧翁朱笔校改处，亦绛云馀烬而吴江潘力田漏网物也，索廿金（去年曾索四十金）。

又抄本《群雄事略》二册（牧翁辑），索十八金。

盛书内有《唐语林》，荛翁跋数段，不知艺风搜及否？若未见，当代抄寄。

盛书玉雨堂藏印甚多，乞语培老。

前函言有宋人抄《乾象（〇〇）》[1]《新书》一书，不知确否？刻有人颇欲得此物（如已相告，乞为踪迹之），乞公与议价，重资亦不惜也（是否宋人手笔？记《爱日精庐书目》有一名《乾象〇〇占》者，亦言为宋元人旧籍，不知与此为一否？乞详考之）。

［壬子］四月廿二日，傅增湘顿首。第八号［1912年6月7日］。

---

1 按：原函如此。

【10】1912 年 6 月

[傅增湘致张元济函]¹:

宝瑞臣交来书目，属代售。其中亦无特绝之品，如毛抄《古文苑》（士礼居藏本），二百金尚不肯售，他可知矣（其目容属伯恒抄寄一分）。

外金诵清一函，乞加廿四元送去。其款即请记入，将来在购书（帐）[账] 内划拨可也。

《松雪集》即沈伯玉本，十二行二十二字。敝处缺第一至第三卷，乞设法代抄，或乞交馆寄津，再影抄亦可。

《守山阁》只配得《左传补注》（仅一半）三卷、《春秋正旨》一卷，索两元，要否示及。

《皇舆表》会经有之而不肯配。

《聚珍板丛书》尊处未有者似可抄一单来，此时配零种决不贵。

外阜丰公司张习之一函，乞代垫洋九元送去，亦记入（帐）[账] 中，至叩至叩。

拟购各书附答如下：

《徐公文集》，首册有金侃跋一篇，谓从虞山牧翁本录出，钱则自内府南宋本出也。抄手恐是嘉、道间人。

《宛陵群英集》《东维子》皆同一手抄，《丁卯集》亦然。大约二元一册，通计之必可办到。

《书苑菁华》《六朝声偶》皆明蓝格抄本，恐值须略增。

朱竹君文非少河手抄，然少河手校，改字甚多，其文则较现行者多一半，大约删订之本。

鲍校汪刻《蔡中郎集》已运往日本矣。

---

1 据原信，见于《上海图书馆藏张元济往来信札》六，第 7～10 页。参《张元济傅增湘论书尺牍》，第 12～13 页第 10 函。

《江村语类》无江村手笔，可不购。

近得一消息，言东洋售书（谭以万馀元交千里出洋，而并无契约）殊不利，谭大灰丧，无意再谋盛书矣。又疑千里所言不实，将躬自东行，则肆中又少一障碍矣（翰文小韩亦不利）。

前购宋本《南齐书》，据李木斋师言，是北宋监本而南宋及元递修者。末有嘉祐六年牒文。

增湘再启。第七号附张[1]。

【11】1912年6月15日

菊公鉴[2]：

前奉不列号函，内附沈、缪函，谅察入。沈迁居否？并示及，以便寄信。前开八百八十元之书，种种皆精美，尤多难得之品（如《鹖冠》《墨子》《晏子》《长安志》皆可贵。木斋亦云然），然至今尚不肯售，湘又不欲加价，姑迟数日再看（此四种皆非寻常明本也）。此中如公所要者多，亦拟略增二十元以收之[3]。湘所必须者，亦不过数种耳（如《山谷集》《蒲菴》《蜕菴》《陈刚中》《青阳》数种耳）。兹又见各书，别纸附呈。如价不远，则径为代定矣（各书与公所定抄本价相悬，故未敢定，然有校及无刻本者，固当别论也）。往返需时，动辄半月，而事机不免有失者[4]。此后应如何订立办法，庶可速捷，希见示，以便遵循。盛书入厂贾手者闻将分矣，然闻所费亦近三

---

1 按："七号"似为"八号"之误。
2 据原信，见于《上海图书馆藏张元济往来信札》六，第11～17页。参《张元济傅增湘论书尺牍》，第13～16页第11函。又参《张元济全集》第3卷"书信"，第273～275页第2函。
3 按：此处有张元济批："可以照办。分析之法，可照第九号去信所拟办理。所要各种，就来单上注明'要'字，与沅叔所必须各种均不相犯。惟大局摇动，市价渐平，幸善操办。"
4 按：此处有张元济批："书有甚精不及函商者，请径定价。分析之法最好各半，否则公一我二亦可。至前拟抄本之价，拟据四月初一来函'次等书求售甚急可廉'之语而定。至于精本，自当别论。"

千元，恐看利不免稍重。前属伯恒抄单（零种抄本有极佳者），如可用者，当为留意。若如来示所云加价总收之，恐已办不到矣（亦不合算，其中亦有普通书也）。孝先书将售之德人，价尚不谐（亦因种类太少，不完备之故），渠亦未必售，不过姑为此大言耳（要十万元）。手此，即请台安。侍增湘顿首。［壬子］五月初一日，第九号［1912 年 6 月 15 日］。

临时教育会议公赴否？侍拟谢之。然公来可商购书，亦一快事也。

旧抄《能改斋漫录》，八册。（有陈仲鱼图象印、王西庄印数方，每卷有之。朱笔、蓝笔校。有墨笔加签甚多。有人谓蓝笔为陈笔者，墨笔为王笔，亦相近。此种四十元，不少。）

元本《元诗》六卷，二巨册，宽大，原装，不衬。（有不经见之人甚多。此种索三十元，言不能少。前集三卷，傅习采集、儒学学正孙存吾编类、奎章学士虞集校选；后集三卷，仝、仝、仝。）

旧抄《都官集》十四卷并附录（知圣道斋藏印三方。据目，无刻本。锦函精装六巨册。此种亦要三十元。）

旧抄《古文尚书考》（惠定宇）一册（抄甚工，亦旧，略有批校，恐是稿本。）

又，《古文尚书郑注》一册［王伯厚辑，王西庄朱墨笔（亲笔）批校，增改甚多。］

又，《离骚草木疏》一册（景宋抄。徐康跋，谓鲍刻面目全失，此存其真。）

此三种，又一人索价三十元。王批《尚书郑注》最佳也。

又有《说文谐声谱》二册，残本，亦在此内，但不值钱耳。（李至中稿本，篆楷亲书，甚工雅。）

又一闽人持来书：

《榕阴新检》，四巨册（不衬纸），十六卷。抄本（古天开图画楼抄本，黑格纸）。徐兴公编辑，未刻本（亦《明人说部》之类，但专记闽事耳）。三十元。

《海滨逸史》一册，三卷，闽中陈怡山记，戴芝农抄本（第三卷言学变记事）。五元。

《闽中东冶文抄》十九册，索百元（此无大味，可不购）。九号[1]。

景元本《元秘史》正续十五卷（六巨册，一匣，顾千里跋，大字。询子培当知此物）。一百五十六元。

读书堂抄本《龙川略志》，二册（明吴匏庵抄。二十元）

郁冈斋抄本《纬略》，四册（景宋本，见《郘目》，颇佳。三十元）

抄本《钜鹿东观集》，一册（景宋本。十元）

《翠屏集》，二册（成化重刊本。八元）

《陶学士集》，六册（弘治刻本。十二元）

《篁墩文集》，十二册（成化本。二十元）

《云松巢集》，一册（抄本，翰院印。十二元）

《隆庆（〇）［四］年（记不清）登科录》，二册（明刻本。八元）

共计九种，不拆。九种，还弍百八十六元，尚无回信[2]。

1 按：此处有张元济批："第十一号覆。以上均可要。平均六七折可全留。否则去《能改斋漫录》《榕阴》《海滨》三种。"
2 按：此处有张元济批："七月十日十四号信。可加至三百元。《元秘史》一种我欲得之。"

【12】1912年6月23日

菊公鉴[1]:

　　奉九、十号函，敬悉。近日因有私事，又政界略有变动，不及入都。盛书已售出者，闻各贾尚未分。其未售者，不知如何办法。《礼记》据景二言索四千金，即出到此价亦未必售。小山来函，言千金不贵，恐亦无效也。拟略迟数日入都一视，或浼景同去一看再议。合赏事，俟有大票再取用。前言景书已还八百八十元，冷之半月矣，尚无消息。昨问之后，言须再加百五十元，则千以外矣。拟先加数十元，再面与之交涉也。《道园类稿》五十元肯售否，或酌加数元为侍代购，何如？

　　来示所开各书，俟分股后再为议价。其中有数种为侍所欲得者，议妥再定未晚。宋抄天文书能为议价否？有人颇欲得之，其愿望何如？缪来函，言见丁持静宋元数种，价值何似？何校济美《柳文》价若干？乞询之。《万宝诗山》已让与袁豹丞，则《骆丞集》自应为公留之。《倚松老人》索百金，已还五十元矣。来示谓选择从严，侍亦同此意，当照办。《绍兴同年》《宝祐登科》二录，渠等视为奇宝，恐难于购妥，其馀相机为之。何校《鲍集》勿失之，《永乐大典》容徐探之。近约孝先、章式之、吴佩伯三人编书目，不知尊藏书目有罕见者否？希查示。馀再详。即请台安。侍增湘顿首。〔壬子〕五月初九日[2]〔1912年6月23日〕。

　　《畿辅安澜志》已购得。

1 据原信，见于《上海图书馆藏张元济往来信札》六，第18～20页。参《张元济傅增湘论书尺牍》，第16~17页第13函。
2 按：张元济批云："十号。七月三日覆，即十二号。"

【13】1912年6月24日

菊公鉴[1]：

　　昨函未列号，乃忘之（应补第十号）。兹有陈松山明人集部全分目录，各注有价，第不分售。此公搜求三十年，为《明诗纪事》，中颇多难得之本，不知涵芬楼中愿得之否？渠言照码六折，不再少（或可略少），希阅定示知。又闻南浔张公（即刻《适园丛书》者），亦颇好明集，或怂恿之，何如？此公老而贫，又急行，再三重托，不能不为尽力。别有四部目，无宋元本目，有友人借看，未交回（中有宋十行本《左传正义》，仅上半部，码百廿两。十行本《穀梁注疏》半部，码廿两。不知公处可配否？刘耀山之十数册购入否？），如有意者，亦可商（其总价亦在五千金外），望速复为盼。明日入都，将定景书矣。此请大安。侍湘顿首。［壬子］五月初十日。十一号[2]［1912年6月24日］。

【14】1912年6月28日

菊生前辈大人鉴[3]：

　　十一日到京，奉诵第十一号来函，俱领悉。各项具述如左：景氏书要求加一百五十元（正价，尚要加一），旋又略减，复议至千元而定，昨日已将全书取回矣。所要各书，容稍缓将各册细阅，价值匀定，再为奉答。其中亦尚有两种为湘所欲留者，吾两人当易商也。昨日（十三日也）又得介绍人（已谋之三次矣），始入盛宅看书。自十二点起，至六点止，天气酷热，

---

1 据原信，见于《上海图书馆藏张元济往来信札》六，第21～22页。参《张元济傅增湘论书尺牍》，第17～18页第14函。
2 按：张元济批云："七月三日复。"
3 据原信，见于《上海图书馆藏张元济往来信札》六，第23～31页。参《张元济傅增湘论书尺牍》，第18～20页第15函。

287

傅增湘致张元济（1912—1945）

手足疲劳，神思困惫，回店即高卧。今乃述其大略：

《礼记正义》乃南宋绍熙辛亥仲冬浙江庾司三山黄唐刊本。末叶有跋八行，述刊书始末。惠跋称为北宋本，误矣。卷尾有校正官进士傅作膺等八行衔名。刊式古朴，犹有北宋榘范。亦间有补刊之叶（亦非一次，不避讳），补抄亦见二叶，然皆精善。印刷清朗，真莞夫所谓字大悦目者。皮纸洁白如新，不意七百年来经兵燹沧桑者数次，而完整若未触手，诚经苑之瑰宝也。

惠跋云，以校毛本，讹字四千七百有四、脱字一千一百四十有五、阙文二千二百一十有七、文字异者二千六百二十有五、羡文九百七十有七。然则有裨经训，非徒秘籍孤行，供艺林之雅玩而已。

每半叶八行，行十五字，注双行二十二字。分订四十册，纸本阔大，长约一尺零，阔约七寸。

艺风来书谓千金不贵，吾无间然。

此外宋本有白文《四书》（两种，须详考），五册。《甲申杂记》《闻见近录》共三册（十行十九字，似活字本）。元本有《文献通考》（一百廿八册，大字初印）、《玉海》《新唐书》《潜溪集》《吕氏春秋》《诗经旁训》。明抄本《太平御览》，《文苑英华》四百馀册，抄本约一百卅馀册。明本棉纸（多嘉靖以前罕见之佳椠）约四百册。拟与一书店（非厂中人）合资购之，吾两人出三千元，得以上所开书（其馀书尚多，然精品尽此矣），馀不问。已属伯恒开单。湘今日与开议，该店尚未核算清楚，未能即时回信。俟两协商，当向宅中谐价也。惟该店以此票总须六千元以外，店中苦不能举办。湘与伯恒商，三千元外如该店事成而必需款时，拟再借与千元或八百元，分期归还，亦俟一二日定议。第借款担保及筹还须牢固耳（以上各书即四千元亦殊廉，通行明本均剔出。明本中如柯《史记》、王《史记》、裴《文选》、世德六子皆初印精本，其他孤集尤多）。再成议时即电闻，以便兑款，湘处只能集千馀元。

书目迟日即开呈另寄。

景处又见一批书。已还百馀元。

有宋小字本《春秋》胡传（瞿《目》有之，相同，印尚精）卅卷，尚未还价。

又有（宋本）《东莱校正晋书详节》，十四行二十三字。（还百元，不肯。）

再，前开价之抄本一单已为购妥（计一百廿元，约合七折），惟尾数尚未付清。拟请将前函开单寄回一核，湘处原单遍寻不得也。

此次在伯恒处用洋五百元，俟出京时再与之结算。手此，即请台安。年侍生傅增湘顿首。［壬子］五月十四日。弟十二号［1912年6月28日］。

宋人抄《乾象新书》，友人拟请公视其抄手粗精还价，大约尽一元一叶至一金一叶为度。第谐价复能得见原书后再付价为妥。因敝友性颇坚执，恐其中或有差舛，难于转圜也。祈酌定速示。此请撰安。湘又顿首。

《方言》已得见，索六百元，尚未还价（全书十三卷，九十馀开。一金一叶恐不行，二百元亦未易也，如何如何）。

《张于湖集》（十二册），已还至一千元，以为必无人与争。端节前日有专人到津告我，言已有人增至千一百元。初不之信，及此次索之，则端午以千二售去矣。此行所见书以此为甲，而竟失败，可为痛恨者也。然《礼记》又当胜此，湘拟以千金得之，以弥《于湖》之憾也。

景索《方言》甚急，拟先下手。

张茗柯全集手稿本十八册（内《周易》《仪礼》等经说十种，文集等五种，未还价。一匣刻盛款，蔡右年题篆）。

《宋史》［王损仲（名惟俭）重编，明末人。六函，新抄。有徐午生跋，言抄成而公没矣。未还价。

两书要否？可来函，以此种似可缓也］。

《洪范政鉴》（十二卷，分上下，宋绀熙殿抄本。精楷古雅，宋讳皆避，如"休徵"作"休证"、"元贞"作"元正"。此物为景购得，持以相示者）。

【15】1912 年 6 月 29 日

菊公鉴 [1]：

书单寄呈，其精萃大致尽此。此外金石书画类之书籍，湘因不在行，未及披览（尽半日之力亦殊倦，不及顾矣），恐亦非公所重也。价三千元已托人转致（未与主人晤），恐尚不行。俟湘略为操纵，当可有成。借给书店千元一节已作罢，该店欲别邀一人，尽其馀籍。而前途又谓吾所选者太尽，无可贪，尚未定议。或者将来须让书数种与之，亦未可知也。前十二号函已收到，《陶学士集》已有，各书容代留意。此请台安。湘顿首。［壬子五月十五日，1912 年 6 月 29 日］[2] 十三号。

【16】1912 年 7 月 1 日

菊公鉴 [3]：

到京曾寄十二号函，想入鉴矣。与镜古合赀购盛书事尚无

1　据原信，见于《上海图书馆藏张元济往来信札》六，第 32 页。参《张元济傅增湘论书尺牍》，第 20 页第 16 函。

2　按：原信无日期，此据《张元济傅增湘论书尺牍》第 20 页补。

3　据原信，见于《上海图书馆藏张元济往来信札》六，第 33～34 页。参《张元济傅增湘论书尺牍》，第 20～21 页第 17 函。

消息，大约约人收大宗通行书殊难也。《玉海》闻缺一册（尚未查实），果尔则不再加价矣。韩子原自日本回，亦殊有野心。景二则日与盛公子游，所以交欢游说者百端，欲其拆售，以便攫取。然则此举成否？殊未可必。湘在此已七日，有事须回津一行，得信再来未晚。已托伯恒随时刺探矣。老谭等已分书，来单所要（来单未寻得，当时曾记号于书目中，请查明，不知合否）已开价别纸，不能办只得听之，或者稍缓之。只要不出洋，终可办也（两店均有资，未必贬价也）。昨夜景送书一包来，极佳。还洋二百八十六元，未肯卖。今日又追进城去，恐亦谋此，此人真书行之蟊贼也。然价已不薄，而不能市估争，则吾辈穷于伎矣。《方言》索六百五十元，还式百元不肯，只得再说。景二亦再三谋之，渠不藏书而专好破坏人事，不知于意何居？到此七日，极劳顿，而所获殊少，只得见意园藏籍差足慰。手此，敬请台安。年侍生傅增湘顿首。［壬子］五月十七日［1912 年 7 月 1 日］。重十三号。

【17】1912 年 7 月 6 日

菊公鉴[1]：

在京发十二号函十三号函，想已入览矣。十九日回津，《礼记》事又托两书店（田中托文友办此，殊可恨），如购得，以一千元预定，不知究何如。前日又面托景公，大约此路较近。湘初意颇欲得此书，继而思之，私家之力一再传而渐不可知，不若藏书楼中之保护较久。故将来如成交后，亦仍以相让，第得书始末及略有愚见欲挂名简末为幸耳。《元秘史》（十卷，续二卷，与今刻本分卷不同）一单，濒行日已购妥，因此

---

1 据原信，见于《上海图书馆藏张元济往来信札》六，第 35 ~ 39 页。参《张元济傅增湘论书尺牍》，第 21 ~ 22 页第 18 函。

多展半日，价叁百〇八元（《元秘史》一种，老谭还一百卅元。次日又往景处谋之，韩子原亦往景宅谋此书，湘已先到成交，韩不得入门而去。闻日人托购，故诸估汲汲如此）。《龙川略志》及《纬略》皆有名抄本，然得价亦可谓昂矣。书于明后即交分馆寄申，并历次所购者均为一箱。除湘留数种外，馀亦分配价值，因恐有人分用也。老谭及宏远两单，阅后乞示以最平之值，缓缓相机为之，日内亦暂不到京也。濒行闻景言，盛书有分类投封之说。果尔，则前单所开各种亦可还价，第恐不及市贾之捷耳。今日伯恒来函，言与镜古合赀事已回话。言还五千元，不肯卖（自己三千，即前单内书。镜古二千，闻代李七购者），闻已有还六千五百元者。本家非八千不售（前单满打可值四千元，馀四千元则通行书。多难于出手），则无办法矣。鄙意全买殊不上算，若能办到分类投封（景已去运动，自言有成），则一千略出头亦可办，乞速示以价值，以凭代办（景自言不要此书，第要《大金集礼》，不知其语可信否也）。馀书亦可酌封一二号，如《文献通考》《玉海》等，则不必还价矣。孙伯恒书另单二种，殊不佳，可不购。《宋史记》（王维俭损仲所辑，见渔洋笔记中，无刻本）六大函，如价在百元内（七八十元），拟为公购之，以抄值计，不过半价耳。而书亦少见，虽新抄亦足贵也。意园书所见及所购者，均另册记其行款题跋，惜杜诗（黄鹤补注，宋刻宋印）在景宅，尚未见耳。《倚松》已得见，只四十二页半，索一百金，太贵（宋刻宋补）。其行款容再抄寄。巾箱本《胡氏春秋传》拟不还价。《方言》若无景二，则定可购到。其两序已抄得，拟请伯恒为校一部，不知办到否？编目尚未动手，事冗而意绪不佳，奈何奈何。手此，即请台安。湘顿首。［壬子］五月廿二日［1912年7月6日］。十四号。

陈松山书求售甚急，大约五折亦可办到。此间尚有四部目，其中明代野史罕见者不知公可用否？如价廉而可检取，未始不可。书已移津，俟看过再奉闻。明人集一册可代卖否？希速示及，日内屡来问及也。湘又顿首。

[附录孙壮致傅增湘函，1912 年 7 月 5 日]¹:

沅翁先生有道：文昌馆杨君交来两书，另纸开明，闻价已面谈矣。顷接老段（即镜古也）电话，云百二处共给过五千元，不肯让，而十八子又不肯多摊。传闻有人还过六千五百元，藏主非达八千元不出让。究竟应如何办法，祈卓（才）[裁]，以便转达也。此颂道安。孙壮顿首。七月五日。

《西山先生真文忠公文章正宗》二十四卷。十行廿一字，注双行廿一字。序目缺残五六叶，虫蚀甚多，首卷尤残破不堪。收藏后非大加装订不可。有默园、东海徐浩之印、江陵邓氏、承渭私印、定丞鉴赏、徐邨藏书、荆溪万氏藏书等印。元刊本。

《新笺诀科古今源流至论前后集》各十卷，续集、别集各十卷。闽县林骃编。有黄履翁吉父序，十五行廿五六字不等。全书纸色亦不一，注双行廿五字。目录首二叶抄补，目后有木记，方栏中述刻书原始，惜存三半行，不辨年号。书面有野鹤主人张敦识语二段，定为宋刻三山本。横帘纸。壮疑系元本。有江陵邓氏、默园、奉新帅氏收藏、承渭私印、张敦之印、定丞过眼、定丞鉴赏等印，甚新。惟丁氏仲辉、雊□世家二印甚旧。十四号附。

1 据《张元济傅增湘论书尺牍》第 22 页第 18 函补入。参《张元济傅增湘论书尺牍》，第 22 页第 18 函附录。

【18】1912年7月12日

菊公前辈鉴[1]：

盛书自出五千后，伯恒来函言不行。湘又去信，今镜古再出五百，吾等再加五百元，则可至六千之数矣。若六千五百之数果确（老段言已有出六千五百者），则亦无效也。又或镜古不再加钱，我辈独加一千元，则须我等再挑取明本抄本数十种亦可。已告与伯恒属与交涉，尚未见复也。其次则仍托景君（已去函托之），运动其分类投封之策（景亦持此策，劝其分宋、元、明、抄及殿本，各为号），则亦可办数种。但如此则又有他人协谋，前函所开决不能全得矣。又托翰文，言此票购出以千元为《礼记》代价（渠谓自摊不过四五百金也），渠谓封出再说。此皆为公画取《礼记》之策，但成否殊未敢必耳。以愚意揣之，合股全购必无成也，视后二策何如耳。《方言》系南宋本（庆元庚申李孟传官浔阳时刻于郡斋），伯恒来函，言让至五百元，亦只听之。大约式百元（前出之价）外再加数十元足矣。此书除景朴孙外，他人亦无购者，但恐运往日本耳。前在谭处看书十一种，让至四百七十元（出至三百元），亦拟不购（此单前曾抄呈，中有《礼记》校本者，此外又加《百川学海》九函耳，缺戊函），迟月馀再说。

今交分馆带上各书计一箱（另单。计值一千一百廿五元）。除在伯恒处所用外，请公将敝处欠款开一单，以便小作结束也。

近日受暑头痛，颇不适，不能入都，奈何。

宋抄天文书即景托买，如公可以让者，或仍代为办理，何如？手此，即请台安。侍湘顿首。〔壬子〕五月廿八日〔1912

---

1 据原信，见于《上海图书馆藏张元济往来信札》六，第40～48页。参《张元济傅增湘论书尺牍》，第22～24页第19函。

年 7 月 12 日]。十五号。

《长安志》。据荛甫跋谓，虽明刻，最为难得。黄虞稷亦谓不经见，则难觏可知。且黄跋谓毕刻改易行款，并有缺叶，而此可补之。敝处无经训堂刻本，无从校对，且已装入箱内，不便取出（竹垞谓字画粗恶，未免著眼太高），公得暇如查出毕刻所缺何页，希见示，以便补入也。再，此书作价宜稍增，如全为公所留，则仍之可也（公如不留，鄙人亦愿留之）。

盛书目据当日所记者抄呈五纸，其中角出者即还价时（三千元）所除出不要者也。现在此举恐未必成。即成，恐鄙人亦不能三分之一之股，因近来经济困难也。其中如《马石田》《许白云》《孙可之》《渭南集》《潜夫论》《今献汇言》数者而已，以湘愚见，照此单购入，四千元亦尚非贵（十六号云诚是，若与镜古合购，应能多挑数种以收藏），以其中并无习见之本也（此单可否交小翁一阅，并乞录副后仍寄还）。

《礼记》已详前函，不备及。廿九日补末纸。

各书匀摊之价是否平允？祈公核后示及。如元本《周易传义》虽宋注，然初印精美。其馀难得者亦价稍增，未必遂能适合也。增湘又启。

《墨子》六册李木斋先生借校，再寄上。

《事实类苑》刻方浏览，俟续寄呈。

洪武本割一种让公，亦难得之品，且有宋跋也。

《续墨客挥犀》似无刻本，能为景抄一册否？估资若干？

《史通》跋字佳而校字率，不敢定为亲笔，然价值亦作为上品也，此拟湘自留之。

《鬼谷子》一册，乃假之筱珊前辈者，乞代还。又《翠微南征录》，求筱珊前辈代为移录鲍校，不知可否？湘再叩。

各书公所必要者，湘亦欲得之，如《松乡》《类苑》《墨子》《挥犀》皆是也 [1]。

《流寇长编》以即印为宜，两序最沉痛。

前时所得残本《元名臣事略》，后有荛夫手抄十五页，乃据元本补刻本之缺失者。如丁书购得时，尚可一参证也。《道园类稿》八十元亦善价，百元外则侈矣。然在京见盛藏《道园学古录》（十册，元刊），还八十元尚不肯，则《类稿》较此尤少见，宜其昂矣。湘上。

【19】1912 年 7 月 22 日

[傅增湘致张元济函] [2]：

松山前辈书目中，杂史笔记等抄呈，照价六折，亦不甚贵。现欲为之凑千金，公如能相助，亦省鄙人之力也。目中有元本《南史》（八十）、《新唐书》（二百）两种，如无补版亦可购也（托索首册寄示）。明集部何如？希速示及。京友来函。有《左氏搜奇》一书 [3]，乾道本（宋印），四册，索四百金，要否？可还一价（丁氏书目有影抄本，在经部内）。

盛书尚无消息，近事甚变幻，鄙人亦不愿入都以招谤，只得听之。前交书一箱，由分馆寄，想收到矣。菊公鉴。侍湘顿首〔壬子六月初九日，1912 年 7 月 22 日〕[4]。第十六号。

盛书内如《流寇长编》《元秘史》《纬略》《龙川略志》《续墨客挥犀》《皇宋事实类苑》（木斋师曾见宋刊本），皆抄本秘册也，而前四种尤为难得。《纬略》《龙川》两种，异日尚须借校。近日偶以《类苑》中所引《渑水燕谈录》以对校鲍刻

---

1 按：张元济批云："请酌留一二，无不如命。"
2 据原信，见于《上海图书馆藏张元济往来信札》六，第 49～53 页。参《张元济傅增湘论书尺牍》，第 24～25 页第 20 函。
3 按：张元济批云："可购，但无从还价。请到京寓目后再示一价，能寄样本尤感。"
4 按：原信无日期，此据《张元济傅增湘论书尺牍》第 25 页补。

（《知不足斋丛书》本），几于无条无异同，且有脱至一二行者，此足见旧抄之可贵。拟多留月馀，将所引各书均分类一校之，必更有所得也。刻本虽无宋刊，然明刊中如《墨子》《晏子春秋》《鹖冠子》《宣和遗事》《长安志》《蜕菴》《蒲（菴）》二集《元史节要》皆称罕见。木斋师言，南北数十年，如明刻此数种皆尚未尝寓目，其为珍秘可知。其馀各书亦可称为善本，惟《元秘史》单内有数种为习见耳。《史通》虽何校，而并未据宋本，故不能与诸书比，然亦颇精确。雨窗无事，追忆书此，维方家鉴察之。

《砚笺》据茊夫本抄，卷一较曹刻多一叶，亦可贵也。又及。

增湘漫书。附十六号。

【20】1912年8月25日

菊公前辈大人鉴[1]:

初六自青岛回，奉十七、八号手书，旋又奉十九号，均悉。书款顷已函伯恒先付，馀事分条奉复如下:

《左氏摘奇》俟到京再看，如果佳，再酌还价。

吕注《庄子》亦未闻，闻其书为其子预行陆续盗出，别储零售，以供挥霍，如吾等所购零种千元之书皆是也。

《元秘史》须请子培用《连筠》刻本一校，视其异同若何，乃可着手。招股此时亦未易，弟百部或易集耳。

《罗鄂州集》三十元可得否？柳文既系过批，不足重。

校本《庄子》侍尚未动手，吴佩伯甫校一过。《墨子》则木斋师借去矣。

---

1 据原信，见于《上海图书馆藏张元济往来信札》六，第54～58页。参《张元济傅增湘论书尺牍》，第25～26页第21函。

《全蜀艺文志》四五十元可得否？乞一询之。

陈松山已南行，其书尚存津栈，无从开议。若到申见时，或与径议亦可（曾有到申访公相助之语）。《元名臣事略》沈购以重价，然究是难得之品。邓孝先曾购一部，闻去式百金也。

《杨诚斋集》不知若干卷，卅册恐非足本也。《止斋集》如密行小字，则为弘治无疑。柳、温集，高、文集，公似可收之。

青岛大是仙乡，然非骑鹤仙人不易居也。湘住十馀日，见其天时之清美，山海之壮阔，人情之朴实，交游酬应之简易，谓可卜居。遂购地一区，欲筑屋迁焉。嗣因家口太多，搬移不易，又岛中市面不甚流通，设有缓急，无从筹措，殊为危险，乃改计仍留津。然预计每年收入殊不足给，目前更须造宅，不得不举债为之。故近来购书之举，亦不复敢自豪。迟迟未入都者，亦职是故。家伯兄久居青岛，殊困顿，现卖股票度日，然非久计。周缉之有电招相助，亦不愿北来。大约欲在社会作事，而又苦无机可乘，不知公便中能为留意否？兄朴实坚毅，更事亦多，第屡易其地，遂无以自见耳。

月内拟入都一行，景二亦可见，此外亦拟一探，再以奉告。手此，敬请台安。侍增湘顿首。［壬子］七月十三日［1912年8月25日］。十八号。

［附录沈曾植致张元济函］[1]：

《名臣事略》收到，费神，谢谢！书价五日内拨缴，谅不嫌迟。《大全》若肯并以见与，尤感泐也。肃复，即请菊生仁兄大人台安。植。

1 据原信，见于《上海图书馆藏张元济往来信札》十，第230页。

《王文公诗》已开印否？古色纸又从南京取，拟附印数本，候示送上。

【21】1912 年 9 月 14 日

菊公鉴 [1]：

陈韫山处有元本《道园类稿》四十本（索百元）、《清容居士集》（十二本，索卅六元，抄本），请公代为谐价。《清容》如太贵，不购亦可。道园蜀人，湘尚缺此种，欲收之以备览阅（自五十至七十，何如）。手此，敬请台安。侍湘顿首。［壬子］八月初四日［1912 年 9 月 14 日］。

何校《（书法）［法书］要录》购得否？

【22】1912 年 9 月 23 日

菊生前辈大人鉴 [2]：

屡奉手教，不及答为歉。松山南行后回，书已半售与田中矣。前日又南去，闻尚须回也。初七入都，见景二，言《倚松老人集》现愿让至一百廿元，不知子培要否？上次曾给以百元也 [3]。书只三十八叶（自第二卷十页起至四十八叶），可谓至昂，然终是孤本。《宋史记》已代购，作九十元，亦不廉。然全书七十六册，重抄须式百元。且书亦有名而未刻，亦足珍也。已交伯恒，属带申。又选盛书中明刻精本及抄本四十二种 [4]，还以八百元，尚不肯售，只得听之。第田中近在京，终恐不妙，如

---

1 据原信，见于《上海图书馆藏张元济往来信札》五，第 387 页。又信札左下端标"第四号"。参《张元济傅增湘论书尺牍》，第 6 页第 5 函。
2 据原信，见于《上海图书馆藏张元济往来信札》六，第 59 ～ 61 页。参《张元济傅增湘论书尺牍》，第 26 ～ 27 页第 22 函。又参《张元济全集》第 3 卷"书信"，第 275 ～ 276 页第 3 函。
3 按：此处有张元济批："不要，如百元可购，乞代留。"
4 按：此处有张元济批："乞示目。"

傅增湘致张元济（1912—1945）

299

何?《儒学警悟》明抄十册,赵贾意在售百元以外 [1],不知小山尚欲得之否? 此亦罕见之品。老谭死后,其书卖否尚不可知。然前议一单(公处当有此单),如照原价愿卖,亦只得留之 [2]。已托伯恒就近操纵之。《左氏摘奇》曾见及,书实精美(的系宋印),友人购以百馀元 [3],不知尚肯让否? 惜其为典料也。《方言》侍已购入,价叁百元,即季目中物,但牧翁跋已去矣。《礼记》闻尚在,已押在他处,恐难着手。馀再详。即请台安。侍湘顿首 [4]。〔壬子〕八月十三日〔1912 年 9 月 23 日〕。十九号。

【23】1912 年 10 月 5 日

菊公前辈鉴 [5]:

连奉廿一二号两书,敬悉。并承注念,至荷。兹将各事条如左:

《全蜀艺文志》拟不留,请谢之。

张君所购朱氏书有何精本? 若有宋元及精校本亦可借校也。

毛校《鲍参军集》不知较刻本异同何如? 所据为何本? 希查示,尚拟得善本时假录也。

十九日到京,廿一日回津。中统本《史记》在肆雅得见之,有蛀眼,不甚装修,却精,计四函。据老丁言老谭及授经均还过贰百金,不肯售,则公欲得之,当在二百以外矣。鄙意此书究难得,若以贰百四十金购之,亦不为昂,已告伯恒矣

1　按: 此处有张元济批:"果系明抄十册,不衬装,百元乞代留。"
2　按: 此处有张元济批:"可留。"
3　按: 此处有张元济批:"不购。"
4　按: 纸末有张元济批:"聚珍版四种:《毛诗讲义》《苏沈良方》《猗觉记》《忠肃集》索卅元,还廿四不肯,酌加购之。
5　据原信,见于《上海图书馆藏张元济往来信札》六,第 62 ～ 69 页。参《张元济傅增湘论书尺牍》,第 27 ～ 29 页第 23 函。

（只见一函，据言无补配，大约偶有抄补）。

《方言》为季物，但季目言有牧翁跋，此则无之，有抄配三页，必是避忌割去矣。甚哉，文网之可畏也。

《宋史记》价已收到，但弟尚欠伯恒略有数十元，拟稍缓了之。

《儒学警悟》是六册，蓝格，明抄，决可信。第原帙甚厚，赵估欲衬订，已止之矣。此书最少见，公似不可失之。且各家目均无之。

正文一单，前到都与伯恒商之。因《玉台新咏》售去，减去五十元。又加《东观集》一种，增二十元。如不肯售，则加至三百元为止，亦告伯恒矣。

谭遗书除盛书外，只宋刻残本耳。已告伯恒，并开单与之。顷伯恒来函，言东夥大起冲突，渠亦不敢问事，恐又须迟迟矣。

盛书中亦有绝精者，如《唐语林》，分卷与今本不同，茺圃亦有跋。渠生时索二百四十元，故未与之谈价，将来或加入亦可。

盛书明刻精，还八百元不肯售。亦托景二为之，大约景二已到手，或尚未全耳。

闻《礼记》确为景二所得，与人言宋本六种须洋弍万元，亦恐难以出手。计开《礼记》、《纂图互注周礼郑注》（十二行廿一字。其家原藏，曾见之，极精）、《张于湖集》（赵贾物）、《千家注杜诗》、《王注苏诗》、《春秋胡传》。

聚珍本容商之，渠分盛书中尚多佳本，拟多选数种再与议价，或可稍廉。

另单亦遇便再办，其中亦有不佳者。惠稿已入厂估韩姓手矣。

陈松山踪迹殊秘，售书事不甚了了。闻文友言史部全去，明集亦全去。则此外可取者殊尠。

《墨子》李假校尚未毕。《庄子》侍校未毕，稍迟即奉还。

都中见有《永乐大典》一册，系学字号，系三万一千九百八十四、五（册）[卷]，索价五十元，不肯减。又有十灰韵崔字（皆崔姓小传）一册，索式百元（又一人持来），则不能议值矣。学字册内所载，皆历代设州郡县学之文，吾辈览之尚有味，不知公欲之否？十年前见秋辇购一册，价五十，全系医书，似尚不如此。祈速示及，暂留（尚留侍处）数日尚可（此书外人亦购之，颇出重价）。

侍近日因经济不裕，故购书事不敢放手。《方言》因系蜀人著作古书，故留之，不然亦决不如此豪举也。

新在英界营构小宅，费六千馀金，外地皮二千金，皆举债为之，股票为质。缘寒家人众，侨居数处，费巨势涣，强力为此，约冬月可告成。近日早晚往视工，殊冗迫，知注附及之。此请台安。侍增湘顿首。[壬子]八月廿五日[1912 年 10 月 5 日]。第二十号。

【24】1912 年 10 月 31 日

菊公前辈执事[1]：

前日奉手书，久未答复，至歉。伯恒交来杜姓一单，已全看过，无可入选，当即令交回矣（亦非故家之物。皆厂市凑合而来）。《永乐大典》已为留下（日内寄申）。闻授经新在京购数册，每册至一百廿五元，内中有抄《通鉴》《宋史》及《学》

---

1 据原信，见于《上海图书馆藏张元济往来信札》六，第 70 ~ 72 页。参《张元济傅增湘论书尺牍》，第 29 ~ 30 页第 24 函。又参《张元济全集》第 3 卷"书信"，第 276 ~ 277 页第 4 函。

《庸》者，不知何以出如此重价也。今日有韩姓书估来津，谈及景处之《礼记》及《张于湖集》颇欲出手，价要六千元，至少可打九折，不知公意何如？湘已托其为切实议减矣。然韩言《礼记》至少恐须三千元，湘不过姑为羁之，使勿他去，专候公旨意何似耳。两书渠不愿分售，则款项更巨矣。以《礼记》言之，四十巨册，每册尚不及百元，亦尚非离经，特合之殊骇人耳目。《于湖》（十二册）真海内孤本（曾还价千元未得之，此时亦无此力矣），纸之精美又过《礼记》，吾固拟劝公合收之，为涵芬生色。不然一去不回，未免使人心痛。务祈决定后授以机宜，以便酌行[1]。手此，即请台安。侍增湘顿首。［壬子］九月廿二日［1912 年 10 月 31 日］。第廿二号。

《鲍参军集》如沈不用，侍拟留之。

前月入都所见书：

《自警编》：宋本，四册，存甲、乙、丁、戊四集。十行二十字。四百元。

《大慧普觉禅师年谱》：宋本。十一行二十字，黑口，上记字数。一册。前有淳熙癸卯张抡序。一百元。

《册府元龟》：存二百八十五至九十五，二册。十四行二十四字[2]。

《说苑》：北宋本。存十一卷至廿卷。首页十一行二十字。薄皮纸印，宽大。弍百元。

《雪窦拈古集》《颂古集》《祖英集》三种：宋本。与瞿目所记同。七十元[3]。

后两种曾与议定。《说苑》乃李木斋师所要。《雪窦》公要

1　按：此处有张元济批："《礼记要义》《于湖集》合三千元。廿五号。"
2　按：此处有张元济批："二十元内拟购之。"
3　按：此处有张元济批："不知卷帙几何。廿五号。"

否？祈示及。

【25】1912 年 11 月 15 日

菊公前辈执事 [1]：

廿四、五号函均领悉。《南征录》亦收到，晤艺风时希代谢。湘廿八日入都，十月朔回津。《倚松》《雪窦》二种已代李木师购入，值弍百元，可谓昂矣。《说苑》亦取到，确是北宋本，有元时水印（"国子监崇文阁官书"），尚不为贵，亦归木师矣。景处之宋本《黄氏补千家注纪年杜工部诗史》及《王状元集百家注分类东坡先生诗》均得见，杜诗初印精美，完整可爱，苏诗乃黄善夫刻本，亦精，第不敢问价耳。来示言《礼记》二种还三千元，必无效，稍缓容告之。杜诗吴佩伯亦拟还千元，然为无效一也。景私告湘，此数书宁不值万元耶？其怀抱奢望如此，可叹也。《册府元龟》曾索百元，在韩左泉处，恐亦不知去向矣。《儒学警悟》百六十元不少，已告伯恒转致。董授经来，购书亦不多。盛书已得目，伯恒抄出再寄来。孔校六经未见，已属觅寄一阅再定。朱秉乾所言《唐诗类苑》及《东莱集》均不欲购 [2]。明活字本《栾城集》亦系蜀中刻本，不甚佳。然湘并单刻小苏集而无之，亦拟购入，第价亦不能昂，请公为谐价，不知廿馀元可得否？《挥麈录》精本可贵，价亦不昂，南中究不若此间之居奇，然亦授经及老谭贩运出洋致此。持静书将来如有所得，乞示全目 [3]，湘拟酌取三数小种也。房屋月杪可成，工程加增总须六千三数百金以外。除押

---

1 据原信，见于《上海图书馆藏张元济往来信札》六，第 73～76 页。参《张元济傅增湘论书尺牍》，第 30～31 页第 26 函。又参《张元济全集》第 3 卷 "书信"，第 277～278 页第 5 函。
2 按：此处有张元济批："若完整而价亦不昂，亦祈代商之。"
3 按：此处有张元济批："稍缓抄呈，如来沪，可观全书。"

款，尚不足约式千金之谱，近方筹借未妥，故购书亦不敢贪多矣。又拟取集部书减价售一大批，而又无人承受，奈何。闻津浦行开车式在十二月初一日（阳历），可以赠票。届时拟至申一行，并携所得精品书乞公鉴定也。蒙事急，恐藏事亦将解决矣（政府处分西藏亦主和平，然必无效也），南北满必相因而至，大局直不可收拾。覆巢之下，何以久居，使人情悒无已。手此，即请台安。侍增湘顿首。［壬子］十月初七日［1912 年11 月 15 日］。廿三号。

《续墨客挥犀》，购自盛氏者仍还之。沅叔。

朱秉乾《古香斋》《朱子大全》《春明梦馀》，六十元。

【26】1912 年 11 月 17 日

［傅增湘致张元济函］[1]：

盛目今夜寄到，粗阅一过，精华已去太半，无可系恋矣。若馆中为收藏计，以贱直得之，未始不可。第厂贾似已还价，须令伯恒细探之耳。菊生前辈阁下。湘拜上。［壬子］十月初九日［1912 年 11 月 17 日］。不列号。

【27】1912 年 11 月 20 日

菊公前辈执事[2]：

前日寄盛目想收到。今日景二及厂贾韩姓来，则知其书已出矣。大要即韩姓三数人合资所为也。抄本书闻孝先已预付值，大约必择其精者去矣。明本书今夜韩持数种来，弟刻亦无力购此，不知公尚有所欲否？第一入估手，决不能如前次所得

1 据原信，见于《上海图书馆藏张元济往来信札》八，第 377 页。参《张元济傅增湘论书尺牍》，第 31 页第 27 函。
2 据原信，见于《上海图书馆藏张元济往来信札》六，第 77 ~ 78 页。参《张元济傅增湘论书尺牍》，第 31 ~ 32 页第 28 函。

两批之廉矣。如目中有用者，可开一单来（湘前开一明刻、精抄单，可覆按也），遇便当为议价。《永乐大典》遵交朱君寄上，前途固来索回矣。然前叶又非原装，究逊一筹，第内容较董购为佳耳。《元秘史》一种昨董授经来，欲以重价求让，告以不在敝处矣。渠言元本不经见，则此亦足珍矣。宋本《册府》二册已售去，一百卅元，真北宋也。《说苑》木师得去，适有元刻残本可配，已为购入。此间有《洪武大诰》初、二、续三大册（两种，少见），明装。又孝明皇后《劝善书》（永乐本，小字精印，原装原函）。乃伯恒误与授经相换（授经行时缺钱，而湘又欲其以《杜律》相让，不意其全让也。数种均内阁大库书）。二种摊四十元，不知公可用否？湘只留一《杜律》耳（明刻虞选）。手此，敬请台安。侍增湘顿首。［壬子］十月十二日［1912 年 11 月 20 日］。廿十四号。

小苏集何如？

【28】1912 年 12 月 6 日

［傅增湘致张元济函］[1]：

《劝善书》五册送呈，祈查收，匀价十四元。津馆之四十元已收到，如《洪武大诰》（三册）不能索回，再由敝处补还廿六元可也。手此，敬请菊生前辈大人晚安。侍增湘顿首。［壬子］十月廿八日［1912 年 12 月 6 日］。

---

1 据原信，见于《上海图书馆藏张元济往来信札》八，第 376 页。参《张元济傅增湘论书尺牍》，第 32 页第 29 函。

【29】1912 年 12 月 26 日

菊生前辈大人鉴[1]:

申江畅叙，一罄离衷，诸荷大力匡助，尤为感纫。十六日抵津，雪后奇寒。剋日移居，尤为劳苦，布置各物，大要旬日始能粗定也。

尊款稍迟容当措还。《皇朝事实类》一书尾多十卷，闻筱珊已刻入丛书，似可不必再抄矣。木师适已入都，容回时询明再闻。颜集及《李文公集》望乞公代为购取。汪刻《两汉书》有信祈速示知，以便凑款。馀再布闻。专此奉谢，敬请台安。年侍生傅增湘顿首。[壬子]十一月十八日[2][1912 年 12 月 26 日]。

是日又大雪不已。

【30】1913 年 1 月 1 日

菊生前辈大人阁下[3]:

前函（不入号）谅入清览矣。昨李木师回津，见面询以宋本《前后汉》。据言所藏是庆元本（廿年前得之，亦三百五十两），尚未检出。若北宋景祐本，其价总在千元以上，属万勿失（告以所存原本只二千馀叶）。特以闻，希酌之。李、颜两唐人集希为代购。近日见何书，何时能北来，并以相告。连日为移居劳苦殊甚，今日始略定。书馆尚未奉到，恐在途矣。肃此，敬请撰安。年侍生傅增湘顿首[4][壬子十一月二十四日,

1 据原信，见于《上海图书馆藏张元济往来信札》六，第 79～80 页。参《张元济傅增湘论书尺牍》，第 32 页第 30 函。
2 按：此处有张元济批："一月七日复。"
3 据原信，见于《上海图书馆藏张元济往来信札》六，第 81 页。参《张元济傅增湘论书尺牍》，第 33 页第 1 函。又参《张元济全集》第 3 卷"书信"，第 278 页第 7 函。
4 按：信末有张元济批："《颜》估廿四元，《李文公》估廿元。一月七日复。"

1913 年 1 月 1 日］**¹**。二十六号。

【31】1913 年 1 月 7 日

菊生前辈执事 ²:

　　前上廿七号书，当已入览。此时未见驾到，大约年内不北来矣。《李推官集》孝先闻之，欲请相让，以渠有《碧云》、《群玉集》，得此可成三李矣。如能惠让，希先示及，再备价来取，何如 **³**。借款应早归，兹先筹上弍百元，交津馆兑呈，望察收为幸，馀者尚须筹措。《虞道园类稿》及《续稿》送到否？开价何如？乞示一一。又汪刻《前后汉》有回信否？侍处有《谢四溟集》(棉纸整洁) 廿四卷，明刻本，东人最重此书。若田中能要，拟作价八十元 (京中有百元之价)，可抵一笔，亦尚合算，希便询之。书箱尚未到，并及。此请台安。年侍生傅增湘顿首。[壬子] 十二月初一日 [1913 年 1 月 7 日]。当是廿九号 **⁴**。

　　丁书购委属。

【32】1913 年 1 月 9 日

菊生前辈大人台鉴 ⁵:

　　前日交津馆兑上弍百元，并廿八号函，当可收到。昨日各书亦运到，照收无误，费神谢谢。前言购汪文盛《前后汉书》一节，以《谢四溟集》相易。昨文求堂寄来书目 (四十五年七

1　按：原信无日期，此据《张元济傅增湘论书尺牍》补。
2　据原信，见于《上海图书馆藏张元济往来信札》六，第 82～83 页。参《张元济傅增湘论书尺牍》，第 33 页第 2 函。又参《张元济全集》第 3 卷 "书信"，第 278 页第 8 函。
3　按：此处有张元济批："允其互易，索《群碧楼书目》。"
4　按：此处有张元济批："2/1/14 复。"
5　据原信，见于《上海图书馆藏张元济往来信札》六，第 84～85 页。参《张元济傅增湘论书尺牍》，第 33～34 页第 3 函。

月之目），谢集乃开价弍百元，则侍此书大约一百元可以作价，请公托长尾代为函询是要（其实此等集八十元价亦贵矣）。侍意重购《两汉》，不过少出现款耳。手肃，敬请台安。年侍生傅增湘顿首。［壬子十二月］初三日［1913 年 1 月 9 日］。廿九号。

再者，陈韫山处有明抄《抱朴子外篇》弍册，请代为问价。如不贵，请即代购可也。又寄舍亲处洋五十六元，希饬人送去，取收据为感。手此，再请撰安。湘又顿首[1]。

［附录陈韫山致张元济函，1913 年 1 月 15 日］[2]：

敬复者，《抱朴子》至少拾弍元[3]。承询元印《资治通鉴》，如无修补板、初印，五百元可买。次印，叁百元左近。弟此次回宁匆匆，未有善本（代）［带］来，若有善本，再当奉闻。汤怀之兄有信到，弟现办前所议宗旨，若能达到目的，即有信来请弟去。顺以布闻，代请张菊笙先生阁下台安，弟韫山顿首[4]。

【33】1913 年 1 月 10 日
菊生前辈大人鉴[5]：

昨接田中来函，寄来书目二本，言汪刻《前后汉》已售于罗叔蕴矣。前函所言，自可无庸置议。惟《四溟集》一书，公如与之购书时，似可藉此交换，亦无不可。杭州教育司中，嘉兴某君所购之残本汪刻《前后汉》，前次公允为代询，仍乞便

---

1 按：信末有张元济批："癸第三号复，2/1/15。"
2 据原信，见于《上海图书馆藏张元济往来信札》五，第 273 页。
3 按：张元济批："拟给捌元至多。"
4 按：信末有张元济批："正月十五日。"
5 据原信，见于《上海图书馆藏张元济往来信札》六，第 86 页。参《张元济傅增湘论书尺牍》，第 34 页第 4 函。

为言之，至感至感。此请撰安。侍增湘顿首[1]。[壬子]十二月初四日[1913年1月10日]。卅号。

【34】1913年1月11日

菊生前辈执事[2]：

顷奉手示，并海丰息折两扣、汉冶萍股票息单各一分，均照收，至为感荷。汪刻《两汉》所缺甚多，不过有两处尚可物色，朱君之本，所差似有限也。《道园类稿》其价有春间一部在，大要自八十以至百廿元，希酌量给之，《遗稿》则可勿庸矣。丁书议成，可喜。将来从事班史，有此及木师庆元本，大可着手矣。价亦未为甚昂，较之前次则微高耳。颜、李两集摊价甚允，务希便为寄下。题跋数纸并拜领。手肃，敬请著安。年侍生傅增湘顿首。[壬子]十二月初五日[1913年1月11日]。卅一号[3]。

连日校鲍集已毕，又校《才调集》，乃木师钱遵王景宋抄本也。《李推官集》新收得景宋抄本，亦杨惺吾所抄，盖不仅虎贲之似也。

【35】1913年1月20日

菊生前辈大人阁下[4]：

奉到癸二函，敬悉。各事分答如后：

海丰、汉冶萍股票、息折均收到，书亦照收，并详前函矣。

1 按：信末有张元济批："2/1/14复。"
2 据原信，见于《上海图书馆藏张元济往来信札》六，第87页。参《张元济傅增湘论书尺牍》，第34页第5函。
3 按：信末有张元济批："2/1/27复。"
4 据原信，见于《上海图书馆藏张元济往来信札》六，第88～93页。参《张元济傅增湘论书尺牍》，第34～35页第6函。

《道园类稿》不必急急，或年终为一谋之。

《披沙集》已告孝先，渠允将可让之书开单呈览，再为定议。

朴孙处已去函，但交换之说恐付空谈耳。或者将来购书时，援《四溟集》之例亦可办到。

姚抄如廿元亦可购，明人手抄至难得也。

朱秉乾书来否？尚有一事奉托，去年在南京购渠《苏魏公集》，价廿元，只取得半部（五册），屡催不来，此次上海晤时曾为道及。据言如不能全，只可退回。其书五册，容交邮寄申。已付价十五元，希于付价时为扣除此（帐）[账]。但高集未到时，暂勿与言耳。此人颇柔狡，宜防之。

前交敝族弟经卷七段，刻渠欲用款至急，拟减至六十元（渠要一总卖去。公司还二十元，乞商示），公能留否？希示及。丁持静书，侍未得一部（指宋元言）。刻查书目，有数种拟得之，特开单存公处，如遇时可为留意。如公欲留者，侍亦不敢争也。手此，敬请台安。年侍生增湘顿首。［壬子］十二月十四日［1913 年 1 月 20 日］。卅二号。

各号容信到齐再请一查，差数不应如此之多也[1]。

〇宋本《东都事略》（眉山程氏刻本）

宋本《韦苏州集》

宋本《樊川文集》

〇宋本《东坡全集》（缺）

宋本《玉台新咏》

〇元本《斜川集》

元本《刘静修集》

---

1 按：信末有张元济批："2/2/8 癸字六号复。"

○宋本《三苏文粹》

○元本《道园学古录》

校本《嵇中散集》

○抄本《鹤山集》

○抄本《唐眉山集》

明危素本《王临川集》

识出者，有关蜀贤之书。

【36】1913 年 1 月 25 日

菊生前辈鉴[1]：

邓孝先交来百元，以为《披沙》价之半，馀俟开春接眷时再行奉缴，不知公能允办否？或先寄，或后寄，均候公便。鄙意如让出时，必觅一席刻校过为宜，以佳处尚不止惺吾所云也（曾借一景抄本校过）。《苏魏公集》残本五帙并附上，希得便与老朱交涉为荷。尊处书尚有《鹖冠子》一部，容校后再奉。景祐《汉书》拟求公北来时携之，将合数人并力一校。刻已约吴、章先校正统及庆元本，再以汪刻、崇正书院证之。若景祐本一勘，则蔚然巨观矣。手此，敬请撰安。年侍生傅增湘顿首。［壬子］十二月十九日［1913 年 1 月 25 日］。卅三号[2]。

【37】1913 年 2 月 8 日

菊生老前辈赐鉴[3]：

今日奉到癸字五号函，并前张谦益年兄带来三号函又四号

---

1 据原信，见于《上海图书馆藏张元济往来信札》六，第 94～96 页。参《张元济傅增湘论书尺牍》，第 35 页第 7 函。
2 按：信末有张元济批："2/2/2 覆知五号。"
3 据原信，见于《上海图书馆藏张元济往来信札》六，第 97～107 页。参《张元济傅增湘论书尺牍》，第 35～37 页第 8 函。

函，均陆续收到。各事答复如下：

《抱朴子》如六元收得固佳，否则向张君一借校亦可。

张谦益来，得见面，闻已入都与孟玉双接洽矣。侍亦拟面告玉兄，想总可办也（近日未见）。

三朝本《论衡》价过昂，不购亦可。若抄本《玄中记》《碧云聰》一册，似以收之为宜。此等刻本少，旧抄固可贵也。

《道园类稿》价太昂，只可不收。侍力薄，亦不能与豪家争胜也。此书卷数太多，不然影抄一部亦可。

《苏魏公集》五册，前年钞购之朱秉乾者。渠言尚有五册，数日可取到，乃迟至一年，仍属杳然。前日问之，亦云不要亦可。但侍彼时已付十五元（尚欠五元，约书全到再付之），最好俟其高集交到后再与算（帐）[账]，扣此十五元。若《大全集》不到，而只以别三种之价作抵，又入彼计算中矣（原单开与公手，请一查为叩）。

残本汪刻《汉书》敝处已有四十餘册，甚盼朱君书能让也。

《大诰》三册在友人所，其人因事赴南方尚未回，俟当索之。

敝族人所存六朝唐人写经八纸，前函言拟售洋六十元，似亦详前函中。屡来书未及，谅亦此函未到也。公能留否？乞示及。

《群碧楼书目》奉寄一部，交分馆寄上。

《推官》固应校，即将来《碧云》《群玉》两集亦可过校一部，较席刻异同甚多也。

毛校《鲍集》亦交分馆寄还，并谢。

雷礼《列卿记》确有刻本，问之京肆人，但未见耳（价尚不贵）。

景处曾去一函，但言金刻《政和本草》，见公有此书，可以相让者，至今不覆，恐无意耳。

府上藏书当为留意记录，以副雅属。

腊月廿日曾入都一行，因受炭薰致病，次日即回。只到书店三家，亦无可观。闻有元刻《二妙集》，已为景二取去（索式百元。）。在都只购得元板《扬子法言》三册，洋廿元，序后有木记，乃纂图互注本也。

木斋师处书近日得饱观，琳琅满目，美不胜收。就中尤以庆元本《两汉书》为第一，初印精美（亦黄善夫刻本），与尊藏《史记》埒，而完洁又胜。欲求一借校，尚未议妥（馀书列左方）：

《周礼纂图互注》（十一行，大字廿，小廿七字，精印）。

北宋本《尚书孔传》（十行二十字，注同）。

绍熙本大字《周礼》（八行，十五至十九字不等，即黄唐刻本，与盛藏《礼记》同）。

《增广注释音辨唐柳先生集》（十二行二十一字）。

《春秋胡传》（十行廿字）。

《太上灵宝感应篇三教至言详解》（宋本）。

《说文解字》（十行，大徐，北宋本，残）。

《苕溪渔隐丛话》（十一行二十二字，残）。

公今岁若北来，可留数日饱看之，恃所看恐尚未及半也，然宋元本佳者亦仅此数种。拟约章式之、吴佩伯同校《汉书》，木师有庆元本、大德本，公处有景祐本，再以汪文盛、正统、崇德书院三种参订，必有可观。特造端宏大，未知一年能了此否？

孝先亦有宋本（不佳）。

归来校《鲍氏集》、《碧云集》（宋本）、《群玉集》（宋本）、

《披沙集》（景宋）、《司空表圣集》（校宋）、《才调集》（景宋），开卷即有妙获，可喜之至。

伯兄雨农近为觅得山东中国银行行长差，已往济南筹办矣。腊半到津，昨日回去，大约正二月中必开办。

昨岁因造屋及购书两项费用过巨，年底乃大窘，举千金之债乃得度岁。若长此闲居，亦不敢放手买书。好在同志朋辈中能藏购、能校读者不乏人，得借校善本，于愿已足矣。然若遇孤本秘笈，即举债亦当为之，以此等恐一世不可再遇也。

前开丁氏书，有一单数种，求公遇时为留意者，不知亦接到否也？希示及。

借款屡生波折，恐正式政府成立后，乃可徐议耳。

《论语纂疏》首册，求便中为一谋之。若得完璧，拜惠实多，至恳至叩。

《击壤集》行款公曾记之否？乞开示，以便入目。

景祐《汉书》行款乞开示。

今年仍有厂甸年市，拟初十入都一行。馀俟再详。手肃，敬请台安。年侍生傅增湘顿首。〔癸丑〕正月初三日〔1913年2月8日〕。癸字第一号[1]。

【38】1913年2月15日

菊生前辈大人阁下[2]：

奉手教，知前函补收到矣。经卷容询之，恐不肯售。以鄙意测之，大要须四五十元。《鲍氏集》二册校毕奉还，又邓目四册奉赠（此孝先前所赠者），均查收。《儒学警悟》两函，乞

---

1 按：信末有张元济批："2/2/16 覆癸七号。"
2 据原信，见于《上海图书馆藏张元济往来信札》六，第108页。参《张元济傅增湘论书尺牍》，第37～38页第9函。

交小山前辈为叩。此请台安。侍增湘顿首。［癸丑］正月初十日［1913年2月15日］。二号[1]。

【39】1913年2月24日

菊生前辈执事[2]：

　　奉到七号函，敬悉一切。新年入都四日，亦无所见。伯恒约看老谭各书，殊少佳者。渠言将首册寄上，恐亦不中意也。宏远堂有正德本《渭南文集》（与盛书一样），甚佳，索八十元。又张石卿校《李元宾文集》，所据本至十种之多，校改满纸，索卅元。李集公如购入，湘可借校也。《论衡》三种书颇不贵，未知卷中所脱四百馀字在宋刻卷内否？文奎见《嘉靖四十一年登科录》四巨册，与前购者式样相同，正严嵩作相时也。索四十元，如欲得之，乞示一价。《乐府雅词》曾在申见过，似以朱笔校过者。《一鸣集》曾借孝先藏鲍抄本一校，与新刊本（多连珠八首）改正颇多。公所藏本乃赵味辛校，亦从鲍出，盖皆据宋校也。将来尚拟借赵本一核勘。湘尚有奉托两事，一乃前见之《诸葛忠武传》，欲借出景抄一部，为刻书底本。一《伯生诗续编》，愿以重价购回。均乞公费神代办。景抄手申江当尚可得也。虞诗如购不回，亦请设法景抄一部，至叩至叩。近时北方风说颇多，京师殊惶恐。以意揣之，亦决无他虞也。今年无事，拟求借尊藏小种书一校，以遣岁月，何如。此请台安。年侍生傅增湘顿首。［癸丑］正月十九日［1913年2月24日］。癸字二号[3]。

　　涵芬楼中所藏活字本唐人集有几种？希得便查示。

---

1 按：信末有张元济批："2/3/14复，系九号。"
2 据原信，见于《上海图书馆藏张元济往来信札》六，第109～112页。参《张元济傅增湘论书尺牍》，第38页第10函。
3 按：信末有张元济批："2/3/14复，系九号。"

316

《香奁集》小山云是宋本，不敢信。然因善本书不多，拟求一校。

长吉诗八行至佳，亦可校者。

此外莪夫校本有何种？乞示。增湘叩上 [1]。

【40】1913年3月25日

[**傅增湘致张元济函**] [2]：

兹交朱炼章兄兑上洋一百元，敬希查收，馀详另函。此请菊公前辈大安。增湘叩上 [3]。[癸丑] 二月十八日 [1913年3月25日]。

《大义觉迷录》附呈。

【41】1913年4月1日

菊生前辈大人阁下 [4]：

前函计达到。木师处庆元本《两汉书》精美未见其比，前日过舍下，谈及如贵馆能为印行，当出以公世，不知公有意乎。此乃希世之珍，当今无第二本，似不可令其久锢，敬希酌定见示为荷。手此，敬请台安。侍增湘叩上。[癸丑] 二月廿五日 [1913年4月1日]。第五号 [5]。

1 按：信末有张元济批："2/3/14复。"
2 据原信，见于《上海图书馆藏张元济往来信札》六，第113页。参《张元济傅增湘论书尺牍》，第38～39页第11函。
3 按：信末有张元济批："即复，收到，不列号。2/3/28。"
4 据原信，见于《上海图书馆藏张元济往来信札》六，第114页。参《张元济傅增湘论书尺牍》，第39页第12函。
5 按：信末有张元济批："2/4/5复，系五号。"

【42】1913年4月5日

菊生前辈执事 [1]：

顷交津分馆洋八百元，请贵馆在申拨付莫楚生先生手收。除别函由津馆转致外，特此奉闻。费神，感谢不尽。此请台安。年侍增湘顿首。［癸丑］二月廿九日［1913年4月5日］。不列号 [2]。

【43】1913年4月5日

菊生前辈大人阁下 [3]：

昨上五、六号函，言印《汉书》事，想鉴及矣。兹有世交莫楚生先生回申，舍下应还渠银洋捌百元，特请由贵馆划拨付，此款已全数交朱炼章手收，由渠另函知照矣。此请台安。年侍增湘顿首。［癸丑］二月廿九日［1913年4月5日］。七号 [4]。

【44】1913年4月9日

菊生前辈大人执事 [5]：

奉来书，知四号函未到。查日记，其函中附朱君函及书目一纸。兹将各事略记于后：

《大诰》友人自南来，言须四十元乃肯让（共三编）[6]。

经卷数纸请略价，可购入，不必带回也。

1　据原信，见于《上海图书馆藏张元济往来信札》六，第115页。参《张元济傅增湘论书尺牍》，第39页第13函。

2　按：信末有张元济批："作为六号。"

3　据原信，见于《上海图书馆藏张元济往来信札》六，第116页。参《张元济傅增湘论书尺牍》，第39页第14函。

4　按：信末有张元济批："2/4/10复，即十二号。"又批云："借《傅与砺集》。告知《魏此山集》六十四元。《高大全集》交到，答即与商《苏魏公集》。"

5　据原信，见于《上海图书馆藏张元济往来信札》六，第117～118页。参《张元济傅增湘论书尺牍》，第39页第15函。

　6　按：此处有张元济批："作卅元何如？"

此间有《流寇编年》(二卷,一册)、《甲乙汇略》(三卷,一册)、《明季甲乙两年汇略》(三册),均旧抄本,言明季遗事者,索五十一元[1],拟为公购入,乞示一价为幸。《史记》殊足珍秘,似不可失。昨莫楚生南行,属在尊馆兑洋八百元,此款已交炼章手收,当有函径达矣。祈照付,费神,感荷不尽。此请台安。侍增湘顿首。[癸丑]三月初三日[2][1913年4月9日]。

南行尚未定。

【45】1913年4月14日

菊生前辈大人阁下[3]:

顷奉手示,即往分馆询明,知支根已寄申矣,此款当已交去。陈韫山亦系前年所识,虽不深知底蕴,然其人尚可靠,委以此事颇相宜,但须约法规定于先耳。经卷陈代售去,至荷。《大义觉迷录》值廿元,并以附闻。《嘉靖登科录》索卅元,不再少,原信附呈。《李元宾文集》则还价十五元,无回音,只得竢之。近日谣传极多,大局其有动机乎? 国危如此,何以堪之。南来尚未定,若来则或在月半间也。莫函望付去。此请台安。侍增湘顿首。[癸丑]三月初八日[1913年4月14日]。第八号[4]。

---

1 按: 此处有张元济批:"每册至多给五元。"

2 按: 信末有张元济批:"作为八号。2/4/11 到,2/4/15/ 复。"

3 按: 据原信,见于《上海图书馆藏张元济往来信札》六,第119～120页。参《张元济傅增湘论书尺牍》,第40页第17函。

4 按: 信末有张元济批:"2/4/26。十四号信,复。"

【46】1913 年 4 月 18 日

菊生前辈执事 [1]：

奉手示十二号，敬悉。六号函即不列号者，因彼时误书也。莫款承交去，至感至感。魏集刻不欲收之，可让缪、王。《高大全集》行款均合，即请代存。《诸葛忠武传》请用稍薄纸影抄，如日本纸亦可，将来好上板也。傅集附上，但此系选本耳。《洪武大诰》三部及《明季野史》已为购定，均交分馆带呈，查收为幸。其款当已付之矣。敝处欠款至今未清缴，甚以为愧。兹再兑上百元，敬祈察收，并请查（帐）[账] 上欠款若干，以便再行补奉。本拟即日南行，因家中儿女小病，尚须略迟数日。馀俟相见面罄。此请台安。侍增湘顿首。[癸丑] 三月十二日 [1913 年 4 月 18 日]。九号。

《洪武大诰》三册，卅六元。

《流寇编年》一册。

《甲乙汇略》一册，廿四元。

《明季甲乙两年汇略》三册。

共洋六十元。

《李元宾文》竟无信，想已售去矣。

大字《史记》万不可失，殊为罕见。

《大义觉迷录》廿元，前信曾述及矣。

再者，敝处历年搜集明代人诗文集约三百馀种，当时本思有所撰述，刻亦无意于此。其种类虽不及松山之富，然亦有松山所不见者数十种。年来因筑屋负债六千，又加以楚生来索宿逋，临时又举急债应之，转瞬到期，无以应付。思将此种集部廉价售出，以凑还债项。此事拟托台端大力相助，或馆

---

1 据原信，见于《上海图书馆藏张元济往来信札》六，第 121～126 页。参《张元济傅增湘论书尺牍》，第 40～41 页第 18 函。

中能留固妙，否则能介绍友人收之亦可，拟照原价约减至六七折为度。近日清理抄目，如有意时再为奉寄。京中有为介绍田中者，田中亦有信来索目录，尚未付之。鄙意馆中此种尚未完备，若公能商之同人收入，侍尚可随时到馆假阅，较弃之海外，踵松山之后尘者，为计良胜。敬祈酌夺，见示为幸。手此，即请台安。侍湘再启。［癸丑］三月十二日[1]［1913年4月18日］。

【47】1913年5月4日

菊公前辈执事[2]：

奉十四号手函，敬悉（奉示后前函已发，计《大诰》多数元，《野史》较少，相距亦有限也）。（帐）［账］单亦领阅，此款久悬，至深慊仄。《甲乙汇略》二种似一人所撰，而详略不同，不知何故。明人集部目录别纸呈阅，除去岁归入图书馆外，只存一百数十种矣，值亦另开明。韫山南行，不知如何与定约。闻丁氏书自辛亥冬已陆续流出，恐未能按图索骥也。闻书客自粤来者有丁书百馀种，内有宋本苏东坡集。如遇及时，务希代为谐价（是否宋本，亦请鉴定）。刻值窘乡，他书均可割爱，独此集为乡邦名帙，虽举债亦愿为之。闻其他宋元及抄本尚多，公何妨并举之。南行事拟稍迟迟，缘家慈抱恙，不敢远离。又南中议论殊多，竢风潮略定，再游未晚。馆书已移定否？求假各书能早寄为盼。《汉书》修补毕工否？手此，敬请撰安。年侍傅增湘顿首。［癸丑］三月廿八日[3]［1913年5月4日］。

---

1 按：信末有张元济批："2/4/26。第十四号。"
2 据原信，见于《上海图书馆藏张元济往来信札》六，第127～131页。参《张元济傅增湘论书尺牍》，第41～42页第19函。
3 按：信末有张元济批："作为第九号。"

《韩翰林集》。

《李长吉集》，去年所购八行本。

活字本唐人集（莫楚生寄来十二种，已校过）。

此外尚有明初本唐人诗文集及抄校本宋人说部，希查示一单为叩。前岁代公购劳校二种，忘其名，亦拟借校。若南行不成，拟入都住图书馆校书以度日。景祐本《汉书》若装成时，南行当来馆就校，以一月为期，当可了之。明人集部昨开与田中价系一千六百元，然尚可酌减也[1]。

[附录张元济致刘承幹函，1913年6月16日][2]：

翰怡仁兄世大人阁下：旬未晤，伏想起居安吉为颂。友人傅沅叔来信言近况不佳，将以其所收明人集部售去。寄来目录一册，开价千六百元，不知邺架尚需此否？兹将目录送去，祈核示为荷。敬颂台安。弟张元济顿首。[癸丑]五月十二日[1913年6月16日]。

【48】1913年6月2日

菊生前辈大人执事[3]：

增湘罪衅丛集，祸延慈亲，匍匐垩庐，痛心刻骨，不可为人。乃蒙公哀其鞠凶，驰书存恤。重荷颁赐祭幛，敬谨代悬，哀痛之馀，倍深衔感。刻已寄停僧寺，俟加漆竣工。秋后大局倘定，川江水退，再定行期。第人心造乱方盛，未识彼时是何情状耳。家严近来精神尚好，饮食亦照常，堪以奉慰远念。今年天时不正，寒暖失时。津门此刻尚御夹衣，早晚更须薄棉，

---

1 按：信末有张元济批："2/5/10，覆，十五号。"
2 据原信，见于《上海图书馆藏张元济往来信札》二，第419页。
3 据原信，见于《上海图书馆藏张元济往来信札》六，第132～135页。参《张元济傅增湘论书尺牍》，第42页第20函。

不知南中何似。专此奉谢，敬请撰安。棘人傅增湘稽颡。〔癸丑〕四月廿八日〔1913 年 6 月 2 日〕。

家兄、舍弟统此叩谢。

再者，前寄各赴因住址记忆不清，是以奉托，谅承费神饬送，至荷至荷。售书事何如？乞公鼎力相助。遭此大故，预算早已超过，颇欲藉此以备数月之粮。至将来回川路费，尚须别筹，大约非二千金不办。前途茫茫，不独国事然也。苏集成化本亦尚可用，第价如不昂，此间友人亦尚有欲收（如在式百元内，湘可以收之），希便询之。若公购大批书时附及之，较合算也。韫山有信否？《东都事略》不知尚可追寻否？危素本《王荆公集》湘颇欲得之，亦乞留意（前曾寄公一单，刻亦无力多收，能得一二种足矣）。

增湘再叩。

刘信附还。《诸葛传》遵命不刻，影抄一分足矣。祈代谢之。第十号[1]。

〔附录张元济致刘承幹函，1913 年 4 月 9 日、1913 年 5 月 3 日〕：

翰怡仁兄世大人阁下[2]：

今晨奉到昨日手教，敬诵悉。所见《三国志》既非尊处拟购之本，敝处自当酌量还价。惟昨晤徐积馀云，曾见尊处还价之本，确系有"横经阁印记"者。所言如确，甚不愿与阁下竞购也。徐园修禊承招，极愿趋陪，如能抽身，当将《三国志》首册带呈台览。如不克到，可否请阁下于今日午后五时至五时半枉临敝寓一观，藉以决定。又《傅与砺集》去年曾购得金孝章抄本一部，后为傅沅叔索去。阁下如欲借校，可代商也。专

1 按：信末有张元济批："2/6/10，复，弟十六号。"
2 据原信，见于《上海图书馆藏张元济往来信札》二，第 411～413 页。

此敬覆，祗颂著祺。弟张元济顿首。2/4/9。

翰怡仁兄大人阁下 [1]：

　　春日晴明，伏维起居纳福。敝友傅沅叔已将抄本《傅与砺集》寄到，谨呈上，乞察入。敝友属代借尊府所藏宋本《诸葛忠武集》影抄一分，备他日刊本流传。倘蒙俯允，曷胜感幸。肃此，敬请台安。弟张元济顿首。[癸丑] 三月廿七日 [1913年5月3日]。

【49】1913年6月15日
菊生前辈大人执事 [2]：

　　前上谢函，亮尘左右。月前治事毕，有书客来售各种，中有《陶学士集》一种，乃公家故籍。其中手校各处，据言是芝斋笔。湘未见过，不敢断言，但终是旧校也。索卅元，再四与议，成廿二元。价似较南方为贵，然此间故如此也（忆前公购一部，合十数元耳）。丁书前者有人寄明初本《小畜集》来，连《草庐文粹》为价定百元。及取视之，《小畜集》乃道光中赵氏刻本也。不知中丞公何以外行如此，已寄还与交涉矣。《东坡集》既属成化本，闻又有抄配，则无可取矣。来信又言有《道园学古录》，是至元刊本。然闻其字带颜柳，则又恐为景泰翻刻矣。祈公得暇视之。如数十元可得，此种尚拟收之。又三月初间雪丞来，言宋本《柳外集》（莫邵亭物）已为购定，价百元，只得留之。如交到时，希公为代收寄下。若能暂为垫给百元与之，尤为感荷。近日校《三唐人集》，乃义门手校本，

1 据原信，见于《上海图书馆藏张元济往来信札》二，第418页。
2 据原信，见于《上海图书馆藏张元济往来信札》六，第136～138页。参《张元济傅增湘论书尺牍》，第42～43页第21函。

将竣事矣。月半后拟入都,至图书馆校各书。韫山消息何似?义门手校《津逮》大约不假,万望勿失之。此间有友人言申江尚有何校《津逮》零种二部,来信求售,不知公亦见及否? 前闻孙伯恒代老谭售书一单,不知议成否? 中有三朝本《史记》,究系何物,希查示为幸。《李披沙》祈抄就早寄为盼,孝先屡来询及。手此,敬请台安。棘人傅增湘稽颡。[癸丑]五月十一日[1913年6月15日]。十一号。

又莫楚生之活字本唐人集十册交分馆带上,敬祈代还之。琐渎至悚(二书即日交馆寄上)。

景抄《诸葛忠武传》收到,谢谢。价资若干,祈示及[1]。

【50】1913年6月17日

菊公鉴[2]:

兹交分馆寄呈陶集六册,又明活字本集十册,敬祈查收,并转交为荷。前托售书事,希便中筹及为幸。此请台安。棘人傅增湘稽颡。[癸丑]五月十三日[3][1913年6月17日]。

【51】1913年6月29日

菊公前辈执事[4]:

连奉手教,敬承一一。夏君粹芳、王君显华来,均得见。兹将各节答复如左:

孝先书价第二次一百元,已交敝处,当即兑来。请查今年信中,似已及之,或者尊处误收鄙人之(帐)[账]也。请查

---

1 按:信末有张元济批:"2/6/19,复,十七号。"
2 据原信,见于《上海图书馆藏张元济往来信札》六,第139页。参《张元济傅增湘论书尺牍》,第43页第22函。
3 按:信末有张元济批:"2/6/23,到。"
4 据原信,见于《上海图书馆藏张元济往来信札》六,第140~144页。参《张元济傅增湘论书尺牍》,第43~45页第23函。

明为幸。

推官《披沙集》，江建霞所刻唐人集中有之，可以就校。若觅席刻零本，恐不易也。

残宋本《三苏文粹》不知索价若干，恐明本冒充耳，丁书大率可疑也。

《道园学古录》程姓转托人寄来数叶，的是元本，然湘已属还之。公处如代购，其价以自七十至百元了为度。幸勿言为湘所收，因《小畜集》事尚未了也。

活字本唐人集及《陶学士集》当已收到，示及为幸。

三朝本《史记》至可贵，子培曾言及生平未见嘉靖以前南监《史》《汉》为何样，今公以无意得之。且近在京师熟店，而竟充耳不闻，可怪之至。

来函言蕴山选定精本六七十馀种，不知究为何书？除《三苏文粹》外，可得闻乎？希示及。亦拟略［选］一二种，何如？此时亦无力大举也。

贵馆推广股分，自是营业发达之故，此专赖公及夏君规画之力也。将来事业展布，殆未可量。湘极愿附骥，而力颇不逮。前日与夏君粹芳面言，若能代为押款，当附入二三十股。夏君允为相助，不知旋申时与公谈及否（夏君言可以六厘息代借）？如能代办时[1]，拟以开滦股票为抵押品[2]。若荷两公大力，约计五六年后可以偿清，似亦甚便。是否办到？祈酌夺见示为要。

景二之《周礼》《三坟》已售与徐固卿。其《礼记》《于湖》《杜》《苏》尚存，公有意乎？木斋已赴日本，《汉书》至今不肯借校，奈何。专此奉布，敬请撰安，惟照不既。棘人傅增湘稽颡。［癸丑］五月二十五日［1913 年 6 月 29 日］。

1 按：此侧有张元济批："可以代办。"
2 按：此侧有张元济批："二三十股可代押，押款照正价作。祈即请寄来。"

刘聚卿新刻仿宋《五代史记》在西泠印社出售，祈代购一部。

又《古学汇编》亦请续订半年（已有一至四编）。

《论语纂疏》首册曾为物色及之否？至念。湘附注¹。

【52】1913 年 7 月 1 日

菊公执事²：

兹有友人春荫堂杨愿附贵馆股分叁千元，祈先为挂号。何时交款？款交何处？并希示及。此请台安。棘人傅增湘稽首。[癸丑] 五月廿七日³[1913 年 7 月 1 日]。

【53】1913 年 7 月 20 日

菊公鉴⁴：

诵示敬悉。今寄呈滦州股票柒百股，计柒百镑，敬祈查收，代为押款。此股票刻正信用，想可取信也。息单已取出，并附及。杨君乃文敬公之侄，刻充天津电报局总办。又天津印刷局总办吴佩伯兄亦愿附十股，希为挂号是幸。湘入都住图书馆校书已半月，顷始归，后日又将往矣。《五代史》收到。馀到京再详布。此请台安。增湘叩头。[癸丑] 六月十七日⁵[1913 年 7 月 20 日]。

附去公司收条一纸，计开滦矿股号：己字九十乙号，五百股。辰字四百九十八号，一百股。辰字四百九十七号，一

---

1 按：信末有张元济批："2/7/9，复，弟[十]九号。"
2 据原信，见于《上海图书馆藏张元济往来信札》六，第 145 页。参《张元济傅增湘论书尺牍》，第 45 页第 24 函。
3 按：信末有张元济批："2/7/9，复，十九号。"
4 据原信，见于《上海图书馆藏张元济往来信札》六，第 146～147 页。参《张元济傅增湘论书尺牍》，第 45 页第 25 函。
5 按：信末有张元济批："分装事务处有回单簿，祈注明请粹翁签字接收。"又云："但后来粹翁收此票时，即属交鲍三先生代收签字。"又云："2/8/2，复，廿号。"

百股。

【54】1913 年 7 月 22 日

菊公执事 [1]：

顷到京住馆校书。兹寄上大生分厂股分息折两分，共本银乙千两，敬祈费神代向前途取息，并希合银洋数收入敝（帐）[账]为叩。手此，敬请台安。棘人傅增湘叩首。[癸丑]六月十九日 [2][1913 年 7 月 22 日]。

【55】1913 年 8 月 10 日

菊生前辈大人阁下 [3]：

奉八月二号手书，敬悉滦矿股票式百股（计式纸）已收到，大生息折两扣亦照收，至为感荷。各事谨奉答如后：

股息一百两零，请代收入敝（帐）[账]中。缪小山处因刻书需洋式百元，久未寄去，已来催，不得不先其所急，拟请公处垫洋式百元付去。第股息不敷，又须尊处挪垫为愧耳。

《柳外集》刻因款绌，可缓取。若询及，亦可听别售也。

《小畜集》承代觅，以了此交涉，至荷至荷。

吴、杨两君附股事，容询后再复。

书单仍奉还。

《古学汇编》又奉到一期，与前所定者正衔接不误。

《道园学古录》确是元刻。

《晦菴文集》亦是北京购去者。大约三百元亦可值。

---

1 据原信，见于《上海图书馆藏张元济往来信札》六，第 148 页。参《张元济傅增湘论书尺牍》，第 45 页第 26 函。

2 按：信末有张元济批："2/8/2，复，廿号。"又云："收到一百〇二两二九二。"

3 据原信，见于《上海图书馆藏张元济往来信札》六，第 149～154 页。参《张元济傅增湘论书尺牍》，第 45～46 页第 27 函。又参《张元济全集》第 3 卷"书信"，第 279～280 页第 10 函。

罗纹纸拟用四刀，不知尚可得否？敬祈代购。

前于六月初一日（阴历）入都，十五日回津一行，十九日又入都，七月七夕回津，计住京一月。校得《苏文定集》《苏文忠集》《嵇康集》《温（廷）[庭]筠集》《赵清献集》《贾长江集》《容斋随笔》《四笔》，共约八十卷。又校范史一半，约五十卷。后日尚须入都，再校范史及《宋书》等，大要恐须八月乃回津也。住广化寺，即在图书馆旁，甚清爽寂静，忘其在戒严城中也。

前日购得吴才老《韵补》。据称宋本，十行（小字双行廿四字），有篆竹堂图记及汲古父子各印，均极真确（有汲古"宋本"、"甲"两印）。字迹大类元刊，然断非明人所刊。其纸质亦明人所无，板心甚大。首叶板心下方阴面有"谢子芳刊"四字。不知究何时所刊？公便中能考以见示否？

乱中，想布置防范一切必甚忙冗。此间传言公司勒捐去五万元，又厂房受炮伤，想均不确。第恐时局一时不定，无法发展耳。津中各寓均托庇安好，惟连日热极，静坐书屋，汗出如浆，不知奋斗于江海间者其酷烈苦虐当何如也。思之可叹。

景二见面，未及各书事。

又见宋十行本《穀梁注疏》，无补板，颇完整。如欲得之，示及，当代问价[1]。

又见有明万历时宣文明肃皇太后御书《金刚经》一部，字如核桃大，泥金书（乌纸），索卅元。前后有佛像。公拟购否[2]？或子培亦可要也。

《永乐大典》容留意再奉闻。

又见元本《图绘宝鉴》，十一行廿字，中板心末有"至正

1　按：张元济批云："若非景二之物，乞问价。"
2　按：张元济批云："不贵，乞酌量给价代购。"

傅增湘致张元济（1912—1945）

329

丙午新刊"一行。索价一百四十元¹，甚精美（字极秀美）。闻镜古老段至广东，购得李若农师藏书，计洋六七千元。尚未到，必大有可观也。匆匆草此，即请台安。侍制增湘叩上。［癸丑］七月初九日［1913 年 8 月 10 日］。第十二号²。

【56】1913 年 8 月 28 日
菊生前辈执事³：

奉手示，敬悉一切。缪收条亦领到，费神至荷。宋本《穀梁》乃十行本，即与前年所购《左传》相同。乃书肆之物，索价叁百元，只可置之。明太后书《金刚经》购到，给价廿元，亦不算便宜，但亦希见为贵矣。吴、杨两君入股事，均从罢议。又孝先昨来京，谈及《李披沙集》，急欲得之，乞早日赐寄，以了此纠纷辖也。如尊处之书可以假校者，亦乞酌寄数种为荷。此间前后两月，校得十馀种，只《苏文定》及范史为大书，他皆小种，共计弍百卷矣。此后天渐凉，又昼短，亦拟归矣。李师书刻无力合购，若交好中能得之者，将来可以借阅，亦所愿也。手此，即请台安。侍制增湘顿首。［癸丑］七月廿七日⁴［1913 年 8 月 28 日］。

【57】1913 年 10 月 20 日
菊生前辈大人执事⁵：

久未通函，因校课殊迫，兼以时复回津。刻《宋书》校完

1 按：张元济批云："太贵。约三四十元可买，六七十元能购否？乞留意。2/10/17，元济。"
2 按：信末有张元济批："2/8/18，覆，廿一号。"
3 据原信，见于《上海图书馆藏张元济往来信札》六，第 155～156 页。参《张元济傅增湘论书尺牍》，第 46～47 页第 28 函。
4 按：信末有张元济批："2/9/7，复，廿二号。"又"2/10/17 去廿三号。"又有佚名批云："天津美界西关开电灯厂对门傅增湘来信。"
5 据原信，见于《上海图书馆藏张元济往来信札》六，第 157～158 页。参《张元济傅增湘论书尺牍》，第 47 页第 29 函。

回津，天寒晷短，亦不能从事，然计入都前后至逾百五日矣。此次在京，所得者有《佛祖统纪》一书，咸淳刊本，五十四卷（缺十四卷）。其中图志殊足资考证，不仅为佛门史记也。容将细目别呈上。《韵补》一书木师断为宋刻，查瞿目所记各条，信然。《柳外集》已由雪老寄到，只得付款，迟日再交分馆，届时敬祈转付之。又得宋十行本《春秋左传注疏》半部，宋印无补。首有南宋史氏之印，至为可宝，且刘刚父牌子亦存。后半则无从踪迹矣。《披沙集》屡次来索，务祈速寄。若公不及校，可将江刻并寄，可代校也。此外求假活字本（明）[唐]人集及《韩香奁集》《长吉集》，甚盼赐下。专此，敬请台安。侍制增湘顿首。[癸丑]九月廿一日 [1]［1913 年 10 月 20 日］。

老段趾高气扬，不可向迩。其书一册未购，价亦奇贵，殆有心疾。

【58】1913 年 10 月 21 日
菊生前辈执事 [2]：

昨函当登览。兹兑上洋叁百元，敬祈查收。以一百元代付王雪丞书价外，请以廿八元兑杭州清和坊问经堂李宝泉收，馀则入敝（帐）[账]，恐尚有欠也，望查示，以便续兑。近来营业何如？新招股后作何推广计画？希便示知。馀再详。即请台安。侍制增湘顿首。[癸丑]九月廿二日 [3]［1913 年 10 月 21 日］。

1 按：信末有张元济批："2/10/30，复，廿四号。"
2 据原信，见于《上海图书馆藏张元济往来信札》六，第 159～160 页。参《张元济傅增湘论书尺牍》，第 47 页第 30 函。
3 按：信末有张元济批："2/10/30，复。"

【59】1913 年 10 月 23 日

菊生前辈大人阁下 [1]：

　　昨奉上一函，又由分馆寄上洋叁百元及一函，想经收阅矣。兹有寄培老一函，未知住址，敬祈转交。函露封，可开视。因中有《佛祖统纪》一书请其考示，故纪述较详。亦乞公代为考核，至荷至幸。《披沙》及求借各书交货箱带来决不误，或交新丰买办孙端甫兄带来亦可。渠船明日开行，初间必回津，湘与之相熟也。专此，敬请校安。年侍傅制增湘顿首。［癸丑］九月廿四日 [2]［1913 年 10 月 23 日］。

【60】1913 年 10 月 25 日

菊生前辈执事 [3]：

　　连发两函，计达签掌。嗣又交新丰轮船孙君端甫一片，属到申取书，当亦尘鉴矣。罗纹纸已收到，感荷之至。藏经曾得数册，皆残本，闻其有完全者数种，数日后往问之，则全售去矣。最后得一本有款者，乃至元十八年平江路吴江孙澄源乡人所施刻，其经局仍在杭州也。《苏魏公集》残本费十五元，断无此价。前托公处扣（帐）[账]，似未能办到，将来或再遇机为之，其书仍请存尊寓为荷。《奏议》半部，若得便寄上亦可。既不能配，或遂得价卖之亦可。京中书价亦渐贵，然偶然得之，亦未必高价。若《韵补》只五十元（木师谓为宋本，与瞿目所载同也），《佛祖统纪》只百元，但不可必耳。尚有元本《灵枢素问》（又附一种），只索数十元，第首册抄配耳。若

1　据原信，见于《上海图书馆藏张元济往来信札》六，第 161～162 页。参《张元济傅增湘论书尺牍》，第 48 页第 31 函。又参《张元济全集》第 3 卷"书信"，第 280 页第 11 函。

2　按：信末有张元济批："同日交宋本《披沙集》两册又一部、元刊《李长吉集》二本、《韩香奁集》二本，托孙端甫带去。2/10/30。"

3　据原信，见于《上海图书馆藏张元济往来信札》六，第 163～169 页。参《张元济傅增湘论书尺牍》，第 48～49 页第 32 函。

公有意，当为询价，或寄首二册一阅也。文友堂购得宋十行本《春秋经传集解》（较在申所得残本为佳）二十九卷，亦去九十元，则价亦不赀。然宋刊宋印，又有宋史氏藏印，刘氏牌子俱全，则亦颇难得。刻下鄙意则颇守耐字诀，若非精品，决不输赀，亦可稍节费用，然视公所收之价则已费矣。小山前辈得宋本《淮南子》，曾见之否？顷亦为木师购校宋本，亦去廿八元。前岁在申，见西泠印社所刊活字版本，已成功否？请查示，或属检一样本寄下。湘颇思排印书数种，较刻字速，较铅字雅，但价恐不廉耳。《东坡和陶诗》写样一纸附上，此字每百给铜元十一枚，计八十四叶，约廿二元，亦不甚工，但差脱陶派耳。子培所有元本《翰林珠玉》既不肯相易，拟影抄一部，不知需价若干？最好用日本美浓纸如此信笺者[1]，若皮纸则太薄太滑，颇难装订，敬祈酌定。《柳外集》公曾见否？若纸印论之，则真精良，盖在《方言》《老子》之上矣。购得《百川学海》八集（缺二集），明本宽大。其纸乃嘉兴府粮册（嘉靖年间），亦珂乡故实也（有一县今无）。下月颇思南行，不知能成行否？所校书尚须动手补核，亦颇费时日。《汉书》装成否？若来时当住馆数日，专校此种，未识蒙许诺否？敝（帐）[账]所欠，除所兑款外，计尚欠百元以外。未克即行清缴，殊为惭恧。馀俟续陈，即请台安。年侍生傅制增湘顿首。[癸丑]九月廿六日[2][1913 年 10 月 25 日]。

外莫氏书目一册，敬求饬交雪丞先生手收为荷。

再者，湘倡议欲将图书馆罕见之宋元本书各影照一二叶，仿《留真谱》式，用珂罗版印成。昨与伯恒预算，约共百篇，印五百部，计须六七百元之谱。湘无力任之，拟集股为之，每

---

1 按：张元济批："以罗纹纸代之何如？"
2 按：信末有张元济批："2/10/30。"

股约七十元。欲乞公助一二股，以成此举，何如？此间已约吴印臣、李木师、吴佩伯、邓孝先四人，尚缺五股也。增湘再叩 [1]。

【61】1913年11月4日

菊生前辈大人阁下 [2]：

孙端甫来，奉诵手示 [3]，并宋本《披沙集》及尊藏《李长吉》《玉樵山人集》《披沙集》，均领悉，遵当代为抄校。惟《韩翰林集》侍所指乃明刻本，而艺风谓为宋刻者，只可再俟到申时再校也。《翰林珠玉集》如抄时，若美浓不可得，即用毛九纸亦可。但此纸亦不易购，须向艺风老人假用耳。罗纹纸性涩而厚，元本系黄竹纸，恐不易摹也。阁书已停办，景书本竢得从缓，候收入部时再商酌也。《百川学海》印纸县名是崇德。《和陶诗》样寄以备览，此手景元本亦不合也。《灵枢素问》容取寄阅。《图绘宝鉴》尚未售，而人已南行矣。此复，敬请台安。年侍生傅制增湘顿首。［癸丑］十月初七日［1913年11月4日］。

敝处新得天文本《论语》、足利本《七经》，价亦不昂。若在惺吾处，恐又索数百元矣。

【62】1913年11月21日

菊生前辈执事 [4]：

奉廿七号函，敬悉一切。闻新购丁书内有旧抄傅与砺等

1 按：信末有张元济批："2/10/30。"
2 据原信，见于《上海图书馆藏张元济往来信札》六，第170~171页。参《张元济傅增湘论书尺牍》，第50页第34函。
3 按：张元济批："2/11/23，发王雪丞、李宝泉收条，又子培信一纸。弟廿五号。"
4 据原信，见于《上海图书馆藏张元济往来信札》六，第172页。参《张元济傅增湘论书尺牍》，第50~51页第35函。

宋元人小集十二种，共九册。侍颇欲得之，不知能相让否？
又《山谷刀笔》一种，亦前年所求而未得者。第此乃成化刻，
决非元本也，未知此种究合价若干？《栾城集》仍求物色及之。
沈校《庄子》（四册）及《皇宋类苑》十二册均交分馆，遇便
带申。其《墨子》一种已催木老速校矣，如能携之到申尤便。
通车改十二月四号开行，侍拟南来一游，约七号可到申。盛书
又为友人购得数种，价亦不廉，如《河岳英灵集》（二卷本），
明初精刻本一巨册，至七十五元，《潜夫论》四册四十元，然
皆罕见之品也。手此，敬请台安。侍增湘顿首。［癸丑］十月
二十四日［1913 年 11 月 21 日］。第二十五号。

【63】1913 年 12 月 3 日

菊生前辈大人阁下 [1]：

奉手教，敬领一是 [2]。近日入都一行，亦无所得。元本《灵
枢素问》抄首册，然至少要九十元，与前语不符，故未寄奉。
又见有抄本《明季野史》一种，共四函廿册（无撰人名，第凡
例中有越中沈梅史云云，有人疑为梅史笔），分宏光、鲁、唐、
桂诸君臣传 [3]，间及遗老与顺治开国诸人。一人手抄到底，索卅
六元。又《全谢山集》抄本五巨册，朱墨笔批校甚多，与刻本
多异，于明季考注尤详。此种索百元，不知尊处愿收否，希
示及 [4]。又活字本明人集，尊处所藏系何种？乞查示，尚拟假校
也。湘新得《圣宋文选》抄本，细字密行，照宋刻抄，乃马寒
中藏书，亦费去百元（只四册），可谓贵矣。王氏书前日已看

1 据原信，见于《上海图书馆藏张元济往来信札》六，第 173 ~ 174 页。参《张元济傅增湘
  论书尺牍》，第 51 页第 36 函。
2 按：张元济批："2/12/16，复。廿六号。"
3 按：张元济批："如有可采，乞酌价代购。"
4 按：张元济批："五六十元愿购。"

过，宋刻只数种，抄本尚未开箱，大约未必速售也。此请台安。年侍生傅制增湘顿首。［癸丑］十一月初六日［1913 年 12 月 3 日］。

【64】1914 年 1 月 17 日

［傅增湘致张元济函］[1]：

外书十六包，敬祈附入货箱寄津，至荷至叩（又一木箱，卅一本）。宋本《史记》一册送呈，并请查收。此请菊生前辈大人台安。侍增湘顿首［癸丑十二月二十二日[2]，1914 年 1 月 17 日］。

今日雪丞招饮，散后已晚，不及诣尊居瞻仰，至怅。

《酉阳杂俎》遵退去，已托人转交，不知有无交涉否？《道藏》本《韩非子》拟归尊处，书楼原价开七十元（《酉阳》系五十元），除《杂俎》外，加洋十九元之谱，请在敝（帐）［账］中除去十九元。计此次借用尊处洋八十一元，希注入为幸。手此，再请台安。湘再叩。

《全谢山集》二册谨奉上，此次携来所阅也。馀数册，俟购定再奉寄。

【65】1914 年 1 月 25 日

菊生前辈大人阁下[3]：

在申辱领教言，诸承青睐，至以为荷。别后廿五日到津，岁晚事繁，不免迫遽。公司开会不能到，谨缮书求公代表，不

---

1 据原信，见于《上海图书馆藏张元济往来信札》六，第 175 ~ 177 页。参《张元济傅增湘论书尺牍》，第 52 页第 1 函。
2 按：原信无日期，据《张元济傅增湘论书尺牍》补。
3 据原信，见于《上海图书馆藏张元济往来信札》六，第 178 ~ 179 页。

知合例否?《韩非子》友人吴君颇欲得之¹,便祈寄下为要(或交邮亦可)。价照原议扣除可也(原价七十元,约九六扣之谱)。专此,敬请年安。年侍生傅制增湘顿首。除夕[1914年1月25日]。

《谢山集》已购得,托人带申矣。

【66】1914 年 2 月

菊生前辈大人阁下²:

《全谢山集》顷为购定,计价五十二元。馀三册托人带申,至祈查收为荷。手此,敬请台安。侍制增湘顿首³[1914年2月]。

【67】1914 年 2 月 22 日

菊生前辈执事⁴:

奉甲字一、二号书,悉一切。傅集一本亦收到。《武侯传》湘本未尝托刻,行前在申已申明,不过小山欲嫁名令出货耳。今既问清前辈属相让,敢不如命。已函小山,将板寄申,交尊处转付,何如?初十入都一行,无所得,只得《永乐大典》一部,尚是原装,值五十元,不知尊处尚欲留一册否(尚有数册,亦类书类)⁵?

介绍书容填好寄上。

景祐《汉书》已动手校。活字唐人集已校过半矣。

---

1 按:张元济批:"须校阅一过,再定去留。"
2 据原信,见于《上海图书馆藏张元济往来信札》六,第184页。参《张元济傅增湘论书尺牍》,第52页第2函。
3 按:信末有张元济批:"3/2/日,忘记覆去。甲字一号。"
4 据原信,见于《上海图书馆藏张元济往来信札》六,第180~183页。参《张元济傅增湘论书尺牍》,第52~53页第3函。又参《张元济全集》第3卷"书信",第281页第13函。
5 按:张元济批:"如是原装,值每册五十元,愿留四册,(垫)[款]托伯恒垫付。3/3/31。"

337

《韩非子》吴佩伯坚欲得之，言公处藏书多，当不必需此。若欲校者，渠尚可代劳也[1]。渠屡托购书，都无以应，不知此书乃所深嗜也，希酌示，以便复之。

前见惺吾赵琦美本《酉阳杂俎》，敝藏亦有之，平日不及检视耳。

新印《竺国纪游》二册奉赠，并欲求公代登告白，代为销售（印三百部，欲买八角一部，不知可否）。

授经珂罗板印之《刘梦得集》托售十部，拟寄上一部。涵芬楼中亦应有此，价三种（五十元、四十六元、四十元），拟以六吉棉连奉寄。手此，敬请台安。年侍生傅制增湘顿首。［甲寅］正月二十八日［1914 年 2 月 22 日］。甲字一号。

［附录刘承幹致张元济函，1914 年 2 月 17 日］[2]：

菊生老伯大人尊鉴：献岁发春，诸维曼福。翘瞻乔采，钦颂奚如。前奉来谕，敬悉种种。侄自入春以来，贱躯欠适，而书估亦鲜有至者，是以无甚（弃）［弆］藏。他日倘有所遇，还当呈请正法眼藏鉴定，奇书共赏，当亦长者所乐闻也。去冬晤孙丈问清，述及《诸葛武侯传》既已付刊，其板肯归伊否？如晤傅沅叔先生，乞为问之，并求示悉，以便转致。附上《傅若川集》一册，亦祈返璧沅叔先生并道谢忱。久疏良觐，渴念殊深，俟贱躯粗适，行当趋谈，以慰驰系。嵩泐，敬请台安，并颂春祺，统希惠察。世愚侄刘承幹顿首。［甲寅］孟陬廿三日［1914 年 2 月 17 日］。

---

1 按：张元济批："照原价收入尊（帐）［账］。佩伯代校极感。"
2 据原信，见于《上海图书馆藏张元济往来信札》九，第 381～382 页。张元济批："3/2/18，甲字第二号去问傅沅叔。"

【68】1914 年 3 月 7 日

[**傅增湘致张元济函**] [1]:

　　抄本《野史》四函，值二十元。珂罗板《刘梦得集》一部十二册，洋四十六元。由分馆寄呈，请查收为幸。款由湘代付，即收（帐）[账] 可也。

　　《韩非子》何如？乞示及。此请菊公前辈大人校安。弟增湘顿首 [甲寅二月十一日 [2]，1914 年 3 月 7 日]。甲字式号 [3]。

【69】1914 年 3 月 29 日

菊生前辈大人阁下 [4]:

　　前奉一缄，并洋百五十元，请代取宋本《河岳英灵集》，当已尘览。第久未得复，未知有何周折？此书本无疑义，不过佩伯以王函有邵亭手校为疑，故有乞公代鉴定之说。鄙意不如请公仍将此款径付取书，不过与雪老言明，俟书到过目再行知照莫公，则较为妥善。至韩、柳集则多半元本矣。专此奉恳，即请台安。侍制增湘顿首。[甲寅] 三月三日 [5] [1914 年 3 月 29 日]。

【70】1914 年 4 月 13 日

菊生前辈大人阁下 [6]:

　　奉手教，敬悉一切 [7]。《英灵集》及《韩非子》乞交新铭轮

1　据原信，见于《上海图书馆藏张元济往来信札》六，第 185 页。参《张元济傅增湘论书尺牍》，第 53 页第 4 函。
2　原信无日期，据《张元济傅增湘论书尺牍》补。
3　按：信末张元济批："3/3/31，复，弟三号。"
4　据原信，见于《上海图书馆藏张元济往来信札》六，第 186 ~ 187 页。参《张元济傅增湘论书尺牍》，第 53 页第 5 函。
5　按：信末张元济批："3/4/6，复，弟四号。"
6　据原信，见于《上海图书馆藏张元济往来信札》六，第 188 页。参《张元济傅增湘论书尺牍》，第 53 页第 6 函。
7　按：张元济批："托陈铭勋写四单书送去。"

船关灼棠买办带津，必无误，此间已关照矣。万一新铭来不及，或新丰（帐）[账]房亦可。此人乃朱大徵之戚，与公亦相识，前次曾托带书也。《大典》已售尽，只得续觅，然亦不难也。此请台安。侍制增湘顿首。[甲寅]三月十八日［1914年4月13日］。甲字第四号[1]。

【71】1914年4月23日

菊生前辈大人阁下[2]：

《英灵》及《韩非》计交关灼棠矣，今日回津或可奉到也。兹有恳者，吴君蔼辰曾由广东购书两箱，存在图书公司，因循未取。今将原条附[呈][3]，祈代为查出，附馆书寄津，水脚一切当照章拨付。琐渎[4]，敬请台安，诸照不既。年侍生傅制增湘顿首。[甲寅]三月廿八日［1914年4月23日］。

回信希寄京寓为幸[5]。

【72】1914年5月9日

菊生前辈执事[6]：

昨回津，得手书并《河岳英灵集》《韩非子》，均收到。《英灵》自是书棚本，毫无疑义，已径复雪老矣。教育主旨已切陈于东海及仲轩处，不知有效否也？伯恒到申，想道及。《韩非子》价容日内即缴。此请台安。年侍生傅增湘顿首。[甲

1　按：信末张元济批："3/4/27，寄覆，不编号。"
2　据原信，见于《上海图书馆藏张元济往来信札》六，第189～190页。参《张元济傅增湘论书尺牍》，第53～54页第7函。
3　按：张元济批："已吴信，甫查收。"
4　按：张元济批："其书两箱，已转寄津馆。"
5　按：信末张元济批："3/4/28，第七号。同日并寄吴霭辰一信。傅寓系石驸马大街后闸。"
6　据原信，见于《上海图书馆藏张元济往来信札》六，第191页。参《张元济傅增湘论书尺牍》，第54页第9函。

寅] 四月望 [1] [1914 年 5 月 9 日]。

【73】1914 年 6 月 24 日

菊生前辈大人阁下 [2]：

久未通候，至用怅然。伯恒归，询知近况，贤劳殊甚，尤深企念。承假各书，兹交新丰轮船（帐）[账] 房孙端甫吉便带呈，祈查收为幸。外《永乐大典》三册，遵命购得。其价已向伯恒兄取用，共一百五十元。"村"字一册似更佳，此外如有佳者，再为购一册，以足四册之数，但可遇不可求耳。别有书款及息金单，交显华兄另寄，希察收。专此，敬请台安。年侍生傅增湘顿首 [3] [甲寅闰五月初二日 [4]，1914 年 6 月 24 日]。

计开：

宋本《汉书》六十册。

活字本唐人集二十五册。

抄本《龙川略志》二册。

抄本《纬略》四册。

校本《墨庄漫录》二册。

代购《永乐大典》三册。

沅叔手录 [5]。

---

1 按：信末张元济批："3/7/18，复。"

2 据原信，见于《上海图书馆藏张元济往来信札》六，第 192～194 页。参《张元济傅增湘论书尺牍》，第 54～55 页第 10 函。又参《张元济全集》第 3 卷"书信"，第 282 页第 14 函附录。

3 按：信末张元济批："3/7/18，复。第六号。"

4 按：原信无日期，据《张元济傅增湘论书尺牍》补。

5 按：信末张元济批："书价已由京馆当时照拨厘清。3/7/18。"

【74】1914年6月24日

菊生前辈大人阁下[1]：

奉到取息单，谨奉寄。请公代取，付去年借款之息，所馀之数或还本或存[2]，候明年一同还一千元（再加若干足之）亦可，统候尊裁。但去年入股迟至八月，则借款当亦自彼时起，希查示。此一事也。又《韩非子》价由吴佩伯兄照缴，原值六十六元五角，交分馆王仙华兄寄呈[3]，亦乞收入销（帐）[账]为幸。此又一事也。再湘去年在申用款[4]，除代购书外，尚欠若干，亦乞查明示知，以便续缴。四明卢氏何如[5]？前抄手折未蒙见还，前伯恒言公已寄还，湘实未奉到，亦请详检。近来亦颇见旧书，第值昂，不复可收。程诗永来此，殊愦愦。何校各种索廿馀元一册，恐未必能如愿也。专布，敬请台安。年侍生傅增湘顿首。[甲寅]闰月初二日[6][1914年6月24日]。

【75】1914年9月3日

菊生前辈大人阁下[7]：

申江小住，辱荷优睐，关注逾恒。濒行复以琐事相托，惭感奚似。到宁小住二日，适患气痛，遂尔北旋。顷来到厅，日日从事案牍，毫无佳况足以自娱矣。然后半日尚能读书，尚较他职为闲散也。承示一节，颇难挽回，缘此君性情耿介，执一不移。所言三层，乃其预定之次序，弟为抽薪之计，惟赞其办

---

1 据原信，见于《上海图书馆藏张元济往来信札》六，第195～197页。参《张元济傅增湘论书尺牍》，第55页第11函。又参《张元济全集》第3卷"书信"，第282页第15函。

2 按：张元济批："仍寄上，由津馆先呈。"

3 按：张元济批："已收到。"

4 按：张元济批："另呈清单，应找上六十八元八角二分一。"

5 按：张元济批："欲与沅兄合购。留精本而售去其习见之本，一切在内，二万元值。"

6 按：信末张元济批："3/7/18，复。"

7 据原信，见于《上海图书馆藏张元济往来信札》六，第198～201页。参《张元济傅增湘论书尺牍》，第55～56页第12函。

理南京高等师范而已。书箱及零件均收到，谢谢。唐人集见之津地，容归查明。然其十家要十元，亦殊太贵。弟顷得此本，亦只廿二家。欠末四家 [1]，亦拟配之，若两处能配则善矣。元印《通鉴》，影印未尝不可，特工本浩大，宜审慎为之，且字亦不宜缩之过小。此间有人持明野史四种来，索百元定价，不知公处肯收否？别纸开呈。鲁澂伯事，渠有信来，附呈一阅，乞公酌定见示，以便复之。别示一节，已告极峰，已有办理之法，当无虞也。又新见宋本藏经，有款名，不知亦愿收否？《大典》竟为人收去，可惜。顷又有两本。颇多道家言，大要价亦须五十番。如愿收，乞示知。专此，敬请台安。年侍生傅增湘顿首。[甲寅] 七月十四日 [2][1914 年 9 月 3 日]。

朱秉乾处有书五本（抄本，存公处者），请付还之。此书曾付价十五元。新购渠抄本《惟实集》六本未付价，即以此作抵也。沅叔拜托。[甲寅] 七月十四日 [1914 年 9 月 3 日]。

【76】1914 年 9 月 8 日

菊生老前辈同年大人阁下 [3]：

前日奉一函，知入览矣。兹有明抄本《三朝北盟会编》四函计五十一本寄呈，敬祈转交利川书屋李宝泉兄收入退（帐）[账] 为荷，已别有函告之矣。馀事续陈，即请台安。年侍生傅增湘顿首。[甲寅] 七月十九日 [1914 年 9 月 8 日]。

唐人集可配者有八种，特代为收买。此书乃同好堂阁狠子之物，湘春间曾借校活字本五种，因其索十元不能少，是以还之。刻仍取来寄呈（八元当可以成交）。不过中间有校字数卷，

---

1 按：张元济批："如彼此将不能配，允以我处所有移赠。"
2 按：信末张元济批："3/9/9，复。"
3 据原信，见于《上海图书馆藏张元济往来信札》六，第 202～203 页。参《张元济傅增湘论书尺牍》，第 56 页第 13 函。

想公不以为嫌也。此请校安。增湘再拜 [1]。

【77】1914 年 9 月 10 日

菊生前辈大人阁下 [2]：

昨交津馆寄上各书，当经收入。惟《北盟（汇）[会]编》一种偶忘记行款 [3]，敬祈代为查明，记录见示，不胜至感。此请台安。年侍生傅增湘顿首。[甲寅]七月廿一日 [4][1914 年 9 月 10 日]。

【78】1914 年 9 月 22 日

菊生前辈大人阁下 [5]：

奉两书，敬悉。《老子》容到津取来，候示办理，但印时须觅古色纸代印数部耳。若能印珂罗板尤佳，第成本太贵，祈酌之。明代杂史三种议成，六十四元，交京馆寄呈。其别一种已被人取去 [6]，竟不可得矣。又见《永乐大典》一本，"忠"字号（《忠经》《忠传》皆全），内附图数十叶（工笔画人物），真乃罕见之物。湘所见数十册矣，然有图者绝少。公如收入楼中，亦罕见之秘笈矣。《忠传》一书未见著录，亦无撰人名。第此册索价至一百元 [7]，不知公愿收否？近来此书通行价约五六十元，若特别者自须稍贵，希速示是幸。藏经宋元本俱有之 [8]，

1 按：信末张元济批："3/9/16，复。"
2 据原信，见于《上海图书馆藏张元济往来信札》六，第 204 页。参《张元济傅增湘论书尺牍》，第 56 页第 14 函。
3 按：张元济批："十二行，廿二、三、四字不等。"
4 按：信末张元济批："附去朱秉乾收《苏魏公文集》五本、李宝泉收《北盟会编》五十一本收条。3/9/16，复。"
5 据原信，见于《上海图书馆藏张元济往来信札》六，第 205～206 页。参《张元济傅增湘论书尺牍》，第 56～57 页第 15 函。
6 按：张元济批："内《皇明诏敕》缺三本，请查。3/10/2 日去信。"
7 按：张元济批："可购，价乞代定。"
8 按：张元济批："首尾完具有款者，每册二元，请购一二十册。"

344

大约式元一册。木老已检数册去（有一册有番文者尚在），尚存有款者数册，纸不甚好（甚薄，不及去年伯恒所得之厚），亦示及。此请台安。侍增湘顿首［甲寅八月初三日］¹［1914年9月22日］。

【79】1914年9月27日

菊生前辈大人阁下²：

奉手示，敬悉。《梅山续稿》去年曾购得下册，今上册既寻得，自当合并。但价亦不能过昂，大约式、叁元，请代为酌定可也。《敏求记》交分馆寄还，敬祈查收³。雪老言新有蜀本《史记》，果否？此请台安。年侍生傅增湘顿首。［甲寅］八月八日⁴［1914年9月27日］。

又有《大典》一册，乃"杭"字，皆记杭州宋时风俗物产，如《武林旧事》《西湖老人繁胜录》⁵（此书不见［著录］，有十馀叶），均佳。但亦索百元，购否？

【80】1914年10月2日

菊公前辈大人阁下⁶：

奉诵手示，敬悉一一。朱、李收条均收到，惟宝泉寄书尚未到耳。蜀本《史记》真奇籍，惜无巨赀，徒令人引望而已。《大典》容日内与之定局，节下尚可稍廉也。藏经容再访之，恐宋本已不可得，元本或有数册，但不能精耳。宋本《通鉴》

---

1 按：原信无日期，据《张元济傅增湘论书尺牍》补。
2 据原信，见于《上海图书馆藏张元济往来信札》六，第207页。参《张元济傅增湘论书尺牍》，第57页第16函。
3 按：张元济批："未到。"
4 按：信末张元济批："3/10/2，复。"
5 按：张元济批："《繁胜录》若首尾完具，价七八十元，请代购。"
6 据原信，见于《上海图书馆藏张元济往来信札》六，第208页。参《张元济傅增湘论书尺牍》，第57页第17函。

已寄来（即杭州吴氏物，公所见也），索式百元，中有配册及破损处，贵否？此请台安。侍生傅增湘顿首。［甲寅］八月十三日 [1][1914 年 10 月 2 日]。

【81】1914 年 10 月 13 日

菊生前辈大人阁下 [2]：

连奉数书，因事冗迟迟未复，至以为歉。宝泉所寄书两包，顷已收到。《永乐大典》一册，价八十六元，已付之。佛经三册，价四元，均交津馆附寄。又《皇明诏敕》三册，亦交京馆奉上。计先后均可收到。蜀大字本《史记》至为神往，第索值过昂，又不知抄配若干，敬祈费神代为一看。若刻本存至四之三或三之二者，请公代为谐价，大约以六百元至八百元为率。此亦万一之想耳，见书后祈先示大概为幸。《大典》"杭"字册《西湖老人繁胜录》《都城纪胜》二种皆完全，而不见著录。书主视此甚重，与前册无殊，然湘观之则尤胜。刻下持去，闻暂不售，湘欲假一抄亦不可得。然鄙意其靳而不示人者，殆欲为居奇地耳，俟有机会当为谋之。黄书未见全目，然在京数十种，尚有佳者。其精本十许种，则公固见之矣。苏诗湘拟购之，亦重其乡先贤著述，不知公能见让否 [3]？尚有一事，屡欲告公，秋初在申濒行时，以十六元购得《季沧苇书目》一本，乃陈仲鱼手批。是否亲笔不可知。但其中有数十种书，皆注云涉园张氏有宋本、元本。各条与公家极有关系，如欲阅之，当为奉寄也。陈韫山处有《墨子》，价四元 [4]，祈代付之。

---

1 按：信末张元济批："3/10/9，复。"
2 据原信，见于《上海图书馆藏张元济往来信札》六，第 209～213 页。参《张元济傅增湘论书尺牍》，第 58 页第 19 通。
3 按：张元济批："最先还八百元，此书拟四百，已还九百元，请分别定价。"
4 按：张元济批："送交去。"

又李宝泉处书价应付廿元 [1]，亦望公便中给之。琐渎至感。吴氏《通鉴》乃节本，一百卷。原书十四行，行廿四字，配本十五行廿五字，中有残破数卷，配本皆割过，故二百元湘尚嫌其贵也。然书究少见，只《经籍访古志》有之，标题文小异，不知尚有他证否？《梅山续稿》如何？想亦未必居奇也。专此，敬请台安。年侍生傅增湘顿首。[甲寅]八月廿四日 [2][1914 年 10 月 13 日]。

【82】1914 年 10 月 22 日
菊生前辈大人阁下 [3]：

奉手教，敬悉。《史记》殊可惜，此潘姓居五字之首，宜其胜也。闻春间买宋本《古史》亦姓潘，当即此人，杨惺老知其人。黄氏书目通行者太多，决无可取。伯恒言其家在湘，有人还万四千元者，乃卖书者张大之词，不可信。公所还价亦不低，恐终将卖也。《梅山》稿购得，至感。吴氏《通鉴》因其配以别本十馀卷，又粘补太甚，故少贬其价。刻渠来索价，请尊处代垫式百元，并函付之 [4]，至叩至叩。《季目》容得便寄上。友人吴佩伯见《春秋五礼例宗》，云自上海寄来，真北宋本，公见之否？"杭"字《大典》容少缓报命。近中央财政日棘，再迟两月恐不了。王治馨已处刑，项城折恩而伸法，殊令人敬佩，贪吏或可戢矣。专此，即请台安。年侍生傅增湘顿首。[甲寅]九月初四日 [5][1914 年 10 月 22 日]。

孙潜校《史通》得便祈寄下一校。

---

1 按：张元济批："送交去。"
2 按：信末张元济批："3/10/16，复。"
3 据原信，见于《上海图书馆藏张元济往来信札》六，第 214～215 页。参《张元济傅增湘论书尺牍》，第 58～59 页第 20 函。
4 按：张元济批："朱炳《玉台新咏》，寒山堂本，七十元。"
5 按：信末张元济批："3/10/30，复。附去李宝泉廿元、陈韫山四元收条各一纸。"

【83】1914 年 11 月 7 日

菊公前辈大人阁下 [1]：

奉十月卅日函，诵悉示各节。《庄子》闻已为刘氏所购去，乃翻赵安仁本，值六百金。《史记》绝可惜，然终不能以赀财与若辈争也。《五礼例宗》尚未售出，今在吴佩伯许。渠亦不必购，但书亦无可用，但重其为宋本耳（索三百元）。景元抄《元典章》绝可贵，董授经所刻闻非真影元抄本，其中脱误颇多。渠方访求元本，以资参证，将来可以借校否？兹兑上洋一百元，请拨付陈韫山《欧集》值四十四元 [2]，馀存尊处。欠项尚多，俟再续缴。此等节衣缩食之资，乃欲与海上富人争宋元本，宜其不胜也。然书归若辈，殆亦有长门永巷之悲，卅六年恐亦不得望见主人颜色矣，可叹可叹。《玉台新咏》请公鉴定，若纸印俱精，亦不过卅册元耳，祈代还价酌购之（若有圈点及破损，价当略贬）。专此拜复，敬请道安。年侍生傅增湘顿首。[甲寅] 九月廿日 [3][1914 年 11 月 7 日]。

【84】1914 年 11 月 24 日

菊生前辈大人阁下 [4]：

久未通讯，殊为怅然。《玉台新咏》曾否询问？其值若干？其赵凡夫原序存否？若此序尚存，可多加数元也。又杭州古怀堂郑长发处请拨廿四元付之 [5]。前拨之百元由津馆奉寄，当已收到。近日见佳籍否？陈仲鱼手批《季目》交缪小山带申转

---

1 据原信，见于《上海图书馆藏张元济往来信札》六，第 216～218 页。参《张元济傅增湘论书尺牍》，第 59 页第 21 函。
2 按：张元济批："寄去条，又杭州古怀堂二百元收条一纸。龙洋比上海相差不过二角（并声明）。3/11/19，覆。"
3 按：信末张元济批："3/11/19，复。"
4 据原信，见于《上海图书馆藏张元济往来信札》六，第 219～220 页。参《张元济傅增湘论书尺牍》，第 59～60 页第 22 函。
5 按：张元济批："即日拨去。"

交（小翁审定谓确系仲鱼手笔），祈查收。此请台安。年侍生傅增湘顿首。[甲寅] 十月初八日 [1] [1914 年 11 月 24 日]。

再者，前次在申曾商入股三千元，蒙允通融收入。兹交津馆兑上 [2]，敬祈查收为幸。此请台安。湘再拜。

【85】1914 年 11 月 28 日

菊生前辈大人阁下 [3]：

奉手教，并杭州收条、陈韫山收条均悉 [4]。《玉台新咏》此间已得一部，可勿庸矣。筱珊明日行，《季目》并寄洋百元至时请查收。大生分厂股息折二扣（计十股），祈费神代取，收入敝（帐）[账]，以还前欠，感荷万分。《经进苏东坡文集》（宋板）四十卷，见之否（湘还七百元，尚不肯）？此请台安。年侍生傅增湘顿首。[甲寅] 十月十二日 [1914 年 11 月 28 日]。

杭贴承并请记账。

【86】1914 年 12 月 27 日

菊生前辈大人执事 [5]：

连奉手函，并大生股票二扣、《史通》一部、又（帐）[账] 单一纸，均领悉。"杭"字《大典》小山前辈以百元购去，款固未付。当时属交尊处 [6]，刻既由公留之，则自请收湘之

1 按：信末张元济批："3/11/28，复。"
2 按：张元济批："日内即交去。"
3 据原信，见于《上海图书馆藏张元济往来信札》六，第 221 页。参《张元济傅增湘论书尺牍》，第 60 页第 23 函。
4 按：张元济批："托庭桂寄去郑长发廿四元收条一纸，又（帐）[账] 单，并还大生折两信。3/12/9。"
5 据原信，见于《上海图书馆藏张元济往来信札》六，第 222~224 页。参《张元济傅增湘论书尺牍》，第 60 页第 24 函。
6 按：张元济批："十二月一号、廿七来号、十二号箱尚未到。"

（帐）[账]，其款候将来拨作他用可也。孙潜夫校《史通》询之伯恒，言因书箱尚未运到，故未交。《宋诗抄》缺字仅填两处。授经无宋人集。木老有数种，须待回津乃可检查，大约须俟数日也。教育部编书之议，尚未闻之。第总统近有改学制之议，湘亦与闻其事，已与徐相国谈过数次。大约高小以至中学高等直接为一校，以免各科重复圆周之弊。高小以上各书若有编印者，可略缓也。专此，敬请台安。年侍生傅增湘顿首。[甲寅]十一月十一日¹[1914年12月27日]。

再者，李鼎和湖笔为各店之冠，用久乃不能更换，兹拟购数种。此等琐事，乃以累公²，罪甚罪甚。湘又拜。

汉璧二枝、羊毫条幅一枝、紫狼通开十枝、小楷紫毫十枝（此种校书最好）、纯羊毫十枝，交邮、交便船均可也。

【87】1915年1月

菊生前辈大人阁下³：

《史通》孙校本昨始由分馆交到。《宋诗抄》缺字今日与木老繙校，略补十馀处⁴，今交分馆寄呈，祈查收。又前函附各（帐）[账]均符，请释念。兹附上浙路股息单⁵，敬祈费神代取为荷。此请台安。年侍生傅增湘顿首⁶。

教育方针尚未定。

---

1 按：信末张元济批："4/1/1，复。"
2 按：张元济批："笔发票附去。4/1/1。"
3 据原信，见于《上海图书馆藏张元济往来信札》六，第230页。参《张元济傅增湘论书尺牍》，第61页第2函。
4 按：张元济批："已交拔翁。"
5 按：张元济批："收到廿八股。"

6 按：信末张元济批："4/1/6，复。"

【88】1915 年 2 月

菊公前辈执事 ¹:

教育案已定，学制无大变更，但酌加读经耳。交部后不知
有何变动？前日荐观澜于总统，已属其北来，此公已辞去中华
之局矣。《史通》两部奉还，外吴集一部请代付五十二元同交
楚生 ²。闻近购天一书数种，可得闻钦？专此，敬请台安。侍生
增湘顿首。

有人尚欲入股数千，可以行否 ³？乞示知。

【89】1915 年 3 月 28 日

菊生前辈大人阁下 ⁴:

兹交分馆带呈明本书四种，皆还莫楚生者，请查收，候侍
到申再交。又书目一部，暂存尊处。专此，敬请台安。年侍生
傅增湘顿首。[乙卯] 二月十三日 ⁵ [1915 年 3 月 28 日]。

《新书》四册、《越绝书》二册、《风俗通》二册、《太玄
经》二册、书目六本。

【90】1915 年 4 月 21 日

菊生前辈大人阁下 ⁶:

沪上诸荷垂照，感荷无既。别后到苏，所事竟不谐，因尚
有疑义，只得暂行阁置。

---

1 据原信，见于《上海图书馆藏张元济往来信札》六，第 231 页。参《张元济傅增湘论书尺
牍》，第 61 页第 3 函。
2 按：张元济批："已付，由公司转交。收条寄去，信存。4/2/12。"
3 按：张元济批："果公相习，必为设法，乞示姓字。"
4 据原信，见于《上海图书馆藏张元济往来信札》六，第 232 页。参《张元济傅增湘论书尺
牍》，第 62 页第 5 函。
5 按：信末张元济批："已晤面，故不复，4/4/3。"
6 据原信，见于《上海图书馆藏张元济往来信札》六，第 233 ~ 234 页。参《张元济傅增湘
论书尺牍》，第 62 ~ 63 页第 7 函。

尊款俟到津再兑还。《言行录》谐否？鄙意公若不留，可以相让，因此行苏帖既不得，得此聊足自壮，敬祈酌示。又明汪刻《两汉书》究难得，仍拟留之，敢乞公向聂松涛购取。此乃丁福保之书，若式百可少固佳，否则亦可如数给之。费神，感谢不尽。行时又有零件奉托，当已收入矣。今日到浔，游匡庐后即趁京汉车归，属事容到京探之。专此，敬请台安。年侍生傅增湘顿首。[乙卯]三月初八日[1915年4月21日]。

舟行小孤山下[1]。

【91】1915年5月1日
菊生前辈大人阁下[2]：

奉手示，敬悉各节。谨答复如后：

大六公昨询之，尚在都。晚间晤吴蔼辰，言明日渠约定有事相商，侍已将大意告之，属相机迎（距）[拒]矣。

苏帖有人疑系摹本，又疑各跋为一手所造。至翁跋则千真万确，毫无疑义。则覃溪已为所蔽矣。

《言行录》避耿、玮等字，容再考，或恐是家讳也。

庄公托取各股息，在鄂将原单遗失，祈费神托友人重抄一分见寄，至感至感。能速尤荷。

惠假各书尚未到。

惠假之款兹先由京馆兑还五百元，祈查入归（帐）[账]是幸。

此写信笺纸（色白而不荫）质殊佳，便于写书。拟求费

1　按：信末张元济批："4/4/24，复。寄去借校精本数种，有单存编译所借书简内。"又批："有结（帐）[账]清单附去，此在（帐）[账]簿中。"
2　据原信，见于《上海图书馆藏张元济往来信札》六，第235～237页。参《张元济傅增湘论书尺牍》，第63～64页第9函。

神派人到九华询明是何纸？无论大小，请代购两刀寄下，至盼（此种八行每百一角，并乞代购一元同寄下，尤荷）。

到津住一日，明日仍回京。烦寄各物均照收到矣，谢谢。此请台安。年侍生傅增湘顿首。［乙卯］三月十八日 [1][1915 年 5 月 1 日］。

某两省印票事，容告家兄。但所裁之报乃别一事耳。

【92】1915 年 6 月 5 日

菊生前辈执事 [2]：

承借各书及代购信笺、仿纸，均领到，感谢不尽。《两汉书》尚未到。楚生来函，知书画均交去，尤荷。《四库举要》谨以愚见注于上方，希酌之。别有友人愿献意见，乞再寄两本为要。《言行录》闻将付印，甚盼甚盼。东坡《嵩阳帖》印本能见印一分见寄否？有人欲购此帖，欲早一见也。此请台安。年侍生傅增湘顿首。［乙卯］四月廿三日 [3][1915 年 6 月 5 日］。

【93】1915 年 7 月 31 日

菊公前辈大人阁下 [4]：

前交伯恒兑上徐尚之（名承锦）股分千元，此事前时曾函询，公谓可设法。嗣以其款未筹定，迁延至今，不审尚可收入否？尚之与湘同官，在黔中人极有声称，历次建言，深可敬佩，非泛泛同（寮）［僚］比也。笔十枝亦奉到。久未见书，厂市殊寂寥。然袁豹丞以重价招之，恐此后难以他售矣。印

1 按：信末张元济批："4/5/5，复。"
2 据原信，见于《上海图书馆藏张元济往来信札》六，第 238 页。参《张元济傅增湘论书尺牍》，第 65 页第 12 函。
3 按：信末张元济批："4/8/24，复。"
4 据原信，见于《上海图书馆藏张元济往来信札》六，第 239～241 页。参《张元济傅增湘论书尺牍》，第 65 页第 13 函。

臣之毛抄、授经之宋元，亦陆续由湘介绍归之。湘之《韵补》亦归之，近亦可称蔚然大国矣。莫函及书五种（元本《吴越春秋》二册、又明本四册、《西京杂记》二册、《新语》一册、《周书》二册），乞交去。积馀书函亦恳费神，久不通函，恐有迁徙也。近来署中稍有事，颇苦奔驰。校书亦少懈，故所假各书迄今乃毕业。别纸开明，希查收为幸。上海见何书？祈随时见示。培老近回申否？外《山谷诗》一册，与之兑换者，望便中送去。尊藏（何批）《法书要录》，若有妥便仍拟借一校，想蒙俯允也。此请台安。年侍生傅增湘顿首。［乙卯］六月廿日[1]
［1915 年 7 月 31 日］。

【94】1915 年 8 月

［傅增湘致张元济函］[2]：

《两汉书》已收到，尚佳，可以收之，敬祈代付书值为荷。前日奉一函，计入览矣。此请菊公大安。年侍增湘叩上[3]。
［1915 年 8 月］。

【95】1915 年 8 月 9 日

菊生前辈大人阁下[4]：

禁扁及笔均领收，费神，谢谢。前上一函，并分寄各书，计早登览矣。兹奉上洋一百元，敬祈查收，付入敝（帐）［账］。此外尚有欠款，容再续缴。此请台安。年侍生傅增湘顿

---

1 按：信末张元济批："4/8/30，复。"
2 据原信，见于《上海图书馆藏张元济往来信札》六，第 243 页。参《张元济傅增湘论书尺牍》，第 65 页第 14 函。
3 按：信末张元济批："4/8/20，复。"
4 据原信，见于《上海图书馆藏张元济往来信札》六，第 242 页。参《张元济傅增湘论书尺牍》，第 65～66 页第 15 函。

首[1]。

为应案而争辩者，连及五部院。此非佳象也。

【96】1922年10月30日

[傅增湘致张元济函][2]:

来函敬悉。韫山处可付与式百元（是侍暂假之款，乞代垫付），属其往办柳集。闻其中亦有宋本，或是配本也。近日事甚冗，别事容续复。此请菊公前辈台安。增湘拜启。[十一年]十月卅日[3]。

南来诸荷垂照，并此敬谢。内子并属谢前辈夫人，乞代达。行李照取到，并附谢。

【97】1923年1月29日

[傅增湘致张元济函][4]:

森玉已行，计日内得晤。此行不过使道观知吾辈镇重之意，以便日后再运易于交涉也，故所费稍多亦不惜也。

前据售书处开来售书价，有数百元云拨付印书价内。不知印刷是何款？希查示。因近来未尝有印件，或恐是误开也。若尊处欠款，宜先拨还为宜，不知能改拨否？

水湿《通鉴》交文友托人装订，每部工料拾式元，刻已装成九部。工人来索款，可否函知京馆付洋乙百元？（帐）[账]单竣装齐再属开呈备考。

《松乡集》日内交分馆寄还。

1 按：信末张元济批："4/8/20，复。"
2 据原信，见于《上海图书馆藏张元济往来信札》六，第244页。参《张元济傅增湘论书尺牍》，第102页第5函。
3 按：信末张元济批："寄去《丛刊》续集目，11/11/8。"
4 据原信，见于《上海图书馆藏张元济往来信札》六，第245～249页。参《张元济傅增湘论书尺牍》，第105页第2函。

菊公鉴。增湘拜启。［十二年］一月廿九日 [1]。

《经典释文》是全书，不过只以两册付装，故所见只此耳。

文德堂又有宋本《春秋经传》（白文）全部，亦是内府交装者。初印，阔幅精善，见《天禄续目》。

昨有人持《二百家名贤文粹》（宋印，孤本）五册，计四十馀卷，又金本《内经素问》四册，索千六百元。孟苹未及收而去，公有意否？乞示悉。增湘再启 [2]。

在都言借蒋孟苹兄书三种，乞森玉兄携回（森兄可往孟苹处接洽）：

抄本《十一经问对》。

抄本《四朝闻见录》。

宋本《内简尺牍》。

又抄本《山书》亦乞借阅。沅叔拜启。

【98】1924年2月18日

菊生前辈大人阁下 [3]：

奉手示，知杭州字画各件已交去，敬谢敬谢。海盐各书侍往看，存者十馀种 [4]。《涉园杂记》未之见，据言尚（未）［有］数箱未拆也。《茗斋诗》已为人购去，将来或可借来一抄。原单已交文英矣。《唐史论断》乃叔弢购定让出者，《栲栳集》则侍代购，兹一并寄呈，馀再随时报告（海宁人著作最多，至三百馀种，兔床手稿有数种）。此请年安。侍增湘拜启。［甲子］正月十四日 [5]［1924年2月18日］。

---

1 按：信末张元济批："12/2/3，复。"
2 按：信末张元济批："12/2/3，复。"
3 据原信，见于《上海图书馆藏张元济往来信札》六，第250页。参《张元济傅增湘论书尺牍》，第115页第6函。
4 按：张元济批："又续寄嘉郡人著述一单，托代购。"
5 按：信末张元济批："13/2/23，复。"

【99】1924 年 2 月 28 日

菊公鉴[1]:

昨又奉手教并书单。前后诣文英阁五六次搜查,书籍堆垛凌杂,检阅为难。各书又多小册一二,尤易忽略。今日午后再往,适见有友人检购各书,则《涉园杂咏》正在内。因与商让,兹先交袁涤菴之便带呈,以慰饥渴。其价开三元(八折),其馀亦尚有二十馀种,俟检得由邮寄奉也。《四库全书》事近日小有变动,再函详。此请台安。年侍生傅增湘拜启。[甲子]正月廿四亥刻[2][1924 年 2 月 28 日]。

【100】1924 年 2 月 29 日

[傅增湘致张元济函][3]:

文英阁选取书十七种,交邮寄呈。有二种是盐官,又数种非单内所开,而是海盐人,特为择出,希酌之。原单附上。敝处照八折,若稍多可按七五折,并以闻。此上菊公阁下。增湘拜启。[甲子]正月廿五日[4][1924 年 2 月 29 日]。

馀书俟续查再奉闻,因该店尚未清全也。

顷又检得《花外集》一册,乃公家刻本,亦附上。此上菊公鉴。沅叔再启[5]。

---

1 据原信,见于《上海图书馆藏张元济往来信札》六,第 251 页。参《张元济傅增湘论书尺牍》,第 115～116 页第 7 函。

2 按:张元济批:"如更有《涉园杂咏》一种,仍祈代购。海盐人著述尤为注重。并谢《四库》出力。13/3/3,复。"

3 据原信,见于《上海图书馆藏张元济往来信札》六,第 252～253 页。参《张元济傅增湘论书尺牍》,第 116 页第 8 函。

4 按:信末张元济批:"13/3/6,复。"

5 按:信末张元济批:"13/3/6,复。"

【101】1924 年 3 月 8 日

[傅增湘致张元济函]¹：

今续检书四十九种（又一种）寄呈（火车快件），祈查收。提单附上。顷函亦诵悉，俟书寄到还之。款尚未付，俟全行选定再总计可也。侍明日赴津一行，初十外拟来南一行，但到申恐须廿日边，因欲游汤泉及栖霞两地。手此，即候菊公大安。增湘拜启。[甲子]二月初四日[1924 年 3 月 8 日]。

价单未齐，俟再寄。

【102】1925 年 2 月 4 日

菊公鉴²：

今日往徐午生宅，看得宋本《周易单疏》（大板，十五行）、《唐文粹》（大板，十五行）、《楼攻（愧）[媿]集》（一百廿卷）、《三苏文粹》（小板细字，精极。瞿氏有七十卷，十九行，行廿六字）、《荀子》（袖珍本）、百衲《史记》（宋元合）、中统《史记》、宋本《左传》（残）、《通鉴纲目》（大字）。闻有《文选》《仪礼》《韩文举要》（孤本），尚未见。前五种极精，尚未开价。然其人精而滑，恐不易着手也。先此报告，祈秘之。渠欲来申，已阻之矣。谭志贤之胞侄闻在尊馆实习期满，要求录用，可否推爱成就之？谭为侍多年之友，亦公素识也。增湘敬上。[乙丑]一月十二日[1925 年 2 月 4 日]。

---

1 据原信，见于《上海图书馆藏张元济往来信札》六，第 254 页。参《张元济傅增湘论书尺牍》，第 116 页第 9 函。
2 据原信，见于《上海图书馆藏张元济往来信札》六，第 255 ~ 256 页。参《张元济傅增湘论书尺牍》，第 126 页第 1 函。

【103】1926 年 1 月 30 日

[傅增湘致张元济电报]¹：

张菊翁：《唐文粹》精整可印，最低价五千元。要否？电复。湘［十五年一月三十日］。

【104】1926 年 4 月 29 日

菊公前辈鉴²：

《横浦日新》缺文属小女抄呈，祈察入，将来重印时可附于后也。闻同济风潮，不知实状若何？兹付小儿一函，希代探明交去，或恐其被同人迫出校也，大约往怡和馀一询便知矣。《文粹》、楼集以万五百元出手矣。此候台安。年侍生傅期增湘拜启。［丙寅］三月十八日³［1926 年 4 月 29 日］。

【105】1926 年 6 月 24 日

[傅增湘致张元济函]⁴：

胡夏客所撰名《谷水集》，刻甚精，同邑陈姓所注。索廿八元，还廿元尚不售，只可酌加矣。此上菊公前辈座右。增湘叩⁵［丙寅五月十五日杭州烟霞洞，1926 年 6 月 24 日］⁶。

寺中笔砚不佳，此纸可入《淡墨录》矣，一笑。

1 据原信，见于《上海图书馆藏张元济往来信札》六，第 257 页。参《张元济傅增湘论书尺牍》，第 129 页第 9 函。
2 据原信，见于《上海图书馆藏张元济往来信札》六，第 258 页。
3 按：信末张元济批："15/5/6，复。"又批："有附启为购翁日记及售《道藏》与饶近伯事，送总务处迳复。15/5/6。"
4 据原信，见于《上海图书馆藏张元济往来信札》六，第 261 页。参《张元济傅增湘论书尺牍》，第 131 页第 17 函。
5 按：信末张元济批："15/6/26，复。"
6 按：原信无日期，据《张元济傅增湘论书尺牍》补。

【106】1926 年 7 月 5 日

[**傅增湘致张元济函**] [1]:

……欲之，托为谐价 [2]。若公意欲留，或商之叔弢亦可也。《横浦日新》校字别幅录呈 [3]，鉴察是幸。馆事仍盼公主持，勿遽退 [4]。监事亦元老地位，得公可调剂其间，为益滋大。闻各方挽者至多，勿坚执为要。此候台安。年侍生增湘拜启。[丙寅] 五月廿六日 [5][1926 年 7 月 5 日]。

急欲南行，缘时局太不定，不敢轻离也。

【107】1926 年 7 月 5 日

[**傅增湘致张元济函**] [6]:

赐示并支票乙千式百元均领悉，取出后，午车可去矣。馆中《帝王经世图谱》拟求假一阅，因寻得刻本也。明日约夜间可回。博古书尚未来。手此，敬候菊公大安。增湘拜启。[十五年] 七月五日。

【108】1926 年 7 月 6 日

菊公鉴 [7]:

昨快函计达。《道藏》谅印成，鄙撰后跋数日可寄，乞饬

---

1 据原信，见于《上海图书馆藏张元济往来信札》六，第 260 页。参《张元济傅增湘论书尺牍》，第 130 页第 11 函。
2 按：张元济批："……印售各事，昨已函商同人。弟已离馆，更不能不征取众意，尚未得覆，容再奉答。"又云："三百元价诚昂，然亦只可购之，请商叔弢。另附致伯恒一笺，乞先款。"
3 按：张元济批："收到，谢谢。"
4 按：张元济批："弟之离馆，实出于万不得已。来示谓'可调剂其间，为益滋大'，此议失在旁观，不知内容，个中情形，非笔墨所能宣，乞候南来，当再面达。"
5 按：信末张元济批："15/6/3，复。"
6 据原信，见于《上海图书馆藏张元济往来信札》六，第 262 页。参《张元济傅增湘论书尺牍》，第 132 页第 20 函。
7 据原信，见于《上海图书馆藏张元济往来信札》六，第 259 页。参《张元济傅增湘论书尺牍》，第 130 页第 12 函。

知装订稍缓数日，何如？又锦文堂（四马路翁阆仙）书目内有宋十行本《公羊注疏》（残本），其一至五卷敝处可配，祈代为商价（渠不寄阅也）。如不昂，可全购之。又《黄杨集》（二元）、《平妖传》（二元）乞代购，照价八折也。又《剡溪漫笔》（廿五元）请看若无笔记纪事则可购。此请台安。增湘拜启 [1]。[丙寅]五月廿七日［1926年7月6日］。

【109】1926 年 7 月 16 日

菊公赐鉴 [2]：

别后初一日抵津，大沽口风浪甚猛，摇冗三时许，馀尚平稳。初二日到京，始知舍侄已于廿七日夭逝，惊痛殆不可为怀。先兄既亡，尚冀此子支持门户，今则悉集孤身矣。初三日，十叔又以久病不起。连遭二丧，两宅奔走，劳顿悲伤，殆非人境。叔家更贫无立锥，弟妹及老姊等七人谊须教养，更增重负。天之阨我，其可逃乎。我公闻此，当代为凄恻也。刻因筹措丧事，须一月乃得小定。临行助我买书之资，恐须一月后方得筹还 [3]，乞恕其迟滞也。《困学》跋语稍迟乃可寄 [4]（定价恐须廿元），乞语梦旦兄。此候台安，并谢一切。增湘拜启 [5]。

梦旦、拔可诸公先为候谢。［丙寅六月］初七日［1926 年7 月16 日］。

1 按：信末张元济批："15/6/10，复。"
2 据原信，见于《上海图书馆藏张元济往来信札》六，第 263～264 页。参《张元济傅增湘论书尺牍》，第 132～133 页第 22 函。
3 按：张元济批："区区之数，何必挂怀。此时并不需用，尽可从缓。"
4 按：张元济批："已由编译所另复。"
5 按：信末张元济批："15/7/27，复。"

【110】1926 年 8 月 11 日

菊公前辈大人阁下 [1]：

　　昨奉赐函，敬聆一一。函稿因藏之箧笥，遂携之北来，兹特检奉，敬希察入。前在申付还各书，归来查考，尚缺《龙龛手鉴》一种 [2]，想缘册巨别存耶。承假各书，《草堂诗笺》已校毕，其馀各种，数日可了，下月小儿赴沪，可以全还矣。惟《东汉会要》一种（影宋本，有木匣），终须补校。其卷数单在拔可处，若有便人，尚冀赐我，俾竟全功。四库书此时恐不易办，因杜阁不负责也。闻董会已许公辞，然此间股东殊愤慨，恐又生枝节矣。专此，敬候台安。年侍生傅增湘拜启。[丙寅]七月初四日 [3]［1926 年 8 月 11 日］。

【111】1926 年 10 月 11 日

菊生前辈大人阁下 [4]：

　　连奉赐书，只以俗冗集乘，不及详复为歉。近日嫁女事毕，明日又须入山营葬，初八日开工，廿三日安葬，更须有兼旬之劳。兹将各事分答如后：

　　《永乐大典》拟在京印行，其书为"台"字，乃元时《南台纪要》一书，似无刻本。照原式尚美观，若大小图书馆各存一分，亦可销式百部。且书名吉祥，似可作礼品，十元一部似尚易举也。

　　前得董事会电，已分致各股东主要人，并为疏解一切，似尚满意，当不致再生枝节，但亟盼革故鼎新耳。

---

1 据原信，见于《上海图书馆藏张元济往来信札》六，第 265～267 页。参《张元济傅增湘论书尺牍》，第 133 页第 25 函。
2 按：张元济批："14/5/23，交任心白。"
3 按：信末张元济批："15/8/17，复。"
4 据原信，见于《上海图书馆藏张元济往来信札》六，第 268～270 页。参《张元济傅增湘论书尺牍》，第 135～136 页第 29 函。

宋本《史记》内《司马相如传》一册，兹补寄上，祈交梦旦，梦旦前有函来索也。此书托杨子安夫人之便寄申，《东汉会要》各册可交其带京，渠乃专人往还，可放心也。已告来人专候，务乞属馆中速交，勿失此机。

《龙龛手鉴》即暂存库中，候侍来申再携回。

摘抄书目，容稍暇细检踪迹再复。

重印《四部丛刊》似嫌过早，私意先续一期，或可得新主顾若干。续期销完，再重印未迟也。

今年为北京图书馆购得抄本《明史》一百册，与殿本及王本详略不大同，卷数（四百馀卷）、分类亦有异，许继香谓是万季野初稿。覆印《丛刊》，以此易殿本《明史》最好。已向主任袁同礼言之，允假印。公可来信一请，无不谐者。

《永乐大典》见者多已辑之书，贵友当有见耳。

尊款月底可奉赵，须葬事毕也。然今年负债不可言矣。

欧集合图书馆所藏可以配完，拟与公司合印之，公意何如？

增湘手奏。（丙寅）九月初五日 [1]［1926 年 10 月 11 日］。

【112】1926 年 11 月 27 日

菊公前辈大人阁下 [2]：

前日上笺，计达鉴矣。顷见宋坊刻《纂图互注庄子》一部（亦是"六子"本），半叶十一行，每行二十一字，注二十五字。偶一披检，见"贞""慎""匡"等字均缺末笔，左阑外上方有耳（有元补印，无耳）。沈培老曾谓十一行阑外有耳

---

1 按：信末张元济批："15/10/17，复。张元济。"
2 据原信，见于《上海图书馆藏张元济往来信札》六，第 271～272 页。参《张元济傅增湘论书尺牍》，第 137～138 页第 32 函。又参《张元济全集》第 3 卷"书信"，第 332 页第 130 函。

者是宋刻，正是种也。卷中有张载华印、芷斋图籍、涉园诸印，又有潜采堂朱氏、季沧苇、遂初堂、觏闻斋各印。缺第八卷（据售人云可寻，不足信），卷首破坏，损字约廿叶，印本不清，索式百四十元。因有公家图印，敢以奉闻。书品固不甚佳，又系残本，特缘其索价不昂，似尚可收[1]。属其暂留此间，候公示及与议也（有于右任印，是张氏书也）。专此，敬请台安。侍增湘拜启。[丙寅]十月廿三日天津老西开教堂后安仁里[1926年11月27日]。

前函询诵公近状何似，想不北来也。

【113】1926年12月13日

菊公鉴[2]：

奉津门转到赐书，聆悉。《庄子》代为购定，一百八十元[3]，交伯恒遇便带申。据估者言，此家尚有《荀子》一种，与《庄子》收藏图章一律，且印本较清朗，完全无缺（并言一无毛病），索值六百元。侍此书（指《庄子》言也）稍出重值，冀得此书，以归邺架。特属其持来一阅[4]，俟阅后再以闻（据云先售残者，其全者须得善价方出手）。近来无书出，偶见一二，皆习见者，或冒充者，不足奉告也。闻内府之岳刻《五经》（索式万元）在津出售[5]，然不可见也。馀再详叙。此请台安。弟增湘拜启[丙寅十一月初九日[6]，1926年12月13日]。

1 按：张元济批："拟出一百五十元至二百元，请公为我斟酌，馀事即存。15/12/1，复。"
2 据原信，见于《上海图书馆藏张元济往来信札》六，第273页。参《张元济傅增湘论书尺牍》，第138～139页第34函。又参《张元济全集》第3卷"书信"，第333页第132函。
3 按：张元济批："甚为感幸。"
4 按：张元济批："索价六百未免过昂，且俟法眼评定再议。"
5 按：张元济批："归于何人，尚望探示。"
6 按：信末张元济批："徐梧生之《攻（愧）[媿]集》落于谁氏，能设法借印否？15/12/19，复。"又原信无日期，据《张元济傅增湘论书尺牍》补。

【114】1926 年 12 月 21 日

菊生前辈大人阁下 [1]：

前日奉书，计达览。兹因舍亲徐友仲回川之便，寄来张季筊画册一本，计廿四开，祈交还沈慈护世兄。又代售去谭元春字条、王小梅画幅，共洋七十元，敬乞代垫，一并付之。此一事也。又宋刻《荀子》六册前日送来阅过，果是公家旧藏，与《庄子》相同。第五、六卷略有破损，较《庄子》完整多矣。因与议定值叁百四十元（适舍亲即日行，辄为公专之），亦托徐舍亲带呈，祈查收为幸。此款由侍付过，即兑还前假之款，计两书共付五百二十元。尊处前后代垫一千式百七十元，计尚差七百五十元。此书若早见《荀子》，则《庄子》可不购矣，亦估人先以瑕示人之术也。《道藏》事梦旦已来函，容别复。夜深不及详叙。专此，敬候台安。侍生傅增湘拜启。（丙寅）十一月冬至前夕，即十七日 [2]［1926 年 12 月 21 日］。

《庄子》交伯恒，计已到。

【115】1926 年 12 月 31 日

菊生前辈大人阁下 [3]：

日前舍亲徐友仲来申，属携呈张季筊画册、宋本《荀子》，计已收阅矣。顷奉赐书，敬聆一一。诵芬闻已东迈，牢落可念。岳刻《五经》竟不可踪迹。然闻厂市言，有宋本书百馀种、字画百馀件，须合售百万元以上，其来路可以推知也。然此时焉有大力者举此耶（闻其中宋本《左传》三部）？容探索

---

1 据原信，见于《上海图书馆藏张元济往来信札》六，第 274～277 页。参《张元济傅增湘论书尺牍》，第 139 页第 35 函。又参《张元济全集》第 3 卷"书信"，第 333～334 页第 132 函附录。

2 按：信末张元济批："16/1/4，复。"

3 据原信，见于《上海图书馆藏张元济往来信札》六，第 278～285 页。参《张元济傅增湘论书尺牍》，第 139～140 页第 36 函。

其目一视。《攻（愧）[媿]集》售与吴人吴姓，李木老识之，借印当非难事。欧阳集查明凡三千六十叶，其中抄配者五百八十一叶，京馆可影配者只少一卷耳。若公主持影印者，其事从速为妙。缘徐森玉刻尚未交代，可以通融。若入新人之手，又费口舌矣。前日木老本主先将缺卷照出，然照费须千馀元，亦遂中止。务祈酌定早示及，便可与伯恒、森玉合力进行也。《指海》觅得一部，何时可印？此书已有人购定，侍尚可扣留缓付之。《道藏》东海定款望早付清，一切自易解决也。手此，敬候台安。增湘再拜。新除夕[1]［1926 年 12 月 31 日］。

拔可、梦旦两公同此。

傅沅叔抄来：

宣统十四年七月十五日由昭仁殿找来赏溥杰：

宋版《说文解字》。

宋版《纂图互注南华真经》。

宋版《夏侯阳算经》。

宋版《班马字类》。

宋版《周礼辑闻》。

宋版《说文解字韵谱》。

宋版《云溪友议》。

宋版《权文公诗集》。

宋版《周易》。

宋版《纂图互注尚书》。

御题宋版《三礼图》。

仿宋版《尚书孔传》。

宋版《帝学》。

---

1 按：信末张元济批："16/1/13，复。"

宋版《春秋繁露》。

影宋抄本《唐史论断》。

仿宋版《周易》王注。

宋版《书苑菁华》。

十六日：

宋版《家语》。

宋版《纂图互注南华真经》。

宋版《周礼》。

宋版《班马字类》。

宋版《周髀算经》。

宋版《春秋意林》。

宋版《丽泽论说集录》。

影宋抄本《琴史》。

宋版《西京杂记》。

宋版《帝学》。

十八日：

宋版《花间集》。

宋版《韦苏州集》。

宋版《梁溪漫志》。

影宋抄本《坡门酬唱》。

【116】1927 年 1 月 13 日

菊生前辈大人阁下 [1]：

奉元月四日函，知《荀子》六册已收到 [2]，张画册及七十

---

1 据原信，见于《上海图书馆藏张元济往来信札》六，第 286 ~ 290 页。参《张元济傅增湘论书尺牍》，第 142 页第 3 函。又参《张元济全集》第 3 卷 "书信"，第 334 ~ 335 页第 135 函。

2 按：张元济批："《困学纪闻》由拔翁复，东海《道藏》事由梦翁覆。"

番亦蒙代交，至感。《荀子》及《庄子》曾闻子培言，视世
德堂本为佳，第亦未暇校也。渠亦有残本，不知尚存否？前
询两事：一岳刻《五经》，未见及，然未售出。一《攻（愧）
[媿]》，可设法借印，已告木老矣（此人与木老世交）。馀详别
纸。此候台安。年侍生傅增湘拜启。[十六年]一月十三日[1]。

一、《指海》敝处有十二集，友人处有后八集，可以付印。
原书二十函，约一百六十本，俟查篇叶奉寄。何时可办乞示
知[2]。

一、《营造法式》桂辛及兰泉来言，馆中前还价六千元，
刻下可割让。请贵馆决定运交之法[3]。

一、友人周君癸叔闻曾上条议于馆中，其人学问颇深，词
章尤佳，刻欲在贵馆觅一编纂之事，不知可延纳否？原函奉
上，祈酌定见示。此请台安。并候拔可、梦旦两公同鉴。增湘
再启[4]。

敝处拟辑印小丛书，如《涵芬楼秘笈》之式。每集册数
略增（十册为宜），可凑四集至八集，不知贵馆中可合办否？
所选皆秘稿无刻本者（家藏小种及宋元小集，或刻最少见者）。
如诸公以为然，暇时当汇上呈。昔年本拟自刻丛书，缘力薄不
能遽举，故改为石印小册，较易成功。其中"所藏书目"亦可
印一集，私意流销或易，祈酌复。《涵芬秘笈》不知成本若干
（印若干部）、销路如何？亦乞见告。专此，敬请菊、梦、拔公
同鉴。增湘又启[5]。

1 按：信末张元济批："16/1/19 到，张元济。16/1/21，复。"
2 按：张元济批："此时已决印《欧集》，此从缓，已详16/1/18函。"
3 按：张元济批："请即商定运交之法。"
4 按：张元济批："其人于考订目录之学似尚可用，但不知居官已久，能久任此劳苦，其性情又何如耳？弟自为计，极思延聘。惟为公司计，又不能出以慎重。如何区处，乞酌。张元济，16/1/19。"
5 按：张元济批："此时只可从缓，俟工事稍闲再办。或可查《秘笈》销路，示知再复。张元济，16/1/19。"

【117】1927 年 1 月 15 日

菊公鉴 [1]：

　　昨上长函，计已达览。前者敝册中所记北宋本《册府元龟》，刻下见数册，为友人分去。尚存三册，每册一卷，至少值乙百元，知公嫌贵否？此间所买则咸此价也。每卷只十数叶，可谓昂矣。然存一、二册以作标本，未尝不可。侍已校过矣。祈示知，以便办理，否则亦不能久留之。欧集已计议否？要紧在先照缺卷，趁森玉手中较易办理也。此上年安。侍增湘拜启。［十六年］一月十五日 [2]。

【118】1927 年 2 月 25 日

菊生前辈大人阁下 [3]：

　　奉二月十四日手教，敬聆壹是。家门不幸，频遭惨戚，辱承注慰，心感寔深。然侍亦自知此身负责至巨，只可事来则应，事过则忘，仍借素所嗜者排日为之以自遣，决不敢含忧过劳以自苦也。中年以往，乐少哀多，昔贤所同，宁独我辈可倖免耶。

　　周君癸叔事顷得其南昌来书，言目前只一妾一子，家口尚轻。年虽五十，而精力尚可支持。书卷生涯，夙所耽玩，法定时刻，决不为苦。至于薪金数目，渠亦不欲自言，但亦尚无奢望。鄙意每月自百廿元至百五六十元，差支薪米之赀，于愿已足 [4]。寒士暮景，谅亦诸公所能亮察也。祈早商定，以便告之剀

1　据原信，见于《上海图书馆藏张元济往来信札》六，第 291～292 页。参《张元济傅增湘论书尺牍》，第 143 页第 4 函。

2　按：信末张元济批："16/1/21，复。"

3　据原信，见于《上海图书馆藏张元济往来信札》六，第 293～296 页。参《张元济傅增湘论书尺牍》，第 148～149 页第 9 函。又参《张元济全集》第 3 卷"书信"，第 339～340 页第 140 函。

4　按：张元济批："参照酌定少泉月薪几何，先约一年如何？张元济。"

日东下，至感至叩。

欧集已告森玉，近日清理粗毕，陆续二三册一借，属迳交伯恒矣。

《攻（愧）［媿］集》容告木老再覆，第书主尚在南方耳。

《大典》日内甫付装，俟即寄上。

《营造法式》顷告兰泉版权事，属在内部办理，图交津馆，版交京馆。至装箱须定做木柜，已商伯恒与文楷矣。

元集一册似在李鹯侯家（恐不单卖），俟已校过，公可过临也。手此，敬请台安。年侍生傅增湘拜启。［十六年］二月廿五日津门寄寓[1]。

梦旦、拔可两公同候。

【119】1927年3月3日

菊生前辈大人阁下[2]：

昨交孙章甫带上景宋写本《东汉会要》九册，计可收到[3]。兹见有写本《都天大六壬总真秘诀》一册，有"海盐张小白珍藏"朱文印，不知是公家先世否？索六元，大约三元可得也。又抄本《半完圃诗稿》二册[4]，题武原钱尔浚著，有"钱氏子湘""别号肯斋"二印。又《益翁存稿》三册，一五卷，一不分卷，有海禺汪应铨跋（亲笔），为秦溪半逻野堂钱元昌朝采著，即钱尔浚之后裔也。此二书皆海盐人，且系稿本，不知公能收否[5]？特以奉闻。陶兰泉来函，言《营造法式》版片事，

1 按：信末张元济批："16/3/3，元济。"
2 据原信，见于《上海图书馆藏张元济往来信札》六，第297页。参《张元济傅增湘论书尺牍》，第149页第10函。
3 按：张元济批："尚未收到，收到即奉达。"
4 按：张元济批："乞代购。"
5 按：张元济批："故欲收，但不知何价？乞给以相当之价，其人不甚著，过节则缓议。"

容告伯恒办理，原函裁奉，希鉴察。款由何处拨也[1]？《大典》昨交京馆一册，系赠我公者，册式太大，恐须便人方寄也。手此，敬候台安。侍增湘拜启。［十六年］三月三日[2]。

同济学校恐难开学[3]，乞随时探示为幸。

【120】1927年3月15日

菊公前辈大人鉴[4]：

昨奉手示一纸，敬悉。欧集已由馆借出付照，日内计可毕，此皆森玉大力也。原书中有残损者，亦由馆书照补，但恐不能完补耳。敝藏书是否在京馆照，抑寄申？祈示及。元集六册交小儿忠谟带呈，其后十馀卷即残宋本所校也（其中有《赠乐天百韵诗》，后半缺失，而宋本全者。当时未抄，乞公托人照抄补足为幸。因此诗在卷十一，正在馆中也）。《永乐大典》寄上五本，乞为代销（每部十二元，不折。托店售则开十五元，以三元为酬金）。小儿同尔和之世兄来沪入学，此时变态不可测，若有事故时，惟有拜托我公切实关护。此外则怡和渝号系同乡远戚，恐其人多房狭，偶有不便耳。存沪之书有北宋本《史记》《南齐书》《乐府诗集》等，我公智虑周密，必已妥为保藏，甚以为念。昨函梦旦，公见之否？此不更详也。手此拜托，敬叩颐安。侍增湘拜启。［十六年］三月十五日[5]。

1 按：张元济批："已属迳复。"
2 按：信末张元济批："16/3/9，复。"
3 按：张元济批："已开学，学生无多，已属详探。"
4 据原信，见于《上海图书馆藏张元济往来信札》六，第298～301页。参《张元济傅增湘论书尺牍》，第150～151页第13函。
5 按：信末张元济批："16/3/24，复。"

【121】1927 年 4 月 8 日

菊公大鉴[1]:

奉三月廿四日书,敬承一一。各书答复如左:

抄本《六壬》已购得,直三元。《晋书》残宋本已归孟苹,然渠认为明本,因渠亦有残本也。宋本《岑嘉州集》敝处无之,张庚楼有边贡本,初印甚佳,似可印。元集据旧校本(此本在文友堂)过录,据云亦是抄本,即钱牧翁之明抄本也(杨君谦跋)。此本今归周叔弢,然与此宋本非一刻,以《百韵诗》之缺叶不衔接知之。木老近日在津,前曾询过《汉书》事,言不知公司影全史究何本云云,未识其意若何?容探之。增湘顿启。[十六年]四月八日[2]。

《四部丛刊》借敝藏本似不止八种,祈查示,以便汇寄。

前见馆中藏影元本《陵川集》极佳,暇时拟一校。若有妙便,盼以惠寄,感荷不尽。增湘拜启。[丁卯]清明后二日[3]。

再启者,敝印《大典》及《困学纪闻》祈代送刘翰怡兄一部。又翰怡所刻《松隐集》(宋曹勋)求赐一部,近假得抄本,拟一校定(速寄尤感,因抄本不能久留也。前记曾送过,而遍觅不得)。拜托拜托。增湘叩头。

[附录张元济致刘承幹函,1927 年 4 月 18 日][4]:

翰怡仁兄姻世大人阁下:昨晤谈极快。顷得傅沅翁来信,谨呈阅。影印《永乐大典》一册附呈,乞詧收。其《困学纪闻》当属敝公司迳行检奉。至所索新刊《松隐集》,倘蒙允许,

1 据原信,见于《上海图书馆藏张元济往来信札》六,第 302~305 页。参《张元济傅增湘论书尺牍》,第 151~152 页第 15 函。
2 按:信末张元济批:"16/2/22,复。"又批:"《永乐大典》送翰怡一部,尚存三部。16/4/18。"
3 按:信末张元济批:"16/4/18 到。"
4 见于《张元济全集》第 1 卷"书信",第 438 页。

乞即迳寄为荷。傅信阅过，仍请发还。顺颂著祺。弟张元济顿首。[十六年]四月十八日。

【122】1927 年 4 月 26 日

菊公鉴 [1]：

开会乞代表。抄本一册附呈，值叁元。前欲假馆藏《陵川集》抄本，可否交伯恒携回？又刘刻《松隐集》如觅得，亦乞付下，至幸。此候台安。增湘拜启。[十六年四月二十六日] [2]。

【123】1927 年 5 月 1 日

菊公鉴 [3]：

得两函（廿二、廿三信，廿四、廿七、廿九，本月二日、三日），知小儿得病，入院渐减退。蒙公照料，至感。但第一函未到，不知是何病？以意揣之，大约是温热症也。此后仍望随时看视示知。病愈后，如学校无正当办法，即作归计亦可。此候台安。侍增湘拜启。[十六年]五月一日 [4]。

今日入（地）[山]看地，匆匆草此，不恭之至。

【124】1927 年 5 月 15 日

菊公鉴 [5]：

连奉三函（四月廿四、四月廿九、五月八日），敬悉（第

1 据原信，见于《上海图书馆藏张元济往来信札》六，第 306 页。参《张元济傅增湘论书尺牍》，第 153 页第 17 函。
2 按：原信无日期，据《张元济傅增湘论书尺牍》补。信末张元济批："16/5/5 分馆发出。16/5/8 复。"
3 据原信，见于《上海图书馆藏张元济往来信札》六，第 307 页。参《张元济傅增湘论书尺牍》，第 153 页第 18 函。
4 按：信末张元济批："16/5/8 复。"
5 据原信，见于《上海图书馆藏张元济往来信札》六，第 308～311 页。参《张元济傅增湘论书尺牍》，第 154～155 页第 20 函。

一次函亦到矣）。迭次垂问小儿病状，雅意将护，感不可言。俟疮口合后，热度平复，自可出院。惟上路亦须体健乃可行，乞公随时指导。目前时局不定，海舶亦拥，侍亦恐不能远来看视也。前日继女朱二姐来申，有约小儿同归之说，然亦须视体气何如耳。北上如畏舟行，或由大连趁车亦可，均乞代酌。侍增湘叩上。［十六年］五月十五日 [1]。

再启者，闻股息可发一分四厘，假尊款久未还，极歉。此次股息祈公迳收全数，不必兑出，以免往返周折。馀欠再续筹寄，此层万勿客气。

木老《汉书》允借印 [2]，前函似及之。又言渠定《道藏》一部，拟改由津收（原在申交），乞告主管者，并言照加邮费亦可（不知能减省否？此鄙意也）。

樊山托售四库底本宋元人集五拾馀部，其中未刻者占八九成，言售五千元，不知馆中可留否（有数部非馆抄）？此可为《四库全书》之预备也。如要，俟抄目寄上。

近来因连入山种树修屋，又游上方山，是以有一月不常在京，未得函候，极以为歉。《松隐集》已寄到，晤翰怡乞代谢。侍拟致一函，并将其迭次所赠书开单寄之。若不全者，将求其补送，以成全帙也。增湘。

伯玉函即送。

现押得一书，名《洪范政鉴》（要式千馀元，现押一千元），乃宋仁宗御撰，而孝宗时内府抄本。大字朱阑，精雅完整，世无刻本，四库未收，宋以来目录亦不见，只见于《通鉴长编》耳（宝元二年）。乾隆《御制诗集》曾有题此书诗，又跋一段（见刻本《诗集》），今宋写本已佚去此诗跋，是此书亦

---

1 按：信末张元济批："16/5/25 复。"
2 按：张元济批："16/5/25，函知发行所夏、吴二君。"

内府流出者。约四百叶，十二卷全（每卷分上下）。其书虽主灾异，而引经史（史至五代止）为证，极有用。尊处愿留一影本否？可告知京华也。顷已属问价，须每片若干。如买不成，留一影本最妙。

【125】1927年6月9日

菊公鉴[1]：

连奉手示，小儿病承逐日探视，极感。第久不收口，闻之极为焦虑。此在中医看法，必是气体虚弱所致，或当服补气血之品，不知西医何以治之？不收口（前后已月馀矣）而又发热，恐成疮痨（此俗名也），希切与医生一商为要。《丛刊》借书原是十六种，不知何以只开八种，岂此外以影本再覆耶？兹照单检出七种，馀者须至天津捡付津馆矣。然其中有两种已不属敝处者，则只可用覆印矣。此外少有意见。若尚未付印，公又以为然者，皆可办到也，盼速示及。再者，前交伯恒兑千元，计尊处必已收到。兹再兑上式百元，乞代付医院费用。若尚不足，可示及，当再兑来。抄本宋元人集中，有四十种是未刻者，然昨借来《双溪醉隐集》《吾吾类稿》二种，较之刻本均大胜，恐是四库初成书时，馆中抄存之本。然五千终觉太贵（为册约一百五六十，每册百馀叶），公意何如？可惜红格写手不精，不能付印耳。公处不收，则恐归日本矣。《洪范政鉴》刻要赎回，照片完时再与交涉。近见毛氏精写宋本《旧闻证误》二卷（比四库本多数十条，缪小山刻过），索百四十元，只三十馀叶耳。然却极好印，以后再印大本丛书，影宋精本如毛氏者亦可加入也。木老《汉书》容询之。《道藏》结算久未

1 据原信，见于《上海图书馆藏张元济往来信札》六，第314～317页。参《张元济傅增湘论书尺牍》，第158～159页第24函。

致来 [1]，乞代一催 [2]。《困学纪闻》敝处要五十部，久未到，京馆亦尚缺书也。各处共售若干，印工敷开付否 [3]？侍此刻亦无款付，若短少数 [4]，续售再拨还何如？小儿病换中医治若何？若此间请孙景周世兄治，不过数帖膏即愈耳。近日北方局面正将变化，侍不能南来。若半月内有办法者，或可到申一行耳。此候台安。侍增湘拜启。[十六年]六月九号 [5]。

附：傅沅叔先生来单商改各书 [6]：

甲、已改。

《孝经》，改用周氏宋刊本。

乙、已印，不及改。

《诗外传》，傅有芙蓉泉书屋本。

《盐铁论》，沈羹梅有真涂桢本。

《中论》，傅有弘治本。

《慎子》，傅有明刻本。

《杨仲弘诗》，彦明允有元刊本。

丙、可改待酌。

留有存版六种 [7]。

《吴越春秋》，傅有正德本。原用万历本，太习见。

《越绝书》，傅有双柏堂本。原用万历本，太习见。

《白虎通》，傅有元刊初印本。原用缪氏元本，多烂版描修

---

1 按：张元济批："甲、请梦翁查核迳寄。"
2 按：张元济批："乙、请寄售处查明迳寄。"
3 按：张元济批："丙、望会计科查明迳告知总务。"
4 按：张元济批："丁、望总务处核覆。沅叔于本馆影印各书帮忙处不少，鄙意应通融。张元济。16/6/20。"
5 按：信末张元济批："16/6/20复。"
6 据原信，见于《上海图书馆藏张元济往来信札》六，第312～313页。参《张元济傅增湘论书尺牍》，第159～160页第24函附录。
7 按：张元济批："此六种除《东维子》仅录校记、《昭明》《寒山》姑仍其旧外，徐书三种叶数均不多，虽有存版，改照废弃有限，拟请借于傅再酌。"

之迹 [1]。

《梁昭明太子文集》，刘聚卿新刊影宋本最佳，原用明辽藩本 [2]。

《寒山子诗》，周叔弢翻宋本颇精，原用高丽刊本 [3]。

《东维子集》，傅有据洪武本校本，可录为校记附后。原用旧抄本，误脱极多，有脱至十馀行者。

未留存版四种 [4]。

《李卫公文集》，朱竹石刻本佳。原用明刊本。此本多误。

《禅月集》，傅有影宋本，即徐本所从出。原用景宋抄本，武昌徐氏藏书 [5]。

《吴渊颖集》，沈羹梅有盛伯羲旧藏元刊小字本，甚精。原用嘉靖刊本。

《西昆酬唱集》，傅有嘉靖本，极佳，比时刻订正近百字。原用旧抄本 [6]。

【126】1927 年 6 月 20 日

菊公鉴 [7]：

得手示并（帐）[账] 单，均悉。频年琐屑相烦，垫欠积成巨数，思之深为惭恧。但此次小儿出院及北还，如不敷时，恐须再劳公耳 [8]。来示及南迁一节，江南风物侍所夙喜，但在北方太久，移动大不易。亲口只数人，尚易为。别房约二十口，

---

1 按：张元济批："此书与《风俗通义》同时刻本，确多断烂。"

2 按：张元济批："商借新刻本似亦可已。"

3 按：张元济批："商借新刻本似亦可已。"

4 按：张元济批："此四种本须另照。既可别借善本。自以改易为佳。"

5 按：张元济批："此书仍可向徐氏借照。"

6 按：信末张元济批："16/6/27 寄来。"

7 据原信，见于《上海图书馆藏张元济往来信札》六，第 318～319 页。参《张元济傅增湘论书尺牍》，第 162～163 页第 26 函。又参《张元济全集》第 3 卷"书信"，第 344～345 页第 151 函。

8 按：张元济批："恐终在旬日后，用款当代拨，乞勿念。"

何能委之而去。其书籍则更为重累，又不必言矣。暂移非计，久居则何以为生。甘苦只自喻，盛意惟心感耳。宋元集寔可惜，此间有人拟合力购之。前抄本海盐人集二种，此书店久未来，闻亦非彼之书也。今日见明抄本《打马图》《博簺》《抛球乐》三种，有五彩图，为明蜀藩写绘本，名《清时乐事》。此乃下册，上册似为《投壶图》，已不存矣。此书极有意味，但亦索百馀元，不知公处可留否[1]？似亦孤笈不传之本也。昨又交伯恒书六种，均印入《丛刊》者，祈查收。此外如有所需，可来函索，当续奉也[2]。小儿疮久未收口，深以为念。前函言欲令换中医，不知可行否？侍意早愈可北归将养为要。前言江西之周君癸叔曾定局否？示及为幸[3]。专此，敬候台安。侍增湘拜启。［十六年］六月廿日[4]。

【127】1927年6月30日

六月三十日侍生傅增湘上呈菊公大鉴[5]：

奉十九日书八纸，敬承一一。忠儿割治渐痊，极慰极感。各书分答如左：

《吴渊颖集》《岑嘉州集》由朱幼平手借到，交伯恒矣。惟吴集有墨淡而浸者，须重加修版之工为要（写明萧山朱氏翼庵藏本）。（幼平言所借书能印东洋皮纸各一部见赠否？）

《昭明太子集》刘聚卿所刻、《寒山子》周叔弢所刻，可以通知也。

1 按：张元济批："能数十元得之方妙，即请酌定。"
2 按：张元济批："已详本月十九日去信，便乞检寄，然勿亟亟。"
3 按：张元济批："公司营业减而支出增，因员工叠要加薪之故。进用新人极慎重，故未延入。"
4 按：信末张元济批："16/6/30复。"
5 据原信，见于《上海图书馆藏张元济往来信札》六，第320～322页。参《张元济傅增湘论书尺牍》，第163页第27函。

《吴越春秋》《越绝书》《白虎通》《禅月集》《西昆（倡酬）[酬唱]集》《东维子》容检寄。

《林和靖集》在兰泉处，已通知迳寄矣。

《西域记》已他属。

徐氏书在定兴所存全售出，得四万六千元。书已到京，然暂不出售，闻拟一总收买者方议价。兹摘要目奉阅（目一册交伯恒别寄），阅后仍见还。其书一册未见，不知若何？

《李卫公集》敝处有二部，可以借用一印。

敝藏《史记》等三书如已照完，可否交小儿携回（若尚须对勘，则不必矣，乞酌）？

前函乞借各书可否交小儿带下[1]？

宋本《帝王经世图谱》颇欲一校，能破例一假否？乞酌。

别有抄校各种欲借者，容查明。增湘再拜[2]。

【128】1927 年 7 月 14 日

菊公鉴[3]：

奉七月五日、七日两函，敬承雅意，极感极感。小儿病中荷公注念护持，视如子侄，属在至好，不敢以浮词达谢，但志之心腑，以示不忘耳。各事分答如左：

《岑》《吴》两集若倭纸不易求，特赠以宣纸亦可，或者另觅旧纸附印何如？

《寒山子》已函告周叔弢，得复即将敝藏本寄奉。

朱逖先函已交去，此公颇善觅书也。

---

1 按：张元济批："本年清明后二日，又五月初两次来信借影之抄本《陵川集》，查《涵芬楼书目》，编入集七，四六号。"
2 按：信末张元济批："16/7/7 复。"
3 据原信，见于《上海图书馆藏张元济往来信札》六，第 323～329 页。参《张元济傅增湘论书尺牍》，第 164～165 页第 29 函。

前书抄本诗集（《半宂圃稿》）二种，有人持来，追寻乃渺无音讯。疑亦嘉兴人所收，而今日愿出让也，容再便访之。

《打马图》三种（《清时乐事》，总名也）为李木老购去（一百元），敝处托人留一景本矣。

《李卫公集》容寄奉。

前日见正德本《元城语录》，为郑淡泉司寇藏书，有大印数方。序文为横浦先生。而郑公亦海盐人，公似可留之。言定最少价四十元，留此半月，再以别售，希示及。此乃明刻最早之本。

又有《国朝分省人物考》，浙西过庭训纂。印本视文友为胜，要式百元，未知公尚愿收否？前部孔德学校收去，二百八十元也。

徐午生书至今未见，其中好书亦不少，宋本皆习见，明本、倭本、抄、校颇有异书，容相机为之。

近来极窘，一书不敢收，且时有去者。然见好书窃欲同好中收之，或者通假为便。书痴结习，良可失笑。

别纸开所假各书，便中希为一检。后三种则乞觅人代抄，抄价示知，以便缴奉。若抄手不易得，或寄京亦可。琐琐相烦，知公知我之深也。一病五日矣，今夜乃能坐案几作书，知注以闻。年侍生傅增湘谨启。[丁卯]夏历六月十六日藏园寄[1][1927 年 7 月 14 日]。

《大戴礼记》[2]（明本，高不骞校本。一〇九）。

《春秋繁露》（影宋抄本。一四八）。

《南唐书》（胡震亨刻，校过。二八二）。

《中兴四将传》（抄本。五四三）。

---

1 按：信末张元济批："16/7/26 复。"
2 按：张元济批："以下系蒋氏书号数。"

《建炎笔录》（抄本。六二八）。

《金兰集》（朱之赤校。七七一）。

《默菴安先生集》（抄校本。八七四）。

《流塘詹先生集》（抄本。八八四）。

《居竹轩诗集》（明本。九二二）。

《说苑》（元人抄本。一一〇三）。

《邓文原集》（八九一）。

《梧溪集》（抄校本。九二八）。

《野趣有声画》[1]（劳季言抄校本，辛亥冬代馆收者）。

《皇朝传信录》（抄本，鲜于绰大受编，江阴何氏书。此书求代抄一部）。

《毅斋诗集别集》一卷（亦何氏书，求抄一部，其后家传不必抄）。

《北磵诗集》[2]（宋本，此蜀僧也。求代抄一部，第照行格，不必影写，将汇刻入《丛书》也）。

各书务求惠假，若检取不易，姑先其易检者亦佳。藏园居士沅叔拜识[3]。丁卯六月十六日［1927 年 7 月 14 日］。

［附录江畲经致张元济函，1927 年 7 月—10 月］[4]：

致叶、吕君信已分别缮打，另函送签。《西湖志》十册亦已交总务处转送。傅借书十三种已提出，候交梦旦。代抄三种，拟先抄《北磵诗集》，约二十万字，俟抄毕再检抄他二种。惟《北磵诗集》每面十四行，每行二十四字，馆中无此格纸，

1 按：张元济批："涵芬楼集字三三五号。"
2 按：张元济批："此书珍贵，不能发出抄写，至要至要！"
3 按：张元济批："此单仍请掷还备查，应用借书条由尊处签发最好。于条上注明'代傅△△借。张元济 16/7/27。'"
4 据原信，见于《上海图书馆藏张元济往来信札》九，第 132～135 页。

只好将毛边纸照行款打一格套入照抄。写手此数日内尚无人，恐不能赶期交卷，望先达前途。此上菊生先生。畬经。16/7/29 原单附缴。

昨函所云《北碉诗（抄）[集]》字数二十万，系算错，实在只有七万字上下。写手数日内可以觅定，但写费恐须比一角五分之标准稍为增加，大约一角七、八分左右。近日同人中登报招上等好手，有每千字四角者。若稍劣之字，自不能援以为例耳。此上菊生先生。经。16/7/30。

沅叔抄件业商过三人，尚无人承抄。其二均发函去不复（与说每千一角八分）。其一系女生，曾与面商，据言每日只能写二千零字，往返四次，车资将去其半，甚见为难。似大家均以到所来抄视为不便。先此奉闻，容再选觅。此上菊生先生。经。[十六年]八月十日。

来示并《李见罗文集》二册，均收悉。李公名材，字孟诚，嘉靖进士，有《李见罗集》《将将纪》《观我堂稿》各书行世。本馆无其书，请由尊处商购何如（书暂存敝处）？代傅沅叔抄书三种已毕，字诚劣，但稍佳者均不肯来。俱经校对。《皇朝传信录》原系抄本，错字颇支离，兹一仍其旧，未加更正。抄费单附阅，内《毅斋诗集》一种可不计抄费。董授经住爱文义路24号，在大通路相近。此复菊生先生。经，16/10/12[1]。

1 按：文末有张元济批："代傅沅叔抄费 28.66。"

【129】1927 年 7 月 21 日

菊公鉴[1]：

　　《寒山子》得叔弢函，附阅，可付印也。昨见清宫委员会
人，纵臾印书，刻拟先印宋刊《郡斋读书志》。侍主张与馆中
合办，诸人颇赞成。特将尺寸、叶数寄上，祈饬算速复为要。
宫中善本多，此机不可失也（将来拟印大部丛书）。此候台安。
侍增湘拜启。［十六年］七月二十一日[2]。

【130】1927 年 7 月 28 日

菊公鉴[3]：

　　今日李木老来此，谈及其世兄少微赴申，借印《汉书》事
可与径商，渠仍住民厚西里。木老言（木老已告其世兄矣），
其世兄住申约两月。不知此两月能照完否？请公速与接洽，无
失此机会也。徐氏书中善本甚多，抄本及明刊极有佳者，不知
此时馆中能收数十种否？如高丽（或日本刊）活字本《弘明
集》极少见，又宋元集亦有罕觏者，校本亦多名笔，侍只见十
之一耳。忠谟小儿已北上否？因小婿云六月廿日外行，或恐同
行也。行时若用款，希付之。又中国书店有欠款，敬祈代付五
十元，别函并附去，乞代致之。前函为印清宫宋刊《郡斋读书
志》事，乞速复。但照像恐须在宫中，则费用较大，宜格外核
估为是。木老《道藏》已到矣。东海印《道藏》总（帐）［账］
重开已办好否[4]？诸事将待以解决也，乞告梦旦兄早办。《大

1 据原信，见于《上海图书馆藏张元济往来信札》六，第 330 页。参《张元济傅增湘论书尺
　牍》，第 165～166 页第 30 函。
2 按：张元济批："16/8/4 复。"
3 据原信，见于《上海图书馆藏张元济往来信札》六，第 331～332 页。参《张元济傅增湘
　论书尺牍》，第 167～168 页第 32 函。又参《张元济全集》第 3 卷"书信"，第 347 页第
　154 函。
4 按：张元济批："请梦翁带去面交，更易结束。"

典》上海能销否¹？拟寄数十部来申也。手此，敬候台安。年侍生傅增湘拜启。[丁卯]六月卅日、[十六年]七月廿八日。

近日酷热异常，百事皆废。今日得雨，退凉矣。

【131】约1927年8月8日

傅沅叔先生借阅精本书清单²：

元刊本《居竹轩诗集》二册。

校明本《大戴礼记》二册。

校明本《南唐书》四册。

景宋抄本《春秋繁露》四册。

景元抄本《默庵安先生集》一册布套一函。

旧抄本《梧溪集》十二册夹板一副。

旧抄本《金兰集》一册夹板一副。

景明抄本《宋国录流塘詹先生集》四册布套一函木箱一只。

共八种计三十册³。

【132】1927年8月13日

菊生前辈大人鉴⁴：

奉八月四日手函，悉一一（小儿早到，《经世图谱》《陵川集》已收到）。故宫书侍已看过，大概可印行者有十馀种，然尚未清全也。徐书俟其印目公布再往看。友人袁涤安来申，不

---

1 按：张元济批："乞就近饬查，宜代为陈列并标售价，张元济托。"又有丁英桂批："书先已寄到三册，已售去一册。当代陈列并标售价。拟请再寄二十册来，何如？丁英桂附托。"
2 据原打印稿，见于《上海图书馆藏张元济往来信札》二，第39页。参《张元济傅增湘论书尺牍》，第169页第34函附录。
3 按：纸末批云："此系高梦翁带去。原借十三种，现先借与八种。张菊公存查。16/8/8。"
4 据原信，见于《上海图书馆藏张元济往来信札》六，第333页。参《张元济傅增湘论书尺牍》，第169页第35函。

日回京。前单各书如有检出者，可交其带来（已告渠矣）。此公踪迹询叶葵翁自知。若袁已去，或交孙章甫带亦可（月底回津，问中孚便知）。手此，敬候台安。增湘拜启。［十六年］八月十三日 [1]。

【133】1927 年 9 月 1 日

菊公鉴 [2]：

连日清宫看书情形，计梦旦兄必见告，连前拟印七种。兹私意略予变更，开如别纸，祈酌之。徐氏全目昨日邮呈，计可达。但价值奇高，凡抄校本皆百元以上一册，不知何人有此大手笔也？库抄宋元人集与梦旦谈及，渠以未刻者有四十馀种之多。抄虽不精，然用以仿宋字排印，大可行销。盖宋人、元人集五十五种，印成亦是巨观，大可哄动一时也。现落价四千元，只合廿馀元一册（每册在百叶外），亦不为贵（徐氏书内如《陈古灵集》，乾隆后抄本，五册，索五百元，他可知矣）。梦旦亦有函达，想公必有卓见。侍终以散去可惜，馆中留之为宜也。又近见《可斋杂稿》，抄甚精工（是照宋本出，乾隆后半抄本），三十册，议定价叁百六十元。若馆中无之，亦可购，此种大集殊少见。承假各书已校过半，梦旦归时即可寄奉。此上台安。年侍生傅增湘拜启。［十六年］九月一日 [3]。

原拟印书：

《孟子注疏》（八行）。

《郡斋读书志》（宋本）。

《心经》《政经》（宋大字）。

---

1 按：张元济批："16/8/25 复。'"
2 据原信，见于《上海图书馆藏张元济往来信札》六，第 334～337 页。参《张元济傅增湘论书尺牍》，第 170～171 页第 37 函。
3 按：张元济批："16/9/14 复。'"

《常建诗集》（棚本。此书板小，与他不称）。

《范文正集》（宋乾道本，亦拟缓印）。

《元丰类稿》（元本）。

《佩韦斋文集》（元本）。

此七种，不足式千四百叶。

续选之书：

《尔雅注》（南宋初大字本，汲古阁藏）。

《论语》《孟子》三册。（廖莹中刊本，白文。与岳本《五经》同式，亦加圈读，极精湛）。

《算经》七书（毛抄，极精，乾隆御题）。

《论语笔解》（宋本）。

鄙意拟抽出《帝范》，加入此三四种。

《春秋集注》十一卷（张洽，宋本）（此亦可加换）。

大约全数不过三千叶。

只看两宫，馀尚有各处未看者。元明本中亦有罕见者。

【134】1927 年 9 月 15 日

菊公前辈阁下[1]：

故宫印书事由梦旦兄面述，不更赘及。文奎公记书目想入览，然其价离奇，佳本难得者亦不多见。属查询《晋书》各价，别纸开呈。顷见伯恒开去所要各种，其中合用者恐亦不多。抄本书每本四五十元以至百元，实太昂。刻因秋节过迫，待还债，或稍减亦未可知（《危太朴诗》一薄本开价百元，宋人集如《字溪》《澹轩》等亦百元一册，而抄并不好，远不及前函所云宋元五十六家之可用也）。来单所开各种，他处间有

---

1 据原信，见于《上海图书馆藏张元济往来信札》六，第 338 ~ 345 页。参《张元济傅增湘论书尺牍》，第 172 ~ 174 页第 39 函。

可访，将来俟其开价后寄下一阅。若其太昂，当别为搜求也。馆中借到诸书已校，先奉还六种，附单乞察收。别寄去《吴越》《越绝》《东维子》三种，亦望酌用。此上秋安。侍增湘拜启。［丁卯］八月廿日 [1]［1927 年 9 月 15 日］。

文奎公记来启：

《晋书》四十本（元本明印，不甚清朗，然尚可用），八百元（每半页十行，每行廿字）。

《唐会要》廿四本（抄不甚旧），三百元。

《西汉会要》廿四本（尚旧，有数册是补抄），四百元（可付印，配蒋书。似照宋本抄，行款则非旧矣）。

《唐律疏义》十本（旧抄，从元本出），三百元（不必购）。

文奎公记开来至少之值，前单《晋书》开弍千元。

别见抄本《唐会要》，颇旧，可付印。墨格，十二巨册，十二行二十五字，行格式颇旧。要式百四十元，不如收之 [2]。

又见抄本《五代会要》一部（归安陆氏藏本），墨格，十行二十四字，字颇旧，可付印。要一百廿元。

此二种非文奎书也。

宋本《欧阳文忠集》十二函附便寄呈，为影印之用 [3]。

《永乐大典》寄上二十册，祈交五册与中国书店代售 [4]，馀请尊处代售。每部十五元（八折归（帐）［账］，邮费外加 [5]）。

奉还各书 [6]：

宋本《帝王经世图谱》六本。

---

1 按：张元济批："16/10/5 复，交馆附京。"

2 按：张元济批："略少可办。"

3 按：张元济批："须查京馆照片。以免重复。此层甚要，乞注意。张元济。"

4 按：张元济批："请知照出版部。"

5 按：张元济批："请转告寄售股照办。"又云："傅沅叔君来信，请总务处分别知照。张元济托。16/10/1。"又云："此纸乞签字发还。"又伯南批："已开总字式陆叁捌及式陆叁玖号知照单分别知照矣。伯南敬注。16/10/1。"

6 按：张元济批："江伯训先生台鉴。"又江氏批："已收，无讹。伯训即日。"

明本《南唐书》四本。

抄本《詹流塘集》一匣。

抄本《方默菴集》一本。

抄本《陵川集》十本。

抄本《梧溪集》十二本 [1]。

奉借各书:

明本双柏堂《越绝书》二本(有龚定菴跋,务须印入)。

明本《吴越春秋》四本(较印样为古)。

《东维子集》六本(《丛刊》校本,只能备作校记,增入缺文讹字)。

沅叔自京寄。丁卯八月廿日 [2][1927年9月15日]。

《李卫公集》八册奉上,但印本不精。弟尚有初印本,因有五卷校过宋本者,故未奉,如需用可再寄。又《元遗山集》阙叶遍查三部均无之,闻张石洲刻元集曾补全,俟再访之。

【135】1927年9月28日

菊翁前辈大人阁下 [3]:

梦旦兄旋申,一切计面告。清宫印书事已告王书衡 [4],后来者当然依旧办理。日内再当与袁洁珊(金铠)言之(此二人乃副委员长也),必无问题,可放手为之也。小儿来申入学,不知校况何似?仍乞公费神照拂。带来《大典》十五册 [5],连前计

---

1 按:张元济批:"傅沅翁先生还来之书,是否已经收齐,乞查示。张元济,16/10/1。"

2 按:张元济批:"请江伯训先生转致出版部参酌备用,录底发还。张元济,16/10/1。"又江氏批:"出版部已录底。伯训,即日。"

3 据原信,见于《上海图书馆藏张元济往来信札》六,第346~350页。信首张元济批:"请总务处逐一查照办理。张元济托。"参《张元济傅增湘论书尺牍》,第174页第40函。

4 按:张元济批:"请高梦翁察核如何答覆并示下。"又佚名批云:"已由梦公迳复沅叔,其信稿另送上。"

5 按:张元济批:"其书存怡和渝号,已托赵廉臣君径取,取到送上。"

三十五册，乞交蟫隐、中国书店各五册 [1]，馀存馆中代售，或分交他处，乞酌之。每部十五元（八折归（帐）[账]），敝处实收十二元 [2]。或请贵馆各报代为登告白何如 [3]，侍意以销外国为重也 [4]，亦祈代为筹画。北方约销去百馀部矣。《困学》应如何推销 [5]，亦盼留意。印值尚未付清，更须早收成本也。徐午生书值计登阅，他书俟稍暇与商之。宋元人集侍有详说，及校过五种之佳，容抄寄上，刻为兰泉持去矣。《晋书》敝处有一部，宋印约三之一，明印可以照者约三之一，馀者多不清朗，未知贵馆有可补配否？若能合成，亦省事也。正统本《前汉》叔弢有之，最为初印。《后汉》宋本清宫有之，但未及检视，不知何如？又《晋书》若无他法，则用西爽堂本亦佳。此书敝处有之，亦不多觏也。《三国志》亦有西爽堂（敝处亦有此书）吴氏刻，未知视冯刻如何？公曾对勘各全史，若何筹画，乞开单见示，或可仰赞万一耳。手此，敬请秋安。年侍生傅增湘拜启。[十六年]九月廿八日。

《四部丛刊》友人要一部，乞照预约算，已告梦旦兄 [6]，想可办到。

又《说郛》及王日记侍在京馆未定，亦请补订各一部 [7]，寄京馆为幸。增湘拜托。

1 按：张元济批："请寄售股代办并各书收条。收条应寄与傅沅叔君。"又佚名批："已由寄售股照办。"

2 按：张元济批："并请寄售股报告知各读书店。"

3 按：张元济批："请交通科代拟一告白，约四五行地位，乞估价先示或代印单张分送。"

4 按：张元济批："请批发处函达日本各同行。能否代撰西文传单，分寄欧美图书馆。但此须另征手续费。"

5 按：张元济手跋："与《永乐大典》同时并为一告白或单张。"又云："此书如日本无甚销路，亦请批发处同时函知日本同行、欧美同行及图书馆，此书不相宜也。"

6 按：张元济批："请梦翁接洽并示下，以便答复。"

7 按：张元济批："请知照发行所记傅沅翁（帐）[账]，勿记敝处（帐）[账]。张元济托。16/10/10。"又云："16/10/27复。"

【136】1927 年 10 月 3 日

[傅增湘致张元济函][1]:

故宫保管委员会昨已成立，侍亦在内，各事仍照常进行，图书馆亦不易人，印书事仍盼照常办成，勿萌退志。玻 [璃] 房修好后，即照书样数十种，何如？乞告京馆为要。菊公再鉴，梦公同览。增湘再启[2]。

【137】1927 年 10 月 3 日

[傅增湘致张元济函][3]:

兹附便带上《大典》十五册，希查入。连历次所寄，总结赐一收条为幸。至如何分拨，另函奉告。此上菊生前辈大人台安。侍增湘拜启。[十六年] 十月三日[4]。

【138】1927 年 10 月 10 日

菊公鉴[5]:

元遗山文缺叶刻已觅得抄成，祈察入（此乃章式之所抄寄也）。聚珍板书值开如别纸，其值亦太昂矣。《大典》交小儿携十五册，又托舍亲家人寄十五册，俟收到再填契约。此上台安。增湘拜启。[丁卯] 九月十五日，即 [十六年] 十月十日[6]。

聚珍板丛书:

---

1 据原信，见于《上海图书馆藏张元济往来信札》六，第 351 页。参《张元济傅增湘论书尺牍》，第 174～175 页第 41 函。

2 按：信末张元济批："16/11/19 复。"

3 据原信，见于《上海图书馆藏张元济往来信札》六，第 352 页。又张元济批："请总务处转属寄售股照办。张元济。16/10/17。"参《张元济傅增湘论书尺牍》，第 175 页第 42 函。

4 按：信末张元济批："16/10/27 复。"

5 据原信，见于《上海图书馆藏张元济往来信札》六，第 353～355 页。参《张元济傅增湘论书尺牍》，第 175～176 页第 44 函。

6 按：张元济批："16/10/27 复。"

《夏氏尚书详解》，竹纸（四十元）。

《春秋集传纂例》。

《新唐书纠谬》。

《蛮书》。

《琉球国志》（一百元）。

《河朔访古记》。

《幸鲁盛典》。

《四库全书总目》（百六十元）。

《唐史论断》。

《宝真斋法书赞》。

《白虎通》。

《猗觉寮杂记》。

《帝王经世图谱》。

《小畜集外集》。

《山谷别集诗注》。

《御制诗文十全集》。

【139】1927 年 10 月 16 日

[傅增湘致张元济函][1]：

《唐会要》《五代会要》抄亦不甚工，但抄手较旧耳。敝藏《晋书》与李木老本同式，既有他书可配，则更善矣。郑氏《今言》《古言》别见一部，棉纸初印，白棉纸宽大整洁，至少五十元，可收否（徐书只有《今言》也）？徐书内《西汉会要》似可购与蒋书相配。菊公鉴。增湘拜启 [丁卯九月二十一日，

---

1 据原信，见于《上海图书馆藏张元济往来信札》六，第 356 页。参《张元济傅增湘论书尺牍》，第 176 页第 45 函。

1927 年 10 月 16 日〕 **1**。

日内入山葬先叔、先兄及侄辈，恐有半（山）[月] 句留。

【140】1927 年 11 月 4 日

菊公鉴 2：

前日在山中营葬，闻报传公有意外之事，急函伯恒奉询，不得要领。初七日回京，始探悉吉人天相，业已出险。今日得赐示，益用欣慰。世乱如麻，何处是干净土，思之可为悼叹。兹将各事奉复如后：

一、故宫印书事。现侍被举为故宫图书馆长，今日已到馆，一切办法仍照前议进行。惟鄙意总以多照数种为宜，第一次印须在六七种方合算 **3**。各书样片侍未亲检，亦不止此，俟再多照数种或至数十种 **4**，为书影之用。何如？

一、《大典》蒙代交各店及推销办法，甚妥 **5**。上海登报一层，请酌加次数（或间日一登，登一月或半月，何如）。

二、《遗山集》缺文，遍查"中顺张君"一叶，竟无从补，想亡佚已久。

三、廿四史印行计画，容细为酌定别复。

四、《北碉集》《毅斋集》《传信录》三书已到，抄资若干，乞示别缴 **6**。

五、清宫拟印小丛书 **7**，检宋元人集之少见者（先印元明刻

1　按：原信无日期，据《张元济傅增湘论书尺牍》补。
2　据原信，见于《上海图书馆藏张元济往来信札》六，第 357～362 页。参《张元济傅增湘论书尺牍》，第 178～179 页第 47 函。
3　按：张元济批："前选若干种，似已达此数矣。"
4　按：张元济手跋："前日托姜佐兄呈上，有数种应请补照正文。有罕见者，亦可续照样张，但必须照正文。"
5　按：张元济批："已另达伯俞矣。"
6　按：张元济批："由元济复。"
7　按：张元济批："请梦翁核覆。"

本，抄本后印），或子史零种，照《丛刊》式先印，约十册或十二册为一集，亦可行销。不知馆中愿合办否？乞示及。

六、拟排印各书为一集，以世无刻本或关清史掌故档案文件之类。如馆中可合办，当开种类奉告[1]。

七、杨惺吾书中有日本古活字本《前后汉》（与馆中前买者不同），是否可备全史之用？此书亦在图书第二馆也[2]。

八、预约各事容与伯恒商订。

九、侍此次入山安葬先叔、先伯兄及弟、侄、大女等共六棺，半月葬事，费去千馀元。冒险经营，饱闻炮声，回京即卧病两日，今日愈矣。但资用窘迫为虑耳。

十、《杨铁崖文集》，朱幼平之洪武本墨色极淡，万不能照，不然即为代借矣。此书只可附校记于后之法耳。

十一、故宫图书馆支绌异常，故拟印书以资贴补。书影或自办，或与馆合办，酌定再闻。

十二、叶奂彬书中有校宋本《旧唐书》极佳（少见），闻遗书已到上海，乞代访求，侍拟购之，或馆中购亦可也[3]。增湘拜复。［丁卯］十月十一日［1927年11月4日］。

【141】1927年12月23日

菊公台鉴[4]：

连奉数书，因出关一行，又兼故宫提书事冗，日日趋公，未及裁复为歉。兹分答如下：

海源阁书到津，廿六种皆得见，二孟一黄为李木老所得

1　按：张元济批："此似可允，乞梦翁核处。"
2　按：张元济批："由元济复。"
3　按：张元济批："由元济覆，16/11/19复。"
4　据原信，见于《上海图书馆藏张元济往来信札》六，第363～369。又佚名旁批："戊辰年。"参《张元济傅增湘论书尺牍》，第182～183页第51函。

（五千元以外）。馀廿三让值至七万五千元，叶玉虎欲纠同志集款收之，商量结果，留十五种，还值三万二千元，不成。又数日再商，十三种予以三万九千元（连小费），亦不成，只得作罢矣。各书中惟《韦苏州集》是明本，馀皆宋刊，然亦有元明印本者。十三种如后：

北宋本《淮南子》（小字）、宋本《管子》、宋本《蔡端明集》、北宋本《新序》《说苑》、宋本《荀子》、宋本《陶集》（汤注）、宋本《击壤集》、宋本《愧郯录》、宋本《三谢诗》、宋本《唐四家传》、宋本《范文正》、宋本《孙可之集》。此十三种印本皆佳，其馀《庄子》《楚辞》《柳集》皆宋印本，以价昂去之耳。然还值至如此之巨，尚不能得，亦只得作罢。玉虎尚欲进行，侍已谢之矣。此次书直无法收买，此大略情形也。

保全古书会章阅，立意虽善，然终恐难成。玉虎拟先约八人，每人五千，以办此事，至今尚未集事，侍亦未敢赞。玉虎外行，而欲自出主张，恐徒为谈资而已。

存馆《史记》[1]《欧集》[2]《南齐》[3]《乐府》[4]四种如照毕[5]，得便望检还[6]。世局变幻不常，恐为意外之累。侍正编书目，亦须一阅。

《道藏》分配利息及馀书，盼告梦旦早寄下[7]，东海催促多次也。东方文化会买书尚需时日，内部意见殊不一。基金会（美）则买书年有限制，均不能办杨书也。增湘拜复。［丁卯］冬至日[8]［1927 年 12 月 23 日］。

---

1 按：张元济批："此不拟照。"
2 按：张元济批："照得如何乞示。"
3 按：张元济批："久已照好。"
4 按：张元济批："此亦不拟照。"
5 按：张元济批："以下乞梦翁核示。"
6 按：张元济批："乞代留意，如有便人，即托带缴。"
7 按：张元济批："请迳覆。"
8 按：信末张元济批："17/1/4 到，17/1/31 复。"

《孟子注疏》及《郡斋志》已告馆先照片矣。

[附录叶恭绰致张元济函]¹：

顷谈为收海源书，顷查出寄来一单，其中十七种沅叔所定价为三万九者，最近经手人来云如还四万或可定局。倘能凑得十人，每人四千即可有成，公曷图之耶。书上菊老尊座。恭绰上。廿六日²。

【142】1928 年 3 月 8 日

菊公鉴³：

奉手示并校记四首（校记遵交朱君矣），知公近日研精乙部，致力之勤如此，可为佩慰。世乱民愁，蹙蹙靡骋，吾辈惟埋头于此，差有乐地也。聊城杨书，一议不谐，遂不过问，实缘力不能办。然至今尚存，无人问鼎也，可语授公。前日托朱君带呈《掌故丛刊》一册，计可达。日内拟再寄数册，乞分赠同人，馆内能为代销尤幸。宫中各书善本已检印《留真》二册，兹检寄一分，阅之可以预计将来合办丛书之法。侍闻公相召，亦欲南来一游。第申地不宁，苦无住处，能为我筹一清静妥善之寓？如筹得寓所，或尊斋可下榻，即来一电，言"校书事已筹定"，侍即可命驾。大约取道青岛，乘日轮，临时当电闻，并属赵廉臣一迓为幸。此候台安。增湘拜启。[戊辰]二

---

1 见于《张元济全集》第 1 卷"书信"，第 300 页。
2 按：张元济批："似是十七年十二月。"又本页信纸背面批注："《说苑》《新序》《荀子》《淮南子》《击壤集》《王摩诘集》，六种北宋。《管子》《庄子》《陶诗》《三谢诗》《范文正集》《端明集》《孙可之集》《皇杜岑常》《愧郯集》，九种南宋。四万五千，两共在内。以下八种剔出：《楚辞》《会稽三赋》《柳先生集》《山谷刀笔》《吕东莱集》《韦苏州集》《晋书详解》《云庄四六馀话》。"
3 据原信，见于《上海图书馆藏张元济往来信札》六，第 370～371 页。参《张元济傅增湘论书尺牍》，第 186 页第 4 函。

月十七日¹[1928年3月8日]。

拟月底行，并到苏杭一游，可否？如苏杭能游，乞电言
"外借各书亦可办到。"

【143】1928年3月31日
[傅增湘致张元济函]²：

印《浮溪丛书》估单请寄杭州。以便计画定局³。

《困学纪闻》去年结（帐）[账]见示。

《续古逸丛书》结算馀利见示。

查《永乐大典》已销若干⁴？是否应登告白？以便推销，
请代酌定。

《道藏》尚有徐东海序文一篇，原议补印加入目录之首，
此事讫未办（又有陈道士序一篇）⁵。请查明两序，速行补印寄
京，以便加装入册。

印格纸照式，每千叶若干费，红、蓝、墨、绿是否异价？
以用何纸为宜？总以细洁白净而不（荫）[洇]墨者为断。

元年曾寄存馆中有黑口本《历代名臣奏议》前半部（自卷
一至一百七十五止，大略如此）⁶，请查出寄京。

馆中所照瞿氏书请开示一目⁷，拟先借数种校勘，作跋语记
之，可以作为广告也（此目请寄杭州）。

故宫图书馆增印各书加入合同事，请早行决定。自杭回不

1 按：信末张元济批："17/3/16复，快信馆寄。"
2 据原信，见于《上海图书馆藏张元济往来信札》六，第372~376页。参《张元济傅增湘
论书尺牍》，第187~188页第6函。
3 按：张元济批："此已另函张秉和君接洽矣。"
4 按：张元济批："以上三项应否总务处转饬会计科饬查？向章阳历年底结账，寄交寄售人。
近来是否改章，非寄售人来取不付？"
5 按：张元济批："请出版部覆。此事似已甚久，何以尚未办妥？"
6 按：张元济批："此书原存散处，并非寄存馆中。但后来移居之时，或移存图书馆残书中，
亦未可知，请伯训先生转属施清宝君代为一查。"
7 按：张元济批："此可交去。"

二日即行，恐无暇细商也。兹拟书目如下，可就此选择[1]：

宋本《论语》《孟子》(皆廖刻)[2]。

宋本大字《尔雅》。

宋本《论语笔解》。

宋本《周礼正义》。

宋本《高丽图经》。

宋本《孟子注疏》。

宋本《郡斋读书志》。

宋本《春秋集传》(张洽)[3]。

元本《元丰类稿》。

元本《佩韦斋集》[4]。

影宋本《算经》。

宋本《秦淮海集》[5]。

元本《宣和画谱》。

宋本《心经》《政经》[6]。

宋本《范文正集》[7]。

故宫印小本丛书馆中可否加入，请议定，以便回拟办法[8]。如《成都文类》、精抄《永乐琴书》、黑口本宋元人集、精抄本《经说》(有廿馀种，皆宋元人著。可以分期、分集出书)、《南北史合注》(最好，无刊本)、《续国朝宫史》(颇有用处)。

---

1 按：此目又存打印件两份，见于《上海图书馆藏张元济往来信札》七，第25～28页。又张元济批："打好请发还。张元济，17/5/17。"又批："此三行不必打入。"

2 按：张元济批："此两种拟删。"

3 按：张元济批："是书《四库》称久佚，《通志堂》亦未收，藏书家传抄本皆有残缺。"打印件此条后张元济批："影宋本《类篇》，只能照六开。"

4 按：张元济批："是否亦无刊本？"又批："拟加。"

5 按：张元济批："又，《四朝名臣言行录别集》廿六卷、《续集》一卷"。打印件张元济批："删去不照。"

6 按：打印件张元济批："删去不照。"

7 按：打印件中又有："拟加：《国朝名臣言行录别集》廿六卷、《续集》八卷。"张元济批："只能照六开。"

8 按：打印件此句张元济批："此行不必打入。"

以上各事请与拔可、梦旦二公商酌，俟湘回沪，即可决定。增湘奉状。[戊辰]闰月初十日[1928年3月31日]。

[附录丁英桂致张元济函，1928年5月24日][1]：

明刊本《历代名臣奏议》全书凡三百五十卷，涵芬楼储有此书残本三部。甲部，黄纸，编列善本史字二九五号。乙部，白纸，编列残书史字三七号。丙部，白纸，附列残书史字三七号。甲、乙两部菊生先生别有小册记明所阙卷数，核与存书相符（乙部白纸，收得后续有配补若干卷，兹用朱笔补记于小册）。丙部存目录、卷一至卷一百七十八，凡五十一册。民国初年，傅沅叔先生以所藏是书前半部寄存菊生先生处，后复移存涵芬楼。现查涵芬楼书目，未有关于此事之记载。但就下列二点论之，可证丙部即为傅氏寄存之本无疑。一、涵芬楼自有者，除甲、乙两部及后来补配零本外，未有第三部书。二、小册所列甲、乙两部均阙卷一之三，后来亦无补配。今丙部有此三卷，是固另为一书也。三、傅先生所寄存者为前半部，与丙部存卷相符。十七年五月廿四日，丁英桂查。

【144】1928年5月7日

菊公大鉴[2]：

两年阔别，兼旬聚首，愉畅可知。重承假馆授餐，车从周旋，情谊谆挚，感刻奚如。别后翌日抵青，第三夜到家，一切均安吉。惟归来百事坌集，为茔地事入山两次，以公司事赴津一行，中间为遣嫁侄女，纷纭数日。故抵京二旬馀，竟无暇致

1 据原打印稿，见于《上海图书馆藏张元济往来信札》五，第332~333页。又，信稿卷前有丁英桂批："此一份请菊生先生察存。"
2 据原信，见于《上海图书馆藏张元济往来信札》六，第377~386页。信前张元济批："请印刷所照办。"参《张元济傅增湘论书尺牍》，第189~190页第9函。

笺申谢，想公当谅及也。前日函已到，今日又收格纸、白集印片，均不误。代买沈集亦到，馀事别详，即询校安。侍增湘拜启。[十七年]五月七日。

《浮溪丛书》拟决印行[1]，托他家代办亦可，但纸墨须考究[2]。惟发行预约一切仍托馆代理，大约印本每部四元八角，预约八元[3]，成书后十二元定价，公以为何如（馆中折扣若何[4]，告白样本须多备）？

故宫印书事尚未晤袁洁珊，然王书衡已同意，自无问题。合同即由京写，拟将书名照来单加入，多列一二种，缓印无伤也（《南轩集》残本，不能印。各书俟查叶数再寄阅。《佩韦斋集》印甚精，《高丽图经》印亦好，惟《秦淮海》太差耳，恐难印），订合同即可着手办理开照。惟前交照之《孟子注疏》《郡斋读书志》二种，京华言八十日方可照完，未免太迟。拟请商之馆中，多派良工，携镜北上，一气呵成为妙[5]。迟久局面或更，又生枝节矣。

加《名臣言行录》可办，但缺一卷，须补抄加入耳。

小本丛书俟到馆选定书目再奉商。

如《成都文类》[6]《永乐琴书》《续宫史》《南北史合注》皆大部书，不能入小丛书内（《成都文类》将来可入《续丛刊》中亦好），单印何如[7]？

《论语》《孟子》（廖刻本）去之亦可，但有人愿印，而馆中只认贵馆，将来由愿印者与贵馆接洽可也。

---

1 按：张元济批："此书已交张君秉和，曾经估价，并告沅翁。自己无暇，只可转托他家代印。至代售、预约，似难拒却，拟请代为规画。"
2 按：张元济批："印价先向收若干？亦应直说。"
3 按：张元济批："须实收方合算。"
4 按：张元济批："亦请核定。"
5 按：张元济批："此事应请转商印刷所照办，失此机会，殊为可惜。"
6 按：张元济批："未知何人所辑？卷叶共有若干？请沅翁查示。"
7 按：张元济批："似较相宜。"

《心经》《政经》光绪时有殿板，不印亦可。

《宣和画谱》印颇精，极罕见，可以印，板心亦不大[1]。

《春秋集传》是全书[2]。

《书经注疏》极精印，似可印，但部头亦大。

《掌故》寄五十分寄售，馆中想收到。

鄙意合同内写入之书为[3]：大字《尔雅》[4]《高丽图经》（板心不大）、《元丰类稿》《佩韦斋集》《宣和画谱》[5]《春秋集传》《范文正集》《论语笔解》《周礼正义》《四朝名臣言行录》（别、续集）[6]、《书经注疏》、影宋《算经》、影宋《类篇》[7]，共十三种，连《孟疏》《郡斋志》共十五种[8]。

【145】1928年6月26日

菊公大鉴[9]：

顷奉六月十四日函，承垂念近状，至感。都城此次平流而渡，属有天幸。然各方面奔走防范，亦具苦心。侍亦事前参与数日，惟善后万端，实赖群材和衷共济，方有底定之日耳。藏书择精要者移存十数箧，人口均未迁动。自晋军入城，秩序立即恢复，与人民感情亦洽。东邻张宗昌［宅］住晋军司令部，王叔鲁宅住白军十二军办公处，颇为相安，不似鲁军之禁绝行人也。清宫已交卸馆事，合同竟未签定，然已交与后来

---

1 按：张元济批："若非宋板，只照六开。"

2 按：张元济批："此极难得，可照四开。"

3 按：张元济批："此事先由梦翁接洽，如来馆，请送与阅示。万一京局照不快，此间不能派人携镜前往，则费事矣。张元济。17/5/15。"

4 按：张元济批："馆中已否收到，乞查示。"

5 按：张元济批："查系元本，可照四开。"又批："只照六开。"

6 按：张元济批："此照六开。"

7 按：张元济批："此只能照六开。"

8 按：信末张元济批："17/5/18复。"

9 据原信，见于《上海图书馆藏张元济往来信札》六，第387~394页。参《张元济傅增湘论书尺牍》，第191~192页第11函。

者¹。已照之《郡斋读书志》自无问题，续拟印者看后人意何如耳。元刊《金史》所存为卷二十至七十二，以来样证之，决非初印本。且间有黑口各叶，则并有后来补版矣。《浮溪丛书》成本既重，恐销路不畅，只可作罢。原书十七册请遇便寄还莫楚生²，侍已致信告之矣。前寄来《白集》已开校记各种，中有先还者，侍记忆不清，乞开示，以便先校完奉还³。《古灵集》已校完，拟有跋语一篇⁴，其中缺字侍亦据抄本随时代为补入。《续丛书》闻已招股，然外间未见其目，可否先赐一单⁵？颇有人来询及也。敝藏《史记》《白集》有缺卷，乞公留意代配⁶，至感。专此，敬候校安。侍增湘拜启⁷[戊辰五月初九日，1928年6月26日]⁸。

《西汉会要》收到，《刘子》一册亦领悉。

小儿月内回京，拟求假《旧唐书》样本一校。如得便，可付其携回⁹。

又蒋书内有宋刊《播芳大全文粹》¹⁰，此乃当时侍为代购者。顷买得抄本一部，欲求一校，不知能付小儿携来否？

海宁《汉书》能进行否¹¹？京馆本容开细目奉上。增湘再叩。

《白氏文集》（嘉靖小字本），缺卷三十八至四十三。

---

1 按：张元济批："后事显晦皆有定数，如何委以行运。"
2 按：张元济批："17/7/3 函达张秉和君，属挂号寄去。"又云："已寄去莫君，回信附上。"
3 按：张元济批："校毕者立寄，不必拘定前后，不在预约中，可从缓。"
4 按：张元济批："将寄示，并乞借《洪盘州集》校本。"
5 按：张元济批："已属迳寄五分。"
6 按：张元济批："遵公意，恐不易。"
7 按：信末张元济批："17/7/13 复。"又云："托相攸有所得者，乞留意。"又云："17/7/24 去唁丧偶信，并附莫敬十七元。"又此函以上部分又重收于《上海图书馆藏张元济往来信札》七，第 3～8 页。
8 此信原无日期，据《张元济傅增湘论书尺牍》补。又下句，亦据该书补。
9 按：张元济批："世兄不即行，已打样迳寄。"
10 按：张元济批："卷帙多，世兄言京津交平馆。恐携带不易。俟平行照常，当觅便带下。"
11 按：张元济批："已还万二元，仍无确实，是其只得罢手。"

王本《史记》，缺一九、二十（表），廿三、廿四（志），九十二至九十五（列传）。所开皆全书大卷数目。

又配有明刊百衲本《史记》，缺序目及《三皇纪》《五帝纪》，十六（表），廿三、四（志）。此种如王本、柯本、秦藩本均可配入。

沅叔拜托。

【146】1928 年 7 月 22 日

菊公鉴[1]：

承电唁问，感极。小儿于昨日亦到（六月初三），初九领帖即出殡矣。侍亦病痢三日，困苦不堪。目前不过悲伤，此后家政无人主持，痛苦之日正长，奈何奈何。《再续古逸书》欲定印日本美浓纸一部，不知可办否[2]？即托馆中代购纸订印何如[3]？以前书曾印倭纸，拟配一色也。《旧唐》已收到，他书已校者，容再检还。敝处讣告拟奉寄尊处，烦属馆中人代为填住址交邮（住址恐有移动，又号数记不清）[4]，此不情之极，恃公亮我也[5]。俟悼启印成，明日即奉。此候台安。侍生傅期增湘拜启 ［十七年］七月廿二日[6]。

---

1 据原信，见于《上海图书馆藏张元济往来信札》七，第 1～2 页。参《张元济傅增湘论书尺牍》，第 192 页第 13 函。

2 按：张元济批："如有旧公牍纸亦甚佳，望即检寄。"

3 按：张元济批："此时似未便代购，已覆之矣。"

4 按：张元济批："来单分该地址寄还。"

5 按：张元济批："借校宋《盘洲集》。问宋刊残本《放翁诗》分卷次第与汲古本有无异同。"

6 按：信末张元济批："17/7/30，张元济。"又云："17/8/14 复。"

【147】1928年9月4日

菊公前辈大人阁下[1]：

前奉赐书，承颁厚赙，垂情下慰，感刻无涯。既手函再逮，及下询各节，适又遭次男嘉谟之戚，意绪益复颓沮，懒亲笔砚。近日乃始收召神魄，粗理文字，今因忠儿来申取物之便，辄分条奉答如左[2]：

《金史》二叶奉还[3]，敝藏亦非初本也。

历次借书，兹先奉还十一种，别纸列目，祈检收[4]。

搭印《再续古逸书》，倭纸既不可致，今购得旧高丽纸七百五十张，每张印书两开，则六百五十张已足。特多备百张，以便抽补。上石想是每石两开，则此纸可不裁断矣。但用时或须舒平重压，令无皱折，务恳属匠加意为要（此纸每张大洋壹角，可云昂矣）。馀纸请代存[5]，将来拟印《白集》也。

明板《历代名臣奏议》已收到，但所存只前半部。侍目下辑蜀文，需用此书。似闻贵馆藏有残本，不知可检配否？兹开明缺卷如别纸，乞付典守者一查。需值若干？乞示。厂市有残本，三处当可配全[6]。

近来拟辑全蜀两宋人遗文，须遍检宋元总集及类书。因思《播芳大全文粹》为最大总集，敝藏抄本人名多缺，误字亦多，非假贵馆蒋氏书中宋本一勘不可（此书乃侍代孟苹购者）[7]，务

---

1 据原信，见于《上海图书馆藏张元济往来信札》七，第9～22页。又张元济批："戊辰七月廿一日傅沅叔来信。"参《张元济傅增湘论书尺牍》，第192～195页第14函。

2 按：张元济批："以下乞照印三分，以二分存馆交有关部，别一分交下。"又七，第23～24页即本函之撮要打印件。

3 按：张元济批："附去原在弟校过样本抽出，仍乞订入。"又打印件丁英桂批云："已订入菊生先生所校样本中。"

4 按：张元济批："收在发行，容属送至，乞点收。"又打印件丁英桂批云："旧本书六种，东方图书馆收。石印样本五种，丁英桂收。"

5 按：张元济批："纸存发行所，容属送至。"又打印件丁英桂批云："纸张收到，点见七百五十馀张。此时书尚未印，当为郑重保存。"

6 按：打印件丁英桂批云："缺卷单未见。"

7 按：张元济批："来商两次，只可借与。"

祈费神检出，交小儿携归。大致三月可以竣功，此亦遣愁之一法也[1]。

垂询舍下近状，撮举大略以闻。从前家事皆内人主持，侍乃一切不问，第规定每月费若干而已。目下小妾来归已逾十年，寻常日用差可经理，其略重要者非侍躬亲不可。此后决不能如前时之随意出游、毫无挂念矣。至于经济情状，则大非昔比。各种股票收入锐减，而支出加多。益以家事迭有丧亡，用款更不能预度。先叔、先兄两房及川中家族皆须贴补，每年总在三千元以上。以此，五年以来积欠至三万馀元，每年付息须四千元。长此拖欠，终非了局。京宅颇思售去，而无受主。于是不得不出于卖书一途，若能售出一小部分，得三万元，则一面收小局面，方有支持之法。第目下安得有嗜书如我辈者而语之乎？若售之外人，则全部同去，未始不可得善价（刻下东方、北海两馆无意购大批古书）。然数十年精力所聚，而举以委之外人，私心固所不欲，清议亦殊可畏也。特敬以告公，祈为留意。如有销售之法，则无论宋元、抄校及明刊、精本均可割爱。若馆中能为销去一部分（每一批能得一万或八九千方合算），亦可稍解目下之围。大约能觅得三四处受主，则三万之数方可凑集。若以期之一处一人，恐决难办到也。公能为画策出奇否？

前年刻丛书久未结束，此事亦非再用叁四千金不可。至于自著之书目、题跋等类，又其次矣。

此次亡妻及亡儿两丧，约用去三千馀元。葬事须秋后入山

---

1 按：张元济批："函末并索还《史记》《南齐书》《乐府》三书，又欧集如已照完，亦可并还。元济附记。17/9/10。"又打印件丁英桂批云："请伯训先生开具借条，向东方图书馆借出，待傅晋生先生到馆时交付。"丁英桂又批："《史记》等三书存总务处，已请张季臣先生先行检点，待傅晋生先生到馆领取。尚有《丛刊》借印之书，拟一并缴还。《欧集》未照，只可缓还。所有借去书及还去书，统请傅君另出收条。"

再定，大约尚须别买地也。

京宅屋多人少，颇复凄清。欲离去此间，换一景界，又无安全之地可去。每思及此，辄为不寐。

近来身体尚能支持，第上半日觉疲乏已甚，大约为心力弱，意兴因之不振耳。

《续古逸》销路何如？恐不甚佳，以吾熟人中均未买也。《白集》何时印？

《史记》已否照完？如不用时，可付小儿携回。《乐府》《南齐》亦然。

杨氏宋本书闻有意廉售，然亦无人承受。第闻罗叔蕴以八百元借照宋本（世綵堂）《韩集》而已。

《盘洲集》附呈，祈查收。

宋本陆放翁卷次与汲古刻同，盖毛氏刻时即据宋本。宋本所无，乃据抄本也（依宋本者每卷皆注明）。

刘翰怡函乞付去，索《巴西集》也。期增湘拜启。［戊辰］七月廿一日 [1]［1928 年 9 月 4 日］。

《西征随笔》二册，一以奉赠，一以赠翰怡，乞连函送去，并索《巴西集》。

奉还历次所借各书：

抄本《鄱阳先生文集》六册。

抄本《中兴四将传》六册。

明本《刘子》二册（此书不完，乃节本也）。

明本《居竹轩诗集》二册。

明本《刘子》一册（此乃崇德书院二十子之一也）。

抄本《野趣有声画》二册。

1 按：信末张元济批："17/9/13 复。"

石印《洞灵真经》一册。

石印《通玄真经》一册。

石印《续幽怪录》一册。

石印《龟山语录》一册。

石印《陈古灵集》六册。

【148】1928 年 11 月 25 日

菊公鉴[1]：

奉手教敬悉。小儿闻病已痊，何尚未归？今日有电奉询，计可达。兹将各事分答于下：

《六帖》缩印亦可，第不知板租是何办法[2]？对于宋板能略优否[3]？

《奏议》缺卷可代配，此间残本有三分也。

前年代买《流寇长编》七十卷，请将序文抄寄（并何人著述写明，有人于残明史有述作也）。

《四部丛刊》预约已早过，有人欲购竹纸一部，捐助图书馆，求照预约付款，可否（打书根，书寄四川云阳县，能办到否）？

《四部续刊》略有所见，分注于上，祈鉴订。《唐大诏令》明抄，照宋本缺笔，颇整饬可印，要六百元，不知可收否？又有《宋大诏令》，大约乾隆抄，亦要六百元[4]。

谈刻《太平广记》敝藏本甚佳，可印，此书可以加入也。或由鄙人印，附入《续刊》发售，不知有此办法否？

---

1 据原信，见于《上海图书馆藏张元济往来信札》七，第 33～38 页。参《张元济傅增湘论书尺牍》，第 196 页第 16 函。

2 按：张元济批："此是宋本罕见，自应缴纳。"

3 按：张元济批："与同人商处再覆。"

4 按：张元济批："如能补足阙卷，亦拟收买。"

《范太史集》拟求赐假一抄，侍有残抄本，拟配抄补足 [1]，能邮致极盼。增湘拜复。[戊辰]十月十四日 [2] [1928 年 11 月25 日]。

再启者，前属相攸事，顷闻人言，沈敦老之孙字益三者，年三十二三，新自英国毕业回，学行、身体俱嘉，家世亦旧门，已托人询之。闻府上与沈家亦有姻旧，何妨一探之。似闻主其事者为本人，或其父小有斟酌也。侍亦未见其人，羹梅与之尚熟，看其情形若何，再以奉闻。此候道安。增湘再拜。

【149】1928 年 12 月 17 日

菊公台鉴 [3]：

小儿自申回，知文驾东行，至为驰企。《史记》《乐府》《南齐》三宋刻及见还影印各书均收到，《播芳文粹》四十册亦照收，至荷至感。侍本欲追踪东来，适诹葬期已迫，遂尔作罢，俟樱云时节，再定行止也。前函为女公子作伐事，顷得沈羹梅来函，属觅玉照及学问、性行各事。此人作伐者颇多，前者有人言之，迄未答复，此次一言即属探询，似颇有意，祈酌定速复。如以为然，将像片先寄，以便与前途接洽也。敦老学行，公所素知，与公当有交谊。其家世不必再探。惟家计不甚优裕，其诸孙中以此人最为优秀，其学力可以自谋衣食有馀也。沈函附呈，阅后仍乞付还为要。手此，敬候旅安。侍增湘拜启。[戊辰]十一月六日[1928 年 12 月 17 日]。

岩崎藏书想可遍览，其中秘笈甚多，是否可以影归传播？

1 按：张元济批："稍暇再报命。"
2 按：信末张元济批："17/12/7 复。寄自日本，归后始得展读，故复在后。"
3 据原信，见于《上海图书馆藏张元济往来信札》七，第 29 ～ 32 页。参《张元济傅增湘论书尺牍》，第 196 ～ 197 页第 17 函。

侍有数书，欲得传本也。盼赐数行 [1]。

【150】1928 年 12 月 20 日

菊公前辈执事 [2]：

今日奉诵十一日赐示并书目，欣忭无似。七日书亦先到，并像片均悉。长歌拜诵一过，使我东游之志勃然而起矣。秋末本拟与白坚甫同行访公，嗣以十月迁葬双亲，遂尔中〔辍〕。明春倘时局宁谧，当可发兴一行也。前日沈羹梅兄来，因以所询沈府各项质之，渠因就公原单条举于下。所未叙者，其所学者则教育也。羹梅与沈世兄为表兄弟，亲见其长成。因询以性情若何？据云是沈潜一流，绝无时派浮嚣之习。在外数年，思想自较新，然纯为稳健一派。侍思沈府同乡旧族，家庭颇为简单，年龄亦相若，其学力亦足以自立。询其身体，亦素强健。闻近来作伐者极有人，其父及本人均推以待尊府之命。因以照片交羹梅携去，其本人照象亦已交来，兹特奉呈，请公再详加访询，予以确覆。羹梅新年后有南中之行 [3]，至时或公邀与一谈，当更为详悉也。范集已到，《册府》容访查再闻。忠儿回家后，颇服培养之剂，刻已复元。近来每日清晨至公园步行，意兴亦颇轩举。延友人诊视，亦谓肺气渐强，此可稍慰者也。报传舍下失窃，乃家嫂宅中白撞贼攫取衣物，当即捕获，亦无损失，不知乃误为寒舍耳。近数月中发愤编辑全蜀两宋遗文一书，程功已过半。翻阅抄校，日不暇给。异时编成，或可得百卷。前欲配《名臣奏议》，亦为此也。目前急欲遍翻四川府县志，京馆存者不及半，涵芬楼中则尚完富。欲借则卷帙太多，

1 按：信末张元济批："17/11/20 覆。在东京覆，挂号。"
2 据原信，见于《上海图书馆藏张元济往来信札》七，第 39～45 页。参《张元济傅增湘论书尺牍》，第 197～198 页第 18 函。
3 按：张元济批："到沪寓何处？乞见示。"

无法运致。南来检抄，苦无此暇，且亦非数日所能了，奈何奈何。又宋人总集有《二百家名贤文粹》一书，海源阁有二百卷，询知仍在聊城。此外不知抄本尚有流传否？希代为采访。劳季言曾见全书（共三百卷），则此帙或仍留南中也。又宋元人类书收有全篇文字者，尊处有何秘笈？亦盼开示。赵汝愚《诸臣奏议》书楼中有否？能先以目见假何如？北京图书馆有残本，无目录。此书所收蜀文不少，可得一助。近时写群书校勘记，藉《北海图书馆月刊》发布，一年中拟出书百种，此亦近来慰心之一事也。贱躯近颇复常，胃痛仍偶发，第不剧耳。手此奉布。敬候校安。年侍生傅期增湘拜启。[十七年]十二月二十日[1]。

友人订《四部丛刊》拟酌定交书地再以闻，并欲得《廿四史》一部，其预约若何？请查收，以便一并兑款（共交洋若干元，乞开示数目）。增湘再拜[2]。

《诗集传》京馆有之，乃残本也。

《渔隐丛话》李木老有宋刊残本，两次所收，似有一集完全，但不记《前》《后》耳，容询之（顷查明所有是《前集》[3]，惜哉）。

《三国志》能设法配全印行否？即明印之早者亦无妨。沅叔附志。

【151】1929 年 1 月 14 日

[傅增湘致张元济函][4]：

顷见《对山诗馀》一册，旧写本四卷，为海盐马青上悔游

---

1 按：信末张元济批："18/1/23 复。"
2 按：信末张元济批："18/1/23 复。"
3 按：张元济批："神田君所有为《后集》，十三行廿一字。《前集》仅三十二至四十，刊本。四十至五十，抄配。《前集》十三行廿三字。"
4 据原信，见于《上海图书馆藏张元济往来信札》七，第47～48页。参《张元济傅增湘论书尺牍》，第199页第1函。

所著，未审有无刻本，公愿收否[1]？其值不过三数元耳[2]，便希示及。近因奉省印《四库全书》，连电聘往商，拟日内一行，已详具计画书。弟主张分南北三四家分办，将来或须贵馆相助也。弟拟用六开本，奉原拟四开本，费太巨矣。此候菊公大安。增湘拜启。[戊辰]十二月初四日[3][1929 年 1 月 14 日]。

【152】1929 年 1 月 15 日

[傅增湘致张元济函][4]：

兹兑上洋四百卅二元[5]，订购竹纸《四部丛刊》一部。其人为涂子厚，住北京北长街前宅胡同。其书暂存，候渠来函再定寄所。预券请寄下[6]。此致菊公大安。增湘拜启。[十八年]一月十五日。

【153】1929 年 1 月 25 日

菊生前辈大人阁下[7]：

顷友人邢君冕之托查《无为州志》内事迹，开如别纸，敬祈代为查检，详细开示，以备修谱之资。前奉一函，计已达览，亦盼早复为幸。此候台安。年侍生傅期增湘拜启。[十八年]一月廿五日[8]。

---

1 按：张元济批："乞代收。"
2 按：张元济批："催《清波杂志》。"又批："已函催。"
3 按：信末张元济批："18/1/23 复。"
4 据原信，见于《上海图书馆藏张元济往来信札》七，第 49 页。参《张元济傅增湘论书尺牍》，第 199 页第 2 函。
5 按：张元济批："[总]务处台察：此事前由尊处核准，敝处去信告知。事在去年十二月中旬。并请尊处代拟，随预约券寄下。"
6 按：张元济批："务须注明在沪领书，如运外埠，另加运费。张元济。18/1/23。"
7 据原信，见于《上海图书馆藏张元济往来信札》七，第 50 页。参《张元济傅增湘论书尺牍》，第 199 页第 3 函。

8 按：信末张元济批："18/2/7 复。"

【154】1929 年 2 月 2 日

菊公鉴 [1]:

奉示祗悉。沈羹梅因葬改期,暂不南来。前日托叔通致公数语,计可达到。马青上《对山诗馀》抄本一帙,由邮局寄奉,可查收。直四元,由侍付给矣。涂君订书预约已收到。《清波杂志》已交伯恒寄申矣。奉天印书事闻暂停顿,东行须在明春。其办事人及包工者均属外行,难以观成(照《四部丛刊》本印,敝处所估约须一万二三千元,东省所计只六千馀元,大不可解)。手此,敬候年安。侍增湘拜启。[十八年]二月二日 [2]。

【155】1929 年 2 月 8 日

菊公鉴 [3]:

前托杭友(李宝泉)买家乡肉五块寄申馆,赵廉臣托其交常朗斋寄平 [4]。现此公已回,而肉未带,想存赵君处,乞公查询,并乞早托便人寄平。或交邮亦可 [5],因此肉久则不好吃也。增湘拜启。小除夕[1929 年 2 月 8 日]。

沈羹梅回南无定期矣。

1 据原信,见于《上海图书馆藏张元济往来信札》七,第 51 页。参《张元济傅增湘论书尺牍》,第 199 页第 4 函。

2 按:信末张元济批:"18/2/1 复。"

3 据原信,见于《上海图书馆藏张元济往来信札》七,第 52 页。

4 按:张元济批:"请赵先生示知,当时何以不托此人?现在有无他人可托?以便答覆。张元济,18/2/14。"

5 按:张元济批:"邮政局能否递寄?亦祈查明示知。18/2/16 复。"

【156】1929 年 2 月 14 日

傅增湘致张元济电报 [1]：

张菊生鉴：《群公四六》《名臣献寿文集》祈交陶兰泉兄带平。增湘。寒 [2]［1929 年 2 月 14 日］。

【157】1929 年 4 月 5 日、1929 年 4 月 15 日

菊公鉴 [3]：

连得三书，均未及复为歉。侍于正月杪即入山，为亡室营葬。二月初十乃回京，适又卧病数日，今日略愈，明日又将入山督工兼扫墓。十馀年来久淹之柩，目下咸举而清之。私心愧负，稍用释然。精力赀用，实已竭尽无馀，此后更当从事省啬，并专心卖书 [4]，以弥债窟。但此一年中非得三万元不能济事，故无论宋元、抄校、精善、普通各本，苟能得价，即陆续去之，更无馀力收入矣。前书言海源事，侍固不能与议也。且其中长子已尽去，似亦非外人所得。叔弢闻收《庄子》《新序》，因未曾晤及，不得究竟也。沈府事已转告，照片索还附纳。南游不能定，一缘室内无主持之人，未得久离。一则三月后或须至东省一行，恐无暇日也。连年所刻丛书亦须结束，然又须三四千元方可毕事。此又劫于必办，亦大累也。成书后或望略收回成本之二三，于愿已足。书目简本一月后可脱稿付刊，此亦待估之张本，广告之资料。艺风所云目成而书去，初未尝［不］笑之，今乃知其言之沈痛也。闻公得孙氏书，极为欣羡。日后南来，当携底本略校一二。《三国志》可凑足否？

---

1 据原电报，见于《上海图书馆藏张元济往来信札》七，第 46 页。参《张元济傅增湘论书尺牍》，第 199 页第 5 函。

2 按：信末张元济批："18/1/20 托陶兰泉带去。张元济。"

3 据原信，见于《上海图书馆藏张元济往来信札》七，第 53～56 页。参《张元济傅增湘论书尺牍》，第 201～202 页第 7 函。

4 按：张元济批："已语潘明训，答称若有价目，甚愿一见。尊意何如？"

极以为念。敝处之书存贵馆者尚有《欧阳文忠集》，请查存在何所？如已照完[1]，何时可见还？此间有人问价也。全书何时可印？颇冀略得馀利也。鄙意拟援《涵芬秘笈》之例，检敝处抄刻孤帙及稀见，分印十集或八集。此事欲请馆中合办，不知行否？祈公与拔可诸公商之[2]。侍又欲知《秘笈》积年销路若何[3]？以便着手。数十年精力所聚，若一旦散去，亦殊可惜，故欲及其未散时一办之。夜深不及多写，俟回京再叙。此候台安。年侍生傅期增湘拜启。[己巳]清明日[4][1929年4月5日]。

涵芬所藏有明本《石屏集》[5]，欲得首三、四卷一校，得便希寄示为叩。

[附涵芬楼秘笈各集销数]：

涵芬楼秘笈各集销数[6]			
集　　次	出版年月	从出版起至十七年底共销数	十七年底总分馆共存数
第一集　连史纸	五年五月	1,328	172
第一集　毛边纸	五年五月	959	41
第二集　连史纸	五年九月	1,307	193
第二集　毛边纸	五年九月	989	11
第三集　连史纸	五年十二月	968	32
第三集　毛边纸	五年十二月	658	342

1　按：张元济批："已开照。属赶照，照后完毕即觅妥便寄缴。"
2　按：张元济批："出版部诸君核算，恐难获利。"
3　按：张元济批："十年以内者，将不及二千。清（帐）[账]附呈，阅过发还。"
4　按：信末张元济批："18/5/3复。"
5　按：张元济批："只有两抄本，一扬州何氏之书，一吴枚菴旧抄，系《续集》四卷。"
6　据原单，见于《上海图书馆藏张元济往来信札》二，第97页。参《张元济傅增湘论书尺牍》，第203页第9函附录。

第四集　连史纸	六年十二月	840	110
第四集　毛边纸	六年十二月	586	64
第五集　连史纸	七年五月	852	98
第五集　毛边纸	七年五月	575	75
第六集　连史纸	七年六月	1,176	124
第六集　毛边纸	七年六月	885	115
第七集　连史纸	七年十月	761	189
第七集　毛边纸	七年十月	529	121
第八集　连史纸	八年五月	703	247
第八集　毛边纸	八年五月	499	151
第九集　连史纸	九年六月	630	270
第九集　毛边纸	九年六月	452	248
第十集　连史纸	九年十二月	547	353
第十集　毛边纸	九年十二月	399	301
总计　连史纸		9,112	1,788
总计　毛边纸		6,531	1,469

　　嘱查《涵芬楼秘笈》自出版起各集销数。查该书出版已久，敝处（帐）[账]册亦不完全。兹从印数与现存数比较，将其差额作为销数。惟内中含有本公司自用、赠送在内，乞洽。此请江伯训先生台鉴。稽核科谨启。18/4/15。

【158】1929 年 4 月 29 日

菊公鉴 [1]：

　　近日凤禹门山书为四书肆买出，侍往看两次，其罕见者皆为各图书馆择出矣。忽见两书，为公家故籍，因急载归，开如别纸，俟开价时再与商也。内《李义山诗》为佩兼先生亲笔，记曾为公购一书，正如此也，馀再详。即候台安。侍增湘拜启。[己巳]三月廿日 [2][1929 年 4 月 29 日]。

　　《李义山诗集》朱鹤龄注本。有题跋二则，十二行，题阳坡山人。下钤"金风亭长""张载华印"，又有"涉园"朱文小印。全书录杨致轩评（亲笔），录竹垞评（又一人笔）。卷中各注有删改、有补正，批条粘签甚多，用力至勤，于二家评点亦时加纠正。有陈仲鱼象印。

　　《宋人小集》十二册（附元人四家）。此书看价甚大。题[海]盐高平范希仁邢村辑，约七八十家。每卷有"芷斋图籍""张载华印""佩兼"三印。

　　有一至友欲得《道藏》一部，馆中当有存者，可否让与一部？其价记前定一千元，能略加折减否？乞公与拔可一商，速复为荷。增湘再启 [3]。

【159】1929 年 5 月 15 日

菊公鉴 [4]：

　　得两书，敬领一切。分答如后：

　　《道藏》加四百元恐难谐，俟与前途商之。

1 据原信，见于《上海图书馆藏张元济往来信札》七，第 57～59 页。参《张元济傅增湘论书尺牍》，第 202 页第 8 函。
2 按：信末张元济批："18/5/3 复，即三月廿四日。"
3 按：信末张元济批："右沅叔来信，乞核示俾覆，元济。18/5/3。"
4 据原信，见于《上海图书馆藏张元济往来信札》七，第 60～62 页。参《张元济傅增湘论书尺牍》，第 204 页第 11 函。

小丛书既滞销，缓办亦可。原表附还。

《宋人小集》尚未开价，内容别纸奉阅[1]。

《学海类编》索者甚多，可否重印三百部，可售出也[2]。

《学津讨原》尚有存书否？拟自买一部，乞查示。如有，希稍减让。

徐森玉南来，欲观公新获各书，乞与面洽。

昨见有杨中讷一字条，为赠□□侍御者，不知公先世侍御公有何别号？颇疑为公家物也。请详开示[3]。

拟让各书俟开单寄奉。

校《东维子集》黑笔者系别一旧抄本，于朱蓝笔旁加朱墨圈者，与旧抄本相同也[4]。

《石屏续集》不用，所要者为《石屏集》第一、二、三三卷也。抄本亦可用，乞交徐森玉携下[5]。

三月底游百花山，前日始归（往返六日，行四五百里），入会券亦不及寄矣。侍增湘拜启。夏历〔己巳〕四月初七日〔1929 年 5 月 15 日〕。

【160】1929 年 6 月 1 日

菊公大鉴[6]：

前所云佩兼先生手评《义山诗集》八册，贾人以为竹垞笔，非百六十元不可。再三与之交涉解释，始减至百弍拾元，可云昂矣。兹交张云抟兄携呈，祈察入。异日得暇，拟临一

---

1 按：张元济批："不知开价几何？乞代斟酌。"
2 按：张元济批："须重照。少印成本昂，多印恐售不去，恐难办。"
3 按：张元济批："如确系写赠先人者，即乞代谐价购入。"
4 按：张元济批："寄去弘治毛本样本两册，阅过即寄还。"
5 按：张元济批："即日交呈。"
6 据原信，见于《上海图书馆藏张元济往来信札》七，第 63 ~ 69 页。参《张元济傅增湘论书尺牍》，第 204 ~ 206 页第 12 函。

副本，但须费一月工夫耳。《宋人小集》原系两函，一为竹垞藏本，即《群贤小集》之底本，一为佩兼公所藏，乃《宋元诗会》及《百家诗存》所从出，公司中须两函合购，每种五百元。有一李姓者坚意欲得此书，已出六百元。侍思此集不过有藏印而已，非若《义山集》之为亲笔（平）[评]点考证之足贵也，故决然舍去，宁愿增价以取此种，谅公必以为然也。记前者尊处所垫零款，乞为扣除，馀款付下可也。再新得有万历本《列国志》，图画一百二十幅，极为精美，每回及卷尾均有眉公行书评语，此可与《三国演义》并行。兹附上照片二纸，不审馆中能合印否？祈公与所司者商之。若欲看原书，或再寄奉亦可。《石屏集》抄本可否检交云抟兄带平，渠下月必回北方也。售书事开如别幅，乞相机为之，但非得万元以上之价侍不愿售也。南行畏炎热，或秋凉时再定计。自内人逝后，出游日久，不免有内顾之忧，念及使人心痛。再者，前假馆中各书，兹先检还三种，请察收。手此，敬候。

附还各书列目如左：

抄本《金兰集》一册。

抄本《群公献寿集》一册。

抄本《群公四六集》五册。

傅沅叔手记。十八年六月一日。

《宋人小集》十二册，凡八十一家，题古盐范希仁辑（字邢村[1]，一字文若），或署海盐。版心有"也趣轩"三字。所录诗北宋有数家，馀多南渡后人。末附元人四家，杨仲宏、范德机、吴草庐、贡玩斋也。曾校过十馀家，往往有数诗溢出本集外者，字句亦多有异同。其体例似《百家诗存》，前有小传一

---

1 按：张元济批："邢村或是小地名。"

篇，恐《百家诗存》自此出也。

每册有"芷斋图籍""张载华印""佩兼"三印。

此外有《宋人小集》一函，为竹垞所藏，则与《南宋群贤小集》同，但有四家在刻本之外耳（家数视刊本为少）[1]。

估人欲二函同售，侍拟为公单购范氏抄本也。

范氏抄本《周益公小集》内有"康熙乙酉岁孟秋下浣日邢村手抄"一行。

李义山诗注确为公先世手笔[2]。

[附录林志烜致张元济函，1929 年 9 月 6 日][3]：

《列国志传》现不付印。编译所致尊处一函谨送上，函中措词如可用，原书即由所径寄北平还沅叔先生，敬候核示。此上菊公大鉴。林志烜。18/9/6。

[附录商务印书馆编译所致张元济函，1929 年 9 月 16 日][4]：

菊生先生大鉴：昨奉交下傅沅叔先生所藏明本《列国志传》一书，当经同人商议，以近来覆印旧本小说，如《三国平话》及《演义》等发行预约后销数均不甚旺。此书版刻精好，当日若能合《三国演义》并售预约，亦可相配。现《三国演义》行将出书，单印《列国志》销路殊无把握，且本馆墨色石印工作甚忙，恐延长出版日期，反无以副傅君盛意。现拟暂不印行，原本十二册已交邮局双挂号径寄北平傅宅。特此奉闻，敬颂台安[商务印书馆编译所]。十八年九月十六日。

1　按：张元济批："此无关系，拟不购。"
2　按：信末张元济批："18/6/2 复。"
3　据原信，见于《上海图书馆藏张元济往来信札》九，第 374 页。参《张元济傅增湘论书尺牍》，第 207 页第 14 函附录。
4　据原打印稿，见于《上海图书馆藏张元济往来信札》十四，第 409 页。参《张元济傅增湘论书尺牍》，第 207 页第 14 函附录。

［附录林志烜致张元济函，1929 年 9 月 25 日］

菊公大鉴 ¹：

午前奉示明藩椠杂剧目一单，嘱为查对。遵查，此剧目廿六种，比《曲丛》所刊《诚斋乐府》二十四种，一方面多出七种，而一方面又少五种。其间两书目相同者十九种，内十七种为瞿安所藏。又两种，一为《八仙庆寿》，一为《蟠桃会》，则本馆前借抄自天津而合印于《曲丛》者也。此次目录所多出之七种，如《义勇辞金》《东华仙》《吕洞宾》《灵芝寿》《赛娇容》《文殊菩萨》《海棠仙》等剧，正是瞿安《诚斋乐府跋》内所称为未识，海内尚有各藏本者，今皆获得，此七种当可补印。

又《关云长义勇辞金》与《黑旋风仗义疏财》系分两种，合并奉陈。林志烜。18/9/25。

附送原书目一纸并《曲丛》一本（内有《诚斋乐府跋》备查）。

【161】1929 年 9 月 18 日

菊公鉴 ²：

闻驾自匡庐归，想一切安善为祝。万历刻本《东周列国志》交李子东带呈，不知收到否？若未到，可往取也。又史吉甫有《诚斋乐府》残本十四册，欲与馆中合印，能办到否？据森玉言，吴瞿菴有残本，若合印正可完全。侍不知其详，公可属人一查。此书传本甚少，授经知之甚悉也。翰怡兄托作《书景》序，写成奉寄。不知其房号数，附呈，祈速送，并属付

1　据原信，见于《上海图书馆藏张元济往来信札》九，第 375 页。
2　据原信，见于《上海图书馆藏张元济往来信札》七，第 70～75 页。参《张元济傅增湘论书尺牍》，第 207～208 页第 15 函。

印时加边匡为要。此候台安。侍增湘拜启。［己巳］中秋次日 [1]

［1929 年 9 月 18 日］。

拟作东游，九月半或从上海趁船往也，公能再游否？

明初藩椠《明人杂剧》二十六回，十四本，全阳老人编。

轩兰雪	音游律戏	风梁人园	每剧皆有

墨记

剧目列下	年代
兰红叶从良烟花梦	洪武时编
张天师明断辰钩月	永乐二年
李妙清花里悟真如	永乐壬寅
甄月娥春风庆朔堂	永乐丙戌
惠禅师三度小桃红	永乐戊子
关云长义勇辞金	永乐丙申
李亚仙花酒曲江池	永乐己丑
美姻缘风月桃源景	宣德六年
瑶池会八仙庆寿	宣德七年
宣平巷刘金儿复落娼	宣德八年
豹子和尚自还俗	宣德八年
刘盼春守志香囊怨	宣德八年
赵贞姬身后团圆梦	宣德八年
孟浩然踏雪寻梅	宣德七年
紫阳仙三度常椿寿	宣德八年
十美人庆赏牡丹园	宣德九年
东华仙三度十长生	宣德九年

1 按：信末张元济批："18/9/24 复。"

吕洞宾花月会神仙	宣德十年
清河县继母大贤	宣德甲寅
群仙庆寿蟠桃会	宣德己酉
南极星度脱海棠仙	正统三年
河嵩神灵芝庆寿	正统四年
小天香半月朝元	
搊搜判官乔断鬼	四剧目中不载编纂年代
四时花月赛娇容	
文殊菩萨降狮子	

【162】1929 年 10 月 1 日

菊公前辈鉴 [1]：

昨奉手示。《诚斋乐府》与史吉甫相商，渠不以排印为然，拟自行刊板。并云如不能刊版时，或再商办法亦可。侍决计东游，拟阴历九月八日启行来申，至时当以电闻，借尊斋小住三四日（以船期为断，或只住一二日亦未定），藉纾积悃。再上海尚约有同伴白君（山）[坚]甫（住辣斐德路桃源村十八号，四川人），若启行来电，乞代为通知。又汤爱理（中）在北京时亦约同行，此公闻住新闻报馆。渠临行时，侍曾托其致尊处《游记》一册（渠欲来谒公，乞见之），不知其交到否？所假各书遵当载还，惟《播芳大全》尚未校完，须更稽数月耳。闻王雪丞病故，果否？授经许乞预告知，定欲一晤，恐其届时他往也。专此，敬候台安。侍生傅增湘拜启。[己巳]八月廿九日，即[十八年]十月一日也 [2]。

---

1 据原信，见于《上海图书馆藏张元济往来信札》七，第 76～77 页。参《张元济傅增湘论书尺牍》，第 209 页第 17 函。
2 按：信末张元济批："18/10/5 夜到。"

【163】1929 年 10 月 31 日

菊公鉴 [1]：

日前厚扰潭府，惭荷无既。到西京二日，移居日本式旅馆，一切饮食起居极为不便。途中感寒，到此颇不适。近日复引起胃痛宿疾，加以咳嗽，连日出游均强自支持，未能愉快。狩野已晤。内藤则昨访之，其家藏书甚多，惜未能尽记也。今日游东福寺，见宋刊《太平御览》全帙，抄配者不过三四十卷耳。其《中庸说》公已见过，真秘笈也。西京尚拟住数日，再往东京，以身体之健否定游程之长短。好书固未能遍观，好山水亦无暇细玩，只得择其要者而已。陈乃乾处书一单，已别有函告之。如商定价值，即寄函来京，侍仍拟公分神为办妥。归途拟就朝鲜，不更至申也。近日时局如何？津浦车无阻否？祈切探见示（托田中君转），以定行止。专此，敬候台安。年侍生傅增湘拜启。［十八年］十月卅一日 [2]。

【164】1929 年 11 月 5 日

菊公鉴 [3]：

前上函计达。近日感冒渐愈，而胃痛又作，恐游事与访古均不能畅也。定初八日赴东京，约十六日回西京（回时仍住此旅馆）。顷得陈乃乾来函，言托购各书已议定乙千四百元。其中有抄本《潕南遗老集》，侍本拟不要，然去信迟，已议定。可否此书减去式百元？如以为可，即请公代为垫付一千式百元，将书取到寄京，侍回京后即兑奉。劳渎大神，感荷无极。

---

1 据原信，见于《上海图书馆藏张元济往来信札》七，第 78～79 页。参《张元济傅增湘论书尺牍》，第 209～210 页第 18 函。
2 按：信末张元济批："18/11/6 复。"
3 据原信，见于《上海图书馆藏张元济往来信札》七，第 80～81 页。参《张元济傅增湘论书尺牍》，第 210 页第 19 函。

此候台安。侍增湘拜启。［十八年］十一月初五夜 [1]。

正函所言祈与乃乾一阅，如《淖南》实难剔去，或剔去而除价不过百五六十元，即照原单定议，乙千四百元亦可，乞公相机为之。至叩至叩。增湘再启。

【165】1929 年 11 月 22 日

菊公前辈同年阁下 [2]：

两奉惠书，敬承注念，至为感纫。侍九日往东京，十九夜回。此十日中，游山看书（日光、箱根、叶山、热海均一到），精力颇足支持。长泽、田中二君分任相伴，极为便利。各处访书，得公手册，足为先导，更属省力。计图书寮一日，内阁文库一日，静嘉堂二日，其馀内野、前田、东洋文库亦抽暇一观。惜天气不佳，阴雨连日，足利学校未得一往，殊为歉耳。静嘉堂宋本略得遍观，其伪者为之纠正不少。《韦钱塘集》乃宋刊之初印者，侍先观其刀法、纸质，已定为宋本。及细检（宋本缺卷正如此，若明本何缘亦缺首二卷耶），则避讳字不少，当即吴匏庵旧藏之本。然舍此亦别无宋本，洵海内孤帙，公似不可不摄影印行（今本仍十四卷，不以残本论也）。已告长泽改正。此与公改订《平斋文集》为宋本正同，亦此行最快意之事也。又静嘉藏宋刊《册府元龟》，其各卷中可以补今本之脱文者凡七千馀字，尽一日之力全行录完，自谓神速。内阁有《类编颍滨大全集》宋刊本一百三十卷（原题元本），只缺十馀卷（缺十一至二十），公何妨并影以归，此书宋本最难见也。其馀各处之书，所见亦有与公不同者，容再详陈。静

1　按：信末张元济批："18/11/12 覆，陈乃乾君收条录副寄去。"

2　据原信，见于《上海图书馆藏张元济往来信札》七，第 82～90 页。参《张元济傅增湘论书尺牍》，第 210～211 页第 20 函。

嘉《御览》乃南宋本，公如印行，仍取之寮本，而以东福寺本补之，则完美矣。内野之《宛陵集》曾影得否？侍以先睹为快（如有影宋，可否先以赐寄一校？可作一长跋也）。陈书事蒙公垫付巨款，至荷。《湋南遗老集》仍剔除，别纸书之，祈费神接洽为荷。西京略有三四日句留，将取道奉天北归。此候台安。侍增湘拜启。[十八年]十一月廿二日[1]。

身体尚好，起居饮食亦视初来为便，希释念。

赐示拜悉。乃乾兄亦有函至。《湋南集》仍拟不收，请公照原议，以弍百元价扣除退书可也。琐渎至悚。此候菊公台绥。年侍增湘拜启。[十八年]十一月廿二日，西京客邸。

乃乾兄并候，祈代致歉忱。沅叔附注。

[附录陈乃乾致张元济函，约 1929 年 11 月 29 日][2]：

菊生先生侍右：承示敬悉。前代沅翁购书，系本沅翁之意旨而行。除去《湋南集》之说，因函到太迟，未能遵办。今乃坚执前说，殊出意料之外。兹附上致沅翁函，求代为加封转递[3]。因不知其行踪，故未能直接投寄。有劳清神，至为愧感。此事乾万分为难，俗谚所谓吃力不讨好也。请先生于致沅翁函中代乾解释，无任感谢！匆上。陈乃乾[4]。

【166】1929 年 12 月 9 日

菊公鉴[5]：

四日回平，得手示敬悉。陈乃乾处之书既渠为难，即以

---

1 按：信末张元济批："18/11/30 复，并附去陈乃乾信又乃乾收书价一千四百元一纸。"
2 据原信，见于《上海图书馆藏张元济往来信札》五，第 227 页。
3 按：张元济批："已于 18/11/30 寄去。"
4 按：张元济批："18/11/29 到。"
5 据原信，见于《上海图书馆藏张元济往来信札》七，第 91～92 页。参《张元济傅增湘论书尺牍》，第 211～212 页第 21 函。

千四百元全收可也（《瀍南集》不必退），遇便希寄下。《北山》影照未知能毕否？《颍滨大全集》内阁文库以为元板，其实乃宋建本，与《山谷》同时所刻，印亦精湛，决可影印。《山谷集》在李木老许，曾一见之。又敝藏《欧集》所有抄补各卷，均在京馆及敝藏别本补照完全，记只少二卷。玻片在京华，可提取一视。侍日本观书拟写为小记，略加考证，但非二三月不可成，至时当先以奉政，因其中藉公手册之力不少也。行旅疲劳，回京即腹泄，三日未愈，扶病写此，馀俟详叙，此候台安。侍增湘拜启。［十八年］十二月九日。

在日本见《松江韩氏书目》一册，似未售。其中佳本甚多，然袖珍本《三国志》不在焉。

八行本《左传正义》三十六卷本，其后刻书校勘官衔名乞抄示。因此种是沈姓所刊，非黄唐也。

《太平御览》以东福寺补入最宜，托狩野介绍似可办到。陆氏藏乃南宋本，所差太远也[1]。

【167】1929 年 12 月 13 日

菊公鉴[2]：

回京后曾奉一函，计已达览。腹泄数日始愈，近始略料理箧中各件。尊笔观书小册，缘补记东游阅书记有资考证处极多，须略留，年内准可寄还。代购各书乞交邮寄平，当不致误，便人亦殊不易也。有一门人王治昌（号槐青，农部司长），在苏州，将北归，有书与之，属到沪至尊宅一询。若有未寄之件，或可令其携来。然其行期侍亦不深悉，或已行亦未定，姑

---

1 按：信末张元济批："18/12/22 复。"
2 据原信，见于《上海图书馆藏张元济往来信札》七，第 93 ~ 97 页。参《张元济傅增湘论书尺牍》，第 212 ~ 213 页第 22 函。

作函与之而已。韦骧《钱塘集》极初印,《四库》所收亦只十四卷,虽残本与完本不异,大可印行,此一事也。图书寮宋刊《初学记》极精美,古类书难得旧本,明本脱误不可计,有脱至数叶者,有淆乱不可言者,赖有宋本可校正。曾见涵芬藏严氏校宋本,然考之,所见亦明翻宋本,非真宋本也,不过视明诸刊为善耳。寮本急宜印行,此又一事也。《太平御览》东福寺本完善,托狩野即可借照,务合之以成完璧,静嘉南宋本逊此远矣,此又一事也。《颍滨大全集》缺十至二十卷,但此乃分类编,他本不能补也。然小苏古刊最少完者,亦宜急印之。若与《山谷》同印,允称双美矣,此又一事也。此外册中所记拟照之书,侍亦略有所见。尽可删去零种,多照巨帙,较为合宜。别纸详之,乞裁酌。尊款月内准兑奉。此候台安。侍生增湘拜启。[十八年]十二月十三日 [1]。

图书寮:

《论衡》(宋本,缺二十六至末。阚鹤初有此数卷,可配)。

《本草衍义》(此书绝佳,可照印)。

《集韵》(宋本,甚美。缺首卷,翁氏有藏本,可借补之)。

《东都事略》(日本二部皆多抄配,且后印,远不及张石铭所藏。此本授经之书,售与石铭也)。

内阁文库:

《东坡集》(与寮本不同,不能补配。然此二本余在国内均未见过,亦异本也)。

《钜宋广韵》(恐是北宋本)。

《武夷新集》(明本,沅叔有之)。

《息斋文集》(金之俊,沅叔有之)。

1 按:信末张元济批:"18/12/22复。"

新印《论语注疏》乞赐草样一分，以便详记入册中。如未印完，先寄数册亦可。

《渔隐丛话》曾照过否？

【168】1929年12月19日

菊公赐鉴[1]：

顷闻工厂被灾，损失甚巨，未知情形究若何？至为驰念。前函言各书请交邮寄下，计已寄出。授经所抄《吏学指南》及公所照《北山集》想已毕事矣[2]。门人王治昌顷已回平，亦无他抄便矣。日本观书小记尚未写成，尊册须留参考，稍迟即奉还。前询宋刊《欧阳集》凡抄本各卷均在京馆补齐，版存京华，已告知查明叶数，候示再寄[3]。前函所开各书如公须借照者[4]，乞早示知，恐随时售去，再求之则艰矣。公在日本照书是何办法？侍欲照图书寮中之宋刊《百川学海》序目，只数叶。若尊处有人照象，则顺便为照此数叶较省事。宋本目录与明本大不同，兰泉所刊盖误从明本，须重刊改订次序。又静嘉堂中有《老苏事实》一种，只九叶，亦欲一照付刊，拟趁公便为之。希详示[5]，以便专函往商，得其允许，即可从事。侍售书事若何？盼代为留意。明训不肯出价，恐难成也。手此，即候台安。年侍生傅增湘拜启。[十八年]十二月十九日[6]。

1 据原信，见于《上海图书馆藏张元济往来信札》七，第98～103页。参《张元济傅增湘论书尺牍》，第213～214页第23函。又参《张元济全集》第3卷"书信"，第361～363页第180函。
2 按：张元济批："已收到，前日托郑苏戡兄带去，共书十二种（《北山小集》亦已照毕，谢谢），交津馆周少勋收。前一日曾寄上一函通知。"
3 按：张元济批："孙伯恒君已有信来，并开明叶数，容属敝馆迳行函取。"
4 按：张元济批："《四部丛刊》拟过旧历新年，新年后即发预约。承允借书，感谢之至，另单开呈，得便乞检交孙伯恒寄下。"
5 按：张元济批："请编译所出版部开每种照片每页日金价格。"
6 按：信末张元济批："19/1/3复。"又批云："沅叔来信托在[日]附照两书，似当相助，请转知编译所通知马君。侯沅叔自己向书主商借，借妥之后，由马君交照书人代为照相。照相之后，寄上海本馆编译所出版部，再行开具工价，向沅叔收取。张元济。18/12/30。"

《天一阁丛书》二十本 [1]。

《雍大记》（明板）十二本。

《元漫叟文集》四本（明板）。

明板《齐东野语》四本。顾千里跋。

明板《贾浪仙集》二本。

明板《陶渊明集》四本。

明板《管窥外篇》二本。

宋代两《登科录》二本（明板）。

抄本《濠南遗老集》十本（此书拟不要）。

影抄《北山小集》十二本。

元板《吏学指南》二本。

沅叔手托。

《许白云集》（沅叔有成化本，初印）[2]。

《胡云峰集》（兰泉有正德本，初印）[3]。

《夷白斋集》（兰泉有弘治本）[4]。

《方铁厓集》（沅叔有正德本，初印）[5]。

《张乐全集》（沅叔有旧抄，自宋本出，尚工整可印）。

《太仓稊米集》（沅叔有旧抄，可印）[6]。

《吴竹洲集》（徐氏有明刊，极精整）[7]。

《无为集》（幼平有旧抄，甚精雅，可印）[8]。

1　按：张元济批："十八年十二月廿七日托郑苏戡先生带津，交周少勖。又附入《荣河县志》
　　一本，张元济记。"又批："同日寄沅翁信（托京馆），又周少勖信。均经由分庄科。"
2　按：张元济批："要，瞿有正统本，已借否?"
3　按：张元济批："瞿本已借否?"
4　按：张元济批："已借瞿氏本否?"
5　按：张元济批："自有精抄本，蒋一〇九四。要看首本。"
6　按：张元济批："闻有影宋本，蒋九四四。要看全部。"
7　按：张元济批："蒋氏九四二。要看首册。"
8　按：张元济批："何有精抄本四〇六。要看首册。"

《图绘宝鉴》（罗叔蕴有重印元本，甚精好）。

《饮膳正要》（李木老有明刊，精印）[1]。

《龙洲道人集》（乃清活字本，沅叔有之，非明本，不足照也）。

《牧潜集》（是元本，可照印）。

《丁鹤年集》（是明初本，子培有之）。

以上皆静嘉堂册中所记者。

【169】1929 年 12 月 24 日

菊生前辈大人阁下[2]：

前上两函，计达掌记。各书未审寄出否？至念。兹由中孚银行兑呈大洋壹千四百元，敬祈查收。但垫款近两月，须拆息若干？希示及。屡次通融，心殊不安，万勿客气。明本《荣河县志》如已抄竣，亦盼检还。故宫近接收清史馆地志，颇有希觏者，馆中缺何种？祈以目录印本标记见示，以便属友检查，便于补抄。昨日见东方文化会所收志书，亦有数种罕见，容令抄目寄呈。外致翰怡、授经二函，祈费神分致，二人住址总记不得，可笑。手此，敬候台安。年侍生傅增湘拜启。［十八年］十二月廿四日[3]。

【170】1930 年 1 月 26 日

菊公鉴[4]：

奉手函，敬悉一一。郑君携来书已到，至荷。昨又奉到

---

1 按：张元济批："已有。"
2 据原信，见于《上海图书馆藏张元济往来信札》七，第 104～105 页。参《张元济傅增湘论书尺牍》，第 216 页第 25 函。
3 按：信末张元济批："19/1/3 复。"
4 据原信，见于《上海图书馆藏张元济往来信札》七，第 106～107 页。参《张元济傅增湘论书尺牍》，第 219 页第 2 函。

《夷白斋集》及志目，均领悉。陶兰泉书押在银行内，本人又移居济南，未易检取，容别访之。故宫志书缘清史馆交涉未清，尚不能细检，但有其目耳，容托人觅目一查。森玉昨夕来，询以先世事，渠言已函询其叔，俟得复再以闻。《三国演义》友人托购三部，欲求按预约办法[1]，可否？希商之见示，并寄书来[2]，京馆刻无书也。若实不能通融，略减价亦可。又昨岁侍代涂君订《四部丛刊》一部，言上海交书者。现此公欲求改寄万县，万县有分店[3]，当可办也。前订此书值若干？乞查示数目。此次改寄再加邮费若干[4]？亦开一单，以便向之索款。原券急切寻不得，故求公向馆中一查也。岁晚事冗，（索）[肃]复，即候台安。侍增湘顿首。[十九年] 一月廿六日[5]。

【171】1930 年 2 月 18 日

菊公前辈大人阁下 [6]：

奉元月廿八书，敬悉一切。垂询印书各事，答如别纸。其馀分列如后：

宗、潘二公索书目，兹寄二部，祈转付。

明训购书恐不出大价，难以言成，百衲《通鉴》印本可证，但其中有明抄二卷耳。《陆放翁集》原值在弍千外，因为海内孤本，又有黄跋，看价稍高，若得三千元可以奉让。各书如要看，非有妥便不敢寄。近有人议价一单，尚未成，各书多半在内，稍缓何如？若潘能出四万元之值，则所藏宋本可令其

---

1 按：张元济批："应请总务处核准。"又批："拟可照允办。19/2/4。"
2 按：张元济批："请知照。"
3 按：张元济批："无分店，只能寄到重庆，过此不能保险。"
4 按：张元济批："均请查明见覆。"
5 按：信末张元济批："张元济，19/2/2。"又批："19/2/6 复。"
6 据原信，见于《上海图书馆藏张元济往来信札》七，第 108～112 页，114～116 页。参《张元济傅增湘论书尺牍》，第 221～222 页第 5 函。

选购，但其中有十数种不售耳。

新印《论语注疏》前日甫到，印刷殊精。承惠赠，敬当拜领，第愧无以报耳。中华学艺社是何组织？希示及。目内续印各书，其部帙繁重者似可印金属版，不然成本过大，不易流通，寒士又无力购藏，似宜酌之。

志书目拟交袁守和，转付谭志贤查核记入。

日本观书记已脱稿，但尚有函彼邦调查各条，竢复到乃能付印。尊著《访书记》可先奉还。

《百川学海》序目、《老苏事实》二种已分别函致寮、库两处，并告长泽君允办。乞公通知东京人与长泽接洽，即为开照，至荷。

《颍滨集》既不缺佚，又可影印，何幸如之。

正史样本前夕匆匆一见，尚未送来。《三国志》为何时何地所刻，容详查再复。

《两汉书》当是绍兴时刻于杭州者（原本是蜀刻），然亦无据。记缪小山曾有考证，可一查之。

日本《唐书》卷数容抄与伯恒。

其他未尽各事，得暇再详。此候台安。年侍生傅增湘拜启。［十九年］二月十八日 [1]。

再者，顷晤幼平，谈及借印各书。闻馆中有按卷数分利之说，是何如计算？祈详示。缘同人均处窘乡，亦欲略得馀利也。又询及《续古逸丛书》昨年有馀利可派否？特以奉闻。幼平去年卖书不少，情况可知，似较侍尤汲汲也。藏园再启。

《方铁菴集》（明正统本）。

《太仓稊米集》（旧抄、新抄各半，甫完成）。

《张乐全集》（旧抄，尚整齐，可印）。

以上可借印。

《吴竹洲集》乃徐梧生书，售与翰文者。弘治本，极初印，白棉纸，索叁百元。若购之，拟出何价？乞示及。

《无为集》（容与幼平商之，今日已晤面，允借）。

《晋书》，敝藏即此本（十行十九字），初印者仅三之一耳。

《五代史》见别本，均不清朗，抄叶不能换矣。

《魏书》《陈书》《北齐书》《宋书》，以上四史敝藏均不清朗。《魏书》徐梧生家有宋本，完全。顷往询，言老太太病重，不能检出，且索价亦殊昂。

《夷白斋集》（明抄，颇佳，兰泉本恐未必初印胜此也）。

《胡云峰集》函询兰泉，未回信（顷查此书尚存敝处，不必函商矣）。

此外所借明抄《春秋繁露》《邓文原集》均可奉还。《笠泽丛书》记已还（即《陆鲁望集》也）[1]，馀尚须稍待。《播芳》已校过半矣。

借印各书何时开照？来信即寄上[2]。

【172】1930 年 2 月 18 日

[傅增湘致张元济函][3]：

奉二月六日函，敬悉。涂君《四部丛刊》预券已觅得，顷与谈及万县既无分馆，只得仍自行在申馆提取，恐零包有万一之失也。《三国志》承减让，至荷。此颂菊公春祺。增湘拜启。

---

1 按：张元济批："请伤查明，详细覆下。张元济，19/2/23。"
2 按：信末张元济批："19/2/18 来信。"
3 据原信，见于《上海图书馆藏张元济往来信札》七，第 113 页。参《张元济傅增湘论书尺牍》，第 222 页第 6 函。

［十九年］二月十八日 [1]。

【173】1930 年 2 月 20 日

菊生前辈大人阁下 [2]：

　　昨交林诒书寄上函件，计可到。兹有刘君诗孙交敝处宋本《欧集》十二册、《文苑英华》一册 [3]，属交公处代收，至时祈查收，遇妥便代为寄京，至叩。此上台安。侍傅增湘拜启。［十九年］二月廿日 [4]。

【174】1930 年 2 月 21 日

菊生前辈大人阁下 [5]：

　　前日交林诒书前辈寄上两函，并书目二部、《访书记》一册，计可收到。兹恳者，侍新购有北宋大字本《欧阳集》十二册，由刘君诗（生）［孙］带沪，曾作函属交尊处，至时祈代为检收，遇妥便北来，敬希寄下。原函言有宋本《文苑英华》一册，兹刘君已将此册由邮别寄矣，特闻以便不符。售书事乞随时留意，至叩。《松江韩氏目》见否？此颂春祺，不备。侍增湘拜启。［十九年］二月廿一日 [6]。

1　按：信末张元济批："已知照总务处。19/2/23。"
2　据原信，见于《上海图书馆藏张元济往来信札》七，第 117～118 页。参《张元济傅增湘论书尺牍》，第 222～223 页第 7 函。又参《张元济全集》第 3 卷 "书信"，第 367 页第 185 函。
3　按：张元济批："已另寄。"
4　按：信末张元济批："19/3/1 复。" 又附张元济批："宋熙宁本《居士集》：目录，三卷至七卷，八卷至十五卷，廿九至卅九卷，四十至四十七卷。缺一、二，十六至十八，四十八、九，五十，共十八卷。"
5　据原信，见于《上海图书馆藏张元济往来信札》七，第 119 页。参《张元济傅增湘论书尺牍》，第 223 页第 8 函。
6　按：信末张元济批："19/3/1 复。"

【175】1930 年 3 月 17 日

菊生前辈大人阁下 [1]:

奉手笺敬悉，家乡肉亦到矣。《欧集》存公处，务祈随时为物色妥友北上者携来，至叩。《三国演义》已到，惟无元板者。祈照寄三部，价若干示及为荷，亦请按预券算也。《松江韩氏书目》敬祈觅人代抄一分赐下，此书极佳，多精品，无泛书，不知馆中可购否？若议不谐，何妨介之北来，侍与馆、校诸人言及，可合力以收之，但不知索何高价也？《五代史序目》抄配侍别有一北宋本，存《序目》至《帝纪》（十二卷）全，何妨配入。如需用，即寄上。此本刻印俱精，恐是第一刻，各家所不见也。各史样本偶一见之，伯恒尚未交来。《魏书》非急所能办。《宋史》用何本？京馆所存残本乃真正元刻，馀皆成化充数耳。静嘉堂所藏亦是成化本。最好用京馆本，而以成化本补之，何如？《旧五代史》除库抄外别无他法，江西熊君有内府红格抄（精抄）正本，每卷有黄签，每条注出何书，殿本乃删去。此本熊君曾印过，现原本在北京，意欲求售，来托侍介绍，不知馆中有意收之否？如以此加入，实相称也。若可收，乞示知，以便询价。曾记昔年在孟苹家见一《魏［书］》，为宋印本，第有缺卷，不知现在何许？尊处所照者为何人之本？共缺若干卷？便可相语，以便留意。手此，敬候台安。年侍生傅增湘拜启。［十九年］三月十七日 [2]。

---

1 据原信，见于《上海图书馆藏张元济往来信札》七，第 120～123 页。参《张元济傅增湘论书尺牍》，第 224 页第 10 函。

434   2 按：信末张元济批："19/3/24 复。"

【176】1930 年 3 月 24 日

菊生前辈大人阁下 [1]：

《藏园东游别录》昨日乃写定清稿，惟日本藏书家有未经往观者数处，而公册记中有之。侍所往者为内藤、狩野、内野、前田、东洋文库、东福寺各处，请查公册中有在此外者，请详明开示，并其家著名之书为何种（就公册中所记者摘录见示）？以便附记于后也。专此奉布，即候台安。侍增湘拜启。〔十九年〕三月廿四日 [2]。

【177】1930 年 3 月 25 日

〔傅增湘致张元济函〕[3]：

顷发一函，尚有未尽，兹述如下：前购《三国志演义》三部已到，惟友人尚欲兼购元本一函（三部），昨已函达，乞早寄为幸。

《欧集》日内不知有无便友北来？侍渴欲一见。

孙锡三世兄（住范园内，孙履平九兄之公子，现任北京中孚银行副理也）下月自沪来平，如别无妙便，拟托其带来。侍已别有函告之矣，敬乞预为一询，以便届时交付。此上菊公阁下。增湘拜启。〔十九年〕三月廿五日。

1 据原信，见于《上海图书馆藏张元济往来信札》七，第 124～125 页。参《张元济傅增湘论书尺牍》，第 225 页第 12 函。又参《张元济全集》第 3 卷"书信"，第 368～369 页第 188 函。
2 按：信末张元济批："略记各家，馀未审矣。神田刕菴、德富苏峰、福井氏崇兰馆、某某大学。19/4/1 复。"
3 据原信，见于《上海图书馆藏张元济往来信札》七，第 126 页。参《张元济傅增湘论书尺牍》，第 225 页第 13 函。

【178】1930 年 4 月 20 日

菊公大鉴 [1]：

顷奉赐函，敬领一一。京馆《新唐书》容躬往查览再覆。《魏书》之主现因患病不能取书，迟早当有以报命。闻全部均宋印本，可贵也。各史别开询问各节，祈示及。读公大序，考辨精详，知十馀年来用力勤至极矣，殊用佩仰。《欧阳集》已由吴君交到，计十二册。侍适入山月半，回城始得见之。诸费大神，至为荷纫。连日检寻，乃知是衢州本，仍刊于高宗时者。目录亦同时所刊，第别一人所书，行格不同，而版式、装潢则一也。《三国平话》已到，《韩氏目》盼寄下，不知究索值若干？乞探示。此候校安。年侍生傅增湘拜启。[十九年]四月廿日 [2]。

再启者，去年曾寄上旧高丽纸数百张，乞代搭印《再续古逸丛书》一部，不知刻印成否？全书已发售否？均祈详示，至盼。增湘手启 [3]。[十九年]四月廿日发。

《史记》。黄善夫本存者尚多有，似可博访，多补数卷亦可喜。敝处有六卷，存"河渠书"一卷，存列传四十一至四十五下。又在日本文求堂见一残卷，不记卷数。抱存有数卷，恐在潘明训所。其书亦日本来，为馆藏残本佚出者，原为一书也，盍周访之？

《汉书》。景祐本记不完全，以何本补之？乞开示。

《三国志》。用何处底本？缺卷以何处本补之？

《隋书》。敝藏有北宋本六十二卷，与《唐书》同式。此外

---

1 据原信，见于《上海图书馆藏张元济往来信札》七，第 127～132 页。又张元济批："内有一纸，问高丽纸事，已送仲枢查问。19/4/30。"参《张元济傅增湘论书尺牍》，第 226 页第 15 函。

2 按：信末张元济批："19/5/6 覆。交分庄科。"

3 按：信末张元济批："19/4/29 到。此事弟不复记忆，乞查示为荷。仲枢、英桂两兄同鉴。弟张元济顿首。"

有南宋本，已售去，公盍访之？补以南宋本，亦奇品也。

《宋史》。京馆所藏元本十行二十二字者最佳，最少见，然所缺甚多，此外绝少见者。不知馆本所缺，公访得何家藏本补之？若陆氏书，则仍朱英本，非元本也。沅叔附记。庚午四月[1]。

[附录林志炘致张元济信，1930年4月29日][2]：

傅君去年寄来旧高丽纸，属搭印续印《续古逸丛书》十二种一部。系用手工打样，已经打齐，并整理好（单片理齐，不折订）。连同馀纸一百十馀张，顷商存货科，拟附入北平分馆货箱运去。傅君又询全书已发售否，查此书重印、续印共三十四种，全部及零种现时均有发售。中有与傅君及朱幼平君合印者数种，有无馀利可分，应查明结算，当即会同稽核科、会计科办理。今并附陈。林志炘、丁英桂拟稿。19/4/29。

【179】1930年5月1日

菊生前辈大人阁下[3]：

昨交叶揆初兄带上明抄《陆鲁望集》二册、鲍抄《巴西集》六册、明抄《春秋繁露》四册，计初十内外可达。前日言廿四史各条，未知当尊意否？木师亦以《史记》为全史首帙，须得秘本，方可耸人听闻。渠之《晋书》现时意颇活动，如用时酬报亦可大减，不似前之苛矣。《新唐》已至图书馆查明卷数，开别纸，但元时补版（印本不清朗）颇多（行款则同）。此外各史乞详开缺卷，再为细检，或别觅之。此颂台安。侍增

---

1 按：信末张元济批："19/5/6覆。"
2 据原信，见于《上海图书馆藏张元济往来信札》九，第378页。
3 据原信，见于《上海图书馆藏张元济往来信札》七，第133～134页。参《张元济傅增湘论书尺牍》，第228页第18函。

437

湘拜启。[十九年]五月一日。

【180】1930年5月4日

[傅增湘致张元济函] [1]:

　　昨日寄一函，附《唐书》卷数目录。今日又乘暇亲诣馆查检《魏书》，凡三部，均宋刻元修，无明补版，似可以配蒋书矣。别纸开呈，祈察阅。此外各史缺卷希详列一单见寄，以便代为访寻。手此，敬候菊公前辈大人台安。侍增湘拜启。[十九年]五月初四日 [2]。

【181】1930年5月18日

菊公大鉴 [3]：

　　奉诵手毕。宋刊《史记》六卷遵交叔通携上。开会不及南来，仍烦我公代表为荷。前函言四川志书，乞先检府州志寄下 [4]，其各县志容查明此间各馆所缺者再寄，大可省去若干。缘全分寄来，统计有一千四五百册，未免有兴师动众之举也。今年诸事尚顺适，精神亦健（王）[旺]，不似昨岁之疲苶也。前所托各书业已有受主，罗子经昨来函为潘公谐价，已略告之。惟《通鉴》尚未去，然此书非得善价不愿舍去。告以万元，恐此公必骇讶而退耳。侍拟再售万馀元之书，即可尽清宿负，仍希为留意及之。凡目中元明、抄校皆可指索，宋本则有十数种须留以自娱耳。此候台安。侍增湘拜启。[十九年]五月十八日。

1　据原信，见于《上海图书馆藏张元济往来信札》七，第135页。参《张元济傅增湘论书尺牍》，第228页第19函。
2　按：信末张元济批："19/5/19复。"
3　据原信，见于《上海图书馆藏张元济往来信札》七，第136～139页。参《张元济傅增湘论书尺牍》，第230页第22函。
4　按：张元济批："19/6/2函达伯训，附入购买志书八种信内，另写一纸。"

《续古逸丛书》荷代印高丽纸，极感。馀纸仍存尊所，候日本各书择印数帙。但搭印之费统需若干，希查示，便缴奉。增湘再启[1]。

【182】1930年5月21日

菊公台鉴[2]：

电悉。《访书记》已交快邮寄上。兹更检黄善夫《史记》六卷共三册，托叔通兄便携呈，祈查收为荷。潘明训家有残卷，正正文斋所扣留，与尊藏本衔接，何妨一询之。此"河渠书"一卷，即抱存公子从残卷中拆出见贻者也。日本方面亦可再访之。《古逸丛书》散片寄出否？至盼。手此，即候台安。年侍生傅增湘拜启。［十九年］五月廿一日[3]。

【183】1930年5月29日

菊公台鉴[4]：

兹兑上洋式百元，乞转付授经同年为荷。昨在津晤及木师，言《晋书》尽可相假，第渠不愿按板租办法，最好赠以廿四史数部。亦未言明数目，应如何酌定，乞公略示大意。并云书在津寓，只可在北京摄影也。《古逸》旧纸印本已寄到，至荷。友人欲购《论语注疏》一部，京店无存书，乞寄一部为幸[5]。日本《百川学海序目》及静嘉堂之《老苏事实》计已照，

1 按：信末张元济批："19/6/2 复。"
2 据原信，见于《上海图书馆藏张元济往来信札》七，第140～141页。参《张元济傅增湘论书尺牍》，第230页第23函。
3 按：信末张元济批："19/6/2 复。"
4 据原信，见于《上海图书馆藏张元济往来信札》七，第142～144页。参《张元济傅增湘论书尺牍》，第230～231页第24函。
5 按：张元济批："傅沅叔君旧历五月二日来信。张元济呈上。以下所称，请总务处察核。19/6/15。"

439

乞公催询¹，早寄来，以便影刻。近略卖书籍，得万馀元，悉数还债，只了三分之一耳。版租办法若何计算？乞示知。授经处有侍存校本《司马相如集》及《马石田集》，乞代取寄下为叩。手此，敬候午禧。增湘拜启。［庚午］五月二日²［1930 年 5 月 29 日］。

【184】1930 年 6 月 1 日

菊公鉴³：

顷奉手书，知《韩氏目》已寄，俟到时再商办法。志书以京馆目核之，与贵馆复者只十六部耳。兹有恳者，前年为涂君订购《四部丛刊》。今涂君因其侄孙正平回川，属令到馆取书，携之入川。惟正平久在学校，于行路运输各事不甚谙悉，恐有延误。特为专函奉恳台端，可否烦赵廉臣代为将全书数箱招呼运送上船，其一切费用可告知正平，自当照付。全书远寄，是否原有铁皮木箱？运书出口，关上有无稽查税项？并烦属廉臣详告之。琐渎，至悚至荷。即候台安。侍增湘拜启。［庚午］端午日［十九年］六月一日⁴。

【185】1930 年 6 月 7 日

菊公前辈大人阁下⁵：

顷查北京各馆所存川志各种，与涵芬楼志目重复者开具

---

1 按：张元济批："前已请催问，至今无回音，请再托郑心南君代催。其代催之信，请打下一分，并请在此信上注发数字，以便日后查考。张元济，19/6/16。"
2 按：信末张元济批："19/6/15 复，五月廿九日。"
3 据原信，见于《上海图书馆藏张元济往来信札》七，第 145 页。又张元济批："19/6/9 到。"参《张元济傅增湘论书尺牍》，第 231 页第 25 函。
4 按：信末张元济批："19/6/15 复。"
5 据原信，见于《上海图书馆藏张元济往来信札》七，第 146～148 页。参《张元济傅增湘论书尺牍》，第 232 页第 27 函。

别纸 [1]，敬祈检出，不必寄来，其馀仍乞惠假详阅。此事烦杂重大，以累我公，深用不安。徐梧生夫人已故，其《魏书》终须出售。闻确为宋印完整，第不知其价若何耳。日本照回各书何时开印？侍拟每种搭印高丽纸一部，希示知，以便寄纸。或预存尊斋，俟印时发去亦可。闻公司股息仍可维持至一分，当事诙颇费筹维矣。《册府元龟》京馆所存与静嘉堂少复者，昨馆人来言，如印时可借与加入，祈公酌定通知是幸。专此布达，即候台安，诸维惠照不既。年侍生傅增湘拜启。［十九年］六月七日 [2]。

【186】1930 年 6 月 12 日

菊公前辈大人阁下 [3]：

奉六月三日函。计六纸。详领各节。兹分复于左方：

《韩目》及照片已到，俟与森玉、守和商之。但合购诸多窒碍，若其可行，前年杨氏书已商妥矣。异本孤帙，人人所欲得，安能分配乎？粗估计之，大约不过四、五万元之谱。抄校多于宋元，残本多于完帙，此赏音所以难遇也。《乐全》的是宋刻，馀则公所评不差。

敝事已办，此时未宜宣布，或南来与公面谈。

《晋书》候酌定酬书之数即可办。有一例差可引，罗子经印世綵《韩集》，酬以一千元。《晋书》卷帙多，或假定为四五部，何如（印本不过千元外也）？

《汉书》容细思再复。

---

1 按：张元济批："19/6/13 寄此志目共四张与江伯训先生，并于单内注明俟弟一批还来时，即续寄弟二批，不必专挑府县州厅志，仍将馆目次序，但除去来单所开可也。张元济记。"
2 按：信末张元济批："19/6/15 复。"
3 据原信，见于《上海图书馆藏张元济往来信札》七，第 149～153 页。参《张元济傅增湘论书尺牍》，第 233～234 页第 28 函。

《古逸》已收到，极荷，已付装矣。顷由邮包寄上纸五百张，请代交印日本照回各宋本书。纸不足再便寄，邮包太昂也。所照各书，除史书入百衲全史者自可不印，其中惟元本《周易传义》不印，馀均所欲藏者。或公便示一单（或有在《论语》附目之外者）。

古本全史讥评不足虑，容侍草一文登《大公报》，以述其中源委，及搜采之甘苦，或可弹压浮言。

今日陈援菴（名垣，现北平图书馆委员之一也）来言，现正校《元典章》，欲借涵芬楼所藏影元抄本合校。刻已就宫中元本及两抄本校之，可补正董授经所刊者极多，至有脱文至数十叶者，极盼再得一本以参考之。乞公推爱赐借，并恳交邮快递[1]。因大段已成，再校即可付刊也。

赵君万里将回南一行，欲求观涵芬藏书。此后生之最英特者，届时当令持函奉谒，乞公延接，以慰其望。其人方任中海采访科、清宫专门员，于版本、校勘均在行，可喜也。

《静嘉观书记》寄赠六册，乞代致授经、子经、积馀，馀请酌之，不足再寄。年侍生傅增湘拜启。［十九年］六月十二日。

京馆所藏《册府元龟》拟加入日本者印之，此即赵万里所主张，云愿以相借，可增出数十卷也。敝处亦有五卷，亦可加入。《史记》黄本潘氏确有四五卷，侍之零卷"河渠书"即袁公子在此册内拆出相贻者也。增湘附言。

1 按：张元济批："19/6/20 开去借条，托江伯训兄邮递北平。"

【187】1930 年 6 月 19 日

菊公前辈大人阁下 [1]：

前日由邮局寄上高丽纸五百张，计已收到。兹又托舍亲杨荫北君回南之便，寄上高丽纸一千五百张，内有五百张尺寸略大者，请印版心宽大之书。其中如有破损者 [2]，乞告工人临时剔去。现在开印何种？敬希赐知。大约凡宋刊本皆欲印一分也。一切费神，至荷。《元典章》寄否？又缪小山之抄本《播芳大全》亦在贵馆，能借一校否？因宋本改卷叶也。此候台安。侍增湘拜启。[十九年] 六月十九日 [3]。

【188】1930 年 6 月 23 日

菊生前辈大人阁下 [4]：

今日奉诵六月十五赐书，分条详答，至慰至荷，容稍缓再陈一切。兹因赵君万里南归之便，寄呈高丽纸九百张，敬希查收。赵君前函曾为介绍，此次来沪，欲求观涵芬及郫架藏书，务祈我公推爱延接，俾慰其渴忱。宋刊各书如存不在楼中者，可能设法择要提取一观。此君为王静菴之戚，精研版本目录校勘之学，皆有心得，洵为后来之英秀。刻在北平、故宫两馆任事，兼有南来采访之任，公若能助其搜访，尤所心感。印行《册府元龟》，公可与赵君面商亦可也。北归期亦不远，若有书籍，亦可托其携来也。《平斋》《东莱》两集小版亦不妨，

1 据原信，见于《上海图书馆藏张元济往来信札》七，第 154 页。参《张元济傅增湘论书尺牍》，第 235 页第 30 函。
2 按：张元济批："19/7/1 知照丁君英桂。"又批云："丁君英桂处信粘后。"
3 按：信末粘丁英桂信："顷奉续示敬悉。傅沅叔先生搭印旧本书清单两纸收到。高丽纸四开正合石印六开大小，系谓高丽纸每一全张一开四，正与石印六开书大小相合也。林、张二君本日散课后适不到府，《汉书》校件今日仅有初样三批、后样八批，兹统呈上。《艺文志》暂缓制版，谨接洽。借书条一纸已送交伯训先生，书检出送奉。晚英桂再上。19/7/5。"又云："奉示敬悉，仲枢先生清恙已痊愈，后日（下星期一）当可到馆。"
4 据原信，见于《上海图书馆藏张元济往来信札》七，第 160 ～ 162 页。参《张元济傅增湘论书尺牍》，第 236 ～ 237 页第 32 函。

傅增湘致张元济（1912—1945）

但恐此时搭印已不及矣。如已印成，可否先赐寄一本？渴欲一校，或可作一小跋。侍近来稍料理校记题跋，赵君即相助之友也。手此，敬候台安。年侍生傅增湘拜启。［十九年］六月廿三日[1]。

【189】1930 年 6 月 28 日

菊公台鉴[2]：

　　奉六月十四日、廿二日函，敬悉一一。《晋书》事，鄙意王弇州本既不佳，且字过纤小，此十行本精美初印，自以改换为宜。木老初颇秘惜，刻既有可（叚）［假］之意（亦因敝藏各种印入，故慨然不执前说耳），即宜迳行借出付印。若先（叚）［假］数册试校，或不合用，又复退回，更多此一番痕迹，反为不便，恐此后借他书更难。此本后印者多有之，侍匣中即有之，若欲校时，可试将敝藏本一校亦可。酬书鄙意大约四部，当可满意。至照影一层，借出后携至上海可也。此层亦不必先告，反生枝节。祈决定见示，以便致函。《百川学海》序目已由长泽寄来，款由敝处迳付矣。《老苏事实》尚未到。涂君《四部丛刊》已取到，第第一期已无书，云以后重印补发。不知何时可印？盼示及。川志尚未到。近时清史馆移交地志与故宫图书馆中，其内颇有希见之本，不知尊处欲传抄否？日内中海图书馆方借出多种录副，此时要抄，亦一便也。侍可由中海借出传抄，故宫书不能借也。《魏书》日内当有消息，已托人，允即取一函送阅。新照书单阅悉，别纸记之。其中如《册府元龟》，虽缩印，亦愿搭印一部。侍于此书近来颇

1　按：信末张元济批："19/7/24 复。"
2　据原信，见于《上海图书馆藏张元济往来信札》七，第 163～170 页。参《张元济傅增湘论书尺牍》，第 237～238 页第 33 函。

用力也，拟竭馀年之力，将此书校完。《韩目》及照片均交袁、徐，尚未回信，恐亦无妥善之法。近有黄膺白来函致京馆，言韩氏与渠有瓜葛，愿馆中留此书，请给以相当之价。以侍测之，不过四、五万元。袁守和属赵万里代表往看，俟其回方有结果，然恐终难办耳。至合购之说最难，若《荀子》《国策》，宋本完善者，人皆欲得之，何从分配耶？《张乐全集》确是宋版，《荀子》容详考再复。《汉书·艺文志》敝处有一册，不知可用否？容寄上，多一卷亦好。记京馆似有之，但不全耳。"沟洫志"不得已用元本亦可，能得他宋本配入亦大佳。翰怡、木老皆有《两汉》，不知公意何如？衲史评论得暇当属草。照片容索还寄上。《元典章》承寄，至荷。侍又欲借《播芳大全》抄本，未知易检否？此间聚宋刊、明抄、阁本计三部，而卷数各异。闻艺风本抄自瞿氏，号为足本，故亟欲一见之。宋本未校者只二十卷耳，年内总可奉还。《五代史》宋刊残本容寄上，公自择何如？缘行款不同，有损伤，须精修也。前日赵斐云来南，曾附一书，并高丽纸九百番备用，计可收到。别纸索授经借书，乞代促之。《欧集》何时印行？至盼，将来亦求搭印高丽旧纸一部[1]。原本未印，恐须核对，仍存馆中亦可。近日热极，今日雨后稍凉。谨略复如右，乞察照，便中示复。此候撰安。年侍生傅增湘拜启。〔十九年〕六月廿八日。

"艺文志"项查只得六叶，不成卷，想无用也。《平斋文集》《东莱诗集》二书欲先睹为快，乞寄一草样何如？若未印者，亦愿印旧纸一部也。若印六开本，请属用高丽纸一张裁四张用，大小正相等也。

---

1 按：张元济批："19/7/7 知照丁君英桂。"

【190】1930 年 6 月 30 日

菊公鉴 [1]：

昨写致长函，计已达。兹缘友人常君朗斋（耀奎）之便（常君为农工银行总理，上海有分行，南来不过半月即回平，有件可托其携北），寄上宋刊本《五代史》二册，祈执事察核能否合用再照可也。此本略有异字，亦可便中一校也。《三国志》是否合数本配全？便乞告我。此候撰安。侍增湘拜启。〔十九年〕六月卅日 [2]。

【191】1930 年 7 月 10 日

菊公鉴 [3]：

顷奉到抄本《元典章》四函不误，至荷。赵万里计可见矣。《四部丛刊》补校各叶已承交通科寄来一分，惟当时曾代各友订者计十部，昨涂子厚君来，托为索寄一分，敬祈公转告照寄为幸。缘第一次发行预约中或无涂公之名，故仍侍为代索也。《魏书》已看过，索直奇昂，恐难成。若侍收入，必可奉借也，伯恒必有函告矣。此候台安。侍增湘拜启。〔十九年〕七月十日 [4]。

涂子厚君请寄《四部丛刊》补校各种书片，乞赐寄。涂君昔年订预约，由侍出名也（当时共代订十部，查账便知）。傅沅叔拜启。

---

1 据原信，见于《上海图书馆藏张元济往来信札》七，第 171～172 页。参《张元济傅增湘论书尺牍》，第 238～239 页第 34 函。

2 按：张元济批："背有字。"又纸背存张批："代日友借抄《国朝名臣奏议》第一百五六七卷'财赋门''劝课'（五）'荒政'（六）'国币''常平义仓'（七）。"

3 据原信，见于《上海图书馆藏张元济往来信札》七，第 173～175 页。参《张元济傅增湘论书尺牍》，第 241 页第 36 函。

4 按：信末张元济批："19/7/23 复。"

【192】1930 年 7 月 15 日

菊翁前辈台鉴 [1]：

昨奉赐笺七纸，诵悉。适《魏书》亦于是日买成取回，昨夕因遍检一通，兹详列于下，以慰远念。

原书六十四册，议定价值为式千一百二十元。全书三千三百六十二叶，内抄补九册，凡五百十二叶，元代补版约三百三十八叶，存宋版二千五百十二叶。计每叶之值不及一元，似尚不为昂。第侍方以卖书了债，又忽增此巨款，亦竭蹶也。

侍之所以必收此书者，因此为眉山七史之一。又因其纸章厚韧宽大，印工、墨色、补版均与《南齐书》无二，亦有礼部官书大印。本为同库所藏，数百年后重会于藏园，森然双璧，亦一段因缘也。惟此书已有季沧苇印，则出大库较早耳。

尊单细查一遍，其传卷四第十六叶（此卷补抄。其文乃取后叶妄补。）、卷二十八第六叶首行、志卷十四第十二叶仍属缺佚，无从补完，殊为美中不足。

阙卷照补如下：传卅七、卅八、卅九、六四、六五、七八、七九、八三、八四、八五、八六、八七、八八、八九、九十、九一、九二。

志八之二、三、十三（此行不甚明了，然无论为叶为卷，原书各志完全，均可补也）。

又缺叶照补如下：

纪十二（廿三叶）、传七（廿一、廿二叶）、志九（十二叶）、传八十八（十六叶）。

此本印本颇清朗，与《南齐》相同。如前照蒋本、馆本后印者均可以此本补照抽换，祈酌之。此本抄配在纪三至十二、

---

1 据原信，见于《上海图书馆藏张元济往来信札》七，第 176～181 页。参《张元济傅增湘论书尺牍》，第 241～242 页第 37 函、第 38 函。

传一至七下，与尊处印不妨，故侍决计收之，亦可云巧合矣。

至若何影照？乞告伯恒知之。馀事别复，此候台安。年侍生增湘拜启。〔十九年〕七月十五日[1]。

四川两明志闻已为北平馆购得，赵万里有信来告也。韩氏照片赵万里取去，渠南行不知置何所，或亦携之行箧耶？

顷发一函，计鉴及。《南齐》《新五代史》如尚未开印，拟搭高丽纸各一部，每张纸四开，当足用。川志已收到矣，勿念。此请菊公著绥。增湘拜启。〔十九年〕七月十五日[2]。

【193】1930 年 8 月 9 日

菊公鉴[3]：

奉手示，敬聆一切。韩氏照片顷始从赵斐云家寻得邮呈，希察入。《魏书》价值已付讫，不过在银行多透支式千馀元耳。近以售书稍得补益，虽不能扫清宿逋，然统计只欠一万馀元，尚可逐渐设法，盛情心领可耳。古本全史评论前日甫着手，然各史中若何搜集尚有未详者，拟请公将各史逐部开明某书系借何家所藏，又以何家补配？以便叙述历年收罗艰苦之状。略一言及，俾海内人士知即此不完不备之本，已耗尽许多心力，以免局外无谓之诘难也。《晋书》已交伯恒邮致，附赠《图书寮观书记》，计不日可到。《诸臣奏议》亦检付伯恒，但侍藏亦残本，尽可拆出配全。计三卷影宋本抄费亦须六七十元，若其愿配，其值听尊意主持可耳。罗子经言市上有宋本《陆士龙集》，公见之否？是否大字？其行款若何？祈详示。近日若能售去普通之书，亦拟收之。作茧自缚，公得勿笑其愚乎。《平斋》《东

---

1 按：信末张元济批："19/7/24 复。"
2 按：信末张元济批："19/7/24 复。"
3 据原信，见于《上海图书馆藏张元济往来信札》七，第 182～183 页。参《张元济傅增湘论书尺牍》，第 244～245 页第 41 函。

莱》两集尚未到，至盼。《魏书》共照若干卷？可开单付伯恒。最好在此间摄影，因近日（拟）拟从事校勘也。任叔颖携回《史记》已照收，勿念。清华约九月初上课，允每星期去二次，不知能任否？知念并及，此候台安。年侍生增湘拜启［庚午闰六月十五日 [1]，1930 年 8 月 9 日］。

【194】1930 年 8 月 20 日

菊生前辈大人阁下 [2]：

顷赵万里回平，道及在申纵览珍储，饱饫眼福。极感盛意。携来《播芳大全》，明日即送到（八十册照收），计其续收各文必可为搜辑蜀文之助也。志书前次十二部已阅毕，而第二批尚未到，至以为念，计必在途矣。兹有恳者，侍常服饵西洋参，前在申所购已将用完，今函托怡和馀何海清先生代买，请公托赵廉臣兄持函面交。俟买得，烦公觅便或交邮寄平。所有药值若干？尊处并为垫付。如需邮税等费，亦盼照给，统祈赐示，即当奉缴。此药为侍近来每日常服之品，此间市物贵而不佳，不得不以烦公，琐渎至悚。宋板《陆士龙集》得见否？衲本全史随时屡为游扬，朋好及学校多有订者，或不致减色也。有人言《明史校证》王辑不全，宜取四库本《明史》各卷所附印入，较为可信，且省周折。得暇拟往阁中检查，再以奉告。前借涵芬藏写本《中兴四将传》，记附有《岳飞传》。若有之，请查卷中有无缺叶？尚拟再借，以之补校《金陀粹编》也。《粹编》中缺叶至卅馀，已补得十一叶，乞为访求宋印本（好友中有藏残宋本否），以竟全功。馆中藏本则明印，仍缺叶也。

---

1 按：原信无日期，据《张元济傅增湘论书尺牍》补。信末张元济批："19/8/18 复。"

2 据原信，见于《上海图书馆藏张元济往来信札》七，第 184～185 页。参《张元济傅增湘论书尺牍》，第 245～246 页第 43 函。

顷偶检箧中有抄《虞初续志》，为海盐朱承鈇（字鼎甫）撰辑，公有此书否？共几卷？敝藏则只一卷。其中有彭孙贻《乱后上家君书》，至难得。手此，即颂校安。年侍生傅增湘拜启。[十九年]八月二十日[1]。

《金佗粹编》缺叶[2]：卷十一第七叶，卷十二第六叶，卷十三第十三叶，卷二十一尾叶，卷二十四第六、七叶又第十五叶，卷二十五第四叶，卷二十六第六、七叶又第十二、三、四叶。《续编》缺叶：卷八第八叶，卷二十九第四叶又第五叶。

【195】1930年8月26日

菊公赐鉴[3]：

奉八月十八日书，敬悉一一，分答如左：

《王文公集》残本即在大字本《欧集》人家。昨年在东，曾与内藤道及，渠亦拟合印。第数月前有书与之，未见复。馆中能印固佳，但不知寮中肯借否？渠国亦极重视。而颖川君亦颇有居奇之意，恐未易就绪也。若在申照印，而又许之重酬，则颖川固所愿耳。

《诸臣奏议》为明印本，尚无明补版，拟价太高，当属伯恒寄奉，即作百元足矣。其款暂存，付参价可耳。

《士龙集》姑为是想，若增至千六百元，价已过矣，或候见书本再商何如？

清华导师讲授版本、目录、校勘，是本行事。每周二钟，生徒不多，或不甚劳，姑试为之。

全史评语容即属稿。近日小病，三日不出，今渐痊可。近

---

1 按：信末张元济批："19/9/5。"
2 据原信，见于《上海图书馆藏张元济往来信札》七，第233页。
3 据原信，见于《上海图书馆藏张元济往来信札》七，第186~188页。参《张元济傅增湘论书尺牍》，第246~247页第44函。

来颇不胜病，亦衰老之象，愧公强健多矣。此候台安。侍增湘拜启。[十九年]八月廿六日 [1]。

【196】1930 年 9 月
[傅增湘致张元济函] [2]：

敝藏邝璠本《吴越春秋》 [3]，贵馆此次曾借印入《四部丛刊》中，惟封面题"涵芬楼藏"，想系误记。第如有单行本，仍恳赐数部为幸 [4]。沅叔手启。

[附录林志烜致张元济函，1930 年 9 月 15 日] [5]：

奉示敬悉。搭印《汉书》，已订出。兹遵前属送上罗纹纸印本两份。傅沅叔君借印《南齐书》《新五代史》已由出版会议决定，送上会议记录一份。与傅君函商，如何说法？请示大概。汪允中货书，记先前打留者先送二份，徐再嘱打送出。又校勘三种，手续已交各员详细研究后奉呈。敬上菊公鉴。林志烜。19/9/15。

《大典·水经注》估单明后日呈上，核定后再提出下星期之出版会议。

发下傅沅叔先生函，谨收到。查邝本《吴越春秋》，本馆蒋氏本有此书。付照时系以蒋氏本为主，蒋本无钱序，因用傅本补入。又蒋本有少数不明了之叶，亦参用傅本发照。在蒋本徐天祐序首叶，有"东里图书"印章，可证此书用涵芬楼藏

---

1 按：信末张元济批："19/9/5。"
2 据原信，见于《上海图书馆藏张元济往来信札》七，第 201 页。参《张元济傅增湘论书尺牍》，第 248 页第 46 函。
3 按：张元济批："林仲枢先生台核，张元济 19/9//15。蒋氏本有此书，但两书究照何本？有无殊异，应实告，切勿误记。"
4 按：张元济批："无论如何，仍送与四五部何如？张元济。"
5 据原信，见于《上海图书馆藏张元济往来信札》九，第 376～377 页。参《张元济傅增湘论书尺牍》，第 248～249 页第 46 函附录。

本，是以书封面题作涵芬楼字样。前因借用傅本补序及参用各叶，曾送单行本二部。现拟再续送三部单行本。敬复。林志烜又叩。

【197】1930 年 9 月 16 日

菊生前辈大人阁下[1]：

逐启者，兹有谢君刚主，与侍为累代世交，喜研求明末国初史事，侍曾出所藏供其考索，然秘本佚编殊不多觏。兹因事南游，闻涵芬楼藏此类书籍颇备，欲得纵观，特令持函为介，敬祈公推爱延接，属馆员格外招延，俾得偿其愿望。知执事奖成后进，爱才若渴，必不呵其烦渎也。谢君近著多载《馆刊》中，公寓目及之，可知其好学深思，为后来之英秀也。手此，敬候台安。年侍生傅增湘拜启。〔十九年〕九月十六日。

【198】1930 年 9 月 30 日

菊生前辈大人阁下[2]：

连奉赐函，只以人事纷集，体复疲苶，未得裁答。清华授课，每周两次，四小时，亦略须预备。近时又料理书籍题跋，付《大公报·国闻周刊》，每月约写十馀篇。兹奉呈三册，教正为幸。侍校勘从事已十九年，各书散置各处，亦正事检查，写成目录一册。昔年气盛，欲校书一万卷，以贻后人。连日董理，已写入册者约九百馀种，卷数尚待统计，然恐只八千耳。粗写初稿，再以四部类次之，欲印为小册，以贻知好。明年正六十矣，垂垂将老，伏案之功亦须略减。然《册府》《文苑》

---

1 据原信，见于《上海图书馆藏张元济往来信札》七，第 189～190 页。参《张元济傅增湘论书尺牍》，第 249 页第 47 函。
2 据原信，见于《上海图书馆藏张元济往来信札》七，第 191～200 页。参《张元济傅增湘论书尺牍》，第 250～252 页第 49 函。

两巨帙窃欲于一二年内藏其事，《册府》已校一百八卷，馀俟陆氏藏本印出，可以从事。宋本所无者，以明写本补之。《文苑英华》已校者（宋刊本）一百三十卷，似闻刘氏尚藏一、二册，此外恐更无宋刊。然传世明抄甚多，叔弢有一部，似据宋本所校，异时或以此本足之。此二大书乞公广为延访，助我成功，感且不朽。校书目录欲藉馆中宋体活字印行，闻其直视普通加倍，信否？若衲本古史前所印字体大小最宜，烦公为我筹画。纸幅以宽大为宜，如有四开、六开，或者希检寄数纸，以凭依仿。至《群书题记》，俟《周刊》一年登完（恐不能全登），亦拟汇刊数卷，此亦欲冀公之助我耳。《藏书志》撰辑恐尚待二三年后，此则为卷较多，有见无见，均非仓卒所举也。又"藏园观书小册"积至尺许，亦欲汇抄部次之，此事俟大儿忠谟粗有门径，可试为之。此外奉答及奉询之事胪之别幅，更冀垂察。嵩此奉布，顺颂秋绥。年侍生傅增湘拜启。[十九年]新历九月卅日。

《王文公集》已与其甥言之，约定由侍写信与之，渠再转商。第恐其愿望过奢，又有秘畏人知之意，恐难以就绪耳。此人新来函，言将北来，或面与之谈较融洽，且可力破其迷惧之念耳。

《旧五代史》闻已访得金刊，殊快人意，第不知商量妥协否？盼示及大略。

韩氏书影寄还，计早收到。闻有人拟以腰缠之数得之，不知成否？

平馆交来四百六十元，照收敬谢。私意此书必可销弍千部，究印若干？总以宽筹为是。如《道藏》一书，至今有持千金求之不得者，当时倘多印百部，亦可罄也。

《五代校记》容以原书对勘再奉答。

西洋参照收。此等琐屑以烦公，极不安也。

宋本残叶市上尚可寻，其平均价恐须十元一叶，此亦指罕见而精美者言之，若普通宋本决不须此。最好前途可破费若干，当为凑成一册或二册，装裱精好，自可动人（大约罕见宋本、普通宋本之精者、元本之精者配合为之，或加入明活字亦可）。叔通曾有函来，因未详示办法，无从着手。若能出善价，则侍所存四册分经史子集一百叶（宋元均有之）者，亦可以奉让，以后可缓缓再配一分亦可。

历次收到之书列如左方：

宋本《五代史记》二册。

抄本《中兴四将传》四册（岳传竟补缺文千馀字，快甚），拟即奉还。

景印《吴越春秋》四部。

景印《平斋文集》。

景印《东莱诗集》。此三书敬谢。

抄本《播芳大全文粹》（又搜得蜀文十数篇），抄毕即可奉还。

日本照回各书刻下开印何种？《册府元龟》何时印？侍所校之一百八卷多数存北平图书馆，其馀亦可踪迹，容开卷数寄呈。

津浦倘可通车，颇拟南游半月，第过迟又畏冷耳。

谢生国桢持函来谒，计必见之。其人亦尚可谈，但言论多耳[1]。

1 按：信末张元济批："19/10/8 到，即日复。"

【199】1930 年 10 月 14 日

菊公鉴[1]：

顷奉八日手书，敬领各节[2]。《五代史校记》阅过，以意酌定，公再择用。校书目顷已抄齐，俟分类重抄，乃可定稿。《周刊》既已订阅，遵停寄。惟该馆隔星期一登，岂为销路计耶？《册府》急盼校阅，公若能先以样本惠寄，自当加意珍护，校毕即以奉还也。《御览》能配全，真大快事，敬佩！公之伟识毅力，非恒人所及也。《金陀》缺叶容开奉。《愧郯》缺叶补完，闻之亦极快意。《王文公集》主人闻将北来，拟乞其携来一商何如？松江书闻刘惠之拟收之，非弓长也。北平馆因积债太多，无力办此。清华有力而无人办，奈何。胡适之已晤及。容为访求二三十种稍精者，或易办也。翰怡《魏书》有明补版，不足贵也。馀再详。此候校安。年侍生增湘拜启。［十九年］十月十四日[3]。

《五代史》何以尚无消息，岂汪君言不足据耶？

顷藏书者颍川君之子来见，当以尊意告之。敝意就此本全照，再以日本本补之，照印《通鉴》办法（补卷另计）合印分利，或可欣动之。俟其来信再以闻。藏园再启。

校书格纸乞赐百叶为荷，同人以为甚便，将仿刊。

---

1 据原信，见于《上海图书馆藏张元济往来信札》七，第 202～204 页。参《张元济傅增湘论书尺牍》，第 253 页第 51 函。又参《张元济全集》第 3 卷"书信"，第 380～381 页第 204 函。
2 按：张元济批："顾惕生托借明郎兆奎刻《墨子》，《南宋四将传》已收到。"
3 按：信末张元济批："20/1/19 复。"

【200】1930 年 11 月 27 日

菊公阁下 [1]:

久未奉候，至为驰仰。顷谢刚主回，询知起居安善为慰。侍近来胃痛连发，加以人事纷冗，拂逆时婴，殊为疲苶，惟有以书卷自遣耳。前函言及宋版《王文公集》事，顷得敝门人来书，乃颇欣然，愿出以传世。如公决计印行，商定后渠明春拟自携至申照影。惟有须预先商量者：一、渠欲仿《通鉴》办法，以书为股本，馆中以印资为股本，销售获利或四六或均分均可。惟侍之愚见，渠之书本非完帙，尚须向日本借影。若照《衲鉴》办法，则原书应按叶数约计，方为公道。一、日本方面应早往协商，必彼方议妥，再与敝门人商洽也。此书销路，鄙意必可风行，但须精印精装。其原本尚清朗，照原式尺寸，以金属版精制，为费当不甚贵，定价亦不须过昂，公意何如？乞详酌，先示大略，并此外有何办法？然敝门人意似欲藉此博厚利，必须稍慰其望，乃不掣肘。我辈为传书计，亦不妨迁就，以成其事。又沈羹梅拟约集友人合印《校礼堂集》，开如别纸，乞公交馆估计。惟交书能否从速？好在此书叶数不多，略事腾挪，即可赶办估计，并盼从廉为幸。再印成后，如托馆中代销，其折扣至少若干？亦乞示及。至叩。手此，即候台安。年侍生傅增湘拜启。［十九年］十一月廿七日 [2]。

影印《校礼堂全集》乙千部，全书共约一千式百五十叶。用粉连纸，带装订，六开本，如《四部丛刊》式。

---

1 据原信，见于《上海图书馆藏张元济往来信札》七，第 205～210 页。参《张元济傅增湘论书尺牍》，第 254 页第 52 函。

2 按：信末张元济批："20/1/15 复。"

【201】1930 年 12 月 5 日

菊公前辈执事 [1]：

前上一函，计邀鉴及。《王文公集》事，务早决定见复。鄙意为流传古籍计，可略予前途以利益，较易成功也。兹恳者，友人涂君子厚侍为代订《四部丛刊》一部，其第一期书馆中允于本月中寄至汉口分馆。第涂君行期已定，过汉时不能久待。可否公谆嘱馆员，务将此第一期准于本月十五日寄到为幸？即至迟亦万不可过二十日。涂君回籍省亲，携带书箱数十件，此书一并携之随行，较为便利也（过此难遇妙便矣）。专此，敬候台安。年侍生傅增湘拜启。［十九年］十二月五日 [2]。

【202】1930 年 12 月 7 日

菊公鉴 [3]：

顷有至戚杨君，前购竹纸《四部丛刊》，缺失数十种。除馆中有单行本可以购配外，别有四种无单行本。祈公代为设法，查馆中有无存书，代为配全，至深感荷。此候台安。增湘拜启。［十九年］十二月七日 [4]。

《逸周书》《周髀算经》《沈下贤集》《古文苑》，四种无单行本，请代配购。沅叔拜托。

---

1 据原信，见于《上海图书馆藏张元济往来信札》七，第 211 页。
2 按：信末张元济批："20/1/15 复。"
3 据原信，见于《上海图书馆藏张元济往来信札》七，第 212～213 页。参《张元济傅增湘论书尺牍》，第 254～255 页第 53 函。
4 按：张元济批："20/1/15 复。"

【203】1930 年 12 月 14 日

菊公大鉴[1]：

昨晤胡适之，言公抱清恙，小便不畅，未知近日轻减否？兹有恳者，馆中前年印行《说郛》，刻有友人欲要两部，不知现增价否？若能格外通融，能照原价，乞赐寄两部来平为幸。此候台安。年侍生增湘拜启。[十九年] 十二月十四日[2]。

顷见旧抄本《对床夜话》，为黄荛圃手校，改定极多。卷首有公家咏川、宗棣各藏印，未知有意收藏否[3]？此为海源阁目中之书，其值必不廉也。又及。沅叔再启。

【204】1931 年 1 月 2 日

菊公台鉴[4]：

前奉函致询起居，计已上达。清恙闻渐轻减，至慰。前假贵馆川志，兹详查列之别纸[5]，祈饬人检寄[6]。此皆京馆所无者也，能分批早寄尤感。闻胡适之先生日内南来，能检十数种先付下尤荷。贱恙近已愈，可日日作文及校书矣。《南北史》新得元本（元印）颇佳，衲史中可用否？此候台安。年侍生增湘拜启。[二十年] 一月二日[7]。

---

1 据原信，见于《上海图书馆藏张元济往来信札》七，第 214～215 页。参《张元济傅增湘论书尺牍》，第 255 页第 54 函。
2 按：张元济批："20/1/15 复。"
3 按：张元济批："如不甚昂，尚思收回。乞探示。20/1/15 复。"
4 据原信，见于《上海图书馆藏张元济往来信札》七，第 216 页。参《张元济傅增湘论书尺牍》，第 256 页第 1 函。
5 按：张元济批："共七纸，计一百卅种。"
6 按：张元济批："托何柏丞君先依次寄有五十本之谱，馀俟缴还再寄。20/1/10。"又批："托胡适之带去。"
7 按：信末张元济批："20/1/15 复。"

【205】1931 年 1 月

菊公鉴 [1]：

昨函计达。兹托胡适之先生带上沈氏《汉志注》十册，敬祈代还翰怡兄 [2]，昨有信来索也。蜀志能托适兄携少许否？酌之。此候颐安。侍增湘拜启 [3]。

【206】1931 年 1 月 22 日

菊生前辈大人 [4]：

昨奉赐函，欣悉清恙渐痊，至为忭慰。前日白坚甫来，言公赴古书展览会冒寒，又复不适，正用悬悬。第治事亦宜节劳，或稍倚助手以分劳亦可。各事奉答如左方：

翰怡函诵悉。校书格亦寄到，已令清华略改式重印矣。《王文公集》存卷，其人曾开有目来，容查出补奉。酬报颇难言，其意以欲仿侍前印《通鉴》办法，未知可行否？《校礼堂集》印行事已将来单交龚梅，刻渠已赴黑龙江军幕，其门下筹定款后再以闻。涂君已回川，计其行时，必可取到也。《说郛》及《丛刊》零种已收到，款容取到即奉寄。《对床夜话》黄校本价甚昂，恐须弍百元以上，似可不必竞争也。近来此间买书争价甚烈，如王富晋之明代方志数十种，一百九十馀册，出值至八千五百元，可谓破天荒矣。前假方志一百二十册，早经交京馆，想尚未寄到也。适之带来百册，甚荷，当往取之。其《南江》《仁寿》《雷波》道光本，《合州》《安县》乾隆本，《井

1 据原信，见于《上海图书馆藏张元济往来信札》七，第 217 页。参《张元济傅增湘论书尺牍》，第 256 页第 2 函。
2 按：张元济批："全书送去，收到后于一月十二日有回信来，于一月十五日寄与沅兄。20/1/15，张元济。"
3 按：信末张元济批："20/1/10 到，适之带来。""20/1/15 复。"
4 据原信，见于《上海图书馆藏张元济往来信札》七，第 218～223 页。参《张元济傅增湘论书尺牍》，第 257～258 页第 4 函。

研》光绪本均愿一阅，乞检寄为叩。新得元本《南北史》，印本尚佳，无明补。但《北史》缺数册，不知馆藏本残卷有可配否（闻馆藏不止一部也）？卷数别开一纸，乞察核。《史记》得全宋本，真可庆慰，所谓精诚之至、金石为开也。羹梅拟刊书单容询之，能省去照像之工，可谓便利已极，此亦吾辈之福也。京馆所购《陈书》残本为列传第十四卷。《夷坚志》万历本十卷并不佳，曾送来看过，但未校耳，得暇容抽校一二卷再闻。敝藏元本《辽史》已售去，只存《辽史》二函、《金史》四函，均残本，印本亦不清朗，视京馆所藏乃别一刻，或是翻板也。如用可寄奉。《晋书》容往商，大约总可办到。清华导师已谢却，西洋学派人不可与言尊师重道之事，吾宁避之耳。孱躯不耐劳，亦一原因也。《石屏集》校本交京馆寄奉。近日检一年来所收之书，各系以题跋，凡五十一篇，已交文楷刊板，年内促成之。此近来一大工作也，公闻之，得勿笑为拼命著书乎。手此，即候校安。年侍生傅增湘拜启。［二十年］一月廿二日。

元本《北史》缺卷：列传三十五、列传四十二、列传四十四至五十。

[**附录东方图书馆致傅增湘函，1931 年 1 月 20 日**] [1]：

沅叔先生道席：敬启者，日昨张菊生先生转达尊意，并交下尊借四川志书书单壹份，均谨拜悉。当经按单先借上十一种，共一百十册，分装十一包，并开陈清单，商托胡适之先生带奉，敬乞察及。嗣后尊借四川志书，当遵台嘱，以此次交下书单为准，前示书单遵即取消。唯此项书单内，敝馆前于去年

1 据原信，见于《上海图书馆藏张元济往来信札》七，第 226～231 页。

五月曾奉借一批，计十二种（书目另纸开奉），想已用毕，尚乞便中掷还，以资结束。又前借《五百家播芳大全文粹》一部，并乞赐还。冒渎清神，伏维鉴原。肃此奉达，敬颂道祺。东方图书馆谨启。二十年一月二十日。

书名	出书年代	册数
成都府志	康熙	六
成都县志	嘉庆	六
又	同治	十六
华阳县志	嘉庆	十六
双流县志	嘉庆	八
又	光绪	二
温江县志	嘉庆	六
又	民国	八
新繁县志	嘉庆	四
又	同治	八
金堂县志	嘉庆修道光补刊	一〇
新都县志	道光	一〇
五百家播芳大全文粹		八〇

康熙抄本四川《成都志》六本。

嘉庆四川《成都志》六本。

同治抄补四川《成都志》十六本。

嘉庆四川《华阳志》十六本。

光绪四川《双流志》二本。

嘉庆四川《温江志》六本。

民国四川《温江志》八本。

嘉庆四川《新繁志》四本。

同治四川《新繁志》八本。

嘉庆四川《金堂志》十本。

道光四川《新都志》十本。

《双流县志》八本。

共拾贰部，计壹百本。第壹批于贰十年贰月拾四日上午十点廿五分收到。施培英收 [1]。

【207】1931 年 1 月 27 日

菊公鉴 [2]：

昨交白坚甫寄上川志一百册，又校本《石屏集》三册，不日计可达览。兹查宋本《王文公集》存缺卷数，开如别纸，希察存。此候台安。增湘拜启。[二十年]一月廿七日。

宋本《王文公文集》。半叶十行，每行十七八字。存卷一至三、卷八至三十六、卷四十八至六十、卷七十至一百。卷八首有缺叶，缺卷四至七、三十七至四十七、六十一至六十九，共贰拾伍卷。

日本宫内省存卷一至七十，以下缺。藏园附记。

【208】1931 年 3 月 5 日

菊公前辈阁下 [3]：

久未奉笺，至深驰系。前次所还《播芳大全》全部，细检尚遗一册，容俟面奉。川志第二批已阅过，即奉还。其三批盼续寄，至幸。侍定于正月廿八日启行南来，卅日可到。良晤

---

1 按：纸末有张元济批："20/2/16 送去伯训阅过，同日下午收回。张元济。"
2 据原信，见《上海图书馆藏张元济往来信札》七，第 224 ~ 225 页。参《张元济傅增湘论书尺牍》，第 258 页第 5 函。
3 据原信，见《上海图书馆藏张元济往来信札》七，第 232 页。参《张元济傅增湘论书尺牍》，第 258 页第 6 函。

匪遥，诸容面馨。专此奉达，敬候校安。侍增湘拜启。［辛未］
正月十七日 [1]［1931 年 3 月 5 日］。

清恙痊可否？至念。

【209】1931 年 3 月 19 日
［**傅增湘致张元济函**］[2]：

《藏书续记》（书尚未到，再检奉）二册、楹帖一副，敬以
奉教。外联扇三件，烦送交瞿良士兄为荷。书包尚未取到，尚
有刻本再呈。此上菊生前辈大人。增湘拜启［辛未二月初一
日 [3]，1931 年 3 月 19 日］。

【210】1931 年 4 月 18 日
菊公前辈大人阁下 [4]：

申江小住，诸荷关垂，感荷匪可言喻。别后于廿一日回
平，翌日即赴旸台山清水院看杏花。又住七日，昨始返宅，拟
休息数日再料理各事。《淮南子》临行之夕议定洋一千六百元，
属交孙陟夫手。顷陟夫已来津，书未及交。侍曾作书与劳合路
居易里一号（二八二号）程秉铨兄，属其送至尊处，并附函一
件，乞公见书付以千六百元。此款已兑孙手，即属孙拨付尊处
可也。如此时书未送到，烦公电告（有电话）程宅，属前途速
送，早结此事为幸。此书明知太贵，然以少见为珍，故破格收
之耳。书到后，乞觅便寄平是要。抄本《元秘史》计已检出，
陈援菴急盼一阅也。馀再细陈。此候台安。年侍生傅增湘拜

1 按：信末张元济批："20/3/9 复。"
2 据原信，见于《上海图书馆藏张元济往来信札》七，第 234 页。参《张元济傅增湘论书尺
牍》，第 260 页第 8 函。
3 按：原信无日期，据《张元济傅增湘论书尺牍》补。
4 据原信，见于《上海图书馆藏张元济往来信札》七，第 235 ~ 236 页。参《张元济傅增湘
论书尺牍》，第 260 页第 10 函。

启。［辛未］三月一日 [1]［1931 年 4 月 18 日］。

【211】1931 年 4 月 18 日

菊生先生阁下 [2]：

　　兹购定宋刊《淮南子》一部，送到时祈公代收，并付洋壹千陆百元正。此款已兑申，交孙陟夫手，俟公函到即令拨付不误，特烦公代垫数日耳。手此，敬请台安。年侍生傅增湘拜启［辛未三月初一日 [3]，1931 年 4 月 18 日］。

　　原约交陟夫处，因恐有其他窒碍，故转以托公耳。

【212】1931 年 4 月 21 日

菊公鉴 [4]：

　　前函计达。《淮南子》事，未知其送到否？顷查缪艺风《书目》，言此本有删节。如其未送，可不必催之。若其送来，烦公觅通行本代为一核。若正文果有删落，则不可留矣。核后飞函见示，再定去留亦可。闻孙君言，因侍还价太快，前途有翻悔意。果尔，则日内亦未送到，或听之可耳。高丽纸即寄，《欧集》务设法代印。《郡斋读书志》如可补印，亦恳属搭印高丽纸一部。前次所寄记尚存数百张，希为一查是幸。山中住七日回城，城中群花盛开，游赏不给，更拟作盘山之游矣。此候台安。年侍生傅增湘拜启。［辛未］三月丙午日，［二十年］四月廿一日 [5]。

1　按：信末张元济批："20/4/25 复。"
2　据原信，见于《上海图书馆藏张元济往来信札》七，第 237 页。参《张元济傅增湘论书尺牍》，第 260～261 页第 11 函。
3　按：原信无日期，据《张元济傅增湘论书尺牍》补。信末张元济批："20/4/25 复。"
4　据原信，见于《上海图书馆藏张元济往来信札》七，第 238～240 页。参《张元济傅增湘论书尺牍》，第 261 页第 12 函。
5　按：信末张元济批："20/4/25 复。"

再者，《通鉴纪事本末》小字本，刘翰臣约三月携别半部来。如过沪时，必晤及公。务祈便中将沪上一部索式千元之事告之，使知此书价值不过千馀元。恐其索值过昂，彼此熟友，难于谐和，反不便也。名心叩[1]。

【213】1931 年 4 月 24 日

菊公鉴[2]：

昨发飞函，计达览。四川志书拟恳公告馆友能一次寄来[3]，俟检阅抄录，一月即可了，以便成书，至叩至叩。《晋书》事，俟赴津面商再告。手此，即候台安。增湘拜启。[辛未]三月初七日[4][1931 年 4 月 24 日]。

高丽《八旗家谱》每斤五六角，公购若干？大约至少须十斤也[5]。

【214】1931 年 4 月 28 日

菊公前辈阁下[6]：

前函计上达。顷得郑君（名容孚）函，言《淮南子》已送到尊处，未知原价曾付否？如无大疵病，只可收买。但当日原议一千四百元，经最后说定，小费一切在内，共洋一千六百元。顷郑容孚来函，言外索小费四十八元（并未向弟提及），此款不能承认。如前途未可，即取销原议退书亦可也。分神与

---

1 按：信末张元济批："20/4/25 复。"
2 据原信，见于《上海图书馆藏张元济往来信札》七，第 241 页。参《张元济傅增湘论书尺牍》，第 261 页第 13 函。
3 按：张元济批："选寄五十七种，三百九十七册。"
4 按：信末张元济批："20/5/3 复。"
5 按：张元济批："买二十斤。"
6 据原信，见于《上海图书馆藏张元济往来信札》七，第 242 ~ 246 页。参《张元济傅增湘论书尺牍》，第 262 ~ 263 页第 15 函。又参《张元济全集》第 3 卷"书信"，第 383 ~ 384 页第 209 函。

前途一言，至叩至叩。增湘拜启。［二十年］四月廿八日 **1**。

再，郑函尚要索车费（亦未提及），亦不能付。此等节外生枝，殊为可厌。郑来函言，原价一千六百元，连刘宅小费（三厘）四十八元一同照付。究为何人所付？来函殊欠明了。如尊处已付，计共若干？希明示，以便先还。若系郑付，则侍并未委托之，相应不理可也。此候台安。增湘再启。

再者 **2**，《郡斋志》如尚可印，亦欲求代印旧高丽纸一部，未知能赶及否 **3**？此后馆中如开印 **4** 宋元本原式书籍 **5**，侍均欲附印旧纸一部。将来四史印行，亦欲印一部 **6**，乞公注记及之。拜托至荷。增湘叩头 **7**。

《太平御览》开印时亦欲印旧纸一部 **8**，此次缩小不妨也。顷备有纸万馀张，可以多印也。

兹乘杨君子安旋申之便 **9**，奉寄旧高丽纸一千弍百叶 **10**。照《古逸丛书》例，每张对开印两叶书 **11**，合为弍千四百叶。敬烦属代印《欧阳全集》一部，又《集古录》十卷，想可足用也（前者尚有存纸，共计若干张乞查示 **12**）。增湘拜恳 **13**。

又宣炉一只，亦交杨君携呈 **14**，祈代送还劳合路（居易里一号）程秉铨兄查收为荷。此乃前次误携入行匣者也。沅叔

1 按：信末张元济批："20/5/7复。"
2 按：张元济批："丁英桂先生再鉴。张元济。20/5/6。"
3 按：张元济批："已来不及，先已覆奉。"
4 按：张元济批："请丁英桂先生存记。"
5 按：张元济批："丁君复称，查明现在可以搭印之书开单，将需用纸张计算清楚，迳函沅翁。20/5/7去信亦说明。"
6 按：张元济批："此未知是六开？抑将来印四开时再印行？鄙意不如俟补印四开本时再印，较为整齐。20/5/7函达沅。"
7 按：信末张元济批："20/4/28来，20/5/4到。"
8 按：张元济批："亦请存记。"
9 按：张元济批："丁英桂先生台鉴。张元济。20/5/6。"
10 按：张元济批："兹送呈，乞查收。"
11 按：张元济批："请照办。"
12 按：张元济批："前存二千九百叶。"
13 按：信末张元济批："20/4/28发，20/5/4到。"
14 按：张元济批："20/5/4送还，取有收条，即寄沅翁。"

奉托[1]。

【215】1931 年 5 月 8 日

菊公鉴[2]：

《淮南子》《元秘史》已照收，照片亦领悉，诸荷清神，感荷无既。书款已属孙陟甫先付尊处，计（已）日内可到。《八旗家谱》（敝）[厂] 市猝不易寻，适书店中有存者，但已揭过半。兹将全数收来，计二十斤半，每斤六角，共洋拾式元六角，已付讫矣。其卷者乃已揭出之纸，其未揭者可存数张，以备旧式。此纸极旧，若用机器压光，大可裱册子写经。惜原来多接缝，大张者少耳。专此，即候台安。年侍生增湘拜启。[二十年] 五月八日[3]。

昨自盘山归，纵游六日，至快。

【216】1931 年 5 月 8 日

菊公前辈鉴[4]：

前奉赐函及衲史三部预券，当即寄交木斋师许。前日在津，亲往晋谒，适少微世兄自申取书回，当即将全书八函交来。今因朱君赴会之便，特托寄呈，敬祈查纳为幸。惟细阅全书，其中亦有黯淡者[5]。敝藏之本，其中初印者约三四分之一，墨色似较清晰，若须参用时，当为检呈。现尊处尚存十数册，

1 按：信末张元济批："20/4/28 来，5/4 到。20/5 复。"又批："《晋书》何时取付？《孟子注疏》能否借影？抄本《播芳大全》已否追得？残本《金史》价乞询。初印成化本《宋史》究有若干？索价几何？均盼示及。20/5/7 去信。"
2 据原信，见于《上海图书馆藏张元济往来信札》七，第247～248页。参《张元济傅增湘论书尺牍》，第263～264页第17函。
3 按：信末张元济批："20/8/20 复。"
4 据原信，见于《上海图书馆藏张元济往来信札》七，第249～250页。参《张元济傅增湘论书尺牍》，第264页第18函。
5 按：张元济批："现拟借硖石蒋氏藏本，略有端倪。如合用，当换。否则仍用李本，参用尊藏。"

可一比视自知也。又开会时侍不能到会，仍托公代表，谨将原证签印附呈，祈鉴察是幸。此请台安。年侍生傅增湘拜启。[二十年]五月八日[1]。

【217】1931 年 5 月 16 日

菊公鉴及[2]：

前日奉示，并照片两张，敬领到。悬之壁间，相对如画图中，可喜也。《播芳大全》容再询白坚甫兄有无差误。元刊《金史》又见三册，今以奉寄，似可补照。近日看大批海源阁书，极佳。有文一篇，述其梗概，约弍千言，不日可登报。《三国志》杨氏所藏正是建本，衲史中前五卷记是配衢本，若能借照[3]，亦绝好，祈示知。《欧集》印旧纸一全部。一《集古录》一部，希告之。其馀纸即存馆中。《册府》《御览》亦欲印一部，衲史缩本者不必印也（异日大本四史则必印一部）。《元秘史》《淮南子》均收到，虽节本，亦尚佳。交朱君寄《晋书》八函，又纸二大捆，想已到矣。图书馆借印书事，近日移新屋甚忙，容缓商之。手此，即候台安。侍增湘拜启。[二十年]五月十六日[4]。

再者，小字本《纪事本末》尊处如不用，何妨为侍谋之？将来馆中要印，定可奉借也。翰臣一部欠七册，又所望甚奢，恐难以成交。申江之书闻索弍千，当可略少，其实照价亦不甚

---

1 按：信末张元济批："20/8/20 复。"

2 据原信，见于《上海图书馆藏张元济往来信札》七，第 251～253 页。参《张元济傅增湘论书尺牍》，第 264～265 页第 19 函。又参《张元济全集》第 3 卷"书信"，第 384～385 页第 211 函。

3 按：张元济批："已印成，且《楹书隅录》所载前三卷亦有抄配，故未奉渎。如果非抄配，印本清朗，吾兄能代商借，极拟重照，再版抽换。"

4 按：信末张元济批："20/8/20 覆。"

贵也。拜托拜托。此候校安。增湘又顿[1]。

【218】1931年6月12日

菊公鉴[2]：

前月寄呈元本《金史》残卷，计已登览。惟久未得来书，深用驰念。世兄出洋已否启行？顷在厂市见有《雩史》（四卷）一书，为明嘉靖时海盐钱琦公良所撰，抄手当在道、咸时，不知有无刊本？公有意购存否[3]？索值十馀元，尚非甚昂也，示及为幸。抄本《播芳大全》已寻得[4]，因当时欲寄未寄也，稍缓同蜀志奉还。《欧集》印成否[5]？《郡斋志》闻印出，可否先寄一帙[6]？增湘拜启。〔二十年〕六月十二日[7]。

【219】1931年6月27日

菊生前辈大人阁下[8]：

昨拨可来，属借故宫图书馆所藏改本殿版《明史·帝纪》廿四卷，已商得同意就宫内摄影矣。惟侍闻乾隆改本《明史》，道光时重刻即是，《四库全书》本即照改本写成。鄙意《明史》昔无别本，既《四库》本为改本，衲史中何妨即用文津阁本较为别致[9]？若尊意谓然，当与馆中商之。如决意只抽换此"帝

---

1 按：张元济批："20/5/16来，20/5/20复。"又批："宗子岱原信附呈，乃有二千四百元之说。大约当时有此虚价，弟竟忘却之，遂以实价相告。察其辞意，似甚坚决。奈何奈何。"
2 据原信，见于《上海图书馆藏张元济往来信札》七，第254页。参《张元济傅增湘论书尺牍》，第265页第20函。
3 按：张元济批："乞谱价代购。"
4 按：张元济批："已由赵万里带到。"
5 按：张元济批："为衲史所阻，尚未印，已属整理赶印。"
6 按：张元济批："亮属装奉。"
7 按：信末张元济批："20/8/20覆。"
8 据原信，见于《上海图书馆藏张元济往来信札》七，第255页。参《张元济傅增湘论书尺牍》，第265页第21函。
9 按：张元济批："行疏字大，增加成本，难以改用。"

纪"[1]，请速示知，即可着手办理也。手此，敬请台安。侍增湘
拜启。［二十年］六月廿七日[2]。

【220】1931 年 8 月 4 日

菊公大鉴[3]：

前日奉笺，计邀清察。兹乘赵君万里南来之便，特将前假
馆藏之抄本《播芳大全》七十九册寄还，敬祈照收（前次曾还
一册，共全书八十册）。再检馆目中有《顾曲轩杂剧》一书[4]，
侍刻需用考查。如易检寻，可否就交赵君携回尤荷。川志抄文
未毕，大约半月后可以奉缴矣。此候校安（他事列别纸）。年
侍生傅增湘拜启。［二十年］八月四日。

《雯史》一书要否？

《欧集》印成否？

《郡斋读书志》盼先睹，乞先寄一部，价即照奉。此二书
如交赵君携北尤荷。

武英殿重刻《明史》本纪是否与内阁本相同？俟庚楼查考
明晰方能定。

前寄《金史》残卷可用否？

《欧集》如印成，宋本原书可否先行赐还[5]？

日本《梅宛陵集》宋刻残本照出否[6]？急欲一校也。

前询之宋刻小字本《通鉴纪事本末》究何如？是否馆中已
购定？

---

1 按：张元济批："只得抽换，已函伯恒趋前接洽。"
2 按：信末张元济批："20/8/20 复。"
3 据原信，见于《上海图书馆藏张元济往来信札》七，第 256～260 页。参《张元济傅增湘
　论书尺牍》，第 265～266 页第 22 函。
4 按：张元济批："检得托赵君带呈。"
5 按：张元济批："已嘱赶印，用毕即缴。"

　6 按：张元济批："尚未照到。"

衲史第二期何时发行[1]？

前言照宋版《文苑英华》，刻刘翰臣有十卷，在敝处，已为装订成。若须照印此册，可先付照，乞就近通知京华办理[2]。若交还再借，则为难矣，乞示及。欲照馆藏之百卷，可便与赵君一言之。除此百卷外，侍处十卷、叔弢十卷[3]、惠之十卷均可借到[4]，恐天壤所存只此百四十卷矣。叔弢藏明写本颇佳，可以取之补入。侍曾校数卷，行款同宋版，抄手尚可也。藏园副启。

【221】1931 年 8 月 13 日

菊公前辈大人阁下[5]：

前日交赵万里寄呈《播芳大全》七十九册，计已达览矣。兹恳者，敝门人孙楷第素喜研究小说，颇有撰述流传。近知贵馆新印三种，尚未发行，欲求先睹为快，拟请公设法（若公事忙，乞交拔可先生代办亦可），每种先惠寄一分，仍照价奉缴。如未装订，或草订亦可，或有打样本子亦可。其《隋史遗闻》一种，因近撰一书，急待考查，盼之尤切。此原在大连，若得影本，可省此一行矣。此候台安。侍增湘拜启。［二十年］八月十三日[6]。

《喻世名言》《二刻拍案惊奇》《隋史遗闻》[7]（此种急盼一睹）。菊、拔两公同鉴。沅叔拜托。

每种设法先寄一分。

---

1 按：张元济批："本月出书。"
2 按：张元济批："已函孙伯恒赵前校验。"
3 按：张元济批："将拟借印。"
4 按：张元济批："如刘惠之，在上海书馆就近商借。"
5 据原信，见于《上海图书馆藏张元济往来信札》七，第 261～262 页。参《张元济傅增湘论书尺牍》，第 266 页第 23 函。
6 按：信末张元济批："20/8/20 复。"
7 按：张元济批："记得似未照，请查。张元济。"

【222】1931 年 8 月 16 日

菊公前辈同年阁下 [1]：

《明史·帝纪》廿四卷照印已商定，但秘书长李玄伯言，须少有酬报。侍告以只有版税之法 [2]，俟与公酌之，目前先行照片可也。"自述文"昨先奉一册，计已达。兹寄上一包（凡四十册，若友人有要者，请付之，故多备数册也），希公代为分致。因许多住址记忆不审，渎神至悚。别备屏条，公能赐以诗咏否？亦恳照单一送。第屏条恐迟到，"自述"或先送更妙。寄屏者人数亦较少。乱世衰龄，何敢称祝，聊藉此为名，博诸公珠玉以为光宠耳。专此奉布，即候台祺。年侍生傅增湘拜启。〔二十年〕八月十六日 [3]。

《金史》数册要五十元 [4]，《霅史》要十元 [5]。

寄"自述文"各处名单（有屏幅者加朱圈）：

王苹珊（东有恒路合安里二五一三号门牌）、高梦旦、朱古微（又，德裕里二六〇一号门牌）、罗子经 [6]、李拔可 [7]、陈乃乾（询金诵清可知）、夏剑丞 [8]、张仲昭（幼樵之世兄）、陈筱石、张云抟 [9]（白克路修德里）、徐积馀 [10]、黄任之 [11]、董授经、沈信卿 [12]、刘翰怡、叶揆初 [13]、瞿良士、朱炎之 [14]、陈叔通 [15]、黄膺白 [16]、

---

1 据原信，见于《上海图书馆藏张元济往来信札》七，第 268～271 页。
2 按：张元济批："久候本繁，拟先出赀，千一二百元，一次了结，较为简净。"
3 按：信末张元济批："20/10/6 覆。"
4 按：张元济批："拟减去十元。"
5 按：张元济批："照付。"
6 按：张元济批："寄。"
7 按：张元济批："交。"
8 按：张元济批："交。"
9 按：张元济批："寄。"
10 按：张元济批："发。"
11 按：张元济批："送。"
12 按：张元济批："送。"
13 按：张元济批："交陈。"
14 按：张元济批："寄。"
15 按：张元济批："交。"
16 按：张元济批："寄。"

蒋孟苹[1]、蒋竹庄[2]（新大沽路永庆坊四七九号）、俞仲还[3]（此人似在中华书局，无锡公园路四十六号）、金诵清[4]、张阆生（大通路培德里六十九号）、王叔午[5]（雪丞之世兄，不知尚在原处尚在原地否？德裕里二五二九号）、白坚甫[6]、陈散原[7]（是否仍在庐山牯岭？河南路一二二九号）、丁仲祜[8]（梅白格路二〇四号医学书局）、宗子岱[9]、叶誉虎[10]（亚尔培路七百五十一号）、王啸猴[11]、周美权[12]（不知门牌。此二人询剑丞必知之。搬住愚园路268或286弄底一家）、李子东（交授经亦可）、吴董卿[13]（乞询剑丞。南京中山路忠实里）。寄屏条别有以下。沅叔拜托。

［附录张元济致瞿熙邦函，1931 年 10 月 5 日］[14]：

凤起仁兄世大人阁下：傅沅叔君有《六十自述》文一册，属寄上椿庭，兹送去，乞代呈。又《寰宇通志》，前日见一书目，北平图书馆亦有此书，题为陈循所撰，凡百十九卷全，缺却未标注，尊藏缺卷当可补抄也。专此，敬请台安。弟张元济顿首。［二十年］十月五日。

1 按：张元济批："交陈。"
2 按：张元济批："寄。"
3 按：张元济批："寄。"
4 按：张元济批："交。"
5 按：张元济批："寄。"
6 按：张元济批："交。"
7 按：张元济批："托俞。"
8 按：张元济批："寄。"
9 按：张元济批："寄。"
10 按：张元济批："送。"
11 按：张元济批："送。"
12 按：张元济批："发。"
13 按：张元济批："寄。"
14 见于《张元济全集》第 3 卷"书信"，第 529 页。

【223】1931 年 9 月 19 日

菊公前辈同年阁下¹:

顷奉十五日赐书，敬聆一一。《雩史》抄本二册交孙伯恒兄寄呈，其值未开来，决不昂也。斐云寄到《顾曲轩杂剧》，已收到。其《艺文类聚》二书，因交车上包寄后到。近日为馆中水灾展览开会，尚未付来，必不误也。《周易》单疏曾一见之，今不知所往，屡探亦未得。侍颇欲得之，为经部冠冕，现正托人物色，俟有消息，当以奉闻。倘力不能独举，或求公设法，亦未可知。因春间曾由侍告以五六千之说，或可出现也。此书有覃溪、松禅手跋，匆匆竟未记录。海源阁书虽全看过，然刻下已转手。其人秘惜，不轻示人。若借照，恐更办不到。姑存此说，俟机会到时为之。但公所注意为何书？或便中录目见示亦可。《金史》残卷俟询明再奉告。《纪事本末》如宗君可见让，极愿收之，祈公便与探询为荷。衲史二期尚未到，跋语承别寄已到，第近日尚未细读耳。辽事忽起大波，祸变正不知所届，忧心如焚。拉杂书复，即颂校安。年侍生傅增湘拜启。〔二十年〕九月十九日。

敬再启者，今岁九月为侍六十初度，前日撰"自述"一篇，约七千言，并手书之，付京华印订成册，节后可以寄出。此文竟耗十日功夫，后半述藏书、校书、看书、编书、刊书五事颇详。二十年来，南北官私之藏皆得遍及，独潘、韩二氏未见耳。自揣学问远不逮前人，而闻见似过之。此时会为之，差足自慰者。《经眼录》二十馀册，长男忠谟选出宋刊百种，刻以奉娱，因命曰《百宋编》。内有涵芬数种，或须详记，俟再开呈，或为补其疏略焉。志业无成，忽忽周甲，思之悚然。第

---

1 据原信，见于《上海图书馆藏张元济往来信札》七，第 263～267 页。参《张元济傅增湘论书尺牍》，第 267～268 页第 26 函。

以生平微尚，劬瘁半生，不忍听其泯没，故详为叙述。观此，则近代书籍之源流大率具于是矣，南中友好将来或烦公代为分致。南望灾黎满地，北顾则烽火连天，决不敢称觞以滋戾。若鉴其苦辛，以文字相督勉，则固私心所欣感。此外一切仪物，幸勿见惠，以重余过。并乞公便于知交中语之。附上数行，伏冀鉴察。增湘再启 [1]。

【224】1931 年 9 月 29 日

菊公鉴 [2]：

昨交孙锡三寄上屏条十三幅，计可达鉴，敬祈分神转付各家。附上邮票弍元 [3]，以便贴用。兹再寄上屏条两幅，一以烦公大笔，其一请送交陈散原先生。此公踪迹剑丞兄当知之，并恳加送"自述文"一册为荷。此上台安。侍增湘拜启。[二十年]九月廿九日 [4]。

再者，宗子岱先生素所钦慕，但晤谈时甚少。拟请代送"自述文"一册，乞其教正，至荷。增湘再拜。

【225】1931 年 10 月 6 日

菊生前辈大人阁下 [5]：

前日奉手教。《金史》《雳史》价前函已详矣。小字本《通鉴纪事本末》若宗子岱能以见让。极所欣盼。第原值是否弍千元，抑弍千馀元？侍已记忆不清。乞公商之前途，原值见让。

---

1 按：信末张元济批："20/9/28 复。"
2 据原信，见于《上海图书馆藏张元济往来信札》七，第 274～275 页。参《张元济傅增湘论书尺牍》，第 269 页第 29 函。
3 按：张元济批："寄还。20/10/6，托分庄科。"
4 按：信末张元济批："20/10/6 覆。"
5 据原信，见于《上海图书馆藏张元济往来信札》七，第 276～277 页。参《张元济傅增湘论书尺牍》，第 269 页第 30 函。

商定后速示知，以便兑款。原书曾见过否？印本想不恶也。此请台安。侍增湘拜启。[二十年]十月六日[1]。

《衲史》有一至友欲以三百元订一部，已与伯恒接洽矣（若稍迟日月，或请告以通融为要。）。

贺性存乃贺松坡之子，其人亦好学，但见闻不广，性颇拙滞。所校之书尚未见过，容面询之。

【226】1931 年 10 月 25 日

菊生前辈大人阁下[2]：

前奉赐示，敬聆种切。今日邮局寄到弘治本《陈伯玉集》八册，谨已拜登。此书为蜀贤名集，敝藏只有嘉靖、万历两本。其杨春所刊，乃假之周叔弢，命女学生十人人写一卷，以备异时校定重刊之用。今乃蒙公特割珍储，远道见馈，高情盛惠，何以克当。稍暇当详为题记，传之子孙，永志勿谖耳。敝藏《文苑英华》十卷已付伯恒照印。《南齐》廿六、七各第七叶查明原本均不缺，已交京馆补照。《魏书》候照像师得暇即检付之，亦面语伯恒矣。惟各卷补叶最好仍请详示一单，侍当亲为料理，当不致误。世方多故，邮使时有差失，不如就近影取之为便也。至缺叶不能补者，按旧本补写自可行。《隋书》元本乃明印之后者，且已出手。记辛亥冬间柳咏春有元版元印一部，纸墨俱精，索值式百元。侍当时未留，似为一熟人所得，可向博古一询，必可踪迹也。黄善夫本《史记》六卷当遵交重照。惟侍近得宋牧仲旧藏百衲本《史记》残帙八十卷，中亦有黄本四卷（世家五、六、七、八），想亦可用，祈示知，

---

1 按：信末张元济批："20/10/6 复。"
2 据原信，见于《上海图书馆藏张元济往来信札》七，第 278～284 页。参《张元济傅增湘论书尺牍》，第 271～272 页第 33 函。

以便检付。此书为生日前旬所获，中有蜀大字本四十卷，极为难得。忆辛亥除日沪市所出残本，侍迟到片刻，为甘翰臣所得，二十年来以为憾事。今竟如愿相偿，敬以奉告，计执事亦当为我贺也。惟甘氏存卷若干？未及记录，公能为查晰录示，至以为盼。记翰怡所藏亦非完帙，计公当见之，或代询授经何如？甘氏书如可让，亦愿取配，或可由衲补而进为璧完，亦大快事，第恐亦妄想耳。《通鉴纪事本末》极愿得之，但廿四之数未知能否略减？敬烦公婉为商略。倘不便进言，则照此数亦可，统祈相机为之。第进甲退乙，双鉴楼目录中又恐有添改数处耳。诗屏承分致，至荷（邮票乃蒙寄还，益滋不安）。寄来者亦得多数，侍最盼古微前辈、苹珊姻丈及积馀、授经，尚未蒙赐咏，遇便希询及。古微闻遘疾，当已痊可，至用驰系。七月中曾在小园宴集，同饭前后辈四十一人（正合兰亭禊集之数），尚欲乞古微赐以诗词，俟稍闲当将题名相寄。此会名"蓬山话旧"，叕老所题也。《南齐》欲印高丽册纸，不知曾搭印否？存纸似尚多，一张四开可用。《郡斋志》奉到，敬谢。《太平御览》有样本能先示及否？京馆所存《文苑英华》宜早照出，此时主事者皆熟人，较易商，迟久恐又生他论。但馆中亦宜优以酬报为是，乞留意焉。银行存书浥损情形若何？敝藏《欧集》无恙否？衲史侍曾有北局分办速成之议，此策似可一试。《续丛刊目》何时可出？极盼。贱辰宾朋辱临者数百人，酬接为疲。屏条收回者至一百四十幅，深用私幸。佳咏能否以小字双行书于屏条（原条加画双行，则八行中写十绝似可行。别有未画行者，示知再寄一幅亦可），以归一律，更所庆冀。不情之请，悚仄万分。重阳后至香山玩霜叶，小住四日，今日始归。检来教分条裁答，字画潦草，殊以为惭，并乞亮宥是幸。专此拜谢，敬候台祺。年侍生傅增湘拜启。［辛未］九月十五日，[二十年] 十月廿五日 [1]。

许季湘仿《百宋一廛赋》作《藏园赋》一首，以尧翁前事例之，则势须鄙人自为小注耳。

近日取旧藏《太平广记》各残本合为百衲本，尚缺二十馀卷，不知楼中有残本可配否？各本如下：明谈恺本、明活字本、明抄本、明许自昌本。只求可补，不拘何本均可。菊生前辈台右。傅增湘拜启。

[附录宗舜年致张元济函，1930 年 6 月—1931 年 11 月]：

[2] ……再，宋刻《通鉴纪事本末》大字本甚多，小字本则绝无仅有。孙氏《平津馆》曾列一目，不知其书尚在天壤否？沅叔搜罗至富，然仅得残本两卷（所刻《书目》载之）。韩氏《书目》似亦只一卷。弟无意中得吴下程氏旧藏全帙，有顾千里、石琢堂二跋（顾跋刻入《思适斋集》），惊为创见（石跋云程氏得此书后，以"宝宋"名其室）。然弟家无宋本，孤寄无益，如尊处或海上大家欲得之，当平价让出（千五百金足矣），请随时留意为幸。弟又顿首 [3] [十九年六月二日] [4]。

[5] ……《通鉴纪事本末》书在海上保管库中，头本则近日先有人取去，俟索还即驰奉。千五乃规银数，稍可磋商，大概以银圆二千为基本耳。费神至感……姻弟舜年顿首。[十九年]六月十号 [6]。

---

1 按：信末张元济批："20/11/2 复。"
2 据原信，见于《上海图书馆藏张元济往来信札》十四，第 368 页。
3 按：信末张元济批："19/6/7 复。"
4 按：此为宗舜年致张元济函之附函，据前函落款补时间。
5 据原信，见于《上海图书馆藏张元济往来信札》十四，第 371～372 页。
6 按：信末张元济批："19/6/14 复。"

[1]枉谈，感极感极！贱躯为骤寒所中，腹泻多次，重裘不温，今晨稍间，尚未能遽诣高斋也。安仁闻公曾表示书价必商减让，或先告以至少九折（如已告以底蕴，亦不妨事），然后曲折赴题，尊意如何？恃在至好，求全权主持为幸。敬请菊生仁兄姻大人著席。弟舜年顿首。［二十年□月］三号[2]。

[3]……敝藏《纪事本末》记得去年与公谈，本有索价二四两竿，亦即可售之说。近来遍访藏家，益信此书之少，颇觉二四之数不为苛索，是以不欲再少。前函遣词不明，公遂疑为不卖，因复于电话中述明，知承鉴及矣。又拜［廿年□月十日晨］[4]。

菊生先生侍史[5]：

盛夏奉别，遂已徂冬，愿言之怀，可胜饥渴。还虞两月，昨又到苏。承寄沅叔同年"自述文"，通识高怀，萧然远俗，当为小诗致祝。临行奉手教，知宋小字本《通鉴纪事》公为介绍于沅叔，深为此书庆幸。弟于沅叔虽踪迹稍疏，亦颇自附于气类之末。津门一见，旷不相闻。今年沅叔来吴，又适相左，意殊耿耿。众人国士之喻，物亦宜然，以高价归上海买办、纨袴少年，不如以平直归沅叔。由衷之言，有如皦日。所愿婉陈于执事者，此书吴下友人曾有以两竿博易之说，为弟所拒。今以贻沅叔，必须稍增其值，使弟有辞可谢。前与公约，规定番风之数。今当为沅叔贬其二，以二千二百元之数成交。彼此捐

1 据原信，见于《上海图书馆藏张元济往来信札》十四，第 375 页。
2 按：原信无具体日期，据内容补。
3 据原信，见于《上海图书馆藏张元济往来信札》十四，第 388 页。
4 按：原信无具体日期，据内容补。
5 据原信，见于《上海图书馆藏张元济往来信札》十四，第 376 ~ 379 页。参《张元济傅增湘论书尺牍》，第 274 页第 35 函附录。

除市道，成否决于一言。公倘赞同敝言，即乞转致。昔严修能购张洽《春秋集传》，钱广伯、朱朗斋为作缘，传为佳话。沅翁鉴精藏富，远驾芳椒，先生峻望亦非钱、朱所能比絜，惜下走寒酸，不足以拟汪九耳。弟阳历中旬之末当来沪，或有十馀日句留。先此奉复，敬请道安不尽。弟舜年顿首。[二十年]十一月十一[1]。

　　再，书事如成议，须求沅翁许以所藏孔毅父佚文六卷、张金吾文一册录副，并求介绍及之。张文拟并公所假录《续经解目》刻入小丛书中也。又叩。

【227】1931 年 11 月 18 日

菊生前辈同年阁下[2]:

　　前日奉航空快函，诵悉壹是。宋小字本《通鉴纪事本末》承公商之子岱先生，允割爱相让，至用欣荷。其值即遵宗君所示，月内拟先兑一千式百元（交浙江兴业付公（帐）[账]何如），其馀俟年底决可筹奉，仍乞我公婉为转达，可否得便先行赐寄？以慰渴望。至张金吾文稿及孔毅父佚文六卷，已属写副，恐非一月不办耳。更求子岱在书后写一跋，以为异时书林佳话也。《文苑英华》二十卷均已付照，叔弢一册竢往津时取来。北平馆之百卷稍迟当与守和诸君道及，或本书加赠数部，或他种相酬，当相机为之耳。黄本《史记》已交伯恒矣，他日印行，亦愿搭印旧纸，幸勿忘。此候台安。年侍生傅增湘拜启。[二十年]十一月十八日[3]。

　　《伯玉集》奉到，感谢！

1　按：信末张元济批："20/11/12 到，即日覆。"又批："20/11/23 又去一信。"
2　据原信，见于《上海图书馆藏张元济往来信札》七，第 285～286 页。参《张元济傅增湘论书尺牍》，第 274 页第 36 函。
　3　按：信末张元济批："20/12/15 复。"

[附录宗舜年致张元济函，1931 年 11 月 25 日]¹:

　　菊生仁兄姻大人赐鉴：两奉手书，敬承种种。此事荷公雅意，为两家作缘，甚幸！沅叔属作跋，深愧陋劣，为佳本之点损，然固当缀数语为记念也。迳写亦承见允，至荷。弟以琐事羁留，改于出月初一二（国历）来申奉访，书事亦可藉此交割。一切面尽。敬请道安。弟舜年顿首。[二十年十一月]廿五日²。

【228】1931 年 11 月 29 日

菊公鉴³:

　　前书言《水经注》事，伯恒来取照印，侍因将此书难照情形奉告。兹再述如左：全书残破，无一叶完整，且纸色晦暗，痱湿过甚。若欲印行，非珂罗版不办。鄙意印《大典》本时，可将宋刊残本印一二叶附入，使世人知天壤间尚有宋本存可耳。若尊意谓然，侍再选一二叶（首尾各一）付之，祈示及。又有二事奉恳者，昨年买海源阁之《北史》，中有残卷，侍四出访求，竟得原书收回配入。惟尚缺列传第四十二（大题乃五十四也）全卷（有阔黑口本），闻涵芬楼尚有元刊残本复出者，可否一查？倘有此卷，则娲皇炼石之功惟公是赖耳。又经厂本《名臣奏议》顷已装成，亦缺四十馀卷，亦乞代为查配，至荷。此候台安。年侍生傅增湘拜启。[二十年]十一月廿九日⁴。

　　再者，查元刊《南史》最末之第七十九、第八十两卷原为南监本配入，若涵芬楼中《南史》如有残本，亦烦代为一检，

1　据原信，见于《上海图书馆藏张元济往来信札》十四，第 380 页。

2　按：原信无具体日期，据内容补。

3　据原信，见于《上海图书馆藏张元济往来信札》七，第 287～289 页。参《张元济傅增湘论书尺牍》，第 274～275 页第 37 函。

4　按：信末张元济批："20/12/15 复。"

至叩至感。《太平御览》影宋样本百卷已奉到，偶校一卷，宋刊之误亦不少，此要在善读者耳。增湘再启[1]。

【229】1931 年 12 月 2 日

菊公鉴[2]：

　　昨上一函，计可达。顷搜集残本《名臣奏议》(永乐本)，尚缺五十馀卷。如馆中有残本，可否代为查配，俾成完璧，至荷。卷目单附阅。此候台安。增湘拜启。［二十年］十二月二日[3]。

　　《历代名臣奏议》缺卷如下：一百八十六至一百九十(五)，一百九十七、八(二)，二百〇一、〇二(二)，二百〇八、二百〇九(二)，二百十三至二百十六(四)，二百三十九至二百四十八(十)，二百六十七至二百七十七(十一)，二百九十九至三百十三(十四)，三百十五、三百十六(二)，三百十七至三百二十四(六)。

【230】1931 年 12 月 7 日

菊生前辈大人阁下[4]：

　　前日函计入览。今由中孚银行兑上大洋乙千式百元，交浙江兴业银行转付，至祈查收为幸。《通鉴本末》全书是否可先取来？或由公担保何如？松江韩氏书中有残本一册，可取来一阅，是否同样？希示及。然小字宋本只此一刻，当不致差误也。书到后，如有妥便，盼早赐寄是幸。敝处如有妥友，亦随

---

1 按：信末张元济批："20/12/15 复。"
2 据原信，见于《上海图书馆藏张元济往来信札》七，第 290～291 页。参《张元济傅增湘论书尺牍》，第 275 页第 38 函。
3 按：信末张元济批："20/12/15 复。"
4 据原信，见于《上海图书馆藏张元济往来信札》七，第 292～293 页。参《张元济傅增湘论书尺牍》，第 275 页第 39 函。

时通知。又前假去元本《南北史》数册，公如已用毕，可否先
赐还？缘须付装订也。前开缺卷单如可配，亟盼检寄，则全书
可以成帙矣。此候台安。年侍生傅增湘拜启。[二十年]十二
月七日[1]。

[附录宗舜年致张元济函，1931 年 12 月]：

菊生仁兄姻大人大鉴[2]：

　　日前趋访，知公患下利至医院静摄。今晨诣公济询问，知
已康复出院，至慰至慰！归寓读手教，敬悉。尊体初愈，万勿
亟亟出门，三五日后，当再奉访。敝藏《纪事本末》存兴业银
行，当取送高斋也。专复，即请道安。弟舜年顿首。[二十年
十二月]八日之夕。

　　[3]尊体当日见康胜，至念至念！叶誉虎闻迁居法界吕班路，
忘其门牌号数，公如知之，求见示。《纪事本末》明日往兴业
银行取出（日前假车未得，遂至迟迟），即遣足送上，请鉴正。
沅叔款不知何日可到？弟在此间至多尚有十日留，最好于此十
日内交割，可否代催？感甚。此上菊生老兄姻大人。弟舜年顿
首。[二十年十二月]十日。

　　三四日后当奉访，公万万勿枉驾。弟常有西行，非专谒
也。又拜。

菊生仁兄姻大人大鉴[4]：

　　昨读复示，敬悉。送上宋小字本《通鉴纪事本末》全帙，

---

1 按：信末张元济批："20/12/15 复。"
2 据原信，见于《上海图书馆藏张元济往来信札》十四，第 381 页。
3 据原信，见于《上海图书馆藏张元济往来信札》十四，第 382 页。
4 据原信，见于《上海图书馆藏张元济往来信札》十四，第 383 ~ 384 页。

计四十二本，请察收。承命缀跋，尚未捉笔，俟脱稿或书另纸，或将末册取回书之，容再面尽。此请道安。弟舜年顿首。[二十年]十二月十一日。

石跋中所称吴中藏是书之程生集义，乃顾千里门人，其人概略见于叶菭生之《吹网录》。千里所刻《尔雅》，后以板归程氏，即此人也。又拜。

再，此书副页上所印木记二，皆署"乐安存耕书塾"，目录后又有印曰"乐安印记"（此印硃色，至旧）。乐安是否孙氏？当在何代？公知其人否？又卷首之任氏印、卷尾之魏氏印，不知何人？乞见教为感。弟又拜。

【231】1931 年 12 月 16 日

菊公鉴[1]：

闻公痢，移入院，至为悬系，近日计当告痊矣，驰念何极。兹因赵君万里南来，如《通鉴纪事本末》取到时，可交其携回为叩。再馆藏之宋本《魏志》《左传正义》，赵君未及寓目，欲求拜观，敬祈推爱，俾得一阅，以慰其远来渴慕之思。专此，即候台安。侍增湘拜启。[二十年]十二月十六日[2]。

[附录宗舜年致张元济函，1931 年 12 月 18 日]：

菊生仁兄姻大人大鉴[3]：

前日奉手札并支票二千二百元，照领。此事累公垫款，不安已极。弟前日感冒伤风，兼有痰喘之象，至今日未愈，遂迟复谢，甚罪甚罪！尊体未大健，万勿出门。《纪事本末》跋稿

---

1 据原信，见于《上海图书馆藏张元济往来信札》七，第294页。参《张元济傅增湘论书尺牍》，第277页第41函。
2 按：信末张元济批："20/1/9复。"按："20"当作"21"。
3 据原信，见于《上海图书馆藏张元济往来信札》十四，第385页。

略具，尚未写出（当先以草稿呈改削），欲一观首卷原序，三五日后当遣足领取头本，即书于此册，何如？专谢，即颂泰安。弟舜年顿首。［二十年十二月］十八日 [1]。

【232】1931 年 12 月 25 日

菊生前辈阁下 [2]：

昨奉手翰，知清恙已痊，至为欣慰。《通鉴纪事本末》业由子岱先生交来，复荷公代垫千金，深抱不安。昨日适货书得款，即由中孚兑上壹千元，仍经浙江兴业转奉，新年底或可到也。各册均蒙细检，开示抄配不多，自不碍，缺叶亦可补影。妙在寓中尚存残本，可以摹写。子岱所要孔清江佚文五卷已抄完，金吾文稿不日可了，容即寄奉。前函曾请就赵万里北上携来，敬祈执事与之约定，濒行再付之，渠似便往浙苏一行。《文苑英华》叔弢一册已面告之。守和日内拟往商，拟以印成全书一部酬之，未知能满意否？朱英本《宋史》昨日曾送来一册，闻所存只二十本。未与之议价，容属查卷数及价目奉告。贾人坚云是元本，不可理喻也。《周易正义》前次廉惠卿力任介绍，侍已还五千元，云其人由山东来再商。前月惠卿奄逝，则此事大费周章矣。元刊《北史》能配，极荷高惠。《南史》此间亦可补，但为明印，有补版兼缺数叶耳。两史既尊处须留用，自可缓装，不亟亟也。《南齐》跋拜诵，极翔确明爽，无可赞词，敬以奉璧。手此，即候颐安。年侍生傅增湘拜启。［二十年］十二月二十五日夜二鼓 [3]。园林清迥，雪月交辉，此中正有佳趣也。

1　按：信末张元济批："20/12/19 覆，送去首册。"
2　据原信，见于《上海图书馆藏张元济往来信札》七，第 295～297 页。参《张元济傅增湘论书尺牍》，第 277 页第 42 函。
3　按：信末张元济批："21/1/9 复。"

【233】1932 年 1 月 3 日

[傅增湘致张元济函] [1]:

《宋史》昨取一看，并令开卷数来，兹将原单奉寄。共存二十册，有两册卷数未开来，因有人取阅也。其值尚未询以至少之数，若公可收，再与商。此上菊公鉴。增湘拜启。[二十一年]一月三日 [2]。

列传卷一百七至一百八（别有二册，未查明）。

《宋史》志卷一至十卷止。

《宋史》志卷十三至十五止，又十六至十九。

《宋史》志卷廿三至廿五止。

《宋史》志卷廿九止。

列传卷一百〇九之一百十止。

列传卷百〇五之百〇六。

[附录宗舜年致张元济函，1931 年 12 月 29 日、1932 年 1 月 4 日]：
菊生仁兄姻大人大鉴 [3]：

日来尊体当已健复如常，至念至念！弟感风大咳，两星期来不敢出门一步（夜卧则痰急而齁，日来始平）。前日始勉强至揆初处一谈，犹未能久坐也。《纪事本末》拙跋稿送请改削，请去其冗蔓及错误者，俟见掷后方敢写入也……专上，即请道安。弟舜年顿首。[二十年十二月]廿九夜。

---

1 据原信，见于《上海图书馆藏张元济往来信札》七，第 298 ~ 299 页。参《张元济傅增湘论书尺牍》，第 278 页第 1 函。
2 按：信末张元济批："21/1/9 复。"
3 据原信，见于《上海图书馆藏张元济往来信札》十四，第 395 ~ 396 页。

菊生仁兄姻大人尊鉴 [1]：

　　日昨纡顾失迓（因头疼，正倦卧），皇悚之至。拙跋写入卷一册尾。端平修板之先后，终当以帝讳阙否为断。既未及通检全部，当参以活笔，因此增一二语，并求审正。原书谨奉上。又《传是楼目》六册并缴（未注大小字，而四十二册数同，当有此帙在内），还乞察入，烦渎惭感。沈君踪迹承指示尤幸（沅叔处书已代抄，甚感）。贱躯稍和，容趋谢。敬叩道安。姻小弟舜年顿首。［二十一年一月］四日 [2]。

【234】1932 年 1 月 6 日

菊生前辈大人阁下 [3]：

　　昨奉一函，附《宋史》卷目，计已到。赵万里当已晤及，中孚兑款一千元想照收。原书务交赵君携回，但渠若询买直，不必告之。北平馆《文苑英华》一百卷，已面与袁守和商定借照，日内当告伯恒即往办。若久延，又恐生枝节矣。守和极慷慨，报酬以鄙意告之，言印行时以全部一部奉赠，渠颇欣然。叔弢一册亦询报酬，告以侍亦有一册，将来亦有办法也。渠不愿寄平，侍月内赴津，或可携回，若津地照片，恐不便也。周叔弢又询前印《玉篇》《寒山诗》二种（《四部丛刊》续集可用），谓公曾许以皮纸印二十部赠之（此事记得曾有案，乞查。鄙人身不在馆，此等事全赖阁下办理，缘本为阁下一手经理也），而迄今未送，属为一询，请查明见复。如有皮纸印本，侍亦愿得一帙也。《英华》宋本之外以何本补之？明抄须得精工者方可用。叔弢有残本，亦照宋本写出，曾假校数卷，

1　据原信，见于《上海图书馆藏张元济往来信札》十四，第389页。
2　按：信末张元济批："21/1/5复。"
3　据原信，见于《上海图书馆藏张元济往来信札》七，第300～304页。参《张元济傅增湘论书尺牍》，第278～279页第3函。

至佳。字迹尚工整，似可用。不知贵馆藏抄本何如？亦须预为筹计。《册府元龟》则东方新购明抄极佳，亦可备用。公近日身体若何？总勿过劳为要。前次言《衲史》在北馆分印提前出书之计若何，能试一行否？鄙意此亦可分我公之劳。早出书则工价不致悬殊，或可获利也。守和又言，公前询宋本《常建诗集》事，目前故宫已自印，馆中自未宜复印为是。因李宣伯不谓然，渠不便迳以相告，属为转达。前函求公代配元版《北史》残卷，若便于检查，盼早日寄下是荷。专此奉布，即候文祺。年侍生傅增湘拜启。〔二十一年〕一月初六日。

再者，年终会计告成，统计积欠银行之款又增至式万式千元，急欲设法清偿。舍去书外，更无办法，拟售善本书乙万元、普通书一万式千元（清人集有二十馀箱），未审馆中能否收书？或友人中有可以承受者否？此事切盼公助我一臂。此间亦分托友人及书友，或备多力分，较易有成。似此情形，明年决不能再收书矣，可笑可叹。藏园附启 [1]。

【235】1932 年 1 月 11 日

菊生前辈大人阁下 [2]：

连上两函，计已达览。兹因吴君回申之便，谨奉还宋本《播芳大全文粹》四十册、宋本《公羊释文》一册、抄本《法书考》一册，统祈查收。校读频年，今始粗了，淹逾岁月，深以为愧，乞谅之。此颂校安。年侍生傅增湘拜启。〔二十一年〕一月十一日。

又瞿良士托书对联，藉便附上，祈费神转交是幸！增湘

---

1 按：信末张元济批："21/1/19 复。"
2 据原信，见于《上海图书馆藏张元济往来信札》七，第 305～306 页。参《张元济傅增湘论书尺牍》，第 279～280 页第 42 函。

拜恳¹。

【236】1932 年 1 月 21 日

[傅增湘致张元济函]²：

　　敬再恳者，宋本《欧集》何时开印？印时有切要事奉托如左：原宋本中《集古录》为抄配全帙，今所照者乃北平馆藏所配也。拟请印时特为单印《集古录》十卷一分，以便异时补入。又记其馀各集各卷中亦有抄配一二卷或十数叶者，此事惟有奉烦我公详检原书，如有抄配之叶开出，一律以高丽旧纸印成补配，以弥此缺憾，亦大功德事。若失此机，则终古莫能补矣。前时忘述及，忽忆及此，谨以飞告，敬维鉴察是荷。增湘百拜上言³[1932 年 1 月 21 日]⁴。

【237】1932 年 1 月 23 日

菊翁前辈阁下⁵：

　　前函托购《宋史》残本，昨聚珍堂人来，让至最低之价为一百廿元。与之再三交涉，以百元商定。今日送到，书主亟索价，即以垫付。兹交伯恒兄寄上，其百元即属伯恒收（帐）[账]，因敝处尚欠分馆三百馀元也。再者，今日赵万里旋平，言临行时往取《纪事本末》，适台驾赴海盐，未得取寄。此书甚盼早寄来，以备岁暮祭书陈览。不知近日有熟人北来否？千乞费神探询为幸。手此，敬候台安。年侍生傅增湘拜启。[二

<hr>

1　按：信末张元济批："21/1/19 复。"
2　据原信，见于《上海图书馆藏张元济往来信札》七，第 307～308 页。有张元济批："请丁英桂先生打存一分注意。张元济。21/1/29。"参《张元济傅增湘论书尺牍》，第 281 页第 6 函。
3　按：信末张元济批："21/1/21 发来，21/1/25 到，21/1/29 复。"
4　按：原信无日期，据《张元济傅增湘论书尺牍》补。
5　据原信，见于《上海图书馆藏张元济往来信札》七，第 309～313 页。参《张元济傅增湘论书尺牍》，第 281～282 页第 7 函。

十一年〕一月廿三日 [1]。

再启者，前言子岱兄属抄孔毅父集佚文六卷，又张金吾文集一卷。兹属侍史录就，并以奉寄，敬希转致是荷。手此，再请文祺。增湘附启。

顷闻瞿氏以宋版秘籍二十七部，皆目中所载完好精善者，向潘明训（诵芬为之作缘）质银四万两，月息九厘，以六年为期。届时不赎，即归押主。此等古书，一入金匮石室中，便有长门永巷之嗟，无复再见天日之日，可叹也。公能密告良士能别为计否？仆亦可助力也。

再者，石室之深严，公所知也。拜观且不易，何论流传？此事于馆中及吾辈均隐受其害。如渠急有所需，不妨密以见告，亦可计画良策，尚乞执事留意焉。藏园手启 [2]。

【238】1932 年 1 月 25 日

菊公鉴 [3]：

奉示，知赵君相左，书未及携。兹有农工银行祝竺楼兄阴历年终回平，敬祈公早与约定通知，请其将此书带来，此间亦由行通知也。馀再详叙。此候校安。增湘拜启。〔二十一年〕一月廿五日 [4]。

---

1 按：信末张元济批："21/1/29 复。"
2 按：信末张元济批："21/1/29 复。"
3 据原信，见于《上海图书馆藏张元济往来信札》七，第 314 页。参《张元济傅增湘论书尺牍》，第 282 页第 8 函。

4 按：信末张元济批："21/1/29 复。"

【239】1932 年 1 月 30 日

菊生鉴[1]:

工厂损失若何？藏书闻焚，确否？湘〔二十一年一月三十日〕。

【240】1932 年 2 月 12 日

菊公前辈台览[2]:

奉还电，顷又诵赐函，知涵芬楼善本运出甚少。二十馀年所聚，竟付之一炬，痛愤殆不可言。敝藏二种，蒙公加意护持，幸免于祸，感何如也。惟李木老之《晋书》是否提存银行？极为系念，千祈迅予查示。又闻照片底版有运出者，其大略何如？传言临时曾由美商保兵险六百万，果尔则事定尚可着手也。衲史如版片尚存，分由港、平二厂接印，亦无不可。鄙意凡有契约之书，若能设法完成，自是正办，况衲史更为我公独力手校者乎。时事万变，前途茫茫，吾辈仍作此痴想，亦殊可笑。公高年病躯，遭此奇变，情绪恶劣不言可知。然处此无可如何之境，切盼委心任运，澄虑超观，坐待事机之转。若公司能得三数智勇之人，力渡此难关，则异时未始不可重开新局也。聊贡区区之愚，伏冀垂察，幸甚。沪战未知若何结局？倘更加恢廓，租界能否安居，亦殊难言，公曾别作计较否？千里驰思，悬系无极，亟盼常赐数行，以慰怀想。手此奉布，即候年安。侍增湘拜启。壬申人日寄[3]〔1932 年 2 月 12 日〕。

【241】1932 年 3 月 5 日

菊公鉴 [1]：

奉手教，知擘画焦劳，日夕不辍，至以为念（传言保兵险事果否）。兹忽念及数事，具询如左：《太平御览》样本敝处存一百卷，《册府元龟》样本敝处存五十二卷，不知此二书版片样本尚完全否？黄善夫《史记》印片存否？其他凡影照底片损失若何？有无救济之法？衲史已校者若干？如有损失，除日本所借外，似尚可补照也。守和托问《郡斋读书志》所印之书存放何处，是否已毁？或总厂被毁，而他所尚有分存者否？此时有法查考否？姑以上闻，亦不汲汲也。敝处所存之书（《欧集》《纪事本末》等）如得妥便，仍求早寄北来为幸，此时海道似可通行矣。手此奉布，顺颂时祺。增湘拜启。［二十一年］三月五日 [2]。

【242】1932 年 3 月 31 日

菊生前辈阁下 [3]：

前日奉手示，知劫馀之书尚为蔚然大国，且喜且悲。其目盼早录示，以便撰一文记之。兹因赵君万里南来之便，特属诣府一晤。渠数日即北旋，请公将所存敝藏之书交赵君携回为荷。最好预为订明日期，以便临行往取也。手此，即请台安。年侍生傅增湘拜启。［二十一年］三月卅一日 [4]。

送还各书：

1　据原信，见于《上海图书馆藏张元济往来信札》七，第 319～320 页。参《张元济傅增湘论书尺牍》，第 283 页第 12 函。
2　按：信末张元济批："21/3/17 复。"
3　据原信，见于《上海图书馆藏张元济往来信札》七，第 321～322 页。参《张元济傅增湘论书尺牍》，第 284 页第 14 函。
4　按：信末张元济批："21/4/13 复。"

赵氏：校本《水经注》，十六册两函。原装未拆 [1]。

傅氏：残宋本《晋书》，八册一函，又五册。原装未拆 [2]。

残元本《金史》，八册一函，又四册。已订还原装。卷叶册数另开清单迳寄。

宋本《欧阳文忠公全集》，七十册十二函（第一函四册，第二至十二函，每函六册）。

全册抄配者原装未拆。

已拆者书片与衬纸按册各自草订，底面包角均存旧，偶不全。

卷叶细数，另开清单迳寄 [3]。

[附录赵万里致张元济函，1932 年 4 月 14 日] [4]:

菊生先生有道：日昨畅聆教言，至快至快。沅老《欧阳文忠集》包件过大，过江时稽查至严，恐途中或有疏失，故仍遣人送上。俟时局平靖后，再托妥便带去何如？至《通鉴本末》当遵命带去，已装入行箧中矣。《密韵楼书志》返平后即寄奉不误。匆匆，不及走辞为歉。专此，敬请道安。乡后学赵万里再拜。[二十一年四月] 十四晚 [5]。

1 按：张元济批："21/4/14 托丁英桂面交赵君万里。"
2 按：张元济批："以下同由丁君迳交赵万里君带交沅叔。"
3 按：张元济批："又宋刻《纪事本末》四十二册、元本《南北史》各二册。又送《南史》一册。21/4/13 全亲送至孟渊旅社。"
4 据原信，见于《上海图书馆藏张元济往来信札》十三，第 356 页。参《张元济傅增湘论书尺牍》，第 284 ~ 285 页第 15 函附录。
5 按：原信无日期，据傅增湘、张元济相关信札补。

【243】1932 年 4 月 20 日

菊生前辈阁下 [1]:

　　前奉赐笺，知涵芬劫馀之书尚足与瞿、杨抗行。私意颇欲撰为一文，以纪其略，请公属人抄写简目一纸见示，以便着笔，其目每书记一二行足矣。涵芬收书，弟亦有微力，其中次第曲折他人固不尽知也。项得来书，知公亦有编目之举，但公所辑者详，侍所记者略，大可并行。且劫火初熄，人人刿心怵目，急欲知其究竟，侍此文可先行流布，以慰海内人士之望，即乞迅寄是幸。所索拙著各种，谨各检寄一分，祈查收，第亦有数种目前无存本者。琐言剩义，不足当大雅之一顾也。汤君尚未得晤，俟接谈后当为致力，第机遇亦殊不易也。手此，即候台安。年侍生增湘拜启。[二十一年] 四月廿日。

　　再者，敝存各书已荷交赵万里带平。其未寄一件，拟请交农工银行杨祗安兄带回，请公先即告子安（渠即住行内，可以电询行期。此人名熊祥，湖北 [人]。旧在学部，闻与公亦相知也），届时或取或送，以免延误是幸。手此，再候校安。增湘再拜 [2]。

[附录杨熊祥致张元济函，1932 年 4 月 29 日] [3]:

　　菊生尊兄大人阁下：奉大札祗承。昨日接沅叔兄函，亦言带书之事。弟行期尚未确定，俟有定期，再行奉闻。匆复，敬请台安。弟熊祥顿首。[二十一年] 四月廿九。

　　少迟当诣教，一倾积愫也。

---

1 据原信，见于《上海图书馆藏张元济往来信札》七，第 323 ~ 325 页。参《张元济傅增湘论书尺牍》，第 285 ~ 286 页第 16 函。

2 按：信末张元济批："21/4/29 复。"

3 据原信，见于《上海图书馆藏张元济往来信札》十三，第 11 页。

【244】1932年5月8日

菊公台察[1]：

奉四月廿九函，敬领。揆初来，晤及，知贤良逾昔，至所佩慰。祸兮福所倚，公司其有中兴之望乎。斐云交来宋本《通鉴纪事》，精善完整，可谓瑰宝，拜公嘉惠至无量也。元本《北史》一册，敬拜领谢。承询《青阳集》，已售去矣，然可考而知也。子岱兄属抄两书已订好，容检寄。写本《元秘史》已索回。敝处所存有鲍校《云烟过眼录》及《法书考》二种，此外再详查奉闻。侍日内将游华山，约半月可归。此候台绥。侍增湘拜启。［二十一年］五月八日[2]。

顷见一成化本《宋史》，缺一至廿二卷，存一百廿册，索七百元。印本颇清朗，虽不及前收残册之精，然无一补版，亦属难得。若印衲史，似可备采，其有意乎？藏园手启[3]。

【245】1932年8月2日

菊公鉴[4]：

前月为秦中之游，登泰华，浴华清，税驾长安，遍访周陵、汉宫、樊川、终南之胜，往返十有七日，可谓壮游，然疲苦亦极矣。游记甫脱稿，俟刊出再呈教。《元秘史》奉还，交伯恒带上。侍略缀数行，以志因缘。开会不克赴，托伯恒代表。侍前印《困学纪闻》记存馆中寄售二三百部，不知曾遭劫否？发行所计尚有存书，希查示。近日百事纷冗，日课亦不能如常。北方局势恐将变，无地可托足，奈何。此候台祺。增湘

---

1 据原信，见于《上海图书馆藏张元济往来信札》七，第326～328页。参《张元济傅增湘论书尺牍》，第286页第18函。
2 按：信末张元济批："21/9/17复。"
3 按：信末张元济批："21/5/8来，21/9/17复。"
4 据原信，见于《上海图书馆藏张元济往来信札》七，第329～332页。参《张元济傅增湘论书尺牍》，第286～287页第19函。

拜启。［壬申］七月朔 **1**［1932 年 8 月 2 日］。

再者，谭志贤之侄其纯久在公司发行所，刻闻将复业。敬祈念其任事六年，早予录用，至荷高惠。增湘拜恳。

【246】1932 年 8 月 16 日

[**傅增湘致张元济函**] **2**：

前因宗子戴同年索敝藏抄本两书，早经属侍史录成副本，因循数月，讫未寄奉。兹乘伯恒兄之便寄呈，计《孔毅父集》六卷、《张月霄文稿》一卷，敬希公转奉宗君，并致区区之忱。此上菊生前辈同年。增湘拜启。［壬申］中元节 **3**［1932 年 8 月 16 日］。

【247】1932 年 12 月 5 日

菊生前辈阁下 **4**：

《游华记》新印成，谨奉上一帙，敬求赐教。别附十册，请费神照别纸代为分致，感荷不尽。《公羊》单疏购到否？手此，即候校安。年侍生增湘拜启。［二十一年］十二月五日 **5**。

【248】1932 年 12 月 22 日

菊公鉴 **6**：

顷奉赐答，知《游记》荷分致诸公，至感。《史记》景祐

---

1 按：信末张元济批："21/9/17 复。"又云："催《史记》刻工姓名，21/11/1 又去一信。"
2 据原信，见于《上海图书馆藏张元济往来信札》七，第 332 页。参《张元济傅增湘论书尺牍》，第 287 页第 20 函。
3 按：信末张元济批："21/9/17 复。"
4 据原信，见于《上海图书馆藏张元济往来信札》七，第 337 页。参《张元济傅增湘论书尺牍》，第 287 页第 22 函。
5 按：信末张元济批："21/12/19 复。"又云："附去送书四信回信，又问《周易单疏》。"
6 据原信，见于《上海图书馆藏张元济往来信札》七，第 338 ~ 340 页。参《张元济傅增湘论书尺牍》，第 287 ~ 288 页第 23 函。

本刊工，前日甫由银行取出，自行检录，凡前二十二卷所得人名开呈（此纸仍见还，尚未录副也）。第此本与馆藏三朝本绝不同，此为南监本，敝藏亦有数十卷，记馆中是全帙也。此本炮格尚不误，子培亟称之，亦殊罕见。黄善夫《史记》版片尚完否？如印大本时，拟搭印高丽纸一部。不知此纸尚存无恙否？前询欧集打样本，尊寓想有存者，欲得一见也。《易疏》原由廉惠卿来说，今廉逝，此路遂断。然廉当日词亦闪烁甚，要于柯世兄有关，但渠亦讳莫如深，斯异耳。衲史何日着手？乞示大略。若需相助，亦可分劳。此等大业，吾辈年老而世乱，但盼早成，勿过为审慎也。《游记》千二百部，赠售一空，殊出意外。伯严处当觅一册付之。傅增湘。［壬申］冬至日书呈 [1]［1932 年 12 月 22 日］。

【249】1932 年 12 月 2 日

菊生前辈大人阁下 [2]：

久未通讯，正深驰仰。顷奉赐书，殊为快慰。《游记》迫于刊行，未遑细酌，其中误失疏陋尚多，尚拟重加润饰，再付剞工。此刻报馆订有单行本，俟其送到，定当邮呈削政。秋节游劳山，在下清宫海岸赏月，此亦今年快意事。颇思就彼南行，闻文驾犹滞匡庐，遂尔中止。年内若有良伴，或可乘兴南游也。重阳后又为大房山、红螺岭之游，现正草两山游记。第诗思殊滞涩，苦无佳咏以纪之耳。前交林贻书带致楹联各件，请便付李子东可也。元刊《四明尊尧集》早归匣中，此亦近年所得异品。《公羊》单疏七卷乃朱幼平之物，十年前以四百元

---

1 按：信末张元济批："22/1/18 复。"
2 据原信，见于《上海图书馆藏张元济往来信札》七，第 333 ～ 336 页。参《张元济傅增湘论书尺牍》，第 289 页第 1 函附录。

为孟苹收之，当时深悔当面失之。若台端见之，幸勿为他人捷足。此虽残帙，亦孤本也。记其中亦有补版，自是南宋重刻而元明间修补者。以愚生平所见，大率群经、正史，洪武时皆普行修版一次，今日流传单疏、八行注疏、《史》《汉》《三国》七史，无一部无明初修版者（敝藏《南齐》亦是洪武修补）。藏家矜诩，尊为北宋刻元代修，皆非事实也。拉杂书此，以当面谈。欧集既焚，不知别存有样本否？乞便为寻检。若得一帙亦慰，情胜无矣。明日入山扫墓，有数日句留，幸大雪初霁，或可稍领清冷之趣耳。手此，即候道安。年侍生傅增湘拜启。〔壬申〕十一月五日雪窗写寄[1]〔1932 年 12 月 2 日〕。

【250】1933 年 3 月 22 日
[傅增湘致张元济函][2]：

顷检出去冬一函，夹入书中，漏未交邮者，兹仍寄呈，其事亦有尚为公所欲知者。原拟日内南来，刻因时〔局〕严重，略须观望数日再定矣。此上菊生前辈大人。增湘拜启。〔癸酉〕二月廿七日〔1933 年 3 月 22 日〕。

【251】1933 年 3 月 30 日
菊生前辈阁下[3]：

前奉赐示敬悉。藏书不能终守，自古已然。吾辈际此乱世，此等身外物为累已甚，兼以负债日深，势非斥去一部分不可。昨寄呈书目五册，计已达。兹致子民前辈函，托以此事。

---

1 按：信末张元济批："22/2/2 补来，次日复。"
2 据原信，见于《上海图书馆藏张元济往来信札》七，第 342 页。参《张元济傅增湘论书尺牍》，第 289 页第 1 函。
3 据原信，见于《上海图书馆藏张元济往来信札》七，第 343～346 页。参《张元济傅增湘论书尺牍》，第 289～290 页第 2 函。

祈公检书目二册，随同交去为幸。俟清明后仍拟南来一游，或于售书事可进行也。近来校书课略减，而以撰题跋为急，大约间日可成一首。意欲将所藏善本遍行撰记，此事或须三年乃毕耳。所借两书俟自携以奉。抄校本所存若干，能抄简目见示否？缘旅行中拟借校一二种，先查书名，可携底本以行也。手此，即候撰安。侍增湘拜启。[癸酉]三月初五日[1][1933年3月30日]。

【252】1933年4月7日
[傅增湘致张元济函][2]：

入山三日，阴雨连朝。红杏未开，玉兰方绽。春寒犹厉，芳讯尚迟。惟拥炉展卷，倚枕听泉，以销长昼。城中人来，忽奉惠笺并劫馀书目。披观一过，珍函秘笈，犹足并驾瞿、杨，知执事访求之力，护持之勤，为功大矣，敬佩敬佩。《劳山游记》竟忘附寄，兹邮数册，乞为分致。侍拟待此间花事既阑方办装，更欲迂道青岛看樱花，到申计在夏历四月初矣。特此驰布。即候菊生前辈同年撰安。增湘自旸台清水院寄[癸酉三月十三日，1933年4月7日][3]。

卖书偿逋，良非得已，然当日固以割庄买书自诩，其事固循环相为因果也。第负债只有此数，因之亦不欲多斥去，希公为我留意。若有深嗜笃好者，除此次印目外，亦尚可商。如尊藏两部，洵可谓善价矣。藏园副启[4]。

1　按：信末张元济批："初八到，22/4/2复。"
2　据原信，见于《上海图书馆藏张元济往来信札》七，第348～350页。参《张元济傅增湘论书尺牍》，第290页第3函。
3　按：原信无日期，据《张元济傅增湘论书尺牍》补。
4　按：信末张元济批："22/4/11到。"

【253】1933 年 4 月 26 日

菊生前辈执事 [1]:

前日由平启行，抵青岛，游览山内外。订于廿八日由青趁船赴申，至时当以电告，敬烦饬赵君廉臣来船一逛，并略照料行李，俾获安便，至深感幸。到后拟即日访良士，酌假宋本小帙，就客中校勘了毕。馀容面罄，此候台安。年侍生傅增湘拜启。[二十二年]四月廿六日。

孙函烦速交，拟在渠宅下榻也。

《西汉会要》（潘）、《山谷外集》《北碉文集》《颍滨先生大全集》《宛陵先生集》《竹友集》（潘）、《东坡集》（日本、上海）、《乖崖先生集》。

瞿氏：《桯史》《媿郯录》《契丹国志》《宋之问集》《皇甫冉集》《朱庆馀集》《石屏诗集》（只看卷一）、《东皋子》《五代史补》（携有底本，可在此校）、《白氏长庆集》。

【254】1933 年 4 月 28 日

[傅增湘致张元济电] [2]:

极司非而路张菊生：沅叔新疆船来。[1933 年 4 月]28 日。

【255】1933 年 5 月 18 日

[傅增湘致张元济函] [3]:

抄本《文潞公集》二册，祈代付子东。又费芸芳殿试策，敬烦觅便友寄苏州桃花坞费仲深兄收，邮局恐压损也。侍亦致

---

1 据原信，见于《上海图书馆藏张元济往来信札》七，第 353 ～ 358 页。参《张元济傅增湘论书尺牍》，第 290 页第 4 函。
2 据原信，见于《上海图书馆藏张元济往来信札》七，第 359 页。
3 据原信，见于《上海图书馆藏张元济往来信札》七，第 351 ～ 352 页。参《张元济傅增湘论书尺牍》，第 290 ～ 291 页第 5 函。

函与之，或渠令人来取亦可。琐渎至悚。此上菊生前辈同年。增湘拜启［癸酉四月二十四日，1933年5月18日］[1]。

《文潞公集》竭一日夜之功校完。

《周易要义》仍拟携往详校之。顷得北平儿子函，知城中仍安稳如常，小婿日内尚携眷往密云，或不如报传之甚也。秘笈当特别护持，决不致有差池，请释念。手此，再候晚安。增湘再叩。

【256】1933年5月22日

菊公前辈阁下[2]：

在申诸荷垂照，濒行复蒙纡尊相送，感何可言。别后廿一日安抵北平，此间形势仍危迫异常。膺白未知从何措手，尚未及晤也。兹乘夏君蔚如之便，带上书样廿四本，内宋刊十种，馀为元明刊抄校者，祈由尊处暂存，俟其馀样本（尚有八十六种）寄到时，再将此交陈乃乾兄手收（陈住白部尔路五十五号，秀如去过）为荷。此候台安。年侍生傅增湘拜启。［二十二年］五月廿二日[3]。

计寄上：

宋本《礼记郑注》一本。

宋京本《礼记》一本（巾箱本）。

宋本《晋书》一本。

宋本《碑传琬琰集》一本。

宋本《纲目》一本。

宋本《客亭类稿》一本。

宋本《普灯录》一本。

宋本《临川集》一本。

宋本《诗人玉屑》一本。

宋建本《文选》一本。

元本《百将传》一本。

明本《唐诗品汇》一本。

明本《瀛奎律髓》一本。

明本《吴文正集》一本。

明抄《册府》一本。

明抄《御览》一本。

明抄《云笈七签》一本。

明抄《范石湖集》一本。

鲍校《三传沿革例》一本。

明抄《晏子》一本。

影元本《六经奥论》一本。

影宋本《祖庭广记》一本。

影宋《历代纪年》一本。

明抄《论语今解》一本。

《濮州志》(明本)。

《唐六典》(抄本)。

《尔雅新义》(抄本)。

《释名》(又)。

《仙苑编珠》(又)。

《建炎以来朝野杂记》(又)。

《易传集解》(又)。

《棠阴比事》(又)。

《程氏演繁露续集》(又)。

《诚斋先生易传》（又）。

《契丹国志》（又）。

《唐会要》（又）。

《说文解字》（清刻，校本）。

《大金国志》（又）。

《经济类编》（又）。

《困学纪闻》（明本）。

《太乙统宗福应紫庭金镜集》（又）。

《墨庄漫录》（又）。

《诗缉》（明本）。

《续资治通鉴》（又）。

《名公新编翰苑启云锦》（又）。

《温国文正公集》（又）。

《墨子》（抄本）。

《北碉文集》（又）。

《周礼正义》（又）。

《珊瑚木难》（又）。

《建康实录》（又）。

《易林》（明本）。

《后山诗注》（抄本）。

《琴史》（又）。

《仪礼注疏》（又）。

《春山文集四六抄》（又）。

《春秋权衡》（又）。

《北溪大全集》（又）。

《东都事略》（又）。

《文房四谱》（又）。

《新序》（明本）。

《大金集礼》（又）。

《行朝录》（又）。

《宋史》（又）。

《声画集》（又）。

《南天痕》（又）。

《草莽私乘》（又）。

《元城语录》（又）。

《龙川词》（又）。

《诸子纂要》（又）。

《小草斋诗话》（又）。

《永昌二芳记》（又）。

《封氏闻见记》（又）。

《蛟川诗话》（又）。

《耐岩考史录》（又）。

《韵补》（又）。

《尔雅》（又）。

《仙鉴编例》（又）。

《说郛》（又，丛书堂）。

《史记》（又）。

《大金国志》（又）。

《平水韵略》（又）。

《北堂书抄》（又）。

《吕真人文集》（又）。

《冲虚至德真经》（又）。

《古今合璧事类》（又）。

《事林广记》（又）。

《江淮异人录》（又）。

《不得已》（又）。

《焦氏易林》（校汲古本）。

《宾退录》（又）。

《春渚纪闻》（又）。

《周易正义》（明本）。

《归潜志》（又）。

《松漠纪闻》（又）。

《栾城集》（明活字本）。

《吕真人诗》（又）。

《五代会要》（又）。

《礼记集说》（明本）。

《抱朴子》（又）。

《洪武实录》（未能定）。

《天师世家》（又）。

《剪绡集》（又）。

《国朝文类》（元本）。

《关王事迹》（明本）。

《礼记注疏》（殿本，校过）。

《元史》（明本）。

《佚存丛书》（日本刻本）。

《三朝要典》（明本）。

《开元天宝遗事》（明本）。

《群书钩玄》（又）。

《徐文清家传》（又）。

《论语集解义疏》（清本校过）。

共八十九种。

【257】1933 年 5 月 27 日

傅增湘致张元济 [1]：

　　顷托陈乃乾先生持抄本书目一本前诣尊斋，敬祈分神。将先后寄存宋元抄校各书乙百十二本，交乃乾兄点收为幸。此请菊生前辈台鉴。傅增湘拜具。［二十二年］五月廿七日 [2]。

【258】1933 年 5 月 27 日

菊生前辈阁下 [3]：

　　前日交夏蔚如（仁虎）来申之便，寄上宋元本抄校书首册二十四本，当已收到。嗣又交文友堂由邮局包寄书八十九本，想亦可到。兹寄上目录一本，祈公将各首册点交陈乃乾兄手收。惟其中有明板《濮州志》一本 [4]，请提出，勿交付。计全目统共一百十二本。乃乾处侍别寄有写本目录经侍手批者 [5]，渠自持此目来此点取也。琐渎清宴，至为歉悚。近日兵事略缓和，人心亦稍定，侍家中始终固坚持不动也。馀容续布，即候撰安。年侍生傅增湘拜启。［二十二年］五月廿七日 [6]。

　　附上书目一册。

【259】1933 年 6 月 4 日

菊生前辈大人阁下 [7]：

　　连奉手书，敬悉种种。寄上各书，劳公检点收付。繁琐相

---

1 据原信，见于《上海图书馆藏张元济往来信札》七，第 367 页。

2 按：信末张元济批："22/6/4 复。"

3 据原信，见于《上海图书馆藏张元济往来信札》七，第 368～369 页。参《张元济傅增湘论书尺牍》，第 293～294 页第 7 函。

4 按：张元济批："遵留。"

5 按：张元济批："《剪绡集》系新抄，拟弃去，故未提。"又批云："告知《声画集》《墨庄漫录》《棠阴比（事）》三种已照动，馀卷仍乞寄散处，得照全。"

6 按：信末张元济批："22/6/4 复。"

7 据原信，见于《上海图书馆藏张元济往来信札》七，第 370～376 页。参《张元济傅增湘论书尺牍》，第 294～295 页第 8 函。

渎，感何可言。别有致乃乾书，属其持函来取，计早接洽矣。新华中统《史记》《沈休文集》详于别幅。《魏书》十四册本已检出，交中孚银行孙锡三之便带申。顷得伯恒电告，言已有人可在此照，因即取回付之，连《南齐》亦付去。但《魏书》印本敝藏实视蒋书为胜，最好查明蒋书凡非宋印者，尽行抽换，较为完美，侍亦不惮此烦也。《周易要义》竭数日之力校完，亦乘孙君便寄还，希查收。侍急欲校完《三朝北盟会编》，馆藏明抄本千祈惠假，即交孙君携回。孙君大约留申五日即行，请预属拔可告之，或先交去亦可（孙即住范园内），拜祷拜祷。外附对联一卷、《皇甫持正集》一部，乞转交瞿世兄为荷。又前存馆中旧高丽纸数千张[1]，乞检大幅者三百张，交陈乃乾兄手，拟搭印《白氏六帖》也。并告以每张印两叶，全书近六百叶也。惟印时须略费手工，或须一版印两次。前日馆中代印如何办法？望详语之，侍亦别有函重托也。今岁夏秋亦欲撰藏（书）解题，如尊撰子集两部脱稿，乞赐一读，可以广我未闻，何幸如之。《要义》校本暂存，欲将漏校各字加入，以记此段因缘，藉报大惠也。此次平津震动，危急万分，逃避者纷集，东西车驿人物垒涌如山，至无容足之地，即闻黄、何诸人亦来告警。侍坚持不动，卒亦平稳渡过。然回想及之，寔险难万状。今幸而敉平，然来日大难，前途荆棘正多，盖患不在外而在内也。拉杂述此，聊当面谭。即候台祺不备。年侍生傅增湘拜启。[二十二年]六月四日[2]。

来书假汪士贤刻《沈休文集》，检《汉魏二十一家集》并无此种。今检出家藏沈启南刊本一部、岳元声刊本一部、张燮《六十二家集》本一部，想足供考校也。前函计皆达，各书计

1 按：张元济批："均已焚毁，丁英桂君。22/6/8 覆。"
2 按：信末张元济批："22/6/11 复。"

507

已全数交陈乃乾兄。陈处有分价单，公如欲留何种，可与乃乾商议。是否能拆出？由乃乾酌之。因前单前途已见及，恃未便中途抽出，启其疑虑也。

眉山本《魏书》十四册（此书已取回矣）。

第二十册起至第三十一册，共十二册。列传二十六至四十八，共二十三卷。

第三十五、六两册，列传五十六至六十，共五卷。

统计寄上二十八卷。

藏园主人记。

外眉山本《南齐书》卷二十六、七第七叶交京华照印。

再启者，奉来示并新华银行函一件，敬悉。敝处北票股分有数百股，出售亦无不可。但价值须每股洋四十五元，乃可出手。该行如愿收，可迳来函商议，亦无不可。祈转达为幸。藏园敬复。［二十二年］六月四日 [1]。

【260】1933 年 6 月 4 日

[傅增湘致张元济函] [2]：

兹托孙锡三兄带上宋板《周易要义》一部、明板《沈休文集》三部共两包，对联一卷、书纸一包，敬祈查收。详函由邮快递矣。手此，即请菊生前辈大人道鉴。恃增湘顿首。［二十二年］六月初四日 [3]。

前见公手校之书，其朱笔黯澹殊甚，兹特检得家藏乾隆朱砂锭奉贻一枚。但用时须以稍大砚，用宽水多研刻许，将面上之黄色水倾去，专用下留之细粉，再加水研调用之，则色厚而

---

1 按：信末张元济批："22/6/11 复。"
2 据原信，见于《上海图书馆藏张元济往来信札》七，第 377～379 页。参《张元济傅增湘论书尺牍》，第 295 页第 9 函。
3 按：信末张元济批："22/6/11 复。"

鲜。予尝言用朱无他妙诀，只舍得二字耳，盖即注重须时时将上浮之膘色倾去勿惜耳。此上菊公清鉴。增湘拜启¹。

别一（定）[锭]送瞿世兄，烦转交，并将用法告之。

【261】1933 年 6 月 16 日

菊公鉴²：

顷伯恒持尊函来，知《南齐》缺叶误照，已照单记之，俟入库取来交去。盖公所言乃小题，前所检乃大题也。又前言欲收买《学海类编》，友人处有白纸者，订值八十元，黄纸者订价乙百元³。询之文友堂，言市价大率如此。馆中要何纸？祈示及，便定购。馀一部有他人欲购之。又有《学津讨原》一部⁴，可收否？此外普通丛书拟各家搜访，别开一单奉上⁵，候尊裁。手此，即请台安。侍增湘拜启。[二十二年]六月十六日。

再者，闻东方有复兴之议，甚以为慰。前者侍及诸友人公设书肆于北海，已历五六年。近以市况不佳，将议歇业。店中底货尚值数千元，将来势必折扣顶出。与其便宜同行。何妨由馆中收之。其中普通占多数，善本只一二成。馆中如全收固佳⁶，否则量为挑选，能过半数，总易商量。目前所须者当是应用之书，其价皆不贵也。尊意若何？盼复示。此店已决停市，亦急欲收束，不能久待。附此奉白，专候回音。增湘拜启。[二十二年]六月十六日⁷。

1 按：信末张元济批："22/6/11 复。"
2 据原信，见于《上海图书馆藏张元济往来信札》八，第 2～5 页。参《张元济傅增湘论书尺牍》，第 296～297 页第 11 函。
3 按：张元济批："请核定先后，伯恒属其转告。"
4 按：张元济批："亦乞核定，如上办法。"
5 按：张元济批："此单未来。"
6 按：张元济批："且属开单来看，再定何如？"
7 按：信末张元济批："22/6/21 复。"

509

【262】1933年6月24日

菊公鉴[1]：

兹有一事奉商，友人刘翰臣有宋刊《谢宣城集》一部，只存上半，曾经借校，甚佳。李木老有（同行格）影宋本全帙，刻下刘君欲借木翁之本影抄补足，而木翁只许借照，不愿写影，因其为日延久也，而刘君又势不能专为此半部摄照。刻下侍以为此书孤本，易于销行。可否由馆中派人摄木翁之半部，将来以刘氏宋本足之，印入丛书，岂非两全之策。已询之刘君，亦愿借与馆中出版。至如何报酬[2]，照从前侍之办法亦可。六朝人以前文集宋本存者，只曹子建、陆士龙及此耳，陆集似亦可借印也[3]。公如谓然，乞示知，并告伯恒设法去照为要。手此，即复台（复）[安]。增湘拜启。[癸酉]闰[五]月二日[4] [1933年6月24日]。

顷得廿一日函。孙君携来之《三朝北盟（汇）[会]编》已收到，惟《元次山集》未到，或遗在拔可家耶？《学海类编》遵交伯恒手。《学津讨原》大约要百廿元。丛书单尚未寄出，因开价未齐也，数日内可寄。蟫青书多普通者，属即查明开单候择。宋小字本《唐书》，十六行者钱塘丁氏有之（十六行廿九字），今存。此本有半数，宜急购勿失，其价可在二千内。公若嫌贵，可代侍收之。史部所凤嗜，正无《唐书》旧本也。藏园手启。[癸酉]闰[五]月二日[5]。

---

1 据原信，见于《上海图书馆藏张元济往来信札》八，第6～8页。参《张元济傅增湘论书尺牍》，第297～298页第13函。
2 按：张元济批："拟酬书刘、李各十部，不酬资。积存旧书底版甚多，不知何时方能付印。专以雅命，故勉为之。但刘氏之本务求设法取到。"
3 按：王云五批："当皆以酬书办法借替。云五。"
4 按：信末张元济批："22/7/1复。"
5 按：信末张元济批："22/7/1复。"

【263】1933年6月26日

菊公鉴[1]:

得报知馆中承印《四库》书已定局，其目俟寄到当细核。总期切实得用，不必尽以未刻为限。未刻之书亦有不必印者，明刊罕见之品亦有宜加入者，非解人不知此中甘苦也。又此事故宫颇有问题，文渊原属故宫所管，今研究院乃蔑视不与分利，殊失情理之平。现故宫人员有不愿南来启钥点交之议，馆中似宜预思斡旋之策。此次袁守和南来，颇欲调停此事，可属云五推诚与商。若只用高压手段，将来各走极端，必仍无成。又目中之书如有旧本胜库本者[2]，似宜改用，亦望公主持之。四库馆所录多有非足本者，若能多得善本，则声价愈增矣。匆匆草此，馀容后陈。此候台祺。增湘拜启。［二十二年］六月廿六日[3]。

乃乾代售书事已成，此后交书，切恳我公分神代为收交，日内即照单分寄至尊处矣。再叩。

【264】1933年6月28日

菊公鉴，拔、岫翁同鉴[4]:

《道藏》全部市上竟无出售者，前日致东海一书中，请其分让一部，已荷允许。其值照馆中最后定价一千元，祈属京馆照付[5]，以便取书。李木老一部现索千式百元，惜当日不多印

---

1 据原信，见于《上海图书馆藏张元济往来信札》八，第9~11页。参《张元济傅增湘论书尺牍》，第298页第14函。
2 按：张元济批:"此层办不到，只可留待《四部丛刊续集》。"
3 按：信末张元济批:"22/7/1 复。"
4 据原信，见于《上海图书馆藏张元济往来信札》八，第12~13页。参《张元济傅增湘论书尺牍》，第298~299页第15函。
5 按：张元济批:"鄙意东海处拟请（请）属汤颐翁速代弟备一信，只言恢复东方图书馆，请其捐助。弟一面函覆沅叔，言适去信募捐此书。未知尊意以为何如? 元济。22/7/1。"又云:"再，颐翁代撰挽诗，误同案为同年，是以入学为登第矣。原稿恐不能用，附上。拔翁台鉴。弟张元济启。"

五十部也¹。敝藏《南齐》已检过，传之廿六、七两卷七叶皆原缺。兹将原照叶附还，祈察纳。手此，即候台安。侍增湘拜启。［二十二年］六月廿八日²。

【265】1933 年 6 月 30 日

菊生前辈大人阁下³：

今托中国旅行社寄上柳条书箱两只，送到尊宅⁴，敬祈查收，钥匙亦附上。箱中书籍别抄目录奉寄。此外尚有书包四十个，明日交邮局挂号寄呈，至时烦一并察收。此事繁琐万分，敬祈执事劳动，深抱不安，然舍公外寔别无可托。诸希鉴亮为幸。专此，即颂台祺。年侍生增湘拜启。［二十二年］六月三十日。

【266】1933 年 7 月 3 日

菊生前辈大人阁下⁵：

昨上一函，计已登览（内附钥匙二只）。柳箱二只、邮包四十件先后寄出，兹将二箱及各包所贮书籍分别开单寄呈，俟箱、包到后，敬祈费神代为点收，手交乃乾兄。渠处亦有一单，注明册数者，可用以对照（有数种册数不符者，因书在库中，只凭记忆，或有差参，但卷数全否可考也）。最好属乃乾兄将首册携来，以便汇齐，更觉明晰。其书有只有一册者，则前次看样时已寄交矣。目内有数种未齐者，另单开明，以后再

---

1 按：张元济批："此老贪得无厌，不能不敲其一竹杠。"
2 按：信末张元济批："22/7/3 复。"
3 据原信，见于《上海图书馆藏张元济往来信札》八，第 14～15 页。参《张元济傅增湘论书尺牍》，第 299 页第 16 函。
4 按：张元济批："问《东莱诗集外集》是否三卷?《书录解题》《通考》均作二卷。"
5 据原信，见于《上海图书馆藏张元济往来信札》八，第 16～19 页。参《张元济傅增湘论书尺牍》，第 301 页第 19 函。

由邮寄不误。此事繁琐，本不敢奉扰清课，但上海实无他人可托，不得不以劳公，感悚何极。手此，即候台安。年侍生傅增湘拜启。[二十二年] 七月初三日 [1]。

又此次乃乾兄颇为尽力，拟于此中拨出五百元赠之。如其款全收后，乞公就近拨出五百元，代为致送。若公以为未便，或请告以此节，由侍别函专送亦可，并请察其意若何？如或有不满之意，或再加送藏书值一二百者亦可，乞酌之 [2]。

敬密启者，目中全书共议价成交凡式万四千元，除去中费、杂用等壹千元，实收式万叁千元。最好书到后钱货两交为便，乞公费神办理，侍亦告乃乾兄矣。藏园再叩。

[附目录] [3]：

甲柳条包：

《王临川集》廿三本，套内装。

《焦氏易林》一本。

《云笈七签》廿三本，套内装。

《封氏闻见记》一本。

《普灯录》五本，套内装。

京本《礼记》一本。

《范石湖集》五本。

《吕真人集》六本。

《东都事略》十一册。

《历代真仙通鉴》十一册。

乙柳条包 [4]：

《瀛奎律髓》十一本。

1 按：信末张元济批："22/7/7 复。22/7/9 又去一信催，后寄书七种十册，并附呈陈乃乾信。"
2 按：信末张元济批："22/7/3 来信。"
3 据原信，见于《上海图书馆藏张元济往来信札》八，第 23～31 页。
4 按：张元济批："多出《建炎复辟记》一本，《六经奥论》十一本，《宛委小录》一本。"

513

《道藏》九种五本。

徐刻《仪礼注疏》十一本。

《东宫备览》三本[1]。

《诸子纂要》一本，内加《春渚纪闻》三本[2]。

《文选》一本。

《纲目》一本。

《墨庄漫录》一本，内加宋人词一本。

《客亭类稿》四本，内加《春园诗集》《永昌二芳记》[3]二本。

《文苑启云锦》三本，内加《南园漫录》一本。《琬琰集》十五本，内加《百将传》一本。

宋本《礼记》九本，内加《百将传》二本。

《声画集》七本，内加《蛟川诗话》一本。

《北碉集》一本。

《论语义疏》四本。

《群书钩玄》一本。

《诗人玉屑》七本。

第壹号：（李元阳刻《十三经》，共计一百八十五本）《十三经》四十五本。

第弍号：《十三经》四十二本。

第叁号：《十三经》四十二本。

第肆号：《十三经》四十四本。

第伍号：《十三经》十弍本。李刊《史记》十八本。

第陆号：（《宋史》共计九十九本）《宋史》叁十三本。

1 按：张元济批："只有二本。"
2 按：张元济批："只有二本。"
3 按：张元济批："缺。"

第柒号：《宋史》卅六本。

第捌号：《宋史》卅本。

第玖号：（《太平御览》共计八十五本）《太平御览》卅本。

第拾号：《太平御览》卅六本。

第十一号：《太平御览》十一本，《经济类编》卅四本。

第十二号：《吴文正公集》卅一本，《五代会要》五本。

第十三号：《司马传家集》卅一本，《南天痕》三本。

第十四号：《唐六典》三本，《周礼注疏》十九本，《严氏诗辑》十一本。

第十五号：《合璧事类》十四本，《大金国志》七本（此内有五本是《契丹国志》。沅叔）。

第十六号：《合璧事类》十五本，《大金国志》七本。

第十七号：（《元史》共计九十五本）《元史》十八本，宋人小集七本。

第十八号：《元史》十八本，《皇明大政要》五本。

第十九号：《元史》廿四本。

第二十号：《元史》廿四本。

第廿一号：《元史》十本，加《宾退录》一本。校本《礼记》七本，加《焦氏易林》一本。

第廿二号：（校本《礼记》共计卅一本）校本《礼记》十六本。

第廿三号：校本《礼记》八本，《抱朴子》七本，《续通鉴》二本，《论语全解》三本，《珊瑚木难》五本，《历代纪年》三本，《演繁露》一本。

第廿四号：（《佚存丛书》共计四十本）《佚存丛书》卅五本，《琴史》三本。

第廿五号：《元文类》十九本，内加《春秋权衡》一本。

《佚存丛书》五本,《尔雅》二本。

第廿六号:(《晋书》共计六十五本)《晋书》卅一本,内加《小草斋诗话》一本。

第廿七号:《晋书》卅四本。

第廿八号:《困学纪闻》十一本,内加吴(老才)[才老]《韵补》四本。《诚斋易传》七本,《至德真经》七本。

第廿九号:《唐会要》十一册,内加《松漠纪闻》四本。《说文》七本,《周易集解》七本。

第三十号:《尔雅新义》七本,《三朝要典》七本,《北溪集》五本,《墨子》五本,《礼记集注》七本,《平水韵略》四本。

第卅一号:《建康实录》十五本,《后山诗注》五本,《文房小说》七本,《朝野杂记》五本,《大金集礼》三本,《祖庭广记》三本。

第卅二号:《事林广记》九本,《唐诗品汇》十六本,《北堂书抄》十本。

第卅三号:(《册府元龟》共计壹佰七十五本)《册府元龟》卅九本。

第卅四号:《册府元龟》卅七本。

第卅五号:《册府元龟》卅八本。

第卅六号:《册府元龟》卅八本。

第卅七号:(《说郛》共计五十八本)《册府元龟》廿三本,《说郛》十弍本。

第卅八号:《说郛》卅六本。

第卅九号[1]:《说郛》十本,《栾城集》十四本,《说苑》五

1 按:张元济批:"已拆。"

本，《文房四谱》一本，《春山四六》一本，《耐岩考史录》三本，《群书钩玄》二本（乙柳条包内有一本）。

第四十号[1]：《元城语录》一本，《春渚纪闻》一本（乙柳条包内有三本），《晏子春秋》一本，《焦氏易林》一本（甲柳条包内有一本），《北碉集》一本（乙柳条包内有一本），《释名》一本，《棠阴比事》一本，《吕真人诗》一本，《归潜志》一本。

寄上明抄《太乙统宗》一本（全）。

抄本《归潜志》二本（全）。

明抄《说郛》一本（全）。

元刊《关王事迹》二本（全）。

明抄《大金国志》二本。藏园手记[2]。

[附录陈乃乾致张元济函，1933年6月28日][3]：

菊生先生侍右：前假傅氏书目奉还，敬谢。顷有友人交来书目一册，计八十箱，皆普通书，间有明刻，索值一万六千元。据目录约略估计之，似所值不及万元也。前闻商务有规复图书馆之说，故以奉阅，不知合用否？沅翁书已谈定，惟得主坚执在上海交割。沅翁若不亲自南来，则将来交付之际，或仍须烦扰先生也。专此奉达，敬颂撰祉。晚乃乾再拜。[二十二年六月]廿八下午[4]。

---

1 按：张元济批："已拆。"
2 按：信末张元济批："22/7/19 收到。"
3 据原信，见于《上海图书馆藏张元济往来信札》五，第230页。
4 按：信末张元济批："22/6/29 到。"

【267】1933 年 7 月 7 日

菊公鉴 [1]:

兹交杨子安之世兄寄上七本，皆目中所缺者，开如别纸，祈转交乃乾手收。《墨庄漫录》《声画集》等三种，公照存底版，即多留三数日未尝不可。外对联一卷，烦分神付瞿世兄手收。《唐书》如割裂太甚，其值自当减。但敝藏无此书，仍烦相机议之。印本清朗否？据公言与陆、丁本皆不同，亦可异也。手此，敬候台安。侍增湘拜启。［二十二年］七月七日。

《史记跋》奉还，考核翔实，不必更定矣。

后寄各书列后 [2]：

明抄《大金国志》三本。

《说郛》一本。

《关王事迹》二本。

《归潜志》二本。

《道藏缺经目》一本。

《太乙统宗》一本。

《北堂书抄》一本。

沅叔手记。

【268】1933 年 7 月 9 日

菊生前辈大人阁下 [3]：

今日由叔通交来《濮州志》一册、《元次山集》一册，均收到不误。昨得航空函，知邮包已照收，惟两箱尚未到。此箱

---

1 据原信，见于《上海图书馆藏张元济往来信札》八，第 34～35 页。参《张元济傅增湘论书尺牍》，第 301 页第 20 函。
2 据原信，见于《上海图书馆藏张元济往来信札》八，第 32 页。
3 据原信，见于《上海图书馆藏张元济往来信札》八，第 20～22 页。又信首张元济批："22/7/13 到。"参《张元济傅增湘论书尺牍》，第 302 页第 21 函。

系托旅行社托友带申，其人先到南京，再往上海。顷询之，言日内准可寄到，故发一电告知。祈收到时赐一电，以免悬念。此外又托杨世兄绥浚（子安之子。子安名熊祥，住五园路俭德里，秀如知之）带上书七册（又新目一册），均目中应补者。其人今日行，日内亦必可到。除此外尚有五册，俟他处取回定补寄。祈公与乃乾兄商定，即刻书款两交，不必待此五册也，至要至恳。《魏书》容取全书付伯恒，侍亦无暇细检矣。《宣城集》尚有商酌事，晤刘世兄方定。又丛书单附，祈阅定去留见告（价均一定，不折扣。若能全留，或可略减少许）。蟠青敞书店底货（帐）[账]顷始清出，稍迟即寄奉。《唐书》能寄一册见示否？至盼。手此奉恳，即候台安。年侍生傅增湘拜启[癸酉闰五月十七日，1933 年 7 月 9 日]¹。

未寄之书列目于后，以凭校对²：

明抄《大金国志》壹本。

抄本《道藏缺经目》一本。

明抄《北堂书抄》一本³。

明刊《史记题评》一本（此书前单漏记）。

以上皆友人借去，日内决可取还，即寄上不误。藏园手记。

[附录陈乃乾致张元济函，1933 年 7 月 10 日]⁴：

菊生先生侍右：《新唐书》已得信，颇难裁答，姑将原函奉阅⁵，不知尊意以为何如？傅氏两箧到后，请即以电话见告。

1　按：原信无日期，据《张元济傅增湘论书尺牍》补。
2　据原信，见于《上海图书馆藏张元济往来信札》八，第 33 页。
3　按：张元济批："已收。"
4　据原信，见于《上海图书馆藏张元济往来信札》五，第 231 页。
5　按：张元济批："来信索五十元一册，共三十四册，请代为公平拟价。"

迟交七种，盼将书名、册数示知，拟先与王君商之。匆上，敬请台安。晚陈乃乾再拜。［二十二年七月］十日午后 [1]。

【269】1933 年 7 月 14 日

菊公鉴 [2]：

前托杨世兄带书八本来，今日自香山回，乃知杨世兄为犬所咬，不能行。兹仍取回寄上（快件寄来），祈查收。外书目一本付乃乾（对联等亦别寄），此外只有书四本，无关重要者。其人赴粤，已迭促之矣。顷询旅行社，知书箱于十一号交到，计此时必点清矣。此候台安。侍增湘拜启 [3]。［二十二年七月］十四日。

［附录张元济致丁英桂函，1933 年 7 月 24 日］ [4]：

三日前面交借傅沅翁书八册，请照存。今日务请发还，明日即须点交他人也。石印《衲史》毛样今日发去，盼即做。此上英桂仁兄台鉴。弟张元济顿首。二十二年七月二十四日。

【270】1933 年 7 月 20 日

菊公清鉴 [5]：

顷得飞函，知两箱于昨夕交到，十日来心旌摇摇，为之一定。此事托旅行社时，渠（胡君）慨然应允，云后日有便人即寄出。岂知八号乃到南京，由胡君之弟手收，胡弟竟忘置之。

1 按：信末张元济批："22/7/11 收。"
2 据原信，见于《上海图书馆藏张元济往来信札》八，第 36 页。参《张元济傅增湘论书尺牍》，第 301 页第 22 函。
3 按：张元济批："傅（增湘），北平西四牌楼石老娘胡同七号。"
4 见于《张元济全集》第 1 卷 "书信"，第 19 页。
5 据原信，见于《上海图书馆藏张元济往来信札》八，第 37～38 页。参《张元济傅增湘论书尺牍》，第 302～303 页第 23 函。

在胡君意以为十一号准可到申，故侍急以相告，乃胡弟搁置数日。及公来电询，侍乃促胡电宁社，谓若无便人，即专人送申，不然尚不知延至何日也。在胡君意为侍省费，以为俟便再寄，终不误事。侍前告以只求速妥，多费不妨。渠未喻此意，侍亦未便告以此两箱之特别贵重也。天下事欲速反迟，大抵然耳。惟劳我公悬念，及乃乾兄着急，万分不安。尚乞费神，速为点交，早日了结此一段公案，至祷至祷。兹寄上抄本《北堂书抄》一册（四十五至五十七），请补入明抄本，可成完帙。此外尚有《史记题评》首册一本、明抄《大金国志》一本、《道藏缺经目》一本（有竹汀手跋）随后交去，当无问题，请与乃乾兄言之，此并非重要之品也。书款收到后，由公代为写收据，收到后款即交中孚银行兑北平，已由平行关照矣。《唐书》盼寄一本见示，看其割裂若何，可复元否？《道藏》请捐赠恐不易，前日已来信询何时取书？蟬青书目容寄上，若全留可照对折算，乞酌之，或留过半亦可折扣。手此，即候台安。年侍生傅增湘拜启。[二十二年] 七月廿日。

乃乾函阅后乞交之。

[附录王体仁致张元济函，1933 年 7 月 26 日][1]：

菊生先生大鉴：前月由陈乃乾兄介绍傅沅老收藏各书，其时头本均已看过。迨后议价，无论印抄，统以八折说定。现悉头本之外全书已到，交存公处。兹特托原手朱瑞祥兄趋前请教，如荷将全书检交（请照原目）渠手带下，核对明白，则该书价或开票、或划奉，当于日内缴上。是否乞面示？此请台安。小弟王体仁手启。[二十二年] 七月廿六号。

---

1 据原信，见于《上海图书馆藏张元济往来信札》十一，第 218 页。参《张元济傅增湘论书尺牍》，第 304 页第 24 函附录。

【271】1933 年 7 月 29 日

菊生前辈大人阁下[1]:

前日寄函并《北堂书抄》一册，计已收到。惟自柳箱收悉又已十日，尚无消息，未审何故？岂点书付款尚须磋商未定耶？悬念已极。兹致乃乾一函，敬祈代致是荷。其他各事分列左方：

目内各书除迭次奉寄外，只欠三册，兹已由友人手索回。计《史记题评》一册（有莫友芝长跋）、《道藏缺经目》一册（有钱竹汀手跋）、明抄《大金国志》一册（有章式之手跋），统交邮局快件寄上，敬祈察纳，归入原书，俾成完帙。此一事也。

前日赴津，晤东海公，谈及公有函致之，久未奉复。言《晚晴簃诗汇》可捐赠一部，将来寄敝处转交。《道藏》一部照侍前议办理，属为代致。捐赠千金之书，侍早知其不行。究应如何交付，乞酌示，恐其日内连《道藏》送至敝宅也。伯恒言，似别处正议有一部，未知若何？此又一事也。

《谢宣城集》影宋本，在津谒李木师，允借出印照。回京后即由刘氏取得宋刊残本，并交伯恒，属其提前摄影（按原书尺寸），以便还之。惟酬赠十部，木师似意犹未足，或加赠十部何如（即李、刘二家每人廿部）？此节总易商量也。此又一事也。

前借木翁之《晋书》，前后已三年。顷谈及，亟亟盼检还之，敬祈迅为查出。如不须补照，即可交妥便寄北，以慰其意，庶免后日借书别生顾虑。此又一事也。

前托子经借潘氏之宋本《陆士龙集》，子经为我代校，盛

---

1 据原信，见于《上海图书馆藏张元济往来信札》八，第 39 ~ 42 页。参《张元济傅增湘论书尺牍》，第 304 ~ 305 页第 25 函。

称其佳。未知彼时馆中就便摄影否？此书终冀能印行之。此又一事也。

以上各事，敬祈分别赐答是荷。《四库》印书事商定否？尊意言用阁中原本，自是正法。采用善本，别为一部印行，大可并行不悖，且未刊之书不能全有善本也。拉杂奉布，即候台安。年侍生傅增湘拜启。［二十二年］七月廿九日[1]。

【272】1933 年 7 月 30 日
菊生前辈大人阁下[2]：

今晨得廿七日手书，知书籍已点交，款目亦付出，至以为慰。此事经历两月，繁难曲折，赖我公及乃乾之力，终底于成，可为深幸。惟款项迭加减削，未能副最初之望，还债之外，所馀不过万元。值此时局艰窘，得此大宗挹注，良非易易。《易林》恐是原缺，《珊瑚木难》乃漏寄上二册，兹与《史记》《道经目》二本同寄上，希转付。《大金志》首册姑留一二日，校完即以续奉。宋刻《唐书》盼寄一阅，行否？尊宅傔从为此事尽力，容别致犒金。此候台安。侍增湘拜启。［二十二年］七月卅日[3]。

【273】1933 年 8 月 7 日
菊公台鉴[4]：

奉八月二日书，敬悉一一。书款弎万弎千弎百元已照收。此事荷公始终劳苦，幸以有成，至深感荷。一月以来，检点收

1 按：信末张元济批："22/8/5 复。"
2 据原信，见于《上海图书馆藏张元济往来信札》八，第 43 页。参《张元济傅增湘论书尺牍》，第 305 页第 26 函。
3 按：信末张元济批："22/8/5 复。"
4 据原信，见于《上海图书馆藏张元济往来信札》八，第 44～46 页。参《张元济傅增湘论书尺牍》，第 306～307 页第 29 函。

付事极繁难，尊纪及舆人亦与有劳焉。兹由中孚兑呈五十元，聊为薄犒，敬希代为分致，至要。馀事详别纸。手此，即候台安。侍生增湘拜启。[二十二年]八月七日[1]。今日入山，匆匆书此。

《大金国志》首册昨已寄上。

前寄之《珊瑚木难》计亦收到。

《东莱诗外集》确系三卷，《宋志》误也。

《青阳集》已售去矣，曾别有校本，容查明再闻。

印《四库》书事非一言能决，容细商。

夏间濒行，有费芸舫殿试策一本交尊处（或交瞿世兄处，已记不清），托便寄苏州交桃花坞费仲深处。至今仲深未收到，祈代一查询，即寄为要。沅叔拜恳。

【274】1933 年 10 月 3 日

菊公台鉴[2]：

前日奉手书，知《唐书》已承代购，至荷。书值千元，节后即兑奉上，其书请交守和之便携来。如有补照之册，或留下一二亦可[3]。馀事别函详叙。此请台安。侍增湘拜启。[癸酉]八月十四日[4][1933 年 10 月 3 日]。

---

1 按：信末张元济批："22/8/14 复。"又批"交复。"
2 据原信，见于《上海图书馆藏张元济往来信札》八，第 47 页。参《张元济傅增湘论书尺牍》，第 309 页第 33 函。
3 按：张元济批："约下月初照完，是否可由邮局挂号寄去，乞示遵。"
4 按：信末张元济批："22/10/6 到，22/10/15 复。"

【275】1933 年 10 月 20 日

菊生前辈大人阁下 [1]：

　　昨奉手书，敬悉一一。书值一千金，遵命兑交兴业银行转付尊处，即乞查入。一月利息若干？并祈示知，以凭补缴。《唐书》照毕交邮局寄平，当无差失。《梅宛陵集》亟盼寄示 [2]，至幸。手此，即候台安。侍增湘拜启。［二十二年］十月二十日 [3]。

　　令嫒订婚，闻之至为欣慰，先此道贺。

【276】1933 年 12 月 7 日

菊生前辈大人阁下 [4]：

　　前日令嫒嘉礼，颇思藉此南来。适游涞水、易州回，遂婴痢疾，卧病五日，遂尔沮滞，良用怅然 [5]。兹有奉询数事，胪陈左方：

　　一、部印《四库秘本丛书》事。此间诸人原定目录，按照馆中合同，以八万叶为率，其选书大旨亦列之目首。及部中会议时，有人随时增加，将明人说经之书及明人集部多数增入，于是溢出之叶计二万有馀。部中又来征诸人意见，第不知馆中对此增加叶数能否承受？抑仍须减至八万叶？以符原议。鄙意叶数过多，于销行时价值有妨，恐难以广售。敬祈开示主旨，以便重为酌减。

1　据原信，见于《上海图书馆藏张元济往来信札》八，第 48 页。参《张元济傅增湘论书尺牍》，第 309 页第 34 函。
2　按：张元济批："书交任心白挂号寄去。"
3　按：信末张元济批："22/10/23 到。廿四覆。"
4　据原信，见于《上海图书馆藏张元济往来信札》八，第 51 ~ 58 页。按：张元济于傅函前两条上方加〇，并于信册手书致王云五云："岫庐先生大鉴。〇出两节，请阅。首节发答后，乞核示。第二节拟对以容稍晚细看目录。元济。12/12/10。"参《张元济傅增湘论书尺牍》，第 309 ~ 310 页第 35 函。
5　按：张元济批："索《榕村语录》。"

一、北平馆印《四库》善本事。未审当日与守和议定办法若何？近闻因照印事略有争论，曾属侍为调停。侍告以应将本馆拟印善本目录先以奉寄，请公就其中预为选定。设如选出百廿种，此百廿种应分几次或几集印行，每集之书亦宜善为配搭，庶便推销。尤要者，前一、二集更须特别精选，以引起人士之兴味，以后自可陆续接购。若其中有书非重要，而以学术言之不能听其久湮，亦宜于后数集中参配加入。一切办法预先商妥，以后按期寄书，自无选择争执、意见参差之虞。闻此目守和已寄出矣，请公详细考订，拟定一单寄回。如异时北平馆中有加入意见之处，侍再为转达。再，目中所列如某书下注有某人藏宋元抄本可印者，此节大须留意。究竟其人所藏是否肯借出？其刊本、抄本是否精湛清整可以付印？亦宜宽留地步，无令临事周章也。

一、宋残本《新唐书》侍亟欲一观，何时照毕？乞早为寄还。或已照过者先寄数册，以慰饥渴，至恳。

一、李木师之宋本《晋书》此时已否照毕？亦祈早为见还，此书寄出已三载有馀矣。

一、李木师近况极窘，拟售藏书。前日来函，有宋刊四种，欲售万元，不知申江有人愿收否？其目如后：宋刊本《晋书》，宋刊本《医说》（缺卷二、三，与江南馆藏本同），宋刊本《锦绣万花谷后集》，宋刊本《性理群书句解》（与缪艺风藏本同）。

一、前假涵芬楼藏宋本《周易要义》校过。兹将尊校本补正脱漏，敬以奉还。卷首原阙一叶，亦在此觅得补校矣。

近日文字债填集，苦无暇晷。顷得少隙，草此小纸奉布，敬希赐复是幸。即候，撰绥百益。癸酉大雪节，傅增湘藏园寄¹[1933年12月7日]。

【277】1933年12月8日

菊生前辈同年阁下²：

　　昨寄长笺，计已上达。兹有启者，昨在津借得李木老藏宋本《皇朝仕学规范》(全书四十卷，卷只五六叶耳)，初印精美，极可爱玩。因思此书为《四库》所收，即明本亦不多觏，似此宋刊精印，大可影印入《丛刊》内。现侍校补明本，尚须时日，若馆中愿留底本，可速通知京华摄影可也(不便寄申，只可在平照影)，尊意若何？盼复示。增湘拜启。[癸酉]大雪节后一日³[1933年12月8日]。

【278】1933年12月23日

菊生前辈阁下⁴：

　　顷奉手教，知韩氏书已入肆中，昨赵万里亦来言及⁵。惟闻宋元本押存银行，今所出者只抄校本。兹附上一目，皆属抄校。其中校本唐人小集四十五种、元抄唐人小集十八种，恐注重人多，其价必昂，姑列之。如尚有可图，价不过贵，甚愿得之。宋本中惟《东坡集》残本(其《乐全集》《孙尚书大全集》虽残亦佳)实所渴嗜，若其已出，乞为力图。其荛圃校本一部未列，亦因时价甚贵，不愿与人争也。专此，敬请台安。年侍生傅增湘拜启。[二十二年]十二月廿三日⁶。

1 按：信末张元济批："22/12/15复。"
2 据原信，见于《上海图书馆藏张元济往来信札》八，第49～50页。参《张元济傅增湘论书尺牍》，第310～311页第36函。
3 按：信末张元济批："22/12/15复。"
4 据原信，见于《上海图书馆藏张元济往来信札》八，第59～64页。参《张元济傅增湘论书尺牍》，第311～312页第38函。
5 按：张元济批："韩氏主人已返松江，闻明春后来，当徐图之。"
6 按：信末张元济批："23/1/31复。"

《晋书》《唐书》均收到。《唐书》寔为孤本秘笈，荷公大力，致之箧［中］，感篆无已，特此奉谢。

附《松江韩氏书目》：

《李氏易传》（临惠校，有二部）。

《春秋经传集解》（惠校，或临本亦可）。

尹和靖《论语解》（淡生堂抄）。

《唐书志》（影宋本）。

《契丹国志》（戈校）。

《大金国志》（钱校）。

《平宋录》（抄本）。

《楝亭十二种》（戈校本）。

《水经注》（抄，韩跋。又黄本，校）。

《黑鞑事略》《筹边一得》《渤泥入贡》（均姚抄）。

《建康古今记》（抄）。

《宣和画谱》（元抄）。

《龙筋凤髓判》（抄）。

《癸辛杂志》（抄）。

《燕闲笔记》（抄）。

《糖霜谱》（抄）。

《吕忠穆奏议》（明刊）。

《陆士龙集》（吴抄）。

《陈伯玉集》（毛校）。

《李元宾文集》（抄校）。

《李文饶集》（抄）。

《秋声集》（刊）。

《山村遗稿》（抄）。

《李文溪集》（抄）。

《网川月渔集》（抄）。

《王无功集》（抄）。

《方壶存稿》（抄）。

《梅苑》（何校）。

抄校唐人小集四十五种。

洪武抄唐人小集十八种。

各书不必全有，亦不能全买，乞公为先看情形再酌。若价不昂，亦可多收。

【279】1934年1月19日

菊公惠鉴[1]：

前开呈《韩氏书目》，计已登览。昨在津门在文禄堂王四购到各书，其值皆至昂。且单内所开多已得见，大率善本均为叔弢收得，此外亦非所欲矣。恐公处代访者，亦多难以谐价，其残馀尚有可取否？希略示及。此一事也。守和来申，因将夏间携来各印本乘便检奉。此又一事也。前见《烬馀目》中有《诸史提要》宋版一部，此乃侍所经手。惟已记忆不清，请便为检查此书藏印若干？有天禄琳琅印否[2]？因友人编《天禄目》，欲知《前目》之书尚有存者否？或乞将尊撰此书解题抄寄亦可[3]。此又一事也。部定《四库》目，侍以为多未允当，其中无用书太多，于销路大有妨害。刻又经同人议定，由侍主持，稍事删增。最要者删去宋、元、明、清说经空论之书，加入《普济方》二万三千馀叶。此书于医学为巨帙，异时大可单

1 据原信，见于《上海图书馆藏张元济往来信札》八，第66～68页，65页。参《张元济傅增湘论书尺牍》，第313页第1函。

2 按：张元济批："无此印。"

3 按：张元济批："现将打印完，即寄呈一分，乞订正赐序。"

529

行，且行销必广¹。已由同人致函教部。侍别与蒋君一函，当可照办也。此又一事也。《周书》访得否？预计何时可底成功？至以为念。手此，即候校安。年侍生傅增湘拜启。[二十三年]一月十九日²。

《愧剡录》四本、《石屏诗集》四本、《桯史》二本。以上先奉还，《唐诗》二册暂留，校毕再缴。沅叔手记³。

【280】1934 年 1 月 24 日

菊生前辈阁下⁴：

前日交守和带上一函，并书三部，计已达⁵。兹有数事奉商，胪陈左方：

选印《四库》书目。前函曾言同人尚有所见相商，刻教部公函已发，侍又别致蒋慰堂一函详述之，大旨删去宋元经说之空泛者数十种，加入《普济方》等，未知部中能从否？此全为切用与销路著，决非争持意见也。

顷见馆布预约样本目录，如尚未发出，乞暂缓，以为商改地步。又书用机造纸⁶，极不耐久。侍告慰堂，令馆中印粉连纸一二百部，以便公私馆库永久储藏，此当易办也。

前假涵芬楼藏抄本《元秘史》已奉还⁷。顷陈援庵言⁸，渠于

---

1 按：张元济批："甚感盛意。商王、李二君云，惜为时已迟，已发预约，样本亦已分送，且有购买之人。若变更原目，于营业上有障碍。现名《初集》，如有销路时，属当转机，未必无印二集之希望，彼时必有进行。教部亦有函来，已据此答覆。"

2 按：信末张元济批："23/1/31 复。"

3 按：张元济批："已收回。"

4 据原信，见于《上海图书馆藏张元济往来信札》八，第 69 ~ 78 页。参《张元济傅增湘论书尺牍》，第 313 ~ 314 页第 2 函。

5 按：张元济批："已收到。"

6 按：张元济批："人人都不愿此纸，但为事实所限。如有二种，买者必舍彼就此，反无从对付，故亦不能遵行。"

7 按：张元济批："现将照相，照出印者。"

8 按：张元济批："毛样寄去。"

此书致力多年，见抄刻凡四本（有洪武刊本）¹，刻将脱稿，拟求再借重校一过，乞公慨允。此助人撰述成功，当不惮再三之渎也。

《四库珍本》预约，有友来商，拟援前者《丛刊》之例，一人购十部以上者略予折扣，此可行否？祈酌示²。

闻《四部丛刊续编》已定目发行预约³，同人亦思购。十部以上之利益，能否通融？必于普通销路不妨方可，亦盼筹维见复。其目能先寄示数册尤荷。

忆昔年在扬州为馆中收得抄本《读史兵略续编》，此书尚存否？查示是幸，有人询及也⁴。

令嫒结婚时当有照像，小妾颇思一观，能以副本见惠否⁵？令婿是否住沪，现任事否？便示一二。

大儿忠谟成婚后，去年得一子，前月又生一女，家庭颇有生气矣⁶。明春拟赴德国留学，然手续尚未办妥，用费更须预筹，恐又须售书数部矣。拉杂书此，不觉更漏四转，匆匆不尽所言。顺颂文祺不备。年侍生傅增湘拜启。［癸酉］嘉平十日，藏园寄⁷［1934 年 1 月 24 日］。

【281】1934 年 3 月 14 日

菊生前辈阁下⁸：

奉二月廿四日惠书，详聆各节。女公子新婚照片亦奉到，

1　按：张元济批："刻本有四卷。如行款相同，印刷清朗，拟去抄用刻，尊意如何？"

2　按：张元济批："现正发议，议定即达，绝必有以报命。"

3　按：张元济批："甚不妥。目务函赐教，有不宜印者，可抽换。尊处如存可借印之书，望开示。"

4　按：张元济批："已毁。"

5　按：张元济批："即另寄。"

6　按：张元济批："商补《萧冰崖集》《云仙杂记》《戴石屏》三书缺叶，已详告起讫。"

7　按：信末张元济批："23/1/31 复。"

8　据原信，见于《上海图书馆藏张元济往来信札》八，第 79～80 页。参《张元济傅增湘论书尺牍》，第 315～316 页第 4 函。

体貌视昔丰腴矣。《元秘史》样本蒙颁下，亦交陈援安校长矣。北平所藏洪武刊本号为四卷，寔则畸零断续，不能成卷，或印一叶于卷首以存旧式足矣。《四库珍本》勉强凑足十部，已与伯恒面商，或收款须少参差耳。《丛刊》销路尚好，第两书同时发行，似有相扼之患，此后似宜虑及。《萧冰崖集》容访之，或北平馆有之。清儒文集敝处亦少秘本，惟王元启及邵南江较为罕觏，若可用，当以相假。古书中善本，稍暇当择录候采。《四库》书中有蜀人著述二三十种，拟乞馆中为单印二三部[1]，定名为《蜀贤丛书》，并盼设法为搭用粉连纸。为叶数不多，或易为也。若可行，再呈目录。《新元史》抽出，似可加《大明寰宇志》，此较《一统志》为稀见。尊夫人清恙何如？侍亦因三小儿腊杪以肺疾入医院，心绪恶劣。近幸渐轻减矣。手此，即候撰安。年侍生傅增湘拜启。［甲戌］正月廿九日[2]［1934 年 3 月 14 日］。

【282】1934 年 3 月 22 日

菊生前辈执事[3]：

昨林贻书至，奉手书并《庄子》校本一部、《沈休文集》三部，均领悉。惟其中有汪士贤刻（是程荣本）《沈集》一部，非敝藏物，想是误检也，兹仍交邮局寄还。蜀人著作书名开如别纸，能为抽印，极所感纫。但卷帙稍多，过承厚赐，殊增惭恧耳。《四库珍本》曾纠合十人同购，乃交款时有三人不能照付，刻方别为张罗，未知能足额否？《四部续刊》亦竟约集至二十部，究以款少易举。此次两书同时发行，于销路有相妨之

---

1 按：张元济批："为数不多，鄙见拟请允许，因我处有求于彼者亦多也。拟限以三部。"
2 按：信末张元济批："23/3/19 复。"
3 据原信，见于《上海图书馆藏张元济往来信札》八，第 81～86 页。又附"蜀贤著作"打印稿一份，第 87～89 页。参《张元济傅增湘论书尺牍》，第 317～318 页第 6 函。

处，以后似宜注意，缘近来各人财力大非昔比也。此候撰安。年侍生傅增湘拜启。〔二十三年〕三月廿二日 [1]。

顷患病者乃三小儿，尚未出院。大小儿现尚好，今年拟出洋至德国求学。知注附闻。

蜀贤著作，藏园选辑 [2]：

《春秋例要》一卷（宋崔子方）。

《春秋经解》十二卷（宋崔子方）。

《春秋左传要义》三十一卷（宋魏了翁）。

《春秋分纪》九十卷（程公说）。

《春秋明志录》十二卷（明熊过）。

《廉吏传》二卷（宋费枢）。

《六朝通鉴博议》十卷（宋李焘）。

《皇极经世索隐》二卷（宋张行成）。

《皇极经世观物外篇衍义》九卷（宋张行成）。

《易通变》四十卷（宋张行成）。

《范太史集》五十五卷（宋范祖禹）。

《跨鳌集》三十卷（宋李新）。

《云溪集》十二卷（宋郭印）。

《缙云集》四卷附录一卷（宋冯时行）。

《方舟集》二十四卷（宋李石）。

《九华集》二十五卷附录一卷（宋员兴宗）。

《莲峰集》十卷（宋史尧弼）。

《性善堂稿》十五（宋度正）。

《沧洲尘缶编》十四卷（宋程公许）。

《字溪集》十一卷附录一卷（宋杨枋）。

1 按：信末张元济批："23/3/29 复。"
2 按：张元济批："乞饬打存四本，以二分呈王岫翁先生。张元济托。23/3/29。"

《则堂集》六卷（宋家铉翁）。

《南岳倡酬集》一卷附录一卷（张栻等）。

共二十二种，通四百二十卷。

【283】1934 年 4 月 6 日

菊生前辈阁下[1]：

奉三月廿九日手书，敬悉壹是。韩氏书出，未得一帙，终以为歉。《唐书志》差可取，如是影宋本[2]，请查示行格若何？其价二百元以外或二百四十元可得否？希酌之。《方壶存稿》[3]侍有刻本[4]，不知此书其源出于旧本否？若尚旧，亦尚可收。《萧冰崖集》竟不能得。《沈集》当交伯恒手。敝藏当略开一目备采，友人中惟邢赞亭藏书尚多，亦不吝借人，容与商之。三小儿前日已出院，一切复原，但肺气甚弱，须静养也。手此，敬候校安。侍增湘拜启。［二十三年］四月六日[5]。

《四库珍本》居然为招得十一部，未知全数能到八百部否？

顷有人持来殿试策十本，皆名人手笔，每本索百元：钱大昕、朱筠、邵晋涵、戴震、金榜、王鸣盛、胡秉虔、胡培翚、凌廷堪、何秋涛。如有人要，乞示知，侍只留一本也。

前年曾赠李木斋先生（住秋山街）百衲全史四部，至今未得取书。上次到津谈及，属为转告，可否将此书寄至津馆？通

---

1 据原信，见于《上海图书馆藏张元济往来信札》八，第 90～92 页。参《张元济傅增湘论书尺牍》，第 319 页第 8 函。

2 按：张元济批："非影本，无可取。"

3 按：张元济批："已函询，未得复。"

4 按：张元济批："亦少见。"

5 按：信末张元济批："23/4/16 复。"

知持券往取。特为奉闻。增湘拜启 [1]。

【284】1934 年 5 月 20 日

菊生前辈阁下 [2]：

前日闻公抱骑省之戚，殊用惊惋。本拟薄具物事，略表生刍之奠，适伯恒传达尊旨，力矫晚近浮靡之习，缘是中辍。敬维贤夫人鸿案相庄，历数十年克勤内职，俾公得以专致于学问事业，发挥光大，薄海咸钦，洵足贻美彤史。且婚嫁已了，向平愿毕，亦可以无遗憾。切冀我公放怀达观，勿过为悲悼。或丧葬礼成，北来迳暑，如颐和园、静宜园均可择地久居。且旧游甚多，亦藉可商量旧学也。谬贡所见，惟采纳焉。侍忽动南游之兴，今日同徐森玉、邢冕之来鄂。明晨即赴长沙，同登衡岳。或更至永州访子厚《八记》之胜，约端午前可北旋。年来精力渐衰，趁此数年，差可支持，北之恒、嵩，南之桂、粤，当扶筇遍历，惟峨眉、青城故乡之胜或难如愿耳。闻公近来校书过劳，似宜少节，或得年少之人相为佐理，我公但督视之，则事亦可举。未来之事业无穷，而一人之精神有限，此亦不独校书为然也。客邸拉杂写呈，幸勿见哂。即候颐安。年侍生傅增湘拜启。[甲戌]四月八日汉皋寓次寄 [3]［1934 年 5 月 20 日］。

如赐函在四月内，可寄汉口高宅（汉口特一区一元路八十二号）。侍尚拟往庐山一行，约月底方北返。

---

1 按：张元济批："可否运交津馆，令其往取之？核示。此君藏书甚富，尚拟商借。张元济。23/4/13。"又批云："奉属通融。李君藏书富，能以罕见之本假借影印否？同人均望桑榆之收，兄如见，能说项否？23/4/16 复。"又佚名批："A557 号只有叁部。"
2 据原信，见于《上海图书馆藏张元济往来信札》八，第 93 ~ 95 页。参《张元济傅增湘论书尺牍》，第 319 ~ 320 页第 10 函。
3 按：信末张元济批："23/5/24 复。"

【285】1934 年 6 月 5 日

菊公前辈阁下 [1]:

　　自长沙乘飞机回汉皋，奉诵赐笺，极承绮注，感荷无量。十九日到浔，随即入山，遵命诣新居小住。朱性存照料极周至，侍与邢君（森玉先返平矣）各住一室，耳目怡悦，心神舒适，胜于客邸十倍。当夕仙岩晚餐，翌晨即觅得庖人唐姓，家常饭极可口。排日清游，归来眠食俱安，拜公之惠匪可言喻。刻定于明晨［下］山，乘轮舶西上，即作归计矣。知公垂注至殷，匆匆草此，藉表谢忱。敬候道安。诸维爱照不备。年侍生增湘拜启。［甲戌］四月廿四夜 [2] ［1934 年 6 月 5 日］。

　　邢君冕之属笔候谢。

　　前日在长沙访叶定侯，看所藏书，其抄校本颇有秘笈，略记数十品于册，供（足）备《丛刊》之选录也。

　　回汉后约定看徐行可藏书。

　　新构精舍似可用公家"松下清斋"四字以榜之。藏园附注。

【286】1934 年 7 月 20 日

菊生前辈同年阁下 [3]:

　　得诵惠书，知命驾匡庐，既逭炎威，复饶清兴，起居安适，撰述精弘，至为健羡。前者属检敝藏可入《续刊》各书，兹在山中就记忆所及录如别纸。其加标记者，拟异时汇入《古逸续编》中。各书均审写印清整可以付印者，乞参订去取先

1　据原信，见于《上海图书馆藏张元济往来信札》八，第 96～99 页。参《张元济傅增湘论书尺牍》，第 320 页第 11 函。
2　按：信末张元济批："23/6/15 发，23/7/4 又去一信。"
3　据原信，见于《上海图书馆藏张元济往来信札》八，第 100 页。参《张元济傅增湘论书尺牍》，第 321 页第 13 函。

后，随时见告，即便检奉 ¹。其馀尚有《四库》以外各书及续收善本，竢通检一过，再以奉闻。"松下清斋"试写一榜奉上，未知堪入清睐否？侍今年仍于香山赁屋，但人事纷扰，时须来往城中。月来雨候甚勤，气候尚非甚热，悬想南中亢旱酷烈，居民其何以堪。我辈乃享受清凉，殆如天上矣。《衡山游记》方在属草，若能在山中半月，当可脱稿。手此，即候颐安。年侍生增湘拜启。［二十三年］七月二十日 ²。

双鉴楼藏书供《四部丛刊续编》选印目录 ³：

《新唐书纠谬》（万历本，赵开美刊）⁴。

《雍录》十卷（嘉靖安国本）⁵。

《东京梦华录》十卷（明弘治本）⁶。

《孔子集语》三卷（天一阁本）。

《法（要书）［书要］录》二十卷（嘉靖本）⁷。

《砚笺》四卷（张纫庵抄校本）⁸。

《曲洧旧闻》十卷（明楚山书屋本）⁹。

《扪虱新话》十五卷（明抄本）。

《闻见近录》一卷（宋刊本）。

《剧谈录》三卷（明翻宋本）¹⁰。

《柳州外集》一卷（宋刊本）。

《薛涛诗》一卷（明万历洗墨池刊本，少见）¹¹。

---

1 按：张元济批："此为馆中营业之事，理宜分润。应如何缴纳之处，乞裁示。"
2 按：信末张元济批："23/8/25 复，23/11/10 又复。"
3 按：此据《张元济傅增湘论书尺牍》补，见第 321～323 页第 13 函附录。
4 按：张元济批："借。"
5 按：张元济批："已借到。"
6 按：张元济批："借。"
7 按：张元济批："借。"
8 按：张元济批："借。"
9 按：张元济批："借。"
10 按：张元济批："已照。"
11 按：张元济批："借。"

《东莱先生诗集》三卷外集一卷（宋刊本）。

《范香溪集》二十卷（元刊本）。

《南轩先生集》四十四卷（明翠岩堂刊本。又嘉靖缪辅之刊本）。

《王鲁斋集》二十卷（明黑口本，比阁本多数卷）。

《黄四如集》五卷（明嘉靖本）。

《新语》二卷（天一阁刊本）。

《虎钤经》二十卷（天一阁本）。

《苏州府志》五十卷（洪武刊本。国内只有三部，馀皆抄本）。

《长安志》二十卷（嘉靖本）[1]。

《书法钩玄》四卷（嘉靖本）[2]。

《演繁露》十六卷（嘉靖程熙刊本）。

《寓简》十卷（明本，极少见）[3]。

《甲申杂记》一卷（宋刊本）。

《侯鲭录》八卷（芸窗书院本）[4]。

《阮嗣宗集》二卷（明嘉靖范钦刊本）[5]。

《黄御史集》十卷（明曹学佺刊本）。

《罗豫章诗》十七卷（明嘉靖复元本）。

《斐然集》三十卷（经鉏堂抄本）。

《莪丰集》一卷（宋刊本）。

《文溪集》二十卷（嘉靖刊本。又旧抄本）。

《须溪先生记抄》八卷（明嘉靖本，棉纸初印）[6]。

1 按：张元济批："本馆有。"
2 按：张元济批："借。"
3 按：张元济批："借。"
4 按：张元济批："已印过，宋人小说。"
5 按：张元济批："借。"
6 按：张元济批："借。"

《湛然居士集》十四卷（明影元本）[1]。

《藏春集》四卷（明正德本，棉纸清朗）。

《揭曼硕集》三卷（旧影元写本）[2]。

《友石先生集》五卷（明黑口本）。

《密庵稿》十卷（明洪武刊本，比四库本多四卷）[3]。

《诗准》四卷《诗翼》四卷（明万历刊本）。

《名儒草堂诗馀》三卷（元刊本）。

《邵氏闻见录》二十卷（明抄本）[4]。

《近光集》四卷（旧抄本，较阁本为大佳）[5]。

《静居集》六卷[6]。

《履斋示儿编》二十三卷（明潘膺祉如韦堂刊本，鲍氏本以前只有此刻）。

《五色线》三卷（明刊本，较汲古阁本多一卷）。

《南江文抄》十二卷（邵晋涵，少见）。

《书林外集》七卷（明黑口本）。

《番阳李俟庵集》三十卷（旧抄本）。

《龟巢集》二十卷（旧抄本，卢氏抱经楼藏，甚工）[7]。

《三体宫词》三卷（万历刊本，少见）[8]。

《钟嵘诗品》三卷（明繁露堂刊本，少见）[9]。

《春秋集传纂例》十卷（明翻宋本，陆存斋推为善本）。

《方铁庵文集》四十五卷（明黑口本）。

傅增湘致张元济（1912—1945）

1　按：张元济批："已印过。"
2　按：张元济批："已印过。"
3　按：张元济批："借。"
4　按：张元济批："借。"
5　按：张元济批："借。"
6　按：张元济批："借。"
7　按：张元济批："借。"
8　按：张元济批："借。"
9　按：张元济批："借。"

《眉庵集》十二卷¹。

《北郭集》十卷（以上皆明成化张习刊本，少见）²。

《记纂渊海》一百九十五卷（明抄本。此书《四库》所收只明刊一百卷，其下九十五卷无刊本。记昔年为涵芬楼买明抄本《续集》百卷，不知尚存否）。

《吊伐录》二卷（钱遵王精抄本。阁本乃辑自《大典》）³。

【287】1934 年 9 月 11 日

[傅增湘致张元济函]⁴：

顷取到《四库珍本》一期，刓时不爽，奋力足佩。但洋纸光滑而重，殊不雅相。且日久色黄质脆，决难持久。不料我等经画数十年，强而集事，而成此俗劣之本，阅之使人心痗。吾言不用，尚复何言。同人诘难纷纭，此事部员固外行，云五亦难辞咎也。藏园 [甲戌八月初三日，1934 年 9 月 11 日]⁵。

【288】1934 年 11 月 12 日

菊生前辈阁下⁶：

久不得消息，正深驰系。从伯恒询悉，方知九月始下山。顷奉手书，快同面睹，至为欣忭。承示各节，兹分答如左：

《晋书》缺叶俟携至北平馆校定，再以奉寄。敝藏本已售去。

《魏书》列传五十七各叶已就敝藏本检出，交伯恒重照。

---

1 按：张元济批："已借陶氏本。"
2 按：张元济批："借。"
3 按：张元济批："借。"
4 据原信，见于《上海图书馆藏张元济往来信札》八，第 120 页。参《张元济傅增湘论书尺牍》，第 323 页第 14 函。
5 按：原信无日期，据《张元济傅增湘论书尺牍》补。
6 据原信，见于《上海图书馆藏张元济往来信札》八，第 102～106 页。参《张元济傅增湘论书尺牍》，第 325 页第 16 函。

内只第八叶与来样相类，当是宋末补刊也。

假书二十种日内即检齐[1]，候便人寄上。其中只《密菴集》略有模糊之叶，然此乃孤本，只可精修印行矣。

版税遵示行，乞印约寄下，但求每一书印出后惠赠一部耳。

《龙龛》《困学》二书加入《丛刊》，自可照办。

宋刊本入《古逸》数种，大率皆小帙，俟用时再详酌。

《唐子西集》三十卷本与汪活字本不同，自是罕秘，大可印行。孝先有二十卷写本，亦从宋本出，待曾校过[2]。其中有《幽燕檄》一篇，汪刻无之。此本有否？祈一查，恐清代删去也。

《衲史》一手完成，劳勚备至，其功绩之伟自不必言。而我公精力弥满，到底不懈，尤使人佩仰无已。

顷见有人藏《清绮斋藏书目》[3]，欲刻入丛书内。考为海盐张氏，自是君家故物，不知尊处曾藏此本否？如其刻不成，可抄一本存之，乞示及。

《宛委别藏》开印否？至念。

《四库珍本》现又印至若干部[4]？出书当不误期，希语我大略。

今日奉书后，即刻草此奉答，馀候别详。此候校安。傅增湘拜启。[二十三年]十一月十二日[5]。

---

1 按：张元济批："《剧谈录》已照过，补改《法书要录》。"
2 按：张元济批："借校本一校。"
3 按：张元济批："寄去打印本一分，阅过乞发还。若不同，乞代抄一分。"
4 按：张元济批："乞批示。"又史久芸批："第二期计五十四种四百五十五册，原订十一月底出书。厂中早已印齐，现在装订，可以准期出版。久芸敬志。23/11/16。"
5 按：信末张元济批："23/11/18。"

【289】1934 年 12 月 5 日

菊公鉴 [1]：

单中所假之书顷已检齐，遇便人即寄奉。如急需印，则交邮亦可。各书均清朗可照，惟《谢密庵集》有数叶模糊者，若难修理，或照抄数叶补入亦可。此乃孤本，偶有缺字，亦难补也。近以搜辑蜀文，欲遍检《大典》。馆中所藏除《水经注》外，似尚有数册，可否赐假一看？已印者可不用（如《忠经》之类是也）。第请公先查明，如是全抄一书，或医卜命相之类，则决无可采，亦不须经眼矣。专此拜恳，敬候校安。侍增湘拜启。［二十三年］十二月五日 [2]。

【290】1934 年 12 月 8 日

菊生前辈阁下 [3]：

前日奉到尊府《清绮斋书目》二册，与沈君善登所藏本对勘，竟同出一手，后亦有管庭芬跋语。第沈君已写成刻书样本，但未入版耳。兹仍将原书二册仍交邮挂号寄回，祈察收是幸。明年《四部续刊》目录定出否？能先抄一分见示，或可稍参末见也。手此，即候校安。侍增湘拜启。［二十三年］十二月八日寄 [4]。

---

1 据原信，见于《上海图书馆藏张元济往来信札》八，第 107 页。参《张元济傅增湘论书尺牍》，第 326 页第 18 函。
2 按：信末张元济批："23/12/30 复。"
3 据原信，见于《上海图书馆藏张元济往来信札》八，第 109 页。参《张元济傅增湘论书尺牍》，第 326 页第 19 函。
4 按：信末张元济批："23/12/30 复。"

【291】1934 年 12 月 8 日

菊生前辈阁下[1]：

前函索取明抄《三朝北盟会编》，现因校勘未竣，先将前半部托陈世兄乐素带呈，祈查收。其后半部随后再还，当不误印照之用也。《书目》二册，今日交邮局寄上，计可到。手此，即候校安。年侍生增湘拜启。[二十三年]十二月八日[2]。

【292】1934 年 12 月 15 日

菊生前辈阁下[3]：

今乘便奉上善本书二十种，附列目录，统祈查入。如付印时，各书侍有题记，似可抄以附印，大抵皆在《群书题记》中也。此上文祺。增湘拜启。[二十三年]十二月十五日[4]。

前岁闻馆中影印《大典》本《水经注》业经讫功，惟久未见发行。其中有四册原为侍所藏，亟欲以先睹为快，拟求检取打样本一分（如有印成之本尤妙），早日见寄，以慰渴望。至叩至感。增湘副启。

藏园借印善本各书目[5]：

成化本《北郭集》三册[6]。二百廿三页。

成化本《静居集》三册[7]。一百七十一页。

嘉靖本《刘须溪记抄》四册[8]。一百廿一页。

---

1 据原信，见于《上海图书馆藏张元济往来信札》八，第 108 页。参《张元济傅增湘论书尺牍》，第 327 页第 20 函。

2 按：信末张元济批："23/12/30 覆。"

3 据原信及所附书目打印件，见于《上海图书馆藏张元济往来信札》八，第 110～114 页。参《张元济傅增湘论书尺牍》，第 327～328 页第 21 函。

4 按：信末张元济批："23/12/30 复。"

5 按：今存此目打印件，只列书名、册数，其张元济批语及页数，则据《张元济傅增湘论书尺牍》补。

6 按：张元济批："与《静居集》同。"

7 按：张元济批："纸色黯。尚可照。"

8 按：张元济批："似天启、崇祯本。非嘉靖。"

嘉靖本《书法钩玄》四册 [1]。九十八页。

明本《新唐书纠谬》四册 [2]。二百六十七页。

旧抄《龟巢集》二十册 [3]。九百五十九页。

明楚山书屋刻本《曲洧旧闻》四册 [4]。一百廿九页。

明万历栖云阁本《三家宫词》一册 [5]。三十三页。

明洪武本《密庵集》四册 [6]。二百十一页。

旧抄本《近光集》一册 [7]。一百零八页。

明嘉靖本《法书要录》二册 [8]。二百廿九页。

明万历本《薛涛诗》一册 [9]。廿八页。

明抄本《邵氏闻见录》四册 [10]。二百零六页。

明天一阁本《阮嗣宗集》二册 [11]。六十八页。

抄校本《砚笺》一册 [12]。六十九页。

明繁露堂本《诗品》一册 [13]。二十二页。

明弘治本《东京梦华录》二册 [14]。五十六页。

明活字本《寓简》二册 [15]。一百零五页。

述古堂精抄本《吊伐录》二册 [16]。一百五十四页。

明弘治本《藏春诗集》二册 [17]。一百四十八页。

1 按：张元济批："清朗可照。"
2 按：张元济批："印本极佳，惜序并（举）《五代史纂误》已佚。"
3 按：张元济批："旧抄，易印。"
4 按：张元济批："墨淡纸渝。恐照不好。"
5 按：张元济批："清楚，稍有佚字。"
6 按：张元济批："太模糊，照相前须考虑。"
7 按：张元济批："纸黯敝，有缺方，须先查。设法访补，否则不能用。"
8 按：张元济批："分上下卷，只可分订四册。"
9 按：张元济批："稍模糊。尚可照。"
10 按：张元济批："易照。"
11 按：张元济批："可照。有批点，须加修工。"
12 按：张元济批："张绍仁藏，可印。"
13 按：张元济批："墨晕不重，可照。但卷页甚少。"
14 按：张元济批："字淡且毛，难照。"
15 按：张元济批："分上、下。纸稍黄，可照。"
16 按：张元济批："精抄，易印。"
17 按：张元济批："印本淡，有数页纸色黯，应用隔色镜照。卷四二页有裂痕，注意。"

共二十种，六十七册。

【293】1935年1月9日

菊公鉴[1]：

《大典》目检悉，兹开如别纸，敬祈赐假一览，拜惠无量。《烬馀书目》稍缓检还。询《琬琰集》缺叶事，敝藏本昨岁售与王君矣，可属朱遂翔一查，此书曾补抄完备也。此候时祺。年侍生傅增湘拜启。［甲戌］十二月五日［1935年1月9日］。

《大典》单阅悉，除已见影本及专书无可采外，兹拟假数册，列目于左，希遇便赐寄，无任幸盼。

三千五百二十五、六，九真韵，门字一册。

一万四千三百八十四，四霁韵，冀字一册。

二万一千九百八十三、四，七药韵，学字一册。

三千五百七十九、八十、八十一，九真韵，村字一册（此册查目知为公所藏也）[2]。傅藏园拜托。［甲戌］嘉平五日［1935年1月9日］。

【294】1935年1月23日

菊公台鉴[3]：

前函乞赐假《大典》三册，除公藏本已让出外，馆中藏者尚有两册[4]，拟求一阅。兹有中孚银行孙锡三兄年底回平，敬祈查原单所开检取，交孙君带来为盼。中孚距金城甚近，如自库

---

1 据原信，又附《大典》目打印件一份，内容与原信同。见于《上海图书馆藏张元济往来信札》八，第115～117页。参《张元济傅增湘论书尺牍》，第330页第1函。又参《张元济全集》第3卷"书信"，第403页第246函。
2 按：张元济批："已于去年售去济家用矣。"
3 据原信，见于《上海图书馆藏张元济往来信札》八，第118～119页。参《张元济傅增湘论书尺牍》，第330～331页第3函。
4 按：张元济批："实有三册，冀、学、门三字。"

中取出，就近交中孚行亦颇便也，侍已函知孙君矣。手此，即颂年祺。侍增湘拜启。[甲戌]坡公生日。藏园寄[1][1935 年 1 月 23 日]。

前假阅《涵芬楼善本书目》一册，兹检出奉还，祈查收。《烬馀书目》已收到，俟阅后或签注意见，再以奉缴。此上菊生前辈。增湘拜启。

前请假《大典》数册，兹有中孚银行孙锡三君北还，可否检交携平？至祷。沅叔注。

【295】1935 年 2 月 20 日

菊公前辈台阅[2]：

奉诵手示，敬悉。《蔡忠惠集》《唐子西集》先后交伯恒手，计可收到。《大典》四册阅过，抄得蜀人诗文及蜀志十数条，拜惠多矣。《易疏》侍思之廿年，终当为我所有。俟机会到再办，到手决不自秘，但目前尚宜秘之。其值乃破天荒，殊骇物听，不特售者恐招是非，即买者亦不欲宣扬于外，供人指摘，知公当喻此意也。昨见《邃雅书目》，有唐鷇安手校《文中子》，所据为宋内府本，为公家先世宗橚故物。其价只数十元，似可收，曷一阅之。匆匆草此，即颂时绥。年侍生增湘拜启。[乙亥]正月十七日[3][1935 年 2 月 20 日]。

蔡集宋本是否海源阁物？此本曾见之，刊极精，但有抄配耳。

---

1 按：信末张元济批："24/1/28 复。"
2 据原信，见于《上海图书馆藏张元济往来信札》八，第 121～122 页。参《张元济傅增湘论书尺牍》，第 331 页第 5 函。
3 按：信末张元济批："24/2/27 复。"

[**附录张元济致丁英桂函，1935 年 2 月 27 日**][1]:

兹送去《唐子西集》毛样三本，又校记两本，乞查收，可即制版。此书已借到傅氏校本，弟又重校一过。瞿氏校记所采无多，已逐一标明，请属插入总校记内。毛样封面有关涉制版方法，祈录出交下。原稿即交校员，万勿弃去。末次校定，连毛样送鄙处一复。此上英桂仁兄台鉴。弟张元济顿首。二十四年二月二十七日。

【296】1935 年 3 月 9 日

菊生前辈阁下[2]:

敬恳者，兹因舍弟患胃病甚剧，访得匡氏药室膏药颇为神效，特开如别纸，敬祈托馆中代为购取，交快邮寄下，至叩至叩。再葛君所要《郘亭书目》久忘邮致，兹交伯恒带申，并乞转致。《群书题记》亦附赠三册。衲史四种闻早印出[3]，何以北方至今未到？至盼。此候台安。年侍生增湘拜启。[二十四年]三月九日[4]。

【297】1935 年 4 月 15 日

菊公鉴[5]:

前函未及各事，兹补述如左：

《碑传琬琰集》缺叶乞开示，以便查取抄本补足，侍前藏宋刻即据他本补完也。

---

1 见于《张元济全集》第 1 卷 "书信"，第 56 页。
2 据原信，见于《上海图书馆藏张元济往来信札》八，第 123 页。参《张元济傅增湘论书尺牍》，第 332 页第 7 函。
3 按：张元济批："请拔翁查明何日寄出，分馆何时收到？"
4 按：信末张元济批："24/3/13 复。24/4/2 又去信，唁其丧弟。"
5 据原信，又打印目录一叶。见于《上海图书馆藏张元济往来信札》八，第 125～127 页。参《张元济傅增湘论书尺牍》，第 332 页第 8 函。

《邵亭书目》及《群书题记》三册乞代致葛君，别三册乞代致瞿凤起世兄。

公司开会恐不能来，乞公代表，托属书别寄上。增湘拜启。〔乙亥〕三月十三日[1]〔1935 年 4 月 15 日〕。

宋本《名臣碑传琬琰》之集抄配卷叶：

上集：卷五，三[2]。卷十一，一二三四五六。卷十二，一二三四九。卷二十七，五。中集：卷十七，六。卷二十五，二三四五。卷四十六，一后半叶。卷五十五，二十五。

【298】1935 年 4 月 29 日

菊公前辈阁下[3]：

刻拟约友游黄山，定于五月三日（即四月朔日）乘平沪通车南来，计程五日早七点五十分到沪，乞公届时派车来站一迓。车夫为旧人，或相识也。闻拔可新游黄山方归，能否约一晤？以便问途。在沪只住一二日，拟仍住范园较便。同游有林贻书、江翊云、邢冕之三人。近年精力大不如前，登山非假人力不可。闻山中修路，可篮舆至绝顶，故乘兴再游，以偿夙愿耳。手此，敬候台安。年侍生增湘拜启。〔二十四年〕四月廿九日。

【299】1935 年 5 月 27 日

菊生前辈执事[4]：

昨在灵岩寺龙鼻洞观余辈乙卯刻石，其中逝者已三人，惟

---

1 按：信末张元济批："24/4/18 到。平馆托人带来。"
2 按：原为苏州码，现改为汉字。下同。
3 据原信，见于《上海图书馆藏张元济往来信札》八，第 129～130 页。参《张元济傅增湘论书尺牍》，第 332 页第 9 函。
4 据原信，见于《上海图书馆藏张元济往来信札》八，第 128 页。参《张元济傅增湘论书尺牍》，第 332 页第 10 函。

竹庄、侍及公存耳。今日往天台，约月底乃回申。公远游归，必休息不出，良晤匪遥。书此，即候台安。增湘拜启。[乙亥]四月廿五日[1935年5月27日]。

【300】1935年6月23日

菊生前辈阁下[1]：

别后十一日安抵家。交涉幸少定，一时可苟安，然从此不可为国。吾辈侨居久者，将何以善图其后耶？《南北史》元本已照来单检出，《南史》乃全部，《北史》则检去四十册。但补版殊粗率，未知适用否耳？借印各书尚未寄还，不知已寄出否？闻《水经注》已印好，能否先以样本见寄一分？此中有半部原为敝藏也。庐山决去否？《易疏》决印行，又需巨款，奈何。此候校绥。侍增湘顿启。[二十四年]六月廿三日[2]。

近日患脚疾，不能出户，殊焦急。

【301】1935年7月21日

菊公台察[3]：

昨承颁到《大典》本《水经注》八册，照领勿念。属撰跋语，俟校正后当勉为之。兹交友人王君泽民寄上绍兴大字本后汉刘《志》二册，祈分神转付罗子经兄手收。此本与衲史所印同，第只存志三十卷耳。前云葛咏裁属书之件，是扇是联？乞示及。此候校安。年侍生傅增湘拜启。[二十四年]七月廿一日[4]。

---

1 据原信，见于《上海图书馆藏张元济往来信札》八，第131页。参《张元济傅增湘论书尺牍》，第332~333页第11函。
2 按：信末张元济批："24/7/8复。"
3 据原信，见于《上海图书馆藏张元济往来信札》八，第132页。参《张元济傅增湘论书尺牍》，第333页第13函。
4 按：信末张元济批："24/8/24复，附伯恒信中。"

新印游记附寄数册，公阅外可交东方馆一部、瞿世兄一部、罗子经一部、葛咏莪一部。

【302】1935 年 9 月 20 日

菊生前辈执事[1]：

前奉赐函，知山中亦偶撄小疴。我公以七十高年，虽聪强不减，亦宜加意节啬，勿效曲园之拼命著书也。《密庵集》小跋写成[2]，又以《四库》本、万历本补订缺逸文字，而以《四库》所佚各文诗目列诸后方，使读者知所注意。《唐书纠谬》应取鲍刻本二十卷内缺文补录卷尾，祈公阅后属人抄之，庶与跋语相应也。《三体宫词》亦撰有后跋，均请录入。《水经注》陈援庵假去，讫未见还，故未动手，然此跋实未易着笔也。兹将二书交赟书带奉，跋文别抄再寄。别有一书，乞公与拔可、云五二君酌之，侍则以为决勿再缓也。增湘。［二十四年］九月二十日[3]。

再启者，侍自去腊购《周易单疏》后，债台又已高筑。连年来意外用款透支超逾两万金，而印《易疏》尚须数竿。初拟出售藏书以弥其缺，而亦不行。因思及重印《道藏》一事，既可应当世之需要，馆中必有馀利可图。而侍藉合印之便，得分馀润，庶可少轻负累，洵属两利之策。乞公千万主持，即以助起衰颓也。藏园密启。

---

1 据原信，见于《上海图书馆藏张元济往来信札》八，第 133～138 页。又张元济批："请岫庐、拔可两兄台阅。弟元济上。"参《张元济傅增湘论书尺牍》，第 333 页第 14 函。
2 按：张元济批："《丛刊》三编等不及，已为易他书，跋又今已撰就矣。"
3 按：信末张元济批："24/9/24 复。"

【303】1935 年 9 月 28 日

菊公鉴 [1]：

　　得匡庐书，曾复一函，计早达。兹撰成《新唐书纠谬》《谢密庵稿》两跋，别纸抄呈，改正再付刊为幸。又《三体宫词》亦偶作小跋，藉以附上。如公以为可用，即附之本书后亦可。《水经注跋》稍缓再拟奉，近日文字债填委，扫除不易也。昨函言《道藏》事，详酌为幸。此候台绥。侍生增湘拜启。［二十四年］九月廿八日 [2]。

【304】1935 年 10 月 8 日

菊生前辈同年执事 [3]：

　　在园居奉赐笺，敬悉。寄书已照收。题跋三首来电前二日已付邮，日内必递到矣。《周易正义》业寄东邦，用玻璃版印行，言三月可出书。纸幅装订与《尚书》一律，定价约在百元（国币计），是否售预约未筹及，公试为计画之。只印二百部，有一友为任印费，亦须数千金也。此书买价人人知之，连印纸约共万七八千金。二百部如全售，自可有赢。然投赠及寄售折扣恐耗去二成，亦只取回本。银行债累或可减去半数，其馀再设法也。今年未买书，亦未能售书，第好书亦不多见耳。《水经注跋》不敢深说，只可略述版刻源流，敷衍成篇，好在敝藏正有残宋本也。手此，即候颐安。年侍生傅增湘谨启。［乙亥］重阳前三日邵窝书［1935 年 10 月 8 日］。

1　据原信，见于《上海图书馆藏张元济往来信札》八，第 139 页。参《张元济傅增湘论书尺牍》，第 334～335 页第 16 函。
2　按：信末张元济批："24/10/3 复。"
3　据原信，见于《上海图书馆藏张元济往来信札》八，第 140～141 页。参《张元济傅增湘论书尺牍》，第 335 页第 17 函。

【305】1935 年 11 月 15 日

菊公前辈执事[1]：

伯恒来假明抄《御览》，已检付之。第写手不精，不能付印也。鄙意所缺只二十六卷，可以取张刻依宋本行格补抄以足之。所费不过百馀元，而正确雅饬多矣。明抄亦有从宋本行款者，而潦草特甚，足为全书之累，公试详审之。《南史》序缺叶各本皆同，似由来久矣。又新印《丛书集成分类法》非驴非马，削趾适屦，寔不敢赞同。新学后生，流略未窥，辄思变乱古法，真足慨叹。前日欲检《宝颜堂秘笈》中之《席上辅谈》，遍翻不得，未知归入何类？公试询主者，明以见告。手此，即颂校安。年侍生傅增湘拜启。〔二十四年〕十一月十五日[2]。

【306】1935 年 11 月 27 日

菊公前辈阁下[3]：

顷奉手教，知以活字本校定补入，自较妥善。《丛书集成》能否印少数粉连纸[4]？侍亦欲购一部，惜其洋纸不经久也。葛君属书两联寄上，祈转交。又罗子经店中存有宋本《后汉书》二册，已属交至尊斋[5]，候便带平。顷有中孚银行经理孙君锡三来申，不日回平，拟托其带来。如已交到，祈便付拔可转交孙君（孙君即住范园内），以免远道转送，或致差误也。《道藏》拟改用铅字排印，可省叶数一半，似可行，乞酌之[6]。此候台

---

1 据原信，见于《上海图书馆藏张元济往来信札》八，第 142～143 页。参《张元济傅增湘论书尺牍》，第 335～336 页第 19 函。
2 按：信末张元济批："24/11/23 复。"
3 据原信，见于《上海图书馆藏张元济往来信札》八，第 144～145 页。参《张元济傅增湘论书尺牍》，第 338 页第 21 函。
4 按：张元济批："岫翁前似已估过，记得似千六百元。是否，乞示。"
5 按：张元济批："请任心翁代函罗子敬君索取，即交下阅。再托拔翁转交孙君，并托拔翁问孙君何日起程。"
6 按：张元济批："请岫庐先生核示。张元济。24/11/30。"

安。增湘拜启。［二十四年］十一月廿七日 **[1]**。

【307】1936 年 2 月 15 日

菊公前辈阁下 **[2]**：

　　奉赐示并书单，均领悉。《唐书纠谬》《三体宫词》二跋昨岁已撰成，兹特抄寄，祈削正再付刊。此外各跋俟陆续补撰再寄。前次承赐《太平御览》及《南北史》，均领到。《御览》俟略校数卷，当试拟一跋，且述搜访之艰，盖东福寺宋本寔由侍首先寓目也。《南阳集》敝藏无之，恐公误记也。手此，即候台安。年侍生傅增湘拜启。［丙子］正月廿三日天津寓所寄 **[3]** ［1936 年 2 月 15 日］。

【308】1936 年 2 月 22 日

菊公前辈赐鉴 **[4]**：

　　奉诵手示并书单、印件，均悉。《黄四如集》检得藏本，补出卷一卅九叶脱字。后序则敝藏本刻板与馆本不同，八代孙铖跋后即接世孙东村廷宣跋，其版口号数相连，为十九、二十、二十一、二十二、二十三，中间并无脱简也。惟其后尚有九代孙懋恩跋二叶，不知馆本有之否？如需用，再抄呈。敝藏乃隆庆补版重印（原书同一板，惟后跋乃重刻增入），此差异所由也。原本改正寄回，乞酌之。《华阳集》敝藏未有抄本，谅误记矣。《宫词》及《纠谬》跋稿前日邮上，计已收到。《北郭》《静居》二集既有合跋，似可勿再撰。馀当陆续撰寄。曾

1　按：信末张元济批："24/12/3 复。"
2　据原信，见于《上海图书馆藏张元济往来信札》八，第 146 页。参《张元济傅增湘论书尺牍》，第 340 页第 3 函。
3　按：信末张元济批："25/3/2 复。"
4　据原信，见于《上海图书馆藏张元济往来信札》八，第 147～150 页。参《张元济傅增湘论书尺牍》，第 340～341 页第 4 函。

记《砚笺》《闻见录》似有旧稿，检得可先写奉。又示及蜀游雅兴，闻之颇为心动。侍离家已三十五年，宗族亲友、田园庐墓时切于怀，频经丧乱，暮年尤所系心。只以年老远归，戚族仰泽者多，非筹有数千金不能决计。且川中当道访问周旋，必多酬酢，劳神耗财，尤所深惮。既回家一行，亦决非一二月不可，因是踌躇不敢遽决。今春三月十三日诹吉为三小儿完姻，即欲还乡，亦须俟家事料理略定，乃可成行，亦非秋后不办矣，盖游览与还乡轻重难易迥别也。《周易正义》刻下已印成寄到（共印贰百部，每部售乙百元），惟封面、后跋以迟到不及订入，在此间补订，尚需时日。俟先订一部，首以奉寄。此书是公所购，抑东方馆所购？乞示及，拟亲自题署也。此外友好中如有好古者，并乞揄扬，以冀多销。此书收价、印价耗至一万九千元，欲借此略清积逋，恕不能奉赠，至歉。近数月来，家中病人多，心绪为之不宁，校书、撰文皆未着笔，即僚友函件亦多搁置未复。然以老年不禁哀感忧劳，亦颇善自排遣，如饮宴、游览，得闲亦复为之，可谓木石心肠，斯无可如何者矣。《文苑英华》印行计及否？宋版百四十卷外以何本补之？至以为念。馀容续陈。手此，即候校安。年侍生傅增湘拜启。[二十五年] 二月廿二日 [1]。

【309】1936 年 3 月 14 日

菊生前辈大人阁下 [2]：

前日颁到锦幛，敬已拜登。儿辈婚事，远道亲友概未通知，不意乃蒙隆礼下降，感愧何似。《周易单疏》顷装订已竣

---

1 按：信末张元济批："25/3/2 复。"
2 据原信，见于《上海图书馆藏张元济往来信札》八，第 151 页。参《张元济傅增湘论书尺牍》，第 342 页第 6 函。

（共二七六页 [1]），遵命寄呈一部，交中孚孙经理飞机南来之便，属其赍送。此书在南中尚为第一帙，此后如有好古之士，希广为揄扬，俾得早日广布是幸（其价即定每部百元，不折不扣）。手此，敬候校安。侍增湘拜启 [2]。［二十五年］三月十四日。

【310】1936 年 5 月 4 日

菊生前辈阁下 [3]：

闻百衲全史本年可校印完成（《史记》如尚未印，拟搭印旧纸一部 [4]），不朽鸿功，即为公千秋盛业，可为欣贺。前者属撰《眉盦》《北郭》《静居》三集后跋 [5]，幸在山居，拨冗成之，特以抄呈，敬候斧削。手此，即请台安。年侍生傅增湘拜启。［二十五年五月］四日 [6]。

张潜若衲史中班书残缺，欲配数册，未知馆中能设法否 [7]？又《水经注》一书拟求得草订本一部，想易办也，又及。游易州西北山回，书此奉寄。

三月中，曾交孙陟夫转上《周易单疏》一部，未审公鉴收否？如未收到，可询拨可自知也。沅叔附启 [8]。

1　按：原文为苏州码。
2　按：张元济批："瞿凤起托代借百衲元本《史》中彭寅翁本十馀卷。"
3　据原信，见于《上海图书馆藏张元济往来信札》八，第 152～153 页。参《张元济傅增湘论书尺牍》，第 342 页第 7 函。
4　按：张元济批："允。"
5　按：张元济批："《北郭集》、徐幼［文］《泰山纪游诗》请乞抄示。"
6　按：信末张元济批："25/5/8 复。"又张元济批："商借黄善夫本六卷重照大板。"
7　按：张元济批："已却。"
8　按：信末张元济批："25/5/8 复。"

【311】1936 年 5 月 15 日

菊公鉴¹：

奉示，敬承一一。兹交任君带上旧高丽纸一千二百张²，遵付总馆任君转付丁君矣。此纸每张开为二叶³，纸面原来在外，乞转告留神，万勿反用。此纸每张价约七八分，且极难觅，务希告工人珍重将护为要。《北郭》《眉葊》二集已校过，补字不少，缺者只数处耳。《静居》交伯恒代校，日内计可寄呈矣。幼文诗略迟即抄上，可以补入也。宋本《史记》及王本候示借照。《水经注》跋日内或略记数行⁴，恐不能详考订也。彭寅翁本可以奉借⁵，但近日正在装订，订完即奉。近日已将各卷补齐，只缺世家及表五六卷，未知馆中有宋元本残卷可以助成我否⁶？端午前拟南来，届时再闻。此候台安。侍增湘拜启。［二十五年］五月十五日⁷。

再启者，前年陈乃乾印宋本《白氏六帖》时，曾检寄高丽纸八九百张⁸，记交公处。后以搭印费手未印，此纸似尚存尊斋，乞代为查考。事隔数年，侍亦记不清矣。藏园再启⁹。

1　据原信，见于《上海图书馆藏张元济往来信札》八，第 154～156 页。参《张元济傅增湘论书尺牍》，第 343 页第 9 函。
2　按：张元济批："心白、拔可两兄同阅。"
3　按：张元济批："请心白转告丁先生。"
4　按：张元济批："已撰就，可否须请速商。伯恒兄转达。"
5　按：张元济批："如过瞿世兄，乞告之。"
6　按：张元济批："馆中亦无残本。"
7　按：张元济批："鄙意即日出书，应否另寄，乞拔翁斟酌。张元济。25/5/23。"又批："张《水经》要料半纸一部。"
8　按：张元济批："一二·八之役已毁。"
　9　按：信末张元济批："25/5/24 复。"

【312】1936 年 7 月 8 日

菊公台察[1]：

　　闻蜀游已旋驾，想揽胜探幽，定饶佳兴也。前接馆函，言旧纸印《史记》篇幅尚少二百番。兹交小婿水次慧（现任兰州盐务局长）寄来四百张（整张式百也）[2]，祈转付搭印，馀纸乞暂存。此纸每幅一角，颇难觅也。忆及前年开印《四库珍本》时，侍曾有一单，求选印《蜀贤丛著》数十部。公当时语我，谓部有合同，未便抽印，第可为君单印一部，第不可宣扬耳[3]。未识此事曾办过否，乞查询。如有其书，极所欣盼，因全部未便动笔，有别本可随时校勘也。又前次拟搭印《白氏六帖》，寄上高丽纸六七百张，后以陈乃乾谓不能搭印作罢。此纸记是交尊处。昨岁公复函，谓已毁于闸北。然此事系日战后之一年，侍以卖书来上海，与乃乾往还，秋后乃印此书也。闸北所焚者又是从前所存之物，或请便中再为访寻[4]，庶几可得梗概，不必汲汲也。琐琐奉扰，极不安。因偶忆及，故略言之。手此，即候台安。侍增湘拜启。［二十五年］七月八日[5]。

　　蜀贤著作，藏园选辑：

　　《春秋经解》十二卷（宋崔子方）附《春秋例要》一卷，五册。

　　《春秋左传要义》三十一卷（宋魏了翁），七册。

　　《春秋分纪》九十卷（程公说），三十册。

　　《春秋明志录》十二卷（明熊过），十册。

---

1 据原信，见于《上海图书馆藏张元济往来信札》八，第 160～165 页，又附"蜀贤著作"打印目录一分，第 157～159 页。又张元济批："傅君来信三事，祈代查覆。此上丁英桂先生。张元济。25/7/13。"参《张元济傅增湘论书尺牍》，第 343～344 页第 10 函。
2 按：张元济批："已到否？乞示。"
3 按：张元济批："此事已不（寄）[记]忆，曾办否？乞示。"
4 按：张元济批："此事亦不记忆，并乞代查。"
5 按：信末张元济批："25/7/12 到，25/7/17 复。"

557

《廉吏传》二卷（宋费枢），二册。

《六朝通鉴博议》十卷（宋李焘），四册。

《皇极经世索隐》二卷（宋张行成），一册。

《皇极经世观物外篇衍义》九卷（宋张行成），八册。

《易通变》四十卷（宋张行成），二十二册。

《范太史集》五十五卷（宋范祖禹），二十册。

《跨鳌集》三十卷（宋李新），八册。

《云溪集》十二卷（宋郭印），四册。

《缙云集》四卷附录一卷（宋冯时行），四册。

《方舟集》二十四卷（宋李石），十册。

《九华集》二十五卷附录一卷（宋员兴宗），八册。

《莲峰集》十卷（宋史尧弼），五册。

《性善堂稿》十五卷（宋度正），五册。

《沧洲尘缶编》十四卷（宋程公许），六册。

《字溪集》十一卷附录一卷（宋杨棫），七册。

《则堂集》六卷（宋家铉翁），四册。

《南岳倡酬集》一卷附录一卷（张栻等），一册。

共二十二种，通四百二十卷，一百七十一册。

【313】1936 年 9 月 26 日

菊生前辈阁下[1]：

前承询《南史》序缺页，曾忆有可以补完，乃当时竟不能得。兹检积稿中，正有此序，乃从《大典》抄出者（补九十七字），兹特奉寄，祈属补印加入，分致各订户为幸。侍中秋日在无锡鼋渚赏月，廿日外可至申一游，当图良晤也。又交旅行

---

1 据原信，见于《上海图书馆藏张元济往来信札》八，第 166～167 页。参《张元济傅增湘论书尺牍》，第 345～346 页第 14 函。

社寄一书，乞代收。此候秋祺。增湘拜启。［丙子］八月十一日 [1]［1936 年 9 月 26 日］。

【314】1936 年 9 月 30 日

菊公台鉴 [2]：

顷已到无锡，于横云山庄清宵赏月。以时逢节序，触景生悲，故藉此远游，稍纾怀抱耳。到申恐须廿日外，届时当以电告，拟仍住范园孙宅。馀俟面叙，不一。此颂秋祺。年侍生增湘拜启。［丙子］中秋日 [3]［1936 年 9 月 30 日］。

【315】1936 年 10 月 5 日

［傅增湘致张元济函］[4]：

书箱收到，至感。《旧唐》跋容细读。黄本《史记》昨公去后始忆及尚有六卷，在景祐本《史记》配卷中。其卷数记不审，但知有《扁鹊仓公传》耳，容令儿辈查来。此上菊公前辈左右。增湘拜启［丙子八月二十日，1936 年 10 月 5 日］[5]。

【316】1936 年 10 月 29 日

菊公前辈左右 [6]：

别后于初四日抵平。地方皆安靖，惟近以倭行大操于平津间，人情稍不安耳。兹有恳者，侍新汇宋元本《史记》为百衲

1 按：信末张元济批："25/10/2 复。"
2 据原信，见于《上海图书馆藏张元济往来信札》八，第 168 页。参《张元济傅增湘论书尺牍》，第 346 页第 15 函。
3 按：信末张元济批："25/10/2 复。"
4 据原信，见于《上海图书馆藏张元济往来信札》八，第 169 页。参《张元济傅增湘论书尺牍》，第 346 页第 16 函。
5 按：原信无日期，据《张元济傅增湘论书尺牍》补。
6 据原信，见于《上海图书馆藏张元济往来信札》八，第 170 ~ 174 页。参《张元济傅增湘论书尺牍》，第 346 页第 17 函。

书，中缺八卷，无从配全。因思馆中正印黄本《史记》，兹特寄呈旧纸一卷，祈为重印此八卷，加入则大功完成，亦不朽之事也。如板已磨去，能为重印，即多费亦不恤也。匆匆草布，即候台安，并祝千秋大庆。年侍生傅增湘拜启。

顷见有《馀菴杂录》一本，为海盐陈子木撰，公曾见及否？［二十五年］十月廿九日[1]。

《史记》缺卷：年表六（七十四页）、十（二十一页），世家十五（十一页）、十六（二十一页）、十七（三十一页），列传四十六（十五页）、四十七（十四页）、四十八（八页），共八卷。寄高丽纸五十二张，可开百四张，当足用。此纸甚贵，如未用，乞代存[2]。

【317】1936年11月9日

菊生前辈侍右[3]：

昨游房山云居寺归，得诵手教，极为欣拚。《史记》竟可补印，纸已续寄百廿番矣。王本《史记》开来夺漏七事，当即逐卷比核，柯本各条皆具，咸无脱失。秦藩本只有《律书》两条、《微子世家》不脱，馀五处与王本同。费序言柯行人参校考订，两年始毕，观于此，知其言固足信矣。侍又以日本活字本校之，脱文亦多有之，惟《律书》二条因此本无《正义》，无从核正也。《吴世家》中亦有脱文一行，惟柯本独完，以此可知嘉靖时三刻本当以柯校为最精矣。侍于柯本只有残帙，因杂集王氏、秦藩各刻为百衲本一部，其中尚缺数卷，亦拟就此

---

1 按：信末张元济批："25/11/1复。"又张元济批："另笺云缺纸九十一页，望补寄。"
2 按：张元济批："此纸系傅沅翁寄来，乞饬录一分送丁英桂君。此纸仍乞见还。"又批："74+21+11+21+31+15+14+8=195。"
3 据原信，见于《上海图书馆藏张元济往来信札》八，第175～178页。参《张元济傅增湘论书尺牍》，第347页第19函。

际补全。兹录缺卷于别纸，乞公并为成之，但此数卷只须通行之纸足矣，若从残卷页中凑足亦可。屡渎清听，深滋不安。手此，即候校绥。侍增湘拜启。[丙子]九月廿六日[1][1936年11月9日]。

费懋中序汪谅本言，柯君徵奇遍求诸家旧本，参互考订，反复数四，历两岁而始就，视陕西之刻尤为精绝云。所指陕本当即秦藩也。是同时三刻柯最善，秦藩次之，震泽最下劣矣。而世人乃群推王本，何耶？

【318】1936 年 11 月 11 日

菊生前辈执事[2]：

昨奉一笺，计达清览。二次寄纸当亦递到矣。前次单中请补印普通纸六卷，日前《淮阴侯传》一卷已配得，此卷可勿印矣。兹更有恳者，侍拟发愤校大部书，年内欲从事于《册府元龟》。馆中所影日本残卷，前年寄来数册，业已缴还，欲恳公属工为先印样本一分赐寄，以便从事丹铅。此间东方所藏明写本已假数册来，昨夕曾校一卷，知为宋本所照写者，脱文已得数处。他时宋本不足，可取此本补入付印也。旧纸全部《史记》如印完，盼早寄，至荷。此候校安。年侍生增湘拜启。[二十五年]十一月十一日[3]。

王本《史记》缺卷：年表四、七、八。《礼书》《乐书》《淮阴侯传》[4]，共六卷，如在新印残废卷中检配亦可。沅叔

1 按：信末张元济批："25/11/17 复。"
2 据原信，见于《上海图书馆藏张元济往来信札》八，第 179～181 页。参《张元济傅增湘论书尺牍》，第 347～348 页第 20 函。
3 按：信末张元济批："25/11/17 复。"又张元济批："阅柯本《索隐》序后刻版年月及石公宪云云。又托查柯、秦二本行字数，并告知黄本《泰伯世家》脱十八字、《龟策传》衍廿五字，已补削。"
4 按："《淮阴侯传》"已删去。

拜托。

[附录张元济致丁英桂函，1936年11月16日]¹:

傅沅翁来信，可代校《册府元龟》。请提毛样，先寄一百卷，由邮政局寄。又沅翁问大本连史纸《史记·年表》四、七、八，《礼书》，《乐书》，如有馀叶，欲乞一分，配王本《史记》残本。大本钉齐后，乞查明检发，交至敝处。如不全，则补印，以应其请可也。英桂仁兄鉴。弟张元济顿首。二十五年十一月十六日。

【319】1936年12月6日

菊公前辈鉴²:

前奉惠书，适因纳妾黄氏，不免纷纭数日，未及裁答。前日因有志校此书，遂将历年所校各卷详检一过，曾列有清单，计北平馆旧存及各家所藏，曾经手校者共得一百七卷。益以静嘉堂宋本四百七十一卷、瞿氏十三卷，通得五百九十一卷。除去重复十五卷，可用者实得五百七十六卷，与来单微有不同，俟再详考可也。敝藏尚有第四百八十三乙卷，乃朱幼平所贻，未曾入目。东方所收明抄全部，日前借到数册来校，其标题有"新刊"二字，半叶十三行，与瞿藏别本同。然有数处脱全叶者。核之仍照缺，每卷改正往往数十字，自是善本。有便拟寄数册，请公一阅，是否可用？此外再访求有胜此本者，则更妙矣。北平馆中宋本悉已南行，此书当仍在申，其馀私家所存零卷容代细访。秦藩本《史记》与王氏、柯校两本行款皆

1 见于《张元济全集》第1卷"书信"，第92页。
2 据原信，见于《上海图书馆藏张元济往来信札》八，第182～187页。参《张元济傅增湘论书尺牍》，第348～349页第22函。

同，曾撰长跋寄《国闻周刊》社，不知何以尚未刊布？游明本《史记》半叶十四行，行二十五字，只有《集解》《索隐》而无《正义》，据称出于中统本，故行款如一。第非照原书直翻，字体微放大，版匡横阔，遂觉异趣耳。又震泽王氏之前尚有一刻，行款、板式、字体与王刻宛然如一，所不同者左阑外有耳记篇名。有人言是正德本，北平馆曾收得一部，敝处亦存残卷。忆昔年博古斋小柳曾有一部，言是宋板，用石印法印有样张，到处送人，公尚记及否？或至彼肆询之，或者尚存，试取阅一详审之，此本亦三家注也。此外有日本古活字本，八行十七字，注兼《正义》。杨惺吾言出南宋本，未道其详，或亦由黄善夫耶？以三注具全者以黄氏为第一刻也。《史记》何时可印完？至盼，百衲本待此合尖。敝藏游本缺首函，乞代留意。手此，敬候校安。年侍增湘顿启。[二十五年]十二月六日。

副启者，侍自渠氏妾亡后，意绪无聊，服食起居，晨夕琐屑之事非媳、女辈所能奉侍。不得已，遂再纳姬侍。适有姚黄氏，年已四十有一，又属川人。于前日迎致入门，相处数日，性情和厚，气体丰硕，颇为相宜。年内拟不他出，藉可料理绥远志及蜀文编刻等事。但数日尚须至曲阜一行，为衍圣公作冰人耳。藏园附白。

【320】1936年12月9日

[傅增湘致张元济函]¹:

敝藏宋本《册府元龟》已交伯恒手，属仿静嘉堂本尺寸照出，其他家所藏零卷尚须细访也。又东方所藏明抄本²，兹寄呈

1 据原信，见于《上海图书馆藏张元济往来信札》八，第188页。参《张元济傅增湘论书尺牍》，第349页第23函。
2 按：张元济批："寄还。"

一本，公阅之尚可用否？此上菊公史席。增湘拜启。[二十五年] 十二月九日 [1]。

【321】1937 年 4 月 21 日

菊生前辈执事 [2]：

申江小住，迭承教言，积悃为之一抒。兼之饫领盛筵，肴馔精美，尤为南行一月来所未尝。归语家人，颇自矜口福，公得勿嗤我为老饕耶。归途目疾渐瘳，过秣陵又勾留两日，于清明前日抵北平。西山花讯以春寒较迟，至上巳乃得入山，住清水院者六日。一年中得消受春光两度，亦他人所未有也。《禹贡图》已校完，俟检阅四库本方能作跋。兹有门人孙生子书来申访书（寓马浪路华北公寓），渠于小说考证为专长，馆中所藏说部当有异本，希告主者，恣其披检，毋令虚此行也。又闻馆中同人有周越然者，亦素嗜小说，富收藏。公如介往一观，尤所深幸。《史记》如印成，盼早赐寄是荷。手此奉谢，敬候台绥。年侍生傅增湘拜启。[二十六年] 四月廿一日 [3]。

【322】约 1937 年 4 月

[傅增湘致张元济函] [4]：

来示诵悉。《册府》宋刊本容查明是否尚有遗卷，再为奉复。东方图书馆明抄本前次所寄阅者即是，似亦不尽可从。敝藏亦有之，俟寄数册来，候公试校一二卷，便可知其善否也。

---

1 按：信末张元济批："25/12/22 复。"又张元济批："前寄存之书，朱递翔迄未来取。夏画扇交去。"
2 据原信，见于《上海图书馆藏张元济往来信札》八，第 189 ~ 190 页。参《张元济傅增湘论书尺牍》，第 352 页第 3 函。
3 按：信末张元济批："26/5/12 复。"
4 据原信，见于《上海图书馆藏张元济往来信札》八，第 201 ~ 202 页。参《张元济傅增湘论书尺牍》，第 352 页第 4 函。

旧纸印《史记》盼早印成，能交伯恒携来为便。明代丛刻，敝藏《稽古堂》《天一阁》《绵眇阁》三种，均为罕见，如续印可以取资，乞公先行存记何如？手此，即候菊翁前辈大人校安。增湘拜启[1]。[约二十六年四月][2]。

张潜若要配衲本《汉书》一册，馆中想有残册。如能配，再属开卷目奉寄。

【323】1937年5月6日

菊生前辈左右[3]：

奉手示，敬悉。《蔡端明集》影本已付邮，计早达矣。沙纸亦谓之南宁纸，兹寄上一张。此人在麦家圈惠中旅馆对门之店（忘其店名）所买，每百张三元五角。李子东曾买过，尚有白色似棉纸者，公何妨躬往一视。手此，即颂台安。侍增湘拜启。[二十六年]五月六日[4]。

秦曼卿住古柏公寓内，忘其号数。已住几年，易访也。会券已交伯恒矣。

【324】1937年5月11日

菊公前辈阁下[5]：

昨日守和、森玉、庾楼、斐云诸人集于园中，商定《国藏丛书》目录事。决定删去大部者数种，加入十数种，以冀仍符千册之数。兹述其大略，祈酌采定是幸。

---

1 按：信末张元济批："26/5/12复。"
2 按：原信无日期，据《张元济傅增湘论书尺牍》补。
3 据原信，见于《上海图书馆藏张元济往来信札》八，第191页。参《张元济傅增湘论书尺牍》，第353页第6函。
4 按：信末张元济批："26/5/12复。"
5 据原信，见于《上海图书馆藏张元济往来信札》八，第192～200页。又信首张元济批："26/5/14复。"参《张元济傅增湘论书尺牍》，第353～355页第8函。

删去各书如左：

《唐音统签》（此侍所主删，以其不过《全唐诗》之先驱也[1]）。

《心经》《政经》（光绪间有殿本）[2]。

《南北史合注》（此傅孟真所主张）。

《玉海》（侍拟异时印四开本[3]）。

《识大录》（此为《龙飞纪略》之改名）[4]。

《道学源流》[5]。

《按辽疏稿》（有明刻本，此可不印）[6]。

《四镇三关志》（平馆拟印明代志书，故提出）[7]。

后增各书：

《事林广记》（元本，少见，与明本不同。日本有刻本，亦不赅备）[8]。

《宣和画谱》（元本，极少见，视嘉靖本为佳。长沙叶氏有《书谱》，他日可合也）[9]。

《吴文正集》（此宣德本，有蒙古文序，少见）[10]。

《四书集义精要》（四库本不足）[11]。

《汲冢周书》（元刘桢本，少见）[12]。

《周易玩辞》（此书确为宋本，可校通志堂本。北平馆中宋

---

1 按：张元济批："可缓。"又批："约一三〇〇。"
2 按：张元济批："八〇。"
3 按：张元济批："可缓。"又批："七四〇七。"
4 按：张元济批："四八〇四。"
5 按：张元济批："可缓。"又批："五一九。"
6 按：张元济批："以上均删。"
7 按：张元济批："如印《山海关志》，此拟配入。"
8 按：张元济批："已选在内。"
9 按：张元济批："因无《书谱》，故未选。"
10 按：张元济批："纸墨黯散，难于制版。"
11 按：张元济批："原选定，被漏去。"
12 按：张元济批："未见原书，据云在展览会，到会又不见。"

本完全而清朗可印者只此及《童蒙训》耳）[1]。

《诸臣奏议》（此中重要文字甚多，取各部参配当可全。如有缺叶，可留空叶。此次不印，恐永无印行之日耳）[2]。

《献征录》（碑传之大观，极有用）[3]。

《龙虎山志》[4]。

《金陵新志》[5]。

《息机子杂剧》（元本，少见）[6]。

《神庙留中奏疏》（此董其昌所编，极有用）[7]。

《千顷堂书目》（此最足本，比张氏刻异同极多）[8]。

《西游记》孤本[9]。

《宋史全文》（此书可补《宋史》及《长编》，但印本不佳，恐修版难了）[10]。

以上各书只要印本尚清，仍盼加入，但曲子、小说非侍所主张也。

别有北大增明人集三部，侍所选录，亦取其有用耳。增湘拜启。［二十六年］五月十一日。

《周易玩词》确为宋刊本。书既完整，印本亦清朗，似可加入。此书只有通志堂本，大可校勘。

《诸臣奏议》宋版难得，其中多一代关系文字。原书虽有残缺，然各处访求，或取活字本，当可补全。沅叔附志。

---

1 按：张元济批："疑非宋刻，故未选。既公认可，即照加。"
2 按：张元济批："印迟，纸黯，不能用。"
3 按：张元济批："本馆有此书，以非难得，故未选。"
4 按：张元济批："花淡，制版难。"
5 按：张元济批："缺卷三中下，又缺叶甚多。"
6 按：张元济批："以无总目，疑未全，故不选。"
7 按：张元济批："已选入。"
8 按：张元济批："蓝色笔甚多，无法照像。"
9 按：张元济批："请同人与通行本对勘，据云异同无多，且首册甚多烂版。"
10 按：张元济批："已补入，但明本印不佳，难制版。"

【325】1937 年 7 月 17 日

菊公台览[1]：

今日因清理书籍，见敝藏北宋本小字《唐书》，印入百衲史中凡卅六卷，因撰一跋，附之卷尾。私意欲馆中照向章赠我单行本一部[2]，以便舟车所携，祈酌之。战祸将发，秘籍珍储方庋藏不暇，而乃求此不急之书，公得勿笑其迂耶。此颂道绥。侍增湘拜启。［二十六年］七月十七日[3]。

妇孺已避津，藏书亦别储善地，侍安命而已。知注，特以附及。

【326】1937 年 7 月

［傅增湘致张元济函］[4]：

叶遐庵处曾寄去宋板书、元人卷各件，为沪市展览，乞告以会毕勿北寄，即交尊处，烦公为密藏也。切祷切祷。藏园副启。菊公左右。［二十六年七月］

［附录傅增湘致叶恭绰函，1937 年 6 月 3 日］[5]：

玉虎先生左右：顷自嵩洛回，奉惠书，敬承一一。德化师遗书政府示价与其家所愿望者相距尚远，恐须大事斡旋耳。沪上文献会公主持其事，必可蔚为巨观，敝藏书籍容细检有关系者送呈，郁氏书目自当遵奉。弟尚有杨铁厓手书卷子，其文为真如某寺募缘疏，似可陈列。但物品应交何处何人，若何寄送

---

1 据原信，见于《上海图书馆藏张元济往来信札》八，第 203 页。又信首张元济批："拔翁台览核定，岫翁初归事忙，故不淹。"参《张元济傅增湘论书尺牍》，第 356 页第 10 函。
2 按：张元济批："鄙意似应送。张元济，26/7/21。"
3 按：信末张元济批："26/7/21 复。26/8/6 又去一信。"
4 据原信，见于《上海图书馆藏叶恭绰友朋尺牍》五，上海辞书出版社，2022 年，第 285 页。
5 据原信，见于《上海图书馆藏叶恭绰友朋尺牍》五，第 286 ～ 289 页。

保护？乞示大概，以凭照行。手此奉复，敬询道祺。弟增湘拜启。[二十六年]六月初三日。

寄呈松江属邑前贤字卷藏书各件：

杨铁厓书《真境庵募缘疏》[1]。有都穆、曹三才、钱大昕、李林松诸人手跋。

宋本《剑南诗稿》一册[2]。原存三函，有"华亭朱氏"白文印、"横经阁收藏图籍印"。

宋本《方言》二册。并楠木匣一只。有"横经阁收藏图籍印"朱文大印，又"华亭朱氏"白文印。

明抄《三孔清江集》二册。有"文石朱象玄氏"印、"泰峰所藏善本"印，在《宜稼堂书目》四十三号箱内，批价十二元。

赵刻《小畜集》一册。张切庵校，吴枚庵校，黄荛圃校。有郁泰峰藏印，在目录三十五号内，批价十元。此本经三家手校，最精善。

隆庆本《人物志》一本。有"云间陶氏藏书之印""风泾奎藻堂陶氏书籍记""南村草堂陶氏家藏善本""风泾陶崇质家藏善本""浔阳奎藻堂书籍记"。陶氏不知其为何人，请会中华亭人代为查考见示。

抄本《宜稼堂书目》一册。后有蒋香生跋两段，又日本人岛田翰跋。目中善本余有数种，此外见于各家者，尚可得数十种也。

校本《剡源集》一册。道光桐乡沈炳垣校，增改极多。郁泰峰为沈门人，沈任上海海防同知，咸丰时殉难，不知志乘有可考否？原书缺四卷，余配完，以别本补校，跋语在卷一后。

---

1 按：天头傅增湘批："此系书画。"
2 按：天头傅增湘批："以下皆典籍。"

此书先后余凡三校。《书目》三十四号内，批价八元。

洪武本《苏州府志》一册。此书最罕见。目内廿四号，批价四十五元。后有宋宾王跋。石琢堂殿撰藏印，卷内有其手迹。

丁丑五月初九日沅叔手记[1]。

以上计卷子一件、书匣一件又零本书八册，祈检收后由会中给与正式收据，以昭信守。此上退庵先生。藏园手记。

【327】1937 年 8 月 23 日

菊生前辈阁下[2]：

前奉两函，知玉虎所借书籍、字卷各件公已代储，至感。沪战猝发，闻之震骇。炸弹横飞，伤亡至众。尊斋地较旷远，计尚安全，然困苦情形，思及辄为危慄也。我辈高年遇此国难，则身家之计亦无从顾及矣。闻避乱人多，食粮缺乏，真非细故。南中不乏明智，当已预筹。前日偶作《卢沟桥考略》一首，特以录呈（此中并无伤时之语，为考古而作耳）。如《大公报》附设之《国闻周报》尚存，可交去刊登[3]，或付拔可转交《青鹤》杂志〔陈（懋）[瀶]一所办〕亦可。友好中多不得耗，如拔可、剑丞、孙陟夫、杨祗菴、周梅泉、沈羹梅（在农民银行）、瞿凤起、徐积馀、陈庸菴诸人均安全否[4]？不及一一通书也。侍困守此间，已如异域，真可谓苟全性命，草间偷活耳。刻仍每日以文字为课，使此心得静定，亦是一法，所谓安

---

1 按：有任绳祖批："以上手卷一件、善本捌种共拾册。任绳祖谨收。二十六年七月二十八日。"
2 据原信，见于《上海图书馆藏张元济往来信札》八，第 205～208 页。又信首张元济批："26/9/6 到，26/9/15 复。"参《张元济傅增湘论书尺牍》，第 357 页第 11 函。
3 按：张元济批："请叔良转送《大公报》，如不用，再请我兄转交陈（赣）[瀶]一为荷。"
4 按：张元济批："〇出五人，兄如知之，乞示悉，以便答覆。元济。"又张元济于孙、杨、周、沈、徐五人名前均加〇。

心是药更无方也。《唐书》承远致，至谢，但未知何时可至耳。
闸北馆屋又罹难，可叹。此间伯恒亦无法维持矣。此请台安。
侍增湘拜启。〔二十六年〕八月廿三日。

〔附录张元济致叶恭绰函，1937 年 7 月〕：

[1] 顷晤瞿世兄，云渠处文展出品，请勿派人送往，恐无人
点收，当于下星期造府面领。又傅沅叔出品有《宜稼堂藏书
目》，如尚未寄还，瞿世兄亦拟到府请阅。统祈鉴及。弟张元
济再启。〔1937 年 7 月〕。

玉虎先生阁下：[2]

前日肃上寸函，计蒙察及。顷得傅沅翁来信，谨呈台阅，
阅过发还。其出品即检交敝公司任君心白同时携下何如？并乞
开一清单为感。专此，敬颂暑祺。弟张元济顿首。〔二十六年〕
七月廿一日。

玉虎先生阁下：[3]

敬启者，顷由任心白兄交到傅沅翁上海文展出品，计手卷
一轴、书八种共十册，并清单一张，照收无误。当即日函知沅
翁，敬祈释念。盛暑，伏维珍卫。弟张元济顿首。〔二十六年〕
七月廿八日。

1 据原信，见于《上海图书馆藏张元济往来信札》四，第 364 页。
2 据原信，见于《上海图书馆藏张元济往来信札》四，第 372 页。
3 据原信，见于《上海图书馆藏张元济往来信札》四，第 373 页。

【328】1937年9月12日

菊公惠鉴[1]：

　　前月奉来书，重承远念，当覆一函，并询友好诸人近状，不知递到否？《新唐书》居然邮至，殊出望外，敬谢敬谢。连日酣战，闻极猛烈，居人震恐可知。尊宅距离尚远，谅能安寝。租界地狭人稠，食用物能否支持？有路可输入否？极用系［念］。沪市族戚友人至多，开火后只得林子有一函耳。祈略述大概，以纾远念。老厂损失如何？印刷停工否？《善本丛书》仍续印否？《国藏丛书》大可作罢，嗜书如下走者亦袖手矣。《禹贡图》及《册府》印本均不便寄，谅目下亦谈不到也。伯恒常晤，亦信天派，不乱动。侍近撰《中岳》《北岳》二记，殆二万言，惜无人为我刊布。此候秋安。侍增湘拜启。［二十六年］九月十二日[2]。

【329】1937年10月1日

菊公台鉴[3]：

　　前寄两函，未知到否？闻伯恒言，尊宅亦有飞弹流及，谅无大损也。前寄《卢沟考略》一篇，曾否收到代交？已刊行否？祈酌示一二。《善本丛书》能否续印？《国藏丛书》自宜展缓矣。近作《中岳》《北岳》《晋祠游记》三首，约二万馀言，北方无可刊布，只可自刻木板也。闻虞山亦扰及，良士计必移申。孝先原在苏州，闻有移避之说，公曾晤及否？积馀夏初闻患病，近状若何？北方秋气正清，山容甚好，惜不能出城玩

1　据原信，见于《上海图书馆藏张元济往来信札》八，第209～210页。参《张元济傅增湘论书尺牍》，第357页第12函。
2　按：信末张元济批："26/9/29复。"
3　据原信，见于《上海图书馆藏张元济往来信札》八，第211～212页。参《张元济傅增湘论书尺牍》，第358页第13函。

赏。频年杖履所历燕、晋诸山，今皆为戎马战争之地，思之感叹无已。手此，即询台祺。侍增湘拜启。[二十六年]十月一日 [1]。

【330】1937 年 10 月 5 日

菊生前辈同年执事 [2]：

前日曾寄笺询《国藏丛书》等事，计已登签掌矣 [3]。近以撰文偶及《旧唐书》，阅尊撰跋语，知宋刊本明代已不完具，故闻人刻书时不免夺误及臆改之处。昨检《姚崇传》，见其中不载拜相时所要玄宗十事。嗣阅殿本《考证》，附有沈德潜之说，亦以十事关崇一生大节，可以《新书》所载补其阙云。偶取家藏闻人本一勘，乃有旧人手写脱文一叶附于后，旁注云："已上载绍兴旧本《唐书·姚崇传》，世本所不录也。"侍得此欣喜无量。其文凡七百十一字，应补入"除同州刺史"下（在传四十六第二页第十一行），"复迁紫微令"前，约当一叶之数。明本原文"先天二年玄宗讲武在新丰驿召元之代郭元振"云云，绍兴本作"先天二年十月皇帝讲武于骊山时元崇为冯翊太守"云云，所上献十事与玄宗问答之词均在其下，文字视《新书》为详（在列传四十九第二页前二行，《新书》纪此事约四百馀字）。此拜相之先，元崇所要于上者，咸荷采纳，乃就相位。在元崇相业，寔为发轫之始，宁可遗漏！足见古本之可贵，更非寻常文字异同、无关宏旨者可比也。惟窃有不解者，今百衲全史所印为瞿氏藏本，此姚（宋）[崇]传为列传第四十六，宋残本此卷适存，检视其文，其夺失与闻人本正同。岂两浙茶

1 按：信末张元济批："26/10/12 到，翌晨复。"
2 据原信，见于《上海图书馆藏张元济往来信札》八，第 213～217 页。参《张元济傅增湘论书尺牍》，第 358～359 页第 14 函。
3 按：张元济批："九月六日、十五日、十月十三日复，各寄上一信。"

盐司刻本外，绍兴时尚有别本行世耶？我公手勘全史，搜访广博，寓目闳多，试考旧书古刻有无他本？详为举示，庶释此疑。若公欲得此叶以供考证者，当录以奉寄。祸难方殷，兵戈满地，我辈乃孳孳以考史拾遗为事，真所谓乾坤一腐儒也。前请搭印旧纸宋本《史记》，曾否印成？闻当时以亟印《丛书》，无暇及此。近者战争正急，书肆寂寥，印机倘有馀工，仍盼我公属拔可兄设法印成，以完宿愿。此等不情之请，或可谅其愚而矜其志乎。手此奉布，敬候著安。年侍生傅增湘拜启。［二十六年］十月五日[1]。

[附录张元济致丁英桂函，1937 年 10 月 18 日][2]:

昨得傅沅叔先生来信，问及搭印百衲本《二十四史》。想乱前未及着手，是否？乞示。姜君校书事，乞随时注意。此上英桂仁兄台鉴。弟张元济顿首。二十六年十月十八日。

【331】1937 年 11 月 13 日—14 日
菊生前辈执事[3]:

奉手书询及《旧唐》佚文，此叶本有可疑，因绍兴本此卷幸存，并无脱逸之处也。嗣与陈援安考之，乃知此段乃录《升平源》之文以补之。明人作伪以炫世，不足为据，原文亦不必抄寄矣。上海国军既退，局面当一变，界内华人有不便否？近市既无战事，大连湾路之印厂当可往看，所印《史记》仍祈查明卷次，早为印完，以了宿愿。宋刻《五礼例宗》昔年曾见过，吴佩伯购之，后为李湛侯收去。近年曾到北方，未及入

---

1 按：信末张元济批："26/10/19 复，附分庄。26/11/7 又寄一信，内附喑谢刚主信。"
2 见于《张元济全集》第 1 卷"书信"，第 103 页。
3 据原信，见于《上海图书馆藏张元济往来信札》八，第 218～221 页。参《张元济傅增湘论书尺牍》，第 359～360 页第 15 函。

手。此是孤本，姑留影本以待时机可耳。近半年来肆上未见古刻旧抄，惟前日文友送阅钱警石手校《史记》，索值既昂，亦无心买之，且所见宋本大不及我辈之多，不足贵也。贱体如常，但心力稍逊，构思略久即若不耐，此似心境使然，不尽由体力也。手此，顺颂时祺。年侍生增湘拜启。［二十六年］十一月十三日。

副启者[1]，友人刘叔雅来，言所著《庄子补正》《说苑补正》为馆中收购印行，订有契约，其价为壹千五百元[2]。近来数月不得音耗，自缘战事停顿[3]。惟叔雅困守此间，学校既散，无以自给，亟盼此款度岁。祈致拔可先生，可否为之设法？若一时不能全付，或每月陆续兑给二三百元，俾得暂维生计。两书考证极精确，其改订夺文误字皆有二三证据。渠常持来商榷，力劝其刊以行世，其书大足流传，惜其遇时之不偶也。寒士笔耕，情殊可悯。原稿当在沪馆，公试取看，自知鄙言之非阿好也。菊公及拔可先生同鉴。增湘再拜。［二十六年］十一月十四日。

【332】1937年12月4日

菊生前辈左右[4]：

前得十一月七日惠书，事冗未及裁答为罪。承询"璇"字避讳，或恐仍是"玄朗"之嫌讳耳，容更考之。以书箱有寄存者，未得遍检也。刘叔雅又有书见托，以原笺奉寄。侍告以前订合同能否付款尚不可知，若更续收稿本，必更无望。祈阅后惠复数行，以便转告。别有文友堂所托一事，书之别幅，亦盼

---

1 按：张元济批："拔可先生台阅。"
2 按：张元济批："是未签字，似可作罢。张元济。26/11/23。"
3 按：张元济批："书甫寄到，正交同人通读。王赴湘、港布置分厂，待其核定。"
4 据原信，见于《上海图书馆藏张元济往来信札》八，第222～223页。参《张元济傅增湘论书尺牍》，第360页第16函。

酌之。手此，即候台安。年侍生傅增湘拜启。［二十六年］十二月四日[1]。

　　再者，文友堂书坊来言[2]，春间馆中曾购去《历代小史》一部，议定弍百元正。该店屡向馆索款[3]，言欲退书，而书亦迄未递到[4]。该店主魏笙甫来言，半年来毫无生意，亟盼收此款度日。此书取去已久，请勿退回，属平馆付款为幸。此事在平日退书常事，该店亦不计较。此时困窘，自是实情。乞公询之主者，其事若何？略示数行，然馆中情状谅亦可推而得也。此上台察。增湘再启。［二十六年］十二月四日。

［附录刘文典致傅增湘函，1937 年 11 月 14 日］[5]:

　　沅老先生大人史席：敬启者，此次变出非常，公私涂炭。加之小儿与内子适于此时患病，分住德美两国医院，历时两月，所费将近千金。现幸托庇痊愈，先后出院，而晚已贫乏不能自存矣。前蒙先生盛意，慨允函商李拔可先生，请其特别通融，将拙著《庄子补正》稿费寄平，不胜感激之至。晚现尚不需用整款，虽分十次支付亦所欣盼。《庄子》为人人必读之书，虽在任何情形下，亦有销路。商务书馆以零付微款，得此销路永久而普遍之版权，实极合算也。又拙著《说苑补正》所费心力较《庄子》更多，所补苴誷正之处三四倍于抱经，曾以进观，缪蒙嘉许。现为疗饥计，亦决计贬值出售版权。《说苑》本身价值较低，销路较狭，然垂久则一。对于此书，晚更无奢望，该馆出一价，晚即愿售之。此节恳代向云五、拔可二公一提为感！专此寸肃，敬请道安不备。晚文典再拜。[二十六年十一月]十四日。

此函尽可与云五、拔可、菊生诸先生一观。

【333】1938年1月27日

菊翁前辈执事[1]：

久不奉书，至念。虹口印厂曾否得许可往视？近状若何？希示及。又近日因撰史部题记，细诵尊著诸史后跋，精博无伦，至用欣佩。似宜将全史各跋印为专册，以饷海内。此不朽之作，慎勿蹉跎，至盼至祷。即颂年安。侍增湘拜启。[丁丑]嘉平廿六日[2][1938年1月27日]。

【334】1938年4月24日

菊生前辈阁下[3]：

前奉惠函，当即检明本《春秋繁露》交伯恒兄[4]。惟系校本，恐不合用，闻已寄奉，寔则厂肆觅此本尚不难也。昨由伯恒寄上百花笺二幅，欲乞赐书一幅。以与公平生相知，自翰札外未有只字。昔年曾以百花笺乞朋好作字，每人一叶，集为箧中百家帖，二十年来尚未盈此数，今岁颇欲锐意成之。盖人至暮年，思旧之情益挚也。别一幅乞转求积馀书之。兹又奉寄二幅[5]，欲求叶誉虎、金钱孙二公一写，因不悉其住址，故以此琐事烦公。兵戈满地，而吾辈犹为此文字细碎之事，亦可云

---

1 据原信，见于《上海图书馆藏张元济往来信札》八，第225页。参《张元济傅增湘论书尺牍》，第361页第1函。
2 按：信末张元济批："27/2/24复。"
3 据原信，见于《上海图书馆藏张元济往来信札》八，第226～227页。参《张元济傅增湘论书尺牍》，第361～362页第4函。
4 按：张元济批："托沪处寄还。"
5 按：张元济批："未到。"

痴绝矣。再者，尊处所存手卷书籍[1]，拟托孙陟甫之侄锡三携之回京[2]。渠行时本欲令携函往取，以近日忙冗，遂尔忘却。请公即电询，迟恐其已行矣。专此奉达，敬候校安。侍增湘拜启。［二十七年］四月廿四日。

【335】1938年5月26日

菊生前辈阁下[3]：

前奉一函，并托伯恒寄上花笺二幅，求公法翰，并徐积馀兄手迹。盖以百种花笺，人书一纸，南北所书，历二十年，尚未满此数，故今年急思完成此愿也。今因友人南来之便，更寄呈二纸，敬祈代致金篯孙、王胜之两公，乞为挥洒数行。因二人住址不悉，不得不以劳我公也。此间状况如常，第郊游未敢涉足，更无论寻幽探胜也。近校《文苑英华》已过二百卷，今年当可竣功。昨岁又得一明抄本，是从宋本抄出，改正极多。他年如印隆庆本，可附校记于后。厂市无书可收，亦不欲收矣。手此，敬请台安。年侍生傅增湘拜启。［二十七年］五月廿六日[4]。

【336】1938年5月28日

菊生前辈大人阁下[5]：

昨交于（子）［志］昂兄寄来函件，计可登清览。兹有恳者，顷得守和来函，言沪肆有元曲六十四册，约二百种。内有

---

1 按：张元济批："玉虎交来《方言》等书。"
2 按：张元济批："电询已行。"
3 据原信，见于《上海图书馆藏张元济往来信札》八，第228～229页。参《张元济傅增湘论书尺牍》，第362页第5函。
4 按：信末张元济批："27/6/5到，于志昂交来，27/6/9复。"
5 据原信，见于《上海图书馆藏张元济往来信札》八，第230～231页。参《张元济傅增湘论书尺牍》，第362～363页第6函。

元明刊及明抄本，皆《元曲选》所遗，索值三千元，不知守和有力收之否？祈公为探询。如守和不收，涵芬楼是否能收（此书甚佳，馆中如有力可收之）？鄙意如皆不能收，最好勿令散去，侍可与二三友人合力举之，即烦左右代为谐价（千馀元能得否？或多至弍千元）。如能议定，乞以电告，当设法兑款来南。再者，此书究为何时抄本？总以阅过列一目录见寄，方为稳便。闻其中尚有明时陈眉公等跋，尧圃亦有跋，当不致参差也。手此拜恳，敬候台安。侍增湘拜启。［二十七年］五月廿八日[1]。

【337】1938 年 6 月 1 日

菊生前辈阁下[2]：

昨奉快函，计已达览。顷与董授翁谈，渠亦渴欲得此书，以其元曲皆未刊过，授公拟次第授梓也。道远，未知其书尚存否？闻郑振铎知之。此书既索价三千，其实亦非甚昂，如能减若干固佳，否则乞公全权主持，务以必得为幸，统祈费神与前途磋议，当可得当也。手此，敬候台安。年侍生傅增湘拜启。［二十七年］六月初一日[3]。

　　［附］：北平来电[4]：

　　张菊生鉴：闻[5]有述古堂抄元曲六十四册，请权代购，馀函详。增湘。

1　按：信末张元济批："27/6/9 复。"
2　据原信及原电报，见于《上海图书馆藏张元济往来信札》八，第 232～233 页。参《张元济傅增湘论书尺牍》，第 363 页第 7 函。
3　按：信末张元济批："27/6/8，27/6/9 复。"
4　按：电文上有佚名批："北平来电，廿七年六月二日上午到。"
5　按：此字原错译"聚"，佚名批云："错一码，系'闻'字。"

【338】1938 年 6 月 6 日

菊生前辈同年左右[1]：

顷奉惠书，并明刊《春秋繁露》一函，均领悉。《两京遗编》原刊既为八卷，则不补印未始不可，以其误由胡氏也。然微公言，侍固不知。且检《汇刻书目》亦明著为八卷，可知目录之学之无穷尽也。馆藏明抄承大笔代校一过，至为感纫，并蒙赐书跋语，足为此书增重。传之后世，使来者知其书有吾两人一段工夫，亦书林一掌故也。我公年逾古稀，而有得即校，不轻放过，老学不倦，使人敬佩。侍今年从事《文苑英华》，日校二三卷，定为常课，私自奋厉，期于年终毕之，未知能如愿否？取两明抄本合勘（其一为叔弢所藏，近以归我者），每卷改定至三四百字者有之，异时写校记须大费周章矣。花笺原寄乞公书一纸，馀以转致积馀，至玉虎只请探其所在。今既已分布，特别寄一幅，仍祈挥翰为荷。至后邮之王、金二函，计已递至，盼分神转达，至恳。手此，敬候道安。年侍生傅增湘拜启。[二十七年]六月六日[2]。

副启者，前发两快函，为元曲抄本事。嗣为授经闻之，谓访求多年不得者，渴欲得之。恐邮函迟滞，为捷足者先，因发一电奉托。目前是否已得此书踪迹？谐价情形若何？能先行赐示数行，以慰授公殷盼，尤为感荷之至。至书款固已筹备，得信即行兑奉也。手此，再候午绥。增湘再启。

---

1 据原信，见于《上海图书馆藏张元济往来信札》八，第 234 ~ 236 页。参《张元济傅增湘论书尺牍》，第 363 ~ 364 页第 8 函。

2 按：信末张元济批："27/6/16 复。"

【339】1938 年 6 月 30 日

菊公侍右[1]：

　　顷奉手教，知《元曲选》事不谐。此种书非鄙意所尚，诵芬则殊鞅鞅也。花笺遵寄奉一叶，乞赐挥翰为幸。手此，即候校安。侍增湘拜启。[二十七年]六月卅日[2]。

　　近校《文苑英华》已过三百卷，若努力从事，年内或可讫功。

【340】1938 年 7 月 28 日

菊生前辈同年阁下[3]：

　　前函计达清览。闻元曲仍为教育部中购得，存于沪上，我公前之愿望已否达？我辈但能见影本，于愿足矣。兹有同乡画师张大千先生自申北还，前者玉虎所借去暂存尊斋手卷、书籍各种，祈检付张君携回，无任盼切，费神感荷。手此，即候台安。年侍生傅增湘拜启。[二十七年]七月廿八日。

　　百花笺如有已写者，亦祈付张君带来，便人难遇也。

　　张君住法界西门路西威里十七号。

　　[附录][4]：傅沅叔先生出品：

　　杨铁厓书《真镜菴募缘疏》卷，壹。

　　宋本《剑南诗稿》，壹册。

　　宋本《方言》，弍册，并楠木匣一。

　　明抄《三孔清江集》，弍册。

1　据原信，见于《上海图书馆藏张元济往来信札》八，第 237 页。参《张元济傅增湘论书尺牍》，第 364 页第 10 函。
2　按：信末张元济批："27/7/6 到。"
3　据原信，见于《上海图书馆藏张元济往来信札》八，第 238 页。张元济批："27/8/21 复。"参《张元济傅增湘论书尺牍》，第 364 ~ 365 页第 11 函。
4　据原信，见于《上海图书馆藏张元济往来信札》八，第 204 页。张元济批："叶玉翁交来，即日复信，26/7/28。"

赵刻《小畜集》，壹册。

隆庆本《人物志》，壹册。

抄本《宜稼堂书目》壹册。

校本《剡源集》，壹册。

洪武本《苏州府志》，壹册。

计手卷壹，书八种十册[1]。

【341】1938 年 8 月 26 日

菊公前辈阁下[2]：

顷奉来笺，备承眷注。前次奉到尊简及《廿四史校记》，均已收讫。惟邮包揉损，不便披展。因属书店压平，节前始取回。已阅过半，自当遵为撰一序。第恐学疏识浅，不能发挥旨趣耳。张文修所取到尊处书籍卷子至今未到，因其人尚未回。顷电询之，言日内可到京，俟交到不误，当即飞函相闻，以释远念。闻公为潘明训编藏书目录，其中定多奇秘，为生平未见，得暇盼示其大略，以广见闻。手此，即候台安。年侍生傅增湘拜启。[二十七年]八月廿六日[3]。

近日为《绥远通志》极为冗迫，久稽裁答，勿罪是幸。

【342】1938 年 11 月 15 日

菊生前辈台鉴[4]：

昨奉惠书，藉悉壹是。张文修前日始到京，尊处所付之铁崖字卷、宋本《方言》《放翁集》及抄校书凡十册，居然完

---

1 按：书单末批："廿七年八月廿七日王秋湄代张大千收受此据。金颂清见证。"
2 据原信，见于《上海图书馆藏张元济往来信札》八，第 239～240 页。参《张元济傅增湘论书尺牍》，第 365～366 页第 15 函。
3 按：信末张元济批："即 27/10/19，27/10/30 复。"
4 据原信，见于《上海图书馆藏张元济往来信札》八，第 241～243 页。参《张元济傅增湘论书尺牍》，第 366 页第 16 函。

璧以归，欣慰无似。屡荷注存，特以驰告。式之遗集因其世兄均已南去，此间无代售，容探询再以奉告。侍之《群书题记》顷始排完，共为五卷。因订册不匀，旋又增入新旧各稿为《补遗》一卷，可合订三厚册。俟印成，当先以样本奉求指正。侍近来文字之务日不暇给，为东海编刊《清儒学案》，续修《词林典故》，整理历年文稿，而尤以《绥远通志》为最繁难，缘期限既迫，而应补正者至多。延学生四人助阅，抄录又七八人，头绪纷然，疲冗不支。故大著之序，尚须稍缓，方能着笔，祈亮宥为幸。至燕京所辑式之书目，俟代索奉寄，祈转告凤起世兄为要。手此奉复，即候撰绥。年侍生傅增湘拜启。[二十七年] 十一月十五日 [1]。

再启者，前奉求尊处代致各处百花笺写字，计法书一幅外，王胜之、徐积馀（病状若何）、金馥孙 [2]、叶玉虎诸公，不知交回者几人？乞公便中一询。胜之前辈现住沪上何所？侍拟迳函乞其为《蓬山话旧》绘一图也。玉堂旧人善画者无多，闻其有润格 [3]，亦可照送。渠出张子虞房，有同门之谊也。增湘副启。

【343】1938 年 12 月 18 日

菊生前辈执事 [4]：

前寄《校史随笔》，拜诵数过，可谓包罗闳富，考论翔实，真不朽之著，必传之作。近日以《绥远通志》限于年杪交卷，校录改定，日鲜暇暑，每夕必至三四更方息，疲苦不堪。

---

1 按：信末张元济批："28/1/9 复。"
2 按：张元济批："已交来，似已寄上，然不敢确定。后查出。连自己所书一纸札，28/1/13 挂号寄去。"
3 按：张元济批："托潘博山，闻去苏，无复音。"
4 据原信，见于《上海图书馆藏张元济往来信札》八，第 244 ~ 251 页。又张元济批："28/1/2 到，28/1/9 复。"参《张元济傅增湘论书尺牍》，第 366 ~ 367 页第 17 函。

前日伯恒又来促，言公印书已成，亟待此序，乃拨冗为之，经三日始成。又改订抄录，费一日之力，粗得完功。顷已交伯恒，属为航空飞寄，以慰远念。此序兼述及百衲史事，为文稍繁。然以我公功苦，恐世人多不及知，故详举其源流迁变，俾知大功告成之非易也。词句芜杂，不及润色，祈公削正而后用之，免贻着粪之诮也。近来心力大不如前，每作一文，必徘徊数日，始能属稿。或构思少滞，便须休息片刻，乃续行着笔，而思索词旨又多不听用，此亦老境逼人之象也。印成后祈惠赐数册为幸。再者，前印旧纸《史记》未知由虹口取出否？亟以为盼。侍于大本《史记》尚未得见，如旧纸者急不可得，拟求先寄连史纸一部，聊慰积想。京馆久无存书，非申馆专寄不可。《题跋续集》六卷顷始印成，俟订好即寄以求正。《国藏丛书》是否能印？其中书已有照者否？授经前月买会通活版《诸臣奏议》，值至三千元，可云奇昂。尚有《国榷》一书，馆中有力购存［否］？斐云言视北平馆本为胜也。潘氏之《陆士龙集》当已见之，如有影片，盼假一校。馆事闻全局甚坏，何以支持？侍处尚有《烬馀书目》，存有副本否？如要，可奉还也。又前年奉还明抄《北盟会编》时，附有明抄蓝格小字本数册，当时以其可补馆中缺，故以奉上。刻下计不用，能检出见还为幸。又《道藏》一书有人托购，北方颇难得，不知南方有可让者否？亦祈便询拔可为要。《文苑英华》馆中有明抄否？敝处两部皆有缺卷，须借补也。顷以《绥志》事，年内约可得八百卷，不能毕也，明年当以《册府》为校课矣。手此，即颂校安。年侍生傅增湘拜启。［二十七年］十二月十八日。

【344】1938 年 12 月 28 日

菊公前辈阁下 [1]：

前日序稿交伯恒飞递，计已登览矣。仓卒成篇，未遑琢饰，疵类甚多，能为删润再刊，庶免贻诮。其中述及张石卿事，拟酌易一二句，较为浑括，未知已付版否？宋刻《史记》亟盼一查，并欲先得连史纸一部，祈属总馆邮寄是幸。又潘君藏宋刊《陆士龙集》，若有照片，乞赐假一校。昔年曾托罗子经代校一部，恐有未尽也。沪市闻近有外县运售之书，未知有罕见者否？侍一年以来不更收书，然闻有善本秘籍亦怦怦心动，以得见为幸，可见积习难忘也。手此，敬颂台祺。年侍生增湘拜启。[二十七年]十二月廿八日 [2]。

［附］：身后以遗稿见托，则疏失孔多，繁芜未堪问世。追维往事云云。

【345】1939 年 1 月 17 日

菊生前辈阁下 [3]：

顷奉惠书，并序文排样，遵批注于上，交邮快递。花笺一幅，已由篯孙寄来。尚欲求大笔为写一幅，目下只差十五人即满百幅也。《史记》印本周折如此，殊非意料。甚盼时局小定，或可成完璧也。近以《绥志》结束，日夕鲜暇，并《英华》校课亦停止，恐须腊底方能竣功。手此，即候台安。侍生增湘拜启。二十八年一月十七日。

迁居最为难事，恐须忙碌月馀也。至以为念。

1 据原信，见于《上海图书馆藏张元济往来信札》八，第252～254页。参《张元济傅增湘论书尺牍》，第367～368页第18函。
2 按：信末张元济批："28/1/9复。"
3 按：据《张元济傅增湘论书尺牍》补，第369页第1函。

【346】1939年2月23日

菊生前辈同年左右[1]：

《绥远通志》竟于腊底编定，缮稿告成，欣然如释重负。此事近半年来辛勤冗迫殆不可言，除《文征》十二卷由侍手编，馀皆经一再改定，每日夜间至四五点乃息，寔已精疲力竭。然疏漏差失仍所不免，惜不能再宽半年之限，令我一人通体重阅一过也。全书分六大志：地理、经政、民事、产业、文献、大事。各门又列子目，通为一百十六卷。上元节后即付排印，不知京华能商定否（已代为估价，候蒙疆自定）？著书之难，今日始知甘苦，从此不敢轻议前人矣。《群书题记》六卷，一年馀始讫工，今寄一帙求教正。自校三次，仍有差误，可叹也。公之《（阅）[校]史随笔》计日内当印竣，祈迅赐一部，以快先睹。近以劳苦过度，胃痛大作，恐须静摄。然志之序跋尚待补撰，正未得休也。此候，新春安善。增湘百拜。[己卯]正月五日[2]［1939年2月23日］。

《蔡忠惠集》收悉不误，黄善夫本《史记》则仍未到。藏园附志。

诗笺奉到，敬谢。

【347】1939年3月2日

菊公前辈执事[3]：

前日得十六日惠书，昨由邮局递到影宋本《史记》四函、《校史随笔》二部，又奉到潘氏书目序及《唐书》宋本衔名，

---

1 据原信，见于《上海图书馆藏张元济往来信札》八，第255～259页。又张元济批："28/3/1到。"参《张元济傅增湘论书尺牍》，第369页第2函。
2 按：张元济批："托平馆饬送。28/3/2复。"
3 据原信，见于《上海图书馆藏张元济往来信札》八，第260页。又张元济批："28/3/9到。"天头有张元济批："五月二日复。为葛、瞿二君乞书，又为谭师题三场墨卷。有未明了各事，逐条请沅翁见答。托伯恒转送。"参《张元济傅增湘论书尺牍》，第369～370页第3函。

均先后领悉。《唐书》残叶深足宝贵，序征引博洽，所述四项，皆书林之史迹，收藏家所宜知也，至佩。《北盟会编》残册从容再查，不亟亟也。前寄《题记续集》，计已收到。《遗山集》百元外亦不昂，近收得《蜀中广记》，值至百八十金，可谓贵矣。此候台祺。年侍生傅增湘拜启。［二十八年］三月二日。

【348】1939 年 5 月 19 日

菊公台鉴[1]：

前日奉手教，知迁居已定，劳苦可想。属查各节，容稍暇签复，但恐占对未必得十也。兹有请［者］，偶披《燕京学报》，述及丁丑岁馆中印有《演繁露》宋本十卷，其书为惠之所藏，曾及阅过，影本则未之见。沪馆当有存书，乞告总馆为检寄一部[2]，价值示及，当照付也。又前年代影旧纸《史记》存虹口者，近闻各货多运出，此书宜在其内[3]，祈转致拔可，属人为检寻究已印若干卷[4]？倘所欠者少，能否设法配全？极以为念，拜托拜托。此候台安。侍增湘拜启。［二十八年］五月十九日[5]。

又《清波杂志》宋本记曾影印，在何种内？公当记之[6]。

1　据原信，见于《上海图书馆藏张元济往来信札》八，第 261～264 页。又张元济批："拔可吾兄台鉴：元济。28/5/27 到，28/6/2 复。"参《张元济傅增湘论书尺牍》，第 370 页第 4 函。

2　按：张元济批："乞饬检寄，价记沅翁（帐）［账］，同时附去发票。"

3　按：张元济批："多机房之书。此在平版厂内，记英桂曾告未运出，乞属查明见示。"又批："后知已运出，另有清单。"

4　按：张元济批："亦请属查。该版已毁，即已印者，异日能取出亦须重新制版，恐不易易。"

5　按：信末张元济批："28/6/2 复。"

6　按：张元济批："先似印入《续古逸丛书》中，记似在《四部丛刊续编》中，乞饬查明批示。"

[**附丁英桂致李拔可函，1939 年 5 月 27 日**] [1]：

傅先生寄来旧纸，委托打印黄善夫本《史记》，八一三时，在印未齐。所有已印之书叶及未印之白纸，现均取出。惟印板在杨树浦，目前无法补印。至已印之书，其卷叶数俟查明后开呈。敬上拔可先生赐鉴。晚丁英桂敬上 [2]。28/5/27。

【349】1939 年 6 月 15 日
菊生前辈执事 [3]：

连奉惠笺，未及裁答，至歉。月前以补撰《绥远通志》凡例、各序，兼旬甫毕。又为荣文恪夫人撰寿序，又耗数日光阴。暮年岁月本已无多，而文字酬应层出不穷，无法推卸，致本身切要事业转无暇顾及，真无可如何，思之愤悒。前询丙辰科会试各节，托朱小汀同年查考，顷批注及别纸详列，并以寄上。《题记续集》二部，正以奉赠葛、瞿两世兄，敬乞转致。事多易忘，此其一端也。《宝礼堂目》奉到，自是大观，其中有元板《南海志》残本，此是孤帙，如篇页无多，可否商借，以新法晒影一部，以广其传如何？乞裁酌之。《演繁露》今日甫邮至，细阅仍是残本，或别为一刻，与今所传者异耳。侍昔年曾校过，故尚知大概也。《古逸》续印各书除此外更有何种？愿闻其略。记《禹贡图论》曾有影本，已印行否？惠之尚有《切韵指掌图》，初印精善，亦在可采之列。再昨与颂毂函，言及《振绮堂书目》，其复信言方为葵初借抄，若写一部，须费七十金。未知公曾见过否？内容若何？果其闳富，虽劳费不恤也。《英华》尚有二百卷未毕，此事了当后，当整理二十餘

---

1 据原信，见于《上海图书馆藏张元济往来信札》八，第 265 页。
2 按：张元济批："《清波杂志》在《丛刊续编》中。"
3 据原信，见于《上海图书馆藏张元济往来信札》八，第 266～269 页。张元济批："28/6/20/到，28/9/20/复。"参《张元济傅增湘论书尺牍》，第 370～371 页第 5 函。

年校书目录，先以印行。第书逾千部，卷过一万，每书约叙数行，以见崖略，工程亦殊浩大，恐非年内所能了。此亦生（员）［平］切己之事，冀外人勿以他事相扰，方冀有成耳。京华近状尚平善，当不致更有他虞，祈释远念。旧纸《史记》单阅悉，此书中废，真可惜，切盼公与拔可兄相机为之。如原版设法能运出，则大幸矣。手此奉复，敬候新居曼福。年侍生傅增湘拜启。己卯四月二十八日书于藏园［1939 年 6 月 15 日］。

【350】1939 年 7 月 26 日

菊生前辈侍右[1]：

久阙笺候，良用怅然。兹有门人孙子书（楷第）及馆员赵斐云来沪，欲看教部所购之元人曲抄刻各种。其书似将付印，闻公方任选择也。此书闻原为二百馀种，部中以高价收得，只得一半，其馀未知在何许？计陈乃乾与其事，必知其详。《演繁露》已寄到，细阅自是残本。近日耗数日工夫撰一长跋，大约公跋中所疑者皆可得其故。最妙者，宋刻虽只存十卷，然《儒学警悟》所收自十一卷至十六正为全书。俞氏所据自是宋刻，则合而观之，宋刻全书面目可以考见，斯一切疑滞皆可迎刃而解矣。侍藏有嘉靖刻小字本，实从宋刻出。至万历邓氏本则夺失弘多（此本家亦有之），《学津》本即从此而出，故与宋刻多异也。记昔年曾借涵芬楼藏毛斧季校此书，即据宋刻，只存八卷。今检《烬馀目》乃无之，岂付劫灰耶？再者，前函曾询潘氏藏《南海志》残本，能否晒印副本，未审能办到否？便中盼代为探询。此间前旬酷热，近日又苦雨，恐将成灾，奈何。手校《文苑英华》近始得九百卷，大约中元后当可告成。

1 据原信，见于《上海图书馆藏张元济往来信札》八，第 270 ~ 279 页。张元济批："28/8/1/到，28/9/20/复。"参《张元济傅增湘论书尺牍》，第 371 ~ 372 页第 6 函。

行百里者半九十，此正其时。月来拟屏除百事，专意为之，不敢不勉。但校毕整理，撰一题跋，亦非一月不办，甚矣成功之难也。手此，敬候颐安。年侍生傅增湘拜启。[二十八年]七月廿六日。

《演繁露》为蒋扬孙藏，即蒋南沙也。其书后归李振裕、白镕、查初白、马寒中，展转五姓，颇有事实可纪，亦详诸跋尾，俟缮清稿出，当以奉正也。藏园副启。

【351】1939 年 7 月 28 日

菊生前辈阁下[1]：

前快函计达。兹孙、赵二君来申，祈拨冗赐以颜色为幸。附上扇骨一事，乃大儿忠谟手刻，以赠陈仲恕者，侍以未悉住址，敬希转付为荷。手此，即候道安。年侍生增湘拜启。[二十八年]七月廿八日。

【352】1939 年 8 月 26 日

菊公左右[2]：

久未奉书，不审伏暑何以遣日。侍则移砚北海，终日以校书为课。《文苑英华》只馀二十许卷，计日告成，私心殊慰。然校记则无暇手录，只得俟诸后人矣。子书来信，知已相晤，校阅元曲当可如愿。兹闻守和来申，侍新撰有题跋一首，祈为代致[3]，缘其馆刊索文字，俾可刊登也。时事日危，而北方水灾大作，天心真不可知矣。手此，即颂道安，侍增湘拜启。[二

---

1 据原信，见于《上海图书馆藏张元济往来信札》八，第 280～281 页。张元济批："28/8/4/到，28/9/20/复。赵斐云带来。"参《张元济傅增湘论书尺牍》，第 372 页第 7 函。

2 据原信，见于《上海图书馆藏张元济往来信札》八，第 282～283 页。参《张元济傅增湘论书尺牍》，第 372 页第 8 函。

3 按：张元济批："28/9/4 送与李照亭，如已行，祈交拔可见为寄昆也。"

十八年］八月廿六日¹。

【353】1939 年 9 月 7 日

菊生前辈侍右²：

今日孙生子书自申江回，询悉道履安娱，至深欣慰。孙生并言荷公雅意殷拳，濒行复蒙纡驾往送，感谢之忱，属为转致。兹有世好刘诗孙（文兴）来沪省亲，渠为翰臣中翰令嗣，此次以亲病入院割治，特远来亲侍，祈推爱照拂，至荷。诗孙研考音韵之学有年，久在京校授课，尚乞进而教之。侍近状如常，第老境日增，文字不能深思，仍以校书送日。《文苑英华》已于夏历七月十九日校毕，自去年正月抄起，耗费一年有半之光阴，完此鸿功，窃以自幸。但全部整理颇需时日，即撰一跋文亦非仓卒可就，知公注念，特以奉闻。至写定校记，或须倩他人为之耳。手此奉布，即候校安。年侍生傅增湘拜启。己卯七月廿四日［1939 年 9 月 7 日］。

【354】1939 年 9 月 14 日

菊生前辈阁下³：

刘诗孙来，附一函，计已达。近以《文苑英华》校毕，清理全帙，颇费时日。至校记则无暇更写，或待他时属人为之。此后拟校《册府元龟》，前寄来影本十册，只校二册，此后尚求陆续见寄，以完此大功。不知照片尚全否？共有若干卷？能以全目查示尤妙。明抄有三部可校，但亦不尽佳耳。手此，敬

1 按：信末张元济批："28/9/20 复。"
2 据原信，见于《上海图书馆藏张元济往来信札》八，第 284～287 页。又张元济批："28/9/20 到。"参《张元济傅增湘论书尺牍》，第 372 页第 9 函。
3 据原信，见于《上海图书馆藏张元济往来信札》八，第 288～289 页。又张元济批："28/9/24 到。"参《张元济傅增湘论书尺牍》，第 372～373 页第 10 函。

591

请台安。年侍生傅增湘拜启。[二十八年]九月十四日。

【355】1939年10月5日

菊生前辈侍右[1]:

　　前日奉手教,并与孙生函,均领悉。不审馆员争议事已妥洽否?物价狂升,人人以衣食为虞,此真四海穷困之时,不仅一邑一埠为然也。《南海志》晒印既昂,即请公觅人代抄一部,抄费务示及,便缴奉。汪氏《书目》既经鉴阅,可不更录,第异时若葵初本能假阅足矣。《英华》校记字数太多,设令四人分写,亦恐非一年所能了。已致书守和,如能饬平馆员指录,庶可有成,若侍则精力、赀力均不逮也。《演(番)[繁]露跋》凡三首,字多不及重写,兹以清稿奉寄,祈鉴正后见返可也[2],谬失处盼纠之。手此,即候道安。年侍生增湘拜启。[二十八年]十月五日。

【356】1939年11月11日

菊生老前辈阁下[3]:

　　奉十月十五日惠书,知《南海志》可以借抄,至感。抄书之纸宜以易写为上,如官纸(即竹纸洁白者,一名瑜板,馆中印信笺常用之)、细皮纸、好毛边均可,公酌定后祈为代购致。抄资若干,统希示及,以便奉缴。《荀子》标题极为稀见,无意获此秘籍,可为庆贺。忆袁二曾有子书,亦题"分门",但不记为《荀》为《庄》耳。近作数诗,特录一首奉政。《学案》

---

1 据原信,见于《上海图书馆藏张元济往来信札》八,第290～291页。又张元济批:"28/10/15复。"参《张元济傅增湘论书尺牍》,第373页第11函。
2 按:张元济批:"已寄还。"
3 据原信,见于《上海图书馆藏张元济往来信札》八,第292～293页。又张元济批:"廿八年十一月十一日发,十五到。"参《张元济傅增湘论书尺牍》,第373页第12函。

印行，徐氏延不付款，捐助恐无望。此候撰绥。年侍生傅增湘拜启。［二十八年］十一月十一日。

《重阳前日初度述怀》：甲子初周又八龄，浮生馀梦尚难醒。金门避世嗟头白，石室藏书待汗青。菊酒延年聊自寿，茱囊消厄恐无灵。何时重结清泉社，一枕松风托杳冥。菊生前辈大人削正。年侍生傅增湘录稿奉寄。己卯十月朔［1939 年 11 月 11 日］。

【357】1939 年 12 月 9 日
菊生老前辈侍右 [1]:

前月惠函，述及新得宋本《纂图分门类题荀子》，当时忆及袁抱存曾有此本，但检寻手记册中，乃不可得。今日偶阅《天禄琳琅》，"元版·子部"正首刊此书。按所记，前有陈傅良所辑《荀子门类题目》一卷，共四十门，皆书中可作题目者，不知尊藏本尚存否？其木记"闽中刘旦校正"外，尚有"麻沙刘通判宅刻梓于仰高堂"十二字，得此可以证明确为麻沙刻本矣。又有《荀子事实品题》一卷，尊本恐亦不存。《天禄》系以三本凑合，而以刘通判刻为元本。然宋末元初风气相近，本难划限，虽介宋元之间，究为罕觏之籍，良足珍矣。近《英华》正写校记，又料理频年所刻，汇为丛书，工料正贵，颇为拮（掘）［据］。又近所得善本拟补题记，勒为一集。诸务纷集，殊少暇晷。而二十馀年手校群书凡千馀种，为卷至万二三千，亦欲编定《藏园校书目录》，授梓行世，俾后来好学之士可以按目而求。为之（多）［移］写校记，庶萤窗雪案不为徒劳，然此事亦非一年不能卒业。光阴有限，精力渐衰，思之

1 据原信，见于《上海图书馆藏张元济往来信札》八，第 294 ～ 299 页。又张元济批："28/12/14 到。"参《张元济傅增湘论书尺牍》，第 374 页第 13 函。

辄为叹息。《册府》校课恐须稍待，前求寄影本似可无庸汲汲也。手此，敬候台安。年侍生傅增湘拜启。［二十八年］十二月九日。

《史记》残叶有机会能补印否？敝处可以任印费，务求完成此书。

【358】1940 年 6 月 7 日

菊生前辈阁下[1]：

久未通讯，思念綦切，敬惟福履绥愉，撰述宏富为祝。侍近来校课久辍，惟料理积年文字及补撰藏书题识，亦少暇晷。前偶抱疾，偃卧数日，兹幸愈矣。闻公近得《稼轩词丙集》，已合印行世，计已出版，每部定价若何？又友人托买方志目录，综列各家所藏，共成三册。侍未见过，不知其名，敬祈饬馆检寄二部，价由此间拨付何如？又《宝礼堂书录》承公前寄赠一部，经同人展转借阅，竟尔不可追寻。此间无从访购，亦烦公代向潘世兄再索一部。若市上有之，或代购寄亦可，价乞示知，即以奉缴。前求借抄南海残志，未审已否写毕？抄价亦千乞见告，目下抄赀亦不廉也。近见古刻、名校本否？幸酌示大略。手此，即颂颐安。年侍生傅增湘拜启。［庚辰］五月二日［1940 年 6 月 7 日］。

良士闻溘逝，未得讣告，凤起世兄想仍在申。

---

1 据原信，见于《上海图书馆藏张元济往来信札》八，第 300～303 页。又张元济批："29/6/19 复。"参《张元济傅增湘论书尺牍》，第 375 第 1 函。

【359】1940年7月16日

菊生老前辈阁下[1]：

连奉赐书，并《振绮书目》六册。顷又得惠函，为借书事，均领悉。《振绮目》已看过半，其中颇多可资取材，拟摘录一部存之。《武溪集》已检出交伯恒，惟卷页有不符者，未知刻本有不同，抑字数或有误也。已开列一纸，交伯恒详查。倘疑不能决，属函公请示。弟藏本乃黑口、狭版、密行，有荛圃跋，其二序只四叶，并无六七页之多，故颇疑其非一板也。近已移居颐和园，聊以避人耳。手此，即颂道安。年侍生傅增湘拜启。[二十九年]七月十六日[2]。

[附录张元济致丁英桂函，1940年7月22日][3]：

《武溪集》缺页傅氏书可以补配。顷有信来，云书已交孙伯恒君，惟行款似有不同，请速将前此照出样张一二页寄去。如有不同，即请孙君缓照。最好请将缺叶前后接筍之处各一行抄一清单，同时附去，则即行款不同，亦可请孙君据傅本抄补。此上英桂仁兄台鉴。弟张元济顿首。二十九年七月二十二日。

【360】1940年11月17日

菊生老前辈同年侍右[4]：

久未通候，驰念维殷。诗孙、斐云二君自申北还，得询悉起居近状。闻馆事益以艰难，后此何以支持？整顿清理，将

---

1 据原信，见于《上海图书馆藏张元济往来信札》八，第304～305页。参《张元济傅增湘论书尺牍》，第376～377页第4函。

2 按：信末张元济批："29/7/21 到。"

3 见于《张元济全集》第1卷"书信"，第120～121页。

4 据原信，见于《上海图书馆藏张元济往来信札》八，第306～325页。参《张元济傅增湘论书尺牍》，第377～379页第6函。

从何着手？数十年经营之大业，乃坐视其摧残夷灭，而无可挽救，我辈犹为痛心，况公手创之人乎？只得归之于坏劫而已。又公自卖宅之后，频年生事若何，不致窘蹙否？世兄闻在银行中执业，计可安定，极以为念。年来有何撰述？希略示一二。侍自《文苑英华》校毕后，于丹铅之课略为搁置。初意趁精力未衰，于一二年内将生平未了之事尽力作一结束，第一为所辑《两宋蜀文补订》编卷，陆续付刊。本欲长夏专治此书，而自六月避暑入颐和园后，为文债所累，迄未动手，入冬以后恐不能再延缓矣。然工昂纸贵，刻赀计须万金，未知若何设法？第二为所刻丛书两部，刻成已近十年，迄未印行。此时不能再缓，惟补撰序跋恐大费时日矣。第三为近十年续收善本不下数千卷，拟续编一目，各加题跋考订，与前目相辅而行。而从前库藏善本未撰题跋者尚有少半，亦宜趁此补齐重刻，第此事决非旦夕可以迄事者。侍近来精神亦大不如前，记忆颇差，文思复滞。子弟既不能代劳，门人能继此业者亦少，只得乘此馀光，黾勉自奋耳。第四为编刻校书目录。自辛亥起，至今正三十年，手校之书一千馀部，为卷约万二三千，校记写成者不及五十种，则此目传世实为至急。编次之事较易，惟每书须标举要端，则检查原书，附以小记数行，恐亦非三月不办。第五则为自订年谱。自光绪壬寅保定入项城幕府，即手写日记，迄今近四十年。自维事业、学问百无一成，然于朋友交游、山水游览及书籍访寻、丹铅点勘，累月穷年，亦多可纪，藉此温寻往迹，可以留示后人，然此非手自检理不为功也。第六为藏园故书经眼录。自辛亥冬客沪时始，目有所见，辄笔于编，近十年来稍懈，然所积已二十馀册。若类次编成，亦可称书林之巨观。其中秘籍异书尤复不尟，大足为后来考订之资，似亦未可置为后图。此外诗文杂稿本不足传，然听其散逸，于心未忍，亟须搜辑缮清，粗编卷第，存之家塾。然其急待补撰者尚多，如家族之传志，游览之纪载，或为宿诺之久稽，或为梦痕所追忆，咸宜乘此暇日，俾偿素愿（游记拟汇录刊行，别为一集）。凡此千条万绪，决非仓卒可就功。侍今年已六十有九矣，若再得十载之光阴，庶可从容以竟其事。即令彼苍垂佑，悯其志而假以龄，然此十载之中，精神之充固，时局之安闲，又不可以预知，此则只宜听之天命，而非人力所能为者也。顷以园居清暇，料理旧稿，大觉纷繁，睠怀身世，积感环生，故拉杂述之，以公知我之深，或不嗤其愚且妄也。侍自昨岁《易疏》让出，幸获善价，夙累为之一清。三年之内亦未尝出赀购书，从此缩食节衣，意谓足以优游晚岁。乃自去秋以后，百物升腾，每月之费非千金不办。后顾茫茫，莫之为计，谅公当同此感也。《宛陵集》承赐影本，至用欣荷。忆前假影样与原本同，此本缩印，必为费省也。昔年所照宋本《欧集》有印行之机否？黄善夫《史记》，其高丽纸单印一部能否设法补全？此亦晚年之至愿。如有法可图，用费一切，侍可任之，敬希与拔可兄一商。《南海志》有消息否？闻刘诗孙在沪曾见之。《振绮目》已摘抄毕，可寄缴。手此，敬候撰安。年侍生傅增湘拜启。［庚辰］十月十八日颐和园清华轩书［1940 年 11 月 17 日］。

【361】1941 年 1 月 13 日

菊生前辈同年左右[1]：

前闻公抱恙，急函仲恕、拔可奉询。昨得仲恕书，云二次行手术，极安顺，深以为慰，第养摄之功须慎密耳。尊体素

---

1 据原信，见于《上海图书馆藏张元济往来信札》八，第 326～327 页。又张元济批："30/2/19 复。"参《张元济傅增湘论书尺牍》，第 380 页第 1 函。

健，自易复元，惟勿自劳是要。闻公孙枝掇秀，此最可喜，从兹可享食饴弄孙之乐矣。专此奉贺，并候颐福。年侍生傅增湘拜启。［三十年］一月十三日。

【362】1941年2月18日

菊生前辈阁下[1]：

昨得仲恕书，欣闻清恙已痊，移归静摄。我公本原夙厚，经此剧证，两度手术，竟能安全无恙，可为幸庆。此后气候清和，加之饮食调养，自易复元，第撰述用心之事要宜少节耳。闻公病院有自述诗六章，乞赐寄一诵，或可奉和。侍近以清理蜀文，编卷付刻，颇为繁杂，校书之课大减，即文字之役亦多谢却。今年正七十，拟援古谊，决意退休，将所任文化、学校、商业、慈善、公益各社会团体会长、董事、委员诸名义一律尽行辞谢，留此馀光，自行料理生平文字撰述之事。若能假我数年，当可小作结束。第精力记忆已迥不如前，已不免有后时迟暮之叹耳。兹以三儿定谟来申，特奉寄去岁小照一幅，并令趋谒高轩，祈赐以燕闲，俾得瞻望颜色，聊以慰千里相思之意。公如有近时玉照，亦盼惠赐一幅为幸。手此，敬候颐安。年侍生傅增湘拜启。［三十年］二月十八日。

【363】1941年5月3日

菊生前辈阁下[2]：

奉手书，知渐臻康复为慰。《振绮书目》六册已抄存一部，

---

1 据原信，见于《上海图书馆藏张元济往来信札》八，第328～330页。又张元济批："30/3/3，志恒世兄携来。"又批："30/4/16复。并索还前代借叶揆初之《振绮堂书录》。"参《张元济傅增湘论书尺牍》，第380页第2函。

2 据原信，见于《上海图书馆藏张元济往来信札》八，第331页。又张元济批："30/5/9到，五月十一日复。"参《张元济傅增湘论书尺牍》，第380～381页第3函。

兹将原本寄还[1]，希察收，并于葵初代致谢意。昨年闻众异言，托馆中代印《明实录》，何时可讫功？至念。侍入山不得，只可小住昆明湖畔矣。手此，敬候颐安。侍增湘拜启。[辛巳]浴佛日[1941年5月3日]。

[附录叶景葵致张元济函，1941年4月9日][2]：

多日未趋谒，天气甚寒，惟节卫适宜为颂。君九亦已出院，想已闻之。去年傅沅老借去《振绮堂书录》抄本，计已阅毕。可否便中函托寄还？或交敝京行代收亦可。因馆中有需查阅之件，而颂丈之原本未能借阅（不欲外借），故敢以琐事奉渎。敬叩菊丈颐安。景葵顿首。卅·四·九。

[附录张元济致叶景葵函，1941年4月10日][3]：

揆初吾兄有道：昨奉手教，展诵谨悉，承注感感。《振绮堂书录》遵即函达傅沅翁索取，一俟寄到即行送呈。贱体除步履未复元外，馀无他病，敬祈释念。手覆，顺颂台安。弟张元济顿首。[三十年]四月十日。

【364】1941年9月27日

菊生前辈侍右[4]：

久不奉书，维餐卫适宜、起居胜常为祝。兹启者，侍近撰《七十自述》一首，印成分致传告亲朋，藉申近况。奉呈一册，敬希赐览。儿辈别有一函，敬述决不举祝，所拜领者只以文字

---

1 按：张元济批："已收到。30/5/12送还揆初。"
2 据原信，见于《上海图书馆藏张元济往来信札》十三，第58页。
3 据原信，见于《上海图书馆藏张元济往来信札》四，第376页。
4 据原信，见于《上海图书馆藏张元济往来信札》八，第332～333页。又张元济批："30/10/2到，30/10/17复，并寄绝句二首。"参《张元济傅增湘论书尺牍》，第381页第4函。

为限耳。旧好中如瞿凤起、潘博山、葛咏菱不审住址,祈公饬纪代为分致。此等琐屑本不敢渎请,惟别无人可托,乞谅察,至幸。手此,敬候颐安。年侍生增湘拜启。[三十年]九月廿七日。

[附录张元济致张国淦函,1941 年 11 月 9 日][1]:

敬启者,沅叔《七十自述》前日漏未检送,顷忽忆及,谨补呈,乞察入为幸。悚歉无似。此上乾若仁兄阁下。弟张元济顿首。[三十年]十一月九日。

【365】1941 年 10 月 20 日

[傅增湘致张元济函][2]:

顷奉惠书,并佳咏二章,至感挚谊。诗笺寄上数幅,敬乞代致诸君。匆复,即颂。菊生前辈大人福安。侍增湘拜启。[三十年]十月廿日[3]。

【366】1941 年 11 月 13 日

菊生前辈侍右[4]:

前奉赐诗,诵之忻抃。诗笺俟别印补奉,因前制笺分送一空,刻觅旧纸质柔可以寄远者。爱理亦索笺,日后统致尊处转交。闻张潜若居与公近(前者探之不得),补奉《自述》一册,便交是荷。此次以诗惠贻者都二百家,序文赋颂二十馀首,画

---

1 据原信,见于《上海图书馆藏张元济往来信札》四,第 391 页。
2 据原信,见于《上海图书馆藏张元济往来信札》八,第 334 页。参《张元济傅增湘论书尺牍》,第 381 页第 5 函。
3 按:信末张元济批:"30/10/23 到。"又批:"30/10/28 复,寄还重写诗笺并《认启单》一纸。"
4 据原信,见于《上海图书馆藏张元济往来信札》八,第 335~342 页。又张元济批:"30/11/24 到。"

幅约八十件，楹帖亦近百，大非初意所料。然耗费亦颇巨，要时局使然耳。承惠寄《戊戌认启单》，观之如理前梦，当装裱敬志小跋，以存玉堂故实。重印《道藏》已出样本，就馆本缩为两层。且派人来白云观重校，又以日本内阁文库藏正统印本再校，闻纠正谬脱不少，定价只数百元，则我国再版之事无望矣。《大典》乃得之史吉甫，虽属诗话，而所收佚书僻籍乃不少。曾撰一长跋，兼详考《大典》存佚原委及卷册确数，有新证数事，探寻颇不易。友人刊之《公论报》中，兹拆取一分奉寄，请公鉴正。如有疏失之处，切盼指示，缘此文尚可存，不惮再三改定也。《明实录》闻将印成，亟欲快睹。北平馆《丛书》计早开印，敝藏书二种照后望付还。旧纸印黄善夫《史记》可否先检已印各卷见寄，此事恐无复完之望，怅惘何似。书价陡涨，然厂市并无异书可见，上海想亦如此。汇水低落，百物奇昂，又兼国际形势将变，上海人情惶骇可知。此间虽小安，第食用百物行将限制，亦不易居矣。前路沈冥，思之心瘴。专此奉谢，敬候怡绥。年侍生傅增湘拜启。〔三十年〕十一月十三日颐和园清华轩寄。

汤爱理闻住所与公相近，函祈转交[1]。

【367】1942 年 3 月 11 日

菊生前辈同年阁下[2]:

不通音讯，倏已数月，一以俗冗纷杂，初无淑状可言，一以馆事蕃变万端，语及增公之烦恼，故不如其已也。入春以来，尊体计更平善，如能出门散步，亦可调和气脉，或胜于服

---

1 按：此函后附傅增湘《永乐大典跋》剪报（第 343～348 页），不录。参《张元济傅增湘论书尺牍》，第 381～382 页第 6 函。
2 据原信，见于《上海图书馆藏张元济往来信札》八，第 349～355 页。又张元济批："托售《梅宛陵集》。31/3/29 复，附馆寄。"参《张元济傅增湘论书尺牍》，第 383 页第 1 函。

药也。馆事闻港、沪两处损失不少，复业后何以支持？极为悬念。侍去岁校勘之课大减，惟撰著题跋及整理蜀文及旧稿，大费精力。《英华》校记已写至八百卷，更有两月可以讫功。积稿已逾尺许，告成之后须重对一遍，又是一番功夫，可见校勘之未易言。岁暮文禄王贾持赵谏议本《庄子》十册来，此三十年前所求一见而不可得者，此事公当忆及之。及发函展视，乃知为蜀刻，艺风当日未曾辨出。侍以蜀本罕见，此《庄子》尤海内孤本，竟以极高之价收之，公闻之当为我喜。其价大骇物听，计当割一庄矣。新正无事，撰成题记千馀言，更题诗十首，俟录以奉政。记馆中曾收得沈宝砚手校本，侍临过一卷。今得原书详核，知沈氏当日据校者正是此书，可知自国初流传至今只有此帙。惜藏印全行刊灭，其传世端绪无可考耳。沈氏校本计必尚存，查《烬馀目》所载有小跋二段，未知此外尚有其他文字可考见否？公清暇或为我检视，至感。此外尚有《圣宋文选》一部，惜无力更收之矣。近托京华局印《群书题记》，视前印《续集》昂至三倍。此集毕后，又将商印蜀文（改刻板为排印，略可省费），计须三万馀金，债台又将高筑，奈何。闻张公潜若所居与公同巷，兹附一笺，祈饬纪送去，其门号则不知也。手此奉布，敬候新祺。年侍生傅增湘拜启。〔壬午〕正月廿五日颐和园 [1]〔1942 年 3 月 11 日〕。

【368】1942 年 5 月 7 日

菊翁前辈侍右 [2]：

前奉惠笺，敬承一一。沪馆人来，亦得晤谈，略知近状。

1　按：信末张元济批："31/3/24 到。"
2　据原信，见于《上海图书馆藏张元济往来信札》八，第 356～357 页。又张元济批："五月七日发，31/5/10 到，31/5/15 覆。"参《张元济傅增湘论书尺牍》，第 384 页第 3 函。

复走往京馆，则伯恒已抱病不能出，闻其病情殊可虑也，盖肝疾已深矣。售书事曾与人谈及，稍有困难。一则任人选择，恐选出而馆中暂不欲售。一则无价而令人还价，其出价必不高，或者无从定价。又所要是何种抄币？价格固相差太甚，又汇兑亦是问题。侍意或只让抄校本，亦是一法。抄校全部共悬价若干，或全部出售，由政府收去，亦可办到。侍已与当局言其大概，目录亦未交出，以来函太空洞，未便与人开议也。祈公及诸同人酌定大旨，密以相示，当相机为之，或可得当也。检目中有两书侍欲得之，一为残宋本《东汉会要》，本侍之物，孟苹坚欲见让，故以与之。当时曾有收回之约，不意其同他书俱去也。一为宋本《国语》，侍以此书未藏有宋刻，且未经校过，特欲得之，以偿夙愿。如蒙惠让，请示一价，侍在申略有存款也。昔年为馆中收书甚多，是以敢妄请也。此候台安。年侍生傅增湘拜启。（三十一年）五月七日。

陈援安新补得《魏书》一叶，特取影本奉寄一叶，公视之当否？

【369】1943 年 2 月 15 日

菊翁前辈同年侍右[1]:

前月奉赐书，并润例一纸。笔耕亦我辈本色，但恃以为生，亦未易言。来日大难，此亦求己之道也。侍近年亦恃此补助，一年有六七千金。惟物价大昂，字价亦应增加耳。承询前函应办各事，目前又刻游记三册，蜀文已开印，拟年内完成。此事极繁难，他亦不遑及矣。日前舍侄来申，属往候起居，不审晤及否？岁暮有谢人致米诗三首，录呈粲正。近以为人写墓

1 据原信，见于《上海图书馆藏张元济往来信札》八，第 358～361 页。又张元济批："32/3/26 到。"参《张元济傅增湘论书尺牍》，第 386 页。

志，城中人事纷纭，窀无暇晷，乃避来万寿山中，三日了之。楷书约式千馀字，年老疲精力于此，殊为可叹，但亦为阿堵所驱耳。新正校宋本《渔隐丛话后集》四十卷，较刻本改订式千馀字，乃春来第一快事。又知耘经堂所翻乃元翠岩精舍本，非宋本。有长跋一首，容以呈教。手此，即候怡安。年侍生傅增湘拜启。〔三十二年〕二月十五日昆明湖上。

岁暮友人为致白米三石赋此谢之：

长安米价贵如珠，瓶粟将空只叹吁。犹有故人怜退叟，堆囊白粲满蓬庐。

太仓缊朽已无馀，老去羞题乞米书。斗食千锺同一慨，不须方朔羡侏儒。

撮米通肠迫岁阑，监河一顾得加餐。流珠炊玉开尘甑，启事争传庾子山。

菊生前辈粲正。傅增湘昆明湖录寄。

【370】1944 年 1 月 22 日

菊生前辈侍右[1]：

昨奉十二月十七赐函，敬承一一。久未奉候，忽蒙下问，欣慰无已。侍今岁入夏以后住园中甚久，大约前后约有三月，入冬尚往二次。大抵以城中事繁，则出城暂息，或有文字剋期交卷者，亦往彼专心写作。故侍之园居，既非逭暑，亦无暇登山临水，思之良用自笑。《全蜀文》自旧历正月开印，至今百卷已印完，此外序、例、小传、引用书目、总目录尚有数十叶之谱。日内正忙于校正，一月内定可告成。值此时期，竟能完此大书，真属大幸。而耗费之多乃至不可胜计，全书只式

---

1 据原信，见于《上海图书馆藏张元济往来信札》八，第 362～366 页。又张元济批："33/1/6 到，33/2/29 覆。"参《张元济傅增湘论书尺牍》，第 387～388 页第 1 函。

千叁百馀叶，印式百五十部，用至五万元，昂贵骇人。然今年虽贵，尚能印，明年恐多金亦不能印，故负债累不以为苦，而转以为幸也。十月中曾撰自序一首，至四五千言，历述艰难之情，体格虽不高，然发挥可谓尽致矣。《雅言》中已刊登，俟寄呈鉴正。今年北方物价增至十倍，人人皆告穷困。家用从前月费六百金，今乃至五千馀金，而一切食用皆刻苦万状，往往当食而叹。自去夏至今，卖去滦矿、启新洋灰、商务馆各股票将近十万，而目前又告罄，亟须卖书矣。如此过活，何时是了。恐明年时局严重，更将加甚，天地虽大，何处能容我辈耶？今日以专力料理蜀文，故校课大减。偶借阅木斋师遗书，遇古椠明抄，亦时校一二种，但合计亦不及百卷耳。善本新出甚尠，既不买书，亦无从看见。授老卧床不能起，不见已数月，大约短期中无碍也。园居作《藏书杂咏》一百馀首，各加小注，曾印入《雅言》数十首，近来亦无再作矣。闻尊况亦大窘，笔耕不足久恃，今年秋节以前收至八千金，近来亦大减色，谅南北亦同此景象也。侍今年了当大事二件，一印蜀文，一则送舍妹全家回川。行七十日而抵渝，用至一万四五千金，了一心事，不然粮贵至此，亦养不活矣。印蜀文纸去秋买百件，今夏又添购，故书成而尚有馀纸，此差可喜。又印《群书题记初集》四册，京华印至两年（原约四个月），迄今尚未装订，可云怪事。小儿仍在水局，差可自立。手此，敬候颐安。年侍生傅增湘拜启。［癸未］十二月廿七日［1944 年 1 月 22 日］。

世兄想仍在银行。尊体闻渐健，行动自由，至念。

【371】1944年2月15日

菊翁老前辈台鉴[1]:

昨冬以《蜀文辑存》印成,曾以奉告。其序例印入《雅言》,当时似未及寄呈,兹补寄一册。其此书原委及纂辑大旨均详序中,敬祈指正谬失,至叩。全书订三十四册,售价恐须四百元。如价昂不售,异时可致之川中。近拟校《册府元龟》,曾假影样一百卷,不知共搜印得若干卷?能属人查目见示尤荷。手此,即候年祉。侍生增湘拜启。[甲申]正月廿二日[2][1944年2月15日]。

【372】1944年3月3日

菊生老前辈执事[3]:

久疏笺候,企慕维殷,近想起居多祜为念。侍于壬午交京华承印《群书题记初集》,延至昨腊杪始成,其艰难可见。兹奉上一部,由陶心如交奉,祈严加指正为幸。此皆旧作,今年尚拟续编近作约二百首为三集,未卜何日可成也。手此,敬候颐绥。年侍生傅增湘拜启。[三十三年]三月三日。

改订新润例附博一笑,砚田尚不恶也。

【373】1945年4月30日

菊公阁下[4]:

侍得病一载,音问遂疏,天末故人,时时垂询,念感无

---

1 据原信,见于《上海图书馆藏张元济往来信札》八,第367页。又张元济批:"33/2/24到。"参《张元济傅增湘论书尺牍》,第388页第2函。
2 按:信末张元济批:"33/2/29复。"
3 据原信,见于《上海图书馆藏张元济往来信札》八,第368~369页。又张元济批:"33/3/10到,33/6/22覆。托伊见思交。"参《张元济傅增湘论书尺牍》,第389页第4函。
4 据原信,见于《上海图书馆藏张元济往来信札》八,第370~371页。参《张元济傅增湘论书尺牍》,第390页第1函。

忘。偶思有事，昔印宋本《史记》时，曾寄旧纸，请搭［印］一部，既知未能（未）印完，查请将既印各卷并便北来，异日搭配宋本全部，可感不朽。此请台安。侍增湘顿首。卅四年四月三十日¹。

《史记》印黄善夫本。

【374】1945 年 12 月 27 日

菊生前辈大人阁下²：

迭承华翰，久稽裁答，八秩荣诞亦未得以一笺奉祝，歉仄之至。顷以令侄孙女公子来平，走访藏园，藉悉餐卫胜常，著祉增绥，为慰无量。侍自前年病后，遂至半体不仁，言语木讷。幸起居饮食均甚良好，故两年以来极少感疾之时，每日仅略进维他命丸，以资调摄。今春且将宿嗜一旦捐除，凡来晤者，莫不以面貌较前丰腴、精神益见焕发为誉，想公闻之亦必同欣也。近数月来，言语稍为畅达，步履似不如前，但尚能拄杖扶孙，于日暖风和之候，在廊下少作盘桓，其馀时间则临窗卧读而已。迩者以徇儿辈之请，拟将藏园校定群书移赠北平图书馆，公诸于世，藉留鸿印。因将各书取出，手自检点，约有二十馀箧。心追手摹，三十年来与同好诸公赏奇析异之盛情，及助我穷搜博采之雅谊，历历如在目前。惜其中尚有多种当时未作题跋，只得付诸缺佚，留待来者为我考订矣。曾忆昔年以旧纸附印宋本《史记》，不知尚存若干？乞为查询。缘敝藏百衲本《史记》尚缺八卷，计为表（六、十）、世家（十五、十六、十七）、列传（四十六、四十七、四十八）。如所印残页有

---

1 按：信末张元济批："34/5/24 到，次日复。"
2 据原信，见于《上海图书馆藏张元济往来信札》八，第 372～375 页。又张元济批："36/3/28 复。"参《张元济傅增湘论书尺牍》，第 391～392 页第 2 函。

以上各卷可以检配，使成完璧，岂不快哉。书生积习，病未能除，琐琐奉渎，谨此拜谢。临风瞻溯，不尽所怀。专肃敬覆，祗候道安。侍增湘拜启。[三十四年]十二月廿七日。

小儿忠谟附叩。

附呈照片三幅，为今春举行"蓬山话旧"第十二集时在藏园所摄，家严命以奉上。年伯如有最近小照，亦祈赐寄一帧为盼。侄忠谟敬叩。

图书在版编目（CIP）数据

张元济傅增湘往来信札 / 柳向春整理 . —— 北京 ：
北京燕山出版社，2024. 12. —— ISBN 978-7-5402-7380
-4

Ⅰ．K825.4

中国国家版本馆 CIP 数据核字第 2024796AT5 号

张元济傅增湘往来信札

整 理 者：**柳向春**

封面题字：**赵　珩**

责任编辑：**刘朝霞　徐佳一**

装帧设计：**芥子设计·黄晓飞**

出版发行：北京燕山出版社有限公司

社　　址：北京市西城区椿树街道琉璃厂西街 20 号

邮　　编：100052

电　　话：86-10-65240430（总编室）

印　　刷：北京富诚彩色印刷有限公司

开　　本：710mm×1000mm 1/16

字　　数：360 千字

印　　张：39

版　　次：2024 年 12 月第 1 版

印　　次：2024 年 12 月第 1 次印刷

ISBN 978-7-5402-7380-4

定　　价：158.00 元